西北大学史学丛刊

中国史论集

主编 | 陈 峰

社会科学文献出版社
SOCIAL SCIENCES ACADEMIC PRESS (CHINA)

本书出版得到西北大学一流建设学科
和陕西省优势学科经费资助

《西北大学史学丛刊》再序

历史学是一门古老而又富有生命力的科学。她不仅记录着人类、民族、国家及社会的发展演变历程，传承着文明的智慧和种子，而且昭示着未来的趋向。人们说：历史是一面镜子，因为她为当代提供了有益的前车之鉴。其实，历史又是解锁现实的一把钥匙，因为她提供的经验教训，使人们能更理性地把握和认识现实问题。

当今，全球化下的人类社会发展日益面临诸多紧迫而又深远的重大问题，如人口增长与资源短缺、工业生产与环境破坏、技术突变与传统渐失、经济差异与社会分化、文化交融与观念博弈以及战争与和平的冲突等矛盾。这些困扰人类社会以及各国发展的矛盾，固然是现实问题，其实都存在深刻的历史背景和演变的过程。从这个意义上讲，站在更长远的时间段和更广阔的视野来认识分析，对解决这些复杂的问题无疑具有更大的益处。这便是历史学价值的现实体现。

西北大学的前身为陕西大学堂，创立于 1902 年。此后校址校名几经变迁，至 1937 年抗日战争爆发时，又一度与内迁的北平大学、北平师范大学、北洋工学院等共同组建了西北联合大学。其后，正式定名为国立西北大学，直至今日。

西北大学历史学科，自 1937 年正式成立以来，一直是传统优势学科。数十年来名家辈出，如黄文弼、马师儒、王子云、侯外庐、陈登原、马长寿、陈直、张岂之、彭树智、林剑鸣等著名学者先后在此执教，并推出了一大批有影响的论著。

从国家"九五"建设以来，中国史先后被列入西北大学国家"211"工程重点学科、陕西省重点建设学科、陕西省特色学科、陕西省优势学科以及学校一流建设学科，得益于此支持，西北大学中国史学科又取得了长足的发展。与此同时，中国史还支撑着国家级重点学科——专门史（中国思想文化史）。

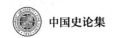

　　近年来，西北大学中国史专业的同人，在名家前贤雄厚的研究基础上，在诸多领域又取得了一系列的成果。为进一步推动西北大学中国史的学术研究，我们将继续推出若干种研究专著、论文集，以《西北大学史学丛刊》之名陆续出版，希冀得到学界关注和批评指教，以嘉惠学林。

　　本丛刊的出版，得到西北大学一流建设学科和陕西省优势学科经费的资助，在此特别致谢！

陈　峰

2019 年 9 月于西北大学

目　录

中国史论集

商末周初宗教与治理思想变迁新论

——从《尚书·西伯戡黎》谈起

白立超

摘　要：《西伯戡黎》中商纣与祖伊的分歧，必须从商中后期祖灵观念的变化来认识。祖庚、祖甲之后，祖灵作福作祟的功能逐渐转变为单一的福佑功能。这一核心观念的转变，引发了商代神权与王权的此消彼长以及治理思想的转变。《西伯戡黎》是周初周贵族总结商亡教训时形成的，在史观上反映了周人以天命为核心的宗教政治观。

关键词：祖灵　王权　共政　天命

近代经学解体，《尚书》的传统经学地位和古典政治价值遭到现代学术和政治的解构，从而引发了《尚书》研究新动向。学者更多从历史学、文献学等不同视角对其进行深入研究。甲金文以及清华简《傅说之命》等"书类"文献的发现与研究，为学者深入研究商周思想变迁提供了新的视角和文献。在出土文献的契机下，笔者拟以《尚书·西伯戡黎》（以下称《西伯戡黎》）为主要切入点，运用传世文献与出土文献相结合的方法，对商周时期宗教与治理思想的变迁进行研究，以期在王国维、陈梦家等学者商周关系研究的基础上有所推进，敬请方家指正。

一　《西伯戡黎》文本叙事真实性的限度

《西伯戡黎》文本记述了在西伯姬昌攻打黎国的紧急局势下商纣与祖伊的一

段对话。文本通过这段对话塑造了商纣迷信天命、不思悔改的形象，这是文本本身能够达到的解释限度。在近现代学术研究范式下，学者根据甲骨卜辞和周初八诰等文献，从用字习惯、表达方式以及周初政治特征等方面论定《西伯戡黎》主体成书于西周初年，著作者当是周初贵族或史官，这一研究成果为进一步深入研究奠定了基础。如刘起釪指出"这篇对话在当时应是实有其事的，大概曾留下原始纪录材料"；① 蒋善国也认为此篇"是周初人追记商末的史实"。② 笔者认为这些论断都是可信的，当然我们仍需要在以下两点进行补充。首先，我们对祖伊的身份略加考证，以确认祖伊在商统治阶层中的地位。祖伊这个人物并非向壁虚造，在甲骨卜辞中能够证实。同时，在传世文献中，对其讨论也比较多。如《孔传》指出祖伊是"祖己后，贤臣"；③ 蔡沈明确指出"祖，姓；伊，名；祖己后也"。④ 所以学者基本认定祖伊是商代贤臣，祖己后人。那祖己又是何人？《高宗肜日》中向商王祖庚提出"惟先格王，正厥事""训于王"的正是祖己。⑤ 王国维在《〈高宗肜日〉说》中根据甲骨卜辞对祖庚、祖己的血缘关系进行了详细考证，证明祖己实为祖庚、祖甲之兄，同为高宗武丁之子。⑥ 那么祖伊的身份就可以确定了，他并非一般贵族，而是商王武丁的五世孙。商末祖伊虽然与微子、箕子、比干在血缘上和商纣有亲疏差异，但他也是商的王族，仍属商朝的核心统治阶层。其次，我们如何认识《西伯戡黎》的内容呢？文本对商纣种种丑态的描述是污蔑，还是确有其事？笔者认为《尚书》中与《西伯戡黎》相类似的对商纣罪行揭露的还有《泰誓》⑦ 和《牧誓》，这两篇文献都是周武王面对众多周的盟国公开发表的讲话，在真实性上不会偏离太大，否则难以说明周人是恭行天罚。因此从这个角度上来讲，《西伯戡黎》还是具有一定的史料价值。同时，《西伯戡黎》中记载祖伊与商纣的分歧也从某种程度上反映出商末重要贵族在宗教和治理思想方面与商纣的严重分歧。如果再参照《微子》等其他文献，此时

① 顾颉刚、刘起釪：《尚书校释译论》，中华书局，2005，第1068~1069页。
② 蒋善国：《尚书综述》，上海古籍出版社，1988，第212页。
③ 孔安国传，孔颖达疏《尚书正义》，阮元校刻《十三经注疏》，中华书局，1980，第176页。下文引用《尚书》均出此版本，仅标书名与页码。
④ 蔡沈：《书集传》，凤凰出版社，2010，第118页。
⑤ 孔安国传，孔颖达疏《尚书正义》，第176页。
⑥ 王国维：《观堂集林（附别集）》，中华书局，1959，第27~31页。
⑦ 陈雄根、何志华：《先秦两汉典籍引〈尚书〉资料汇编》，香港中文大学出版社，2003，第160~169页。

其实商纣已经与微子、箕子、比干、祖伊等商王族成员之间的矛盾全面激化。

《西伯戡黎》的确反映了商纣与商王族其他成员的分歧，这种分歧准确来说又是什么呢？分歧是否正如《西伯戡黎》文本所载两者对"天命"认识的分歧呢？其实不然。笔者认为文本是周人对商统治阶层分歧的重述，或是以周人宗教政治观重新诠释而形成的。要准确理解《西伯戡黎》反映商末统治阶层内部分歧的真实状况，我们必须对商中后期统治阶层在宗教思想和政治思想上的分歧进行深入研究，那么我们的最佳切入点应当是商人祖先信仰的核心，即商王对祖灵观念的认识。

二 商中后期商王祖灵观念的变化

传统史学时期，学者了解商史的主要根据是周或周以后的传世文献。近代甲骨卜辞被发现以后，通过甲骨文的释读，卜辞向我们展示了商中后期更为真实的历史与思想。随着甲骨卜辞及商代历史研究的深入，学者对商后期思想的复杂性有了更加细致的认识。晁福林曾指出商代神权基本呈祖先神、自然神与天神崇拜三足鼎立的局面，三者各自独立，互不统属，而祖先神始终处于核心地位。[1] 其中商代的天神崇拜更准确地说应当是帝崇拜。[2] 虽然这种三分法忽略了商代后期思想的变化，并非十分准确，但至少向我们展示了商代信仰的复杂性和多样性。在商人的信仰系统中，帝的神格高于祖先神的神格。帝在整个商代信仰中的地位正如伊藤道治所言，帝有降风雨、授丰年、降旱灾、降祸、授予天佑和对人事的应诺等六项重要功能，这是学者根据卜辞第一期材料对帝的这六项基本功能的总结。[3] 甲骨卜辞中有大量关于祖先神在帝左右"宾于帝"的记载。

祖先神通过在帝左右侍奉帝来福佑子孙，祖先神是帝与商王交流的重要媒介。虽然帝在神格上高于祖先神，但是帝和祖先神在商王实际的祭祀系统中却有着非常悬殊的差别。从已发现卜辞来看，商王祭祀的重点始终都是祖先神。伊藤

---

① 晁福林：《论商代神权》，《中国社会科学》1990 年第 1 期。

② 关于帝崇拜与天崇拜之间的关系，岛邦男、张荣明等学者力图进行区分，如岛邦男认为帝是商的最高神，天是周的最高神，而非一个公共性质的神；张荣明则认为帝掌管具体的事务，而天是一种绝对的理性。同时，郭沫若、胡厚宣、杨宽和伊藤道治等学者认为商代的帝崇拜和周代的天崇拜从本质上来说是一致的。

③ 参见常玉芝《商代宗教祭祀》，中国社会科学出版社，2010，第 26 ~ 68 页。

道治曾指出甲骨卜辞中"未看到记录以帝为祭祀对象的卜辞。因而可以说帝是独立于祭祀之外的，超越祭祀而行动的"。① 他以董作宾的甲骨五期说为依据，对甲骨卜辞中反映的商王对祖先神灵观念认识的变化进行了深入研究。在甲骨卜辞第一期中，即盘庚、武丁时期，商王认为祖先神能够决定自然界和人间事务，这种功能一方面表现为可以为子孙消灾降福，另一方面祖先神又经常作祟，制造灾祸，令生者恐惧。因此第一期中反映商王对祖先神的态度非常复杂，极尊敬又特畏惧。这个结论与传世文献若合符契，《盘庚》所载盘庚的讲话中，"高后丕乃崇降罪疾"，② 还会"作丕刑于朕孙"，③ 即若是商王行为不当，商的祖先神会重重地惩罚或者降疾病于商王，甚至还会施刑罚于商王。这恰恰反映了商王盘庚认为祖先神灵既能够为子孙消灾降福，也能作祟降灾。此时祖先神灵根据商王的具体行为"作福作灾"，并不一味福佑子孙，更像是一个公正的监督者。

从甲骨第二期的祖庚、祖甲开始，商王的祖灵观念开始发生重要变化。自祖庚开始出现了违反原有祭祀制度而对自己祖先祭祀的贡品过于丰盛的情况，《高宗肜日》中，祖己就以肜祭高宗当日一只山鸡飞到祭器上突然叫起来的突发状况，劝谏祖庚不应当提高祖先祭祀规格，告诫祖庚"王司敬民，罔非天胤，典祀无丰于昵"。④ 这说明在祖庚时期，祖先祭祀制度有所改变，祖己正是以此次突发状况为契机对这一变化提出反对意见。祖甲统治时期，商朝已经建立了一套完整的祭祀制度，开始对祖先神进行系统而有规律的祭祀，即"周祭"制度，从祭祀制度上进一步强化祖先神信仰。这一制度确立的同时，甲骨卜辞中反映出商王对祖灵的认识发生了一些微妙变化，即商王认为通过丰盛、有规律的祭祀可以安慰甚至可以说是贿赂祖先神以减少祖先降祸作祟，并且希望通过祈求可以获得祖先神对灾祸的宽宥，祖先神作祟的功能减弱。第三期廪辛、康丁时期，基本延续了祖庚、祖甲时期的制度，继续推行"周祭"，祖先神灵佑助自己子孙的观念进一步强化，祖先神作祟子孙的记载几乎不见。第四期武乙、文丁时期，祖甲时期已经确立的"周祭"制度被取缔，我们推测这种新兴观念在推行的过程中反对力量可能也非常强大。虽然出现了一些反复与波折，但是祖灵佑助子孙的观

① 伊藤道治：《中国古代王朝的形成——以出土资料为主的商周史研究》，江蓝生译，中华书局，2002，第5页。
② 孔安国传，孔颖达疏《尚书正义》，第171页。
③ 孔安国传，孔颖达疏《尚书正义》，第171页。
④ 孔安国传，孔颖达疏《尚书正义》，第176页。

念早已深入商王的观念中。第五期帝乙、帝辛时期，祖先神灵完全佑助子孙的观念确立，商王也最终确立了对祖先神有规则的祭祀。①

三　商中后期的神权与王权

祖先神是商朝宗教、政治核心问题，商王对祖灵观念认识不同，必然对商朝的治理思想和方式产生重大影响。商王认为祖灵福佑子孙，可以借助对祖先神丰盛、有规律的祭祀，将自己所有意志强加于祖先神灵，神化商王意志，客观上造成了商王现实王权的强大，作为公正监督者意义而存在的神权萎缩。

甲骨第一期主要包括商王盘庚、小辛、小乙、武丁，共二世四王。值得注意的是，在祖先可以作灾作福的观念下，商朝先后出现了盘庚、武丁这样的明主，促成了商朝的空前强盛。在这种祖灵观念下，帝、祖先神为代表的神权对商王王权有一定的限制作用；由于王权受到制约，商王在现实政治中也严格遵循先王治理之法，遵守"任旧人共政"② "人惟求旧"③ 的政治治理原则。正如《盘庚》中商王盘庚就迁都一事对旧臣所言"古我先王，暨乃祖乃父，胥及逸勤；予敢动用非罚？世选尔劳。予不掩尔善"④ 等，正反映了王权仍然受到传统政治治理原则、现实中大贵族甚至民众等因素的制约。新近公布的清华简《傅说之命》，也集中反映了武丁时期帝信仰对武丁政治的深刻影响：

> 王乃讯说曰："帝抑尔以畀余，抑非？"说曰："惟帝以余畀尔，尔左执朕袂，尔右稽首。"⑤
> 王原比厥梦，曰："汝来惟帝命。"说曰："允若时。"⑥

我们从清华简中能够看出，傅说的出现由于帝命，代表着神权的力量，同时在现实治理中，又代表着制约王权的力量。同时，我们以商朝历史状况进行适度

---

① 刘源：《商周祭祖礼研究》，商务印书馆，2004。
② 孔安国传，孔颖达疏《尚书正义》，第169页。
③ 孔安国传，孔颖达疏《尚书正义》，第169页。
④ 孔安国传，孔颖达疏《尚书正义》，第169页。
⑤ 李学勤：《清华大学藏战国竹简》（叁），中西书局，2012，第122页。
⑥ 李学勤：《清华大学藏战国竹简》（叁），第125页。

推论，那么傅说不仅仅是一个贤人，可能背后仍然代表着某个族群的力量，间接反映了武丁时期重视共政的传统。当然，盘庚、武丁之前的任旧人共政思想虽然没有直接的史料证据，但是在《君奭》中我们能略窥一二：

> 我闻在昔，成汤既受命，时则有若伊尹，格于皇天。在太甲，时则有若保衡。在太戊，时则有若伊陟、臣扈，格于上帝；巫咸乂王家。在祖乙，时则有若巫贤。在武丁，时则有若甘盘。率惟兹有陈，保乂有殷；故殷礼陟配天，多历年所。①

随着祖先祭祀的规范化以及商王在祖灵观念上的转变，经过甲骨第二期以及此后的不断强化，给现实政治中造成的重大影响就是"遍及第四期第五期王位的父子相继的确立，族长权力的强大化"，"商人的宗教态度，从第一期到第五期，逐渐把祖先灵看作神灵，祭祀祖先成为最重要的事情，与此相表里的是王权（即族长权）的确立。可能由于重视对祖先的祭祀，以致王权被看得更为神圣"。② 正是通过祖先祭祀的宗教活动，在神圣外衣之下，王权不断得到加强，愈加神圣。从已发现的甲骨卜辞来看，帝乙和帝辛时期贞人集团在具体占卜过程中的作用已经非常微弱，神权已经完全被王权左右，成为王权的附庸，根本无法发挥限制王权的作用。在一些卜辞中，我们甚至发现商王在具体占卜操作过程中对吉凶的判定起到决定性的作用，直接充当神权，正如伊藤道治所指出的，"第一期卜辞中记载的是对于其他贞人的卜问，不管是吉是凶的场合都有王下断语，考虑到第五期卜辞中没有记载凶的断语，而且吉或者大吉等的断语，如前所引，只限于王自己进行的占卜。可以认为这是对于占卜，王的意志优先的倾向，也即表明了王权对占卜的神圣性的优越"。③

随着祖灵观念转变以及祖先神祭祀的规律化，神权逐渐沦为王权的工具。武丁以及此前的祖灵作祟降福观念对商王现实王权限制的作用已荡然无存。正是由于自祖庚、祖甲开始祖灵观念的转变，才导致祖先祭祀规律化和王权不断神圣化。伴随着祖先信仰的变化，在政治治理中也出现了新的变化，那就是在商后期

---

① 孔安国传，孔颖达疏《尚书正义》，第 223 ~ 224 页。
② 伊藤道治：《中国古代王朝的形成——以出土资料为主的商周史研究》，第 30 页。
③ 伊藤道治：《中国古代王朝的形成——以出土资料为主的商周史研究》，第 30 页。

悄然兴起了一种新的政治模式，当然这一问题最先由董作宾提出。董作宾根据祀典、历法、文字和卜事的变化，提出商代政治的旧派、新派说。从上文的论述我们可以发现，对祖灵认识从祖庚、祖甲开始出现了一些微妙变化，商王祭祀中对先考先妣规律性祭祀制度也正是在祖甲时开始确立，祖先神福佑子孙的观念在制度上得以确立。商朝新派政治时期，商王对祭祀、历法以及卜事进行改革，有一定的积极意义。但这种新政治模式的弊端却非常致命：王权通过祖先信仰的形式不断得到神化和加强，非常容易导致商王对祖先神福佑思想的过分迷信而造成王权过分膨胀。神权彻底失去了对现实王权的威慑和限制，强大的王权打破了商代中前期所努力构建的政治平衡，造成商代统治阶层内部的严重撕裂。

新派政治出现之后，商代统治阶层治理理念的分歧逐渐浮显，商统治阶层开始分化。首先，商后期商王对待新政的态度不完全一致。从甲骨卜辞来看，新旧两派的力量此消彼长，两派均未能完全压倒对方，虽新派占有优势，但旧派力量也不容忽视，商后期统治阶层内部新派和旧派的政治斗争非常激烈。如在武乙、文丁执政时期，祖甲时期已经确立的"周祭"制度竟被取缔！所以说商的传统政治力量还是十分强大的。其次，王权不断增强，导致了商王与贵族之间的权力平衡被打破。旧派坚持商代传统的政治模式，即《盘庚》中所表现的商王与贵族间的权力制衡、"任旧人共政"等这些都是商传统政治时期政治运作的典型模式，这种模式在商代繁荣与稳定中发挥了重要作用。帝乙、商纣时期，尤其是商纣时期，王权过分强大，商王与传统贵族长期以来形成的政治平衡被打破，造成了王权与贵族集团权力的直接冲突。面对商王族中一些大贵族的反对，商纣甚至对那些政见不合的商王族直接进行人身迫害，箕子为奴，比干谏死。而其他非商族的部族，被迫寻求新的共主，他们将目光投向了正在崛起的周族，如吕尚"尝事纣，纣无道，去之。游说诸侯，无所遇，而卒西归周西伯"。①

四　周初以天命为核心重建宗教与治理秩序

牧野之战，周武王从军事上摧毁了商的天下共主地位。从某种程度上来讲，商灭亡就是商为其新政付出的惨痛代价。商的新派政治造成神权与王权、商族与其他属国、商王与商王族内部权力失衡，最终在商纣时导致大贵族和属国离心离

①　司马迁：《史记》，中华书局，1982，第1478页。

德，叛商亲周。周初贵族对这一点认识非常清楚，因此以周武王、周公、召公、周成王为代表的周初统治者在继续加强军事征服以及军事战略全面布署的同时，也十分重视对殷商兴亡经验的总结，这就是周初强烈的"殷鉴"思想。针对商末新政中存在的弊端，周人分别从信仰层面和实际政治运作层面借鉴商代新派政治和旧派政治的经验和教训，开始进行新的改革。

第一，周人在信仰层面重新建立一个以"天"为核心的天下公共性信仰。周人主要是通过对"帝"崇拜进行重建改造和利用，这就是周初"天"的思想来源。岛邦男从文字的演变中提供了佐证，他认为"周初表示上帝之义的'天'字为卜辞'口'（帝——引者注）字异体，这是演变的结果，本来无表示'上天'之字，后世用作上天之义是由字义引申出来的"。[1] 刘起釪甚至认为在处理《商书》中的"天"时，可以用"帝"直接替换。从某种意义上来讲，周人对"天"如此敬畏，其实继承了商代传统政治所坚持的可以降福作祟的"帝"信仰，而且作用也空前提高，只有"天"才掌握着天下政治变动的决定权，这从周人以天命观重述夏商周三代变迁就可以看出，周人认为夏、商的灭亡就是"天"威的明证：

> 我不可不监于有夏，亦不可不监于有殷。我不敢知曰，有夏服天命，惟有历年；我不敢知曰，不其延，惟不敬厥德，乃早坠厥命。我不敢知曰，有殷受天命，惟有历年；我不敢知曰，不其延，惟不敬厥德，乃早坠厥命。[2]

周人在强调"天"观念的同时，也批判性地继承了商代中后期新派政治中对祖灵的认识。在已有的反映周人历史、思想的资料中，我们也能看到周人对自己祖先功绩的赞颂，如《诗经》中《文王》《公刘》等；《大诰》中文王、武王以及其他先王并未降祟子孙，更多是对文王、武王功德的颂扬，周人子孙更多是受其恩泽：

> 宁（文）王遗我大宝龟，绍天明即命。
> 天休于宁（文）王，兴我小邦周。宁（文）王惟卜用，克绥受兹命。[3]

---

① 岛邦男：《殷墟卜辞研究》，濮茅左、顾良伟译，上海古籍出版社，2006，第400页。
② 孔安国传，孔颖达疏《尚书正义》，第213页。
③ 孔安国传，孔颖达疏《尚书正义》，第198~200页。

周人一方面接受商王祖先神灵作福的新观念，另一方面也吸取殷人的教训，并非一味盲目相信祖先神灵福佑后人的作用。周人不仅在神格上将祖先神置于"天"信仰之下，而且明确指出只有"天命"才是天下秩序的最终根据。因为周人已经看到仅仅把福佑子孙的祖先神奉为至上神的严重弊端。在周初文献中，"天"的作用明显高于祖先神。"天"可以"命哲，命吉凶，命历年"，① 时刻有"改厥元子"的能力。天命不可迷信、不可依赖，周人并不能永享天命。"天"随时可能降祸于周，如周初武王去世、武庚之乱，周统治者认为这些政治危机不断出现是"天降割于我家不少，延洪惟我幼冲人"。②

第二，从政治操作层面上来讲，"天"与周王能够形成互动，而这主要取决于周王之德。无论是要获得天命，还是保有天命，周王必须"不敢不敬天之休"，做到"以德配天"。在周人的描述中，周文王、周武王也是通过修"德"得到"天命"的青睐：

> 小子封。惟乃丕显考文王，克明德慎罚，不敢侮鳏寡，庸庸、祗祗、威威、显民。用肇造我区夏，越我一二邦以修。我西土惟时怙冒，闻于上帝，帝休。天乃大命文王，殪戎殷，诞受厥命。③

当然周人也认为，如果周王"淫逸"而不修德，天命就会坠失。这从周对夏、商兴亡历史经验的总结中就能够看出：

> 我闻曰："'上帝引逸。'有夏不适逸，则惟帝降格，向于时夏。弗克庸帝，大淫泆，有辞；惟时天罔念闻，厥惟废元命，降致罚。乃命尔先祖成汤革夏，俊民甸四方。自成汤至于帝乙，罔不明德恤祀；亦惟天丕建保乂有殷；殷王亦罔敢失帝，罔不配天其泽。在今后嗣王，罔显于天，矧曰，其有听念于先王勤家，诞淫厥泆，罔顾于天，显民祗。惟时上帝不保，降若兹大丧。"④

第三，周人为了扩大统治基础，对商"任旧人共政"治理原则也予以恢复。

---

① 孔安国传，孔颖达疏《尚书正义》，第213页。
② 孔安国传，孔颖达疏《尚书正义》，第198页。
③ 孔安国传，孔颖达疏《尚书正义》，第203页。
④ 孔安国传，孔颖达疏《尚书正义》，第219～220页。

对商人而言，"（周武王）命周公旦进殷之遗老，而问殷之亡故，又问众之所说、民之所欲。殷之遗老对曰：'欲复盘庚之政。'武王于是复盘庚之政"。[①] 周封商纣之子武庚，后又封微子于宋，对商人以及商贵族进行安抚。对天下其他部族而言，周承认传统天下大贵族、诸侯的政治权力，对天下部族进行重新认可和分封。当然周人这种思想是在周初面临政治危机时周公通过对商代兴盛历史以及周兴起原因的追述表达出来的，不仅消除召公对周公辅政的疑虑，而且也反映出以周公为代表的周初贵族对"任旧人共政"的深刻认识。

五 《西伯戡黎》的真实与重构

综上所述，从史实角度来说，《西伯戡黎》这篇文献深刻反映了商末商王族，甚至整个统治阶层的分崩离析。祖伊和商纣的对话正反映了以祖伊为代表的贵族对传统宗教和政治模式的坚持，对商纣一味迷信祖先福佑观念以及由此导致的王权过分膨胀的政治模式的批驳。祖伊通过这种坚持，目的是要达到对王权的限制，为贵族、天下诸侯在政治事务中赢得一定的权力空间，以确保更广泛的统治基础。商纣的"我生不有命在天"的"天"可以转换为"帝"，而"帝"已经是祖灵的代名词，放在新派的宗教政治语境下所要表达的准确意义是商王对祖先福佑力量可以无限依赖。在商纣观念中，祖先神就是对子孙有无限福佑力量的祖灵，可以为其一切现实政治正名，这可能才是商纣和祖伊冲突的历史真实。

当然，《西伯戡黎》主要是在周人"殷鉴"思潮下对商末历史进行整理和重述时成书的，这种重述必然贯穿着周人对夏商兴亡史的新认识。一方面与周初总结商亡教训、以商为鉴的思想密切相关，另一方面也是为了对周人政权合法性的说明。祖伊与商纣谈话具体内容的记述，正是周人根据自己的观念对商代政权崩溃做出的回答。所以在《西伯戡黎》中，周人根据自己的天命政治观，以周人的语言方式，对商纣与商贵族之间宗教和政治矛盾进行重新诠释，体现了周人的天命政治观，这样商纣就被塑造成为一个一味迷信天命而不敬德保民的形象。也正是在这个意义上，《西伯戡黎》在传统社会中能够发挥以天命限制王权的特殊政治功能而备受经学家的关注。

原刊《西北大学学报》（哲学社会科学版）2016 年第 5 期

---

① 许维遹：《吕氏春秋集释》，中华书局，2009，第357页。

《尚书·金縢》新探

阮明套

摘　要：清华简《金縢》提供了研究传世本《金縢》的新文本，清华简《系年》所载周初史事对《金縢》的研究也至关重要。这些新材料澄清了周初重要史事的基本脉络。周公所言"我之弗辟"指诛杀武庚而非三监；周公遗《鸱鸮》诗于成王未获谅解是因为周公对摄政之事只字未提；最终使成王释疑的是周公以身代武王之死一事；成王与周公二人最终相合，进而开创出周人的基业。

关键词：《金縢》　《系年》　周公　三监

《尚书·金縢》篇记载了周初重要历史事件，因而受到历代学者重视。但是，该篇记事时间较长，记载内容有所省略，与周初诸诰文体不类，因而引起了部分学者的怀疑，甚至被认为是"伪书"。[①] 近年来，清华简《金縢》篇的公布引发了学者研究的热潮，诸多问题得到了澄清，这为今后研究奠定了坚实基础；然而，由于学者研究视角不同，某些问题并没有达成一致见解，清华简《系年》则为解决纷争提供了新材料。本文在前人研究基础上，利用清华简《金縢》和《系年》对相关问题进行研究，不妥之处敬请专家指正。

一　《系年》与"我之弗辟"新解

《清华大学藏战国竹简》第二册载有《系年》一篇，李学勤先生认为它是

---

① 袁枚：《〈金縢〉辨上》，王英志主编《袁枚全集》第2册，江苏古籍出版社，1993，第380页。

"一种编年体的史书，所记史事上起西周之初，下到战国前期，与《春秋》经传、《史记》等对比，有许多新的内涵"。① 这种新内涵在周初史事方面体现尤为明显。《系年》第三章记载："周武王既克殷，乃设三监于殷。武王陟，商邑兴反，杀三监而立彔子耿。成王屎伐商邑。"② 彔子耿即是武庚禄父，为商纣王之子。我们从该记载中能够得到两方面重要信息：第一，武王在殷地设置的三监是指管叔、蔡叔和霍叔三人，而不包括武庚禄父，这解决了三监为何人的历史问题；第二，三监为殷人所杀，而不是传世文献记载的为周王朝所杀。③ 殷人杀三监一事为以往文献记载所缺失，它为重新认识周初历史提供了新材料。

学界一般认为《金縢》篇成书于东周时期，但其原始材料则来源于周代史官记录，因而其所记内容是真实的。那么，历代学者间的分歧又是怎样产生的呢，笔者认为这与其所记历史时期较长和所记史事省略有关，④ 其中，学者对"我之弗辟"一句的种种误解即是由于忽略此点造成的。该句位于"武王既丧"至"王亦未敢诮公"部分，现将传世本《金縢》与清华简《金縢》这一部分做如下比较（表1）。

表 1　传世本《金縢》与清华简《全縢》文本比较

传世本《金縢》	清华简《金縢》
武王既丧	就后武王陟 成王犹幼在位
管叔及其群弟乃流言于国曰："公将不利于孺子。"周公乃告二公曰："我之弗辟，我无以告我先王。"周公居东二年，则罪人斯得。于后，公乃为诗以贻王，名之曰《鸱鸮》。王亦未敢诮公	管叔及其群兄弟乃流言于邦曰："公将不利于孺子。"周公乃告二公曰："我之□□□□亡以复见于先王。"周公宅东三年，祸人乃斯得。于后，周公乃遗王诗，曰《鸱鸮》，王亦未逆公

① 李学勤：《初识清华简》，《通往文明之路》，商务印书馆，2010，第 241 页。

② 清华大学出土文献研究与保护中心编，李学勤主编《清华大学藏战国竹简》（贰），中西书局，2011，第 141 页。

③ 清华简《系年》整理者认为："'杀三监'者，当指杀三监的周人吏卒。"［清华大学出土文献研究与保护中心编，李学勤主编《清华大学藏战国竹简》（贰），第 142 页］这种解释存在的问题是：如果商人杀的仅是三监所属的周人吏卒，三监却仍然与武庚一起叛乱，这从常理方面是难以说通的。所以，这里的三监包括三监及其所属吏卒，也就是周武王派往殷地监视殷遗民的周人力量。

④ 这里主要指"武王既丧"至"王亦未敢诮公"部分，这部分内容的省略是为了行文需要，而不是材料缺失所致。《金縢》篇主旨在于说明周公与成王的关系，故在其他方面有所省略，乃是为了突出文章的中心。至于省略多少不同版本有所不同，这从清华简《金縢》与传世本《金縢》对比即可看出。

在传世本《金縢》篇中，"武王既丧"之后紧接管叔及其群弟流言一事，并用一"乃"字，这就容易使人产生两件事情是前后相连的印象；实际上，这里的"乃"字更近似于语气助词，它在句中并无实际含义，这从司马迁对《金縢》篇的引用即可看出，此句《史记·鲁周公世家》作："管叔及其群弟流言于国曰：'周公将不利于成王。'"①司马迁并没有译出乃字，可谓得矣。因此，武王既丧与管叔等人流言并不具有因果关系，清华简《金縢》篇证明了这一点，它在两件事情之间加入了"成王犹幼在位"一事。但是，即便如此文义犹未明晰，司马迁却为我们补足了缺失信息，《史记》记载：

> 其后武王既崩，成王少，在强葆之中。周公恐天下闻武王崩而畔，周公乃践阼代成王摄行政当国。管叔及其群弟流言于国曰："周公将不利于成王。"②
>
> 武王既崩，成王少，周公旦专王室。管叔、蔡叔疑周公之为不利于成王。③
>
> （武王）后而崩，太子诵代立，是为成王。成王少，周初定天下，周公恐诸侯畔周，公乃摄行政当国。管叔、蔡叔群弟疑周公。④

从以上记载我们可以清晰地看出：周武王去世后，周成王虽然即位，但是周公乃"摄行政当国"，掌握着周王朝实际政权，这是传世本《金縢》篇所缺载的。⑤试想如果没有周公摄政当国这事件，"公将不利于孺子"一句便不知所云了。周公摄政当国引起了时人疑虑，⑥不仅有管蔡等人，召公亦包括在内，"成王既幼，周公摄政，当国践阼，召公疑之"。⑦在此情形下，管

---

① 《史记》卷33《鲁周公世家》，中华书局，2013，第1828页。
② 《史记》卷33《鲁周公世家》，第1828页。
③ 《史记》卷35《管蔡世家》，第1883页。
④ 《史记》卷4《周本纪》，第169页。
⑤ 《金縢》篇作者不记载周公摄政当国一事，我们可以做出这样推测：要么是这件事情在周人观念中已是共识，到了不言自明的程度；要么是周人讳言这件事情，具体情况如何还应当做深入分析。
⑥ 周公摄政当国亦引起了周成王的担忧，这从周公东征归来后周成王对他的态度即可看出，因而不能完全说周成王是惑于管蔡二叔之言。
⑦ 《史记》卷34《燕召公世家》，第1865页。

蔡等人提出的"公将不利于孺子"的言论就不能只当作流言对待，它是对当时情况的客观反映；既然该言论是客观的，周公反应如何呢，这就牵涉怎样理解"周公乃告二公曰：'我之弗辟，我无以告我先王。'"这句话。清代学者袁枚认为：

> 经文曰："我之勿辟，则无以见我先王。"训"辟"字为诛辟，则二叔倘已称兵，周公征之宜也，不必为此言；二叔尚未称兵，仅流言而已，周公不可以王师报私忿也。[1]

袁枚站在怀疑《金縢》篇为伪书的立场上认为其记载不可信，这从他对"辟"字的分析即可看出。他认为辟字若训为诛辟，必定要涉及管蔡二叔称兵与否的问题：如果二叔已经称兵，周公征之宜也，这种假设就其因果关系来说是成立的；假如二叔尚未称兵，仅流言而已，周公若征之则是以王师报私忿也，这种分析也有道理；那么，管蔡二叔究竟称兵没有，假如称兵，又是在什么时间，这是以往研究所忽略的问题，乃至径以为管蔡二叔称兵为事实，由此造成了经学史上聚讼不已的两种观点，即"东征说"和"避居说"。[2] 清华简《系年》为我们解决这个问题提供了重要材料。

由清华简《系年》所记可知：三监为殷人所杀。具体情境当是：商人起兵造反时，以管叔为首的三监起到了监殷作用并进行了抵抗，由于力量悬殊，他们被商人杀害，从而导致周公以成王的名义进行东征。在这一史实基础上，我们再看袁枚的分析，既然管蔡二叔只是流言，没有称兵，并且为殷人所杀，那么，辟字训为诛辟是不是也就不能成立了呢，不是的，由于管蔡二叔没有称兵，这里的辟训为诛辟才是最合理的，但是诛辟的对象不是以往学者认为的三监，而是武庚等造反的殷遗民。

正如我们在上文所做的分析：武王既丧与管叔等人流言不存在因果联系，同

---

① 袁枚：《〈金縢〉辨下》，王英志主编《袁枚全集》第 2 册，第 382 页。
② 赞同"辟"字训为诛辟的学者认为"我之弗辟"即是周公要诛辟武庚和三监，从而形成了"东征说"；赞同辟字通避，进而训为逃避的学者认为"我之弗辟"乃是周公要避居于东，从而形成了"避居说"。详情见赵光贤《说〈尚书·金縢〉篇》，《古史考辨》，北京师范大学出版社，1987，第 57~60 页。

样地,管叔等人流言与周公告二公也不存在因果联系,① 两件事情存在着时间间隔,这由清华简《系年》及其他历史记载相结合即可看:武王去世后,周公摄政当国,引起管蔡等人不满,乃流言于国,这时还只是周王室内部矛盾;但是,商王朝残余势力抓住了这一矛盾,认为此时是"百世之时也",② 进而怂恿武庚起来造反;而三监等人奋力抵抗,最终被杀,这促成了周公东征。所以,周公告二公一事不是在管蔡二叔流言之时,而是在三监被武庚杀死之后,这时商周之间的矛盾正式公开,周公即将要进行东征,其所言"我之弗辟",乃是指诛辟以武庚为首的殷遗民,这由清华简《系年》得到了证实。

当武庚起来造反后,周公告诉二公说:"我之弗辟,我无以告我先王",这可以看作周公对二公所做的战争动员,它意在说明东征是为了维护周先王所创造的周朝基业,这一思想在《尚书·大诰》篇表现得尤为明显。《大诰》篇是周公东征前对周人所做的战争动员辞,其背景与周公告二公一事相同。《大诰》篇书序记载:"武王崩,三监及淮夷叛,周公相成王,将黜殷,作《大诰》。"③ 前人囿于书序记载多认为它是周公为征伐商人及三监而作。但是,孔颖达已经看出了书序的问题,他根据《大诰》篇内容指出:"管蔡导武庚为乱,此篇略于管蔡者,犹难以伐弟为言,故专说武庚罪耳。"④ 孔颖达认为《大诰》篇略于管蔡而专说武庚罪耳,这是很中肯的见解,但是他认为之所以如此,是难以伐弟为言,则又属于推测之词,并无文献依据。由清华简《系年》可知:《大诰》篇略于管蔡二叔实是他们已经被武庚杀害而未参加叛乱,所以才专说武庚罪耳。

"我之弗辟,我无以告我先王",实际上可以看作《大诰》篇的主旨,即周公东征平叛是为了延续周王朝基业;"我无以告我先王",实是要维护并继承周

---

① "周公乃告二公曰"一语,传世本与清华简本记载相同,这说明此语在流传过程中没有被修改过;但是,这里的"乃"字和"管叔及其群弟乃流言于国曰"一句中乃字用法相同,它近似于语气助词,并无实际含义。关于管蔡流言与周公东征,清代学者辨为两事,如崔述云:"《书》云:'流言于国',不云'殷畔',则是殷犹未畔,但闻流言而遂辟也。'流言'者,道路之言。事后知其所起,乃追书之;当时尚未知为谁何,周公可以疑似而遽杀其兄乎!周公之东征,讨武庚也;武庚未畔,讨之何名?未畔而已伏诛,则是初无殷畔之事而周公诬之也。若谓武庚之畔即在流言之时,则史当特之以为讨之张本,不得但记流言,遽云当诛。诛流言者邪?诛畔者邪?"(顾颉刚编辑《崔东壁遗书》,上海古籍出版社,1983,第203页)可谓得矣。由此也可以看出:管蔡流言与周公东征不存在直接的因果联系。
② 毛亨传,孔颖达疏《毛诗正义》卷2,阮元校刻《十三经注疏》,中华书局,1980,第296页。
③ 孔安国传,孔颖达疏《尚书正义》卷13,阮元校刻《十三经注疏》,第197页。
④ 孔安国传,孔颖达疏《尚书正义》卷13,阮元校刻《十三经注疏》,第198页。

代先王基业，这一点在《大诰》篇中屡屡被表现出来：

> 洪惟我幼冲人，嗣无疆大历服。
>
> 敷贲，敷前人受命，兹不忘大功。
>
> 今蠢，今翼日，民献有十夫，予翼以于敉宁文武图功。
>
> 不可不成乃宁考图功。
>
> 予不敢不极卒宁王图事。
>
> 予曷其不于前宁人图功攸终。
>
> 肆予曷敢不越卬敉宁王大命。①

在《大诰》篇中，周公反复以继承文王大命为己任而不使其坠于地，只有如此才可以"告我先王"；而"告我先王"首先要做的事情就是平叛，就是要诛辟武庚等人，这就是《金縢》篇"我之弗辟，我无以告我先王"的真实含义。

二 《鸱鸮》篇与"周公之志"

既然周公是为了维护周王朝基业，不使其坠于地，那么，在平定东方叛乱后，周公理应得到周成王的礼遇才是。而事实恰恰相反，成王不仅没有以礼待周公，甚至还欲"诮周公"，只是畏于周公之威而未敢，原因何在呢？这涉及人们对《鸱鸮》一诗的理解问题。

《金縢》篇记载周公东征之后，"公乃为诗以贻王，名之曰《鸱鸮》。王亦未敢诮公"。② 可见，《鸱鸮》一诗实是周公心迹的表达，他希望通过此诗能够取得成王的信任。那么，《鸱鸮》究竟要表达周公什么样的心迹呢，这涉及《鸱鸮》一诗的主旨问题。《鸱鸮》诗序曰："周公救乱也，成王未知周公之志，公乃为诗以遗王，名之曰《鸱鸮》焉。"《诗序》认为《鸱鸮》篇写的是周公救乱之事，这是正确的；但

---

① 孔安国传，孔颖达疏《尚书正义》卷13，阮元校刻《十三经注疏》，第198～199页。

② 学界对《鸱鸮》一诗与周公的关系有两种观点，一种认为它是周公所作，一种认为它与周公没有联系，可参阅杜勇先生的论文《从清华简〈金縢〉看周公与〈鸱鸮〉的关系》（《理论与现代化》2013年第3期）。杜勇先生根据清华简《金縢》篇认为《鸱鸮》非周公所作，不过他以此诗遗献成王，略近赋诗言志。然而，清华简《金縢》篇记载："周公乃遗王诗，曰《鸱鸮》。""周公乃遗王诗"一句中遗的对象是成王，所遗之物乃诗，以此来看，诗当是周公所作，这从诗中内容也可看出。

是，毛传认为周公所救之乱为管蔡二叔叛乱，则是错误的，这由清华简《系年》即可知。在这里，周公救乱指的是周公东征平定东方叛乱。我们先看这首诗：

> 鸱鸮鸱鸮，既取我子，无毁我室。恩斯勤斯，鬻子之闵斯。
> 迨天之未阴雨，彻彼桑土，绸缪牖户。今女下民，或敢侮予？
> 予手拮据，予所捋荼。予所蓄租，予口卒瘏，曰予未有室家。
> 予羽谯谯，予尾翛翛，予室翘翘。风雨所漂摇，予维音哓哓！①

一般认为此诗是周公为鸟言以自比也。"既取我子，无毁我室"一句，朱熹认为："以比武庚既败管蔡，不可更毁我王室也。"② 这是正确的，由清华简《系年》可知，诗句是讲武庚已经杀害了管蔡二叔，③ 决不能再毁坏周王室了。"恩斯勤斯，鬻子之闵斯"，是说周公殷勤于周王室乃是出于哀闵周成王的考虑。这首诗中不仅没有管蔡二叔造反的迹象，反而是其被武庚杀害的情形。由于武庚造反，周王室面临巨大威胁，周公勇于担当重任，果断进行了东征，这便是该诗第一章表达的含义。

周公东征过程是艰辛的，这由《鸱鸮》一诗可见一斑。该诗三四两章以小鸟筑巢的艰辛、遭遇的坎坷写出了东征的艰辛，之所以以小鸟筑巢来暗示东征的艰辛，正表明了东征目的乃是为了巩固周王室的统治，与小鸟筑巢有相似之处。这种艰辛与《东山》《破斧》等诗所表达出的情形是一致的。所以，从《鸱鸮》整首诗来看，它表达出周公为了巩固周王室的统治毅然进行了东征，平定了叛乱，而这个过程充满了艰辛和坎坷，这就是《诗序》所谓的"救乱"、《金縢》篇所谓的"勤劳王家"。

那么，周公这种鞠躬尽瘁的精神为什么没有得到周成王的谅解呢？由于清华简《系年》的发现，我们知道周成王疑惑周公的理由是充分的：管蔡二叔所言"公将不利于孺子"的情形在当时是存在的，以管叔为首的三监又被商人杀害，可见，他们是忠于周王朝的，这就增强了他们言论的可信性；而周公为讨伐殷遗民毅然东征，成为东征事件的主导者和实施者，这体现出周公权力的强大，对于

---

① 毛亨传，孔颖达疏《毛诗正义》，阮元校刻《十三经注疏》，第394～395页。
② 朱熹：《诗集传》卷8，中华书局，1958，第93页。
③ "既取我子"一句，毛传解释为："宁亡二子。"就训诂方面来说，毛传的解释是存在问题的，"既取我子"就字面含义讲是鸱鸮已经夺取了我的儿子；而"宁亡二子"的含义则是宁愿消灭二子，两者所表示的时态和含义是不同的，所以，毛传的解释是错误的，而朱熹的解释是正确的。

幼年继位的周成王来说确实是一种威胁。而周公以《鸱鸮》一诗遗成王，诗中仅是表明了自己勤劳王室的形象，对于"摄政当国"一事绝口不提，因而并不能消除周成王的疑惑，这乃是周成王疑惑周公的根本原因所在。周成王虽有疑惑，但是畏于周公的权威，"亦未敢诮公"。

那么，《诗序》所谓的"周公之志"又是什么呢，换句话说，周公为什么不提摄政当国一事呢，这是由当时社会实际情况决定的。由"我之弗辟，我无以告我先王"一句可知：周公东征是为了维护周代先王所开创的基业，这乃是"周公之志"；但是东征刚刚胜利之际，社会并不稳定，各项事业百废待兴，周成王还不足以应对这种局面，这是周公十分清楚的事实。所以，周公在《鸱鸮》诗中并没有提及自己摄政当国之事，以避免加深成王的疑虑，造成君臣关系的间隙，这在当时乃是一种策略，等到时机成熟时周公自然会还政成王。

三　成王释疑与周代基业

周公遗诗成王并未获得谅解，这是由两人所处的地位和对社会形势的判断决定的；那么，成王是如何消除疑虑的呢，这在《金縢》篇中有明确记载：使周成王消除疑虑的偶然因素是风雷示变，而必然因素则是周公"自以代王"之志。

"秋，大熟，未获"至篇末为《金縢》篇最后一部分，主要讲述了风雷示变以悟周成王，致使周成王与周公君臣相合之事。风雷示变反映出当时统治阶级宗教观念的认知水平，① 这从《尚书·洪范》篇即可看出。关于《洪范》篇，晁福林先生认为："此篇成书于周代史官之手，系周代史官取其所掌握的资料写作而

---

① 关于周代宗教观念的进展，罗新慧教授指出："商周之际天命观念的变革，在中国传统文化发展历程中具有重要意义。人文精神的跃动和觉醒，并非周人天命观念的全部内容。在翦商及建国过程中，周人基于现实需要而宣传天命。周人与殷人的天命论并非迥然有别。西周以降，周人的天命论绝非沿理性的轨道做直线式发展。理性中夹杂非理性，觉醒与非觉醒相交织的状态，仍然是'精神觉醒'后周之上层思想领域内的大致状况。"（《周代天命观念的发展与嬗变》，《历史研究》2012 年第 5 期）天命观是宗教观念的重要组成部分，天命观的发展充满了理性和非理性，其他宗教观念亦是如此，特别是在人类发展早期，非理性应该说是宗教观念的主要表现形式，这由清华简《程寤》篇也明显表现出来，《程寤》篇记载在灭商之前，周文王之妻太姒做了一个梦，由占卜结果来看为吉梦，周人由此自认为得到了天命，这可以说是天事与人事的相结合，与风雷示变十分相似。

成，而在东周时期的传抄过程中可能混入个别后代的语辞。"① 良为可信。《洪范》既然成书于周代史官，当是对社会状况的反映。《洪范》九畴中的第八畴是各种征象，包括雨、晴、寒、暖、风五种，君王行为得当，则自然现象正常运行，反之，则会表现出不同灾异，"这就形成一种宣扬君主行为的好坏能引起气候好坏的神秘的感应说。但这种感应，是源于早期的商周奴隶主对至上神和祖宗神的一致的夸大和引申"。② 例如"咎征：曰狂，恒雨若；曰僭，恒旸若；曰豫，恒燠若；曰急，恒寒若；曰蒙，恒风若"。③ 这些灾异均体现着君王过错。因而，由"秋，大熟，未获，天大雷电以风，禾尽偃，大木斯拔"这种反常天象，周人意识到成王的行为出现了过错，而这种过错最可能体现在其对周公的态度上，这就促成了周公占卜祭祷辞的公之于众，促成了君臣二人相合。④

由于周公"以身代王之志"的祭祷辞的公布，成王看到了周公为了周王朝基业延续而代武王去死的崇高事迹，因而消除了"公将不利于孺子"的顾虑，充分肯定了周公所作所为乃是"勤劳王家"，从而亲自迎接周公。周成王对周公的信任，为周公在东征之后继续施政创造了良好环境，从而有建侯卫、营成周、制礼作乐这些重要措施的实行，进而巩固了周王朝基业，并为其繁荣奠定了坚实基础。后来周公又返政成王，北面就群臣之位，为成王施政提供帮助，致使成康之际"天下安宁，刑错四十余年不用"。⑤ 这一切成就的取得皆是由成王与周公齐心合力完成的，显示出君臣团结的重要性。

由清华简《系年》的记载，我们对周初史事有了新的认识，从而解决了《金縢》篇中存在的纷争；那么，《金縢》篇所要表达的主题是什么呢？自清华简《金縢》篇发表以来，学者通过研究多有所发明，杜勇先生指出："细绎《金縢》可以发现，周天子始终处于权力核心的地位，位尊权重的周公也只能服从这个最高权力执政。"⑥ 这可谓是确论，但是问题又不止于此。周成王的权威是

① 晁福林：《说彝伦——殷周之际社会秩序的重构》，《历史研究》2009 年第 4 期。
② 刘起釪：《〈洪范〉成书年代考（附今译）》，《尚书研究要论》，齐鲁书社，2007，第 413 页。
③ 孔安国传，孔颖达疏《尚书正义》卷 12，阮元校刻《十三经注疏》，第 192 页。
④ 风雷示变作为"庶征"之一，它预示着君王的过错，而最终促使成王悔悟的则是周公以身代武王的事实，这从清华简《金縢》自身的篇名"周武王有疾周公所自以代王之志"即可看出。
⑤ 《史记》卷 4《周本纪》，第 171 页。
⑥ 杜勇：《清华简〈金縢〉有关历史问题考论》，《古籍整理研究学刊》2012 年第 2 期。王坤鹏先生亦持类似见解，他认为："简本掺入了整理者尊崇王权的观念。"（见《简本〈金縢〉学术价值新论》，《古代文明》2012 年第 4 期）

继承周武王所得,① 尽管其年幼,但是为周朝上下所拥护。所以,当周公摄政之时,以管叔为首的群兄弟便发出"公将不利于孺子"的言论,这自会在周朝诸人中引起反响,此时周公实际上处于一种不利地位,他虽然能够以政治家的果断东征平叛,但是又不能不顾虑周朝上下对于周成王权威的信从,在这种情况下,周公表现出了政治家应有的胸怀,主动向周成王表明自己的心迹,并最终获得了周成王的信任,为周公之后的一系列政治活动奠定了基础,也开创出了"郁郁乎文哉"的周代基业。所以,《金縢》篇的主题是在强调成王与周公二人相合之事,意在说明君臣团结的重要性,故而位列周初诸诰之前。

原刊《西北大学学报》(哲学社会科学版)2016 年第 4 期

---

① 这从周代先王王位继承制即可看出。可以说,从太王公亶父起父死子继制已经形成(见拙文《周初人物、事件与制度建设——由清华简〈系年〉论周初史实》,陈峰主编《周秦汉唐文化研究》第 9 辑,三秦出版社,2016,第 22 ~ 31 页)。至周成王时已经实行一百多年时间,应该是深入人心。

战国时期秦领土扩张及置郡背景

〔韩〕琴载元

摘　要：战国时期秦所占领的地区可以分为"巴蜀"、"三晋"以及"楚地"。通过从《商君书·徕民》及《史记》等史料所见的事实，可以看到秦初期"地狭民众"的情况随着对蜀地、楚地的占领逐渐变为"地广民寡"。首先，秦在占领蜀地的过程中，基本上吸收了当地势力及其所辖的人口，没发生大量的人口外流。然后，秦与楚、韩、魏进行战争时居然出现多数当地人口外流的现象。因为获得这些地区，秦国国力得以飞跃发展，顺利造成从"边地"到"中原"逐渐压迫的形势。然而，尽管秦不断扩张领土，但人口并没有跟着它一起增加，结果到战国末出现了"地广民寡"的情况。战国秦占领地可以通过战争及外交、人口政策、反秦情绪等要素来考察。由于这些机制的作用，后来关外各地的反秦活动没有同样展开，形成了秦早期置郡的关外地区与旧六国区域之间的分界。

关键词：秦郡县　三晋　蜀地　楚地　人口流动

战国时期，秦首先占领上郡及巴蜀、汉中等"大关中"以内地区，在此基础上开始扩张到关外地区。截止到韩灭亡（前230）的时候，秦占领地可以分为三种典型区域：汉中郡的一部及巴郡、蜀郡，可以称为"巴蜀"；上郡、河东、河内、太原、上党、三川、东郡以及南阳郡的一部，可以称为"三晋"；汉中郡和南阳郡的一部以及南郡一带的占领地都可以称为"楚地"。以往学界在研究这三种不同区域的时候，只是一概而论，忽略了各地区的特

殊性。① 本文试图探索战国时期秦向关外地区扩张这段时间内，对占领地的人口政策及该地郡县制发展过程，进而从此会发现"三晋"、"巴蜀"以及"楚地"的异同。与此同时，在战争与外交、人口政策、反秦情绪等方面进行考察，力图说明它怎样影响到各地的人口地理形势。

一 《商君书·徕民》所见韩、魏人口情况与其实际

为了了解战国时期秦人口政策，首先要探讨《商君书·徕民》。所谓"徕民"，"夫秦之所患者，兴兵而伐则国家贫，安居而农则敌得休息。此王所不能两成也，故三世战胜而天下不服。今以故秦事敌，而使新民事本，兵虽百宿于外，竟内不失须臾之时，此富强两成之效也"。② 即为了改变军事和农事不能同时发展的情况主张"徕民"，这样可以获得同时发展军事和经济的效果。以后很多史籍广泛引用这则史料，多数学者认为这是对秦富强起推动作用的主要政策。③

不过，目前学界都认定商鞅不是《商君书·徕民》的作者。④ "今三晋不胜秦四世矣。自魏襄以来，野战不胜，守城必拔，小大之战，三晋之所亡于秦者，不可胜数也"，⑤ "且周军之胜，华军之胜，长平之胜，秦之所亡民者几何?"⑥

---

① 赵化成曾经对于秦占领地各自不同文化特点进行过研究，他主要通过考古墓葬的分析说明各地列国文化及与秦文化融合的过程（《秦统一前后秦文化与列国文化的碰撞及融合》，《苏秉琦与当代中国考古学》，科学出版社，2001）。本文在他研究的基础上，按照历史学的视角进一步探讨战争和外交及地方统治等因素。

② 《商君书》卷 4《徕民》，蒋礼鸿：《商君书锥指》，中华书局，1986，第 92 页。

③ 《通典》卷 1《食货一》："秦孝公任商鞅，鞅以三晋地狭人贫，秦地广人寡，故草不尽垦，地利不尽出。于是诱三晋之人，利其田宅，复三代无知兵事，而务本于内，而使秦人应敌于外。故废井田，制阡陌，任其所耕，不限多少。数年之间，国富兵强，天下无敌。"（中华书局，1988，第 6 页）；《新唐书》卷二一五《突厥传上》："秦地旷而人寡，晋地狭而人夥，诱三晋之人耕而优其田宅，复及其子孙，使秦人应敌于外，非农与战不得入官。大率百人以五十人为农，五十人习战，故兵强国富。"（中华书局，1975，第 6025~6026 页）

④ 钱穆：《商鞅考》，《先秦诸子系年》，商务印书馆，2005。

⑤ 《商君书》卷 4《徕民》，第 90 页。

⑥ 《商君书》卷 4《徕民》，第 94 页。"周军之胜""华军之胜""长平之胜"分别指称秦昭襄王十四年（前 293）的伊阙之战、秦昭襄王三十四年（前 273）的华阳之战、秦昭襄王四十七年（前 260）的长平之战。有人说，"周军之胜"是秦昭襄王五十一年（前 255）的灭周之战，甚至还有些学者支持这一说法〔徐勇：《〈商君书·徕民篇〉的成书时代和作者蠡测》，《松辽学刊》（社会科学版）1991 年第 2 期，第 50 页；黄佳梦：《秦移民及相关问题研究》，硕士学位论文，东北师范大学，2006，第 13 页〕。不过，这三个战役按理说来有可能是按时间顺序排列的，

等记载都是商鞅死后的事情。尤其"长平之胜"是秦昭襄王四十七年（前260）发生，距商鞅去世（前338）已有78年的时间。所以，《商君书·徕民》可能是秦昭襄王末期商鞅的后学或者另一论者的作品。①

尽管如此，它比较明确地分析了三晋地区（尤其是韩、魏地区）的形势及对秦关系，有重要的史料价值。按照以往的研究，我们可以提出关于《商君书·徕民》的三种话题。第一，关于秦及韩、魏人口情况。史料往往用"地广民寡"或"地狭民众"的说法，来表示土地对比人口的密度。通过《商君书·徕民》及相关资料，可以知道秦非常看重人口及土地问题。第二，秦为解决土地与人口间的不均衡而施行的人口政策。笔者区分人口情况和人口政策，是因为怀疑秦实际上施行了徕民政策。第三，被统治者的反秦情绪。这一问题在《商君书·徕民》里没有明确提出，但是以往研究认为，三晋民不愿做秦民就是反秦情绪的表现，对此需要重新讨论。

首先通过《商君书·徕民》的内容，找出相关的客观事实。《商君书·徕民》提到韩、魏的人口情况如下：

> 今秦之地，方千里者五，而谷土不能处二，田数不满百万，其薮泽、溪谷、名山、大川之财物货宝又不尽为用，此人不称土也。秦之所与邻者，三晋也；所欲用兵者，韩、魏也。彼土狭而民众，其宅参居而并处。其寡萌贾息，民上无通名，下无田宅，而恃奸务末作以处。人之复阴阳泽水者过半。此其土之不足以生其民也，似有过秦民之不足以实其土也。②

---

① 而且文脉上强调经过大规模的战役发生严重的人口损失，但是西周攻略很容易进行并没有发生过大规模的人口损失。于是"周军之胜"也应该是大规模的战役，斩敌军首24万的"伊阙之役"就符合这一条件，因此笔者赞同"周军之胜"为"伊阙之役"之说（《商君书锥指》，第94页注释；仝卫敏：《〈商君书·徕民篇〉成书新探》，《史学史研究》2008年第3期，第80页）。

① 对《商君书·徕民》的编撰时期及作者有各种说法。大概有三种说法：第一，秦昭襄王末期在公元前255年与公元前251年之间商鞅的后学说；第二，孝文王或庄襄王时期（公元前250年与公元前247年之间）吕不韦说；第三，秦始皇即位以后（公元前242年与公元前230年之间）尉缭子说（对研究成果的整理，参考仝卫敏《〈商君书·徕民篇〉成书新探》，第80~81页）。一般认为该篇章于秦昭襄王末期成书，但另外的说法也有各自的说服力，还是一个悬而未决的难题。不过，总结所有的说法，至少可以确定《商君书·徕民》成书于秦昭襄王末期长平之战（前260）以后。

② 《商君书》卷4《徕民》，第87~89页。

这条记录是关于秦和三晋地区人口情况的生动反映。秦当时虽已占领广大的土地，但是实际能增加税收的田数却不到一百万。相反，韩、魏人口过密，导致很多百姓不能保有自己的田宅。以上的内容可以概括为，秦"地广民寡"而韩、魏"地狭民众"，两地不同情况是作者所提出徕民政策的基本前提。

提出政策与实际执行是两回事，学界对于徕民政策的施行与否还在争论不休。我们至少可以知道《商君书·徕民》的书写年代明确是在秦昭襄王末期长平之战以后，所以商鞅生前施行徕民政策的说法值得商榷。当时秦的主流相信"爱爵重复"路线，如"三晋之所以弱者，其民务乐而复爵轻也。秦之所以强者，其民务苦而复爵重也。今多爵而久复，是释秦之所以强，而为三晋之所以弱也"。[①] 认为减少爵位的赐予及赋役的免除才是富国强兵的策略。《徕民》的作者批评，秦坚持"爱爵重复"的路线导致不能招徕三晋民的情形。

《商君书·徕民》的作者认为三晋民不愿来秦的理由是"而晋之无有也信，秦之有余也必。如此而民不西者，秦士戚而民苦也"，[②] 这就与秦坚持"爱爵重复"的路线有关。即使对三晋多次获得胜利，却面临"秦能取其地而不能夺其民"[③] 的情况。有些研究认为，两地区不同的文化背景和价值观导致了这一现象，[④] 在六国地区蔓延的反秦情绪会与此有些关联。[⑤] 不过，只根据文献资料，还无法判断集体人群的情绪。所以，对于反秦情绪的问题应该把视角限定为更实在的方面，明确地把握反秦情绪形成的实际原因。

根据以上分析可以认为，《商君书·徕民》比较正确地反映了当时秦及韩、魏地区的形势。与秦"地广民寡"相比，韩、魏"地狭民众"，作者认为这是由秦坚持"爱爵重复"路线引起的，因此提出徕民政策。不过，我们还不能知道秦以后是否改变路线而以徕民政策代之。此外，有些研究认为三晋民不愿归降秦与在六国蔓延的反秦情绪有关，但还不能证明这两者之间有什么具体的关系。可以简单地说，通过《商君书·徕民》明确看到的只有当时的人口情况，对政策的施行及反秦情绪还需要补充研究。

① 《商君书》卷 4《徕民》，第 89 页。

② 《商君书》卷 4《徕民》，第 89 页。

③ 《商君书》卷 4《徕民》，第 90 页。

④ 欧阳凤莲：《〈商君书·徕民〉篇的移民思想及其实践》，《史学月刊》2008 年第 6 期，第 125～126 页。

⑤ 李成珪：《秦帝國의 舊六國統治와 그 限界》，《閔錫泓博士華甲紀念史學論叢》，首爾：三英社，1985，第 776 页。

另外，为了以史料来用《商君书·徕民》所见人口情况，还要鉴定时间及空间的限制。秦自孝公以来推进富国强兵政策，到昭襄王时期已拥有韩、魏的大规模领土。然而，《商君书·徕民》说"秦之所与邻者，三晋也；所欲用兵者，韩、魏也"，① 据此可以说此时所指的三晋是秦未占领的区域。大约以长平之战（前260）为下限，能整理出来秦所进行战役以及由此占领的地区，如表1。

表1　秦惠王－昭襄王时期领土扩张年表

前330	前328	—	前324	—	前316	前312	前310~前301	
魏纳河西地	魏纳上郡十五县		使张仪伐取陕，出其人与魏		司马错伐蜀，灭之	攻楚汉中，取地六百里，置汉中郡	拔韩宜阳，斩首六万（前307）拔魏蒲坂、晋阳、封陵（前303）取韩武遂（前303）归魏蒲坂（前302）秦取韩穰（前301）	
前298	前296	前295	前294	前293	前292~291	前290	前286	
齐、韩、魏共击秦	秦与韩武遂和	秦击魏襄	魏与秦战	伊阙之战：白起破韩、魏军。斩首24万	攻楚，取宛秦拔韩宛城	魏入河东400里韩与武遂地方200里	魏献安邑，出其人，募徙河东赐爵	
前278	前275		前274	前274(或前273)	前272	—	前268	前266
白起拔郢，置南郡	秦拔魏两城，军大梁下，与秦温以和韩暴鸢救魏，败走开封		秦拔魏四城，斩首4万	华阳之战：白起破魏军。斩首15万魏与秦南阳以和	初置南阳郡		秦拔魏怀城	秦拔魏廪丘
—	前264	前263	前261	前260		—	前257	前256
	秦拔韩陉	秦击韩太行	赵使廉颇拒秦于长平	长平之战：使赵括代廉颇将。白起破赵军45万			秦围赵邯郸，楚、魏救赵	韩、魏、楚救赵新中，秦兵罢

资料来源：《史记》卷5《秦本纪》，第206~213页；卷15《六国年表》，第729~747页。

战国时期领土角逐都由内政和外交的原因交叉而展开，很难找出系统的脉络。不过，将视角限定在秦领土扩张并把握其宏观的脉络，可以提出两大区分点。第一，区分秦惠王时期与武王即位以后。秦惠王时期占领魏河西地、上郡及

---

① 《商君书》卷4《徕民》，第87页。

陕，然后灭蜀并且从楚夺取汉中地区，完成了"大关中"的领土区划。可以将这一系列过程称为关中领土扩张。从武王即位后，秦主要试图往关外扩张，而武王死后昭襄王时期开始实现了其大部分成果，总括这些可以指称关外领土扩张。第二，以昭襄王在位时期为限，可以区分三大战役前后领土扩张的异同。从表1能看到，自武王即位至伊阙之战，秦对韩、魏展开激烈的领土角逐。在伊阙之战大败韩、魏联军后，终于实现了大规模的领土扩张。相反，华阳之战及长平之战之后没发生大量的领土转换。因为韩、魏已处于明显缩小的状况，从此不能期待大量的领土割让。而秦在长平之战后，由于秦内部发生矛盾并且各国的反秦情绪达到了顶峰，对赵战争以彻底失败而告终。

按照秦置郡而言，秦昭襄王时期从韩、魏获得的领土，包括上郡、河东郡、河内郡、南阳郡一部分地区。即这些地区应被排除在《商君书·徕民》所说的韩、魏地区以外。而且，《商君书·徕民》的成书年代可能是在长平之战的几年后，因此庄襄王元年被设置的三川郡①也有可能被排除在外。如上假定的话，当时的韩、魏地区已相当缩小，"地狭民众"的人口情况就与那些长期逐渐被秦丧失领土的史实有关。

《商君书·徕民》所指的"地狭民众"主要以韩、魏为对象，它不仅不反映战国时期所有韩、魏地区的情况，当然也不能反映其他秦占领地的情况。惠王和昭襄王时期秦除韩、魏之外，还从巴蜀及楚获得了大规模的领土。如果秦真的在全国范围内施行过徕民政策，这就意味着所有的占领地也与战国末期韩、魏地区一样"地狭民众"。不过，根据战国时期的文献记载，其他地区跟韩、魏的差别还比较明显。所以，秦在各地所进行的人口政策乃至被统治民的情绪不可能都相同。通过分析这些被占领地的异同，也能够追踪秦占领地人口政策多样的面貌及其演变过程。

二 广地政策的开头——蜀地②攻略

蜀地于秦惠王九年（前316）被占领。"苴、蜀相攻击，各来告急于秦"，③

---

① 《史记》卷5《秦本纪》："庄襄王元年……秦界至大梁，初置三川郡。"（中华书局，1982，第219页）
② 蜀地一般跟巴地一起被并称为"巴蜀"。但是，战国时期，秦在巴地与蜀地占领并设置郡县方面有不同的历史经验。还有人认为巴地的川东地区到秦昭襄王时期还属于楚国（孙华：《巴蜀为郡考》，《社会科学研究》1985年第2期）。因此，对于当时的巴、蜀还要加以区分，本节讨论的蜀地主要限定在以后成为"蜀郡"的地区。
③ 《史记》卷70《张仪列传》，第2281页。

趁苴侯与蜀王纷争的时机，秦惠王发动占领蜀地的战争，这是秦攻略蜀地的开端。对秦来说蜀地是以后进行领土扩张的根据地，在蜀地经营的基础上秦可以继续向关外方向发展。王子今对此评价为，"秦人兼并蜀地，是首次实现大规模的领土扩张，为后来统一中国事业的成功奠定了最初的基础"，[1] 这样的评价很妥当。自孝公以来秦一直执行富国强兵政策，其成果在领土扩张方面凸显出来。因为蜀地的占领是其最初的成果，为了分析对以后领土扩张带来的影响，首先需要了解秦占领蜀地的全程。

很多学者做过这方面的研究，这里不再赘述，[2] 但关于蜀地的人口情况还有几点需要补充。尤其是关于蜀地与其他地区的区别乃至演变过程，以往的研究关注较少。因此，本节在说明蜀地与上一节所分析的韩、魏地区的区别同时，还要探究与楚地的关系，以了解秦领土扩张过程中蜀地所独有的特点。

关于蜀地与中原地区的不同，可以参考张仪和司马错的争论，并与《商君书·徕民》所说的秦"地广民寡"和韩、魏"地狭民众"的情况比对。其中，对当时秦人口情况的描述应该尤其注意。秦惠王想抓住占领蜀地的机会，但是后方还有韩的威胁，对于攻蜀还是攻韩举棋不定。张仪主张先讨伐韩，因为"臣闻争名者于朝，争利者于市。今三川、周室，天下之朝市也，而王不争焉，顾争于戎翟，去王业远矣"，[3] 王业的名分在中原，应该在中原进行与王业符合的战争。但是，司马错反对张仪的意见，认为攻打蜀地是比较现实的措施：

> 臣闻之，欲富国者务广其地，欲强兵者务富其民，欲王者务博其德，三资者备而王随之矣。今王地小民贫，故臣愿先从事于易。夫蜀，西僻之国也，而戎翟之长也，有桀纣之乱。以秦攻之，譬如使豺狼逐群羊。得其地足

① 王子今：《秦兼并蜀地的意义与蜀人对秦文化的认同》，《四川师范大学学报》（社会科学版）1998 年第 2 期。

② 有关秦占领巴蜀的研究，主要有以下成果：罗开玉《秦在巴蜀地区的民族政策试析——从云梦秦简中得到的启示》，《民族研究》1982 年第 4 期；孙华《巴蜀为郡考》，《社会科学研究》1995 年第 2 期；冯一下《战国后期至秦朝四川地区民族融合的基本趋势》，《西南民族学院学报》（哲学社会科学版）1985 年第 4 期；王子今《秦兼并蜀地的意义与蜀人对秦文化的认同》，《四川师范大学学报》（社会科学版）1998 年第 2 期；胡绍华、赵建忠《战国后期秦国统治蜀之政策研究》，《渝西学院学报》（社会科学版）2002 年第 3 期；赖华明《秦汉移民与巴蜀文化的变迁》，《西南民族学院学报》（哲学社会科学版）2002 年第 11 期。

③ 《史记》卷 70《张仪列传》，第 2282 页。

以广国，取其财足以富民缮兵，不伤众而彼已服焉。拔一国而天下不以为暴，利尽四海而天下不以为贪。是我一举而名实附也，而又有禁暴止乱之名。今攻韩，劫天子，恶名也，而未必利也，又有不义之名，而攻天下之所不欲，危矣。臣请谒其故：周，天下之宗室也；齐，韩之与国也。周自知失九鼎，韩自知亡三川，将二国并力合谋，以因乎齐、赵而求解乎楚、魏，以鼎与楚，以地与魏，王弗能止也。此臣之所谓危也。不如伐蜀完。①

司马错分析了秦的国情及当务之急，蜀的形势及占领的可能性，韩的形势及占领的不可能性。首先通过他对秦国情的说明，可以了解当时秦大概的人口地理形势。尤其，应该关注"今王地小民贫"这句，这里司马错提到秦"地小"，与《商君书·徕民》所曰"秦民之不足以实其土"的"地广"情况正好相反。秦惠王时期的领土只限于渭水平原一带及上郡地区，此后秦从攻打蜀地（前316）到编撰《徕民》的时期（以长平之战为上限，公元前260年以后）经过50余年的时间。根据"今秦之地，方千里者五，而谷土不能处二，田数不满百万，其薮泽、溪谷、名山、大川之财物货宝又不尽为用，此人不称土也"②的内容，秦面临的问题不是土地不足，而是土地荒芜，无人开发。其间，秦从"地小"转变为"地广"，有可能因为在巴蜀、楚地等的领土扩张。由此，秦惠王时期所要追求的国家发展方向也不会是"徕民"。司马错说，"欲富国者务广其地，欲强兵者务富其民"，"广地"和"富民"是富国强兵的基本要素。为了解决秦"民贫"的情况，公元前316年时秦不需要"徕民"而需要"广地"。到秦昭襄王末期领土已扩大到原来几倍的时候，才形成了施行"徕民"政策的社会环境。通过了解这一段史实，也可以证明商鞅执政时期没有施行过"徕民"政策。

在司马错看来，蜀地就是符合秦广地目标的地区。首先，蜀地正好经历与"桀纣之乱"相当的政治混乱，可以用较少兵力来占领。而占领后会获利甚丰，"得其地足以广国，取其财足以富民缮兵"。其次，司马错强调说"欲王者务博其德"，占领蜀地符合王业的名分，秦会容易占领，因为"拔一国而天下不以为暴，利尽四海而天下不以为贪"，各国应当都会承认秦占领蜀地。从现实的层面来说，作为"西僻之国""戎翟之长"的蜀是"边地"，与中原诸侯国没有紧密

① 《史记》卷70《张仪列传》，第2283页。
② 《商君书》卷4《徕民》，第87页。

的利害关系，所以不用考虑周边国家的干涉及阻扰。

秦王采纳司马错的建议，成功地占领了蜀地，"贬蜀王更号为侯"，① 蜀地的统治阶层完全被秦控制，实际上不可能发生大量的人口流出。由此可以推测，蜀地在吸收以往人口的基础上，不断接受秦迁移人口，自秦占领以来一直保持人口增加的趋势。而且，在这些过程中蜀地并没有摆脱对秦的藩属关系，秦最终在此地确立了郡县统治，这比中原地区还早 50 余年。正如司马错所说，由于蜀地是"边地"，秦很早实现"灭国"，这与其他六国通过合纵连横不断抵抗秦国的事实相反。司马错说"周自知失九鼎，韩自知亡三川，将二国并力合谋，以因乎齐、赵而求解乎楚、魏，以鼎与楚，以地与魏，王弗能止也"，因为中原各国的关系太紧密，占领并不容易。实际历史也这样展开，战国末期韩、魏的国力已经沦为秦"藩国"的地步，但是还继续强烈地对抗，拒绝成为秦的附属国。

虽然蜀地跟中原国家没有紧密的外交关系，但是还不能完全排除其周边国家的影响。尤其，紧邻的楚国会与它有一定的关系，事实上在巴蜀地区发掘的战国墓葬中就可以发现楚文化特点，表明这些地区之间有过比较活跃的交流。② 而且，在军事战略方面巴蜀与楚的关系也不可忽略，楚威王采纳苏秦的合纵政策时说："寡人之国西与秦接境，秦有举巴蜀并汉中之心。"③ 秦占领汉中在楚怀王十七年（前 312）发生，虽然楚威王在位时汉中还属于楚国，但是他已经开始忧虑秦举巴蜀攻占汉中的可能性。结果楚不能解决这一问题，秦占领蜀地刚过 4 年就夺取了汉中地区，将此地编入汉中郡。楚失去汉中首要的原因是楚怀王的外交失败，但是也与秦事先控制蜀地，能确保后方安全有关。

秦占领巴蜀、汉中，并完成了"大关中"的地理基础，也意味着打通了向楚本土进军或补给的交通路线。张仪曾向楚王提出连横政策说："秦西有巴蜀，大船积粟，起于汶山，浮江已下，至楚三千余里……扞关惊，则从境以东尽城守矣，黔中、巫郡非王之有。"④ 尽管当时的游说一般有夸张的特点，但也能反映出秦对楚这一军事战略方面的优点。大概 30 余年后，秦就实行经过蜀地的交通路线进攻楚中心地。秦昭襄王时攻击楚地，"二十七年……司马错发陇西，因蜀

---

① 《史记》卷 70《张仪列传》，第 2284 页。
② 徐中舒、唐嘉弘：《古代楚蜀的关系》，《文物》1981 年第 6 期。
③ 《史记》卷 69《苏秦列传》，第 2261 页。
④ 《史记》卷 70《张仪列传》，第 2290 页。

攻楚黔中,拔之";"三十年,蜀守若伐楚,取巫郡,及江南为黔中郡"。① 就这样,秦占领蜀地在"大关中"地理区划乃至楚地攻略方面,起到桥头堡的作用,有很重要的意义。

三 广地政策的延续——楚地攻略

战国时期秦占领的楚地可以分为汉中地区与江汉平原一带,这两地分别被设置为汉中郡(前312)与南郡(前278)。在丧失汉中地区这件事上,楚最严重的失误是被张仪欺瞒而与齐毁约的外交失策。② 至于江汉平原的丧失,虽然表面上看不出明显的失误,但通过具体的分析就能发现,这主要也是由错误的外交政策引起的。本节在上节分析的基础上,对比南郡与蜀地,说明引起获得南郡地区的外交局面的转换。

关于秦攻略楚地的问题,在《战国策》里有一篇值得关注的议论,也可以跟司马错所说的"蜀地占领论"比较。内容如下:

> [阙文]献书秦王曰:"昔窃闻大王之谋出事于梁,谋恐不出于计矣,愿大王之熟计之也。梁者,山东之要也。有蛇于此,击其尾,其首救;击其首,其尾救;击其中身,首尾皆救。今梁王,天下之中身也。秦攻梁者,是示天下要断山东之脊也,是山东首尾皆救中身之时也。山东见亡必恐,恐必大合,山东尚强,臣见秦之必大忧可立而待也。臣窃为大王计,不如南出。事于南方,其兵弱,天下不③能救,地可广大,国可富,兵可强,主可尊。王不闻汤之伐桀乎?试之弱密须氏以为武教,得密须氏而汤之服桀矣。今秦国与山东为仇,不先以弱为武教,兵必大挫,国必大忧。"秦果南攻蓝田、鄢、郢。④

论者将魏及其周围地区比喻为一条蛇,如果秦要征伐魏,由于在头部和尾部的国

---

① 《史记》卷5《秦本纪》,第213页。
② 《史记》卷70《张仪列传》,第2287～2288页。
③ "不"原文为"必",但是其文义不通。注曰:"鲍本'必'上补'不'字。补曰:作'必不'语顺。又'必'字,恐当作'不'。"何建章《战国策注释》(中华书局,1990,第926页)说"据文意,此'必'字当作'不'",可从。
④ 《战国策》卷25《魏四》,上海古籍出版社,1988,第887页。

家都来救在中身的魏，对其的征伐就会失败。这种逻辑与司马错的说法很类似。司马错曰："周自知失九鼎，韩自知亡三川，将二国并力合谋……"① 周、韩、魏等都处于中原要地，自然要结成强固的外交同盟。秦为了回避这样的冒险，选择占领边地。然而，这里所说的"边地"与司马错所指的边地有所不同。司马错说的是蜀地，而按"秦果南攻蓝田、鄢、郢"的论述看，它指的可能是楚地。不过，该书作者不明，而且因为各种原因不能把它当作史料使用。首先，文书的首部存在阙文，而最后一句"秦果南攻蓝田、鄢、郢"有可能是后来插入的。鄢、郢同一时期被占领，但是蓝田的占领比鄢、郢更早，不是一回事。其次，从献书的内容来看，不能断定它是关于征伐楚地的。文书里只提到"不如南出"，并没有直接把楚地指定为攻打的对象。再次，楚的兵力与韩、魏等相比还要强大，② 楚"兵弱"的说法并不符合当时的常识。由此可见，文书的内容并不符合楚地的实际。

尽管此文对指定的占领对象有些疑问，但是编辑者从书奏的内容联系到楚地并且最后加一句"秦果南攻蓝田、鄢、郢"，在一定的程度上是有道理的。秦在占领鄢、郢的时候，楚确实没有跟三晋结成紧密的外交关系。秦占领巴蜀地区以后，为了继续执行"广地"的发展路线，还要找另外的"边地"，楚地就是最合适的对象。

楚顷襄王七年（前292）通过政治婚姻与秦订立和约后，③ 两国关系进入 10 年左右的稳定期。在当时的局面下，除楚以外能与秦敌对的强国是齐。然而，齐用武力吞并宋，引发中原各国的轰动，最后所有国家都联合起来攻打齐国（前284）。④ 在各国外交形势中保持均衡作用的齐没落，天平突然向秦倾斜了。

首当其冲的是韩、魏两国，秦撕毁与魏国的同盟攻略魏都大梁。但是，由于魏周围的燕、赵前来救援，秦只好放弃大梁，匆匆撤军。⑤ 上面所说的所谓魏"山东之要"的地理特点，被事实所证明。当时孟尝君留在魏国，去赵、燕游说，曰："今赵不救魏，魏献盟于秦，是赵与强秦为界也"，"而燕不救魏，魏王折节割地，以国之半与秦，秦必去矣……以四国攻燕，王且何利?"⑥ 孟尝君的

---

① 《史记》卷70《张仪列传》，第2283页。
② 《史记》卷69《苏秦列传》，"楚，天下之强国也……夫以楚之强与王之贤，天下莫能当也"（第2259页）；卷70《张仪列传》，"凡天下强国，非秦而楚，非楚而秦，两国交争，其势不两立"（第2290页）。
③ 《史记》卷40《楚世家》："（楚顷襄王）七年，楚迎妇于秦，秦楚复平。"（第1729页）
④ 《史记》卷46《田敬仲完世家》，第1900页。
⑤ 《史记》卷5《秦本纪》："二十四年……秦取魏安城，至大梁，燕、赵救之，秦军去。"（第212页）
⑥ 《战国策》卷24《魏三》，第866~867页。

这些说法都反映出当时中原国家的共同危机。然而，在魏、赵、燕的联合格局里，韩、楚却没有参与。于是可以判断出当时的"合纵连横"大约再变为秦、韩、楚的联合对抗魏、赵、燕的联合。不过，韩、魏已沦为小国，不能实施主动的外交战略，而且燕与秦相距甚远，其对峙事实上成为秦对赵的局面。在这种情况下楚的立场就重要起来，而楚没有跟赵联合，还继续跟秦和亲。众所周知，楚这次的外交措施引发了破灭的结果。

然而，秦、楚同盟破裂的事实，从秦昭襄王二十七年（前280）"错攻楚"，同年"又使司马错发陇西，因蜀攻楚黔中，拔之"，[①]"秦击我，与秦汉北及上庸地"[②] 等记载可以确认。值得注意的是，从"白起攻赵，取代光狼城"[③]、"击赵，斩首三万"、"秦败我军，斩首三万"[④] 等记录能看到，秦昭襄王二十七年时赵秦之间展开战争，一年以后秦才与赵缔结和约。[⑤] 即，在开始进攻楚的时候，秦军还在三晋地区发动对赵战争。不过，对此仔细考察就可以发现，秦军对赵方面的进攻还隐瞒着最终进攻楚地的目标。众所周知，在攻略楚地时"白起拔郢"而设置南郡，白起所率的秦军在楚地的战场里立下了最大的功劳。所以，通过追踪白起军的移动路线，可以了解"白起拔郢"成功的秘诀。

表2　秦对外战争及白起从军年表

	对魏战争	对赵战争	对楚战争
前293	伊阙之战:白起统率		
前290	取河东400里		
前289	白起、错取61个城		
前288	白起、错攻占垣城	攻占桂阳城	
前287	（新垣、曲阳城）		
前286	魏献给安邑以及河内,结束战争		
前285			
前284	与魏、韩、燕联合在济西击败齐 （赵获取齐的昔阳;楚获取齐的淮北）		
前283	包围大梁城,由于赵、燕救援而撤军		

① 《史记》卷5《秦本纪》，第213页。
② 《史记》卷15《六国年表》，第741~742页。
③ 《史记》卷5《秦本纪》，第213页。
④ 《史记》卷15《六国年表》，第741~742页。
⑤ 《史记》卷15《六国年表》：(赵)惠王二十年（前279）"与秦会黾池，蔺相如从"（第742页）。

续表

	对魏战争	对赵战争	对楚战争
前282		取两城	
前281		取石城	
前280		白起攻占光狼城 （斩首赵军三万）	司马错征伐楚黔中； 献给汉北及上庸地
前279		在黾池达成和约，结束战争	白起拔鄢城
前278			白起拔郢 （设置南郡）

《史记》卷5《秦本纪》说秦昭襄王二十七年（前280）"白起攻赵，取代光狼城"。① 秦从公元前282年发动对赵战争，经过"秦拔我两城"、公元前281年"秦拔我石城"、公元前280年"秦败我军，斩首三万"，到公元前279年"与秦会黾池"结束战争。② 白起率军的光狼城战斗在这场对赵战争的背景下发生，表明这期间白起军驻屯在赵地。

《战国策》里有此时庄辛谏楚顷襄王楚都即将面临危险的记载，如"君王左州侯，又夏侯，辇从鄢陵君与寿陵君，专淫逸侈靡，不顾国政，郢都必危矣"，而楚王却反问"先生老悖乎?"③ 作为史料值得注意的是庄辛的行迹，他为了观望形势前往赵国。庄辛在赵国驻留五个月后，楚都及周围地区彻底陷落。④ 然而，按照《史记》的记载，从秦开始战争到攻陷楚都郢，大约经过两年多的时间。那么，在庄辛谏言给楚王的时候，楚国早就进入战争状态了，即使楚王不理朝政，但是没认识到秦威胁的可能性比较小。在与赵议和之前，秦获取楚汉北及上庸地而征伐楚黔中地区。⑤ 其实，秦军路过巴蜀攻击扞关以及黔中、巫郡一带的战略很容易被预料到，秦惠王时期张仪早已对楚王说这些战略。⑥ 然而，张仪接下来说，"秦举甲出武关，南面而伐，则北地绝"这一句，可见从南阳进攻江

① 《史记》卷5《秦本纪》，第213页。
② 《史记》卷15《六国年表》，第741~742页。
③ 《战国策》卷17《楚四》，第555页。
④ 《战国策》卷17《楚四》："庄辛去之赵，留五月，秦果举鄢、郢、巫、上蔡、陈之地，襄王流掩于城阳。"（第555页）
⑤ 《史记》卷15《六国年表》，"秦击我，与秦汉北及上庸地"（第741~742页）；《史记》卷5《秦本纪》，"蜀守若伐楚，取巫郡，及江南为黔中郡"（第213页）。
⑥ 《史记》卷70《张仪列传》，第2290页。

汉平原的战略也不是出乎意料的。但是，秦在赵地展开激烈战争的情况下，可能没有再次兴发兵力南下楚地的余力。秦为了实现攻略楚都的计划，首先要与中原国家和约让楚陷入孤立，将兵力集中在对楚战役。楚王的错误就在于没有敏锐地观察到此时外交局面与战争联动的影响。总之，秦军先攻打楚国西部，分散了北部的防御力量后，运用外交手段隔开三晋与楚之间的联系，最后在楚没充分准备的时候就迅速派白起的精锐部队攻陷楚都。

秦比较顺利地获得了南郡地区，但以后不能持续对楚战争。秦打算继续攻打楚国的时候，春申君作为使者访问秦国并建议与楚签订和约。他对秦昭襄王说："昔智氏见伐赵之利而不知榆次之祸，吴见伐齐之便而不知干遂之败。"将秦目前的情况比作智伯与吴王夫差的故事。秦不可攻击楚的原因可以简单整理如下：首先，韩、魏对秦有深怨，总是要警戒。如果秦要继续攻打楚地，不得不向韩、魏借路，中间韩、魏背叛就会面临退路被断绝的情况。其次，即使秦攻打楚国取得胜利，但战果都会归于魏、齐等周边国家，导致"破楚以肥韩、魏于中国而劲齐，韩、魏之强"的结果。①

于是，秦不再对楚用兵，把矛头转向了三晋地区。有趣的是，春申君的外交战略居然类似于赵国的外交战略。赵把三晋的危机转嫁给楚，这次楚反而把危机转嫁给三晋。楚迁到江淮地区后默认秦对三晋进行的战争，一心休养生息恢复国力。但是，也事实上放弃了收复江汉地区，于是南郡很顺利地变成为秦地。相反，秦以后对三晋的攻略没有像南郡那样顺利。尽管秦在华阳击败魏军（前274），并且在长平大败40多万的赵军（前260），但是三晋居然重新联合坚持抵抗。三晋地区与蜀地及楚地不同，是各国的利害关系纵横交叉的"中原"。"边地"与"中原"可以从外交关系的紧密程度来区分，外交关系越紧密征服的难度越高。秦碰到再也没有"边地"的情况，领土扩张的局面就开始发生转变。下一节将做一小结，附带评论决定各地，特别是形成关外占领地不同特点的几种机制。

四 战国秦占领地异同的主要机制

以上对战国时期秦领土扩张的历程做了大概的梳理。因为获得蜀地和楚地，

---

① 参见《史记》卷78《春申君列传》，第2389~2392页。

秦国国力得以飞跃发展，顺利造成从"边地"到"中原"逐渐压迫的形势。然而，三晋对秦强烈地抵抗，亡国的时间推迟到战国时期的终局。蜀地、楚地以及三晋之间有怎样的区别，可以通过战争及外交、人口政策、反秦情绪等要素来考察。

（一）战争与外交

在蜀地、楚地以及三晋地区进行的战争形态有关键性的区别。在战争中三晋同时实行"合纵连横"的外交战略是为生存而必须要做的。与此不同，楚的外交战略不如三晋老练，应对秦和三晋的外交谋略时一再失误，引发致命的损失。

从人口流动方面来看，蜀的领土和人口都归属于秦，基本上没发生大量的人口流出，而秦占领江汉平原对楚国来说是一场动乱，发生了其统治阶层及大量人口的流出。三晋尽管没有发生像楚地那样突然性的人口流出，但是总体来讲也有大量的人口逐渐东迁。尤其，在秦对魏战争中，"出其人"的记录值得关注，①这些史料明确反映了此时秦追求"广地"的占领路线。魏不得不容忍它，把领土割让给秦而收回人口。与韩、魏不同，在白起军袭击江汉地区时，楚突然丢失首都无法控制人口。由于大量的楚人迁移到江淮和江南地区，秦、楚之间形成了以南郡为界的新的战线。

（二）人口政策

秦在占领魏领土的过程中实行"出其人"的政策，因为秦此时只追求"广地"而并没有关注招徕人口。占领蜀地及楚地也是在这一系列的路线上拿到的成果。但是，秦"出其人"记事，在魏割让安邑及河内地区以后再也没有出现。这有可能因为秦内部的情况开始有了变化。随着向蜀地、楚地扩张领土，土地不足、百姓贫穷的问题得以解决，"地小民贫"甚至变成了"地广民寡"。广地政策因此碰到限制，这时候秦可能开始关注增加人口的方案。而且，随着三晋领土被吞食，三晋逐渐"地狭民众"，但其抵抗居然越来越激烈。于是，秦就开始认识到，三晋的实际力量不在于土地，而在于人口。长平之战时秦杀掉40余万的

---

① 《史记》卷5《秦本纪》，"（前325）使张仪伐取陕，出其人与魏"（第206页）；《史记》卷5《秦本纪》，"错攻魏河内。魏献安邑，秦出其人，募徙河东赐爵，赦罪人迁之"（第212页）。

赵军俘虏，就是由于这种想法。① 秦征伐上党郡的时候不想"出其人"，而愿意那里的编户民都归附秦国，但上党郡民不愿做秦民而向赵国归附。因此，白起对长平之战胜利获得40余万赵军俘虏时，就要极力阻止赵人口的恢复。这表明秦痛感需要减少三晋的人口，但是还没有制定相关的完善制度。徙民政策既可以减少三晋人口，又可以增加秦人口。但是，它在战国期间并没有施行。再说，秦对人口政策没有及时改革，就埋下了秦末反秦起义的种子。

（三）反秦情绪

根据表面上突出的实例来看，导致反秦情绪的第一原因是秦国发展历程本身。秦自孝公以来，就被六国论者视为"虎狼之国"，② 这样的情绪在秦昭襄王时期攻打赵国时尤其突出。秦领土扩张中六国民累积的反感，到此时达到了顶峰。《史记》卷83《鲁仲连邹阳列传》记载了鲁仲连阐明三晋要坚决抵抗秦国的理由："彼秦者，弃礼义而上首功之国也，权使其士，虏使其民。"③ 秦看重军功授爵而严格执行赋役是富国强兵的秘诀，而这居然引起其他中原国家的强烈反感。

三晋在被秦压倒的情况下，居然构建了反秦路线。秦军包围赵都邯郸的时候，魏公子无忌（信陵君）抗命支援赵国，在打退秦军中起了关键作用。④ 这就表明秦仅仅依靠武力根本无法控制三晋的现实。三晋早就有通过"合谋"的方式来抵抗强国的传统。诸如，秦昭襄王轻视韩、魏的国力，曰："以孟尝、芒卯之贤，率强韩、魏以攻秦，犹无奈寡人何也。今以无能之如耳、魏齐而率弱韩、魏以伐秦，其无奈寡人何亦明矣。"而中旗用智伯的故事回答秦昭襄王："今秦兵虽强，不能过知氏；韩、魏虽弱，尚贤在晋阳之下也。此方其用肘足之时也，愿王之勿易也！"⑤ 由此可以看到，三晋从建国开始就保有应付强国威胁的经验，而且都城中有一批谋士为君主出谋划策，所以，秦绝不能忽略三晋的传统和潜力。

然而，后来使得秦帝国灭亡的反秦起义，在楚地较三晋更激烈和主动地进行。战国末期三晋经过对秦的长期抵抗，不断消耗国力最终灭亡。在韩、魏、赵依次灭亡的时候，秦已经吞食了河东、河内、三川、上党、太原郡等三晋的广大

---

① 《史记》卷73《白起王翦列传》，第2335页。
② 关于"虎狼之国"的研究，可参见何晋《秦称"虎狼"考》，《文博》1999年第5期。
③ 《史记》卷83《鲁仲连邹阳列传》，第2461页。
④ 《史记》卷77《魏公子列传》，第2379~2381页。
⑤ 《史记》卷44《魏世家》，第1854~1855页。

领土，于是到秦统一时三晋人口已相当减少。与之相反，战国时期楚失去江汉平原一带后没有与秦发生过大规模的战争，灭国前反而能保有大规模的领地和人口。而且，楚军谋士范增曰："夫秦灭六国，楚最无罪，自怀王入秦不反，楚人怜之至今，故楚南公曰'楚虽三户，亡秦必楚'也。"① 可以说，楚人由于失败的记忆和亡国的怨恨而形成强大的反秦力量，与三晋为生存而战有所不同。不过，我们还要注意这样的反秦局面是从楚迁都以后才开始形成的。在楚迁都前后发生严重的人口流动，以后的反秦情绪可能在江淮地区移民人群之间不断蔓延。由此逐渐形成初期被秦占领的汉中、南郡地区与后期被吞并的楚地之间相反的情绪。

总的来说，由于战争中发生大规模的人口外流，秦在占领地实行郡县制并且对边境地带加强军事控制，初期占领地与后期占领地之间形成相异的情绪等，到反秦、楚汉战争时期形成东西地域分裂局面（到西汉时期发展成"郡国并行"格局）。在此基础上，以后的研究需要进一步探讨秦早期置郡的关外地区与保持"反秦"的旧六国区域之间形成的人口地理分界。

原刊《首都师范大学学报》（社会科学版）2016 年第 4 期

---

① 《史记》卷 7《项羽本纪》，第 300 页。

"外患"与"内忧"

——秦至宋朝应对边防与社会危机理念及方式的变迁

陈　峰

摘　要： 自秦统一后，历代王朝为了维护统治，对面临的"外患"与"内忧"威胁，都采取了一系列的应对举措。历经秦汉、隋唐等帝国至宋王朝，当政者也都有相应的治国理念，体现在面对"外患"与"内忧"挑战时，既存在延续一定的传统方略，也各自有所偏重，应对内外危机的理念以及配套的方式遂逐渐发生变迁，尤其在宋朝发生了重大转变。历代中央王朝历经探索，或成败兼有，或顾此失彼，其经验教训值得总结和借鉴。

关键词： 秦至宋朝　外患　内忧　应对危机

中国历代王朝在治国的过程中，不可避免地面临来自外部的边患挑战与内部的社会矛盾冲突，当政者总要解决如何维护自身统治和应对内外危机的问题，此即传统上始终困扰政权的"外患"与"内忧"难题。从中国历史实际的过程观察，不难发现这两者任何一方累积到严重程度，都会给政权造成重大的危机，乃至于葬送王朝。同时，两者的集聚发展与统治者应对举措的结果，常常存在密切的互动关系并交织在一起：无论是因边防危机带来巨大国防开支的后果，还是因统治者主动征伐而造成的无穷军费，都会成为繁重的赋役负担，民众最终因不堪重负走向造反，从而加剧国内社会危机；而内部社会矛盾发展产生的危机，必将削弱国力并波及国防系统，又给"外患"以可乘之机，从而导致防线溃败，引发边防危机。秦统一后，历经两汉、隋唐等帝国至宋王朝，都有其追求的相应治国理念，① 体现在面对"外患"与"内忧"挑战时，既存在延续一定的传统方略，也有所取舍，有所偏重，在应对内外危机的理念举措以及配套的手段上逐渐发生着变迁，尤其在宋朝发生了重大转变。在这一千多年间，历代中央王朝历经探索，或成就显著，或顾此失彼，其经验教训值得总结及借鉴。

秦朝开创了中国历史上第一个中央集权体制的统治模式，并建立了大一统的帝国。秦朝在内外并重的治国理念指导下，制定了统治的方针政策，一方面运用强大的军事力量与严酷的法制手段加以贯彻，以震慑天下，维系国家秩序；另一方面，力图在内政外交上采取平衡的大战略，高度重视外部边防环境，以有效地抵御北方匈奴武力的威胁。概括而言，秦朝在应对内外冲突与危机时，追求直接而强力的方式，较少考虑缓和与怀柔的手段，诸如镇压六国残余势力及造反者、"焚书坑儒"、主动用兵南北等。正因为如此，秦统治者过度依赖暴力与严刑，进行了无休止的征调与动员，包括营造阿房宫、始皇陵以及大规模修长城、南征岭表之类的内外活动，没有顾及百姓的承受能力，终于招致天下造反，引发严重的社会危机。陈胜、吴广揭竿而起的直接诱因正在于戍边的沉重负担与严酷的惩罚规则，"伐无道，诛暴秦"② 自然得到天下响应，不过十余年间，大秦帝国便由此走向覆灭。

秦朝虽亡，但其大一统的治国追求却深深影响着后世。如所周知，西汉初期，基于国力的不足，同时汲取秦朝速亡的教训，故实施了宽松的内外政策，重心置于恢复经济方面，于是既有轻徭薄赋的"文景之治"，也有"白登之围"后对匈奴的和亲妥协，即一时实行"黄老无为"的统治思想来处理内外关系。就此社会矛盾缓和，对外却不免被动受压，边防常常濒临危机。至汉武帝时期，随着国力的增强，主政者摆脱了无为而治的约束，又接续了以往秦朝的大一统治国理念，于是在实施的一系列政策中，灌注了积极主动与内外并重的精神，意在快速恢复强盛的局面。因此，对内厉行中央集权统治，对外积极拓展疆域，其手段方式则呈现强硬的特点。不过，为了支持方针政策的转变，特别是持续的边防战争，当政者不得不放弃以往轻徭薄赋的政策，不断征调民力与财力，并对商业实

---

① 参见陈峰《中国古代治国理念及其转变——以宋朝"崇文抑武"治国理念为中心》，《文史哲》2013年第3期。

② 《史记》卷48《陈涉世家》，中华书局，1959，第1952页。

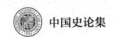

施掠夺式征收，以筹措浩大的军费。然而，汉武帝时代多年的北伐南征活动，虽然收到压制匈奴势力、开辟西南疆域的成果，但却给民众的生产和生活造成巨大的影响，同时也削弱了自身国力，加剧了社会矛盾，进而埋下了危机的祸种。汉武帝晚年，对政策进行了一些调整，停止用兵，扶持生产，减缓农民负担，不过随着社会矛盾的集聚，统治力已经下降。再历经数代，固然暂时没有了外部的军事威胁，内部危机却不断加剧，民众因普遍破产而走向反抗。至此，西汉王朝不仅无力应对社会危机，边防也只能再度收缩，正是顾此失彼，遂由盛转衰，不可避免地趋于腐朽没落，终于走向亡国。

东汉王朝建立后，在一定程度上延续了以往的治国传统，同样追求文武、内外并重与大一统的目标，也出现过一度的强盛局面，特别是通过巩固西北的边防活动压制了匈奴势力的威胁，防止了边防可能发生的危机。随后，东汉王朝也出现了严重的内部矛盾，尤其是统治集团上层存在的斗争异常尖锐、地方豪强势力坐大以及日渐腐朽等问题，导致中央控制力逐渐下降、瓦解，贫富差距则日益扩大化，忍无可忍的下层终于走向造反，所谓黄巾军"三十六方同日而起"。到东汉后期，北部边防又再度失控，匈奴以及其他游牧势力不断南下，而西域地区也早已沦陷，可谓内外危机交织。就此而言，历史的轨迹似乎再次被复制，东汉大致沿着西汉的覆亡车辙行走下去。

值得关注的是，隋唐两朝的初年，都曾面临北方突厥军事势力的巨大威胁，由于建国初期内部不稳与国力不足的制约，因此不得不先后采取和亲甚至称臣的应对举措，来缓解严峻的边防局面。如隋文帝、唐高祖曾先后向突厥纳贡称臣；唐太宗即位初，西突厥一度兵临渭河北岸，使京城直接暴露在铁骑兵锋之下，唐朝不得已采取贡献资财的办法换取对方撤军。于是，隋唐两朝在稳定内部与发展的同时，都积极着手加强国防，力图解决边防危机。也就是说，隋唐两朝都有继承传统文武、内外并重的理念，力求保持内外平衡的战略。但由于隋炀帝在位期间过度征调民力物力，以支撑内外活动，对内有开凿大运河、营建东都洛阳等浩大工程，对外发动了征剿吐谷浑和突厥、三征高丽等一系列军事行动，完全不顾及国力的承受程度，其浩繁的举动激化了社会矛盾，最终导致各地农民起义，因此而迅速亡国。唐代史家对此评说道："骄怒之兵屡动，土木之功不息，频出朔方，三驾辽左，旌旗万里，征税百端，猾吏侵渔，人不堪命。"①

---

① 《隋书》卷4《炀帝下》，中华书局，1987，第95页。

到唐朝贞观四年（630）以后，随着内部稳定与国力的恢复，唐太宗对突厥发动反攻，取得决定性胜利，从而巩固了北部边防，唐太宗也被北方部族尊为"天可汗"。随之，又对西部和东北边疆展开积极攻势，包括对高丽发动三次征伐。以后，唐高宗、武则天及唐玄宗前期，继续了这一积极主动的对外态势，使疆域拓展到前所未有的局面。应当看到的是，在有利的外部环境下，唐朝获得充裕的资源，内部建设持续发展，典章制度、社会经济及对外贸易交往都取得巨大成就，从而呈现出"盛唐"气象。但与此同时，也因频繁的对外战争加重了国家的负担，并给百姓带来极大的影响，唐太宗的三次无果东征也招致后世批评："太宗北擒颉利可汗，西灭高昌，兵威无所不加，四夷震慑，而玩武不已。亲击高丽，以天下之众困于小夷，无功而还，意折气沮，亲见炀帝以勤远亡国，而袭其所为。"①尤其是长期重兵云集边防，造成外重内轻的格局，进而导致安史之乱发生，唐王朝遂由盛转衰。以后，随着社会矛盾的上升、统治集团斗争消耗后果的产生，特别是藩镇割据局面的形成，造成中央控制力与国力迅速下降，吐蕃开始控制西北，契丹也在东北壮大，北方防线便逐渐退缩，文武、内外并重的治国理念自然难以为继。晚唐时代，拥兵自重的武装势力控制各地，进一步加剧了统治危机，激化了社会矛盾，农民起义风起云涌，脆弱的唐朝最终因此走向衰亡。

宋朝基于对唐末五代百余年秩序破坏、社会动荡的反思，在治国理念上与以往发生了深刻变化，极为注重以内部秩序为核心的各项建设，"防弊"意识长期贯穿于施政之中。当宋太宗两次北伐失败后，对外采取了全面防御的战略，满足既有疆界，终止了开疆拓土的活动，就此形成重内轻外以及"崇文抑武"的治国理念。可以说，宋朝统治者矫枉过正，在思考内外矛盾关系时，着重考虑的是内部问题。与此同时，以极端现实主义态度应对各种冲突与危机，如当"外患"严重威胁降临时，往往通过议和手段辅助军事抵抗，以此化解边防危机。②因此，先后出现了"澶渊之盟""庆历和议"等。南宋时期，金朝及蒙元始终构成严重的军事威胁，统治集团中的主和派长期主政，更是偏安南方一隅，长期向金朝称臣纳贡，签订了诸多议和条款。对待南疆周边的既有政权，宋朝同样采取现实与怀柔的方式处理彼此的关系，如"宋挥玉斧"之说，③即默认大理国的存

---

① 范祖禹：《唐鉴》卷6《太宗四》，《国学基本丛书》，商务印书馆，1937，第48页。
② 陈峰：《宋代统治思想中的以和缓战意识及其影响》，《中国军事科学》2008年第4期。
③ 《宋史》卷353《宇文常传》，中华书局，1977，第11149页；参见尤中《"宋挥玉斧"新解》，《思想战线》1985年第6期。

在。对内则同样侧重运用怀柔的方式化解矛盾，如对所灭诸国君臣都加以安抚，令其终老而死。① 对将帅兵权与藩镇地盘的收夺，也以赎买的办法换取，"杯酒释兵权"即典型之一，② 这便与前朝收兵权常伴随血腥杀戮、后世朱元璋更是惨绝无比，形成极大的反差。宋太祖还在太庙中立碑，确立不杀大臣的祖训，即所谓著名的"誓碑"。③ 至于应对来自下层的造反活动，除了武力镇压外，也常采用招安的手法解决。

宋朝应对内外危机的思路，显然告别了以往积极进取的大一统精神，是推崇内向性发展、建设的产物。④ 这固然彰显出其相对保守的色彩，但也产生双刃剑的效果，即减少了因强硬、暴政对民众带来的危害，两宋少有大规模农民起义、外戚宦官专权及地方割据等便是例证，故与以往历代相比，严重的社会危机相对较少；而来自"外患"的威胁却相当突出，边防危机长期挥之不去，北宋与南宋先后亡于外敌之手，同样是典型例证。故宋人总结道："汉唐多内难而无外患，本朝无内患而有外忧。"⑤

唐太宗在所著《帝范》中，概括了文治与武功之间的关系及意义，⑥ 由此也可看出其处理内外关系的认识：国家的建设与发展，需要稳定的外部环境，如果边防危机不断，内部的发展必然难以正常进行；与此同时，内部建设是国家存在发展的根本，若不顾及其需要而一味尚武与对外，则无法成就事业发展。因此，必须妥善处理两者的关系，不能顾此失彼。历史的经验教训已经昭示，大国常常通过武力方式支撑政治目的，如西方近代军事鼻祖克劳塞维茨的名言："战争是政治的继续。"

原刊《中国史研究》2015 年第 1 期

① 《宋史》卷 119《宾礼四》，第 2796～2799 页；《宋史》卷 478《南唐李氏》、卷 479《西蜀孟氏》、卷 480《吴越钱氏》、卷 481《南汉刘氏》、卷 482《北汉刘氏》、卷 483《湖南周氏、荆南高氏、漳泉陈氏》，第 13853～13966 页。

② 李焘：《续资治通鉴长编》卷 2，建隆二年七月庚午，中华书局，2004，第 49～50 页。

③ 参见刘浦江《祖宗之法：再论宋太祖誓约及誓碑》，《文史》2010 年第 3 辑。

④ 参见陈峰《宋代军功集团在政治上的消亡及其影响》，《中国史研究》2008 年第 4 期。

⑤ 吕中：《宋大事记讲义》卷 1《国势论》，《景印文渊阁四库全书》第 686 册，台湾商务印书馆，1986，第 194 页。

⑥ 李世民：《帝范》卷 4，《景印文渊阁四库全书》第 696 册，第 616～617 页。

汉代的"汉人"称谓与"汉人"认同

刘志平

摘 要:"汉人"称谓始见于楚汉相争之时,其指汉王刘邦一方人员之统称,还不具有族属和文化含义。汉初"汉人"称谓的含义是复杂的:在与"诸侯人"对言时,其不具族称含义;在与郡"道"之"蛮夷"对言时,其具有族称含义;在与塞内外之异族对言时,其亦具有族称含义。在汉初,由于与"诸侯人"相对而言的"汉人"在当时观念和现实中的显著存在,"汉人"作为真正整体意义上的完全具有族别功能的族群称谓还没有明晰的确定。随着西汉政治、文化和族源历史整合的推进,到汉武帝时代,与"诸侯人"相对而言的狭义的"汉人"完全被融政治、文化、血缘和族群于一体的广义的"汉人"所取代。此后直到汉末,虽然由于汉帝国政治体的盈缩带来了政治意义上的"汉人"和族属、文化意义上的"汉人"复杂交错的情形,但族属和文化意义上的"汉人"已经成为带有开放包容性的相对稳固的核心族群。而在整体意义上完全具有族别功能的"汉人"认同产生的同时,"中国一体"的国家意识也开始凸显。

关键词:汉代 汉人 称谓 认同

学界虽对汉代的"汉人"称谓有过探讨,① 但在"汉人"称谓何时具有族称

---

① 如贾敬颜《"汉人"考》,《中国社会科学》1985 年第 6 期;周伟洲《周人、秦人、汉人和汉族》,《中国史研究》1995 年第 2 期;李禹阶《华夏民族与国家认同意识的演变》,《历史研究》2011 年第 3 期;李龙海《汉民族形成之研究》,科学出版社,2010;李大龙《从夏人、汉人到中华民族——对中华大地上主体族群凝聚融合轨迹的考察》,《中国史研究》2017 年第 1 期;朱圣明《华夷之间:秦汉时期族群的身份与认同》,厦门大学出版社,2017。

含义的问题上存在分歧，对汉代"汉人"内涵的动态演进历程缺乏细致的历史分析，对汉代"汉人"认同的微观情境性考察亦显不足。鉴于此，笔者拟在前人研究基础上对汉代的"汉人"称谓与"汉人"认同做进一步的考察。

一 "汉人" 称谓之始及以旧六国名号命名的 人群称谓的含义

"汉人"之称始于楚汉相争之时。《史记·淮阴侯列传》载齐人蒯通游说韩信之言曰：

> 足下自以为善汉王，欲建万世之业，臣窃以为误矣。始常山王、成安君为布衣时，相与为刎颈之交，后争张黡、陈泽之事，二人相怨。常山王背项王，奉项婴头而窜，逃归于汉王。汉王借兵而东下，杀成安君泜水之南，头足异处，卒为天下笑。此二人相与，天下至驩也。然而卒相禽者，何也？患生于多欲而人心难测也。今足下欲行忠信以交于汉王，必不能固于二君之相与也，而事多大于张黡、陈泽。故臣以为足下必汉王之不危己，亦误矣。大夫种、范蠡存亡越，霸句践，立功成名而身死亡。野兽已尽而猎狗亨。夫以交友言之，则不如张耳之与成安君者也；以忠信言之，则不过大夫种、范蠡之于句践也。此二人者，足以观矣。愿足下深虑之。且臣闻勇略震主者身危，而功盖天下者不赏。臣请言大王功略：足下涉西河，虏魏王，禽夏说，引兵下井陉，诛成安君，徇赵，胁燕，定齐，南摧楚人之兵二十万，东杀龙且，西乡以报，此所谓功无二于天下，而略不世出者也。今足下戴震主之威，挟不赏之功，归楚，楚人不信；归汉，汉人震恐：足下欲持是安归乎？夫势在人臣之位而有震主之威，名高天下，窃为足下危之。①

蒯通所言"汉人"乃汉王刘邦一方人员之统称，是"汉"这一新诸侯王政权名号统摄下的包含"秦人""楚人""燕人""韩人""赵人""魏人""齐人"等

---

① 《史记》卷92《淮阴侯列传》，中华书局，1982，第2624~2625页。

在内的人群集合体,① 还不是族群与文化意义上的"汉人"称谓。而所言"楚人",为西楚霸王项羽一方人员之统称,也可理解为先秦以来形成的族群与文化意义上的"楚人"之称。

鲁西奇曾指出:"至项羽自立为西楚霸王、建立西楚国之后,分散于楚'东国'故地的种种人群,遂以不同的政权为依托,成为不同意义上的'楚国之人'。楚、汉交争之时,所谓'楚人',大抵皆指西楚国之人或依附西楚之人。"② 鲁西奇重视政治体在凝聚"楚人"族群认同中的作用的意见值得重视,但作为拥有久远历史和独特文化风貌的族群,"楚人"共同的祖先记忆和文化特质在凝聚其族群认同中的基础工具意义不容忽视。"楚人"之称首先是族群与文化意义上的人群称谓,然后因"楚国"这样的政治体的存在和发展,其才有了政治上的"国族"含义。但"楚人"作为族群与文化意义上的人群称谓具有相对独立性,亦即可离开以"楚"为名号的政治体而独立存在。实际上,族群与文化意义上的"楚人"之称在西汉延续了很长时间。汉高祖十一年(前196),王旧楚地的淮南王黥布谋反,刘邦亲征,张良对刘邦说道:"楚人剽疾,愿上无与楚人争锋。"③ 张良以"剽疾"来概括"楚人"的特点,且"楚人"之称本身与"淮南王国"这一诸侯政权名号无涉,足见此处"楚人"之称是族群与文化意义上的人群称谓。汉武帝时,骑都尉李陵曾"将丹阳楚人五千人,教射酒泉、张掖以屯卫胡"。④ 正是这支五千人的"楚人"军队在面对八万匈奴兵的围困时,"连斗八日",⑤ 展现了"楚人"勇猛强悍的特点。王子今教授讨论过"楚骑"在秦汉战争中具有显赫威名的历史情形,并根据"秦汉文化地理语汇中,往往'越楚'或'楚越'并称"及"楚越"和"楚"互指的情形,推知"当时所谓'楚骑',有时也可以理解为包含有'楚骑'和'越骑'的含义"。⑥ 据此,"楚人"似也可理解为包含有"楚人"和

① 《史记·高祖本纪》:"四月,兵罢戏下,诸侯各就国。汉王之国,项王使卒三万人从,楚与诸侯之慕从者数万人,从杜南入蚀中。"(《史记》卷8《高祖本纪》,第367页)
② 鲁西奇:《楚秦汉之际的"楚人"》,孙继民、刘进宝等主编《敦煌吐鲁番文书与中古史研究:朱雷先生八秩荣诞祝寿集》,上海古籍出版社,2016,第369页。
③ 《史记》卷55《留侯世家》,第2046页。
④ 《史记》卷109《李将军列传》,第2877页。关于"丹阳",东汉时又有"丹阳越俗不好学,嫁娶礼仪,衰于中国"(《后汉书》卷21《李忠列传》,中华书局,1965,第756页)的观念。可见,丹阳"楚人"就是"越人"。
⑤ 《史记》卷109《李将军列传》,第2877页。
⑥ 王子今:《汉王朝军制中的"越骑"部队》,《秦汉边疆与民族问题》,中国人民大学出版社,2011,第363~365页。

"越人"的含义。可见，西汉的"楚人"之称的确具有鲜明的族别色彩。

与"楚人"称谓在西汉仍保持族称①含义不同，"齐人"、"燕人"、"赵人"、"韩人"和"魏人"称谓在西汉虽然存在，但已失去族别功能，更多的是表示某人的出生地域。"楚人"称谓的这种独特性或许既与"楚"与南方之"越"之间无像北方燕、赵故地与"胡"之间有"长城"这样的人为分界有关，也与楚故地无齐、韩、魏故地华夏化的程度深有关。同时，楚地之"蛮""越"等异族的长期存在，也使得含括"蛮""越"之"楚人"保留有异族性。

而"秦人"称谓的主导性在汉代更是遽然消失了，② 取而代之的是"汉人"或"汉民"称谓的凸显，这是与关西之"秦"成为"汉"直辖的郡县相对应的。只是"汉人"或"汉民"称谓从"汉"这一区域性新政治体名号下的人群称谓，过渡到整体意义上的完全具有族别功能的族群称谓经历了较长时间，而这又是随着政治、文化和族源历史的整合而逐步完成的。

二 汉初郡国并行体制下的"汉民"（"汉人"）称谓

汉初的郡国并行制是众所周知的政治文化现象，有学者认为这一体制"只施行于关东地区，而在汉王朝立国根基的关西地区则采取全面郡县的一元统治体制"，进而认为"汉代之天下可以明显区分为全面郡县制的关西，与郡县、封国并存的关东，这两个判然有别的地域版块"。③ 所谓"只施行于关东地区"，"全面郡县制的关西""与郡县、封国并存的关东""判然有别"，让人感觉汉初郡国并行只是关东地区内部差异的表现，而与关西地区无关，从而掩盖了汉初郡国并行的本质——"东西异制"。④

---

① 所谓"族称"，即族群与文化意义上的人群称谓。当然，"楚人"称谓在西汉有时也表示某人是出生楚地之人，这在《史记》和《汉书》中亦多见，有学者认为"这是以战国国名为籍贯"［参见胡宝国《〈史记〉与战国文化传统》，《汉唐间史学的发展（修订本）》，北京大学出版社，2014，第1页］。

② "秦人"称谓只是在汉代的现实族群称谓表达中留下了些许印记，关于此，可参拙作《先秦秦汉"秦人"称谓与"秦人"认同研究》，第四届青年史学家论坛参会论文，上海，2017年8月。

③ 马孟龙：《西汉侯国地理》，上海古籍出版社，2013，第327~328页。

④ 陈苏镇：《〈春秋〉与"汉道"：两汉政治与政治文化研究》，中华书局，2011，第66页。此"异制"的"东西"为"赵、燕、齐、楚等东部地区"和"秦、韩、魏等西部地区"（参见陈苏镇《〈春秋〉与"汉道"：两汉政治与政治文化研究》，第107页）。

汉初实行郡国并行体制，"在秦、韩、魏等西部地区设郡县'奉汉法以治'，在赵、燕、齐、楚等东部地区则立王国"，诸侯王在制定和颁布本国的政策法令方面有一定的自主权，在一定程度上可依从本国礼俗进行治理。① 这也使得汉初"汉人"或"汉民"称谓在较多场景只是与关东"诸侯人"相对的汉朝直辖地区的人群称谓。《汉书·淮南王传》："王至长安，丞相张苍，典客冯敬行御史大夫事，与宗正、廷尉杂奏：'长废先帝法，不听天子诏，居处无度，为黄屋盖拟天子，擅为法令，不用汉法。及所置吏，以其郎中春为丞相，收聚汉诸侯人及有罪亡者，匿与居，为治家室，赐与财物爵禄田宅，爵或至关内侯，奉以二千石所当得。'"② 所谓"汉诸侯人"，即"汉人"与"诸侯人"。③ 张家山汉简《二年律令·贼律》有"诸侯人来攻盗"④ 的简文，所言"诸侯人"，亦应是与"汉民"（"汉人"）对应的。张家山汉简《奏谳书》所载"临菑（淄）狱史阑偕南归临菑（淄）"一案，⑤ 就明确说到"汉民"称谓。在此案件中，阑最后受到"黥为城旦"的处罚。彭浩认为"是按'取亡人为妻'论罪的"。⑥ 可见，南犯了"亡之诸侯"罪。再结合"律所以禁从诸侯来诱者，令它国毋得取（娶）它国人也。阑虽不故来，而实诱汉民之齐国，即从诸侯来诱也"和"人婢清助赵邯郸城，已即亡从兄赵地，以亡之诸侯论"的内容可知："汉国"（指汉朝直辖地区，与诸侯国相对而言）⑦ 禁止"诸侯人"引诱"汉民"（"汉人"）离开"汉国"而亡至其他诸侯国，其所辖"汉民"（"汉人"）与"诸侯人"不能通婚；"汉民"（"汉人"）也不能主动离开"汉国"而亡至其他诸侯国。可见，汉朝对"汉民"

---

① 陈苏镇：《〈春秋〉与"汉道"：两汉政治与政治文化研究》，第107页。

② 《汉书》卷44《淮南王传》，中华书局，1962，第2141页。

③ 王先谦曾言："'汉诸侯人'，汉郡县及诸侯国之人。"（王先谦补注，上海师范大学古籍整理研究所整理《汉书补注》，上海古籍出版社，2012，第3527页）

④ 彭浩、陈伟、工藤元男主编《二年律令与奏谳书——张家山二四七号汉墓出土法律文献释读》，上海古籍出版社，2007，第88页。

⑤ 彭浩、陈伟、工藤元男主编《二年律令与奏谳书——张家山二四七号汉墓出土法律文献释读》，第338~339页。

⑥ 彭浩：《谈〈奏谳书〉中的西汉案例》，《文物》1993年第8期。从张家山汉简《奏谳书》中"律：取（娶）亡人为妻，黥为城旦"（参见彭浩、陈伟、工藤元男主编《二年律令与奏谳书——张家山二四七号汉墓出土法律文献释读》，第341页）的内容可知，彭浩的意见应是正确的。

⑦ 汉武帝还说到"汉国"称谓，所谓"洛阳有武库敖仓，天下冲阨，汉国之大都也。先帝以来，无子王于洛阳者"（《史记》卷60《三王世家》褚先生曰，第2115页）。陈苏镇认为"这里的'汉国'指的是汉朝直辖地区，是与诸侯国相对而言的"（参见陈苏镇《〈春秋〉与"汉道"：两汉政治与政治文化研究》，第87页）。笔者从之。

（"汉人"）有严格的人口管控，这种管控自然造成"汉民"（"汉人"）与"诸侯人"之间的人群区分和对立。

　　汉初"汉民"（"汉人"）与"诸侯人"之间的人群区分和对立，在一定层面又以"关中人"与"关外人"之区分的形式表现出来。有学者已注意到"张家山汉简《二年律令》中的《津关令》，数见'关中'字样"的情形。① 张家山汉简《二年律令·津关令》也多次提到与"关中"对应的"关外"，如"相国上中大夫书，请中大夫、谒者、郎中、执盾、执戟家在关外者，得私买马关中"、②"相国、御史请郎骑家在关外，骑马节（即）死，得买马关中，人一匹以补"、③"丞相上长信詹事书，请汤沐邑在诸侯属长信詹事者，得买骑、轻车、吏乘、置传马关中，比关外县"④ 等简文。此外，又有明确提到"关外人"的简文。⑤

　　虽说汉初"汉民"（"汉人"）与"诸侯人"之间的人群区分和对立在一定层面又以"关中人"与"关外人"之区分的形式表现出来，但有一点值得我们注意，即"汉民"（"汉人"）是含括"关中人"和"关外郡人"的，⑥ 而"关外人"是含括"关外郡人"和"诸侯人"的，显然，"关外郡人"是"汉民"（"汉人"）和"关外人"的交集。此外，《二年律令·津关令》所载汉初严格的津关制度针对的也是"关外郡人"和"诸侯人"。⑦ 不过，其主要目的应是防范

---

① 王子今、刘华祝：《说张家山汉简〈二年律令·津关令〉所见五关》，《中国历史文物》2003年第1期。

② 彭浩、陈伟、工藤元男主编《二年律令与奏谳书——张家山二四七号汉墓出土法律文献释读》，第315页。

③ 彭浩、陈伟、工藤元男主编《二年律令与奏谳书——张家山二四七号汉墓出土法律文献释读》，第320页。臧知非认为"得买马关中人一匹以补"应断读为"得买马关中，人一匹以补"（参见臧知非《张家山汉简所见汉初马政及相关问题》，《史林》2004年第6期）。笔者从之。

④ 彭浩、陈伟、工藤元男主编《二年律令与奏谳书——张家山二四七号汉墓出土法律文献释读》，第322页。

⑤ 彭浩、陈伟、工藤元男主编《二年律令与奏谳书——张家山二四七号汉墓出土法律文献释读》，第313页。

⑥ 张家山汉简《二年律令·津关令》言及"关外郡"（参见彭浩、陈伟、工藤元男主编《二年律令与奏谳书——张家山二四七号汉墓出土法律文献释读》，第318页）。

⑦ 臧知非指出："从地缘政治的角度看，西汉初期的国家结构分为关中、关外郡县、诸侯王国三个层次，汉在与王国边境设立亭障戍御系统的同时，更严格关塞制度，出入关塞的所有人、物，无论是属于诸侯王国还是属于关外郡县，都严格检查；既防止违禁物品流往诸侯王国，也防止流往关外郡县，目的是以关外郡为缓冲，保证关中的中心地位不受王国威胁。"（参见臧知非《张家山汉简所见汉初中央与诸侯王国关系论略》，周天游主编《陕西历史博物馆馆刊》第10辑，三秦出版社，2003，第314页）

"诸侯人",正如贾谊所言:"所为建武关、函谷、临晋关者,大抵为备山东诸侯也。天下之制在陛下,今大诸侯而多其力,因建关而备之,若秦时之备六国也。"①

综上所述,汉初"汉民"("汉人")与"诸侯人"之间的人群区分和对立是显而易见的,且通过严格的法律制度加以确定。在此意义上,"汉民"("汉人")的非族称性是很明显的。

当然,在此时期,在与塞内外之异族对言时,广义的"汉人"(即含括狭义的"汉人"和"诸侯人"的"汉帝国之人",或言"中国人")也有族称含义。陆贾曾对赵佗说:"足下中国人,亲戚昆弟坟墓在真定。今足下反天性,弃冠带,欲以区区之越与天子抗衡为敌国,祸且及身矣……汉诚闻之,掘烧王先人冢,夷灭宗族,使一偏将将十万众临越,则越杀王降汉,如反覆手耳。"又对赵佗说:"皇帝起丰沛,讨暴秦,诛强楚,为天下兴利除害,继五帝三王之业,统理中国。中国之人以亿计,地方万里,居天下之膏腴,人众车舆,万物殷富,政由一家,自天地剖泮未始有也。今王众不过数十万,皆蛮夷,崎岖山海间,譬若汉一郡,王何乃比于汉!"②陆贾所言"中国"乃除"南越"之外的"政由一家"的"汉",由此我们可将其所言"中国人"理解为"汉人",而此"中国人"("汉人")又是与"反天性,弃冠带"的"蛮夷"相对的,故其是以政治体为外壳,以族群为内核的人群称谓。有学者指出:"陆贾以三种不同的方法围绕着'中国人'这一集体的血缘概念说服尉佗……有关陆贾这段历史的叙述,关键在于它在汉朝与南越国的交涉中,表明了司马迁有统一的汉帝国统治下的人民集体的概念(collective meaning),并且给予了一个'中国人'的称呼。"③其实这是陆贾的观念,当然也间接反映了司马迁的观念。

晁错有言:"以蛮夷攻蛮夷,中国之形也。④今匈奴地形技艺与中国异。上下山阪,出入溪涧,中国之马弗与也;险道倾仄,且驰且射,中国之骑弗与也;风雨罢劳,饥渴不困,中国之人弗与也:此匈奴之长技也……今降胡义渠蛮夷之

① 阎振益、钟夏校注《新书校注·壹通》,中华书局,2000,第113页。当然,贾谊的理想是"定地势使无可备之患,因行兼爱无私之道,罢关一通,示天下无以区区独有关中",从而"令诸侯之民,人骑二马,不足以为患,益以万夫不足以为害"(参见阎振益、钟夏校注《新书校注·壹通》,第113页)。
② 《史记》卷97《陆贾列传》,第2697~2698页。
③ 吴淑惠:《〈史记〉论析六章》,广西师范大学出版社,2015,第4~5页。
④ 颜师古注:"不烦华夏之兵,使其同类自相攻击也。"(《汉书》卷49《晁错传》,第2281页)

属来归谊者，其众数千，饮食长技与匈奴同，可赐之坚甲絮衣，劲弓利矢，益以边郡之良骑。令明将能知其习俗和辑其心者，以陛下之明约将之。"① 可见，在与"匈奴""降胡义渠蛮夷"对应的场景中，广义的"汉人"（"中国人"）也有族称含义。

《史记·朝鲜列传》记载："会孝惠、高后时天下初定，辽东太守即约满为外臣，保塞外蛮夷，无使盗边；诸蛮夷君长欲入见天子，勿得禁止。"② 汉文帝前三年（前177），汉文帝言及"上郡保塞蛮夷"。③ 所谓"塞外蛮夷"和"保塞蛮夷"，④ 无疑是与广义的"汉人"相对而言的。

还有一点值得注意，即在与"诸侯人"相对而言的"汉人"内部，似还有与"蛮夷"相对的更狭义的"汉人"。张家山汉简《奏谳书》有"南郡夷道蛮夷"及"蛮夷律"的相关内容。⑤ 南郡属于汉朝直辖的关外郡，其地之人也属"汉人"范畴，但其内部又有"蛮夷"与"非蛮夷"之别，此"非蛮夷"可理解为更狭义的"汉人"，此更狭义的"汉人"因此也就具有了族称含义。⑥

可见，汉初"汉人"（"汉民"）称谓的含义是复杂的：在与"诸侯人"对言时，其不具族称含义；在与郡"道"之"蛮夷"对言时，其具有族称含义；在与塞内外之异族对言时，其亦具有族称含义。在这复杂多变的场景中，具有伸缩性的政治意义上的"汉人"（"汉民"）是以族属和文化意义上的"汉人"（"汉民"）为基本内核的。在汉初，由于与"诸侯人"相对而言的"汉人"（"汉民"）在当时观念和现实中的显著存在，"汉人"（"汉民"）作为真正整体意义上的完全具有族别功能的族群称谓还没有明晰的确定。

随着西汉政治、文化和族源历史整合的推进，与"诸侯人"相对而言的狭义的"汉人"完全被融政治、文化、血缘和族群于一体的广义的"汉人"所取代。

---

① 《汉书》卷49《晁错传》，第2281~2283页。

② 《史记》卷115《朝鲜列传》，第2986页。

③ 《汉书》卷94上《匈奴传上》，第3756页。

④ 朱圣明指出："对于居住在塞内的'保塞蛮夷'来说，一方面在政治上臣属于两汉政权，另一方面入居塞内的'保塞蛮夷'通常只是塞外民族的某些部落，他们与留居塞外的其他部落存在事实上的'同族'关系。这样，对于'保塞蛮夷'来说，政治认同与族群认同是分开的。"（参见朱圣明《华夷之间：秦汉时期族群的身份与认同》，第321页）

⑤ 彭浩、陈伟、工藤元男主编《二年律令与奏谳书——张家山二四七号汉墓出土法律文献释读》，第332~333页。

⑥ 在汉初，汉朝直辖的郡中"道"的设置体现了汉朝直辖区"蛮夷"的分布情况（参见史党社《日出西山：秦人历史新探》，陕西人民出版社，2013，第332~341页）。

三　政治、文化及族源历史的整合
与"汉人"族称的确定

西汉政治、文化与族源历史的整合基本完成于汉武帝时代，但整合政治、文化的努力从文帝时代就开始了。陈苏镇对西汉政治、文化整合的历程就有精当的论断："文、景之世，历史沿着既定方向继续向前发展，王国的独立性日益削弱，中央对王国的控制逐渐加强，朝廷的法令终于越过关中和关东、郡县和王国的界线，真正覆盖了东方社会。在这一变化中，汉初的东方政策悄然淡出，当年秦朝的东方政策表现出死灰复燃之势，东西方之间的文化冲突再次显现出来。于是，黄老道家逐步退出政治舞台，儒家学派则起而代之，为巩固汉帝国的统治寻找新的出路，提供新的方案。"① 具体说来，汉文帝通过"易侯邑"和"令列侯之国"政策，分散和瓦解了淮南国和齐国这两支威胁最大的王国势力，② 到"景帝平定七国之乱后，王国势力受到沉重打击"。③ 此外，汉文帝十二年（前168）三月，"除关无用传"，④ "此事意味着汉朝开始改变对关东的歧视态度和防范政策，将关东视同关中，在政治上取消了二者的内外远近亲疏之别，'令似一家'"。⑤ 虽然景帝"四年春，复置诸关用传出入"，⑥ 但其"主要是一种治安设施，而非政治设施。文帝将关东视同关中的政策，在景帝以后继续执行，从而确立了汉朝对关东广大地区的直接统治"。⑦ 为了消除由政治的整合而带来的负面效应，即缓和"'汉法'与关东民俗的冲突"，文景二帝对刑法进行了改革，虽然这"还不能从根本上解决问题"，⑧ 但还是减轻了关东人如贾谊所说的"苦属汉"⑨ 的感受。这无疑对超越"汉人"与"诸侯人"之区分的整体性的"汉人"认同的产生有重要促进作用。"景武之际，当历史在秦朝的老路上再次走入死胡

① 陈苏镇：《〈春秋〉与"汉道"：两汉政治与政治文化研究》，第107页。
② 陈苏镇：《〈春秋〉与"汉道"：两汉政治与政治文化研究》，第122页。
③ 陈苏镇：《〈春秋〉与"汉道"：两汉政治与政治文化研究》，第125页。
④ 《汉书》卷4《文帝纪》，第123页。
⑤ 陈苏镇：《〈春秋〉与"汉道"：两汉政治与政治文化研究》，第233页。
⑥ 《汉书》卷5《景帝纪》，第143页。
⑦ 陈苏镇：《〈春秋〉与"汉道"：两汉政治与政治文化研究》，第234页。
⑧ 陈苏镇：《〈春秋〉与"汉道"：两汉政治与政治文化研究》，第126～130页。
⑨ 阎振益、钟夏校注《新书校注·属远》，第117页。

同的时候，儒家便登上了政治舞台"，① 儒术经学最终在武帝时代获得了独尊的地位，又逐步从根本上解决了关东和关中的文化冲突。② 同时，武帝时期针对关东诸侯的政治整合有了更大的推进，"推恩令"的颁行，③ "左官之律"与"附益之法"的制定，④ "广关"政策的实行，⑤ 基本解决了关东诸侯威胁汉中央的问题，从而也逐步消弭了以前"汉人"和"诸侯人"的区分，加强了含括旧"汉人"和"诸侯人"的整体性的新"汉人"认同。与此同时，对周边异族政权的军事攻伐和征服，也加强了此整体性的新"汉人"认同。有学者指出："武帝元朔至元封年间，是汉帝国疆域急速拓展的时期。这一时期的疆域拓展存在内、外两条战线，外线是通过兼并异族政权来扩大汉帝国的版图，内线则是通过削夺

---

① 陈苏镇：《〈春秋〉与"汉道"：两汉政治与政治文化研究》，第 132 页。

② 王勇指出："到武帝时，汉王朝最终采纳了'《春秋》大一统'理论，重新关注文化的建设。汉文化的构建不仅在于构造汉代的政治活动与理论，而且形塑了具体的社会生活，更为区域文化的整合确定了标准。武帝以后汉文化成为中国的主体文化，而楚文化的独立形态也在这一文化共同体逐渐形成的过程中消失了。"他还指出："尽管有相当多的因素受到了压制，自成体系的楚文化在西汉中期以后即不再存在，但这并不意味着楚文化的个性从此消失了。实际情况是楚文化和其他区域文化一起，转化成为全国的共性凌驾于区域的个性之上的汉文化了。不仅楚文化的某些个性被承继强化，成为汉文化的共性，而且还有部分楚文化传统仍然顽强地留存于楚地民众的生活中。"（参见王勇《楚文化与秦汉社会》，湖南大学出版社，2009，第 129～130、147 页）这样的分析是允当的。

③ 《史记·平津侯主父列传》："偃说上曰：'古者诸侯不过百里，强弱之形易制。今诸侯或连城数十，地方千里，缓则骄奢易为淫乱，急则阻其强而合从以逆京师。今以法割削之，则逆节萌起，前日晁错是也。今诸侯子弟或十数，而适嗣代立，余虽骨肉，无尺寸地封，则仁孝之道不宣。愿陛下令诸侯得推恩分子弟，以地侯之。彼人人喜得所愿，上以德施，实分其国，不削而稍弱矣。'于是上从其计。"（《史记》卷 112《平津侯主父列传》，第 2961 页）司马迁说道："诸侯既强，七国为从，子弟众多，无爵封邑，推恩行义，其势销弱，德归京师。作《王子侯者年表》第九。"（《史记》卷 130《太史公自序》，第 3304 页）对"推恩令"颁行之后的效果，司马迁还说道："诸侯稍微，大国不过十余城，小侯不过数十里，上足以奉贡职，下足以供养祭祀，以蕃辅京师。而汉郡八九十，形错诸侯间，犬牙相临，秉其阨塞地利，强本干，弱枝叶之势，尊卑明而万事各得其所矣。"（《史记》卷 17《汉兴以来诸侯王年表》，第 803 页）班固也说道："不行黜陟，而藩国自析。"（《汉书》卷 14《诸侯王表》，第 395 页）

④ 所谓"武有衡山、淮南之谋，作左官之律，设附益之法，诸侯惟得衣食税租，不与政事"（《汉书》卷 14《诸侯王表》，第 395 页）。

⑤ 《史记·平准书》："益广关，置左右辅。"裴骃《集解》引徐广曰："元鼎三年，丁卯岁，徙函谷关于新安东界。"（《史记》卷 30《平准书》，第 1435 页）《史记·梁孝王世家》："汉广关，以常山为限，而徙代王王清河。清河王徙以元鼎三年也。"（《史记》卷 58《梁孝王世家》，第 2081 页）"广关"政策的推行，使"汉中央立足于幅员辽阔且凭据山河形胜之'新关西'，在地域格局上占有全面优势，诸侯与天子'分庭抗礼'的地域基础不复存在"（参见马孟龙《西汉侯国地理》，第 328 页）。

诸侯王国封域来扩大汉中央的直辖区域。"① 诚然，而且随着这种内部政治整合的逐步推进和以此为基础所进行的外部扩展的完成，使得汉武帝有条件也有必要进行政治和文化的彻底整合，这集中表现在"十三部刺史"的设置②和"太初改制"上。③ 也正是在汉武帝时代，"汉人"的族源历史得到了最终确定："五帝"是"汉人"的祖先。在当时的精英知识阶层和基层民众中都有这样的认识。④ 此后，虽然政治意义上的整体性"汉人"称谓仍然存在，但如前所述，具有伸缩性的政治意义上的"汉人"（"汉民"）是以族属和文化意义上的"汉人"（"汉民"）为基本内核的。因此可以这样说，此后，"汉人"作为真正整体意义上的完全具有族别功能的族群称谓有了明晰的确定。以下将对此意义上的"汉人"称谓作一具体梳理。

《后汉书·西南夷列传》："莋都夷者，武帝所开，以为莋都县。其人皆被发左衽，言语多好譬类，居处略与汶山夷同。土出长年神药，仙人山图所居焉。元鼎六年，以为沈黎郡。至天汉四年，并蜀为西部，置两都尉，一居旄牛，主徼外夷，一居青衣，主汉人。"⑤ 所叙为汉武帝时事，"汉人"之称可视为西汉时人之族群观念。虽然此处"汉人"在一定程度上具有政治上的含义，但其与"徼外夷"对言，其族属和文化意义也是不容忽视的。在此，我们仍可以说，在当时人的观念里，具有伸缩性的政治意义上的"汉人"（"汉民"）是以族属和文化意义上的"汉人"（"汉民"）为基本内核的。另据《汉书·匈奴传下》记载，

---

① 马孟龙：《西汉侯国地理》，第 224 页。

② 《汉书·百官公卿表上》："武帝元封五年初置部刺史，掌奉诏条察州，秩六百石，员十三人。"（《汉书》卷 19 上《百官公卿表上》，第 741 页）《汉书·地理志上》："至武帝攘却胡、越，开地斥境，南置交阯，北置朔方之州，兼徐、梁、幽、并夏、周之制，改雍曰凉，改梁曰益，凡十三部，置刺史。"（《汉书》卷 28 上《地理志上》，第 1543 页）

③ 《史记·封禅书》："汉改历，以正月为岁首，而色上黄，官名更印章以五字，为太初元年。"（《史记》卷 28《封禅书》，第 1402 页）司马迁还说道："汉兴以来，至明天子，获符瑞，封禅，改正朔，易服色，受命于穆清，泽流罔极，海外殊俗，重译款塞，请来献见者，不可胜道。"（《史记》卷 130《太史公自序》，第 3299 页）马孟龙认为"汉武帝的'太初改制'在中国历史上有着重要的地位，它标志着成熟的汉文化与汉制度的形成，特别太初元年所建立的一套政治制度，被此后西汉历代帝王沿用"（参见马孟龙《西汉侯国地理》，第 200 页）。此言不虚。

④ 《史记·五帝本纪》："太史公曰：学者多称五帝，尚矣……余尝西至空桐，北过涿鹿，东渐于海，南浮江淮矣，至长老皆各往往称黄帝、尧、舜之处，风教固殊焉，总之不离古文者近是。"（《史记》卷 1《五帝本纪》，第 46 页）所谓"学者"和"长老"，正分别代表了当时的精英知识阶层和基层民众。

⑤ 《后汉书》卷 86《西南夷列传》，第 2854 页。

汉元帝时郎中侯应将"匈奴"称为"夷狄"而与"中国"对应,所言"汉人"乃与"西羌"对应。此外,其虽视"诸属国降民"与塞外"匈奴"有别,但在族属观念上还是有"本故匈奴之人"的明晰认定。① 可见,其所言"汉人"("中国人")确已具族称之义。又据《三国志·魏书·乌丸鲜卑东夷传》裴松之注引《魏略》所载,王莽时远在异域之人自称"汉人",且与语言、风俗不同的"韩人"对应,② 此"汉人"之族称含义也是明显的。

族属和文化意义上的"汉人"称谓在东汉有了更多的出现。据《后汉书·西羌传·滇良》记载,班彪明确说到"与汉人杂处"的是"习俗异""言语不通""被发左衽"的"羌胡",③ 所言"汉人"无疑具有族称含义。另据《后汉书·南匈奴列传》记载,"汉人"既是汉人的自称,也是匈奴单于对汉人的他称,而"汉民"也是与"匈奴"和"羌"对言的。④ 毋庸置疑,此处"汉人"与"汉民"同样具有族称含义。又据《后汉书·班超列传附子勇》记载,班勇所言"汉人"是与"西域"("外夷")、"胡虏"("匈奴")对应的,⑤ 其族属和文化意义也不言自明。

东汉时"汉人"称谓具有族属和文化上的含义,还可从"夷汉""蛮汉""胡汉"等表述中体现出来。《后汉书·南蛮列传》:"建初元年,哀牢王类牢与守令忿争,遂杀守令而反叛,攻巂唐城。太守王寻奔楪榆。哀牢三千余人攻博南,燔烧民舍。肃宗募发越巂、益州、永昌夷汉九千人讨之。明年春,邪龙县昆明夷卤承等应募,率种人与诸郡兵击类牢于博南,大破斩之。"⑥ 所谓"夷汉",应是指"夷人"和"汉人","汉"无疑具有族属含义。《后汉书·南蛮列传》:"元初二年,苍梧蛮夷反叛,明年,遂招诱郁林、合浦蛮汉数千人攻苍梧郡。"⑦ 所谓"蛮汉",应是指"蛮人"和"汉人","汉"的族属色彩是浓厚的。《后汉书·刘虞公孙瓒陶谦列传》:"刘虞从事渔阳鲜于辅等,合率州兵,欲共报瓒。辅以燕国阎柔素有恩信,推为乌桓司马。柔招诱胡汉数万人,与瓒所置渔阳太守邹丹战于潞北,斩丹等四千余级。乌桓峭王感虞恩德,率种人及鲜卑七千余骑,

---

① 《汉书》卷94下《匈奴传下》,第3803~3804页。
② 《三国志》卷30《魏书·乌丸鲜卑东夷传》裴松之注引《魏略》,中华书局,1982,第851页。
③ 《后汉书》卷87《西羌传·滇良》,第2878页。
④ 《后汉书》卷89《南匈奴列传》,第2957~2958页。
⑤ 《后汉书》卷47《班超列传附子勇》,第1588页。
⑥ 《后汉书》卷86《南蛮列传》,第2851页。
⑦ 《后汉书》卷86《南蛮列传》,第2837页。

共辅南迎虞子和，与袁绍将麹义合兵十万，共攻瓒。"① 所谓"胡汉"，应是指"胡人"（这里的"胡人"似指"乌桓人"和"鲜卑人"）和"汉人"，"汉"的族属色彩也是浓厚的。

结 语

"汉人"称谓始见于楚汉相争之时，其指汉王刘邦一方人员之统称，是"汉"这一新诸侯王政权名号统摄下的人群集合体，还不具有族属和文化含义。

汉初"汉人"（"汉民"）称谓的含义是复杂的：在与"诸侯人"对言时，其不具族称含义；在与郡"道"之"蛮夷"对言时，其具有族称含义；在与塞内外之异族对言时，其亦具有族称含义。在这复杂多变的场景中，具有伸缩性的政治意义上的"汉人"（"汉民"）是以族属和文化意义上的"汉人"（"汉民"）为基本内核的。在汉初，由于与"诸侯人"相对而言的"汉人"（"汉民"）在当时观念和现实中的显著存在，"汉人"（"汉民"）作为真正整体意义上的完全具有族别功能的族群称谓还没有明晰的确定。

随着西汉政治、文化和族源历史整合的推进，到汉武帝时代，与"诸侯人"相对而言的狭义的"汉人"完全被融政治、文化、血缘和族群于一体的广义的"汉人"所取代。此后直到汉末，虽然由于汉帝国政治体的盈缩带来了政治意义上的"汉人"和族属、文化意义上的"汉人"复杂交错的情形，但族属和文化意义上的"汉人"已经成为带有开放包容性的相对稳固的核心族群。② 而在整体

① 《后汉书》卷73《刘虞公孙瓒陶谦列传》，第2363页。
② 王明珂从"华夏边缘"的角度对此也有阐述，他指出："东汉时，在地理空间的分布上，华夏边缘便已推移至与今日中国'汉族'边缘大致重叠的地区。"［参见王明珂《华夏边缘：历史记忆与族群认同（增订本）》，浙江人民出版社，2013，第235页］并进一步分析道："在汉代，'汉人'在亚洲大陆可扩张至其人类生态地理上的边缘。此后，除了对蒙藏等地区的政策性点状移民、近代东北成为汉移民之天堂，以及汉化造成的汉与非汉区分模糊的西南及南方华夏边缘外，'汉人'没有进一步扩张，也没有让任何华夏之域脱离中国成为非汉人地区。也就是说，华夏一直有效地维持着形成于汉代的族群地理边界。因此，虽然'华夏'之自称词在历史上有很多转折变化，但至今构成中国人的主体民族在面对中国边缘少数民族时仍自称'汉人'。这种汉人或'中国人'意象，在当代仍左右着居于地理核心之中国人与其边缘人群间的往来互动，并影响中国对边缘人群的政策。"［参见王明珂《华夏边缘：历史记忆与族群认同（增订本）》，第237~239页］葛兆光也有大致类似的意见（不过他忽略了秦与汉的差别及汉初的具体整合进程），他说："一般来说，帝国都有着广袤的疆域、众多的族群和不同的文化，但需要注意的是，秦汉帝国与其他世界帝国相当不同的是，具有制度、文化、族群同一性的核心

意义上完全具有族别功能的"汉人"认同产生的同时,"中国一体"的国家意识也开始凸显。① 这一特点,正体现了"华夏民族与国家的演进和互动走着一

区域,从一开始就相当稳定和庞大,从政治、制度和文化上看,它早早地设立了中央统一控制的郡县(也包括汉代的同姓诸侯国)、实行了基本同一的律令制度、逐渐淡化了区域文化差异的核心区域,这形成了稳定的'中国',它也早早形成了具有历史同源感、语言同一性、文化相似性的族群共同体,也就是'汉族'……秦汉帝国奠定的这个被称为'中国'的共同体始终存在,无论后来这个帝国是分裂还是统一,是缩小还是扩大,'中国'始终存在于人们观念世界中,影响着这个自认汉族的人群的历史想像和文化认同。"(参见葛兆光《历史中国的内与外——有关"中国"与"周边"概念的再澄清》,香港中文大学出版社,2017,第18~20页)如果说汉代由于"汉朝"的存在而使得"汉人"称谓在保持族属色彩的同时不可避免地带有政治色彩的话,那么汉朝覆亡后仍然存在的"汉人"称谓无疑是带有纯粹的族属色彩的。如《旧唐书·穆宗本纪》:"陇山有异兽如猴,腰尾皆长,色青赤而猛鸷,见蕃人则跃而食之,遇汉人则否。"(《旧唐书》卷16《穆宗本纪》,中华书局,1975,第497页)《旧唐书·吐蕃传上》载吐蕃赞普之言:"外甥蕃已处分边将,不许抄掠,若有汉人来投,便令却送。"(《旧唐书》卷196上《吐蕃传上》,第5231页)《宋史·兵志五·乡兵二·蕃兵》载王安石之言曰:"今以三十万之众,渐推文法,当即变其夷俗。然诏所募勇敢士九百余人,耕田百顷,坊三十余所。蕃部既得为汉,而其俗又贱土贵货,汉人得以货与蕃部易田,蕃人得货,两得所欲,而田畴垦,货殖通,蕃汉为一,其势易以调御。"(《宋史》卷191《兵志五·乡兵二·蕃兵》,中华书局,1977,第4759页)《辽史·太宗纪下》:"诏契丹人授汉官者从汉仪,听与汉人婚姻。"(《辽史》卷4《太宗纪下》,中华书局,1974,第49页)《金史·世宗纪中》载金世宗之言曰:"朕思本朝所行之事,未尝暂忘,故时听此词,亦欲令汝辈知之。汝辈自幼惟习汉人风俗,不知女直纯实之风,至于文字语言,或不通晓,是忘本也。汝辈当体朕意,至于子孙,亦当遵朕教诫也。"(《金史》卷7《世宗纪中》,中华书局,1975,第159页)《元史·世祖纪三》:"罢诸路女直、契丹、汉人为达鲁花赤者,回回、畏兀、乃蛮、唐兀人仍旧。"(《元史》卷6《世祖纪三》,中华书局,1976,第118页)《明史·外国列传一·朝鲜列传》载明英宗之谕曰:"鸭绿江一带东宁等卫,密迩王境,中多细人逃至王国,或被国人诱胁去者,无问汉人、女直,至即解京。"(《明史》卷320《外国列传一·朝鲜列传》,中华书局,1974,第8285页)《清史稿·太宗本纪一》:"令汉人与满洲分屯别居。先是汉人十三壮丁为一庄,给满官为奴。至是,每备御止留八人,余悉编为民户,处以别屯,择汉官廉正者理之。"(《清史稿》卷2《太宗本纪一》,中华书局,1976,第20页)《清史稿·选举志一·学校》载乾隆之谕曰:"我朝崇尚本务,宗室子弟俱讲究清文,精通骑射。诚恐学习汉文,流于汉人浮靡之习。世祖谕停习汉书,所以敦本实、黜浮华也。嗣后宗室子弟不能习汉文者,其各娴习武艺,储为国家有用之器。"(《清史稿》卷106《选举志一·学校》,第3112页)后世带有纯粹族属色彩的"汉人"称谓无疑是汉代已具族属色彩的"汉人"称谓的延续。

① 关于汉代人的国家意识,可参见王子今《"汉朝"的发生:国家观念的历史考察》《大汉·皇汉·强汉:汉代人的国家意识及其历史影响》,《秦汉边疆与民族问题》,第391~405、406~420页;刘志平《从〈焦氏易林〉看汉代人的民族意识和国家意识》,陈峰主编《周秦汉唐文化研究》第九辑,三秦出版社,2016,第60~71页;彭丰文《东汉士人的国家认同及其历史意义》,《河北学刊》2017年第6期。需要补充的材料是汉代西北边塞简牍,居延新简有"有能生捕得反羌从徼外来为间候动静中国兵欲寇盗杀略人民吏增秩二等民与购钱五万从奴它与购

条与西方不同的发展道路，由此形成古代中国民族认同与国家认同的同一性传统及民族意识中的民族与国家认同相一致的深层价值结构"。①

还有一点值得注意，在汉代的族群认同格局中，虽然华夷之辨呈现出复杂性和工具性，② 但政治意义上的"汉人"（"华夏"）始终是以族属和文化意义上的"汉人"（"华夏"）为基本内核的，而且两者皆具有开放、包容、变动的特点，即政治意义上的"汉人"（"华夏"）所含括范围随着汉帝国政治体的盈缩而盈缩，其在理所当然地含纳族属和文化意义上的"汉人"（"华夏"）的同时，可以不断含纳族属和文化意义上的"非汉人"（"非华夏"），而族属和文化意义上的"非汉人"（"非华夏"）可以不断转化为族属和文化意义上的"汉人"（"华夏"）。③ 这种转化，更多的情况是始于对汉帝国的政治归附，且其过程是长期、曲折的。也就是

如比"的简文［E. P. F22·233，参见马怡、张荣强主编《居延新简释校》（下），天津古籍出版社，2013，第776页］，此应为"捕反羌科赏"［E. P. F22·235，参见马怡、张荣强主编《居延新简释校》（下），第776页］，此外还有"捕匈奴虏购科赏"［E. P. F22·231，参见马怡、张荣强主编《居延新简释校》（下），第776页］，具体内容见 E. P. F22·225—230［参见马怡、张荣强主编《居延新简释校》（下），第775～776页］可见，汉代西北边塞的防卫主要针对匈奴和羌，而与匈奴和羌对应的是"中国"，"中国一体"的国家意识在此得到了具体而生动的展现。敦煌汉简也有"今共奴已与鄯善不和则中国之大利也臣愚以为钦将兵北"的简文（66，吴礽骧、李永良、马建华释校《敦煌汉简释文》，甘肃人民出版社，1991，第7页），此处与"鄯善"相对的"中国"，出自汉臣之口，亦可见"中国一体"的国家意识在汉代的凸显。而作为西汉后期至东汉通用的童蒙识字教材，《急就篇》有"酒泉强弩与敦煌""居边守塞备胡羌""远近还集杀胡王""汉土兴隆中国康"（参见张传官《急就篇校理》，中华书局，2017，第472～473页）的内容，这可看作"中国一体"的国家意识下抵御异族侵犯的爱国主义教育在古代中国的早期实践。

① 李禹阶：《华夏民族与国家认同意识的演变》，《历史研究》2011年第3期。
② 朱圣明：《华夷之间：秦汉时期族群的身份与认同》，第77页。
③ 当然，还有族属和文化意义上的"汉人"（"华夏"）向"蛮夷"转化的情势也值得注意。胡鸿指出："开拓山区的河谷可耕地，转化山地居民成为官府控制的人口，成为东汉以来南方开发的主要趋势。另一个趋势是不断有著籍的平原华夏人口不堪重负而逃亡入山，成为新的蛮夷，为山地抗拒华夏化增加力量。"（参见胡鸿《能夏则大与渐慕华风——政治体视角下的华夏与华夏化》，北京师范大学出版社，2017，第78页）虽然是从政治体的角度分析"华夏"向"蛮夷"的转化，离族属和文化意义上的"汉人"（"华夏"）向"蛮夷"的转化尚有一定距离，但族属和文化意义上的"汉人"（"华夏"）转化为"蛮夷"，更多的情况是始于对汉帝国（华夏帝国）的政治叛离或疏远。朱圣明探讨过汉代边民的"蛮夷化"，认为汉代边民的这种"蛮夷化"追求"总是带有强烈的政治色彩"，"很可能是一种政治诉求作用下有意识的'身份建构'"，是"为其寻求政治独立张目"，结果是"其与中原华夏政权之间""渐行渐远"（参见朱圣明《华夷之间：秦汉时期族群的身份与认同》，第280、298～301页）。

说，汉帝国外部边缘（边疆地带）和内部边缘（内地的边缘）① 的非汉族群对汉帝国的政治认同并不能在短时期内引起其族属和文化认同的整体变化，汉帝国外部边缘和内部边缘的非汉族群在族群和文化认同上保持有一定的相对独立性，这也成为后世中国在族群实态上的惯性特征。② 中国作为统一的多民族国家或许就是这样形成的，而对其根本历史原因的进一步探寻是值得我们深入研究的大课题。

原刊《人文杂志》2018 年第 12 期

---

① 鲁西奇受许倬云的启发，提出了"内地的边缘"这一概念（参见鲁西奇《中国历史的空间结构》，广西师范大学出版社，2014，第 231～232 页）。

② 与笔者意见相似的有胡鸿和朱圣明两位学者，胡鸿指出："华夏化应可区分出政治体与文化认同两个层面，政治体意义上的华夏化是指加入或建立华夏式帝国政治体，被制度承认为华夏国家的成员，略等于'王化'；文化认同意义上的华夏化则涉及语言、习俗、祖源重构、心理认同等方面。这两者并非同步进行的，但一般来说，政治体意义上华夏化的完成基本可以宣告文化认同意义上华夏化的启动，只要不出现大的变故，两者间的差距只是时间。"（参见胡鸿《能夏则大与渐慕华风——政治体视角下的华夏与华夏化》，第 164 页）朱圣明则认为"无论在理论上还是现实中"，"'夷汉拉锯'的格局应不仅在历时中承续，更在共时中争衡并存；不仅在汉代贵州地域存在，也存在于其他西南地区，只是程度有所不同罢了"（参见朱圣明《华夷之间：秦汉时期族群的身份与认同》，第 280 页注③）。

胥浦汉墓《先令券书》释读问题补议

郑金刚

摘　要：1984 年江苏仪征胥浦 101 号西汉墓地出土的《先令券书》，从内容以及行文格式上分析，应是一份西汉时期变更户籍的证明文书，并非通常所认为的是确认家庭遗产继承的遗嘱。因此，《先令券书》的存在不能视为汉代女性拥有财产继承权的依据，只是反映出西汉时期"女户"立产继户方面的问题，并可与其时的户律互为佐证。

关键词：简牍　先令　二年律令

1984 年，江苏省扬州市仪征县胥浦 101 号西汉墓中出土了一批竹木简牍，其中有保存完好的西汉元始五年高都里民朱凌所立的《先令券书》一份，书于 16 枚竹简之上，每简约长 22.3 厘米，宽 1.2 至 1.9 厘米，共记有券书全文如下：

元始五年九月壬辰朔辛丑［亥］，高都里朱凌，［庐］居新安里。甚疾其死，故请县乡三老、都乡有秩、左（佐），里［师］田谭等，为先令券书。凌自言：有三父、子男、女六人，皆不同父。欲令子各知其父家次。子女以君、子真、子方、仙君，父为朱孙；弟公文，父吴衰近君；女弟弱君，父曲阿病长宾。

姬言：公文年十五去家自出为姓，遂居外，未尝持一钱来归。姬予子真、子方自为产业。子女（仙）君、弱君等贫毋（无）产业。五年四月十日，姬以稻田一处、桑田二处分予弱君；波（陂）田一处分予（仙）君，于至十二月。公文伤人为徒，贫无产业。于至十二月十一日，（仙）君、弱

君各归田于姬；姬即受田，以田分予公文，稻田二处，桑田二，田界易如
故；公文不得移卖田予他人。时任知者：里（师）、伍人谭等及亲属孔聚、
田文、满真。先令券书明白，可以从事。①

此前史籍及简牍中所见汉代先令、遗令，或仅是令文摘录，或是内容残缺不
全，并无如江苏胥浦 101 号汉墓《先令券书》这样详细载有作令缘由、经过及
完整券书内容，对于研究秦汉时期法制史与家庭史均有极为重要的参考价值。但
同时由于类似文献资料阙如，至今有关《先令券书》的释读仍存有不少争议，
有进一步讨论的必要。

一 "先令券书" 中朱凌的身份

江苏仪征胥浦 101 号汉墓《先令券书》内容的释读方面，目前主要问题是
有关券书中朱凌的身份仍存在争议。主要有三种不同意见。

（1）朱凌为"姬"之长子真。大多数释读意见认为券书内既然有"凌自言"
"姬言"，说明朱凌与"姬"并非同一人，而是"姬"之长子，也就是券书内提
到的子真。较具代表性的观点，如较早对《先令券书》释读的陈平、王勤金在
《仪征胥浦 101 号西汉墓"先令券书"初考》一文中认为，根据秦汉史籍已见立
先令券书均为男性，以及与券书同墓出土的兵器等依据可断定墓主为男性，同时
根据券书内又有"弟公文""女弟弱君"等称谓，可以判定朱凌应是"姬"之长
子，亦即券书中的子真。②

（2）朱凌是"姬"的丈夫。陈雍根据券书简四"朱"字与"孙"字之间有
一字之空，认为将二字连读为人名有误，正确的释读方法是将"孙"字下读，
即"朱"为朱凌自指，在此强调了姓，而省略了名。"朱"与其下之空或许相当
今日的"朱×"。"孙弟"可能意为旁生之弟，犹如旁生之竹称为"孙竹"，因此
可推断朱凌为以君、真、方、漂（仙）君之父；"姬"称真、方、为子、漂
（仙）君为子女，朱凌和"姬"的辈分应当相同，可能是夫妻。③

---

① 扬州博物馆：《江苏仪征胥浦 101 号西汉墓》，《文物》1987 年第 1 期。
② 陈平、王勤金：《仪征胥浦 101 号西汉墓〈先令券书〉初考》（简称《初考》），《文物》1987
年第 1 期。
③ 陈雍：《仪征胥浦 101 号西汉墓〈先令券书〉补释》，《文物》1988 年第 10 期。

（3）朱凌即券书中的"妪"，两者是指同一人。李解民通过比较同时期的西汉墓葬形制，认为胥浦 101 号汉墓应是夫妻合葬墓，按西汉晚期夫妻合葬墓棺椁多是东西并排朝向，南女北男，因此位于南面的甲棺应为女性。也就是说，立《先令券书》的朱凌应是女性，即是券书中的"妪"本人。①

上述三种释读意见，迄今仍无定论。但根据券书内"凌自言：有三父，子男、女六人，皆不同父。欲令子各知其父家次：子女以君、子真、子方、仙君，父为朱孙；弟公文，父吴衰近君；女弟弱君，父曲阿病长宾"，可知券书中的"妪"曾先后嫁三人，分别为以君、真、方与仙君的父亲朱氏、公文的父亲衰近君与弱君的父亲病长宾，且朱氏为第一任丈夫；以常理推断，既然至元始五年（公元 5 年）立《先令券书》时，"妪"与第三任丈夫病长宾所生女儿弱君已成年，则"妪"的朱姓丈夫自应已经死去多年，因此基本可排除朱凌为"妪"的丈夫。② 此外，秦汉史籍中所见时人自称，省略姓而仅称名的现象较为常见，却罕见仅称姓而省略名，而同时券书中所记"妪"后两任丈夫居所、姓名甚详，自然也不应单独称首任丈夫为朱×，由此陈雍认为"孙"字下读并进而推断"朱为朱凌自指"的理由似乎并不充分，可基本排除朱凌为"妪"第一任丈夫的可能性。

另外，多数认为朱凌为"妪"之长子的观点，均是在先肯定朱凌为男性的基础上得出的推论。如陈平、王勤金即是预先推证：

> 就我们可以查检到的秦汉古籍而言，立先令券书的不下五六例，皆为男性家长，没有一例是女性。另甲棺内出主了木剑和铁刀各一柄，而扬州地区出兵器的汉墓，墓主多为男性。也表明墓主朱凌是男性。从简文看，妪曾先后嫁朱孙、衰近君、病长宾三人为妻，是以君、子真、子方、仙君、公文、弱君六人的生母，一般说来不应与其夫同姓朱，然甲棺所出木梭文字却明称墓主乃"高都里朱君"。③

---

① 李解民：《扬州仪征胥浦简书新考》，长沙市文物考古研究所编《长沙三国吴简暨百来简帛发现与研究国际学术研讨会论文集》，中华书局，2005，第 449~457 页。

② 关于为何朱凌非"妪"的丈夫，陈平亦从秦汉法律层面上有较为详细的说明。可参见陈平《仪征胥浦〈先令券书〉续考》（《考古与文物》1992 年第 2 期）、《再谈胥浦〈先令券书〉的几个问题》（《文物》1992 年第 9 期）。

③ 陈平、王勤金：《仪征胥浦 101 号西汉墓〈先令券书〉初考》，《文物》1987 年第 1 期。

首先，秦汉史籍中确实尚未见女性立先令券书的记载，但如果考虑到目前能见到内容、格式完整的秦汉先令券书数量本就极少，并且从根本性质上说先令券书不过是券书之一种，也是属于契约文书之类，而秦汉文献史料中女性立券书、契约的例子并不少见，故不能就此断定女性不能立先令；其次，秦汉时期女性既嫁后冠夫姓的现象实际十分常见，为人们所熟知的实例除《初考》文内已提到的霍光妻名霍显外，还有元帝王皇后女弟嫁入司马家后名司马君力、庞潜母名庞娥等，均可证"姁""一般说来不应与其夫同姓朱"的说法并不成立。因此就目前已有证据来说，尚不能做出朱凌必然为男性的结论，自然也就不能顺此推论朱凌即为"姁"之长子真。

那么，先令券书中的朱凌究竟是"姁"之子真还是"姁"本人？结合江苏胥浦汉墓《先令券书》的性质并仔细推敲券书内容，本文认为虽然现有材料仍难以完全确定朱凌身份，但是相比较而言将券书内的朱凌释读为"姁"本人应更为合理。理由除上述李解民提出西汉墓葬形制方面的依据外，还可补充如下两点：

其一，将朱凌释读为"姁"本人更符合汉代先令的一般特征。先令券书在汉代也称为先令书、先令。《汉书》记哀帝时颍川太守何并临终时，"召丞、掾，作先令书曰：'告子恢：吾生素餐日久，死虽当得法赙，勿受；葬，为小椁，裁容下棺。'"颜师古注"先令书"曰："先为遗令也。"① 证明汉时所谓先令，也可称之为遗令。文献史籍中汉代人作先令的记载并不少见，如《史记》中记载汉初名臣陆贾生前与诸子约："过汝，汝给吾人马酒食，极欲，十日而更。所死家，得宝剑车骑侍从者。一岁中往来过他客，率不过再三过，数见不鲜，无久慁公为也。"②《太平御览》引《风俗通》所记西汉绥和元年（公元前8年），沛中富人恐死后子女争产，"因呼族人为遗令云：'悉以财属女，但以一剑与男，年十五以付之'"，③ 均可作为汉代时人作先令现象较为普遍的佐证。从上述汉代立先令具体个例，可以看出汉代所谓先令券书也可以说是立券书人生前对包括丧葬规制、分家析产等家事的预做安排，并具有两个共有的特征：一是立先令券书人均为本人，尚未见有代立先令的成例；二是先令券书所约束的对象均为自己的子

① 《汉书》卷77《何并传》，中华书局，1962，第3268页。
② 《史记》卷97《陆贾列传》，中华书局，1959，第2700页。
③ 李昉等：《太平御览》卷836，中华书局，1985，第3736~3737页。

女。由此对比江苏胥浦汉墓《先令券书》，既然立先令之人为朱凌，而《先令券书》所处分的田产原本归属于"妪"，同时券书约束对象全为"妪"的子女，则将立券书人朱凌与"妪"释读为同一人应更为合理。

其二，从江苏胥浦汉墓《先令券书》具体内容与形式看，将朱凌释读为"妪"并不存在矛盾。由于江苏胥浦汉墓《先令券书》中先后出现的"凌自言""妪言"文字，一些研究者据此认为如将券书中朱凌与"妪"释读为同一人存有矛盾。但是，如结合江苏胥浦汉墓《先令券书》的内容与形式分析，该券书实际包括有三个部分的内容，即立券书缘由、券书内容及证人、法律效力说明。即按目前公认排序，自"元始五年"至"父曲阿病长宾"共七枚简文，是客观说明立此先令券书的时间、原因及家庭情况说明；而自"妪言"直至"公文不得移卖田予他人"七枚简文，则是记录立券书人（"妪"）本人表达的意愿，亦即是券书具体内容；最后两枚简文列举见证人姓名以证明该先令券书具有法律效力。以此推测，在《先令券书》出现"朱凌""凌自言""妪言"的不同称谓，只是为了遵从文书格式要求，并不能以此作为否定朱凌即是"妪"的依据。①

二　"先令券书" 非财产继承遗嘱文书

除了朱凌的身份外，有关江苏胥浦汉墓《先令券书》的性质问题也存在有不同看法。如侯旭东认为江苏胥浦汉墓《先令券书》反映了西汉末家庭财产分配中女性具有重要地位。② 不仅如此，甚至有研究者据此先令券书认为汉代妇女实际"拥有完全的财产处分权，她的六个子女均享有财产继承权。她的三个女儿虽然已经出嫁，但因贫无产业，仍然可以分得娘家的财产"。③

---

① 李解民在《扬州仪征胥浦简书新考》中已注意到胥浦 101 号汉墓《先令券书》前后两个部分在文字格式上稍有不同，但认为该《先令券书》实际是由交代子女家次的先令与分析家产的口述记录两个文件组成。而陈荣杰、张显成则通过比较券书前后部分的文字写法，认定为一人所书。陈荣杰、张显成：《仪征胥浦〈先令券书〉再考》，《文献》2012 年第 2 期。

② 侯旭东：《北朝村民的生活世界：朝廷、州县与村里》，商务印书馆，2005，第 72～73 页。目前，认为胥浦"先令券书"为遗嘱文书的意见仍占大多数。其中较具有代表性的论（著）文，如杨剑虹《从〈先令券书〉看汉代有关遗产继承问题》，《武汉大学学报》（社会科学版）1988 年第 3 期；张晋藩、徐世虹《中国法制通史》（战国秦汉卷），法律出版社，1998；罗鸿英、胡仁智《从简牍文书看中国传统财产继承制度》，《中西法律传统》卷 5，中国政法大学出版社，2006。

③ 岳岭：《汉代妇女政策研究》，《南都学坛》2008 年第 11 期。

但是也一直存在不同的意见。如曹旅宁在《〈二年律令〉与秦汉继承法》一文中即认为，汉代史籍与出土简牍中的"先令"，并不一定就是汉代专门法律术语，也可以解读为"预先""事先"为令，并且根据"张家山汉律有关先令券书的规定在《户律》、《居延汉简甲乙编》有'□知之，以父先令，户律从□'，可知先令与户籍有关，进一步可推知：由于分家一定要变更户籍，因此张家山汉律有关先令券书的规定在《户律》而非《置后律》的缘故就很明显了。因此，在张家山汉简《户律》中关于'先令券书'的规定应是关于家产析细、分家文书的制定程序及其效力原则的规定"。①

另外，魏道明《我国古代遗嘱继承制度质疑》则认为江苏胥浦汉墓《先令券书》中实际反映的是汉代家庭"同居异财"情况，因此"按家产只能由子辈分析的原则，应由真、方、公文三兄弟平均分析……（而）既然券书中处置的田产并非朱凌本人之财产，这份文书自然也非朱凌处分己身财产的遗嘱，只是归还公文产业的见证书。若以此例认定汉代有遗嘱继承制度，无疑是指鹿为马"。②

由此可见，问题的关键是需要明确先令券书中所处置田产的归属与性质。而从《先令券书》的内容上看，"妪"曾先后有朱姓、衰近君、病长宾三任丈夫，并且前后一共生有六位子女，因而明确所处置田产的归属与性质的前提，是要厘清"妪"的家庭构成情况及立券书的原因。

我们先看一下元始五年立券书时"妪"的家庭构成情况。根据张家山汉简《二年律令》中"置后律"规定：

（1）死毋子男代户，令父若母，毋父母令寡，毋寡令女，毋女令孙，毋孙令耳孙，毋耳孙令大父母，毋大父母令同产子代户。同产子代户，必同居数。弃妻子不得与后妻子争后。③（简 379~380）

（2）女子为父母后而出嫁者，令夫以妻田宅盈其田宅。宅不比，弗得。其弃妻，及夫死，妻得复取以为户。弃妻，畀之其财。④（简 384）

（3）寡为户后，予田宅，比子为后者爵。⑤（简 386）

---

① 曹旅宁：《〈二年律令〉与秦汉继承法》，《陕西师范大学学报》2008 年第 1 期。
② 魏道明：《我国古代遗嘱继承制度质疑》，《历史研究》2000 年第 6 期。
③ 朱红林：《张家山汉简〈二年律令〉集释》，社会科学文献出版社，2005，第 230 页。
④ 朱红林：《张家山汉简〈二年律令〉集释》，第 233 页。
⑤ 朱红林：《张家山汉简〈二年律令〉集释》，第 233 页。

则汉代在男性户主死后，寡妻既可以再嫁也可以自立户籍成为女户主，且继承代户的顺序排在成年儿子、已故丈夫的父母后的第四位。而"先令券书"中"姁予子真、子方自为产业"是在子公文（与第二任丈夫所生之子）离家之后，显然"姁"在其第一任丈夫朱氏死后，不是再嫁而是自立户籍成为汉代常见的"女户"，并由此取得家庭田宅、财产的处置权。同理，我们根据至立券书时"姁"的两个女儿（以）君、弱君都是将田产归还于"姁"的情况，也可推知直至立券书时"姁"仍是具有户主身份，亦即"姁"的后两任丈夫衰近君、病长宾都应是无户主身份的"赘婿"。

另外，按照秦汉时期施行的"分异令"及社会风俗，一般家庭"子壮则出分"。"姁"能够在第一任朱姓丈夫死后自立为户主，前提条件是与朱姓丈夫所生的两个儿子真、方尚未成年，不够"代户"的资格。但是至元始五年立券书时，"姁"与衰近君所生之子公文已超过十五岁，子真、子方自然年龄要更大一些，因此需要"姁予子真、子方自为产业"，即已经按"子壮则出分"原则让两个儿子分立户籍。由此推断，至元始五年时"姁"合理的家庭构成应该是：

```
          姁（户主）——— 子真（户主）——— 子方（户主）
      ┌----------------┤
  以君（女）      公文（子）    弱君（女，已嫁）

  仙君（女，已嫁）
```

厘清了"姁"的家庭构成情况，接下来就可以讨论立先令券书的原因及券书的性质。至元始五年，"姁"病重将死（"甚疾其死"），而唯一与其共居的儿子公文也已成年。按照西汉"户律"与"置后律"，如果身为"户主"的"姁"死亡，必须重新确立户主并于每年八月编列户籍。细读"先令券书"内容，就可以发现券书处置的内容实际只是"姁"的田产，而没有涉及其他家庭财产的分配，因此从内容分析该《先令券书》应为确认"姁"死后将户主身份转为其子公文的证明文书，因为券书仅是立户依据，并不是分配财产的遗嘱，所以在券书中只需列出"姁"几任丈夫及子女存在与否的情况，而没有必要说明其他子女对于田产转让的意见。同时，因为该券书是需要提交官方以证明公文继产立户的合法性，所以需要载明在场乡里三老、有秩、里佐及亲属、邻人的姓名。

由此可见，江苏胥浦汉墓《先令券书》的确不是确定家庭遗产分配的遗嘱，而是变更户主的证明文书，与张家山汉简《二年律令》中"户律"的相关规定相符：

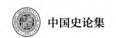

民欲先令相分田宅、奴婢、财物,乡部啬夫身听其令,皆三辨券书之辄上,如户籍有争者,以券书从事,毋券书,勿听,所分田宅,不为户,得有之,至八月书户,留难先令,弗为券书,罚金一两。① (简334~336)

以此也可佐证曹旅宁《〈二年律令〉与秦汉继承法》文内提出的"张家山汉简《户律》中关于'先令券书'的规定应是关于家产析细、分家文书的制定程序及其效力原则的规定"的说法。但是,江苏胥浦汉墓《先令券书》反映的只是汉代常见的"女户"立产继户问题,并不能作为讨论汉代妇女财产继承权的依据,因而本文认同李解民"姁"即朱凌本人的看法,但同时也认为其"老妇的继承人应该是其长女以君,她是户主唯一的同居子女"② 的观点有进一步商榷的必要。

原刊《文献》2014 年第 4 期

---

① 朱红林:《张家山汉简〈二年律令〉集释》,第 206 页。
② 李解民:《扬州仪征胥浦简书新考》,《长沙三国吴简暨百来简帛发现与研究国际学术研讨会论文集》,第 456 页。

隋唐高僧道信"一行三昧"思想论析

白 冰

摘 要： 禅净合流并非仅在宋朝初露端倪，在东晋时期就已出现。早期禅宗"念佛"思想也不是只在六祖慧能的《坛经》有所详述。隋唐时期，禅宗四祖道信所倡"一行三昧"将净土思想融入其中，以事、理之分将修持与往生程度相联系，体现了禅净合流的思想。同时，"一行三昧"的思想与天台宗的净土思想也有理论上的一致性。这为宋代以后佛教以禅净为主的诸宗派合流奠定了基础。

关键词： 道信 "一行三昧" 禅净合流

禅宗与净土宗是中国影响最大的两大宗派，尽管有着种种的不同，但最终实现了禅净合流，此处的合流有义理的、修行的、组织的等多方面的含义，我们仅从义理的角度来探讨禅净合流。魏晋时期，禅宗与净土宗虽然并未形成宗派，但禅法修持与净土信仰在社会上已经广泛传播。无论是修禅还是修净土都不注重义理的探讨，讲究实修实证，颇受民众的欢迎，这时候禅、净虽然分离，但已经出现了融合的迹象。洪修平指出："禅净融合，最早在东晋慧远倡导的念佛禅中就已初露端倪。"①

南北朝时期，随着大乘佛教如来藏经典的传播，如来藏心性思想不仅在义理上占据了中国佛学中的重要地位，而且也被应用到了修持者的实践当中，从而开启了具有"返本净心"的中国佛教修持特色。这在禅宗的表述中即为"明心见

---

① 洪修平、许颖：《佛学问答》，中国人民大学出版社，2009，第127页。

性",又依"随其心净,则佛土净",① 形成了"唯心净土"思想,成为禅净合流在义理上的基石。

在这一大的思潮背景下,禅净合流的思想融入"一行三昧"当中。关于"一行三昧"这一禅法,学界给予了较多的关注。法国著名佛教学者伯兰特·佛尔在《早期禅的"一行三昧"观念》一文中指出:"如果对天台、禅和净土宗作整体性考察,将会发现,该观念(按,一行三昧)的存在有益于最大限度地弥合各种佛教思想趋向之间的裂痕。"② 尽管该文对"一行三昧"和禅宗"一心戒"、密宗"看一字"、净土宗"称名念佛"、道教"守一"观念之间的意义关联做了分析,但对道信的"一行三昧"及其对禅净合流的影响并没有做具体而深入的探讨。

此外,肖黎民在《文殊三昧与一行三昧——以〈文殊师利所说摩诃般若波罗蜜经〉为中心》将"文殊三昧"与"一行三昧"做比较分析,对我们理解"一行三昧"有正本清源的作用,但学界从禅净融合的角度分析道信的"一行三昧"思想尚不多见。那么"唯心净土"与净土的念佛、禅宗的见性、天台宗的净土观念究竟是什么关系?搞清楚这些问题,对于我们研究禅净合流具有重要的佛教思想史上的意义。

一 "事一行三昧"与"理一行三昧"

"一行三昧"是道信(580~651)、弘忍(601~674)所创建"东山法门"禅法思想中的重要概念,指心专于一行而修习的正定。又作真如三昧、一相三昧、一相庄严三摩地。"一行三昧"在修持层次上有"事一行三昧"和"理一行三昧"之分。事一行三昧的修持次第是从现实心开始念佛进而观想佛,此为称名念佛,属于禅观。理一行三昧的修持次第是从观想佛开始,进而观法界实相真如,此为为实相念佛,属于禅悟。由此可见,事一行三昧是理一行三昧的基础。

---

① 《维摩诘所说经》,鸠摩罗什译,《大正藏》第 14 册,台北:新文丰出版公司,1983(本文凡引《大正藏》皆为此版本),第 538 页下。

② Bernard Faure: The Concept of One-Practice Samadhi in Early Ch'an. Traditions of Meditation in Chinese Buddhism, Honolulu: The University of Hawaii Press, Peter N. Gregory, 1986.《中国哲学史》2010 年第 2 期刊登了蒋海怒所译伯兰特·佛尔的《早期禅的"一行三昧"观念》,第 7~22 页。

事一行三昧，以"系心一佛，专称名字"为内容。《文殊说般若经》说："善男子、善女人，欲入一行三昧，应处空闲，舍诸乱意，不取相貌，系心一佛，专称名字。随佛方所，端身正向，能于一佛念念相续，即是念中，能见过去、未来、现在诸佛。"① 修行者念佛之前先找一处空闲的地方，面向佛的方向端坐正身，念念相续不间断。道信说："又依《文殊说般若经》'一行三昧'，即念佛心是佛，妄念是凡夫。"念佛时，不能起妄念，方能起到作用。

理一行三昧，说明法界平等无差别的道理，而这又成为佛与众生平等的依据。《文殊说般若经》说："文殊师利言：'世尊，云何名一行三昧？'佛：'法界一相，系缘法界，是名一行三昧。如法界缘不退不坏，不思议无碍无相……尽知恒沙诸佛法界无差别相。'"②

其他佛教经典对"理一行三昧"亦有相同的解释。《大智度论》认为"一"就是"一相智慧"，"行"就是"观"，修行者用定心观诸法，无论有相、无相还是空都是一样的，并没有差别，法界平等无碍。《三藏法数》把"一行三昧"界定为"真如三昧"，用观想真如之理的方法来禅定。"一行三昧者，惟专一行，修习正定也。谓修行之人，应处空闲，舍诸乱意，系心实理，想念一佛，专称名字，随佛方所，端身正向，能于一佛念念相续而不懈怠，于一念中，即能得见十方诸佛，获大辩才也。"③

唐代宗密把"理一行三昧"称为如来禅。他认为只要修行者能够顿悟自心本来清净，也就是顿见真如之理，就是"此心即佛"，这种禅法即为"如来清净禅"、"一行三昧"或"真如三昧"。"若顿悟自心本来清净，原无烦恼，无漏智性本自具足，此心即佛，毕竟无异。依此而修者是最上乘禅，亦名如来清净禅，亦名一行三昧，亦名真如三昧，此是一切三昧根本。若能念念修习，自然渐得百千三昧。达摩门下展转相传者，是此禅也。"④

理一行三昧与事一行三昧的区别在哪儿呢？理一行三昧是见道后的境界，即"法界一相，系缘法界"，"尽知恒沙诸佛法界无差别相"。如果没有见道，怎么能够知道法界一相无差别的境界呢！这是见道以后所用的词语。事一行三昧指一心念佛，念念相续，这样就能从事一行三昧入理一行三昧，而证得真如之理。"菩萨摩

① 《文殊师利所说摩诃般若波罗蜜经》，释曼陀罗仙译，《大正藏》第8册，第731页中。
② 净觉：《楞伽师资记》，《大正藏》第85册，第1286页下~1287页上。
③ 一如等集注《三藏法数》，《大藏经补编》第22册，第556页下。
④ 宗密：《禅源诸诠集都序》，《大正藏》第48册，第399页中。

诃萨当念一行三昧，常勤精进而不懈怠。如是次第渐渐修学，则能得入一行三昧。"

"一行三昧"虽然是念佛的法门，但是以见道为旨归，并非追求往生西方净土。道信认为念佛见净土、念佛见道的法门，是对利根之人所说，因此不一定非要用西方来指称。

> 用向西方不？信曰：若知心本来不生不灭，究竟清净，即是净佛国土，更不须向西方。《华严经》云：无量劫，一念无量劫，须知一方无量方，无量方一方。佛为钝根众生，今向西方，不为利根人说也。①

这句话的含义是问修持者在念佛的时候是否要观想西方阿弥陀佛净土？道信说只要明见自己的本心本来清净，不生不灭，这就是佛国净土，不需要再另外找一个西方净土，这是对利根之人而言的。道信的净土思想实质就是"心土不二"，净土就在自己的清净本心当中。

> 即看此等心，即是如来真实法性之身，亦名正法，亦名佛性，亦名诸法实性实际，亦名净土，亦名菩提金刚三昧本觉等，亦名涅槃界般若等。名虽无量，皆同一体，亦无能观所观之意，如是等心要令清净，常现在前，一切诸缘，不能干乱。何以故？一切诸事，皆是如来一法身故。②

道信将禅与念佛相结合，形成了"禅净合一"的修持特色，其着眼点是在"事一行三昧"与"理一行三昧"的结合上。道信所说的"事一行三昧"代表了净土宗，而"理一行三昧"代表了禅宗，这两者的结合便是"禅净合一"，也可称为"心土合一"。这时的境界就是见道的境界，即"性相不二""心土不二"。修行者如果还执迷于在心外追求净土，那就是事与理还有区分，尚未见道。如果从"理一行三昧"的角度来看，道信的净土思想就是"自性弥陀，唯心净土"。

二 "系心一佛" 与 "亦不念佛"

对于凡夫而言，"入一行三昧"也并非一件易事，道信强调"念一佛功德无

---

① 净觉：《楞伽师资记》，《大正藏》第 85 册，第 1287 页下。
② 净觉：《楞伽师资记》，《大正藏》第 85 册，第 1287 页上。

量无边，亦与无量诸佛功德无二"由此而渐入，通过"念佛"的方式而"见道"。修持者的念佛心从现实层面开始，摆脱妄念，逐级深入，从而返回清净本心。"善男子、善女人欲入一行三昧，应处空闲，舍诸乱意，不取相貌，系心一佛，专称名字。"① 对于一般修持者而言，是从现实心念佛、观想佛，进而观法界实相，悟空寂之理。而对于利根之人，则从现实心直接观法界实相，顿见佛道，即能达到"亦不念佛，亦不捉心"② 的境界。事、理一行三昧之分，充分地解释了"系心一佛，专称名字"与"亦不念佛，亦不捉心"两种看似矛盾的说法，其实是所指不同而已。

> 云何能得悟解法相，心得明净？信曰：亦不念佛，亦不捉心，亦不看心，亦不计心，亦不思惟，亦不观行，亦不散乱，直任运，亦不令去，亦不令住，独一清净。究竟处心自明净，或可谛看，心即得明净，心如明镜。或可一年，心更明净。或可三五年，心更明净。或可因人为说，即悟解。或可永不须说得解。经道：众生心性，譬如宝珠没水，水浊珠隐，水清珠显。③

"亦不念佛，亦不捉心，亦不看心"是已经见道，这是就"顿悟"或者是先通过渐修之后"见道"而说的。对于未见性的人，是根本做不到"亦不捉心"的这种境界，但后文又说，"或可一年，心更明净，或可三五年，心更明净"这种说法又明显是渐修的方法，不过修持实际上分为"见道"与"修道"两个过程。④ 此处渐修说的是修道，讲的是保持"心性明净"的过程，"心即得明净，心如明镜，或可一年"这就要看修持者长时间的功夫了。非利根者，从现实心到念佛，到观想佛，最后悟空寂之理，从而心得明净。利根之人，从现实心直接悟空寂之理，少去了中间的观想过程。对于道信所说的"心"如何更深一步理解呢？下面来看两段文献：

> 亦不念佛，亦不捉心，亦不看心，亦不计心，亦不思惟，亦不观行，亦不散乱，直任运。⑤

---

① 净觉：《楞伽师资记》，《大正藏》第 85 册，第 1286 页下～1287 页上。
② 净觉：《楞伽师资记》，《大正藏》第 85 册，第 1287 页中。
③ 净觉：《楞伽师资记》，《大正藏》第 85 册，第 1287 页中。
④ "见道"是通过渐修而悟或顿悟达到的，但之后仍有修道的过程。
⑤ 《入道安心要方便法门》，收录于《楞伽师资记》，《大正藏》第 85 册，第 1287 页中。

即看此等心是如来真实法性之身，亦名正法，亦名佛性，亦名诸法实性实际，亦名净土，亦名菩提金刚三昧本觉等，亦名涅槃界、般若等。名虽无量，皆同一体，亦无能观所观之意。①

"亦不捉心"的心指的是妄念，"此等心"是如来真实法性之身、正法、佛性、诸法实性、净土、菩提金刚三昧本觉等，所以这两个心的含义是不同的。道信说："念佛心是佛，妄念是凡夫。"修持者的念佛心是从现实层面开始的，从摆脱妄念逐级深入，通过"系心一佛，专称名字"，从而返回到自己的清净本心，本有的佛性，故能达到"亦不念佛，亦不捉心，亦不看心"的境界。

道信所提倡的"一行三昧"是一种"念佛法门"，既有观想念佛也有实相念佛，通过"事一行三昧"而进入"理一行三昧"。在此过程中，修持者的清净本心并非完全显现，而是逐步显现，无论"一年"或"五年"后，让心"更明净"，"更"的区别就在于"清净本心"显现的程度。"佛言：菩萨摩诃萨当念一行三昧，常勤精进而不懈怠。如是次第渐渐修学，则能得入一行三昧。"道信的"一行三昧"将禅与念佛相结合，是早期禅宗"唯心净土"思想的表现。

《文殊说般若经》详细介绍了如何来修一行三昧，以及念佛的种种益处。"欲入一行三昧"的前提："若善男子、善女人，欲入一行三昧，当先闻般若波罗蜜，如说修学，然后能入一行三昧。"②"善男子、善女人欲入一行三昧，应处空闲，舍诸乱意，不取相貌，系心一佛，专称名字，随佛方便所，端身正向，能于一佛念念相续，即是念中。"③"得入一行三昧"的过程："佛言：菩萨摩诃萨当念一行三昧，常勤精进而不懈怠。如是次第渐渐修学，则能得入一行三昧。"④"若得一行三昧"的结果："如是入一行三昧者"，"尽知恒沙诸佛、法界，无差别相"。

结合《文殊说般若经》对"一行三昧"的叙述，总结以下三点：1. 理一行三昧是见道的境界。在理一行三昧中，能够体知法界一相，无有差别。2. 入一行三昧前有一定的条件。首先要知道般若波罗蜜，依智慧得入；修定的环境要空旷；修行的方法是专称佛号。3. 一行三昧是渐修的法门。修行者应该努力精进，

① 《入道安心要方便法门》，收录于《楞伽师资记》，《大正藏》第 85 册，第 1287 页上。
② 《文殊师利所说摩诃般若波罗蜜经》卷下，释曼陀罗仙译，《大正藏》第 8 册，第 731 页上。
③ 净觉：《楞伽师资记》，《大正藏》第 85 册，第 1286 页下 ~ 1287 页上。
④ 《文殊师利所说摩诃般若波罗蜜经》卷下，释曼陀罗仙译，《大正藏》第 8 册，第 731 页上、中。

不能懈怠,这样才能入一行三昧。但是,对于凡夫来说,"入一行三昧"也并非一件易事,道信强调"念一佛功德无量无边,亦与无量诸佛功德无二",由此而渐入,通过"念佛"的方式而"见道"。

自达磨传法以来,禅法在修持的形态上呈现出一种变化的趋势,形式上变得简便易行,使禅法的受众范围扩大,禅法逐渐成为普利三根的法门。道信依《文殊说般若经》,所提倡的念佛法门,就是把理一行三昧与事一行三昧结合了起来,在念佛中达到"性相不二"的境界,而慧能把这个范围更有所扩大,将"一行三昧"扩大到人们的正常生活当中。"善知识!一行三昧者,于一切处行住坐卧,常行一直心是也。《维摩诘所说经》又名《净名经》云:直心是道场,直心是净土。莫行心谄曲,口说法直,口说一行三昧,不行直心,非佛弟子。但行直心,于一切法上无执着,名一行三昧。"①

三 "唯心净土"与"明心见性"

佛教将人类所居住的地方称为"五浊世间",而将圣人所居住的国土称为净土。"问曰:何名净土?答曰:世界皎洁,目之为净,即净所居,名之为土。故《摄论》云:所居之土无于五浊,如颇梨柯等,名清净土。《法华论》云:无烦恼众生住处,名为净土。"② 净土的其他名字还有佛地、佛国、佛界、佛土、净刹、净首、净国等。净土分为四类:"一、法性土,以真如为体故……二、实报土,依《摄论》云:'以二空为门,三慧为出入路。奢摩他毗钵舍那为乘,以根本无分别智为用,此皆约报功德辩其出体'……三、事净土。谓上妙七宝,是五尘色性,声香味触为其土相故……四、化净土,谓佛所变七宝、五尘为化土体故。"③ 从果报的位阶,修证的深浅,净土又分五层:"一、纯净土,唯在佛果;二、净秽土,谓净多秽少,即八地已上;三、净秽亭等土,谓从初地乃至七地;四、秽净土,谓秽多净少,即地前性地;五、杂秽土,谓未入性地。"④

净土宗所认为的净土是西方极乐世界,为实报庄严土,到了此世界享有十乐。东晋慧远信仰的就是弥陀净土。不过还有信仰弥勒净土的,西晋道安、唐代

---

① 《坛经》(契嵩本),《大正藏》第48册,第352页下。
② 道世:《诸经要集》卷1,《大正藏》第54册,第3页下。
③ 道世:《诸经要集》卷1,《大正藏》第54册,第3页下。
④ 道世:《诸经要集》卷1,《大正藏》第54册,第4页下。

玄奘与窥基崇奉弥勒净土，期生兜率弥勒净土，西晋竺法护所译《弥勒下生经》对弥勒净土有所介绍。弥陀净土思想的理路是，通过念佛的内因，依靠弥陀愿力的外缘，往生西方极乐净土。净土的念佛有四种方法：称名念佛、观像念佛、观想念佛（观佛妙相）和实相念佛（观佛法身）。实相念佛是理一心的正观，以自力为主的修行法门。

这里探讨的净土是弥陀净土，道信的一行三昧并未脱离净土修持的基本理路，仍有念佛的思想，但依靠的是自力，通过"念佛"而见"净土"。这正是"唯心净土"的思想，以"见道"为究竟，即理一行三昧。其修持过程是：执著之心的有相，通过念佛法门达到无相，显现清净本心。事为俗谛、有相，针对中下根之人；理则为真谛、无相，针对利根之人。"禅净合一"所代表的禅法思想是"唯心净土，本性弥陀"。① 把净土法门同禅法思想相结合是禅宗的一大创举。道信说："若知心本来不生不灭，究竟清静，即是净佛国土，更不须向西方。"② "若菩萨欲得净土，当净其心；随其心净，则佛土净。"③《传法宝纪》记载道信一系的弘忍、法如、大通神秀通过念佛而令自心清净。"忍、如、大通之世，则法门大启，根机不择，齐速念佛名，令净心。"《起信论义记》说："众生真心即诸佛体，更无差别。"④ 明代袾宏说："生入无生，念佛即是念心，生彼不离生此，心佛众生一体，中流两岸不居，故谓自性弥陀。唯心净土。"⑤

生活在五代末宋初的法眼宗门人永明延寿（904～975），既承认唯心净土，也承认佛报庄严实土，归根结底还是和人根器的差异相关，和所断的无明相关。唯心净土的心是自性清净心。"唯心所现"的净土也是有层次的，最高的层次就是"唯心净土"，也就是"唯心所现土"的最高层次，达到唯心净土的方法是"了心方生"。"故知，识心方生唯心净土，著境只堕所缘境中。既明因果无差，乃知心外无法。"⑥

　　　问：唯心净土周遍十方，何得托质莲台，寄形赡养，而兴取舍之念，岂

① 宗晓：《乐邦文类》卷4，《大正藏》第47册，第207页上。
② 净觉：《楞伽师资记》，《大正藏》第85册，第1287页下。
③ 《维摩诘所说经·佛国品》卷上，鸠摩罗什译，《大正藏》第14册，第538页下。
④ 法藏：《大乘起信论义记》卷下，《大正藏》第44册，第275页上。
⑤ 袾宏：《佛说阿弥陀经疏钞》卷1，《卍续藏经》第22册，第606页中。
⑥ 延寿：《万善同归集》卷上，《大正藏》第48册，第966页下。

达无生之门，忻厌情生，何成平等？答：唯心佛土者，了心方生。《如来不思议境界经》云：三世一切诸佛皆无所有，唯依自心，菩萨若能了知诸佛及一切法皆唯心量，得随顺忍，或入初地，舍身速生妙喜世界，或生极乐净佛土中。故知识心方生唯心净土，着境只堕所缘境中，既明因果无差，乃知心外无法。又平等之门、无生之旨，虽即仰教生信，其奈力量未充，观浅心浮、境强习重，须生佛国，以仗胜缘，忍力易成，速行菩萨道。①

延寿的观点为：利根之人是从理入手，了悟真谛无相；中下根之人是从事入手，了悟俗谛有相。"归命三宝者，要指方立相，住心取境"，②"道场有二：一、理道场；二、事道场"。③理，即唯心净土、性净之境、自性清净心、诸法实相、法性常寂光土。对应理的是识心，天台宗智顗大师说："观心性本净，犹如虚空，即是性净之境。境即国也，观智觉悟此心，名之为佛。"④达到理的境界，即为无生法忍菩萨。事，指方立相净土，对应的是著境，"实报庄严土有相"，此为随顺忍菩萨。永明延寿把禅宗与净土宗紧密地结合起来，将净土分为理与事，而这种对净土的划分依据是修行者根器上的差异。

> 佛说极乐净土，普劝娑婆群生，应当发愿生彼国土。然学顿者，拂之为权说，不通理性者，泥之于事相。吾尝学唯识，唯遮外境。⑤
> 识表自心，心外无境，境全是心，心法遍周，净土岂离乎当念，生佛同体，弥陀全是于自心，总摄有情，诚无凡圣之异，融通法界，宁有远近之区。《首楞严经》：心存佛国，圣境冥现。⑥

境就是心，自性即为弥陀，佛国就是自性的境界。按照禅宗的观点如果能够见性，则会"性相不二"，对于有相、无相净土也就没有什么区别了。

宋代天台宗学者知礼说："问：佛无上报是即理之事，可论金等，究竟寂光

① 宗晓编《乐邦文类》卷4，《大正藏》第47册，第198页下、199页上。
② 延寿：《万善同归集》卷上，《大正藏》第48册，第961页中。
③ 延寿：《万善同归集》卷上，《大正藏》第48册，第961页上。
④ 智顗：《维摩经玄疏》卷6，《大正藏》第38册，第560页中。
⑤ 宗晓：《乐邦文类》卷4，《大正藏》第47册，第207页下。
⑥ 宗晓：《乐邦文类》卷4，《大正藏》第47册，第207页下。

是即事之理，岂有金等。若其同有事理既混，如何分于二土义耶？答：佛无上报是究竟始觉，上品寂光是究竟本觉，始本既极，岂分二体？应知二土纵分事理，实非有无，岂真善妙有而非理邪，秘藏之理岂同小空，故此事理二名一体，以复本故，名无上报事也，以复本故，名上寂光理也。"①

净土宗对净土层级的区分，往生的程度是以所破的烦恼和所具有的觉悟高低为标准的。明末四大高僧之一智旭说："若执持名号，未断见、思者，随其或散、或定，自于同居土中分三辈九品；若执持名号，至于事一心不乱，见、思任运先落者，则生方便有余净土；若执持名号，至于理一心不乱，豁破无明一品，乃至四十一品，则生实报庄严净土，亦名分证常寂光土；若无明断尽，则是上上实报，亦是究竟寂光也。"②

从事的角度来说，净土的终极目标还是唯心净土，无明断尽后显现自己的真如自性，清净本心，这在逻辑上和道信从"事一行三昧"到"理一行三昧"的理路是一致的。

结　论

早期禅宗"念佛"思想的研究多集中于六祖慧能的《坛经》，如《坛经·疑问品》的"随其心净，即佛土净。使君东方人，但心净即无罪。虽西方人，心不净亦有愆"。《坛经·定慧品》的"《净名经》云：直心是道场，直心是净土"等，所依佛经主要为《金刚经》和《维摩诘经》。实际上四祖道信已经将净土的念佛法门融入禅修当中，这一修法被称为"一行三昧"，所依佛经为《文殊说般若经》，强调通过念佛而见净土，这正是"唯心净土"思想的体现。"唯心净土"的思想是净土宗与禅宗融合的修持基础，其重要之处在于代表了佛教根植于中国所体现的"入世""自力""内在"的解脱特点。南北朝时期大乘如来藏经典传入中国，其心性思想与禅法思想、念佛思想相融合后而产生了具有中国特色的佛教宗派，道信"一行三昧"中所蕴含的禅净合流思想正是在这一思潮背景下形成的。

原刊《宗教学研究》2015 年第 4 期

---

① 知礼：《观无量寿佛经疏妙宗钞》卷 1，《大正藏》第 37 册，第 196 页上。
② 智旭：《阿弥陀经要解》，《大正藏》第 37 册，第 365 页上。

唐代"衣冠户"再议

顾成瑞

摘　要："衣冠户"是学界讨论唐代科举制与社会流动关系的重要论据。一般认为，"衣冠户"是唐后期对由进士及第出身的官员所在户的专称，享有普通官员户所未有的免役权。会昌五年（845）敕文、乾符二年（875）敕文中有关"衣冠户"的申禁，被作为这一论点的关键证据。从制度演进的角度重新检视，此"申禁"是朝廷面临地方官吏构成多样化和赋役体系变化情况，对既有优免制度的补充。"衣冠户"的主体，是执行优免法令时享有免役权的品官户。相关"申禁"的目的，是将任职官府、无正式官人身份的前进士纳入"衣冠户"的范围，而将其他来源的非官人身份的职员排除在外。"衣冠户"的规范与社会流动之间关系不大。它的出现，确定了以户作为差役的征免单位，是宋代官户制度的源头。

关键词：唐代　衣冠户　免役　天圣令

科举制度与社会阶层变动的关系是学界关注已久的议题。① 它是官方赋予通过科举考试获得出身的士人和官员若干社会经济特权的制度，既反映了统治

---

① 有关这一议题的研究成果十分丰富，具有代表性的，如，E. A. Kracke, "Family Vs. Merit in Chinese Civil Service Examinations Under the Empire", *Harvard Journal of Asiatic Studies*, 10/2, September 1947；何炳棣：《明清社会史论》，徐泓译，台北：联经出版事业有限责任公司，2013；涉及唐代的代表性论著，如吴宗国《唐代科举制度研究》，辽宁大学出版社，1992，第279～297页。

阶层的变动，又发挥着引导社会流动和巩固新的社会结构方面的作用。学界有关唐代"衣冠户"的研究就是在这一框架之下展开的。韩国磐在《科举制和衣冠户》一文中首次提出，衣冠户是唐中叶以来对科举制中进士科出身者所在户的专称，拥有免除差徭特权。其出现反映了以进士科出身为主的封建士人已成为显著特权阶层的社会现实。宋代的官户由唐代衣冠户延续而来，也是由科举制造就的特权阶层。① 作者另撰文论述"衣冠户"是唐代士族特权消解后，士、庶合流的熔炉。② 学界在基本接受以上观点前提下又进行了若干深入探讨。如张泽咸、吴宗国都重申唐后期"衣冠户"的认定标准是户内有进士科出身的官僚。③ 关于"衣冠户"之于社会流动的意义，张先生指出，中唐以后，"进士及第具有了两晋南北朝时期的士族门阀和唐初以来五品以上官僚所拥有的能庇护一家的特权"，彰显了士族门阀垮台的现实。④ 吴先生也认为，"衣冠户"的规定是继魏晋南北朝的门第、隋和唐初的官品之外的一条以科第划分阶层的新标准。⑤ 唐长孺在《魏晋南北朝隋唐史三论》中也有登进士第的"衣冠户"取代了过去士族成为特权阶层的论述。⑥ 金滢坤等人的研究也申述了以上观点。⑦

概言之，学界有关唐代"衣冠户"的主体意见，即认为它是官方以科第取代门第、官品作为免役权标准立法下形成的新特权阶层。可从两方面予以解读：其一，衣冠户涵盖范围与世宦之家不同。现有研究则表明唐代科举及第者，尤以中进士第为著，多是官僚士大夫子弟。⑧ 其二，不论衣冠户与世宦之家的重合度，它仍是新的社会分层准绳。如此，从唐代每年进士及第三十人左右，且较大

① 韩国磐：《科举制和衣冠户》，《厦门大学学报》1965 年第 3 期。
② 参见韩国磐《关于汉唐时士庶的几个问题》，《唐代社会经济诸问题》，台北：文津出版社，1999，第 173～205 页，兹引第 198～204 页。
③ 张泽咸：《唐代的衣冠户和形势户》，《中华文史论丛》1980 年第 3 期；吴宗国：《唐代科举制度研究》，第 290～291 页。
④ 张泽咸：《唐代的衣冠户和形势户》，《中华文史论丛》1980 年第 3 期。按，作者后在《"唐宋变革论"若干问题的质疑》一文中又重申了衣冠户出现的意义，收入《中国唐史学会论文集》，三秦出版社，1989，第 16～17 页。
⑤ 参见吴宗国《唐代科举制度研究》，第 290～291 页。
⑥ 参见唐长孺《魏晋南北朝隋唐史三论》，武汉大学出版社，2013，第 314～315 页。
⑦ 参见金滢坤《唐五代科举的世界》，复旦大学出版社，2014，第 280～283 页。
⑧ 参见毛汉光《唐代大士族的进士第》，《中国中古社会史论》，上海书店出版社，2002，第 363～364 页。

比例出自世宦之家的角度看，很难说"衣冠户"的立法本意是官方为保障这一群体特权而变更既有制度，遑论新阶层的形成。因此，对"衣冠户"的立法背景重新审视就很有必要。陈丽《析唐代"衣冠户"》一文即措意于此。该文有关唐廷为应对授官泛滥、赋役不均的社会现实而立法的提示富有创见，对这一社会现实的成因则分析不足。因此，该文结论，即唐代"衣冠户"内涵发生过一个由所有文武官员家户到进士及第的官员之家的变化的说法，① 仍待商榷。此外，康春华提出了唐后期九品以上文武职事官转变为衣冠户的观点，而未予论证。②基于此，本文认为有必要探讨"衣冠户"的立法背景和法条内涵，检视前贤有关"衣冠户"与社会流动关系的论述。从可行性上看，近年来《天圣赋役令》的公布和研究为清晰复原唐前期官员赋役除免制度和对比唐宋之间的变化提供了资料基础；③"活的制度史"和政务运行机制的研究视角，④ 可作为解决本问题的思路。

　　本文将对相关免役法令的解读和对制度运行程序的复原结合起来，关注不同时空之下相关制度的落实情况。具体而言，本文就有关唐代官员、科举及第者赋役蠲免的基本法令及执行程序如何适用于唐后期身份和居住取向发生变化的官府职员和士人群体，对前辈学者用于"衣冠户"论述的核心史料重新检讨。旧题再议，除了弄清"衣冠户"制度源流外，还切开了一个透视唐宋之际历史背景的截面，有助于理解官僚制度、赋役制度等方面的变化及其关联性。

---

① 陈丽：《析唐代"衣冠户"》，《中国经济史研究》2010年第1期。
② 参见康春华《唐代蠲免政策研究》，中国书籍出版社，2014，第167页。
③ 天一阁博物馆、中国社会科学院历史研究所天圣整理课题组校证《天一阁藏明钞本〈天圣令〉校证（附唐令复原研究）》（以下简称"《天圣令校证》"），中华书局，2006，第390～393页；戴建国：《天一阁藏〈天圣令·赋役令〉初探（上、下）》，《文史》2000年第4辑、2001年第1辑，中华书局，2001，第143～154页，第169～182页；大津透「北宋天聖令·唐開元二十五年賦役令」『東京大学日本史学研究室紀要』（5），2001年3月；渡辺信一郎「北宋天聖令にょる唐開元二十五年賦役令の復原ぴに訳注」『京都府立大学学术报告"人文·社会"』第57号、2005；中国社会科学院历史研究所《天圣令》读书班：《〈天圣令·赋役令〉译注稿》，徐世虹主编《中国古代法律文献研究》第6辑，社会科学文献出版社，2012，第333～368页。
④ 相关研究取向可参见邓小南《走向"活"的制度史——以宋代官僚政治制度史研究为例的点滴思考》，《浙江学刊》2003年第3期；刘后滨《汉唐政治制度史中政务运行机制研究述评》，《史学月刊》2012年第8期。

一　唐前期蠲免的基本法令及执行程序

唐文献中的"衣冠"，一般而言就是指官僚士大夫，① 对"衣冠户"的探讨要从对这一群体的免役权入手。相关免除赋役的规定载录于唐代赋役征派基本法《赋役令》中，已有学者就此梳理。② 然笔者认为，在有关"衣冠户"制度溯源上，唐前期是否有免役户，即五品官员户是否为法定免役户是一个尚需辨析的问题。

《唐律疏议》所引《赋役令》与新出《天圣令·赋役令》所附唐令对此的规定不同。其中，《唐律疏议》"相冒合户"条疏议云："依《赋役令》：文武职事官三品以上若郡王期亲及同居大功亲，五品以上及国公同居期亲，并免课役。"③ 律文是对因亲属同居免课役待遇制度而冒认亲属并籍合户情形的处罚规定。④ "同居"即同户。"期亲""大功亲"是五服中两类亲属，"期亲者，谓伯叔父母、姑、兄弟、姊妹、妻、子及兄弟子之类"，⑤ 其中，伯叔父、兄弟、子及兄弟子可能是作为赋役征敛对象；大功亲还包含堂兄弟、众孙等。⑥ 因唐律禁止"祖父母、父母在，别籍、异财"，⑦ 照此推算，三品以上官员和郡王的父祖、子孙、兄弟、兄弟子、叔伯父和同户的同堂兄弟免除课役，五品以上官员和国公的父祖、子和同户的兄弟、兄弟子、叔伯父都可以免除课役。

《天圣令·赋役令》所附唐令相应的蠲免规定如下：

唐14　诸文武职事官三品以上若郡王父祖兄弟子孙，五品以上及勋官三品以上有封者若国公父祖子孙，勋官二品若郡县公侯伯子男父子，并免课役。

唐15　……视流外九品以上……并免课役。

① 参见张泽咸《唐代的衣冠户和形势户》，《中华文史论丛》1980 年第 3 期；陈丽《析唐代"衣冠户"》，《中国经济史研究》2001 年第 1 期。

② 郑学檬主编《中国赋役制度史》，厦门大学出版社，1994，第 255～262 页；陈丽：《析唐代衣冠户》；徐畅：《蠲符与唐宋间官人免课役的运作程序》，《文史》2013 年第 2 辑。

③ 长孙无忌等：《唐律疏议》卷 12《户婚》，刘俊文点校，中华书局，1983，第 241 页。

④ 刘俊文：《唐律疏议笺解》，中华书局，1996，第 957 页。

⑤ 《唐律疏议》卷 2《名例》，第 33 页。

⑥ 《天圣令校证》，第 427 页。

⑦ 《唐律疏议》卷 1《名例》，第 13 页。

　　唐16　诸文武职事六品以下、九品以上，勋官三品以下、五品以上
父子……并免役输庸。愿役身者听之。其应输庸者，亦不在杂徭及点防
之限。①

上引《赋役令》以职事官为主线，"散官亦以职事例"，② 勋官、爵位等比照职
事官品进行蠲免荫亲范围。这一范围，除五品官荫及孙为前令未有外，其他方
面比《唐律疏议》所引《赋役令》要窄。这一差异的原因在于它们出自纂修于
不同年代的《赋役令》。《天圣令》所本唐令一般被认为是开元二十五年
（737）令。③《唐律疏议》初修完成于永徽年间，至开元二十五年，经数次修
订。今本律疏所引《赋役令》可能是永徽令或开元七年令。刘仁轨兄弟别籍事
例，可以佐证之：

　　仁轨既宦达，其弟仁相在乡曲，升沉不同，遂构嫌恨，与仁轨别籍。每
于县祗奉户课，或谓之曰："何不与给事同籍，五品家当免差科。"仁相曰：
"谁能向狗尾底避阴凉。"④

刘仁轨担任正五品给事中的下限在显庆四年（659）。⑤ 作为期亲的仁相，别籍后
不得免课役。其时行用的应是《唐律疏议》所引《赋役令》。当开元二十五年令
颁行后，五品官的蠲免范围则不再计算同居期亲，仅以父、祖、子、孙计，《新
安文献志》收录的唐贞元年间户部蠲牒内容印证了这一点。⑥ 因此，法令上并无
一贯的且不计五服的五品官员户免课役规定。
　　虽无法律明文规定，但事实上官员户多能被免除征派徭役。令文规定优免内
容是"课役"，课指租调，役指正役，优免时杂徭被附加在内。⑦ "不在点防之

---

① 《天圣令校证》，第392页。
② 《天圣令校证》，"赋役令"附唐令17条，第393页。
③ 目前学界对于《天圣令》所本年代的普遍看法是，所本唐令基本是以开元二十五年令为主体，
　　但也含有开元二十五年后修改的部分，参见赵晶《〈天圣令〉与唐宋法典研究》，《中国古代
　　法律文献研究》第5辑，社会科学文献出版社，2011，第254~257页。
④ 刘肃：《大唐新语》卷11《惩戒》，许德楠等点校，中华书局，1984，第168页。
⑤ 参见《旧唐书》卷84《刘仁轨传》，中华书局，1974，第2790页。
⑥ 顾成瑞：《唐代蠲免事务管理探微》，《中国经济史研究》2015年第3期。
⑦ 参见戴建国《天一阁藏〈天圣令·赋役令〉初探（下）》，《文史》2001年第1辑。

限"，即获免兵役。六品至九品官员的父子"免役输庸"，即可不服正役而纳庸。结合本条前后令文，我们知道这一群体交纳租调。"应输庸者，亦不在杂徭及点防之限"，是指可免除杂徭和兵役。① 因此，据开元二十五年《赋役令》，唐代九品以上官员的父、子都可以免除杂徭和兵役。杂徭属于地方性的力役，在唐代后期两税法体制下，继续存在，即文献所见徭役、差役或差科色役等名目。② 其优免依据仍然是上述唐令。贞元年间户部蠲牒呈现的官方严格按吴仁欢职、散官品明确荫亲范围予以印证。③ 与租庸调计丁征纳不同，杂徭的征发以户为单位，④针对的是课户。⑤ 至于品官户依令文是否可以免杂徭则要具体分析。研究表明，唐代官员多组成复合式家庭。⑥ 按照《赋役令》的免课役规定，这样的品官户未必是不课户。但是，由于其权势，五品以上品官户实际上往往免于差科杂徭。⑦不止于此，六品以下官员户内除官员本人的父、子外，其他丁身不能免杂徭，但在实际差科中，同多数白丁课户相比，其户内课丁少，在先多丁户、后少丁户的差科原则下，可能得以不受差配。这就促成了"近代以来，九品之家皆不征"⑧的局面。这是执法实际中出现的免役户，而非有法条明确规定。⑨

"贡举人诚得第"免本人课役，⑩ 这是对无荫资者在及第后至获得官员身份前的优待。唐科举诸科中，制举者及第后即授职事官，参加科目选者已拥有官人身份，因此这条规定是针对参加明经、进士等常举科目者设立的。唐代"叙阶

① 戴建国：《天一阁藏〈天圣令·赋役令〉初探（下）》，第173页。
② 参见唐长孺《唐代色役管见》，《山居存稿》，中华书局，2011，第185页；陈明光《试论唐后期的两税法改革与"随户杂徭"》，《中国社会经济史研究》1994年第3期。按，文献所见唐后期的"色役"与前期有所区别，唐、陈两文有辨析。
③ 参见顾成瑞《唐代蠲免事务管理探微》，《中国经济史研究》2015年第3期。
④ 西村元佑：《通过唐代敦煌差科簿看唐代均田制时代的徭役制度》，《敦煌学译文集》，姜镇庆等译，甘肃人民出版社，1985，第1056页。王永兴：《唐天宝敦煌差科簿研究——兼论唐代的色役制和其他问题》，《陈门问学丛稿》，江西人民出版社，1993，第83~85页。
⑤ 参见大津透「課役制と差科制——課·不課·課戸にふれて」『日唐律令制の財政構造』、岩波書店、2006、175頁。
⑥ 张国刚：《中国家庭史》第2卷（隋唐五代时期），广东人民出版社，2007，第23~24页。
⑦ 大津透「課役制と差科制——課·不課·課戸にふれて」、176–177頁。
⑧ 杜佑：《通典》卷18《选举六》，王文锦等点校，中华书局，1988，第442页。
⑨ 《通典》卷七《食货七·丁中》"按开元二十五年户令云：'诸户主皆以家长为之。户内有课口者为课户，无课口者为不课户。诸视流内九品以上官及男年二十以上、老男、废疾、妻妾、部曲、客女、奴婢，皆为不课户'"有讹误，校勘记云："男年二十以上"之"上"应为"下"，"废疾"下脱"笃疾寡"，"皆为不课户"之"户"或系衍字（第155、165页）。
⑩ 《天圣令校证》，"赋役令"附唐令15条，第392页。

之法"有对明经、进士根据等第授散阶的规定,① 但有唐一代有科第者并非一贯能立即得到散官而拥有免役权。这一点是后文有关"衣冠户"内涵分析的关键,以下予以明辨。

学界在常举及第者获得任官资格后何时被授予散官这一问题上的认识并不一致。黄清连提出及第者先被授予散官,完成番上任务,参加铨选,方可被授予职事官的观点。② 王勋成、陈铁民指出,唐初及第者授散制度如黄先生所论,然开元之后授官程序发生了变化,逐渐向不授散、直接由冬集参加铨选的方式转变。③ 这一论断在明经科方面可被印证。如,许坚"年廿五,本州明经举,对策高第,授儒林郎……后以选补授宣州"。他调露元年(679)卒,年33岁,④ 可见散官和职事官的授予是先后两个环节。⑤ 至开元时期,授散制度发生变化。开元十六年(728),国子祭酒杨玚针对明经考试中举子多不选择《左传》《周礼》等而致传习疏落情况,请求对于应考《左氏》《周礼》《仪礼》《公羊》《穀梁》的士子,"量加优奖"。朝廷应允明经习以上四经者,"出身免任散官"。⑥ 这一举措被"著于式",作为成法。杨本意是引领学风,事实上为明经举子入仕提供便利。举子感恩,"为玚立颂"。⑦ 这是明经及第授散官制度存在和变化的确证。

自开元十六年后,部分明经及第者可免任散官,在首次铨选中一并得到散官和职事官。贞元九年(793)敕文则明确,"明经习《礼记》及第者,亦宜冬集"。⑧ 至此所有明经及第者都一并定冬集,不再单独授予散官。⑨

---

① 参见李林甫等《唐六典》卷2《尚书吏部》"吏部郎中、员外郎"条,陈仲夫点校,中华书局,1992,第32页。

② 参见黄清连《唐代散官试论》,原刊《中央研究院历史语言研究所集刊》第58本第1分,1987年3月,兹引《中研院历史语言研究所集刊论文类编(历史编·魏晋隋唐五代卷)》,中华书局,2009,第3110~3112页。

③ 参见王勋成《初盛唐是否存在守选制说》,《兰州大学学报》2006年第5期;陈铁民《唐代守选制的形成与发展研究》,《唐代文史研究丛稿》,中国社会科学出版社,2013,第257~259页。

④ 《唐故宣州参军事许君墓志铭并序》,周绍良主编《唐代墓志汇编》,上海古籍出版社,1992,第751页。

⑤ 陈铁民推算许坚从授散官至出仕间隔四年,参见《唐代守选制的形成与发展研究》,第261页。

⑥ 王溥:《唐会要》卷75《贡举上·明经》,上海古籍出版社,2006,第1627页。

⑦ 《旧唐书》卷185下《良吏传下·杨玚传》,第4820页。

⑧ 《宋本册府元龟》卷640《贡举部·条制第二》,第2104页下栏。

⑨ 陈铁民就明经考试的经典组合分析得出上述结论,参见氏著《唐代守选制的形成与发展研究》,第259页。

关于进士科及第者，从先授散官到免任散官的转变是如何发生的，由于文献阙如，难以明晰。即便如此，在唐代开元年间已有的进士科地位重于明经科趋势的事实下，① 可以推断此时进士科及第者不单独授散官的待遇应已确立。易言之，开元十六年时，进士及第者是在冬集参加铨选时被一并授予散官、职事官。这一推断，可由"前进士"这一称谓行用情况佐证。《资治通鉴》胡注云："进士及第而于时无官，谓之前进士。"② 《唐国史补》亦言："得第谓之前进士。"③ 陈铁民指出，唐文献中"前进士"称谓的出现不晚于开元时期。④ 如，寇垍二十五岁擢第，开元十四年三十岁而卒，衔称"前国子进士"。⑤ 可知他开元九年及第后五年间没有散官身份。"前进士"是不授散官直接定冬集制度下的新称谓。⑥

因此，唐开元时期，已存在部分及第者不被单授散官的情况。这一群体何时获得职事官呢？现有研究表明，在选人、官缺较为平衡的唐代初期，不少科举及第者能够较快地被铨选为职事官。⑦ 其后，选人增多而官缺有限，及第者往往需待选若干年。这一现象在开元十八年"循资格"创立后制度化。诸科及第者有相应的守选年限。⑧ 因此，开元年间一部分及第者会面临着若干年内既无散官又无职事官的情况，这是《赋役令》对科举及第者的免课役待遇进行专门规定的缘由所在。唐德宗贞元九年之后科举及第者的主体都会经历一个既无职事官又无散官的"预入仕"阶段。此时，国家制度在有关官员优免一般性规定之外，对这一群体待遇补充规范则属必要。明确了赋役蠲免法令规定之后，下面将对其执行程序稍做解析。

唐代官员及荫亲等身份性蠲免事务围绕"蠲符"的制作和颁下进行。唐令规定："诸任官应免课役者，皆待蠲符至，然后注免。符虽未至，验告身灼然实

---

① 按，贞元、元和时期进士科独尊地位最终确定，参见吴宗国《唐代科举制度研究》，第188、190页。

② 《资治通鉴》卷253，广明元年三月辛未，中华书局，1956，第8222页。

③ 李肇：《唐国史补》卷下，崔令钦等：《历代笔记小说大观·教坊记（外七种）》，上海古籍出版社，2012，第80页。

④ 参见陈铁民《唐代守选制的形成与发展研究》，第238页。

⑤ 参见周绍良主编《唐代墓志汇编》，开元226，无志盖、题名，第1312~1313页。

⑥ 参见王勋成《初盛唐是否存在守选制说》，第89页。

⑦ 参见宁欣《唐代选官研究》，台北：文津出版社，1995，第24页。

⑧ 参见王勋成《唐代铨选与文学》，中华书局，2001，第46~48页；陈铁民《唐代守选制的形成与发展研究》，第223页。

者，亦免。"① 据蠲符免课役的制度，至晚在开元初期已形成。② 蠲符是由户部司对其他官司所报送的应除免课役者的信息，依据令式的相关规定，以受蠲免者户籍所在州府为单位连续写出受蠲明细，然后通过尚书都省下颁至各个州府的公文。州府收到蠲符后，由户曹参军或司户参军官司掌握，与户籍、计帐等赋役文书配合使用，方可蠲免相关官员及荫亲者课役。③ 针对蠲符尚未颁至的情况，令文规定亦可临时用任官者的委任状、告身为凭据除免课役。及第士子的蠲免情况亦应是包含在由尚书户部颁至本籍的蠲符之中。姚合曾在送开成五年（840）登进士第的喻凫④归乡诗中称："阙下科名出，乡中赋籍除。"⑤ 它反映的是自唐前期以来课役除免规定执行情形。这一严密的蠲免管理程序，因唐后期官府职员身份多元化和寄籍置产居住状态而受到较大干扰，下文将对此分析。

二 唐后期蠲免事务管理的困境

按照唐代蠲免法令规定，官员及荫亲除免课役的范围及类目，据职、散、勋、爵高下而定。官员的职、散、勋、爵身份由朝廷使用告身授予。唐后期官府职员的选授出现新情况，即军政使职和财政使职用使牒辟署职员。兹以节度使、观察使的辟署为例。

安史之乱后，节度、观察使府在全国范围内普遍设置。使府有文、武两套僚佐系统。⑥ 其中，除行军司马等一度由朝廷选补除授外，其他要职由使府自署后上报朝廷请官。⑦ "国朝笃方岳之任，慎求其佐，颁以职贡，为之定制。或辟自诸侯，或降于朝廷，皆命于天子。"⑧ 所谓"皆命于天子"，是指使府僚佐选任后会有告身等出自王言的文书予以确认。然而，唐后期存在部分僚佐补署后因不满

---

① 《通典》卷6《食货六》，第109页。
② 徐畅：《蠲符与唐宋间官人免课役的运作程序》，《文史》2013年第2辑。
③ 参见徐畅《蠲符与唐宋间官人免课役的运作程序》，《文史》2013年第2辑；顾成瑞《唐代蠲免事务管理探微》，《中国经济史研究》2015年第3期。
④ 徐松撰，孟二冬补正《登科记考补正》，北京燕山出版社，2003，第873页。
⑤ 彭定求等编《全唐诗》卷496《姚合一·送喻凫校书归毗陵》，中华书局，1960，第5620页。
⑥ 关于唐代使府僚佐设置情况，可参见严耕望《唐代方镇使府僚佐考》，《严耕望史学论文集》卷上，上海古籍出版社，2009，第406~452页。
⑦ 参见石云涛《唐代幕府制度研究》，中国社会科学出版社，2003，第274页。
⑧ 《文苑英华》卷802《厅壁记六·邠州节度使院壁记》，中华书局，1966，第4242页。

足奏官条件不能得到朝廷颁授告身的现象。学界有关使府僚佐如何被辟署和奏官方面的研究业已充分，而署职人员中未能被奏官的情形则乏专论。① 为便于讨论衣冠户法令出台时的官府职员身份管理背景，兹述之。

这一现象主要是由以下因素所致：其一，使府所署之职不在朝廷核定的可授官的僚佐员额之内；其二，使府选补之人，不具备任官资格。此处以文职僚佐为言之。② 僚佐中地位较高的副使、判官、参谋、掌书记（或支使）、推官、巡官，③ 在朝廷核定员额之内，可由使府奏官。④ 贞元十六年关于使府文职僚佐官职迁转的敕文规定：

> 诸道［节度］观察、都团练、防御及支度、营田、经略、招讨等使，应奏副使、行军、判官、支使、参谋、掌书记、推官、巡官，请改转台省官，宜三周年以上与改转。其缘军务急切，事迹殊常，即奏听进止。⑤

该敕文中不见馆驿巡官、衙推、孔目官、要籍、逐要、随军、别奏等职名。因此，并非所有文职僚佐都具备向朝廷奏官的资格。可由桂管使府情况为例考察。该府可向朝廷奏请的文职僚佐的额数，据会昌五年（845）《条流诸道判官员额敕》由六员减为五员（减去一员防御巡官），⑥ 保留防御副使、判官，观察判官、支使、推官。实际上，桂管使府所署僚佐不止以上五员。郑亚任桂管防御观察使的大中元年（847）二月至二年二月间，⑦ 目前可考的文职僚佐就有十二员（见表1）。

---

① 如严耕望《唐代方镇使府僚佐考》梳理文、武僚佐名目和职掌，不及身份管理，第406～454页；张国刚《唐代藩镇使府辟署制度》主要讨论辟署制在选官制度演变中的意义，《唐代藩镇研究》，中国人民大学出版社，2010，第132～144页；石云涛讨论了有关藩镇僚佐辟署对象和员额的限令，未将不能被奏官僚佐作为主体进行论述，《唐代幕府制度研究》，第237～273页。

② 有关武职僚佐辟署情况，可参见刘琴丽《唐代武官选任制度初探》，社会科学文献出版社，2006，第157～181页。

③ 关于使府中僚佐位序情况，可参见石云涛《唐代幕府制度研究》，第279～281页。

④ 徐聪根据对唐后期对使府僚佐授任制敕考察，认为巡官以上方可奏官，参见《中晚唐藩镇使府僚佐选任机制研究》，硕士学位论文，中国人民大学，2015，第6～12页。

⑤ 《唐会要》卷78《诸使中》，第1704页。"节度"为石云涛征引时所补，今从，参见《唐代幕府制度研究》，第280页。

⑥ 参见《唐会要》卷79《诸使下》，第1714～1716页。这里的判官，是广义上的，即，使府文职僚佐，参见石云涛《唐代幕府制度研究》，第271页。

⑦ 参见《旧唐书》卷18下《宣宗纪》，第617、619页。

表1　郑亚桂管观察使府文职僚佐[1]

姓名	幕职	文献出处
卢戡	副使	《为荥阳公谢除卢副使等官状》[2]《授卢戡桂州副使制》[3]
郑鲁洎	副使	《授蔡京赵滂等御史等制》[4]
任缙	不详	《为荥阳公谢除卢副使等官状》[5]
吕佋	摄判官	《为荥阳公桂州署防御等官牒》[6]
李商隐	观察支使	《为荥阳公上荆南郑相公状》[7]
段协律	摄防御巡官	
崔兵曹	摄观察巡官兼知某县事	
罗瞻	充观察衙推	《为荥阳公桂州署防御等官牒》[8]
刘福	摄观察衙推	
陶㯱	要籍	
王政	要籍	《为荥阳公桂管补逐要等官牒》[9]
田仲方	逐要	

资料来源：[1]该表据徐聪《中晚唐藩镇使府僚佐选任机制研究》所附表改制。可能存在尚未被考出的同时期桂府文职僚佐。

[2]刘学锴、余恕诚：《李商隐文编年校注》，中华书局，2002，第1202页。

[3]《文苑英华》卷412《中书制诰三十二》，第2087页。此制为崔嘏所草，崔嘏"字乾锡，邢州刺史。会刘稹反，归朝，授考功郎中、中书舍人。李德裕之谪，嘏草制不尽书其过，贬端州刺史"。《新唐书》卷60《艺文志》，中华书局，1974，第1613页。因此，此制颁行当在会昌五年至大中元年之间。

[4]《文苑英华》卷395《中书制诰十六》，第2008页。此制亦为崔嘏所草。

[5]《李商隐文编年校注》，第1202页。

[6]《李商隐文编年校注》，第1418页。

[7]《李商隐文编年校注》，第1708页。

[8]《李商隐文编年校注》，第1380、1391、1387、1422、1395页。

[9]《李商隐文编年校注》，第1437、1424页。

郑亚的桂管使府中，卢戡、郑鲁洎、任缙、李商隐四人署职时均有朝廷授官文书。① 其他诸职为郑亚到任后辟署，除吕佋所摄的判官职位外，七人所署职不在可奏授之列。吕佋"未及解巾"，不具备授官资格。要之，即便使府僚佐职位符合奏官要求，任职人员若无出身，朝廷仍不能给予正式官职。兹再举例证之。

前揭李商隐登进士的时间在文宗开成二年，此前他以白衣身份在令狐楚的天

---

① 按，李商隐赴桂管前已由郑亚为之奏授请得观察支使、检校水部员外郎。参见《旧唐书》卷190下《文苑传下·李商隐传》，第5077页，本传原作"观察判官"，据《为荥阳公上荆南郑相公状》改。

平军和汴州使府任僚佐:

> 令狐楚镇河阳,(商隐)以所业文干之,年才及弱冠。楚以其少俊,深
> 礼之,令与诸子游。楚镇天平、汴州,从为巡官,岁给资装,令随计上都。
> 开成二年,方登进士第,释褐秘书省校书郎。①

李商隐及第后在《上令狐相公状》中提到"伏思自依门馆,行将十年"。② 照此
上推十年,时为大和元年(827)。令狐楚调任天平军节度使、郓曹濮观察等使
在大和三年。可知,令狐楚赴任伊始就辟署李商隐为巡官。李商隐在《奠相国
令狐公文》中说,"天平之年,大刀长戟,将军樽旁,一人衣白",③ 即指自己有
职而无官的身份。

常科及第者,虽有出身,但需守选数年方可任官。此项制度与前文所述冬集
年限制度相关。再以韩愈在董晋宣武军使府任职经历证之。韩愈进士及第在贞元
八年,④ 后参加科目选数次均受挫。董晋出镇宣武军后将之纳入使府。从贞元十
四年正月韩愈所作《汴州东西水门记》的署名"摄节度掌书记前进士韩愈"⑤ 来
看,其时他有署职而未被向朝廷奏官。贞元十五年二月,董晋去世,《祭董相公
文》署名为"观察推官守秘书省校书郎韩愈",⑥ 可见这时他已有官阶,幕职亦
改为观察推官。

唐后期及第进士守选的年限,据学者研究,大致为三年,⑦ 但实际情况不
一,如前引韩愈奏官时间就超过三年,乾符二年(875)敕文规定两年就可奏
官,"如未及奏官,限内有摄职处,一任随牒摄"。⑧ 此是对唐后期使府署用前进
士惯行做法的认可。乾符四年撰写《唐故温州刺史清河崔府君墓志》的崔兢,

---

① 《旧唐书》卷190下《文苑传下》,第5077页。
② 《李商隐文编年校注》,第118页。
③ 《李商隐文编年校注》,第210页。
④ 参见《登科记考补正》,第543页。
⑤ 按,通行本作"从事昌黎韩愈",石本作"摄节度掌书记前进士韩愈",后者为精确结衔,参见朱熹《朱子校昌黎集传》,《景印文渊阁四库全书》(简称《四库全书》)第1075册,台湾商务印书馆,1986,第14页。
⑥ 韩愈著,马其昶校注,马茂元整理《韩昌黎文集校注》,上海古籍出版社,2014,第766页。
⑦ 参见陈铁民《唐代守选制的形成与发展研究》,第250~252页。
⑧ 宋敏求:《唐大诏令集》卷72《典礼》"乾符二年南郊赦",商务印书馆,1959,第404页。

署衔为"摄东都畿汝州都防御巡官前乡贡进士"。① "前乡贡进士"是由乡贡途径及第的"前进士"。② 崔兢处于及第后待选期而接受了使府的摄职。可知,唐后期使府佐职中有不少尚未释褐的前进士。

对唐后期署职、授官诸类情形描述后,本文对署职使牒稍作分析,以明晰其在地方行政运作中的效力。中村裕一称之为"幕职、军职补任文书",并梳理了《桂苑笔耕》、敦煌归义军时期文书等传世和出土文献中所见实例。③ 实际上,年代更早的李商隐《为荥阳公桂州署防御等官牒》《为荥阳公桂管补逐要等官牒》就是这类文书。选录一件如下:

> 吕佋
>
> 牒奉处分,前件官,吏道长材,故人令弟。一言相托,万里爰来。未及解巾,俄悲断手。牙弦载绝,徐剑宁欺?且资典午之权,终正颁条之请。伫扬仁隐,用慰疲羸。无恃旧故。事须差摄判官。④

此牒文是作为文章保存的行用公文主体部分。《(淳熙)新安志》中收录有一通唐代歙州下发给任职者的摄职文牒可提供完整书式:

> 歙州军事牒
>
> 摄同十将兼衙前虞候充衙佐郑稹:
>
> 牒奉处分,前件官推诚奉上,戮力从戎,登陴将匝于星灰,御侮颇劳于蚤夜。既殚勤瘁,须议甄酬,勉励干城,更期显级。事须改补正同十将兼衙前虞候,依前旧务。牒举者,准状帖牒所由,仍牒知者,故牒。
>
> 光启三年十月二十三日牒

---

① 周绍良主编《唐代墓志汇编》,乾符019,第2486页。

② 参见吴宗国《唐代科举制度研究》,第65页;王勋成《唐代铨选与文学》,第37页。按,此可举一例说明,韩愈及第在贞元八年(《登科记考补正》,第543页),时年25岁(李翱:《韩公行状》,《文苑英华》卷976,第5138页)。韩愈曾写有《上宰相书》,自称"前乡贡进士韩愈",述及自身情况"今有人生二十八年矣……四举于礼部乃一得,三选于吏部卒无成"(《韩昌黎文集校注》,第172~173页),这就是说韩愈此上书是在进士及第三年后为求得一官而写的。这样的"前乡贡进士"的自称应是符合制度的。

③ 中村裕一『唐代官文书研究』、中文出版社、1991、283-308页。

④ 《李商隐文编年校注》,第1418页。

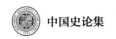

使检校右散骑常侍兼御史大夫吴圆[①]

文后有附语，摄牒“藏于歙县士人汪德符子克家，汪得之琶村郑氏，纸甚低小，状极紧厚，自十将至姓名三印，年月日四印，其文曰：‘歙州之印。’印文刻缺，而朱墨色皆如新”。[②] 据此知，此牒是歙州刺史吴圆发给管下军将的摄职文书，用词与前引李商隐在桂管使府所作摄职牒文一致，体现了摄牒的一般书式。同任官告身相比，摄职使牒一方面显得较为简易。告身源自“王言”，经过三省发布，由相关三省官员签署，发布程序繁复。这使得唐后期使府利用使牒辟署大量无官人身份的职员较为便利。另一方面，使牒法律效力较低。告身是永久性的身份证明，有正式的法律效力。摄职使牒则否，仅由本地长官署名发下，只具备区域性、阶段性的效力。

以上论述了唐后期蠲免管理困境的成因之一，即官府中大量未有告身仅有摄职使牒的职员存在。这一群体并不在户部下发的蠲符准许除免的范围之内。此外，官员寄居外地，给依据户籍、蠲符除免课役的执行程序带来干扰，则是蠲免管理遭遇困境的另一主要因素。唐前期即有官员去职后寄住任官地或于其他本籍之外地方并置办田产，谓之寄住、寄庄。[③] 唐后期这一现象更为显著，尤以寄居南方为甚，学界对此已有论及。[④] 兹更举数例。

籍属京兆的杜佑之孙杜铨在罢任江夏县令后，“卜居于汉北泗水上，烈日笠首，自督耕夫……凡十五年，起于垦荒，不假人之一毫之助，至成富家翁”。[⑤] 若以杜铨家世显赫、寄庄外地有诸多便利论，前诸暨县尉包君“秩满，居于县界”[⑥] 和襄阳掾王汧在南阳临湍县北界置别业[⑦]的案例，则说明普通下层官员都可以寄居置产。因此，元稹《弹奏剑南东川节度使状》提到节度使严砺“擅籍

---

① 罗愿：淳熙《新安志》卷10《杂录·记闻》，中华书局编辑部编《宋元方志丛刊》第8册，中华书局，1989，第7771页。笔者根据唐代牒文体式，对之分段。

② 淳熙《新安志》卷10《杂录·记闻》，第7771页。

③ 参见张泽咸《唐代的寄庄户》，《一得集》，兰州大学出版社，2003，第305~306页。

④ 参见张葳《唐中晚期北方士人主动移居南方现象探析——以唐代墓志材料为中心》，《史学月刊》2010年第9期。

⑤ 吴在庆：《杜牧集系年校注》，中华书局，2008，第763页。

⑥ 《太平广记》卷172《精察二·孟简》，人民文学出版社，1959，第1263页。

⑦ 参见《太平广记》卷347《鬼三十二·李佐文》，第2751页。

管内将士、官吏、百姓及前资寄住涂山甫等八十八户,庄宅共一百二十二所",①应包含了寄住东川的不同品级官员。

官员之外,文献尚见无官人身份的处士、百姓等寄居外地的记载。如,诗人张祜,本清河人,客居丹阳,"横塘之西有故田数百亩";② 病故于咸通年间的王仲建,父祖辈和本人均未出仕,置有河梁别业。③ 因此,官员、百姓寄居外地是唐代较为普遍的现象。这一现象给唐后期的赋役征派带来不小影响。

唐代前期实行严格的户籍制度,租庸调等赋税的征收与蠲免都是依据户籍及相关赋役文书进行。官员户籍所在地官府依据户部下发的蠲符除免官员户内课役。尽管这一时期也出现人户脱籍客居他乡的情况,官方以遣还原籍或就地落籍的形式对其征派赋役。寄住、寄庄的官员并不需要在原籍之外再次著籍,因为这与赋役蠲免无涉。建中元年(780)两税法实行后,不区分原籍和寄籍,一律按照贫富程度分摊两税。官员身份不能为户内免除两税。④ 唐后期,作为杂徭自然延续的"差役""色役""徭役"等地方性力役,仍由州县官府征发。《赋役令》的身份性除免规定,在此时仍然适用。⑤ 与两税征收不同的是,差役征发时可能会有著籍或客居区分。如会昌五年赦文提到江淮客户"比来虽系两税,并无差役",说明此地客户不受官府差役。地方官若从均徭役的立场出发,势必要将客户一并纳入差役对象之中。

唐后期地方官府在对百姓派遣差役时,也需要凭据相应的簿籍文书。开成、会昌之际担任池州刺史的李景业"始至,创造籍簿,民被徭役者,科品高下,鳞次比比,一在我手,至当役役之,其未及者,吏不得弄"。⑥ 这里说的"科品高下",可能是指户等高低。与两税征敛依据资产进行差率的做法有所不同,差役籍簿除了参考资产因素,还要结合户内丁数和身份等因素进行制作。因此,差

① 元稹:《元稹集》卷37,冀勤点校,中华书局,1982,第419页。
② 颜萱:《过张祜处士丹阳故居并序》,陆龟蒙:《甫里集》卷二《附录》,《四库全书》第1083册,第411页。
③ 张魏宾:《唐故太原王处士墓志铭》,周绍良主编《唐代墓志汇编》,第2414页。
④ 陈明光:《中国古代的纳税与应役》,商务印书馆,2013,第119页。
⑤ 参见顾成瑞《唐代蠲免事务管理探微》,《中国经济史研究》2015年第3期,第88页。
⑥ 杜牧:《唐故处州刺史李君墓志铭并序》,吴在庆:《杜牧集系年校注》,第733~734页。按,《唐刺史考全编》(郁贤皓著,安徽大学出版社,2000)将李景业任职池州时间考证为会昌元年至四年(第347页)。

役簿较两税征收簿复杂。① 就本文所讨论的差役身份性蠲免而言，对于在籍官员，可据户部下发的蠲符除免；对于寄籍者，则无蠲符可依。这些寄居者可否以自身持有的告身为凭，请求差役免除？在官府任职仅有使牒而无告身的人户，可否以使牒除免差役？这些就成为地方官府派役时所遇到的现实问题。下面通过对唐后期有关"衣冠户"限定的赦敕的重新检讨，回答这类问题。

三 衣冠户范围的厘定与蠲免制度的调整

学界关于唐后期"衣冠户"论述的三条关键性材料，有两条出自南郊赦书。其中《会昌五年正月三日南郊赦文》云：

> 或因官游，遂轻土著，户籍既减，征徭难均。江淮客户及逃移规避户税等人，比来皆系两税，并无差役。或本州百姓，子弟才沾一官，及官满后移住邻州，兼于诸军、诸使假职，便称衣冠户，广置资产，输税全轻，便免诸色差役，其本乡家业，渐自典卖，以破户籍，所以正税百姓日减，州县色役渐少。从今已后，江淮百姓，非前进士及登科有名闻者，纵因官罢职，居别州寄住，亦不称为衣冠，其差科色役，并同当处百姓流例处分。②

唐后期赦书的功能由推恩扩展到申禁，内容涉及当时诸多亟待处理的行政事务，有较强的针对性，③ 会昌五年赦书自不例外，上引"衣冠户"部分，先是对江淮客户居住及应役现状的描述，后申禁应对。唐后期的"江淮"多指位于淮河以南以江南为重心的广大地区。④ 大中九年（855）的《赈恤江淮遭水旱疾疫百姓德音》内容就涉及淮南、宣歙、浙西等道。⑤ "本州百姓，子弟才沾一官"的"官"所指亦需辨析。笔者认为有两种可能：其一，流内品的正式官员；其二，在官府任职者，主要指无品秩职员。若从前者，赦文的申禁就是说摄职寄居的官

---

① 唐后期两税法行后至宋代，在地方赋税收纳、徭役征发中使用的簿籍文书呈现多样性和复杂性。相关研究可参周曲洋《从"籍帐"到"帐簿"——〈天圣令〉所见唐宋间户口赋役管理文书形态的演进》，"第八届中国中古史青年学者国际会议"论文，北京，2014。
② 《文苑英华》卷 429《赦书十》，第 2175 页。
③ 参见魏斌《唐代赦书内容的扩展与大赦职能的变化》，《历史研究》2006 年第 4 期。
④ 参见张邻、周殿杰《唐代江淮地域概念试析》，《学术月刊》1986 年第 2 期。
⑤ 参见《文苑英华》卷 436《德音三》，第 2208～2209 页。

员在一般情况下不能免户役，只有当官员是进士出身才有此特权。前揭陈丽文就是如此解读的。若从此解读，赦文理解上存在矛盾之处：其一，唐法律文献中的"百姓"一般指平民，与"官员""官人"相对，① 从上解释就出现"百姓"涵盖官员情况；其二，赦文中的"前进士"是一个有确切时间节点的称呼，一旦及第者被正式授官，即不再以"前进士"相称。② 若从后者，就是指这些任职官府的无品秩职员，只有当本身是前进士等科举及第者时才能和官员一样被免除一户差役，其他情况只能免除自身一人差役。如此，"官"就是泛指。使府委派的僚佐在授职使牒上都称为"前件官"，不论其地位高下，是否在向朝廷奏请官衔之列，③ 这是唐后期"官"边界模糊在社会观念中的反映。

赦文本身表述不够清晰还表现在"前进士及登科有名闻者"这句上。"前进士"自是明确身份，"登科有名闻者"就含混不清。它若是指所有科举及第者，就没有必要单将前进士明确出来。好在赦文规定未必是官方执行制度的最终版本。现有研究表明，唐代赦文的申禁内容某些部分会经过相关官司回应，由宰臣和皇帝商议后，另以赦文厘定。④ 有关会昌五年赦文有关"衣冠户"规定就经历过修订，下文有关乾符二年（875）赦文分析就能证明这一点。赦文节录如下：

> 所在州县，除前资寄住，实是衣冠之外，便各将摄官文牒及军职赂遗，全免科差，多是豪富之家，致苦贫下。准会昌中赦，家有进士及第，方免差役，其余只庇一身，就中江南富人多，一武官便庇一户，致使贫者转更流亡。从今后并依百姓一例差遣，仍委方镇各下诸州，准此检点。⑤

乾符二年赦文提到"前资寄住"是"衣冠"身份，而通过贿赂得到摄官文牒、军职的富豪不是"衣冠"身份。时隔不远，杨夔《复宫阙后上执政书》提到"侨寓州县者，或称前贤，或称衣冠。既是寄住，例无徭役"，"衣冠户以余庆

---

① 唐代法令中"百姓"与庶人同义，相对的是官人，参见山根清志「唐の『百姓』身分补论」『栗原益男先生古稀记念论集：中国古代の法と社会』、汲古书院、1988、293－212 頁。

② 参见王勋成《唐代铨选与文学》，第 74 页。

③ 此类用例很多，如李商隐《为荥阳公桂州署防御等官牒》《为荥阳公桂管补逐要等官牒》有"前件官""右件官"表述，其人多为无官人身份的摄职，参见刘学锴、余恕诚《李商隐文编年校注》，第 1418～1431 页。

④ 参见刘后滨《敕后起请的应用与唐代政务裁决机制》，《中国史研究》2001 年第 1 期。

⑤ 《唐大诏令集》卷 72《典礼》，第 402 页。

所及……不差不科"。① 因此，"衣冠户"包含寄住的各种前资品官。这一群体在寄住地凭据告身等付身文书获免差役。制度上所要甄别对待的是那些没有品秩以摄官文牒求得免户役的职员群体。乾符二年赦文提及"准会昌中赦，家有进士及第，方免差役，其余只庇一身"、杨虞上书中"且赦有进士及第，许免一门差徭（一作役），其余杂科，止于免一身而已"，② 所指相同且明确。唐后期的制赦、奏议等在引用赦书内容时多使用"准某年赦文"的写法，③ 因此，上引文中"准会昌中赦"的写法表明，其不是会昌五年赦文，而是对会昌五年赦文有关"衣冠户"申禁重新厘定、颁行的赦文。乾符赦书在此重申会昌赦文规定，即这些摄职使府、军队的人户只有当"家有进士及第"时"方免差役"，其他情况只能免除本身差役，不能荫及户内其他丁口。就此条赦书看，"衣冠户"除了有包容品官户和前进士户特性外，还有对军人户免役的排斥。④

前面已对唐后期在地官府职员身份的一般情况做了分析。至于江淮地区，不具备官人身份的职员数量更多，这一现象甚至一度引起朝廷重视。长庆元年（821）赦文提到江淮地区有出身散试官和白身等原本不符合任职条件的县令。⑤ 会昌五年赦文在关于"衣冠户"规定前有对诸道以勋官身份奏官的申禁。⑥ 以上不符合条件的奏官虽不能被朝廷批复给予正式的职事官身份，但他们仍可能在地方官府任职。加上大量原本不在可奏官之列的僚佐或军职，唐后期地方任职人员中没有正式官人身份的应为数不少。除此之外，江淮地区的特殊性还在于，为数众多的三司场院里有不少无官人身份的吏职。据此，我们可以推知江淮地区不具备官人身份的任职者群体规模之大。他们所拥有的摄职文牒出自使主，会对办理差役的基层官吏形成高高在上的权威，促其猃脱差役。从朝廷立场看，这些人户所拥有的使牒并非合法免户役的文书。若允许他们获免差役，会对朝廷岁赋所倚的江淮地区的徭役征派造成干扰。为保证江淮地区两税征收的正常进行，朝廷有必要以立法均平该地的徭役。唐后期每年及第进士人数不多，维持在三十人左右

---

① 《文苑英华》卷 669《书三·宰相》，第 3442 页。

② 《文苑英华》卷 669《书三·宰相》，第 3442 页。

③ 魏斌：《"伏准赦文"与晚唐行政运作》，《中国史研究》2006 年第 1 期。

④ 按，唐后期"衣冠"偏向指士人官僚，参见陆扬《清流文化与唐帝国》，北京大学出版社，2016，第 219～220 页。

⑤ 参见《文苑英华》卷 426《赦书七》，第 2161 页。

⑥ 参见《文苑英华》卷 429《赦书十》，第 2174 页。

的规模。① 赋予这一群体守选期合户免役权对于一地差役征发影响不大。州县官府可借此申禁，将大量不符合免役条件的人户收归差役。以上是赦敕有关"衣冠户"申禁的背景和用意。从此可知，"衣冠户"申禁并非为了确认科举造就新社会阶层的特权而颁行的，它在事实上也没有改变唐后期的特权阶层的构成。

综上所述，现有文献所见会昌五年后朝廷关于"衣冠户"的两次申禁，都是针对寄居外地并有任职使府、军队经历却无正式官人身份的人户。这些人户之中只有是前进士出身的才可以免除户内差役；其他各种来历的摄职，只能获免本人差役，不能荫及户内他人。原本有官人身份的人户，无论在本籍还是在寄住地，照例可免户内差役。若以执行法令规定而言，会昌五年前的免役"衣冠户"是以流内九品以上官员户，之后的"衣冠户"还要涵盖未释褐的前进士户。换言之，会昌五年之后，前进士在免役待遇上与有正式官人身份的流内官员一样。

行文至此，已可对以往关于"衣冠户"论证的第三则核心史料杨虞《复宫阙后上执政书》稍做解读：

> 今天下黔首，不惮征赋，而惮力役……衣冠户以余庆所及，合守清廉。既恃其不差不科，便恣其无畏无忌。且古尽（一作画）地之数，限人名田。一则量其富贫，一则均其肥瘠。今凡称衣冠，罔计顷亩。是奸豪之辈，辐辏其门。但许借名，便曰纳货。既托其权势，遂恣其苞囊。州县熟知，莫能纠摘。且州县所切，莫先科差。富贵者既党护有人，贫困者即窜匿无路……何以塞其门，杜其隧，在定其税额而已。自一品至九品，各限其田。田有恒，即赋有限，无路广占矣。既绝其广占，即富者无苟免之徭，贫者无非次之役，则凋瘵何有夫不苏，时俗何有夫不安？故曰欲弊之革，莫若随（一作限）田而定赋也。②

杨文并非意在厘清"衣冠户"的范围，而是揭示会昌敕文发布以来"衣冠户"影占百姓资产，使得被影占户除免州县徭役的现象，提出限制"衣冠户"田亩数量的建议，以减少富人转移田产到"衣冠户"名下。在朝廷权威消损背景下，

---

① 参见吴宗国《唐代科举制度研究》，第 172、178 页。前引孟二冬《登科记考补正》一书亦有每年进士及第数统计。

② 《文苑英华》卷 669《书三·宰相》，第 3442 页。

这一建议很难付之施行。至北宋仁宗时有限田之议，徽宗《政和格令》则对官户免差役权利以数内田产免除、数外不免的规定。① 杨绾的建议可视为其滥觞。②

结　语

通过以上对唐后期"衣冠户"免役规定的分析，可以明晓唐后期的流内品官户仍与以往一样，享有在原籍和寄住地免除差役的权利，五代宋初也是如此。可由韩国磐所举北宋初期张氏以先人唐朝告敕免军役的案例略做说明。

两宋之际的张纲是润州丹阳人，③ 他曾追述本家由来，"某自卯角，闻先祖少傅言，家旧有唐朝告敕数卷，三张族长主之，今不知安在。盖张氏本河朔人，有仕唐官于润者，因家金坛，分派而居张桥、赤冈、希墟各为一族"。后来他寻访得到两通告敕"乃上柱国铣、扬州六合县主簿连制书二通"，时间分别是宝应和贞元某年。"开宝初，南唐违命侯犹未归朝，方欲调兵旅拒，而远祖尝以衣冠户，携是书免充军名"。④ 张氏在南唐国征兵时声称本户是衣冠户，并拿出先辈告敕为凭据，获免军役。韩文以此论述五代宋初仍沿用"衣冠户"之名，⑤ 此说为是。问题是张氏诉求免役时并不言任官出身，这与其所持的晚唐以来衣冠户为进士出身者所在户的观点相违。从张纲有关先祖"官微，事业无所见"的记忆来看，张氏不大可能是进士出身。笔者认为，五代宋初不仅沿用了"衣冠户"之名，还沿用了"衣冠户"之实，即有正式授任告敕的官人和前进士所在户都可以免役。

因此，会昌敕文之后，免役户的范围是有所扩大的，这新增的部分就是未及释褐的前进士户。对于前进士而言，他们的经济特权是有所扩大的，即从及第到释褐期间就开始享受和流内品官一样的免役权利。此变化反映了唐后期进士科地位较之唐前期有所提高，且高于同时期其他诸科，而并非由进士科出身的官员享有高于由其他途径出身的官员的免役待遇。

至于宋代为什么不再强调进士及第者享有免役权，论者多以宋代进士出身成

① 参见王曾瑜《宋朝的官户》，《涓埃编》，河北大学出版社，2008，第317~319页。
② 参见张泽咸《唐代的衣冠户和形势户》，第299~300页。
③ 《宋史》卷390《张纲传》，第1151页。
④ 张纲：《华阳集》卷33《题祖诰》，《四库全书》第1131册，第203~204页。
⑤ 韩国磐：《科举制和衣冠户》，《厦门大学学报》1965年第3期。

为最重要的入仕途径，官户实由之造就为之解说。① 实际上，北宋初期数十年间士子进士及第后立即授官，此后除第五甲要和诸科一起守选外，前四甲也被朝廷立即注授官职，② 获得官人身份。从这一角度看，法令当然不必在官户免役之外，规定前进士的免役权。因此，我们可将唐后期及第进士立即在地方使府摄职，同时获得和正式官员一致的合户免役权的现象，视为缩短守选期、尽早实现从准官员到官员角色转变的改革举措。宋代对及第进士立即授官，当是在此意之下的进一步完善。

对于前进士的免役权特别规定中，不再以本人及荫亲范围为标尺，而是以户为单位，这是免役法令的另一个重要变化。这一变化与差役征发以户为单位和两税法施行后以户为计税单位的背景有关。北宋天圣《赋役令》在以开元《赋役令》为蓝本修订时，关于官员免役方面的令文是："诸户役，因任官应免者，验告身灼然实者，注免。其见充杂任授流内官者，皆准此。自余者不合。"③ 唐令有关官员及荫亲按品级享受除免课役的规定，《天圣令》废止不用，放诸"右令不行"之部。以上修改与其时宋代施行的制度密切相关。免差役按户执行，有无流内官品是基本标准，而不再以五服、官品区分户内丁身是否免役。北宋仁宗天圣年间之后，"官户"已不再是唐代以来作为官府管理的一类贱民的称呼，而成为品官之家的法定户名，所有九品以上职事官所在户都可以被称为官户。④ 从开元《赋役令》到天圣《赋役令》，免役单位由"丁"向"户"转变，继而特权"官户"成立，唐后期"衣冠户"的申禁是一个重要节点，值得研究者措意。

综括言之，唐代前期既已形成以《赋役令》相关规定为核心的官员赋役除免制度。唐后期赦文、诏敕对免役"衣冠户"所指范围的厘定，是对其时官府职员身份的多样性、寄籍置产居住普遍化等社会变化的回应，实属对原有除免制度的局部补充和对既有令文的追加规定。唐后期法令认定的可以合户免役的"衣冠户"，是具有正式官人身份者和已有进士出身然尚未释褐者所在户名。因

---

① 韩国磐：《科举制和衣冠户》，《厦门大学学报》1965 年第 3 期；吴宗国：《唐代科举制度研究》，第 291 页。

② 参见张希清《宋朝贡举释褐授官制度述论》，《中原文化研究》2015 年第 3 期；龚延明《宋代登科人初授官考论》，《中国古代制度史研究》，浙江大学出版社，2013，第 634～645 页。

③ 《天圣令校证》，"赋役令"，宋 6 条，第 390 页；"其见充杂任授流内官者"，原断句为"其见充杂任、授流内官者"，从徐畅《蠲符与唐宋间官人免课役的运作程序》（《文史》2013 年第 2 辑）一文点读改动。

④ 参见王曾瑜《宋朝的官户》，第 290～291 页。

此，唐代前后两期享受免役的主体身份并没有发生根本性的变化。将未释褐的前进士纳入合户免役范围，固然与唐后期进士科地位提高有关，不过与唐前期进士及第短期内得以释褐为官相比，这一群体的经济待遇未必有实质性的提高。从这一角度说，唐后期的"衣冠户"规定并不能成为社会分层的新标准，也未能造就新的特权阶层，不能作为科举制造成唐后期社会流动的重要论据。

原刊《史学月刊》2018 年第 4 期

故国与新邦

——以贞观十四年以后唐西州的砖志书写为中心

裴成国

摘　要： 贞观十四年以后唐西州砖志书写的变化，真实地反映了高昌遗民接受中原文化以及对唐朝国家认同建立的过程。砖志书写中的变化，诸如纪年方式采用"讳"和"字"来表记亡者的名字等都是向中原学习的结果。龙朔年间砖志中则开始使用一个特定的词"伪"来指称灭亡的高昌国，并且开始在砖志中标明墓葬的所在位置。这些变化的出现应是唐朝政府对当地的砖志书写进行规范的结果。高昌国遗民对此前的高昌国并无怨艾之情，而方方面面周到的措置则使得唐朝在西州的统治得以确立，并因此赢得了高昌遗民的认同。这种认同的确立是此后唐朝西域经营的基础和保障。

关键词： 砖志　高昌国　唐西州　国家认同

贞观十四年（640），唐灭高昌国，在当地建西州。唐朝拟将西州建成经营西域的根据地，故而推行了与中原一体的各项的措施。① 高昌地区的主体民族是魏晋以降迁徙而来的河西移民，文化是以儒家为主体的汉文化，其原来就已存在的郡县制更为唐朝推行州县乡里制奠定了很好的基础。② 唐朝的制度在西州顺利

---

① 张広達「唐滅高昌国後的西州形勢」『東洋文化』第 68 号、1988；收入《张广达文集：文书、典籍与西域史地》，广西师范大学出版社，2008，第 116 页。

② 孟宪实：《试论唐朝在高昌推行州县制的历史与文化基础》，《新疆文物》1993 年第 3 期，收入氏著《汉唐文化与高昌历史》，齐鲁书社，2004，第 2～16 页。

地得到推行，对当地的统治也随即建立起来。

高昌国作为在当地存在了近两个世纪之久的地方政权，对新建立的西州必然存在影响。如高昌国时代通行的银钱继续使用，① "远行马"制度以"长行马"的形式在很大程度上被继承下来，② 高昌国的量制也在西州民间继续沿用。③ 制度层面上的这些影响在出土文书中有较多的反映，也易于为我们注意到。而在思想观念上，这种影响表现在哪些方面，当地百姓如何回想故国高昌，又怎样逐步建立起了对新邦大唐的认同，也是值得探究的问题。本文以贞观十四年以后的砖志书写为中心，兼采典籍及出土文书的记载，对此问题做一初步探索。

在进入具体论述之前，先作两点说明：

其一，死后有砖志随葬的人，身份大都是具有相当经济基础的官吏或财力殷实之人，在当地都属于社会中上层人士，普通平民一般无力刻写砖志随葬。支持本研究的资料主要保存在砖志当中，因此本文涉及的对象主要是当地的中上层人士。就唐朝的统治政策而言，官员和地方豪族是唐朝防范的重点，所以将其中的许多人迁入中原。④ 利用反映当地有势力阶层的砖志来考查他们对唐朝统治的接受，无疑是研究这一问题的极佳角度。作为地方有势力阶层的这个群体，他们态度的转变应当最具难度，因而也是具有决定意义的。

其二，近年来运用新史学的方法研究墓志的学者关注的问题之一是墓志书写的问题，如墓志书写的私密性与公开性、墓志书写活动与现实世界的关系等。⑤ 高昌国时期的墓表大都较为简单，所载多是志主的基本信息，与此期的中原墓志通常以大量篇幅赞颂志主的德行有较大的区别；唐西州时期的砖志，就内容而言，总体上渐趋繁富，与中原的墓志越来越接近。本文考查的重点是志主的履历

---

① 卢向前：《高昌西州四百年货币关系演变述略》，《敦煌吐鲁番文书论稿》，江西人民出版社，1992，第 232～246 页。

② 相关研究较早的有孔祥星《唐代新疆地区的交通组织长行坊——新疆出土唐代文书研究》，《中国历史博物馆馆刊》1981 年第 3 期，第 36 页；王素《〈吐鲁番出土文书〉前三册评介》，《中国史研究》1983 年第 2 期，第 161 页；相关研究述评，参见王素《高昌史稿·统治编》，文物出版社，1998，第 511～514 页。

③ 最近的研究，可参见裴成国《从高昌国到唐西州量制的变迁》，《敦煌吐鲁番研究》第 10 卷，上海古籍出版社，2007，第 95～114 页。

④ 一部分人在永徽年间被放还乡里，这在砖志中有明确的反映。

⑤ 参见刘静贞《北宋前期墓志书写活动初探》，《东吴历史学报》2004 年第 11 期，第 59～82 页；卢建荣《北魏唐宋死亡文化史》，台北：麦田出版，2006，第 49～50 页。

信息，以及带有情感倾向性词语的使用情况，如"伪"字、对高昌王的称谓等。笔者认为不管这些信息由谁来提供，① 都反映了当时西州人的意识，其真实性毋庸置疑。

一 贞观十四年之后的砖志书写变化

吐鲁番地区自 20 世纪初叶至今出土的砖志共计有 300 余方，以麹氏高昌国和唐西州时期为最多。② 贞观十四年西州建立之后，当地的砖志书写逐渐受到中原的影响，在许多书写细节上发生了变化。

吐鲁番当地缺乏石材，所以高昌国和唐西州时代的墓志多用砖或土坯为之。③ 在名称上，高昌国时期原称"墓表"，到唐西州则逐渐与中原趋同，改称"墓志"。④ 在内容上，高昌国时期墓表仅包括基本履历信息和埋葬时间。西州建立后，墓志内容渐趋繁富，部分墓志中出现正式的铭文。砖志的纪年方法由原来高昌国时期以"年号纪年加干支岁"为主逐渐转为唐前期的"年号纪年加岁次干支"，⑤ 虽然这种转变经历了一个过渡阶段，但是变化的轨迹很明显。高昌国和唐西州时期砖志中所记志主历官情况略有不同。高昌国时期的墓表都详细书写了志主生前所历职官，一般按其升迁顺序记载。部分职位较高的官员死后会有政

---

① 志主的履历应当主要由亲属提供，但志主本人对自己的身后事，包括墓志的书写，应当也能够施加一定的影响。阿斯塔那 4 号墓出土的《唐咸亨四年（673）左憧憙生前功德及随身钱物疏》[《吐鲁番出土文书》（叁），文物出版社，1996，第 208 页] 是墓主左憧憙生前为自己所写的一份特别的随葬文书。其中记载了墓主生前所修功德，又登录了随身钱物。这件文书生动地说明了当时人对自己身后事的关切，在当时应具有一定的代表性。

② 吐鲁番出土砖志的集中收录，见侯灿、吴美琳《吐鲁番出土砖志集注》，巴蜀书社，2003；近年新出砖志，见荣新江、李肖、孟宪实主编《新获吐鲁番出土文献》，中华书局，2008。

③ 石見清裕「吐魯番出土墓表、墓誌の統計的分析」土肥義和編『敦煌・吐魯番出土漢文文書の新研究』、東洋文庫、2009、158 - 171 頁。

④ 中原地区的墓志在正式定型之前名称的变化大体上经历了"墓记—墓表—墓志"三个阶段。十六国时期西北地区的一些官员墓葬中树立在墓中的小碑被称作"墓表"。参见赵超《古代墓志通论》，紫禁城出版社，2003，第 50～51 页；张铭心《十六国时期碑形墓志源流考》，《文史》2008 年第 2 辑，第 37～54 页。吐鲁番地区出土的大凉和高昌国时期正式的砖志都称作"墓表"，应是受河西地区影响的结果。中原地区在北魏早期正式形成"墓志"的名称，南北朝时期墓志从名称、形制到文体都逐步定型。高昌的砖志书写与此期中原地区的演变潮流未能同步。

⑤ 吴震：《吐鲁番文书中的若干年号及相关问题》，《文物》1983 年第 1 期，第 26～34 页；王素：《关于 S.2838 号文书的抄写地点》，《新疆文物》1992 年第 4 期，第 76～79 页。

府授予的比生前官职更高的赠官，这被当作一种重要的荣誉加以记载。① 西州建立之初，在志主的历官记载当中，出现了一个新的特征，即许多人被授予勋官。

以上是高昌国和唐西州砖志书写中显著的不同点。此外，还有一类变化，其过程较为缓慢，但包含着非常重要的信息，也是我们必须注意的。这一类变化主要包括避讳，"字""讳""伪"的使用等。

从西州建立到贞观朝结束的十年间，砖志书写当中的变化主要体现在上文所述的使用唐朝年号和纪年方式这一点上；表述志主的名字时未见使用"讳""字"，涉及故国高昌时未见使用"伪"字。砖志的名称除了偶见两例使用"墓铭"之外，其余都沿袭了高昌国时期的"墓表"。笔者想指出的一点是，关于避唐国讳的问题，虽然目前所见的贞观朝砖志中未见此类例证，但笔者认为避讳涉及国家法律规定，西州建立之初必已开始推行，正如采用新的年号和纪年方式一样。这一时期要避的国讳主要是"虎"字，如高昌国时期的"虎牙将军"到唐西州就改为"武牙将军"。② 我们看到西州自高宗朝开始，称志主的乡里没有再出现用"民"者，可见避讳制度得到严格执行。稍稍翻检砖志，就会发现麴氏高昌国时期的墓表中没有避讳的习惯。西州建立之后，重新"服习王化"③ 的高昌百姓在使用新朝年号的同时，避讳制度自然也需要开始尊奉。

自高宗朝开始，砖志中开始出现自题为"墓志"者，也有墓志在表述名字时开始使用"讳""字"这样的说法，但是直到龙朔前都只是凤毛麟角，非常稀少。偶有使用者，也多是有"讳"无"字"，或有"字"无"讳"，"讳""字"俱全且又称"墓志"者竟无一例。

高昌国近两百年的墓表书写中有正确使用"讳"和"字"的情况，但仅有两例。其中一例很值得关注，即《高昌永平二年（550）画承夫人张氏墓表》中记"高昌兵部主薄……讳承字全安"。④ 据目前所见墓表来看，延昌四年（564）之后到延寿十七年（640）麴氏亡国近 80 年间再无使用者，这种传统在高昌国

① 关于高昌国的追赠制度，参见孟宪实《麴氏高昌追赠制度初探》，《敦煌吐鲁番研究》第 5 卷，北京大学出版社，2000，第 147～160 页。
② 關尾史郎「高昌国の侍郎について——その所属と職掌の検討」『史林』第 74 卷第 5 号、1991、140 页。
③ 《贞观年中巡抚高昌诏一首》，许敬宗编，罗国威整理《日藏弘仁本文馆词林校证》，中华书局，2001，第 249 页。
④ 另一例是《高昌延昌四年（564）张孝真墓表》中记"敦煌张氏讳孝真妻索氏墓表"（侯灿、吴美琳：《吐鲁番出土砖志集注》，第 87～88 页）。

遗失了。《唐永徽四年（653）张元峻墓志》书"讳张元峻性（姓）张氏"，这是目前所见西州建立后使用"讳"字之第一例，前后相距 90 年。虽然已经是入唐第 14 年，但墓志的书手显然不是很清楚应该怎样正确表达"讳"字。比张元峻早一天入葬的是曾任交河县尉的张团儿，① 此人的墓志中写道"君姓张字团儿"，这是唐西州砖志中第一例使用"字"者，目前所见高昌国时期墓表中最晚一例使用"字"的是《高昌延昌卅一年（591）孟孝□墓表》，相隔已有 60 余年。此期的吐鲁番出土文书中也未见使用表字的情况。② 张团儿墓志中的"字团儿"，笔者认为是小名，并非表字。像张团儿这样以小字充作表字的做法，应当是唐西州建立后受到中原墓志书写方式影响的结果。此处的"字团儿"与"名以正体，字以表德"③ 的中原文化传统是不相符的。真正意义上的表字是与一定的文化知识背景密不可分的，普通百姓一般不会有。张团儿有无真正的表字难以考证，无论如何，他的墓志中出现的"字"确实是一种新事物，笔者认为这是中原文化流风所及，当地人开始自觉"服习"的一种候症，虽然很不规范，但已经可以看出潮流所在。此种书写方式的出现也可能与永徽初年麴智湛等人从中原返回西州有关，第一例使用者"张团儿"正是随麴智湛返回者中的一员，很可能是他们带回了这种书写方式。此后砖志当中使用"讳""字"者渐多，然而不规范的例子仍然颇多。从永徽四年（653）出现第一例使用"字"的情况开始到开元二十六年（738），86 年间有明确纪年又较为完整的砖志 76 方，其中使用"讳"或"字"者有 39 例，占 51%；从永隆年间到开元二十六年的 58 年间，有明确纪年又较为完整的 25 方砖志当中，使用了"讳"或"字"者有 16 例，占64%，其中有 12 例同时使用了"讳"和"字"，占到近 50%。由以上数据可以看出，从高宗晚期以降，砖志当中使用"讳"和"字"，已经是当时的流行时尚。④

① 关于吐鲁番出土砖志当中的时间表述应该是死亡时间还是下葬时间，学界有两种不同意见。参见张铭心《高昌墓砖书式研究——以"纪年"问题为中心》，《新疆师范大学学报》2003 年第 1 期。

② 近年新获吐鲁番文书中有《麴氏高昌延和八年（609）十二月二十二日绍德遗书》中有"小婢一人字弥猴"（荣新江、李肖、孟宪实主编《新获吐鲁番出土文献》，第 287 页），此处的"弥猴"显然是奴婢的小字，即小名，并非表字。此类用法在中古时期的中原墓志中也可以见到，如《魏故张娘墓志铭》中有"娘姓张字丰姬，年卅三，南阳人也"（赵君平、赵文成：《河洛墓刻拾零》，北京图书馆出版社，2007，第 28 页），这里的"字丰姬"应当也是小名。

③ 王利器：《颜氏家训集解（增补本）》卷 2《风操第六》，中华书局，1993，第 92 页。

④ 从高宗前期"讳"与"字"使用颇不规范，后来的砖志中，使用"讳""字"者越来越多，且渐趋规范，可知高宗初期不使用者，并非不愿，而是尚不谙新制。

西州的普通百姓即便没有能力死后刻石留名，但风气所至，必然会受到熏染，"虽不能至，心向往之"的心态是可以想见的。

砖志当中使用"讳""字"是西州百姓渐习中原唐风的结果。新的砖志书写习惯的形成需要一个过程，这不仅与当时百姓的主观情感有关，也与知识文化水平的提升密不可分。总体而言，僻处边地，文化又欠发达决定了西州的墓志书写只能是一种个人书写，因此比较真实反映了当事人的个人情感和倾向。①

二 关于用"伪"指称故国高昌

自高宗龙朔年间开始，唐西州墓志中使用"伪"字指称故国高昌，② 是一个非常显著的变化。龙朔以前的西州墓志对志主在高昌国时代历官情况的表述与高昌国时期的墓表并无二致。龙朔以后的墓志如《唐龙朔二年（662）麴善岳墓表》在记高昌国时期的职官时，则于职官前加了一个"伪"字。唐代中原的墓志在述及被唐平定的王世充等政权时，常著"伪"字。③ 高昌的情况颇有不同，砖志当中使用"伪"字之第一例要迟至龙朔年间才出现，后来这种做法在几乎所有的相关砖志中都得到贯彻，这是此间砖志书写中值得注意的一点。要对此进行分析，需要对这一时期的典籍和出土文书作一排查。

唐太宗贞观十四年（640）平高昌后不久颁布的《贞观年中慰抚高昌文武诏》，④

---

① 卢建荣将墓志分为公开性文本墓志和私密性文本墓志两种。学者名流所写的墓志属有意公开的文本，其中不可避免带有政治的考虑；私密性文本墓志则是用于埋入地下、只让少数丧家家人过目的，因而以私领域的感情作为书写的重心。参见氏著《北魏唐宋死亡文化史》，第35页。

② 白须净真指出，唐代的砖志在记载高昌国时期的官职时，使用"伪"字是通例，参见氏著《唐代の西州の武城城の前城主と沙州寿昌城主——唐代の西州の城及びその城主に関する考察のための序章》，《西北史地》1989年第3期，第11~31页），但事实上是从龙朔年间开始的。

③ 此类例证很多，如贞观十八年《张氏墓志》中记"君以家在洛阳，胁从伪郑"（周绍良主编《唐代墓志汇编》，上海古籍出版社，1992，第73页）；《隋豫州保城县丞支君墓志铭》中记"伪郑王充"（周绍良主编《唐代墓志汇编》，第143页）；仪凤三年（678）《唐故左卫率府翊卫王君墓志铭并序》中记"祖道智，伪郑骠骑大将军"（周绍良主编《唐代墓志汇编》，第645页）；《大唐故辅国大将军荆州都督虢国公张公墓志铭并序》中记"伪熊州刺史郑仲达"（周绍良主编《唐代墓志汇编》，第264页）等。

④ 罗国威：《日藏弘仁本文馆词林校证》，第247~248页。此诏的年代据岑仲勉先生的考证，参见氏著《西突厥史料补阙及考证》，中华书局，1958，第16~17页。土肥义和也持此观点，参见氏著「貞觀十四年九月西州安苦咖延手実について——その特徴と歷史的背景」『鈴木俊先生古稀記念　東洋史論叢』、山川出版社、1975、302、311頁。

在提及高昌王时已经使用了"伪"字，如"又闻其子还袭伪位""其伪王以下及官人头首等"。这封诏书由"守左卫郎将驸马都尉黄国公窦奉节，指申往意"，可以想见诏书内容在当地官员阶层当中应该是众所周知的。这可以说是唐中央政府对高昌王的一种定位。在当时的西州，至少在官方文书中凡是涉及高昌国和高昌王的地方必然要求著"伪"字。这是唐朝对存在近两百年的高昌国政权性质做出的明确定位，即它是南北朝分裂时代背景下割据西域的僭伪政权。这一定位是唐朝在新的统治区建立合法性的必然要求。吐鲁番巴达木墓地出土的《唐龙朔二年（662）西州高昌县思恩寺僧籍》为我们提供了一个例证。[①]

这件僧籍正背皆钤印，背缝书有时间，是当时高昌县保存的官府文书。[②] 其中著录的三个僧人都是高昌国时期剃度的，引人注目的是在著录他们的剃度年份时都加了"伪"字，即"伪延和""伪延寿""伪延昌"。"延昌""延和""延寿"分别是高昌王麹乾固、麹伯雅、麹文泰的年号。目前所见唐西州时期的官文书涉及高昌国的国王或年号者只此一件，但笔者认为在当时的西州此种处理办法应当是惯例。官方文书在提及高昌国时，为避免混淆视听，在其名称前冠以"伪"字，在当时应是政府力行的一种规定。

能为我们了解当时情形提供参照的是《大慈恩寺三藏法师传》的撰著情况。玄奘西行求法，高昌王麹文泰对他给予了极大的支持，高昌国是"玄奘西天取经的第二个起点"，[③] 玄奘对麹文泰的感激之情是可以想见的。取经归来的玄奘备受唐王的尊崇，因此他对不附唐朝而致亡国殒身的麹文泰的感激之情只能深埋心底。[④] 高宗麟德元年（664），玄奘去世后，弟子慧立为乃师立传，因传中记载玄奘和麹文泰的交谊，传成后只能藏于地穴，临死前才敢公之于世。[⑤] 当时的情

---

① 荣新江、李肖、孟宪实主编《新获吐鲁番出土文献》，第61页。

② 孟宪实：《吐鲁番新发现的〈唐龙朔二年西州高昌县思恩寺僧籍〉》，《文物》2007年第2期，第50~55页。需要说明的是，孟宪实先生文章发表时，"新获吐鲁番文献整理小组"尚未确认文书中"伪"字写法。

③ 冯其庸：《〈吐鲁番市志〉序》，《敦煌吐鲁番研究》第3卷，北京大学出版社，1998，第19~21页。

④ 关于麹文泰对玄奘的支持以及玄奘心中的麹文泰，参见孟宪实《唐玄奘与麹文泰》，《敦煌吐鲁番研究》第4卷，北京大学出版社，1999，第89~101页；王素《〈大唐三藏大遍觉法师塔铭〉述跋》，《吐鲁番学研究》2001年第1期，第36~41页。

⑤ 关于慧立的卒年，史无明载。赵和平《慧立卒年推测》推测"慧立法师圆寂于仪凤二年（677）正月廿七日之后，五月廿一日之前"（樊锦诗、荣新江、林世田主编《敦煌文献、考古、艺术综合研究——纪念向达先生诞辰110周年国际学术研讨会论文集》，中华书局，2011，第288~292页）。

形如此，对于高昌百姓在墓志当中的故国书写，唐王朝自然不会长期听之任之。

审视唐西州前期的砖志书写，我们发现贞观时期的砖志对志主在高昌国时代的历官情况并无任何讳饰。虽然已经改朝换代，但是高昌国时代的历官并非需要努力隐讳过失，至少当时人仍然把历官当作重要的荣誉而写进砖志当中。这里同时涉及另外一个问题，即这些从故国而入新邦的人，对高昌国持什么态度。笔者认为，如果对已经不存在的高昌国怀有不满或怨恨的话，一般人会唯恐避之不及，遑论记载曾在那个时代担任过的官职。详审贞观时期的砖志书写，细绎当时的遗民情怀，① 笔者认为当地身份地位较高的中上层群体②对故国高昌并无怨艾之情，当是可以确认的事实。

这一时期的砖志书写当中，为区分高昌国和唐朝开始使用了一些词汇，如"大唐统御"、③"属大唐启运"、④"蒙运载入圣朝"⑤ 等。虽然意思相近，但措辞并不统一。对于高昌国时期的任职依然照录，仅此而已。

从《唐龙朔二年（662）麴善岳墓表》中出现第一例在高昌国时期的职官前著一"伪"字之后，⑥ 此种写法很快在当地普及开来。此后记高昌职官而不冠"伪"字者仅有两例，一例是《唐龙朔四年（664）唐云海墓志》，另一例为《唐麟德元年（664）张氏妻麴姜墓表》，都尚属使用"伪"字的初期。龙朔二年十月之后写就的砖志当中较为完整且涉及高昌任官情况的 26 方里，除以上 2 方之外的 24 方都使用了"伪"字，占 92%。这种转变在当时显然是一种集体行为。著一"伪"字，从字面上来看即意味着对高昌国的全盘否定，与此前二十

---

① 关于"遗民"一词，姚大力认为应有两种含义。其一泛指已被推翻前王朝遗留下来的人们；狭义的"遗民"则指经历改朝换代后拒绝出仕新朝的人们。狭义的"遗民"概念的完全形成，大概要到元明之际（参见氏著《中国历史上的民族关系与国家认同》，刘东主编《中国学术》2002 年第 4 辑，商务印书馆，第 187~188 页）。本文使用"遗民"一词是泛指高昌国灭亡之后入唐的高昌人。
② 当时的绝大多数砖志会记载志主生前所历官职；即使没有历官，能够出资刻写砖志本身即是身份地位较高的一种表现。
③ 《唐贞观廿年（646）张延衡墓表》，侯灿、吴美琳：《吐鲁番出土砖志集注》，第 450 页。
④ 《唐永徽三年（652）王欢悦墓表》《唐永徽四年（653）赵松柏墓表》，侯灿、吴美琳：《吐鲁番出土砖志集注》，第 468、470 页。
⑤ 《唐永徽四年（653）张元峻墓志》，侯灿、吴美琳：《吐鲁番出土砖志集注》，第 475 页。
⑥ 《唐永徽四年（653）张元峻墓志》中有"但以旧邦受职，任为教郎将军"，侯灿将其中的"为"识作"伪"。案，吐鲁番出土砖志当中，"伪"与"为"的区分是很清楚的，就笔者管见，并不存在通假的情况。张元峻墓志中于"任"字和"教郎将军"间著一"为"字，一个重要原因是为了凑成六字格，以便与前句和谐。

余年的做法迥然不同。虽一字之差，却有天壤之别。是什么原因导致了当地百姓对故国的态度发生了巨大转变呢？这一问题颇值得深究。

高昌作为故国，贞观十四年之后只存在于当地百姓的记忆中。一个已不存在的政权自身不可能再有任何举措，遑论对其外在形象施加影响。如前文所论，唐西州建立之后，当地的砖志书写由于受到中原文化的影响逐渐发生变化。如"讳"和"字"的使用，虽然学习过程较为缓慢，但是趋向非常明显。这种变化之所以发生，是基于当地百姓对中原文化的真心向往，他们作为变化的主体无疑有着真诚的动力。龙朔年间，砖志当中开始出现第一例使用"伪"字的情况，如果它仅仅只是一种纯粹的个人行为，那么可能有各种各样的原因，我们难以探究。但从后来的情况看，显然不是。虽然使用"伪"字，与学习"讳""字"的使用相比要容易，加之当时的官文书中在指称高昌国时，也例加"伪"字，当地百姓对此种称谓方式也不会陌生。但是笔者认为，这种高昌亡国二十余年后才出现的近乎整齐划一的倾向性改变，如果完全出于自发，无论如何都是难以理解的。

如前文所述，从砖志反映的情况来看，当地百姓对故国高昌确无怨艾之情。笔者认为能够使得当地百姓在二十余年之后突然改变对故国的书写态度，最可能的原因当是外力的作用，即在龙朔年间，官方可能对这种原本私密性的砖志书写进行了规范。[①] 这次干预带来的另一影响是墓志中开始记注墓葬的所在地。[②] 毕竟砖志作为一种要埋入墓葬的随葬品，私密性决定了其书写可以拥有较大的自由度，间或有不著"伪"字的情况，亦在情理之中。但我们现在看到的情况是，龙朔以后几乎所有的砖志都使用了"伪"字。这样一来，"伪"字就不能真实反映当时的遗民对故国的态度；而从另一角度来说，大多数百姓在可以有所保留的情况下，仍然使用了"伪"字，其实在某种程度上正可以反映出他们对于唐王朝的态度。

三 "我君光武王"

光武王是高昌王麴文泰的谥号。麴文泰有此谥号，与他克定"义和政变"

---

① 考虑到此前唐朝已经采取了许多措施安抚当地民众，以及这种转变呈现出的整齐性，笔者认为官府应当是采取了某种诱导性的方式促成转变，事实证明也确实收到了良好效果。

② 白须淨真「吐魯番社會——新興庶民層の成長と名族の沒落」『魏晉南北朝隋唐史の基本問題』（『中國史学の基本問題』シリーズ 2）、汲古書院、1997、143 – 171 頁；中译文为《吐鲁番的古代社会——新兴平民阶层的崛起与望族的没落》，柳洪亮译，《西域研究》1999 年第 4 期。

政权，实现"重光复辟"有直接关系。① 麴文泰在"重光复辟"后进行了一系列强化王权的改革，在当时西域权力真空的背景下，王权的强化发展到膨胀的程度，进而错判形势与唐朝对抗，终至亡国。②

关于麴文泰，我们阅读典籍可以读到两种近乎相反的记载。在《讨高昌王麴文泰诏》和《贞观年中慰抚高昌文武诏》中，麴文泰被描述成"反道败德，恶安好祸，间谍酋豪，交乱种落"；③"赏罚无章，赋敛繁重。妄造舆服，多营楼观"。④ 诏书为宣示唐朝征伐的正当性历数麴文泰的诸多虐政，与我们今天在《大慈恩寺三藏法师传》中读到的麴文泰形象相去甚远。⑤ 唐朝的诏书自然不足以成为我们了解麴文泰的可信资料。吐鲁番出土的砖志作为当时的一种个人书写，为我们了解高昌遗民对这位在亡国前夕殉身的高昌王的态度提供了宝贵资料。

关于麴文泰之丧，笔者要强调一个事实。麴文泰是在侯君集大军已经逼近高昌时情急之间发病而死，其子麴智盛继位。当时的高昌国已经危在旦夕，但困居城内的高昌君臣仍然以君王之礼安葬了麴文泰，且给他加以"光武王"这一评价颇高的美谥，将其目为国家的"中兴之主"，足见他在国人心目中的地位之高。⑥ 此后不过数日，高昌国就灭亡了。如果我们跳出先入为主的预设立场，从高昌人的角度来看待麴文泰之丧，那么我们不得不承认这是一场悲壮的葬礼。其中所反映出来的末代高昌君臣的心态值得我们细细揣摩。有一点我们可以确信，即在一些高昌臣民的心目中，麴文泰是崇高的。能够参与麴文泰葬礼的决断和议定谥号的，无疑只有高昌国的末代君臣，所反映的应当只是一部分人的意志。但从后来的情况看，这个谥号在高昌亡国之后的很长时间里一直在遗民中间流传着。砖志为我们提供了许多例证：永徽六年《宋怀熹墓志铭》中书"君姓宋讳怀熹……随光武王爰命行人，使君为左右"；显庆二年《范阿伯墓表》中书"今出身事先武先王作帐下左右"；武周长安三年（703）《张礼臣墓志铭》中书"祖

---

① 孟宪实、姚崇新：《从"义和政变"到"延寿改制"——麴氏高昌晚期政治史探微》，《敦煌吐鲁番研究》第 2 卷，北京大学出版社，1997，第 174~177 页。
② 王素：《高昌史稿·统治编》，第 395~435 页。
③ 《唐大诏令集》，商务印书馆，1959，第 702 页。
④ 《贞观年中慰抚高昌文武诏一首》，罗国威：《日藏弘仁本文馆词林校证》，第 247 页。
⑤ 孟宪实：《唐玄奘与麴文泰》，《敦煌吐鲁番研究》第 4 卷，第 98~99 页。
⑥ 孟宪实、姚崇新：《从"义和政变"到"延寿改制"——麴氏高昌晚期政治史探微》，第 176 页。

雄，伪光武王之左卫大将军、都绾曹郎中"。①

近年吐鲁番木纳尔墓地又出土一方《唐显庆元年（656）二月十六日宋武欢墓志》，内容如下：

> 君讳武欢，字□，西州永安人也。君，兵曹参军之嫡孙，司马之贵子。生□□下，有反哺之心；长堪强仕，□尽节之志。不骄不贵，出自衽生；行恭行敬，禀（禀）兹天性。我君光武王尚其高行，拜从行参军事。计当与金石同固，保守（寿）长年，掩然迁化。春秋六十一。显庆元年二月十六日葬于永安城北。呜呼哀哉。②

这方高宗显庆元年的墓志中，称麹文泰为"我君光武王"，对 16 年前就已亡故的麹文泰不仅没有任何讳饰，还对他奖掖"高行"，拜志主为"从行参军"的事念念不忘，并详加记载，对高昌王麹文泰的追念之情溢于言表。墓志当然是书手所写，但内容则当是由与志主亲近的人所草拟，可以认为在一定程度上反映了志主本人的倾向。这方墓志的志主因生前曾受高昌王麹文泰的眷顾，所以在高昌亡国十多年后仍然不忘故王，他的亲属因而将这种情绪写进了墓志当中。需要指出的是，高昌遗民当中有此种情结的人定非只此一例，但用此种方式表达的应该只是少数。这少数人之所以有此种表达与他们在唐西州的境遇应当有很大关系。读宋武欢墓志，我们

---

① 除所举数例之外，《唐贞观二十年（646）二月十三日张元隆墓志》中出现了"刚武王"，所指实际应当是"光武王"（荣新江、李肖、孟宪实主编《新获吐鲁番出土文献》，第 389 页）。该墓志出自木纳尔二号台地的张氏家族茔园内 209 号墓，朱书。墓志中记张元隆"年始三十，为刚武王碑堂□"，最后一个漫漶之字当为"将"。按，"碑堂将"为高昌国的宿卫军官之一，侯灿将之定为第六等级，参见氏著《麹氏高昌王国官制研究》，《文史》第 22 辑，1984，第 63 页。又，砖志中记"年少，故作丹铭焉"，意思应当是因为张元隆英年早逝，所以砖志用朱书。张元隆 30 岁为碑堂将，如果是在麹伯雅时代，那么到贞观二十年去世时，他至少也已有 53 岁，这个年纪在当时恐怕已不能算是"年少"，所以张元隆任"碑堂将"不可能是在麹伯雅时代，只可能是在麹文泰时代，所以"刚武王"当指麹文泰；又麹伯雅谥号为"献文王"，与"刚武王"相去甚远，"刚武王"与"光武王"仅一字之差，且"刚""光"音近［"刚"与"光"两字的中古音与现代音相同，参见李珍华、周长楫《汉字古今音表（修订本）》，中华书局，1999，第 332~333 页］，可能因此致误。如所周知，麹文泰病死时，高昌国已经危在旦夕，其谥号是何时确定的，不详；但随着高昌国旋即灭亡，这一谥号应当多是靠口耳相传的方式在遗民中秘密保存和传播，因此致误的可能性也应当比较高。此处的"刚武王"应该就是一例。

② 荣新江、李肖、孟宪实主编《新获吐鲁番出土文献》，第 103 页。

发现宋武欢在高昌国时官居第六等级的从行参军，① 但在入唐之后却未被授以勋官，与宋武欢情况类似的也还有其他人（这些人未被授以勋官的原因详后文）。与其他得授勋官的人相比，这些入唐不得志的人应当更怀念他们在故国时的光辉岁月吧。他们的墓志中出现"我君光武王"这样的表述，应当是最真实的情感流露。结合其他砖志中的情况，可以发现"光武王"这个谥号很长时间里曾在当时的高昌遗民中流传，他们心目中麹文泰的形象必定与唐朝诏书中描绘的不一样。

龙朔之后，砖志当中称高昌国时，开始普遍地使用"伪"字，一些墓志当中也出现了"伪王"这样的称谓。如《唐总章元年（668）杨保救墓志》中书"君姓杨字保救……伪王在日，任明威将军事"；《唐永隆二年（681）张相欢墓志》中书"今亡者权任伪王帐右"；《唐永昌元年（689）张雄夫人麹氏墓志铭》中书"伪王返国，宠命偏优"。

以上三处的"伪王"应当都是指麹文泰。如前文所论，使用"伪"字并不能代表高昌遗民对故国的真实态度。细绎三处文意，我们看到，墓志在提到"伪王"时，除了使用"伪"字之外，并无其他诋毁之词，相反却追记他们在故国的朝廷曾经受到"伪王"怎样的重用，担任过什么职务。墓志于高昌亡国几十年之后仍然旧事重提，主要的目的自然是追记志主当年的仕宦生涯。在当时人看来，在高昌国担任过官职应当并不是什么羞耻之事，否则大可不必如此这般地写进墓志中来。而对于曾经有恩于己的"伪王"和故国，如果不是心存感激，至少不会是心存怨恨吧！

从吐鲁番出土砖志中可以看到，徙往中原的人后来有一部分得以返回故里。通过西安出土的塔铭、洛阳的石窟题记等，我们知道还有部分人后来一直留在了中原，至死也没有返回故里。1985 年在西安曲江乡三兆村发现了《大唐甘露寺尼真如塔铭》一方，为我们提供了相关的信息。先移录塔铭内容如下：

> 大唐甘露寺故尼真如之枢。曾祖伯雅，高昌献文王；祖文泰，高昌光武王；父智湛，皇朝左骁卫大将军西州都督上柱国天山郡开国公。尼真如总章二年为亡父出家，即其年三月廿二日亡。上元三年三月十七日起塔于明堂樊

---

① "从行参军"在此前所出吐鲁番资料中未见，据宋武欢墓志，可知应当是王国中央的职官。侯灿的研究将中央各部参军定为第六等级，此"从行参军"的品级亦应大致相当，参见氏著《麹氏高昌王国官制研究》，第 65 页。

川之原。礼也。①

塔铭在提到真如的曾祖麴伯雅和祖父麴文泰时直接使用了他们的谥号，这是值得关注的事情。起塔的时间是高宗上元三年（676），如上文所论，当时的西州在砖志书写中已经普遍使用"伪"字来指称高昌国了。塔铭明记尼真如为亡父麴智湛出家，她对于父祖的感情不难想见。在高昌故地的遗民墓志中出现的"光武王"的称谓，反映的遗民对于麴文泰的情感应当与尼真如相去不远吧。由此可见，虽然西州当地的高昌遗民和留在中原的高昌遗民境遇不同，但一部分遗民对于故国的情感却不无相同之处。这部分遗民墓志中的麴文泰形象无疑也和唐朝诏书中的描绘迥然不同。

回到前文提出的问题，对于西州当地的高昌遗民而言，为什么在墓志这种可以有所保留的书写中，绝大多数人选择使用笔者认为是朝廷所规定的"伪"字？

四　"大唐文武不遗"

唐灭高昌国之后，采取了许多措施安抚当地的官员和百姓，对此典籍中有集中的记载。贞观十六年颁布的《贞观年中巡抚高昌诏》② 中所载的措施有：1. 慰劳百姓、僧尼；2. 分配当州旧有官田给旧官人首望和百姓；3. 免良贼被配没者及逃亡者之罪，令在当地附贯；4. 巡问老弱病残者，量给粮食、医药；5. 惩治贪残祸害百姓者，改道有不便百姓者；6. 收叙旧官人，授予骑都尉以下的官职。

以上措施涉及各方面，受众也很广。这些措施的推行，对西州建立之初稳定局势起到了重要作用。出土砖志中保存了许多高昌人入唐后仕宦情况的信息，梳

---

① 杨兴华：《西安曲江发现唐尼真如塔铭》，《文博》1987 年第 5 期，第 81 页。杨兴华对尼真如塔铭的发现情况语焉不详。目前所见塔铭因其种类之不同，有地下出土者，亦有嵌于塔身者。与其他唐代塔铭相比，尼真如塔铭的内容有其特殊之处，如塔铭详载其位置所在，并且后缀"礼也"，这本是墓志铭中的惯用语；尼真如塔铭中明确说"大唐甘露寺故尼真如之枢"，证明真如是以棺椁塔葬的，标识棺椁的塔铭自然不可能是暴露于外的。

② 关于此诏颁布的时间，最早的研究见池田温所撰书评『西域文化研究』第二『敦煌吐鲁番社会经济资料』（上）、『史学雑誌』第 69 卷第 8 号、1960、74、85 - 86 页；又，池田温《初唐西州土地制度管见》，《史滴》第 5 号，1984，收入氏著《唐研究论文选集》，中国社会科学出版社，1999，第 271、283 页。

理这些信息，我们会发现当时不同身份的人境遇是不同的。大致可以分为三类情况，以下分别作一考察。

第一类人入唐之后随父祖迁入中原。这批人都是原来的高昌豪族，进入中原是唐王朝下诏要求的。《贞观年中慰抚高昌文武诏》中云："其伪王以下及官人头首等，朕并欲亲与相见。"① 唐太宗言辞婉转，真实用意是要迁徙高昌豪族入中原，以便使其脱离故土，保证唐的新制度在当地能顺利推行。② 墓志反映出来的这批人包括：

张团儿，高昌国时任东宫府门子弟将，为第八等级。贞观十四年时，时年40余岁的他随徙中原，授洛州怀音府队正，并赴辽东参加征高丽的战争，以军功授正六品上阶的骁骑尉。永徽二年随麴智湛返归乡里，授正八品的文散官征事郎。张团儿返回西州后两年卒。时年50余岁。

张善和，贞观十四年时年仅9岁，因父祖身居高昌要职，随父徙居洛阳。永徽二年前后返回故里，补任正八品下阶的安西都护府参军事，后迁正七品下阶的士曹参军，显庆三年卒，时年27岁。

张相欢，高昌国时任麴文泰帐下左右，约第九等级。贞观十四年，21岁的他"投化归朝"，蒙补怀音府队正。永徽二年，32岁的张相欢回到西州，后来继续在府兵中任职，升迁到旅帅，蒙授正二品勋官上柱国。永隆二年（681）卒，时年62岁。

张怀寂，高昌绾曹郎中张雄幼子，襁褓之中被授予吏部侍郎。贞观十四年，时年8岁的他随家徙居洛阳。③ 永徽二年，19岁的张怀寂回到西州，被麴智湛奏授为参军，后又任职于伊州、甘州、叠州。长寿三年（694）卒于王孝杰军中，终官中散大夫，行茂州都督府司马，上柱国。时年62岁。

以上四人的一个共同点是都姓张，系高昌国的豪族张姓族人。他们之所以被徙居中原，最重要的原因当是他们与高昌王族密切的联姻关系。④ 考察四人在高昌国时期的历官情况，我们发现有两人——张团儿和张相欢曾在高昌国担任过第

---

① 罗国威：《日藏弘仁本文馆词林校证》，第248页。
② 池田温书评『西域文化研究』第二『敦煌吐鲁番社会经济资料』（上）、74页；朱雷：《龙门石窟高昌张安题记与唐太宗对麴朝大族之政策》，第89~96页。
③ 白须净真先生认为张怀寂因其父祖都是高昌中央的绾曹郎中，其家族为高昌豪族，所以他虽然年幼，仍然随徙中原，参见氏著「唐代吐鲁番の豪族——墓砖よりみた初期・西州占領策と残留豪族の考察を中心として」『東洋史苑』第9号、1975、33–34页。
④ 参见宋晓梅《麴氏高昌国张氏之婚姻》，《中国史研究》1994年第2期，第148~156页。

八、九等级的侍卫官。从留在当地的高昌旧官人中有许多品级都比他们二人高这一事实来看，在高昌国的历官品级虽然较低，但与王族关系密切者亦在被徙之列。另外一些人，如曾任教郎将军的张元峻，贞观十四年时，年31岁却没有被徙往中原，或许是因为与麹氏王族关系较为疏远，得以留居西州。

考察留在当地的高昌旧官人在高昌国时所担任的官职，我们发现几乎所有人的品级都在第五等级以下，绝少看到第五等级以上之人，这应当不是偶然的。检点迁往中原的旧官时，这些人原来任官的品级虽然不是一标准，但却是一个非常重要的标准。目前所见特殊之一例是曾任仓部郎中洿林令的张延衡。此人官居第三等级却未随徙中原，是目前仅见之一例。这是什么原因呢？细读此人墓表，我们发现他在贞观十四年时已经76岁，唐廷很可能是悯其高年，恐其不胜千里劳顿特许其不徙中原。联系侯君集攻高昌城时尚"不袭人于墟墓之间"，① 以及《贞观年中巡抚高昌诏》中的种种怀柔之举，我们认为这种可能性是存在的。张延衡后来又被授予从五品上阶的骑都尉，这是唐廷给当地旧官人直接授予的最高品级勋官，无疑是一种极高的荣耀。张延衡于贞观二十年亡故，时年82岁。对于一个由高昌国入唐西州亲历了沧桑巨变的高昌旧人，能够在垂暮之年复得新朝的眷顾，抚今追昔，故国与新邦之间他应当感慨万千吧。

四人中张善和、张怀寂贞观十四年时，只有八九岁，也与父祖随行。另外显庆二年亡故的范阿伯，在高昌国时曾任帐下左右，与张相欢官职相同，贞观十四年却没有被徙往中原。可见贞观十四年徙居中原的标准当中与王族关系疏密实是最重要的标准，其中麹、张二族人数应当是最多的；其次居官在第五等级以上除年老不堪远行者，应当都在迁徙之列。

以上徙居中原的四人，在入唐之初，都没有直接被授予勋官。其中两人在洛州被授予怀音府队正，后来因为军功，都得到迁转，一人得授上柱国。另外两人返回西州之后，得以在西州和安西都护府内任职。

被迁入长安的高昌王室成员，② 在太宗、高宗、武后朝都受到安抚和礼遇。高昌末王麹智盛入唐后拜左武卫将军、金城郡公，弟麹智湛拜右武卫中郎将、天

---

① 《旧唐书》卷69《侯君集传》，中华书局，1975，第2510页。
② 刘安志指出，高昌王室被安置于长安，其余之人则迁至洛州，参见氏著《唐初西州的人口迁移》，《中华文史论丛》2007年第3辑，第301~322页。

山县公。① 麹智湛在高宗永徽二年以左骁卫大将军返回高昌故地，任安西都护府都护兼西州刺史。② 此后，留在长安的智湛子崇裕在武后时授左武卫大将军，封从一品交河郡王。可以说唐朝对麹氏王族礼遇有加。值得指出的是，唐灭高昌国时为防止君臣豪右在故地图谋复辟而将他们迁往内地；③ 短短11年后，因西突厥阿史那贺鲁叛乱，为稳定西域形势，唐朝派麹智湛任安西都护镇抚之，可以说已经信任并重用麹氏王族。永徽二年，麹智湛与一批被徙成员返回西州重见高昌故老时，麹智湛亦应获知唐朝对高昌旧地种种安抚措施的具体情形。有关离散后各自境遇的信息沟通，对进一步安抚高昌遗民应当发挥了积极作用。

第二类是留在当地并被授予勋官的高昌旧官人。关于勋官授予，《贞观年中巡抚高昌诏》中的记载是："高昌旧官人并首望等，有景行淳直，及为乡闾所服者，使人宜共守安西都护乔师望景拟骑都尉以下官奏闻，庶其安堵本乡，咸知为善。"④ 乔师望是唐朝平定高昌后的第一任安西都护兼西州刺史，⑤ 而《贞观年中巡抚高昌诏》系贞观十六年颁布，则勋官的给授不早于贞观十六年当无疑问。关于勋官给授的原则，孟宪实认为，"这是把高昌旧官纳入骑都尉以下的唐朝官阶体系中。同一个人，在唐朝所受新职，当与麹氏高昌所任旧职是相联系的，或平移或转换"。⑥ 这种给授是不是完全的普遍给授，换句话说，是不是只要在高昌国有任职的，唐廷就一定会授以新职呢？从目前所见的砖志来看，并

① 《旧唐书》卷198《西戎·高昌传》、《册府元龟》卷991《外臣部》、《唐会要》卷95《高昌》记麹智湛爵位均为"天山县公"（中华书局，1975，第5296页；中华书局，1960，第11641～11642页；上海古籍出版社，2006，第2019页）；《新唐书》卷221上《西域上·高昌传》（中华书局，1975，第6223页）及前引《大唐甘露寺尼真如塔铭》，其爵位则是"天山郡公""天山郡开国公"。则麹智湛归唐之初爵位当为"天山县公"，后来可能升至"天山郡公"。按，郡公为正二品，县公则为从二品。

② 《新唐书·高昌传》记麹智湛任西州刺史在麟德中（第6223页）；《旧唐书·高昌传》则记麹智湛麟德中亡故于西州刺史任上（第5297页）。根据《册府元龟》卷991《外臣部》（第11641页）及前引张团儿等人墓志，麹智湛就任西州刺史应当在永徽二年（651），麟德中卒于任。

③ 吴震：《龙门石窟中高昌人造像题记试析》，《西域研究》1994年第3期，第70页。

④ 土肥义和「貞観十四年九月西州安苦咄延手実——その特徴と歴史的背景」『鈴木俊先生古稀記念 東洋史論叢』、305頁；罗国威：《日藏弘仁本文馆词林校证》，第249页。

⑤ 柳洪亮：《安西都护府初期的几任都护》，《新疆历史研究》1985年第3期，收入作者《新出吐鲁番文书及其研究》，新疆人民出版社，1997，第355～362页。吴玉贵：《唐代第一任安西都护是谁》，《文史》第24辑，中华书局，1985，第329～332页。

⑥ 孟宪实：《汉唐文化与高昌历史》，第372页。

非如此。①

通检相关信息，高昌旧官人历官的等级除"张延衡"一例为第三等级之外，其余都在第五等级以下。被授予勋官的有第五、六、七、八这四个等级的官员，目前未见有第九等级的官员被直接授予勋官的情况。居官第九等级的高昌旧官人有如下两例：范阿伯，显庆二年四月卒，时年73。高昌国时期任第九等级的帐下左右。贞观十四年时，年56。入唐之后未授勋官。唐云海，龙朔三年（663）十二月卒。高昌国时期任第九等级的镇西交河公府上右亲侍。入唐之后未授勋官。排除两位墓志书手同时漏记志主在西州所授勋官的可能性，笔者认为，既然唐朝在执行授官政策时，是以旧官人在高昌国时的任职为依据，② 那么品级最低的第九等级官员没有授予勋官的资格，也是情理之中的事。基于此，笔者认为唐廷给高昌旧官人授予勋官的范围是留在西州当地原来任官在第八等级以上的官员，第九等级的官员没有直接给授勋官的资格。

其次，是不是凡原任官在第八等级以上的都会被授予勋官呢？从墓志来看并非如此。以下举例证明之：唐武悦，高昌国时任第六等级的兵部参军；贞观十四年，年61，被授予正七品上阶的云骑尉。赵松柏，高昌国时任第六等级的行都官参军事；贞观十四年，年46，被授予从七品上阶的武骑尉。以上二人在高昌国时期的任官都在第六等级，入唐之后分别被授正从七品的勋官。宋武欢，高昌国时任第六等级的从行参军；贞观十四年，年45，未被授予勋官。宋怀仁，高昌国时任第六等级的户部参军；贞观十四年，年47，未被授予勋官。

与前两例明显不同的是，虽然宋武欢和宋怀仁在高昌国时期也居官第六等级，但入唐后却未被授予勋官。③ 其原因墓志中未有言明，我们无从知晓。笔者认为虽然以品级收叙高昌旧官人是唐廷的一般政策，但在执行过程中，一定还有其他的考量原则。唐太宗在《贞观年中慰抚高昌文武诏》中有一段话：

---

① 从《唐咸亨二年（671）严海隆墓志》（侯灿、吴美琳：《吐鲁番出土砖志集注》，第544页）专门在墓志的最后一句补记墓志正文中遗漏的志主勋官"骁骑尉"这一事例可以看出墓志书手对完整登录志主职官信息的充分重视。因此我们可以认定墓志中志主职官信息的完整性。无相关记载即可视为未曾授官。

② 《唐龙朔二年（662）正月十六日康延愿墓志》，荣新江、李肖、孟宪实主编《新获吐鲁番出土文献》中有"属大唐启运，乘以旧资，告身有二"云云的记载，参见孟宪实的解说（第379页）。孟宪实：《唐代府兵"番上"新解》，《历史研究》2007年第2期，第74页。

③ 同类的例证还有杨保救。此人在高昌国时居官第七等级的明威将军；贞观十四年，年六十七，未被授予勋官，参见侯灿、吴美琳《吐鲁番出土砖志集注》，第540页。

> 文泰历代为彼君长，尔等久相服事，是其臣下。即被任使，并受趋率。初虽抗拒，当非本心。朕抚有天下，唯行赏罚，欲使人人惩劝，皆知向善。其有邪佞之徒，劝文泰为恶损害，彼者即令与罪，以谢百姓，自外一无所问，咸许自新。①

从中捡出几个关键词"初虽抗拒""邪佞之徒""咸许自新"，这段话的意思变得很明白。从唐太宗慰抚的言辞中，可以读出当时的形势，一部分高昌旧官人在高昌平定之初曾有"抗拒"；如果不然，唐太宗的言辞就变得无的放矢了。联系高昌王麹文泰之丧、唐太宗迁徙高昌豪族之事，推测部分高昌旧官人曾有"抗拒"之举，似契合当时的情景。笔者认为既然并非所有第八等级以上的旧官人都被授予官位，那么考量之间，他们对唐朝的态度一定是非常重要的标准。唐廷正是把这些旧官人的政治态度作为是否授予勋官的重要依据之一。这与唐廷稳定西州的政策并不冲突，目的正在于使安抚措施收到更好的效果。

通检相关墓志，我们看到墓志所反映出来的绝大多数高昌旧官人确实得到勋官给授的待遇。即使在生者为志主书写的墓志当中，感激之情也溢于言表。如"大唐统御，泽被故老，蒙授骑都尉"（张延衡）；"属大唐统驭泽及西州，蒙授云骑尉"（唐武悦）；"属大唐启运，泽被西州，授骁骑尉"（王欢悦）；"属大唐启运，泽被西州，蒙授武骑尉"（赵松柏）；"属大唐□□，抽擢良能，授洛州怀音府队正"（张团儿）；"蒙运载入圣朝，复蒙西州白石府校尉"（张元峻）；"我大唐文武不遗，更量授飞骑尉"（宋怀熹）。墓志中的这些语言措辞不一，应当是由故国入新邦的高昌人心态的真实表达。唐廷西州政策的效果如何，于此可见一斑。

我们发现高宗永隆（680～681）以后去世的人当中在高昌国有历官经历的人已经越来越少了，这说明高昌旧官人此时已渐次故去。

第三种情况是入唐之后进入府兵系统的人，部分人通过军功迁转得授勋官。对这部分人来说，这确实为他们提供了一个晋身之阶。近年交河故城沟西墓地康氏家族茔院出土的《康延愿墓志》为我们提供了一个典型个案。② 墓志记录康延愿的经历颇有使人迷乱之处，对此孟宪实进行了辨析。他认为康延愿是贞观十四

---

① 《贞观年中慰抚高昌文武诏一首》，罗国威：《日藏弘仁本文馆词林校证》，第248页。
② 荣新江、李肖、孟宪实主编《新获吐鲁番出土文献》，第379页。

年之后不久，成为岸头府队正，并在后来得授勋官。① 唐廷给康延愿授予勋官的前提是他在府兵中任队正，而在西州建立之前的高昌国时代康延愿一直是一个白丁。墓志中说"识干清强，释褐而授交河郡右领军岸头府队正，正八品"，所记"岸头府队正"是"正八品"，比实际高出许多，② 原因何在？书手会对"队正"的品级不清楚吗？笔者认为这种可能性很小。结合墓志的其他内容笔者认为这是书手有意拔高。稍加计算，我们即可知道，康延愿贞观十四年入唐之时已经54岁，但仍在府兵检点的年龄范围之内。③ 对于已过"知命之岁"④ 仍然为一介平民的康延愿来说，晚年遭遇时变而入府兵成为队正，并蒙授勋官，且得迁转，这无疑是他垂暮之年值得自豪的事。墓志书手不仅为志主拔高了队正的品级，还把他平生所受的两个勋官都记录在墓志中。一般的墓志只记志主所受最高级别的勋官，同时记录两个的，就笔者管见仅此一例。此件墓志反映的当事人的情绪我们不难由此想见。对于志主来说，正是政权更迭给了他改变身份跻身官员行列的机会。对于和康延愿有类似经历的许多人来说，"大唐启运"无疑是他们生命中一个重要的转折和契机。

类似的例子还有范隆仁。此人的父祖在高昌国时期都有历官，但就墓志内容来看，他本人虽然在高昌国时期已经"令名早著"，但直至高昌亡国时他仍是一介平民。西州建立之后，他因为"官府称誉"，"一县铨擢，任为百家之长"。后来又担任过高昌县的佐使，最后得补新兴副城主。值得注意的是，范隆仁的释褐之官是"百家之长"，应当是唐代最基层的乡官"里正"，因为高昌国县以下没有基层的乡里组织，⑤ 自然也不可能存在乡官的设置。正是西州的建立才使这些平民得到了拔擢，有了用武之地。虽然范隆仁最后的职务也仅仅是一个副城主，⑥ 但他因此"嘉声遐迩，美誉皆闻"也当是值得自豪的事。

---

① 孟宪实：《唐代府兵"番上"新解》，《历史研究》2007年第2期，第74页。

② 折冲府队正为正九品下阶。《旧唐书》卷42《职官一》，第1802页。

③ 《新唐书》卷50《兵志》："凡民年二十为兵，六十而免。"（第1325页）

④ 《唐总章元年（668）杨保救墓志》中有"知命之岁"，典出《论语·为政》"五十而知天命"。参见侯灿、吴美琳《吐鲁番出土砖志集注》，第540页。

⑤ 荒川正晴「麹氏高昌國における郡縣制の性格をめぐって——主としてトゥルファン出土資料による」『史学雑誌』第95巻第3号、1986年、37-74頁。

⑥ 侯灿、吴美琳认为："此副城主至少在从七品下阶之下。"（参见侯灿、吴美琳《吐鲁番出土砖志集注》，第508页）关于唐代城主的最新研究，参见徐畅《敦煌吐鲁番文献所见唐代城主新议》（《西域研究》2008年第1期，第84~98页），她认为唐代敦煌、西州所见之城主，并非官员，而是一种色役。

如康延愿和范隆仁这样原来在高昌国无缘入仕，西州建立之后得到晋身之阶的人在当时一定不在少数（下文还将论及）。作为被新朝拔擢的人，他们能够凭借军功、令名或才能预与士流，不管最后升迁到什么品级，至少从墓志流露出的情绪来看，他们的精神状态都是奋发昂扬的，其实这也正是处于上升阶段的唐朝百姓的普遍心态。联系入唐之初迁往中原的豪族后来得以返回乡里的情形、留在当地的旧官人大多被授予勋官的状况以及入唐后得预士流的新晋阶层，我们看到唐朝对西州众多群体的措置可谓尽善矣，以情理度之，实属难能可贵。我们在大量的墓志中看到的"属大唐启运，泽被西州""我大唐文武不遗"等词句，反映的正是当地士人的普遍心声。西州人对新邦大唐的认同于此可谓表露无遗矣。

行文至此，若以本文的标题扣之，应该是收束文思的时候了。但笔者仍想再将视线后移，略做申说。

入唐之后西州的新晋阶层中，绝大多数是在府兵中服役通过军功迁转和晋升的。目前已经出土的西州砖志主要集中在高宗和武周时期，这些砖志中，志主曾在府兵中任职者有 26 人之多，[1] 说明当时通过军功迁转确实是许多普通人的晋身之阶。对比高宗前期和武后时期将士的勋官等级，可以看出一个显著的特点：高宗朝前期志主最后的勋官等级多在五品以下，而垂拱之后大多数人迁转到了五品以上。具体的数字是，垂拱之前确定在府兵中任职者 12 人，[2] 其中墓志记载勋官者仅有五人，勋官级别在五品以下者 3 人；垂拱以后 10 人，记勋官者 7 人，勋官级别在五品以上者（含五品）7 人，其中 4 人为正二品（见表1）。

表1　西州府兵所受勋官品级分布

时间	总数（人）	五品以下（人）	占比（%）	五品以上（人）	占比（%）
垂拱以前	12	3	25	2	17
垂拱以后	10	0	0	7	70

总体来看，垂拱前后的将士勋官品级差别非常明显。要指出的是：首先，这个统计是根据目前所见到的砖志做出的，是随机的；其次，这些砖志作为样本被保留下来完全是偶然的，从这个意义上来说，数据具有典型性和代表性。虽然自高宗

---

[1]　一些墓志中未明确记载在府兵中任职的人如氾相达、赵恶仁，根据墓志内容亦可判定他们曾在府兵中任职。这样的情况亦计算在内。

[2]　具体年份不详者不计入在内。垂拱以后的统计亦同此。

咸亨以后，"战士授勋者动盈万计"，① 但这种情况的出现本身就与战争的日益频繁有关。即使考虑可能的偶然因素对统计数字的影响，我们仍然可以得出这样的结论，即垂拱以前府兵将士的最后勋官品级以较低品级居多；而垂拱以后则有大量府兵迁转至较高的品级。

在分析这一现象的原因前，有必要对当时的军功迁转情况稍加说明。在开元以前府兵制尚未废弛的时期，军功授勋和迁转的程序一直在实施，从敦煌吐鲁番文书中保留下来的告身来看，授勋和迁转的程序得到了严格的执行。前文提及的《唐龙朔二年（662）正月十六日康延愿墓志》中云"告身有二，一云骑，二武骑尉"，就是最直接的证据。②

墓志本身也为我们提供了许多相关信息，证明当时府兵将士确实参与了许多西域战事。如《唐刀柱柱墓志》中云"死斫营事"；《唐麟德元年（664）汜相达墓志》中云"遂蒙西讨，遇遨寇掷，斯乃逆载前峰，损于胸首"。据研究，刀柱柱和汜相达都死于龙朔三年（663）十二月唐以安西都护高贤为行军总管率军反击弓月以救于阗事。③《武周长寿三年（694）张怀寂墓志铭》中云"天子命将登坛，推轮伐罪……恩制夺情，令总戎律……于是金方静柝，玉塞清尘"。按，"金方"系指西方。此处所记为武则天长寿元年（692）九月命王孝杰为武威军总管，与武威大将军阿史那忠节将兵击吐蕃事。④《武周长安四年（704）唐智宗墓志》中云"往以毳头作梗，投笔从戎，扫定金方，蒙酬勋上柱国"。《唐汜大师墓志》中云"属以吐蕃中乱，奉命行诛，频经龙战之欢，庶展鹰鹯之力，以身殉国，枉遭凶寇"。侯灿先生认为，虽载"吐蕃中乱"事，但不用武周新字，不应属武周时期。⑤

以上罗列墓志中的记载，虽不能一一指实，但必为志主生前参加过的西域战事，当无疑问。就时间而言，都在高宗武后时期，犹以武后时期居多。垂拱时期，由于东突厥和吐蕃同时威胁唐朝的西北边境，唐朝的西域经营遭遇前所未有的严峻考验。战事的扩大和激烈使得军事征发接连不断，西州的正常社会秩序因

① 《旧唐书》卷42《职官一》，第1808页。
② 敦煌吐鲁番所出这一时期的多件告身原件也是明证。
③ 刘安志：《从吐鲁番出土文书看唐高宗咸亨年间的西域政局》，《魏晋南北朝隋唐史资料》第18辑，武汉大学出版社，2001；收入氏著《敦煌吐鲁番文书与唐代西域史研究》，商务印书馆，2011，第76~78页。
④ 侯灿、吴美琳：《吐鲁番出土砖志集注》，第600页。
⑤ 侯灿、吴美琳：《吐鲁番出土砖志集注》，第658页。

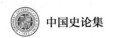

此遭到破坏。① 战事频繁，府兵参与得多，因军功迁转的机会也就多，这正与上文表格所显示的情况一致。垂拱以后府兵的勋官品级普遍提高与当时西域战事的频繁密切相关。笔者认为这在很大程度上可以看作唐廷对于府兵将士的一种补偿，劳民之深亦可概见。

上举七例中，刀柱柱、氾相达、氾大师三人都战死疆场。高昌立国近两百年，现在我们能看到的砖志不下二百方，其中竟无一方提及战事，遑论有人殁于疆场。

笔者尝思，在当地人抚今追昔，故国新邦两相计较时，心中会否有故国之思。通观西州砖志书写中包含的信息，笔者于今了然于胸。唐王朝在高昌国灭之后采取了方方面面的措施抚慰当地百姓和官员，考虑之周全、措置之妥当，实属难能可贵，西州生民亦咸被其泽。唐中原文化流风所及，高昌百姓纷纷自觉服习，当地的砖志书写亦随之发生了许多与中原趋同的变化。对新邦大唐的认同在短期之内就建立了起来，这与唐廷措置的合宜密不可分。西州建立初始，当地的官文书即开始用"伪"字指称高昌国，但高昌遗民对故国并无怨艾之情，在高昌所历职官依然径直写入砖志，与高昌国时并无二致；高昌王麹文泰的谥号"光武王"在遗民中也继续流传，并且在砖志中时有出现。龙朔年间，唐廷对西州砖志中的"故国"书写进行了规范，西州百姓基于此前已经建立起来的对唐廷的认同，亦不拒绝使用"伪"字，但这一形式上的书写变化并没有改变当地人对故国的态度。随着时光流转，人事消磨，高昌遗民至高宗朝渐次故去，故国观念在西州人心目中逐步消解亦是自然，而大唐的统治正如日中天。垂拱以降，西域战事激烈，西州府兵和百姓被大量征发，因此殒身者当不在少数。西州百姓虽不堪其命，抑或间有愁怨之言，但这只是一种个人的情绪宣泄，与四五十年前已经灭亡的高昌国没有关系。前引《氾大师墓志》具体年代不明，其中写到志主"以身殉国"，我们无意对这个词语所包含的意味进行拔高，但此处的"国"是指大唐，这是再清楚不过的了。

原刊《历史研究》2012 年第 5 期

---

① 关于垂拱时期的军事形势，许多学者都有研究，此不赘举。近年的研究参见文欣《吐鲁番新出唐西州征钱文书与垂拱年间的西域形势》，《敦煌吐鲁番研究》第 10 卷，第 131～164 页；《吐鲁番阿斯塔那 501 号墓所出军事文书的整理——兼论府兵番代文书的运行及垂拱战时的西州前庭府》，《敦煌吐鲁番研究》第 10 卷，第 165～206 页。

麴氏高昌国流通货币研究

裴成国

摘　要: 本文研究了麴氏高昌国时期的货币流通问题。高昌国的银钱只有一种面值，因为币值较高，不敷使用，所以产生了"半文"的计量单位，在经济生活中，"半文"银钱应当是以其他实物货币如粮食折算体现的。粮食在高昌国的小额交易中充当着实物货币的角色，弥补了银钱币值高的缺陷。

关键词: 高昌国　吐鲁番　银钱　丝绸之路

地处吐鲁番盆地的高昌国是南北朝到唐初的一个绿洲王国，因为地当丝绸之路的枢纽，经济、文化等诸方面都受到外部因素的影响。就经济领域而言，高昌国的经济与丝绸之路贸易密切相关，并长期使用银钱作为日常通货。公元561至680年为吐鲁番地区货币沿革史上的银钱本位阶段，[①] 麴氏高昌国（502~640）时期由纺织品本位过渡到了银钱本位阶段。多数学者认为高昌国使用的银钱即为萨珊波斯银币。[②] 尽管近年有学者提出异议，认为吐鲁番文书中的银钱应当是高昌国自行铸造的仿制币，[③] 但综合考察吐鲁番墓葬出土的银钱状况和汉语胡语资

---

① 卢向前：《高昌西州四百年货币关系演变述略》，《敦煌吐鲁番文书论稿》，江西人民出版社，1992，第232~246页。

② 夏鼐：《综述中国出土的波斯萨珊朝银币》，《考古学报》1974年第1期；收入《夏鼐文集》（下），社会科学文献出版社，2000，第70页。又参见宋杰《吐鲁番文书所反映的高昌物价与货币问题》，《北京师范学院学报》1990年第2期；郭媛《试论隋唐之际吐鲁番地区的银钱》，《中国史研究》1990年第4期；卢向前《高昌西州四百年货币关系演变述略》，《敦煌吐鲁番文书论稿》，第238页。

③ 杨洁：《丝路绿洲国家的货币：本地铸造，抑或外部流入?》，《中国经济史研究》2011年第3期。

料，我们认为麴氏高昌国流通的就是萨珊波斯银币。① 当地考古出土的银币只有一种面值，币值很高，一些文书中出现的"半文"银钱是否真的存在？在日常的小额交易中，实物货币②是如何被使用的，这是本文研究的主要问题。

一 "半文" 银钱

目前考古出土的萨珊银币只有一种面值。尽管萨珊波斯曾经一度铸造过"半德拉克麦钱"，但旋即废止，③ 中国境内至今也未曾发现过这种钱。在一些吐鲁番文书中，我们看到有"半文"银钱的情况，以下列表摘录出相关情况。需要说明的是，银币在吐鲁番盆地的使用一直延续到唐西州前期，为阐明相关情况，表 1 第 11 行以下摘录了唐西州时期文书中的 5 条材料。同类材料仅选取有代表性者，限于篇幅，不全部罗列。

表 1 文书中出现"半文"钱的情况

序号	文书标题	文书中相关内容	出处
1	高昌赵阿头六举钱券	（前缺）钱柒文半使毕	文书壹 284
2	高昌上钱帐历	合用钱二百六十四文半	文书壹 419
3	高昌买羊供祀文书	□□文半，买羊一口，平估肉九十九斤	文书壹 420
4	高昌内藏奏得称价钱帐	（前缺）买丝五十斤、金十两，与康莫毗多，二人边得钱七文半	文书壹 450
5	高昌某年永安等地剂僧俗逋绢钱条记	永安五月剂俗逋绢钱七十一文半	文书壹 458
6	高昌条列出藏钱文数残奏	张阿苟出藏钱五十半	文书贰 2
7	高昌都官残奏二	（前缺）更半文（后缺）	文书贰 4
8	高昌将显守等田亩得银钱帐	□嵩师叁拾步，得银钱半文	文书贰 42
9	高昌延寿十二至十五年（635～638）康保谦入驿马粟及诸色钱麦条记	（前缺）匹，平钱肆文半	文书贰 21
10	高昌延和八年（609）七月至延和九年（610）六月钱粮帐	案除对额在民逋钱柒千陆佰柒拾陆文半，中半，麦肆斛伍斗□升	文书贰 86
11	唐张隆伯雇人上烽契	若不，钱一日谪钱半文	文书贰 200

---

① 裴成国：《麴氏高昌国流通银钱辨正》，《北京大学学报》2016 年第 1 期。
② 中国实物货币的概念由彭信威先生首先提出，参见《中国货币史》第一章"货币的发生"，上海人民出版社，1958，第 8 页。
③ R. Göbl, "Sasanian Coins," in：E. Yarshater（ed.），*The Cambridge History of Iran*，Vol. 3（1），Cambridge University Press, 1983, pp. 329 – 334.

序号	文书标题	文书中相关内容	出处
12	唐张洛丰等纳钱帐	赵欢亮二文半,张枇秃半文	文书叁 88
13	唐乾封元年(666)郑海石举银钱契	月别生利钱壹文半	文书叁 216
14	唐仪凤二年(677)十月至十二月西州都督府案卷为北馆厨于坊市得蒴柴、酱等请酬价直事	蒴柴壹车准次估直银钱壹文伍分	大谷 4905 + 流沙遗珍 13 + 大谷 4921
15	唐西州高昌县李操领钱抄	已上计银钱叁佰叁文半	新获 2

注:"文书"指《吐鲁番出土文书》图录本,后标汉字为册数,数字为页码;"大谷"指《大谷文书集成》第三卷,法藏馆,2003;"新获"指《新获吐鲁番出土文献》,中华书局,2008。

表 1 所列 15 条,前 10 条是麹氏高昌国时代的情况,后 5 条是唐西州时代的情况,大体反映出现"半文"银钱的诸种情况,以下做一分析。麹氏高昌国时代的 10 条中第 1 条涉及民间的银钱举借,后 9 条基本可纳入官府文书的范畴。第 1 条涉及银钱举借,举借一般都有利息,我们现在看到的部分"钱柒文半使毕",按照契约的书写格式,是对债务人需按照约定的期限向债权人偿付本息的规定,其中的"半文"钱应当即为利息或利息的一部分。第 2、3 条同出自阿斯塔那 307 号墓,内容亦相关,涉及当时高昌国官府为供奉客使或祭祀由百姓供应肉类或向民间买肉的情况。[①] 我们在第 2 条资料所出的同组文书的另一件上可以看到当时肉的价格是二斤肉 7 文银钱,可知一斤肉为 3.5 文银钱,第 2 条资料中出现的半文钱可能系根据肉的实际重量计算所得。第 3 条资料中的羊 99 斤,可知值银钱 346.5 文,文书中所缺的数字也可以补出。第 4 条涉及官府征收的交易税"称价钱",[②] 朱雷先生推算黄金 4 两缴纳称价钱 1 文,那么 10 两则为 2.5 文,半文银钱也应当是计算所得。第 5 条资料所出的文书内容仅 3 行,具体情况不详,第 9 条的条记文书可以提供相关信息,我们看到康保谦所纳的银钱是由某种以"匹"为单位的织物折算而来,第 5 条资料的遍绢钱中的"半文"应当也是计算所得。第 6 条中所出的臧钱应当是"五十文半",根据所引资料之前的一句"(前缺)匹,平钱五十一文",可知也是折算所得;而"五十文半"和"五十一文"之间仅差"半文",可知折算执行的标准非常具体。第 7 条资料所出的文

---

① 参见裴成国《丝绸之路与高昌经济——以高昌国的银钱使用与流通为中心》,载朱玉麒主编《西域文史》第 10 辑,2015,第 159 ~ 161 页。

② 朱雷:《麹氏高昌国的"称价钱"——麹朝税制零拾》,《魏晋南北朝隋唐史资料》第 4 期,1980;收入氏著《朱雷敦煌吐鲁番文书论丛》,上海古籍出版社,2012,第 74 ~ 87 页。

书残甚，具体情况不详。第 8 条资料出自据田亩面积折算银钱的帐簿，六十步折银钱一文，三十步则为半文。第 10 条中的半文钱应当也是计算所得。总观 10 条出现"半文"银钱的情况，除第 7 条情况不详之外，第 1 条是民间借贷中的利息折算的需要，其余 8 条出现的"半文"都是计量的需要。从《高昌乙酉、丙戌岁某寺条列月用斛斗帐历》来看，延寿二、三年（625、626）高昌国的市场上一文银钱可以买到一斛小麦。而当时成年人一天的食粮用量是一斗，也就是说，一文银钱购买的一斛粮食在当时是一个成年人 10 天的食粮用量，由此可见，银钱一文的币值之高。如果在经济领域只用"文"作为唯一计量单位，显然是很不够用的。以上表格中出现的"半文"正是适应这种需要产生的。表格中涉及的《高昌内藏奏得称价钱帐》中黄金交易的征收标准是四两黄金征收"称价钱"一文，帐簿中还有两次黄金交易，分别涉及黄金八两半和九两，因为没有"半文"以下的计量单位，就都按"两文"征收了称价钱，显然高昌国的官府在这其中蒙受了一定的损失。应当指出，即便是"半文"银钱，仍然是一种较大的单位，许多情况下仍然存在无法精确计量的困难，然而我们在高昌国的经济文书中找不到"半文"以下更小的单位。可以说，高昌国的金属货币单位仅有"文"和"半文"，不敷使用，这是一个基本事实。①

需要指出的是，这些文书中出现的"半文"钱的资料本身并不能证明当时社会上流通面值"半文"的银钱。以上出现"半文"钱的情况大多是出于计量的需要。因为银钱币值很高，在实际生活中需要有次一级的辅助单位，"半文"就是因此产生的。在实际支付的场合，银钱"半文"是如何体现的，或者说，是不是真的有银制的半文银钱，则另当别论。考古资料则显示，目前所见的银钱面值都是一文，没有"半文"。我们认为，麹氏高昌国存在"半文"银钱的单位，但并不存在"半文"的通货，"半文"银钱是由其他实物货币与银钱间的比价折算体现的。

表 1 中的第 10 条涉及的《高昌延和八年（609）七月至延和九年（610）六月钱粮帐》②（以下简称《钱粮帐》）为我们提供了直接的证据。先逐录文书再做分析：

1 ┌────────────────────┐午岁六月廿九日，得臧□□

---

① 高昌国后期流通经济中出现了"铜钱"，但仅是个别情况。
② 唐长孺主编《吐鲁番出土文书》（贰），文物出版社，1994，第 86 页。

2 □陆拾捌文□□□□□钱究（九）拾肆文半。次得前剂□

3 遒钱柒迁（千）柒□□□□□□□中半，麦伍酐（斛）捌昇（升），苟面①壹

4 兜（斗），床粟贰酐（斛）究（九）□□□□

5 并合额得臧钱壹万□□□□文半，中半，麦伍酐（斛）贰兜（斗）捌

6 昇（升），床粟贰酐（斛）究（九）兜（斗），苟□□□□□次依案，从己巳岁七月一日

7 至庚午岁六月廿九日□□□□伍佰肆文半，麦陆兜（斗）半。

8 次依案除钱贰迁（千）究（九）拾伍文半，中半，麦壹兜（斗），粟贰兜（斗）半，

9 在藏。政钱贰拾伍文半，中半，以案在藏，案除对额在民

10 遒钱柒迁（千）陆佰柒拾陆文半，中半，麦肆酐（斛）伍兜（斗）

11 □昇（升）。床粟贰酐（斛）陆兜（斗）半，苟面壹兜（斗）。

该件文书出自阿斯塔那 151 号墓，该墓还出土了一件《高昌安乐等城负臧钱人入钱帐》（以下简称《负臧钱人入钱帐》），② 也是涉及"臧钱"的官府帐簿。③《钱粮帐》文书中部被裁剪，但大部仍存。据文书第 6、7 两行内容可知，时间起止恰好为一年。同墓所出文书《负臧钱人入钱帐》中出现的"作人秋富"，又见于阿斯塔那 84 号墓所出《高昌条列出臧钱文数残奏》，两墓所出文书都涉及"臧钱"，是"臧钱"缴纳的不同环节的文案。卢向前对《钱粮帐》作了细致的分析，指出文书可分成三个部分，第一部分为一年中应得钱粮分类（第 1 ~ 4

---

① 此处的"面"字，文书中为异体字，《吐鲁番出土文书》的录文中照描，卢向前认为当是"面"之避讳字，本文亦录作简体字。

② 唐长孺主编《吐鲁番出土文书》（贰），第 87 页。

③ 对高昌国的臧钱的性质，学界意见尚不统一，卢向前认为是"麹氏高昌中后期科罪征赃的罚金"，已获多数学者赞同。参见卢向前《论麹氏高昌臧钱——67TAM84：20 号文书解读》（简称《论麹氏高昌臧钱》），《敦煌吐鲁番文书论稿》，第 201 ~ 216 页。

行）；第二部分为一年应得总额（第5～6行）；第三部分为已收（第6～7行）、免收（第8～9行）、未收钱粮分类（第10～11行）。① 第5行明确记录"并合额得臧钱"，这是关键信息，显示整件文书涉及的是臧钱征收。文书中出现的钱数多有"半文"，后面并记"中半"和一些粮食数量。既然是臧钱征收，与粮食有何关系呢？此前的研究者都未讨论这一问题。② "中半"前面的银钱数和之后的粮食数量是什么关系，我们试作讨论。首先，银钱数与之后的粮食数量没有对应关系，粮食数量仅为几斛或数斗，折算为银钱之后与"中半"之前的银钱数相差悬殊，所以"中半"不能理解为"银钱数中的一半"。其次，"中半"与少量的粮食都是接写在末尾以"半文"结尾的银钱数之后，③ 这自然让我们想到"中半"的"半"是指"半文"银钱之"半"。笔者认为因为当时高昌国没有"半文"面值的银钱，所以在征收臧钱和其他赋税涉及"半文"银钱时，需要折算为粮食纳入。《钱粮帐》每一笔银钱数额之后少量的粮食正是百姓以粮食纳入的"半文"银钱，粮食种类涉及"麦""粟""床粟""苟面"等多种，正是不同百姓多次纳入，种类各不相同的表现。本件文书说明百姓在"臧钱"缴纳的场合也是将银钱和粮食配合使用的。

表1中的第11至第15条所列是唐西州前期的情况，因为武周以前当地也仍然以银钱作为通货，故而可与高昌国时期的情况相比较。其中第11条是契约中的违约罚条款，第13条是举借银钱的利息计算办法，与高昌国时期的情形类似。第12条涉及的文书本身信息较少，只是在人名之后著录了银钱的文数。当时的西州银钱和铜钱并用，阿斯塔那4号墓所出的《唐支用钱练帐一、二》中就并列所用银钱和铜钱的数字。④ 所以《唐张洛丰等纳钱帐》中诸人缴纳"半文"银钱时也可能是折算成铜钱纳入的。第15条是西州官府一次临时别差科的领钱抄，每户的征收数额依户等而有差别，⑤ 其中有一户缴纳"拾陆文半"者，总数中必然也会有半文出现，但实际上半文应当是用铜钱折算缴纳。值得特别关注的是第14条，文书中记录北馆厨在坊市购买薪柴的价格

---

① 卢向前：《论麴氏高昌臧钱》，《敦煌吐鲁番文书论稿》，第210～213页。

② 卢向前的表述是银钱的数额"其中还伴有"粮食若干，参见氏著《论麴氏高昌臧钱》，第211页。

③ 文书第8行中间空缺的两个字可以补为"半中"，本文的录文据此推补。第9行的"中半"之后没有粮食数据，因为本行登录的是免收的情况。

④ 唐长孺主编《吐鲁番出土文书》（叁），文物出版社，1996，第225～227页。

⑤ 文欣：《吐鲁番新出唐西州征钱文书与垂拱年间的西域形势》，《敦煌吐鲁番研究》第10卷，上海古籍出版社，2007，131～147页。

是"薪柴壹车准次估直银钱壹文伍分"。登录的一车薪柴的价格是"银钱壹文伍分",我们此前未曾见过"壹文伍分"这样的表述,但不难想到这应该是"壹文半"的另外一种表述。银钱在"文"之下是否有更小的"分"的单位,从考古资料来看,答案是否定的;至于文献依据,高昌国时期迄今未见。我们认为高昌国时代并不存在"分"这样的银币单位,唐西州时期文书中的"伍分"只是"半文"的另外一种表记方式。[1]"伍分"既不存在,"半文"也是虚拟,故而可以通用。高昌国时期并不存在"半文"或"伍分"面值的银币则当无疑问。

二 作为流通手段的粮食

萨珊银币因为币值较高,在高昌国的经济生活中不敷使用,这一事实在赋税征收中有具体反映。我们先引用阿斯塔那99号墓所出的《高昌延寿八年(631)隆质等田亩出银钱帐》[2]的部分内容再做分析:

1 □隆质田四,史阿种田四亩 半 六十步,和梅颙(愿)田六十步,高

延敷

2 □□,朱海忠田二,氾元海田三亩四十步,冯方武田五亩六十步,

3 □怀儒田二半,张元悦田三半,李善守田三半,黄奴奴

4 田 二半伯(百)步, 樊 庆延田二半,贾善来田二半六十步,康

5 延隆田七,系保悦田二半,延寿八年辛卯岁六月七日,出银

6 钱二文。

(后省)

---

[1] 阿斯塔那208号墓出土的《唐典高信贞申报供使人食料帐历牒》中记载"用钱叁文伍分""用钱贰分""豉壹合 用钱壹分"[唐长孺主编《吐鲁番出土文书》(叁),第95~98页]。文书纪年残缺,因此墓出土有永徽四年(653)张元峻墓志一方,文书年代当不晚于永徽四年。文书中的钱应当系银钱,"贰分""壹分"这样更小的单位不见于高昌国时期,仅见于唐西州时期。这一方面说明当时银钱仍然是基准货币;另一方面说明高昌国时期金属货币单位只有"文""半文"两种,无法满足精确计量的需要这一问题到唐西州时期得到一定程度的解决。关于唐前期西州货币流通问题,容它文另论。

[2] 唐长孺主编《吐鲁番出土文书》(壹),文物出版社,1992,第434页。

关于这件文书的性质，学界已无异议。文书反映的应当是高昌国基于田亩征收的一种附加税，征收的标准是总计占有土地约五十亩的人户缴纳银钱二文。① 缴纳的银钱数额并不大，问题是平均只有三四亩土地的人户怎么缴纳自己应出的份额呢？五十亩纳银钱二文，那么一亩应出银钱 0.04 文，拥有四亩的人户应出银钱 0.16 文。我们在高昌国的经济文书中看到的银钱单位只有"文"和"半文"，而实际上流通银钱的面值则只有"一文"这一种。如果各户要以银钱缴纳自己应出的份额，显然是行不通的。我们不清楚当时的高昌国人是如何纳入这种税收的，我们可以想到的一种办法是折算成粮食纳入。当时高昌国的量制有斛、斗、升三级单位，各级之间是十进制。② 按照延寿二、三年市场上一斛小麦值钱一文的价格，0.04 文银钱当 4 升小麦。对当时的百姓来说，缴纳这种小额的赋税时折算成粮食纳入是一种比较便利的方式。而实际上，粮食在当时确实是一种实物货币。

我们可以列举一些材料来具体考察粮食作为实物货币在当时被使用的情况。土地的租佃是高昌国很常见的一种经济活动，在土地租佃的活动中，银钱和粮食都可以用来表现土地租佃的价格。如《高昌延寿六年（629）赵明儿夏田券》③反映的情形是，当年的三月十二日，赵明儿从赵伯怀处夏常田三亩，租种一年，当即交付夏价银钱贰拾文，契约即告成立。《高昌延寿六年（629）郑海侍夏田券》④ 则记同年稍早的正月十日，郑海侍从贾某处夏常田四亩，也是租种一年，约定的价格是郑海侍到五月给对方交付大麦五斛，当年稍晚再付麦秋五斛。对比这两件契约，我们看到粮食和银钱在支付土地租佃价格时具有相同的功能。在另外一些场合粮食还配合银钱一起完成支付功能。如高昌国末期的《高昌康保谦雇刘祀海券》⑤ 中康保谦雇刘祀海劳作，支付的雇用价格是银钱柒文，粮食一斛四斗。作为实物货币，粮食发挥流通手段功能的领域是与银钱有差别的，在小额交易的场合，银钱无法完成的交易常常是由粮食来代劳。

---

① 早期的研究者认为系每户各出银钱两文，杨际平最早指出应当是合计约五十亩的一组共出银钱两文，这一观点已被普遍接受。参见杨际平《麹氏高昌土地制度试探》（下），《新疆社会科学》1987 年第 4 期；杨际平《麹氏高昌赋役制度管见》，《中国社会经济史研究》1989 年第 2 期。

② 最新的研究参见裴成国《从高昌国到唐西州量制的变迁》，《敦煌吐鲁番研究》第 10 卷，第 95 ~ 114 页。

③ 唐长孺主编《吐鲁番出土文书》（贰），第 242 页。

④ 唐长孺主编《吐鲁番出土文书》（壹），第 426 页。

⑤ 唐长孺主编《吐鲁番出土文书》（贰），第 24 页。

集中反映粮食充当货币的史料是阿斯塔那 337 号墓所出的《高昌乙酉、丙戌岁某寺条列月用斛斗帐历》。① 文书虽经裁剪，但大部分内容被保存下来，内容为逐月登记延寿二年十月到延寿三年九月正好一年间某寺院的粮食支用记录。吴震先生对这件文书做了专门研究，绝大部分信息都可复原。② 我们将帐历记录的粮食交易情况列表摘录如下（见表 2）。

表 2　月用斛斗帐历中的粮食出售情况

序号 \ 内容	时　间	粮食数量	得银钱数	用　途
1	625 年十月	麦 10 斛	10 文	买□
2	625 年十月	麦 38 斛	38 文	供寺充作冬衣
3	625 年十月	麦 30 斛	30 文	买□□□
4	625 年十一月	粟 4.5 斛	3 文	供冬至日用
5	625 年十一月	麦 5 斗，粟 15 斛	10 文	买胡麻子五斛
6	625 年十二月	粟 7 斛	5 文	供腊日用
7	625 年十二月	粟 1.4 斛	1 文	买麻子供腊日用
8	625 年十二月	粟 16 斛	10 文	上长生马后钱
9	626 年正月	粟 6 斗，糜 2.9 斛	3 文	供元日用
10	626 年正月	粟 30 斛，糜 5 斛	25 文	买粪
11	626 年正月	粟 26 斛，麦 10.5 斛	30 文	买□□□斛九斗
12	626 年三月	粟 3.9 斛	3 文	买物供三月三日食
13	626 年四月	糜 69 斛	69 文	上三月剂道俗官绢
14	626 年五月	糜 3 斛	3 文	买物供五月五日食
15	626 年六月	麦 5.4 斛	6 文	买□浑上桃中
16	626 年七月	麦 2.7 斛	3 文	买物供七月七日食
17	626 年八月	麦 12 斛	12 文	上□月剂远行马
18	626 年八月	麦 4 斛	4 文	买桥切木两根
19	626 年八月	麦 8 斛	5 文	买车辋一具
20	626 年九月	麦 1 斛	1 文	买肉用迎枣

观表 2 中的信息，我们发现一年间除延寿三年二月没有出售粮食以换回银钱的交易之外，其他十一个月都有此类交易。需要指出的是，在这些交易中粮食是被出

---

① 唐长孺主编《吐鲁番出土文书》（壹），第 400 ~ 405 页。
② 吴震：《吐鲁番出土高昌某寺月用斛斗帐历浅说》，《文物》1989 年第 11 期；收入氏著《吴震敦煌吐鲁番文书研究论集》，上海古籍出版社，2009，第 568 ~ 582 页。

售以获得银钱的商品，而非实物货币。粮食需要先出售换回银钱，然后才能应官府的征敛纳入或者购买其他商品，这说明粮食在当时虽然是实物货币，但适用的范围远较银钱狭窄，银钱是当时的基础货币。具体分析出售粮食换回的银钱的用途，我们可以总结出以下几点。第一，10斛以上（包括10斛）数量较大的粮食交易共有9笔，其中，有3笔交易所得的银钱用于缴纳剂道俗官绢、剂远行马钱和长生马后钱，缴纳官府征敛是寺院出售粮食的重要原因。另外6笔交易所得银钱都是用于购买一些商品，如充作冬衣的纺织品、胡麻子、粪等，另外3笔购入的商品不详。第二，10斛以下的11笔粮食交易中，有7笔是在节庆购买一些小额商品和食品；另外4笔中的3笔买车辆、桥切木、□浑上桃中都与生产有关，还有用麦1斛换得银钱1文买肉用迎枣的情况。第三，一些特定的商品，如肉、桥切木，还有节庆时所买的一些商品，虽然价值不大，但也要换回银钱之后才能成交。第四，粮食的价格一般来说，麦一斛在1文银钱左右，糜也基本在1文银钱，粟的价格稍低，约在1斛0.7文银钱左右。值得特别关注的是，虽然一年间的粮食交易多达20笔，最小的交易有出售麦1斛或者粟1.4斛，而粮食价格也有波动，但所有的粮食出售之后获得的银钱都是整数，没有"半文"的情况。也就是说，在寺院出售粮食换回银钱的交易中，没有获得"半文"银钱的记录，这应当不是偶然，而是市面上根本就不存在流通的"半文"银钱，所以出售粮食时要准备正好可以换回整数文银钱的分量，因为买家没有"半文"银钱可以付给卖家。如第5条以粟15斛另加麦5斗换回银钱10文，第9条以糜2.9斛另加粟6斗换回银钱3文，应当都是这种情况。

以下再来列表揭示粮食直接作为实物货币使用的情况（见表3）。

表3　月用斛斗帐历中粮食充当货币的情况

序号	内容 时间	粮食数量	用途
1	625年十月	麦6斗	买□
2	625年十一月	麦3斗	买麻子
3	625年十二月	粟4.5斛	买驮被毡一领
4	626年正月	麦6斗	买麻子供元日用
5	626年二月	粟4.2斛	雇外作人十人种麦
6	626年二月	粟4.8斛	买芳二车供整□□渠
7	626年二月	麦2斛	买粪□车
8	626年二月	粟3斛	买老壹洛举三

序号	时 间	粮食数量	用 途
9	626 年三月	粟 8.4 斛	雇外作人掘沟种□
10	626 年四月	粟 2.5 斛 2 升	雇外作人六人整渠
11	626 年四月	粟 5 斗	买瓶
12	626 年五月	麦 5 斛, 糜 1.2 斛	雇外作人十人刈麦并食粮
13	626 年六月	麦 3 斛, 糜 7.2 斗	雇六人种秋并食粮
14	626 年六月	麦 4 斛	赁牛耕
15	626 年七月	麦 1 斗	买落
16	626 年七月	麦 2.8 斛、糜粟 4 斗	供雇小儿十人薅糜并食粮
17	626 年七月	麦 5 斗	买油
18	626 年七月	麦 5 斗	买驴调索两具
19	626 年八月	麦 5 斗	买胶
20	626 年八月	麦 4 斛	雇人整车并食粮

通观表 3 可知，一年间只有延寿三年九月没有粮食充当实物货币的情况，二月没有出售粮食换回银钱的情况，但却有四笔以粮食充当货币的交易。20 笔以粮食作为实物货币进行的交易和支付中，一个最突出的特点是都是 10 斛以下的交易，并且除一例 8.4 斛用于支付雇用价钱之外，其余的 19 笔全都在 5 斛以下，其中 8 笔在 1 斛以下，其他 11 笔在 1 斛至 5 斛之间。我们看到有一些交易在表 2 和表 3 中都有出现，比如表 2 第 5 条，延寿二年十一月以麦 5 斗、粟 15 斛换得银钱 10 文，买回胡麻子 5 斛；而表 3 的第 2、第 4 条分别在同年同月和次年正月以麦 3 斗和 6 斗买麻子。我们不清楚表 3 的两条买麻子的交易为什么可以直接以粮食交易成功，就卖方而言，可能在多数情况下都更加愿意以银钱交易，因为银钱作为金属货币具有粮食无法比拟的优越性，在高昌的市场上也更加通用。但在这里，麦 3 斗和 6 斗无法按照市场价格售出以获得银钱，因为我们看到银钱只有"一文"和"半文"两种计量单位，并且实际上只有"一文"这一种面值，这应当是卖方接受以粮食作为实物货币交易的最重要原因。另外一种在两件表格中都有出现的交易是买粪，表 2 第 10 条是正月时寺院出售粮食换回 25 文银钱买粪，表 3 第 7 条则显示二月里寺院又以麦 2 斛直接购回粪若干车。推测可能正月是按照计划所买，因为数量大，卖方要求以银钱交易，到二月施肥过程中发现粪肥不够，所以又追加购买，因为数量较小，所以卖方接受直接以粮食交易。在表 3 中，我们还注意到 12 笔 1 斛以上的支出中，有 7 次是用于支付劳动力的雇用价

格。这些靠出卖劳动力为生的人（其中大多是依附人口"作人"①）劳动所得主要是为糊口，所以应当愿意接受以粮食支付的佣价，而寺院也更愿以粮食支付以图省事。另外几次 1 斛以上用粮食购入商品的交易原则上也可要求用银钱成交，但如果双方合意，也可用粮食直接成交。这类交易以何种形式实现，取决于双方的意愿，具有偶然性。我们再来关注一下 1 斛以下的交易。表 3 中有三次以 5 斗麦成交的交易，另有两次 6 斗麦的交易，按照市场价格，这些粮食都可换得"半文"银钱，但帐历中却没有出现此种交易。我们认为这不是偶然所致，而是因为不存在"半文"面值的银钱。

约一个世纪以后出自于阗国境内的《唐开元九年（721）十月至十年正月于阗某寺支出簿》登录了一个寺院四个月的用钱支出情况。②虽然支出簿没有登录寺院的食、衣等基本支出，但用钱支出部分仍然给人印象深刻，具有与高昌国延寿二、三年寺院帐历比较的价值。开元年间于阗的该所寺院凡涉及商品购入，无论巨细，都用铜钱交易，细碎者如"籴豉贰胜，胜别十文""出钱叁拾文，买渧篱两个，供厨用""柘留壹颗十五文"等等，亦不例外。于阗该寺所用的是"开元通宝"铜钱，如果按照武周如意元年（692）唐西州银钱一文准铜钱三十二文的比价，③前行所列细碎交易的价值都在一文银钱以下，但在唐代的于阗都可以铜钱实现交易。该支出簿中有"买胶贰斤，斤别一百五十文"这样的记录，而在上文讨论的高昌国寺院帐历中也有延寿三年八月以麦五斗买胶的记录（表 3第 19 条）。高昌国时期寺院经济与唐代于阗寺院经济之间可以比较的地方还很多，但就日常交易的情况来说，唐代于阗使用"开元通宝"铜钱，因为币值较低，远较以银钱为基础货币而以粮食作为辅助货币的高昌国要便利得多。

高昌国采用萨珊银币作为日常通货，适应了当时丝绸之路贸易的需求，④是绿洲小国融入丝绸之路经济圈，分享繁荣的必然选择。但萨珊银币的单一面值，又是高昌国必须克服的缺陷。自十六国以来，吐鲁番当地的实物货币经历了从毯到叠布再到粮食的变化，⑤粮食作为辅助性的实物货币被固定下来，我们认为是

---

① 最新的研究参见裴成国《高昌国"作人"问题再论》，《中国经济史研究》2014 年第 2 期。
② 池田温：《麻扎塔格出土盛唐寺院支出簿小考》，《段文杰敦煌研究五十年纪念文集》，世界图书出版公司，1996，第 207~224 页。
③ 参见《武周如意元年（692）里正李黑收领史玄政长行马价抄》，载唐长孺主编《吐鲁番出土文书》（叁），第 517 页。
④ 姜伯勤：《敦煌吐鲁番文书与丝绸之路》，文物出版社，1994，第 36 页。
⑤ 卢向前：《高昌西州四百年货币关系演变述略》，《敦煌吐鲁番文书论稿》，第 218~226 页。

有必然性的。一方面是粮食可以任意分为很细小的单位以适应任何数额的商品流通和货币支付，而且不必担心损毁、贬值的风险；[1] 而毯和叠布虽然可以分割，但分割后的使用价值常常会受到影响。高昌国的量制采用斛、斗、升三级单位，以粮食作为实物货币可以很容易地根据需要实现价值不同的交易，而使用价值则不会受到影响。另一方面，就有用性和实现交易的难易程度而言，粮食也优于毯和叠布。六世纪中叶以后陆上丝绸之路迎来稳定的繁荣期，大量的胡商和行旅到达绿洲国家之后首要的就是解决粮食问题，当时的高昌国以粮食作为辅助性的实物货币，可以说正是市场的选择。

卢向前先生将高昌的银钱本位阶段（561～680）又分为两个时期，一为纯粹以银钱为通货时期（561～640），一为绢帛介入时期（640～680）。卢先生在论述所谓"纯粹以银钱为通货"时期时，没有注意到粮食作为实物货币被使用的情况，从萨珊银币币值较高的角度来说，次一级的辅助货币的使用其实是不可避免的，所以卢先生划分的"纯粹以银钱为通货时期"其实是不准确的。高昌国没有像萨珊波斯和粟特地区一样铸造小额的铜币以便流通，[2] 粮食作为实物货币被使用，这些都反映出高昌国的经济虽与丝绸之路贸易紧密相连并一度繁荣兴盛，但绿洲小国的基本国情仍然制约着其经济的形态和格局。

原刊《中国史研究》2018 年第 1 期

---

[1] 张友直：《中国实物货币通论》，中国财政经济出版社，2009，第 501 页。

[2] 高昌国晚期铸造的"高昌吉利"铜钱并非流通货币已见前述，这证明高昌国有铸造铜钱的能力，但没有用之铸造流通货币，这应当是统治者的主动选择。

东突厥汗国属部的突厥化

——以粟特人为中心的考察

彭建英

摘　要：6~8 世纪，随着突厥的兴起和突厥汗国的建立，漠北地区开启新一轮族群变动浪潮，即突厥化的进程。活动于漠北的粟特人，在融入突厥游牧族群的过程中，既凸显出突厥化的表征及趋向，同时又保留了若干本民族的传统文化因子。游牧帝国的盛衰起伏和游牧生活的迁徙流动，使粟特人的突厥化过程并未彻底完成。中古漠北地区粟特与突厥之间的族群互动、交融景象，显示出北方游牧社会内部的族群认同，相对于定居农耕的汉地文化圈而言，似乎更为脆弱易变。

关键词：东突厥汗国　粟特　突厥化

6 世纪中叶，摆脱柔然羁属的突厥借助强劲的军事力量迅速崛起，在吞并五万余落的铁勒部落后声威日著，在漠北地区开启新一轮的族群变动浪潮。① 突厥

---

① 近年来国内学界对于"族群"和"民族"的定义及其在相关学术研究和现实中的使用问题讨论非常热烈，尚未形成一致意见。但前者重"文化"，后者重"政治"，二者之间存在相关性且在特定时空条件下可以互相转化，在这一点上则无疑义。本文对这两个概念的使用，多从此义，同时兼顾国内传统上对"民族"一词的使用习惯，且为行文之便，并未对二者作过于机械和硬性的区分。参见纳日碧力戈《现代背景下的族群建构》，云南教育出版社，2000，第3~43、72 页；郝时远《对西方学界有关族群（ethnic group）释义的辨析》，《广西民族学院学报》2002 年第 4 期，第 10~17 页；马戎《民族社会学——社会学的族群关系研究》，北京大学出版社，2004，第 35~67 页；王明珂《华夏边缘：历史记忆与族群认同》，社会科学文献出版社，2006，第 44 页。

汗国的建立设定了此后两个多世纪内北方游牧社会族群关系变化的基本轨迹，即开始突厥化的进程。随着突厥诸汗的东征西讨及其对丝路的控制和争夺，突厥控制下的丝路沿线地区的诸部族受其影响日深。

583 年，东、西突厥分立。① 西突厥辖有西域、中亚等辽阔区域，而东突厥则以漠北为中心，与西突厥以金山（今阿尔泰山）为界。从此，东、西突厥各自发展，形成相对独立的政治实体。或许是因为近代以来中亚地区仍以操突厥语的诸族为主，不少中外学者对这一地区的突厥化问题曾进行了溯源式的探讨和追述。② 而对东突厥汗国统治的核心区域——漠北地区突厥化问题的关注，似是近年来中外学界对粟特研究持续深入、细化的结果和自然延伸。事实上，早在 20 世纪 30 年代，向达先生在《唐代长安与西域文明》中对该问题就有所涉及，但因主题所限未能展开讨论；③ 之后较早关注该问题的有加拿大学者蒲立本，他指出东突厥汗国内的粟特人与其他游牧人群一样，形成独立的部落，以畜牧为生，成为善战的骑士，与粟特人擅长经商的传统形象有所不同。在此基础上，他明确提出这部分粟特人已在一定程度上突厥化了。④ 值得一提的是，近年来中日学者的相关论著中对突厥与粟特关系问题的探讨日益深入，⑤ 为进一步了解突厥与粟

---

① 关于东、西突厥分立的时间，中外学界长期以来意见纷纭，聚讼不已，但大多倾向于 583 年分立说，此从。参见林幹《突厥史》，内蒙古人民出版社，1988，第 67 页；薛宗正《西突厥开国史考辨——兼评沙畹说和王静说》，《新疆社会科学》1985 年第 4 期，第 81 ~ 98 页；吴玉贵《西突厥新考——兼论〈隋书〉与〈通典〉、两〈唐书〉之"西突厥"》，《西北民族研究》1988 年第 1 期，第 111 ~ 130 页。

② 威廉·巴托尔德：《中亚突厥史十二讲》，罗致平译，中国社会科学出版社，1984，第 39 ~ 58、143 ~ 148、184 ~ 221 页；薛宗正：《西突厥的属部、属国与西域的突厥化》，《喀什师范学院学报》1987 年第 2 期，第 31 ~ 39 页；王治来：《论中亚的突厥化与伊斯兰化》，《西域研究》1997 年第 4 期，第 17 ~ 27 页。尽管文献记载不多，但中外学界对西突厥曾经统辖的西域、中亚地区的突厥化问题研究关注较多，上述论著中即有对这一问题的集中讨论。只是在中亚、西域地区突厥化的时间、进程、模式等方面存在意见分歧。

③ 向达：《唐代长安与西域文明》，河北教育出版社，2001，第 21 ~ 22 页。

④ Edwin G. Pulleyblank, "A Sogdian Colony in Inner Mongolia", *T'oung Pao*, 41.4/5（1952），pp. 317 – 356.

⑤ 芮传明：《五代时期中原地区粟特人活动探讨》，《史林》1992 年第 3 期，第 7 ~ 13 页；徐庭云：《沙陀与昭武九姓》，《庆祝王钟翰先生八十寿辰学术论文集》，辽宁大学出版社，1993，第 335 ~ 346 页；吴玉贵：《凉州粟特胡人安氏家族研究》，荣新江主编《唐研究》第 3 卷，北京大学出版社，1997，第 295 ~ 338 页；蔡鸿生：《唐代九姓胡与突厥文化》，中华书局，1998，第 135 ~ 136 页；姜伯勤：《唐安菩墓所出三彩骆驼所见"盛于皮袋"的祆神——兼论六胡州突厥人与粟特人之祆神崇拜》，《唐研究》第 7 卷，2001，第 55 ~ 70 页；《西安北周萨宝安伽墓图像研究——北周安伽墓画像石图像所见伊兰文化、突厥文化及其与中原文化的互

特之间的互动和影响奠定了基础。日本学者在相关研究中集中讨论了源自漠北地区的六州胡（粟特）及其后裔的突厥化问题，他们为此甚至造出一个新词"粟特系突厥"（ソグド系突厥，sogdian-Turk），来指称突厥化的粟特人。①这些探讨，对于进一步认识公元6~8世纪漠北地区民族的突厥化进程颇具启发性。本文拟将讨论重点集中于东突厥汗国属部之一的胡部即粟特的突厥化问题，在学界已有研究基础上略陈管见。

一 东突厥汗国辖境内的粟特人

粟特是中古时期来自中亚地区著名的商业民族。隋唐时期是西北陆上丝路发展的黄金时代，粟特人的足迹遍及丝路沿线地区。在突厥强盛时，出于对丝路利益的共同兴趣，游牧的突厥族和擅长经商的粟特人经常相互协作，成为6~8世纪"东西方贸易的担当者"。② 粟特人因此大量进入并留居于突厥汗国政治中心所在的漠北地区。③ 依凭稍高一等的文化优势及对新环境的非凡适应性，粟特人在突厥汗国中不仅获得了较高的政治地位，而且在其内政、外交及贸易活动中发挥着重要作用。那么粟特人在带给突厥诸多影响的同时，其自身是否与漠北其他

动与交融》，《华学》第5期，中山大学出版社，2001，第14~37页；荣新江：《粟特与突厥——粟特石棺图像的新印证》，周伟洲主编《西北民族论丛》第4辑，中国社会科学出版社，2006，第1~23页。森部丰：《唐前半期河北地域における非汉族の分布と安史军渊源の一形态》，《唐代史研究》第5号，2002，第22~45页；《8~10世纪の华北における民族移动－突厥・ソゲド・沙陀を事例として－》，《唐代史研究》第7号，2004，第78~100页；「四世纪——〇世纪の黄河下流域におけるソグド人」鹤间和幸编『黄河下流域の历史と环境』東方书店、2007、13－35页。

① 森部丰「唐末五代の代北におけるソグド系突厥と沙陀」『东洋史研究』第62卷第4号、2004、60－93页；《8~10世纪の华北における民族移动－突厥・ソゲド・沙陀を事例として－》，第78~100页；「四世纪——〇世纪の黄河下流域におけるソグド人」，29～31页；「ソグド系突厥の东迁と河朔三镇の动静－特に魏博お中心として」『関西大学東西学術研究所纪要』第41辑、2008、137－185页；MORIYASU Takao（森安孝夫），"Japanese Research on the History of the Sogdians along the Silk Road, Mainly from Sogdiana to China", *ACTA ASIATICA*, 94, Tokyo 2008, pp. 13－14；IWAMI Kiyohiro（石见清裕），"Turks and Sogdians in China during the T'ang Period", *ACTA ASIATICA*, 94, Tokyo 2008, pp. 57－59.

② 姜伯勤：《敦煌吐鲁番文书与丝绸之路》，文物出版社，1994，第83、264页。

③ 小野川秀美「河曲六胡州の沿革」『东亚人文学报』第1卷第4号、1942、957－990页；Edwin G. Pulleyblank, "A Sogdian Colony in Inner Mongolia", pp. 317－356；护雅夫「東突厥国家内部におけるソグド人」『古代トルコ民族史研究』Ⅰ、山川出版社、1967、61－93页。

游牧部落一样也经历了突厥化的过程？他们是否对其长期依附的突厥产生了某种程度的族群认同？如果答案是肯定的，昔日的商业民族与游牧的突厥之间的认同与纯粹的游牧部落之间的认同是否一致？这种族群认同的发生及其表现形式如何？对这些问题的思考，有助于加深对 6 ~ 8 世纪漠北地区族群关系的变化特点及游牧社会内部族群关系的认识。

现有史料中，有关突厥汗国辖境内粟特人的活动及其与突厥之间互动关系的直接记载非常有限。蒙古国内发现的古突厥鲁尼文碑铭，记载的重点是公元 7 ~ 8 世纪即第二突厥汗国的复兴过程以及对碑主业绩的称颂。其中透露出一度国破族散的突厥再度复兴后强烈的民族意识，但很难看到一直活跃于漠北的粟特人对突厥认同（或突厥化）的相关信息。值得庆幸的是，近年来出土的一系列隋唐时期的粟特人墓志及其他相关石刻史料，为了解这一时期漠北地区粟特人的活动及其与突厥之间的互动，提供了极为珍贵的信息。

六胡州设立于调露元年（679），其辖众主要是原隶属于东突厥汗国的中亚昭武九姓即粟特人，[①] 与突厥关系密切。蒲立本称之为 "部分突厥化"（partly Turkicized）的粟特人，认为他们不再是人们所熟悉的作为商人或手工工匠的粟特人，而是生活于牧区、以畜牧为主要生计方式的牧民。[②] 六胡州粟特人对突厥习俗的习得与浸染，应该主要是在突厥社会即漠北完成的。[③] 而六胡州所在的中国北方传统农牧交错地带的自然环境，使已部分突厥化的粟特人得以继续保持其在漠北的生计方式和传统习俗。对于北方突厥汗国境内粟特人聚落的系统研究，继蒲立本之后，日本学者护雅夫在《东突厥国家内部的粟特人》一文中，对东突厥汗国境内粟特人集团的存在及其在阿史那政权中的地位、影响有深入地论述。[④] 但其中并未明确提出粟特人的突厥化问题。

关于东突厥汗国内粟特人聚落（colony、集团）的存在和活跃，经常被引用

---

① 张广达：《唐代六胡州等地的昭武九姓》，原载《北京大学学报》1986 年第 2 期，第 71 ~ 82 页转 128 页；收于其文集《文本、图像与文化流传》，广西师范大学出版社，2008，第 75 ~ 96 页。周伟洲：《唐代六胡州与康待宾之乱》，《民族研究》1988 年第 3 期，第 54 ~ 63 页；收于氏著《东北亚研究——西北民族史研究》，中州古籍出版社，1994，第 401 ~ 404 页。

② Edwin G. Pulleyblank, "A Sogdian Colony in Inner Mongolia", p. 331.

③ 近年来对六胡州粟特人研究用力较多的日本学者森部丰对此亦持相同意见，文见荣新江主编《粟特人在中国：历史、考古、语言的新探索》，《唐后期至五代的粟特武人》，温晋根译，中华书局，2005，第 226 ~ 234 页。

④ 护雅夫「東突厥国家内部におけるソグド人」、61 – 93 頁。

的是《通典》卷 197《突厥上》的记载："颉利每委任诸胡，疏远族类。胡人贪冒，性多翻覆。以故法令滋章，兵革岁动。国人患之，诸部携贰。"另，《新唐书》卷 215 上《突厥上》亦载："颉利之立，用次弟为延陀设，主延陀部；步利设主雷部，统特勒（勤）主胡部，斛特勒（勤）主斛薛部，以突利可汗主契丹、靺鞨部，树牙南直幽州，东方之众皆属焉。"① 可见，以粟特人为主的胡部与其他诸部并列，构成东突厥汗国的属部。在第一突厥汗国崩溃前夕，为颉利可汗（620～630）亲信的胡酋康苏密携隋末亡入突厥的萧后及炀帝孙政道降唐。康苏密既被冠以"胡酋"之号，显然他在突厥汗国内曾领有以胡众为主组成的部落。而在始毕可汗（611～619）时期，为其所信任的粟特胡人史蜀胡悉，因陷裴矩计诱，"不告始毕，率其部落，尽驱六畜，星驰争进，冀先互市"。② 这些记载说明，进入突厥汗国境内的粟特胡人与北方游牧社会的其他人群一样，部落成为其存在的外部形态。③

贞观四年（630），降唐的突厥部众被置于自幽州至灵州的诸羁縻州管辖之下。按唐制，羁縻州之设置模式，遵循"顺其土俗，全其部落"的原则。故来降之突厥部众包括粟特胡人，亦按部安置，并以本部落酋长任羁縻州之长官。前述胡酋康苏密即任此诸羁縻州之一的北安州都督，其所辖理应是来自突厥汗国的胡人部落。按游牧民族，其俗以部为姓，康苏密所辖之粟特人可能来自中亚昭武诸姓之一的康国或以康国人居多，故在突厥汗国内形成所谓"同国人集团"的康姓部落。④ 此外，率部来降的还有安姓粟特人。唐代六胡州大首领安菩墓志称，"君讳菩字萨，其先安国大首领。破匈奴，衙帐百姓归中国。首领同京官五品，封定远将军，首领如故"。⑤ 志文中的"匈奴"即突厥的代称。其所统部众在此处被称为"衙帐百姓"，显系对帐居于草原的游牧民的形象指称。按突厥游牧社会的惯例，此安姓大首领所率之衙帐百姓，亦应是原居于突厥辖境内的粟特人部落。其率部降唐后，在得封唐之官爵（定远将军）的同时，原有的部落首

---

① 《新唐书》卷 215 上《突厥上》，中华书局，1975，第 6038 页。

② 《隋书》卷 67《裴矩传》，中华书局，1973，第 1582 页。

③ 羽田亨「漠北の地と康国人」『羽田博士史学论文集』上·历史篇、东洋史研究会、1957、395－405 页；Edwin G. Pulleyblank, "A Sogdian Colony in Inner Mongolia", p. 323；护雅夫「东突厥国家内部におけるソグド人」、61－93 页；张广达：《唐代六胡州等地的昭武九姓》，《北京大学学报》1986 年第 2 期，第 71～82 页转 128 页。

④ 护雅夫「东突厥国家内部におけるソグド人」、70～71、86－89 页。

⑤ 赵振华、朱亮：《安菩墓志初探》，《中原文物》1982 年第 2 期，第 37～40 页。

领之号仍得保持。另一来降的安姓粟特人为安胐汗。《安侯神道碑》载：安胐汗"率所部五千余入朝，诏置维州，即以胐汗为刺史，拜左武卫将军"。[①] 加上前述始毕可汗时期的史蜀胡悉所辖部落，东突厥汗国境内似有康、安、史等诸姓粟特人集团存在，并以部落形式隶属于突厥汗国。粟特人集团的部落化，是其进入游牧的突厥社会后，适应新的自然环境与政治环境的自愿改变，还是突厥汗国的强制性措施，因史籍阙载，不得而知。但从粟特胡人在突厥汗廷中的显赫地位及其与可汗的亲近关系看，这种部落化的组织形式更有可能是粟特人出于现实利益考虑，迎合突厥汗国的结果，这亦与其作为商业民族的性格相符。粟特人集团组织形式的部落化，可视为漠北粟特人突厥化至少是游牧化的第一步。

　　进入突厥汗国的粟特人，既采用部落这种游牧社会的组织形式，其生计方式的改变自是必然之势。据《唐会要》卷72载："开元二年九月，太常少卿姜晦上疏，请以空名告身，于六胡州市马。率三十匹马酬一游击将军。"下注："时厩中马阙，乃从之。"[②] 市马三十匹可得授唐之军职，表明六胡州居民仍以畜牧为业，[③] 六胡州亦成为唐朝马匹供应地之一。开元三年（715），降唐的突厥属部跌跌（史籍中亦作"阿跌"）思太（泰）等，被安置于河南，与六州胡杂处一地。时任单于都护府副都护的张知运，"尽敛其兵，戎人怨怒。及姜晦为巡边使，遮诉禁弓矢无以射猎为生，晦悉还之"。[④] 射猎往往为游牧经济的补充，归降的蕃胡竟因唐朝官员收其弓矢而无以为生，说明居于河南之地的降胡仍延续着其在漠北的生计方式。来自突厥汗国的六州降胡及其后裔善营牧业，尤以养马为生。蒲立本因此主张，从经济形态上而言，他们已成为牧民，与原来居于绿洲城邦、以贩货为主的商业民族形象大相径庭。但因为缺乏更多有说服力的证据，这些以畜牧为生的粟特人是否在本质方面发生改变，很难确定。所以蒲立本谨慎地

---

① 李至远：《唐维州刺史安侯神道碑》，董诰等编《全唐文》卷435，中华书局，1983，第4435页。

② 《唐会要》卷72《马》，中华书局，1985，第1302页。

③ 关于六州降胡是否仍保有部落组织及完全从事畜牧业，因迄今所见相关史料极为有限，中外学界对此认识存在分歧。详见克里亚什托尔内《古代突厥鲁尼文碑铭——中亚细亚史原始文献》，李佩娟译，黑龙江教育出版社，1991，第102~104页；周伟洲《唐代六胡州与康待宾之乱》，第54~63页；李丹婕《唐代六胡州研究述评》，《新疆师范大学学报》2004年第4期，第102~107页。此从目前大多数中外学者意见。

④ 《新唐书》卷215下《突厥下》，第6051页。

称他们只是部分实现了突厥化。①

近年来，森部丰先生在前人研究的基础上利用新发现的石刻材料分析六州胡人的动向。在他所发表的有关文章中，最关键的两个概念就是"六州胡"与"粟特系突厥"。他将"粟特系突厥"的概念表述为与北亚突厥人及其他突厥系骑马人群相联系的粟特人后裔。他们与突厥相互影响，并最终接受游牧文化，精于骑射，且颇具军事才能。故他所说的"粟特系突厥"实即指"突厥化的粟特人"。② 森安孝夫先生也认同森部丰的这一看法，将具备上述特征的粟特人径直称为突厥化的粟特人（Turkisized Sogdians），并认为森部丰所提出的"粟特系突厥"这一概念与法国学者魏义天（E. de la Vaissière）在其法文版的《粟特商人史》一书中所构拟的 Turco-sogdiens 或 Sogdo-turcs 的提法类似。③ 在森部丰的相关论著中，可以看到何进滔、何弘敬、安万金、何君政等都是他所谓"粟特系突厥"的代表。④ 他们虽然是活跃于唐末代北军镇或五代沙陀政权中的粟特人，却与唐前、中期的六州胡人或漠北的粟特人联系密切甚至有直接渊源关系。征诸汉文典籍，始毕可汗时代送马至太原与唐互市的柱国康稍利、颉利时代降唐的胡酋康苏密等漠北系胡人与内属的六州胡人如开元九年（721）叛唐的康待宾、康愿子、安慕容、石神奴、何黑奴、康铁头等，以及第二突厥汗国崩溃前夕降唐的康阿义屈达干及其所辖部众与后来安史之乱的核心人物安禄山、史思明等，盖均可归于森部丰所谓"粟特系突厥"这一群体。

二　粟特的突厥化问题

前述进入并留居漠北的粟特胡人，在生计方式、组织形式等方面的确已具有

---

①　Edwin G. Pulleyblank，"A Sogdian Colony in Inner Mongolia"，p. 331.

②　森部丰「唐末五代の代北におけるソグド系突厥と沙陀」、60 – 93 頁；森部丰：《唐后期至五代的粟特武人》，第 226 ~ 234 页。

③　MORIYASU Takao，"Japanese Research on the History of the Sogdians along the Silk Road, Mainly from Sogdiana to China"，pp. 13 – 14；另，在英文版的魏义天同名著作中，译者将其用法语构拟的 Turco-sogdiens 和 Sogdo-turcs 两词分别转译为 Turco-sogdians 和 Sogdo-Türk，参见 E. de la Vaissière，*Sogdian Traders：A History*，trans by James Ward，Leiden，Netherlands：Koninklijke Brill NV，2005，pp. 199 – 225。

④　森部丰「ソグド人の東方活動と東ユ－ラシア世界の歴史的展開」、関西大学東西学術研究所研究叢刊 36（単行本）、関西大学出版部、2010、157 ~ 162、195 – 202 頁。

游牧化特征。但仅据此就断言其已突厥化似显轻率。族群认同变迁是一个渐进而复杂的过程，已处于游牧状态的粟特人在与突厥的长期交往和相处中，其他方面也发生了相应的改变。

首先，活跃于突厥辖境内的粟特胡人与突厥之间存在血缘上的交融（包括通婚及其他非婚关系），这一点毋庸置疑。在都兰可汗时代（588～599），其妻大义公主（北周宇文氏）与其从胡安遂伽之间的私通事件，在前揭蒲立本和护雅夫的文章中均被视为粟特胡人活跃并深植于突厥汗廷的依据。从文献记载可知，粟特胡人足智多谋（在汉文史籍中被贬称为"尤多奸计"，或"尤黠桀"），且得可汗宠信，故在突厥汗廷中拥有特殊影响，从而得与突厥贵族阿史那氏、阿史德氏保持密切交往和接触。胡人安遂伽与都兰可汗妻私通事件，正传递出粟特胡与突厥贵族之间过从甚密的历史信息。无独有偶，阿史那思摩的遭际则进一步暗示这种现象的存在。《通典》卷197《突厥上》载："思摩者，颉利族人也。始毕、处罗以其貌似胡人，不类突厥，疑非阿史那族类，故历处罗、颉利代，常为夹毕特勤，终不得典兵为设。"① "设"为突厥要职，依例由可汗直系担任，血统有嫌疑者不得为"设"。突厥汗廷在其人选上强调"系谱"与"血统"两大原则，体现出极强的排外性。② 思摩虽贵为可汗族人，但因貌与胡人相类，被疑血统不正，竟不得担任"设"一职。关于思摩的身世，文献并无更多记载，但护雅夫先生提醒，既然粟特胡人活跃于突厥汗廷，就应考虑到现实生活中粟特人与突厥可汗、可敦或阿史那氏之间存在某种非婚血缘关系的可能性。③ 阿史那思摩与胡相类的体貌特征，似正可作为粟特与突厥存在血缘交融关系的现实印证。如果说阿史那思摩作为粟特与突厥之间存在血缘交融关系的例证尚属一种推测，被公认其先出自漠北、后家于营州的安禄山，因其胡父突厥母的血统而在汉文史籍中被称为"杂胡"，则给这个疑问提供了更加确切的例证。史载："禄山谓翰曰：'我父胡，母突厥；公父突厥，母胡。族类本同，安得不亲爱？'翰曰：'谚言"狐向窟嗥不祥"，以忘本也。兄既见爱，敢不尽心。'禄山以翰讥其胡，怒骂曰：'突厥敢尔。'"④ 蔡鸿生将唐代这两个混血儿的身世，解读为"以缩影的形式反映出一个广阔的种族文化背景，即中亚绿洲城邦文明与漠北草原穹庐文明的

---

① 《通典》卷197《突厥上》，王文锦等点校，中华书局，1988，第5415页。
② 蔡鸿生：《唐代九姓胡与突厥文化》，第116页。
③ 护雅夫「東突厥国家内部におけるソグド人」、68頁。
④ 《新唐书》卷135《哥舒翰传》，第4571页。

接触和交融"。①

漠北粟特人与阿史那氏通婚的确切记载还可举出两例。其一，《旧唐书》卷194上《突厥上》载："开元二年，遣其（默啜可汗）子移涅可汗及同俄特勤、妹婿火拔颉利发石阿失毕率精骑围逼北庭。"② 此处所载"火拔颉利发石阿失毕"，疑为任突厥官职且采突厥名号之石姓粟特人，《旧唐书·突厥上》明确称其为默啜可汗妹婿。联系前述安禄山之种族背景，蒲立本将禄山父母生活年代亦系于默啜时代。若果真如此，则可以确定活跃于默啜汗廷的康、安、石等诸姓粟特人，与突厥之核心氏族阿史那、阿史德二氏均存在通婚现象。其二，颜真卿《康公神道碑》称康阿义屈达干之祖父康染〔干〕为可汗驸马，其子没野波之妻亦为阿史那氏。③ 可见漠北地区粟特与突厥贵族间的通婚现象似非个案，由此造成粟特与突厥在血统上的交融。这既是中古时代这两大民族互动与相互渗透的一个重要方面，也是使二者关系更加深入并最终触及本质变化的关键点。

其次，袭用突厥官号，任要职于突厥汗廷。进入漠北的粟特人，因其文化相较于游牧的突厥而言略高一筹，从而成为突厥汗廷的文职人员，为可汗出谋划策，同时成为突厥汗国对外交往、与周边贸易的主导者和操纵者，④ 故为可汗所宠信，得任显官要职，对突厥汗国的内政、军务多有影响。如前述始毕可汗时代，代表突厥汗国驱马至太原互市的柱国康稍利。史载："始毕依旨，即遣其柱国康稍利、级失热寒特勤达官等，送马千匹，来太原交市。"⑤ 康稍利所任"柱国"之职，当为"柱国大将军"之省称，本为中原府兵最高将领之号，此处显系突厥官号的汉文意译。按中原官职，柱国一职有两层含义：其一，为武官名，原为保卫国都之官，后为府兵最高武官；其二，勋官名，始设于北周，隋唐因之，不再统兵，秩阶低于北周。考虑到当时粟特人在始毕汗廷中的影响，此处"柱国"当取前者之义。但此官号与突厥官职之对应者，似难确定。不过，据《旧唐书》卷194上《突厥上》记同一史实为："始毕遣其特勤康稍利等，献马千匹，会于绛郡。"⑥ 上述康稍利所任"柱国"之号，在这里易为"特勤"一

---

① 蔡鸿生：《唐代九姓胡与突厥文化》"引言"，第1页。

② 《旧唐书》卷194上《突厥上》，中华书局，1975，第5172页。

③ 颜真卿：《康阿义屈达干碑》，《全唐文》卷342，第3474～3476页。

④ 荣新江：《四海为家——粟特首领墓葬所见粟特人的多元文化》，《上海文博》2004年第4期。

⑤ 温大雅：《大唐创业起居注》卷1，义宁元年六月己卯条。《丛书集成初编》第3828册，中华书局，1985年影印本，第8页。

⑥ 《旧唐书》卷194上《突厥上》，第5153页。

职。依突厥之制，可汗子弟方可为特勤。但据韩儒林先生研究，称"特勤"者，除可汗宗族之外，"异姓亦得为之"。① 康稍利之任特勤，当系异姓任该职之例。但"特勤"一职，更多强调的当是具此号者的王族身份。征诸史文，同为特勤但其具体职掌却不尽相同。故"柱国"与"特勤"虽同为要职，但其含义迥异，难以比定，暂存疑。与柱国康稍利同时为始毕重用的胡人史蜀胡悉，早在启民可汗时代（599～611）即被委以要职。《隋书》卷12《礼仪志》载："（大业）三年，正月朔旦，大陈文物。时突厥染干朝见，慕之，请袭冠冕，帝不许。明日，率左光禄大夫褥但特勤阿史那职御、左光禄大夫特勤阿史那伊顺、右光禄大夫意利发史蜀胡悉等，并拜表固请衣冠，帝大悦。"② 史蜀胡悉所任"意利发"一职，被比定为突厥语 eltäbir/eltäbär 或 iltäbir/iltäbär 的音译。③ 此职尚有"颉利发""俟利发""俟利伐""俟列弗""俟列发""希利发"等汉文异写。④ 史称突厥"大官有叶护、次设、次特勤（勤）、次俟利发、次吐屯发，及余小官凡二十八等，皆世为之"。⑤ 可见"俟利发"（意利发）一职属突厥所谓"大官"之列，多授以势力较大的异姓突厥或突厥属部酋领。突厥境内曾任此职的粟特人，除史蜀胡悉外，见诸记载的尚有始毕可汗时代的安乌唤、⑥ 默啜可汗之妹婿石阿失毕⑦以及前述康阿义屈达干之父，⑧ 盖均因曾任此突厥要职而留名于史。

此外，任突厥"达干"一职的粟特人亦多见史载。如前述康阿义屈达干，其祖上历任突厥官职且多为要职，其家族似与突厥可汗关系非同寻常，其祖父及其子均曾与可汗氏族阿史那氏联姻。康阿义任突厥"达干"一职，且曾任默啜

① 韩儒林：《突厥官号考释》，收于氏著《穹庐集》，河北教育出版社，2000，第371～372页。
② 《隋书》卷12《礼仪志》，第279页。
③ 护雅夫「東突厥国家内部におけるソグド」、80頁。
④ 韩儒林：《突厥官号考释》，第375～376页。
⑤ 《周书》卷50《突厥传》，中华书局，1971，第909页。
⑥ 李至远《唐维州刺史安侯神道碑》（《全唐文》卷435，第4435页）载："侯讳附国，其先出自安息，以国为姓。有隋失驭中原，无何，突厥乘时，籍雄沙漠，侯祖乌唤为颉利吐发（当为颉利发），番中官品，称为第二"；护雅夫「東突厥国家内部におけるソグド人」、73－74頁。
⑦ 《旧唐书》卷194上《突厥上》载：火拔颉利发石阿失毕后携其妻降唐，"制授左卫大将军，封燕北（山?）郡王，封其妻为金山公主"（第5172页）。为唐所厚遇。
⑧ 颜真卿：《康阿义屈达干碑》记，康公之父"颉利发，默啜可汗卫衙官，知部落都督"。护雅夫推断康公之父及其曾祖父均曾任颉利发一职，见前揭论著第84～85页。从碑铭前后行文来看，颉利发似为康公父之名号。但亦有可能其父曾久任此职，遂以官号而易为人名，其本名竟不可知。

可汗宰相，"正直忠鲠，以信行闻，为国人所敬"，于天宝元年（742）率部降唐。① 另据《册府元龟》卷975载："开元十四年正月壬午，突厥遣其大臣临河达十（干）康思琮来朝，授将军，放还蕃。"岑仲勉先生考订此处"达十"当为"达干"之误。② 同书卷971又载："五月……突厥遣其大臣临河达于（干）康思琮来朝。"可见，"达干"亦为突厥官职中常见且重要的职位，粟特人与突厥人在突厥汗廷得以同任此职，同为僚属。

显然，在突厥汗国内任突厥官职之粟特人不在少数。作为一个外来群体，进入漠北的粟特诸姓（已见诸记载的有康、安、史、石等姓）已深入突厥汗廷，代表突厥汗国出使外邦或从事贸易，且在外有强敌（唐朝或其他政权）并峙的现实中结成利益同一体，从而加深了相互之间的融合与族群认同。开元九年（721），本已降唐的六州胡聚众叛唐事件即"康待宾之乱"的爆发，表明这种认同的存在。这次起事的六州胡人，依突厥官职建立自己的一套组织。史称"（开元）九年四月，兰池州叛胡显首，伪称叶护康待宾、安慕容，伪多览杀大将军何黑奴，伪将军石神奴、康铁头等据长泉县，攻陷六胡州"。③ 起事的核心人物康待宾、安慕容自称"叶护"，而其他胡首则自称"将军"或"多览杀大将军"。"叶护"为突厥显要之职，地位仅次于可汗，常以可汗子弟及宗族担任。"将军"也是突厥语官号，写作 sangun/sängün，晚期汉文也译作"相温"。④ "康待宾之乱"被平后，其后继者兰池胡康愿子，聚其余众于同年八月复叛，并"自立为可汗"，"谋掠监牧马，西涉河出塞"，⑤ 欲北上与突厥联合。可见，至少是已部分突厥化的降胡（粟特系突厥）在受到唐朝挤压时，自愿采用突厥官号，发动武装叛乱，在表达自己政治、经济诉求的同时，也表现出对突厥的亲近和认同。

再次，突厥汗国境内的粟特人趋于突厥化的另一个外在表征，是采用突厥语之名号。典型的有前揭《康公神道碑》所记康阿义屈达干及其家族成员的事例，

① 颜真卿：《康阿义屈达干碑》，《全唐文》卷342，第3474~3476页。
② 岑仲勉：《突厥集史》（上），中华书局，1958，第425页。
③ 《册府元龟》卷986《外臣部·征讨五》，中华书局，1960年影印本，第11584页。
④ J. R. 哈密顿：《五代回鹘史料》，耿昇、穆根来译，新疆人民出版社，1986，第170~171页。另，周伟洲先生认为，粟特胡首的"大将军"之号，可能系胡人对"杀（设）"的对译，并将突厥官号"杀"与对译的唐之官职"大将军"并写，而"将军"之号，则仅记其对译的唐朝官名，亦可备一说。见前揭文《唐代六胡州与康待宾之乱》，《民族研究》1988年第3期，第54~63页。
⑤ 《旧唐书》卷97《张说传》，第3053页。

康公本人、先辈及其子嗣的名号，多已突厥化，俱见碑文：

> 公讳阿义屈达干，姓康氏，柳城人。其先世为北蕃十二姓之贵种。曾祖
> 颉利，部落都督。祖染〔干〕，可汗驸马都知兵马使，父颉利发，默啜可汗卫
> 衙官、知部落都督，皆有功烈，称于北陲……天宝元年，公与四男及……款塞
> 归朝……（天宝）十四载冬十一月甲子，安禄山反范阳……（公）欲与诸子
> 逃归国家，为贼邢州刺史康节所告……至德二载，阖门二百余口被安庆绪胁至
> 安阳……公率四子及孙侄等十余人冒死南奔……二子没野波、英俊挺身行前，
> 二子屈须弥施、英正持满殿后，没野波妻阿史那氏为公控马……夫人清和郡太
> 夫人、交河石氏，左卫中郎将珍之孙，左金武卫大将军三奴之女……①

碑文称"公讳阿义屈达干，姓康氏"，其先疑为归化突厥已久之康国人。② 康公
的名字构成，按语源可分为两部分。"阿义"显系粟特语之音译，③ 而"屈"应
为突厥语"kül"的对译，其在碑文中的翻译和适用规则应与阙特勤之"阙"的
情形类似；④ "达干"本是突厥官号，或有"达官"之异写，为突厥常见官号。
康公名讳中的"达干"之号，按前文所述或因他曾久任该职而将官号移入人名，
成为名字的一部分。可见康公之名系粟特语与突厥语合成，此双语合璧之名，释
放出某种值得琢磨的历史信息，即久居突厥游牧社会的粟特人，在给予突厥汗廷
特殊影响的同时，其自身亦在相当程度上发生了改变，体现出对突厥文化的接受
和认同。康公曾祖名"颉利"，祖名"染"，或本为"染干"，此处缺"干"字，
若果真如此，则康公先辈二人名号，均与第一突厥汗国时代两著名可汗之名讳相
同，即"染干"为启民可汗（599～611）之本名，"颉利"则为第一突厥汗国末
代可汗颉利（620～630，本名咄苾）的汗号。这是巧合，还是因慕其威名而特
意为之，不得而知。康公父名讳为"颉利发"，此号亦本为突厥官号，疑与康公
之名情形相类，盖因其父久居此职而易官号为人名，遂忘其本名。⑤ 碑文称康公

---

① 颜真卿：《康阿义屈达干碑》，《全唐文》卷342，第3474～3476页；岑仲勉：《突厥集史》
（下），第850～854页。
② 向达：《唐代长安与西域文明》，第19页。
③ 这是目前学界对该词语源的一般意见，此从。但迄今学界尚未能解决其粟特语的确切对音
问题。
④ 罗新：《论阙特勤之"阙"》，《中国社会科学》2008年第3期，第192～202页。
⑤ 对这一段碑文，向达、蒲立本、护雅夫三先生有不同的释读，详见前揭各论著。

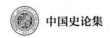

有四子，名号各为没野波、英俊、屈须弥施、英正。其中二子没野波、屈须弥施，其名字前若不加粟特姓氏康，几乎与突厥人名别无二致；英俊、英正则是完全汉化的名字。康公父子五人俱以勇力闻于世，而没野波、英俊更是号称"勇冠三军"，① 与这一时期突厥化的粟特人精于武事的群体形象相符。

另一个值得注意的例子是归降唐朝的粟特人、唐维州刺史安附国的家族。《安侯神道碑》载，附国祖名乌唤，任突厥颉利发；其父名胐汗，贞观四年（630），父子二人率部降唐。② 其家族系第一突厥汗国内的安姓粟特人，如果说其祖之名"乌唤"是否系突厥化之名号尚无法完全确定的话，其父之名"胐汗"则显系突厥化的名字无疑，而附国其名当为安侯贞观初随父降唐后获赐或自取的汉化名字。

此外，唐故六胡州大首领安菩家族当与上述安附国家族同属第一突厥汗国。按其墓志载，"君讳菩，字萨。其先安国大首领。破匈奴，衔帐百姓归中国……曾祖讳钵达干，祖讳系利"。③ 安菩的名、字，均带有浓厚的佛教色彩，而其先世显系久居漠北的安姓粟特人，并采用突厥化的名号。类似采用突厥化名字的粟特人尚有前述默啜可汗之妹婿火拔颉利发石阿失毕、安禄山之叔父安波注（或写作波至）④ 以及乐陵郡人石默啜⑤等，在汉文典籍或已发现的碑铭墓志中多有见载。他们均因其自身或家族成员曾代表突厥汗国出使或归降中原，从而使其相关信息见诸汉文史料。由此可以想见，这些活跃于突厥汗国境内的粟特人，初或为交往方便、或保护自身安全而采用突厥语名号，后因久居漠北，渐染突厥习俗，竟袭用突厥名号，且代代相因成习。

最后，久居北方游牧社会的粟特人及其后裔，除上述几方面发生明显的突厥化之外，其丧葬仪式也带有显著的突厥化痕迹。据《隋书·突厥传》记载，突厥"有死者，停尸帐中，家人亲属多杀牛马而祭之，绕帐呼号，以刀画面，血泪交下，七度而止"。⑥ 可见，很早以来就流行于漠北游牧社会中的这种丧葬仪

① 颜真卿：《康阿义屈达干碑》，《全唐文》卷 342，第 3474～3476 页。岑仲勉：《突厥集史》（下），第 850～854 页。
② 李至远：《唐维州刺史安侯神道碑》，《全唐文》卷 435，第 4435 页。
③ 《安菩墓志》，周绍良主编《唐代墓志汇编》（上），上海古籍出版社，2000，第 1104～1105 页。
④ 姚汝能：《安禄山事迹》卷上，曾贻芬点校，中华书局，2006，第 73 页；《旧唐书》卷 200 上《安禄山传》，第 5367 页。
⑤ 《石默啜墓志》，周绍良主编《唐代墓志汇编》（下），第 2024～2025 页。
⑥ 《隋书》卷 84《突厥传》，第 1864 页。另，《北史·突厥传》《通典·突厥传》亦有类似记载。

式，① 在 6～8 世纪突厥活跃时期，又被突厥所继承和吸收，成为突厥丧葬文化的重要特点。《康公神道碑》载，康阿义屈达干于广德二年（764），"感肺疾，薨于上都胜业坊之私第，春秋七十有五，亲事左右，莫不剺面截耳以哭"。② 当然，据碑文所记可知，康阿义左右不乏突厥人，在葬礼上依突厥习俗持刀剺面以表达哀伤；同时这种突厥式葬俗亦被康阿义周围突厥化的粟特人所熟悉和接受。考虑到康阿义早已降唐并留居上都，但当他死后，左右仍为之举行突厥式葬仪，说明这部分粟特人保持原来的突厥化特征。

另外，据蔡鸿生先生研究，作为祆教徒的粟特人，其传统葬式中盛行的盛骨瓮，在突厥时代也发生显著变化。其造型取法帐幕，瓮面装饰仿牧人毡帐上的花纹，瓮壁上方镂空，象征帐幕的木架。③ 虽然反映粟特葬式出现这种变化的材料取自中亚地区，但考虑到北方突厥汗国辖境内的粟特人，与其在西突厥境内的同胞相比，远离自己的母国，置身于更加纯粹的游牧文化圈内，包括葬俗在内的各种习俗亦更易受到当地文化、习俗的浸染而发生潜移默化的改变。甚至标志其族属特征核心要素之一的祆教信仰，在游牧的突厥社会中也发生了有趣的变化："突厥事祆神，无祠庙，刻毡为形，盛于皮袋，行动之处，以脂酥涂之，或系之竿上，四时祀之。"④ 史书记载的重点显然是在强调突厥对外来祆教的改造及其对外来文化的兼收并蓄，以适应游牧生活的流动性。但就此做出如下推断，应该也在情理之中：即早已成为游牧帝国属部、过着游牧生活的粟特人，其宗教信仰的仪式也发生了类似的变化。

近年来，从陆续发现的一些入华粟特首领的墓葬和部分与粟特人相关的图像资料中，中外学者几乎同时注意到，突厥人的形象与突厥文化成为其中非常普遍和常见的要素之一。足见起初作为商业民族的粟特人对包括突厥文化在内的异族文化的采借和吸收。⑤ 随着商业活动的扩张，他们将足迹延伸至北方突厥汗国境内。精明的粟特商人，为了得到丝路新贵——突厥的保护，很快在共同分割丝路利益的前提下走向协作、结为一体。以此为契机，大量粟特商人进入并留居漠

---

① 蔡鸿生：《唐代九姓胡与突厥文化》，第 24 页。
② 颜真卿：《康阿义屈达干碑》，《全唐文》卷 342，第 3474～3476 页；岑仲勉：《突厥集史》（下），第 850～854 页。
③ 蔡鸿生：《唐代九姓胡与突厥文化》，第 135 页。
④ 段成式：《酉阳杂俎》卷 4，方南生点校，中华书局，1981，第 45 页。
⑤ 荣新江：《四海为家——粟特首领墓葬所见粟特人的多元文化》，第 85～91 页。

北，深入突厥社会。凭借较高的文化素养，进而成为游牧的突厥人的文化导师和突厥可汗宠信的重臣、谋士。在这个过程中，粟特人及其后裔自身亦渐浸染游牧民族的习俗，出现了上述诸方面的变化。正是基于这样的认识和印象，半个世纪前的西方学者（如蒲立本）和当代的东方学者（如森部丰等日本学者）虽所据不同，却得出大致相同的看法，并得到部分中国学者的呼应和赞同，① 即6～8世纪进入并留居于北方游牧社会的粟特人及其后裔，已经趋于突厥化。

值得注意的是，无论是蒲立本主张的"部分突厥化"的粟特人，或日本学者所谓的"粟特系突厥"，作为一个特殊群体，他们与纯正的突厥人终究有别。前述所借以说明活跃于北方游牧社会中的胡人（粟特）突厥化的诸方面，更多只是反映其发生变化的外部表征，诸如与其他草原部落一样，以部落形式隶属于突厥汗国，精于骑射、以畜牧为生的游牧民形象，任突厥官职并活跃于突厥汗廷以及采用突厥人的名号等方面，既可视为粟特人对突厥某种程度的认同，也可以被视为"性多反覆"的粟特人为追求现实利益而采取的利己策略。当然不能否认，长期生活于突厥社会中的粟特人及其后裔在某些方面的确发生了实质性变化，如与突厥贵族阿史那、阿史德二氏的通婚而造成血统上的交融以及宗教信仰上的种种改变，若突厥汗国持久强盛并假以时日，粟特人的族群认同理应会发生本质的改变。但游牧帝国的盛衰起伏和游牧生活的迁徙流动使粟特在漠北突厥社会中的留居和繁衍终究保持了传统中某些根深蒂固的特征，并未完成彻底的突厥化过程。因此，直到回鹘时代甚至更晚时期，仍可以看到他们的身影。游牧的粟特人尚未来得及完成旧的民族融合进程（突厥化），草原上新一轮的民族迁移和融合进程（回鹘化）已经开始。而远在中亚定居的粟特人却在后来的历史时期里，经历了彻底突厥化的过程，成为中亚突厥语诸族的组成部分。

三　关于北方游牧社会内部族群认同的几点思考

在《华夏边缘：历史记忆与族群认同》一书中，王明珂以西方人类学族群边界理论为依托，从族群边缘的形成与历史记忆的角度，解读和揭示了华夏族的

---

① 李丹婕：《唐代中后期河朔地区胡化现象再考察——以安史叛军的构成为分析对象》，《燕园史学》2002年第2期；《唐代六胡州研究述评》，《新疆师范大学学报》2004年第4期，第102～107页。

形成过程及其本质。他指出，正是以"定居"和"农业"为认同标记的华夏族的形成，造成中国北方人群的全面游牧化。在之后漫长的历史过程中，中原地区的华夏，始终以"内诸夏、外夷狄"的族群隔离方式，强化定居且行农业的民族认同，而将北方以畜牧为生、经常迁徙的武装化人群划入"非我族类"的范畴，且筑长城以为界。①

在中古时代尤其是隋唐时期，华夏族凭借高度发达的封建文明，吸引着周边的诸族诸国。外来且留居中土的异族、异域人，几乎毫无例外地融入其中，成为华夏中国的一分子，即对华夏族（汉族）产生认同。认同的基本模式，大致为由游牧（迁移）转为定居，将部落变为乡里，以生活方式、组织形式的改变为发端，渐与汉地之人杂居，久而习染其习俗包括婚丧嫁娶、日常礼仪等，并最终触及族群认同的核心部分，即对标志华夏族精神内涵的儒家文化的认同以及族源的攀附，进而对其原有族源的有意无意地掩饰、失忆。当然。这个过程是渐进而漫长的，其终点是对华夏认同的最后确立，即完成汉化。这个过程，在汉、唐时期并无本质不同。

北方游牧社会的族群认同，其情形却迥然不同。以6～8世纪的突厥汗国为例，在其兴起之初，显然是以军事上的强势取代了北方草原上的柔然，于是原本隶属于柔然汗国或散在草原上的游牧部落，迅速以突厥阿史那、阿史德两核心氏族为中心，开始了草原上新一轮的民族交融和互动进程。这一进程，随着6世纪中叶突厥汗国的建立及其东征西讨而加速。尤其是散在蒙古高原且人数众多的铁勒诸部，原本与突厥关系密切，在突厥崛兴过程中，二者之间的一致性得以进一步加强。铁勒诸部很快成为新起的突厥的重要组成部分，使北方草原成为以狼为图腾、操突厥语、且对外自称突厥的游牧部落的中心。这个过程的完成，最初主要是依靠武力征伐实现的。在崇尚"以力为雄"的游牧社会，这应该是为游牧部落共同接受和认可的游戏规则，所以仅就游牧社会内部原有诸部之间的族群关系而言要简单得多。突厥汗国兴起后，其辖境内铁勒诸部融入突厥的过程就提供了一个典型例证。谁拥有强大武力，谁就会成为草原之主，就会在对外掠夺中获得更多财富和彼此争夺中对牧场的控制权，从而成为吸引众多势力相对薄弱且分散的部落的中心。反之，一旦军力严重削弱，缺乏更多深层联系的突厥汗国便分崩离析，原有的突厥属部各奔东西，突厥民族的主体亦不复存在，北方草原成为

---

① 王明珂：《华夏边缘：历史记忆与族群认同》，第89～90页。

新兴的游牧民族（回鹘）的家园。

进入北方草原汗国、人多势众的粟特人在游牧社会中的活动及其变化，为我们提供了中古时期北方游牧社会内部族群互动、交融的新景象。作为中亚绿洲城邦文明的主人，因其"利之所在，无远弗至"的商业天性，粟特人的足迹遍及天涯，东突厥汗国境内的粟特人大多可能沿着北方的草原丝路而来。6～8世纪尤其是突厥始毕、颉利可汗时代，第一突厥汗国里的粟特人极为活跃。他们和草原上其他游牧部落一样，以畜牧为生，擅长骑射，拥有非凡的军事才能，同为突厥汗国的属部；他们在突厥汗廷任职，参与突厥汗国的军事、外交、贸易等重大活动，并采用突厥名号，甚至与突厥贵族保持通婚。这些文化特征和习俗的习得与部落组织的采用，使之与突厥汗国的其他游牧部落在形式上别无二致。但这只是问题的一个方面。

从来自漠北的粟特人及其后裔为主的六州胡人身上，我们又看到同一群体的另一面：他们显然在相当程度上保持着其内部通婚传统，如前述康阿义屈达干，其夫人为交河石氏；[①] 传统的祆教信仰尽管有所改变，但并未被彻底放弃（安禄山及聚集于其周围的粟特人，显然还保留着原有的宗教信仰）；[②] 他们依然擅长且喜欢粟特传统的胡旋舞与胡腾舞（汉文典籍中关于安禄山擅长胡腾舞的记载[③]和宁夏盐池胡人墓石门上的胡旋舞图像[④]等），以及他们即便在早已突厥化的名字前仍坚持保留胡姓等，都提醒我们应注意他们的族源和对标志其族属特征的传统因素的保持和记忆。这不禁使我们产生这样的疑问：他们对游牧文化的接受和对游牧生计方式的采用，仅仅只是作为商业民族适应新环境的暂时性改变，还是对所属北方之主突厥族的真正认同？为共谋丝路利益，他们与突厥之间从最初的主动依附到后来的相互合作，结为利益整体，是族群认同变迁的结果，还是仅出

---

① 颜真卿：《康阿义屈达干碑》，《全唐文》卷342，第3474～3476页；岑仲勉：《突厥集史》（下），第850～854页。

② 姚汝能：《安禄山事迹》卷上，第83页；《新唐书》卷225上《逆臣上·安禄山传》，第6414页。参见荣新江《安禄山的种族与宗教信仰》，《第三届中国唐代文化学术研讨会论文集》，台北：乐学书局，1997，第231～241页；荣新江《中古中国与外来文明》，三联书店，2001，第222～237页。

③ 姚汝能：《安禄山事迹》卷上，第77页；《新唐书》卷225上《逆臣上·安禄山传》，第6413页。

④ 宁夏回族自治区博物馆：《宁夏盐池唐墓发掘简报》，《文物》1988年第9期，第43～56页。IWAMI Kiyohiro（石见清裕），"Turks and Sogdians in China during the T'ang Period", *ACTA ASIAICA*, 94, p. 58.

于现实利益的考虑而结成的松散联盟？这些疑问仍悬而未决。

从这部分粟特人后来的历史发展来看，他们的确与进入汉地的粟特人的归宿大不相同。留居漠北的粟特人后来成为回鹘可汗的座上客，[①] 之后随着北方草原上民族势力的盛衰起伏，又相继流入契丹、女真及蒙古等游牧民族，并最终融入其中；而六胡州的所谓突厥化的粟特人，则随着唐朝中后期北方军镇等地方势力的兴起，流入河北等胡化颇盛之地，在唐末五代沙陀王朝的构建活动中发挥了不小的作用，迨至宋初尚有迹可寻。

由此可见，与定居农耕的汉地文化圈内相比，游牧社会的族群认同相对脆弱易变。游牧民族崇尚"以力为雄"的草原文化传统，相对独立而又分散的部落组织形式，脆弱的经济联系等内部因素，加上中原王朝优厚的物质利诱、强大的外交攻势和政治威慑等外部诱因，均在一定程度上弱化了其内部的凝聚和认同。无论土生土长的铁勒诸部，还是外来的粟特胡人，他们在 6～8 世纪东突厥汗国内的命运和归宿，均揭示了这种特点。

原刊《历史研究》2011 年第 2 期

---

① 克里亚什托尔内：《古代突厥鲁尼文碑铭——中亚细亚史原始文献》，第 122～123 页。

漠北回鹘汗国境内的粟特人[*]

——以粟特人与回鹘人互动关系为中心

彭建英

摘　要： 公元744年回纥汗国代突厥第二汗国而兴，标志着漠北地区进入又一轮民族变动浪潮，即回纥/回鹘化的进程。漠北回鹘汗国境内的粟特人，与回鹘在政治、经济、宗教等领域呈现出频繁互动乃至深度融合，并进而结为利益甚至命运共同体，进一步推动回鹘族群的熔铸和成型。在实现其与回鹘深度融合、凝聚的同时，对漠北回鹘汗国的兴衰和回鹘文明的生发、形成，影响深远，进而将北方草原文明推进到以融合东、西方诸文明因素于一体、尊奉摩尼教为突出特点的回鹘文明时代。但与此同时，粟特在与回鹘的互动、融合过程中亦时有不谐与矛盾，回鹘内政的动荡和对外（唐）关系的紧张以及漠北回鹘汗国的败亡，其辖境内的粟特人亦难辞其咎。

关键词： 粟特人　漠北回鹘　族际互动　融合与矛盾

公元744年突厥第二汗国崩溃，起初并未从根本上改变漠北草原社会的政治组织结构和样貌，位于中原农耕社会北面的游牧区，仍然是由可汗、特勒、达干们掌控下的草原帝国，变化的只是其统治者的族属，即先前的草原旧主——衰落的突厥，让位于继之而起的回纥。但随着回纥汗国立国漠北时日渐久，漠北诸部在回纥汗国主导下，开始新的重组、演化。漠北地区亦从此开始经历新一轮民族变动浪潮，即回纥/回鹘化的进程。

---

[*] 本文系国家社科基金西部项目"唐代的民族认同研究"（11XMZ012）阶段性研究成果。

新立回纥汗国境内的族群构成中，除了创建汗国的回纥核心氏族即所谓"内九姓""外九姓"等土著游牧人群之外，尚有一特殊群体格外引人注目，此即突厥时代的所谓胡部——粟特人群体。随着突厥汗国的瓦解，带有显著外来移民色彩的粟特人，亦与漠北的土著游牧人群一样，开启了其与回纥之间的互动与融合进程，在实现其与回纥深度混融、凝聚的同时，进一步推动草原新族群—回鹘的熔铸和成型。浸润于漠北地区近百年回鹘化进程中的粟特人，其自身亦相应地发生潜移默化的改变，并对公元 8～9 世纪漠北回鹘汗国的兴衰沉浮和回鹘文明的生发、形成，产生深远影响，进而将北方草原文明推进到以融合东、西诸文明因素于一体、尊奉摩尼教为突出特点的回鹘文明时代。

回纥汗国时代活跃于漠北草原上的粟特人，并非全部直接袭自突厥时代的"胡部"。就其来源而言，大致应有三种情形：其一为很早以来就留居草原的粟特人及其后裔（包括其与土著游牧人群的混血族裔），他们在突厥时代经历了某种程度的突厥化；[①] 其二为 8 世纪因其中亚故国为大食所侵，为避难而沿丝路东迁新进入草原的粟特人；[②] 其三则是来自中原的粟特人，尤以多次受到中原王朝禁断的摩尼教之信徒为著。[③] 不过现存汉文文献中，有关漠北回鹘汗国境内的粟特人及其历史活动的记载相当有限，也很难区分文献记载中出现于不同场景中的粟特人的具体来源。

迄今为止，中外学界对漠北突厥时代粟特人的研究，已相当深入细致，[④] 但对其后回纥汗国境内同一群体的关注，却相对有限。日本学者羽田亨在其 1923 年所著《漠北地区的康国人》一文中对此稍有涉及，但受所用材料和讨论对象（仅为康姓）之限，更多篇幅集中于对突厥时代漠北地区康姓粟特人的讨论，对

① 彭建英：《东突厥汗国属部的突厥化——以粟特为中心的考察》，《历史研究》2011 年第 2 期。

② 姜伯勤：《敦煌吐鲁番文书与丝绸之路》，文物出版社，1994，第 276 页。

③ 林悟殊：《摩尼教及其东渐》，中华书局，1987。此据淑馨出版社 1997 年增订版，第 89、91、94 页。

④ 羽田亨「漠北の地と康国人」『羽田博士史学論文集・上巻（歴史篇）』、京都大学文学部内東洋史研究会、1957、395 - 405 頁；Edwin G. Pulleyblank, "A Sogdian Colony in Inner Mongolia", *T'oung Pao*, 41.4/5 (1952), pp. 317 - 356；護雅夫「東突厥国家内部におけるソグド人」『古代トルコ民族史研究』I、山川出版社、1967、61 - 93 頁；E. de la Vaissière, Trans. by James Ward, *Sogdian Traders: A History*, Leiden, Netherlands: Koninklijke Brill NV, 2005, pp. 204 - 220；森部丰『ソグド人の東方活動と東ユーラシア世界の歴史的展開』関西大学東西学術研究所研究叢刊 36（単行本）、関西大学出版部、2010、110 - 119 頁；彭建英：《东突厥汗国属部的突厥化——以粟特为中心的考察》，《历史研究》2011 年第 2 期。

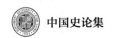

之后回鹘时代漠北之地的粟特人群体并无整体梳理和研究，即便对这一时期康姓粟特人的认识，因材料和时代所限，也是推测多于实证研究。① 近年来，或因受粟特相关研究进展的影响，中外学界对这一群体的关注有所升温。不过从学界已有成果来看，多侧重于对粟特人在漠北地区宗教（摩尼教）传播或商业贸易中作用和影响的讨论，② 兼及其与回纥之间的关系，并进而注意到二者之间出现的融合（fusion）现象。③ 但对于粟特与回纥在熔铸为同一族体的过程中，相互之间的具体互动和融合如何展开，以及此种关系如何促进回鹘文明的生发、形成和渐趋定型；二者之间因不同利益纷争而造成的矛盾和冲突，如何影响回鹘汗国的兴衰沉浮等问题并无深入细致的讨论。④ 故本文拟在国内外学界已有研究成果基础上，以粟特与回鹘的互动关系为中心，利用相关文献，互相参酌，从族际互动的角度入手，对上述问题进一步加以讨论和阐释，并借以呈现漠北回鹘时代粟特人的整体形象及其演化轨迹。

—

漠北地区的粟特人与回鹘上层在政治领域内的互动与交融，迄今所见传世汉文文献的记载中颇为零散且显模糊，时或隐含于回纥与唐朝之间的交往信息中，故一些颇为重要的线索并不那么引人注意，若细审之则可窥其端倪。回纥汗国初立时，其境内粟特人的相关活动，传世汉文文献几无见载。《旧唐书·回纥传》

---

① 羽田亨「漠北の地と康国人」『羽田博士史学論文集・上卷（歴史篇）』，400－405 頁。
② 陈俊谋：《试论摩尼教在回鹘中的传播及其影响》，《中央民族学院学报》1986 年第 1 期，第 37～42 页；林悟殊：《摩尼教及其东渐》，第 87～94 页；杨富学、牛汝极：《牟羽可汗与摩尼教》，《敦煌学辑刊》1987 年第 2 期，第 86～93 页；此文后收入杨富学《西域敦煌宗教论稿》，甘肃文化出版社，1998，第 11～30 页；E. de la Vaissière, Trans. by James Ward, *Sogdian Traders: A History*, p. 223；杨富学：《关于回鹘摩尼教史的几个问题》，《世界宗教研究》2007 年第 1 期。
③ 周耀明：《从信仰摩尼教看漠北回纥与粟特人的关系》，《西北民族研究》2002 年第 4 期。E. de la Vaissière, Trans. by James Ward, *Sogdian Traders: A History*, p. 224.
④ 值得一提的是，王小甫先生在其《中国中古的族群凝聚》（中华书局，2012）一书中，从摩尼教和回鹘关系的角度着眼，已注意到摩尼教在促进粟特与回鹘族群凝聚中的重要作用，详见第 76～117 页。另，拙文草成之后，又偶然获知近年有两篇硕士学位论文亦从传统民族关系史的视角，梳理了粟特对漠北回鹘的影响，一并胪列于此，以供参考。分别为尼扎吉·喀迪尔《粟特人对鄂尔浑回鹘（回纥）的影响研究》，硕士学位论文，新疆大学，2009；高明哲《粟特与回鹘关系研究》，硕士学位论文，西北民族大学，2013。

首次提到回纥汗国境内的粟特人，是代宗时回纥的"入京朝见使"。史文曰："翌日，使领回纥首领开府石野那等六人入京朝见。"① 此处明言冠有粟特"石"姓之"石野那"为"回纥首领开府"。据史载，这次事件的背景，是回纥首领因受唐朝叛将仆固怀恩所诱，南下劫掠；后因听闻怀恩死，转而向唐大将郭子仪请降，并相约共击吐蕃而获准入京朝见。作为"回纥首领"之一的石野那显系临时充任此次入京使者。此事《新唐书·回鹘传》《郭子仪传》无载，《旧唐书·回纥传》所载石野那等人具体入京时间不详，《旧唐书·郭子仪传》和《资治通鉴》将其事系于代宗永泰元年（765）。此时回纥汗国正处于宠信粟特摩尼教徒的牟羽可汗（757~779）治下，故文献中虽称此入京朝见的回纥六人使团之首"石野那"为"回纥首领"，② 但实应为回纥汗国境内的粟特人。值得注意的是，此处"石野那"由回纥军事将领之身份兼充外交使者，与我们熟知的突厥时代活跃于漠北突厥汗廷并相当程度上突厥化的粟特人形象别无二致。或者此"石野那"即为前述很早以来就留居草原的粟特人及其后裔（包括其与土著游牧人群的混血族裔）中之一员，他们在突厥汗国瓦解后并未外徙，而是留居当地，成为新立回纥汗国的组成部分。凭借其长期甚至几代人适应漠北游牧生活而精熟的军事技能（骑射技术）和惯有的政治才干，在新的汗国中仍得重用。上述"石野那"既为回纥军事将领，又兼作回纥外交使者，代表回纥汗国入唐朝见。在唐人眼中，他自然是与其他同行的回纥人在政治上同属一体，是回纥汗国的当然代表，故被称为"回纥首领"，自在情理之中。只是此类"石野那"们其时在回纥汗国官员群体中所占具体比例，史无详载，难以获知。

此处需要注意的是，石野那所衔官号"开府"，或源自中原，若是，则为"开府仪同三司"之省称。③ 唐时此号为文散官之首，从一品。④ 上述石野那所衔"开府"之号，或为唐朝封授，但因尚未发现相关材料可资佐证，故虚实难辨。不过，若联系当时唐朝与回纥之关系，或为唐朝羁縻回纥上层之举，示以尊宠，

---

① 《旧唐书》卷195《回纥传》，第5206页。

② 《旧唐书》卷120《郭子仪传》，第3461、3463页；《资治通鉴》卷223，代宗永泰元年冬十月记同一事曰："回纥遣其酋长石野那等六人入见天子"（第7301页）。

③ Charles O. Hucker, *A Dictionary of Official Titles in Imperial China*, Stanford University Press, 1985. 此据北京大学出版社2008年英文影印本，pp. 274~275；邱树森主编《中国历代职官辞典》，江西教育出版社，1991，第69~70页。

④ 《新唐书》卷46《百官一》，第1187页；张国刚：《唐代官制》，三秦出版社，1987，第161~162页。

亦未可知。

与上述"石野那"约略属于同一时代、亦因出使唐朝而见载于中原史书的另一位"回纥使者"为康赤心。两《唐书》《资治通鉴》对此均有记载。《旧唐书》记其事曰:"(大历八年十一月——引者注)是月,回纥使使赤心领马一万匹来求市,代宗以马价出于租赋,不欲重困于民,命有司量入计许市六千匹。"① 显然赤心是奉回纥汗国之命,以使者身份迫使唐朝与之进行"以马易绢"的大宗官方贸易;《资治通鉴》则称:"有司以回纥赤心马多,请市千匹。郭子仪以为如此,逆其意太甚,自请输一岁俸为国市之。上不许。十一月,戊子,命市六千匹。"② 足见赤心此行与唐朝强市意味之浓!两年后(大历十年)他又以回纥驻唐鸿胪寺之"首领"身份,入劫唐万年县狱之回纥囚而出,且斫伤唐之狱吏。③《新唐书》记其事比《旧唐书》为略,且仅笼统称回纥"首领劫取囚"云云,而未明言预此事之首领姓名。④ 不过《新唐书》所记赤心在牟羽之后,继任可汗——顿莫贺(779~789)即位之初又来朝之事,不仅可补《旧唐书》之缺,且使我们确知赤心为康姓粟特人。⑤ 此处"康赤心"衔命赴唐是前去处理两年前(建中元年)发生的突董事件后续事宜(主要是向唐索要高额马价),与牟羽末期(773~779)以万匹马强市于唐朝、后又劫走回纥狱囚之"赤心",从前后活跃时间及其在所涉事件中的角色性质来看,当为同一人。只是《旧唐书》记赤心所涉前二事时,其身份为"回纥使"或"回纥首领",《新唐书》和《资治通鉴》记赤心所涉后一事时其身份为"散支将军"。回纥"将军"之号源自唐制,⑥ 突厥语写作 sangun/sängün,晚期汉文也译作"相温"。⑦ 考虑到突厥、回纥时代,其境内粟特人常以将军或达干等不同身份充任入唐使者,赤心之例于理而言亦无不可,并与漠北地区粟特人精于武事、智勇兼具的整体形象恰相契合。

① 《旧唐书》卷195《回纥传》,第5207页。

② 《资治通鉴》卷224,代宗大历八年冬十月条,第7343页。

③ 事见《旧唐书》卷195《回纥传》,第5207页;《资治通鉴》卷225,代宗大历十年九月戊申条,第7351页;刘美崧《两唐书回纥传回鹘传疏证》,中央民族学院出版社,1989,第56~57页。

④ 《新唐书》卷217上《回鹘上》,第6121页。

⑤ 《新唐书》卷217上《回鹘上》载:"(顿莫贺)遣散支将军康赤心等随休来朝"(第6122页);又,《资治通鉴》卷227所载略同,并系此事于德宗建中三年(782)五月条,详见第7449页。

⑥ 杨圣敏:《回纥史》,吉林教育出版社,1991。此据广西师范大学出版社2008年版,第77页。

⑦ J. R. 哈密顿:《五代回鹘史料》,耿昇、穆根来译,新疆人民出版社,1986,第170~171页。

值得注意的是，上述石野那、康赤心虽所衔具体官职有别，但在唐人眼中他们却拥有共同的政治与族群身份，即均为"回纥首领"，是回纥汗国从事与唐朝外交事务的直接代表。更令人印象深刻的是，与回纥本族共同任职于回纥汗廷、代表回纥汗国出使唐朝的漠北粟特人，在关涉回纥利益的特定场景中异常活跃。典型者如上文提到的（康）赤心，为救出因"白昼刺人于东市"而被唐拘执的回纥囚徒，竟"自鸿胪寺驰入县狱，劫囚而出，斫伤狱吏"，[1] 为维护回纥的利益表现神勇，不遗余力，在政治利益上表现出与回纥强烈的一致性。这当是二者在政治上实现深度混融的前提和基础。

两《唐书》在记上述石野那、康赤心之事的同时，不约而同地均提到这二人所处时代（约当牟羽可汗在位时期），回纥汗国境内九姓胡（亦即昭武九姓，即粟特人）的活跃及其对回纥军政、外交的影响乃至左右。《旧唐书》载："德宗初即位，使中官梁文秀告哀于回纥，且修旧好。可汗移地健不为礼。而九姓胡素属于回纥者，又陈中国便利以诱其心，可汗乃举国南下，将乘我丧。"[2]《新唐书》对此记载较简略，但内容基本与《旧唐书》同。[3] 类似记载显然是中原史官从唐朝与回纥关系的视角出发，强调影响二者关系的关键群体——漠北粟特人的相关历史活动，从而使我们获知特定时期回纥汗国境内九姓胡人的重要信息。此处文献中出现的粟特人，非前述石野那、康赤心等个体形象，而是以"九姓胡"这样带有明确族属色彩和特定群体指称的面貌呈现：一则使我们确知回纥汗廷中的粟特人从数量上而言非少；二则可以确定在牟羽可汗（即移地健）在位之际，"九姓胡"粟特人与回纥上层关系尤为密切，他们深植于回纥汗廷，为回纥可汗出谋划策，甚至竟可说动可汗，兴"举国南下"伐唐之师！此次军事活动虽然后来因遭到顿莫贺达干的反对，最终未能成功（容后述及），但由此凸显出粟特人在回纥汗国关乎军国大事的决策中不可小觑的影响力，却令人印象深刻。与《九姓回鹘可汗碑》所载内容相印证，[4] 可知在牟羽可汗统治时期，与在中原安

---

① 《旧唐书》卷195《回纥传》，第5207页；《资治通鉴》卷225，代宗大历十年九月戊申条，第7351页；刘美崧：《两唐书回纥传回鹘传疏证》，第56～57页。

② 《旧唐书》卷195《回纥传》，第5207～5208页；《资治通鉴》卷226，德宗建中元年六月条，第7400页。

③ 详见《新唐书》卷217上《回鹘上》，第6121页。

④ 碑文内容详下，并参见程溯洛《释汉文〈九姓回鹘可汗碑〉中有关回鹘与唐朝的关系》，收于氏著《唐宋回鹘史论集》，人民出版社，1993，第104页；杨富学《关于回鹘摩尼教史的几个问题》，《世界宗教研究》2007年第1期。

史乱后一度陷入绝境的同胞之境遇相反，漠北之地的粟特胡人成为回纥可汗的座上宾。[1] 另，若考虑到同一时期睿息等摩尼教僧随牟羽入回纥并受到极高礼遇，[2] 作为其教胞及同胞的在华粟特人，安史乱后因受唐人排胡思潮影响，亦应有部分前往漠北回纥汗国避难安身。荣新江先生认为，安史乱后蒙受打击的在华粟特人纷纷迁往河北等胡化之地，使之成为安史乱后粟特人之新家园;[3] 笔者认为，回纥汗国此时及之后极有可能成为部分遭中原乱离，尤其是信仰摩尼教之粟特人另一新家园。他们因得可汗支持，遂呈兴盛之势。另据史载:"（代州都督张光晟）上言:'回纥非素强，助之者九胡尔。'"[4] 此处所云助回纥由弱而强的"九胡"应与上引史料中"素属于回纥"的"九姓胡"和《通鉴》所称"群胡"为同一群体，即漠北回纥汗国境内的粟特人。显然这才是前述"石野那""康赤心"之辈，在回纥与唐朝的关系中得以纵横捭阖、甚至肆意妄为的深层原因，更是其活跃的族群背景和政治基础。由此亦可证漠北粟特人与回纥在政治上混融之深。

《通鉴》的相关记载，更可证粟特人因得回纥汗国庇护而呈强盛之势，"先是回纥留京师者常千人，商胡伪服而杂居者又倍之，县官日给饔饩，殖资产，开第舍，市肆美利皆归之，日纵贪横，吏不敢问"。[5] 此处伪服之"商胡"，当系来自回纥汗国、着回纥衣装冒充回纥的九姓胡粟特人。回纥汗国则因其助力，在大力宠信粟特人的牟羽可汗时代，其国力达如日中天之势，[6] 骄横的牟羽遂不仅对

---

[1] 克里亚什托尔内:《古代突厥鲁尼文碑铭——中亚细亚史原始文献》，李佩娟译，黑龙江教育出版社，1991，第122~123页。

[2] 林悟殊先生主张763年随牟羽入回鹘之"睿息等四僧"应为粟特人，此从。详见氏著《摩尼教及其东渐》，第89~90页。

[3] 另一方面，荣先生还指出，粟特人并未因唐人对"胡化"的反感而全部迁出长安，而是以改换姓氏、郡望等方法转而为汉，继续保持在长安的存在，此论甚是。详见氏著《安史之乱后粟特胡人的动向》，载纪宗安、汤开建主编《暨南史学》第2辑，济南大学出版社，2003，第102~123页。值得一提的是，流入漠北的粟特人，之后亦借回纥之庇护，在返传摩尼教、出使唐朝的同时，大量留居中原，从事宗教和商业活动，也继续保持在中原内地的存在。

[4] 《新唐书》卷217上《回鹘上》，第6121页;《资治通鉴》卷226，德宗建中元年八月甲午条载:"（张）光晟知上旨，乃奏称:'回纥本种非多，所辅以强者，群胡耳。'"与《新唐书·回鹘上》略同（第7406页）。

[5] 《资治通鉴》卷225，代宗大历十四年秋七月庚辰条，第7384页。

[6] 刘义棠先生认为，牟羽（意为圣者可汗）之所以冠以如此自大之号，皆因其祖先余荫以及其在位时回纥如日中天之国势故也。详见氏著《突回研究》，经世书局，1990，第131页。此处需要进一步指出的是，"牟羽"（bögü）在古突厥语中原义为"魔法、妖术、魔力、魔术、巫"等，若考虑牟羽对摩尼教师的重用及其本身改宗摩尼教之史实，此汗号或为其宠信之粟特摩尼教师创制，以称颂其护法兴国之伟业，亦未可知。

唐朝的"告哀修好使"怠慢无礼,且欲乘唐之大丧兴兵南下。① 之后虽一度有顿莫贺(779~789)对粟特胡人的排斥乃至杀害,② 但似并未从根本上影响粟特人在回纥汗国军政、外交领域内的重要作用。③ 尤其在跌跌氏掌握回鹘汗国汗权之后,回鹘上层与粟特精英在政治上的合作关系似乎更加深入。④ 殆至回鹘汗国后期,粟特人甚至有升任宰相之高位者。⑤ 可见至少自牟羽可汗始,直至回鹘汗国末,其上层重用粟特人的政策迄未改变,甚至漠北回鹘汗国亡国乃至西迁后,这一政策仍被奉行不辍。⑥ 因此,毫不令人意外的是,在公元840年回鹘汗国溃散南下的部众中,有号称回鹘王子与回鹘特勤者,却分别冠以"嗢没斯(其原音被比定为粟特语 Wrmazt,其义为木星木曜日)"、"那颉(其原音被比定为粟特语 nakhid,其义为金星金曜日)"等粟特语名字。⑦ 这样的粟特语名号,应为粟特摩尼教师所传布,故被伯希和、沙畹等西方汉学家视为摩尼教在中原和回鹘中流行的证据。不过若从粟特与回鹘族际关系的角度观之,所谓回鹘王子、回鹘特勤衔粟特语名号的现象,应该正是他们相互之间影响至深的写照,实已很难从冠此名号者的身份作出族属上的明确区分。有学者指出,回鹘重要人物尤其是后期

① 《旧唐书》卷195《回纥传》,第5207~5208页;《资治通鉴》卷226,德宗建中元年六月条,第7400页。

② 《旧唐书》卷195《回纥传》称:"顿莫贺乘人之心,因击杀之(牟羽可汗),并杀其亲信及九姓胡所诱来者凡二千人"(第5208页);另见《新唐书》卷217上《回鹘上》,第6121页。但顿莫贺所击杀者,显然只是牟羽可汗之亲信及鼓动牟羽举国伐唐之部分九姓胡,而非针对回纥国内所有粟特人;《资治通鉴》卷226,德宗建中元年六月条,第7400~7401页。

③ 据《新唐书·回鹘上》和《资治通鉴》记载,顿莫贺在德宗建中三年(782)遣往唐朝处理突董事件后续事宜的使节即以粟特人充任,此时距其击杀牟羽及其周围所亲信之九姓胡为时不远。详见《新唐书》卷217上《回鹘上》,第6122页;《资治通鉴》卷227,德宗建中三年五月条,第7449页。

④ 《新唐书》卷217上《回鹘上》,第6126页。

⑤ 在回鹘汗国末期的内乱中,有宰相名安允合者,显为粟特人无疑。《旧唐书》卷195《回纥传》,第5213页;刘美崧:《两唐书回纥传回鹘传疏证》,第85页。

⑥ 《新唐书》卷217下《回鹘下》载,懿宗时(859~873),"(回鹘)大酋仆固俊自北庭击吐蕃,斩论尚热,尽取西州、轮台等城,使达干米怀玉朝,且献俘,因请命,诏可"(第6133~6134页)。此处充任西迁后回鹘出使唐朝使节的"达干米怀玉"显系粟特人。

⑦ 伯希和、沙畹:《摩尼教流行中国考》,冯承钧译,收入冯承钧《西域南海史地考证译丛八编》,中华书局,1958,第55、73页;羽田亨:《唐代回鹘史研究》,收入氏著《羽田博士史学论文集·上卷历史篇》,第292页注一九一;佐口透:《〈新唐书·回鹘传〉笺注》,《骑马民族史(正史〈北狄传〉)》第2卷,平凡社,1979,第301~362页;收入余大钧《北方民族史与蒙古史译文集》,云南人民出版社,2003,第166页;刘美崧:《两唐书回纥传回鹘传疏证》,第90页。

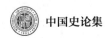

冠此（Ormudz/Ormuzd）粟特语名号者非一，已知的汉语译名除"嗢没斯"之外，尚有"鹘勿斯"。① 这种变化出现于漠北回鹘汗国末期，似非偶然。粟特与回鹘间出现的族群界限上的模糊化，既可视为二者长久以来深度混融的标志，当更是其持续互动、融合的结果。在长期共事和相处尤其是在对回鹘汗国军国大事的共同参与过程中，称粟特与回鹘在政治上已实现混融并进而凝结为"命运共同体"亦不为过吧！

二

漠北回鹘汗国境内的粟特人，与回鹘上层在政治上长期共事进而实现高度混融的同时，在经济领域的互动与混融则主要体现于回鹘上层倚重甚至仰仗粟特人发展其商业贸易；而粟特人则借回鹘之力操控回鹘对外尤其是与唐朝之间以绢马交易为核心的商业往来。二者相互联手，互相依仗，从而结成经济（商业）利益共同体。传世汉文文献中有关粟特人从事商业活动的直接记载非常有限，而是往往与其政治、外交、宗教活动的记录交织在一起。但仍可从九姓胡或摩尼教徒（当以粟特人为多）在中原的相关活动中，发现其在唐与回鹘汗国间商业贸易中的主导作用。前述（康）赤心，起初即是以回纥使者的身份，肩负完成回鹘与唐朝间大宗绢马贸易的重任；之后他极有可能留驻京城长安，并驻于唐朝安置外来使者的鸿胪寺，以回纥官方代表的身份，长期从事商业贸易，资产雄厚，贪横恣肆，以致竟敢驰入县狱，劫囚而走。② 粟特人在回鹘对唐贸易中的影响之大，从其他相关史料中亦可得到印证："先是，回纥留京师者常千人，商胡伪服而杂居者又倍之，县官日给饔饩，殖资产、开第舍，市肆美利皆归之，日纵贪横，吏不敢问。或衣华服，诱娶妻妾，故禁之。"③ 由上文可知，此处与回纥共同留居唐之京师、伪服回纥衣装之"商胡"即粟特人，他们不仅人数远多于回纥人，且操控商业贸易，置产积货，独占"市肆美利"。由此可推知其在回纥国内经济（商业）中举足轻重的影响力。又，据《通鉴》载："代宗之世，九姓胡常冒回纥之名，杂居京师，殖货纵暴，与回纥共为公私之患；上（德宗——引者注）

① J. R. 哈密顿：《五代回鹘史料》，第 168 页。
② 《旧唐书》卷 195《回纥传》，第 5207 页；《资治通鉴》卷 225，代宗大历十年九月戊申条，第 7351 页；刘美崧：《两唐书回纥传回鹘传疏证》，第 56～57 页。
③ 《资治通鉴》卷 225，代宗大历十四年秋七月庚辰条，第 7384 页。

即位，命董突（当作突董）尽帅其徒归国，辎重甚盛。"[①] 突董所帅归国的回鹘大型使团中即有不少九姓胡人（详后）。可见粟特与回鹘在政治上互相借力的同时，在经济上尤其在对外贸易中亦互为援手，结为利益共同体。

粟特人在中原地区，因为有回鹘汗国的支持和庇护，成为财力雄厚的富商大贾，不仅殖资产、开第舍，进而放高利贷，赚取高额利润，[②] 甚而与回纥人互为表里，贪横不法；在回鹘国内，因其对回鹘商业的操控和对外贸易的垄断，在促进回鹘商业发展的同时，也使其成为既富且贵的群体，甚至有学者主张他们已然形成回鹘汗国社会中一个独立的商人阶级（层）。[③] 从而促使漠北回鹘社会从传统游牧经济向定居、半定居的商业和农牧兼营的生计方式转变。而回纥改宗摩尼教的主因，亦多因此教为擅长经商的粟特人所尊奉。回纥上层需要倚重精于商道的粟特人发展东西方贸易，为其聚敛、获取财富，故亦改宗其所奉宗教。[④] 法国学者魏义天（E. de la Vaissière）在其所著《粟特商人史》一书中甚至称，顿莫贺政变（779）后，势力得以恢复的粟特人和摩尼教，直到 840 年第一回鹘汗国（即漠北回鹘汗国）亡于黠戛斯，"曾是那个时代伟大商业不可或缺的一部分（an integral part），是中华帝国与回鹘汗国间绢马贸易必不可少的一部分"。[⑤] 粟特人与回纥的混融，尤其是粟特精英（以摩尼教徒为主）与回鹘上层的互动、融合由政治而经济，并进而触及精神与信仰层面，在此过程中相互间的认同遂亦因之加深。

二者在宗教层面的互动与融合，则主要体现为回鹘上层对其所倚重之粟特人所奉摩尼教的改宗，并将其立为国教，从而使二者同奉一教，促使双方之间走向深层的认同与融合。漠北突厥时代，突厥虽亦曾供奉其胡部粟特人的神祇——祆神，[⑥] 但其充其量只是突厥人信仰世界中众多神灵的一员，祆教远未获得摩尼教

---

① 《资治通鉴》卷 226，德宗建中元年八月条，第 7406 页。

② 《册府元龟》卷 999《外臣部·互市》，第 11727 页；程溯洛：《回纥游牧封建汗国的兴衰》，《西北民族研究》1990 年第 2 期；此文又收于氏著《唐宋回鹘史论集》，此处所引内容见该书第 65 页。

③ 程溯洛：《回纥游牧封建汗国的兴衰》，《西北民族研究》1990 年第 2 期；并见氏著《唐宋回鹘史论集》，此处所引内容见第 68 页；杨圣敏：《回纥史》，第 86 页。

④ 林悟殊：《摩尼教及其东渐》，第 94 页；森安孝夫「ウイグルから見た安史の乱」『内陸アジア言語の研究』2002（17）、117 – 170 頁。

⑤ E. de la Vaissière, Trans. by James Ward, *Sogdian Traders: A History*, p. 225.

⑥ 段成式：《酉阳杂俎》卷四，方南生点校，中华书局，1981，第 45 页。

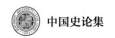

在回鹘时代所谓"正教"的尊崇地位，换句话说，之前粟特人对突厥精神世界的影响深度，远不可与之后其对回鹘信仰世界的改造同日而语。

迄今为止，尽管学界对摩尼教在漠北早期传播时间有歧义，但其通过官方渠道正式传入回鹘汗国的时间，学界意见则基本一致，[①] 即在回鹘汗国第三代可汗牟羽时代。在牟羽可汗助唐翦灭叛军史朝义北返之际，从中原带回四名粟特摩尼高僧，入国传教，具体时间为唐肃宗宝应二年（763）。关于摩尼教入回鹘，学界最广加征引的文献之一是汉、粟特、突厥三语合璧的《九姓回鹘可汗碑》，兹引文字存留状态最好的汉语碑文中与摩尼教有关的内容如下：

> 可汗乃顿军东部，因观风俗。摩尼佛师，将睿息等四僧入国，阐扬二祀，洞彻三际。况法师妙达名门，精通七部，才高海岳，辩若悬河。故能开正教于回鹘，以茹荤屏湩酪为法，立大功绩，乃曰默傒奚德。于时都督、刺史、内外宰相、司马金曰："今悔前非，愿事正教。"奉旨宣示："此法微妙，难可受持。"再三恳恻："往者无识，谓鬼为佛；今已悟真，不可复事。特望□□。"摩尼佛师曰："既有志诚，任即持贵。应有刻画魔形，悉令焚爇。祈神拜鬼，并摈斥而受明教。"熏血异俗，化为蔬饭之乡；宰杀邦家，变为劝善之国。故圣人之在人，上行下效。法王闻受正教，深赞虔诚。摩尼佛大德愿领诸僧尼，入国阐扬。自后慕阇徒众，东西循环，往来教化。[②]

从上引碑文可知，在中原屡遭禁断的摩尼教，因为得到回纥可汗的青睐和支持，而得以"开正教于回鹘"。摩尼法师亦因此而"立大功绩"于回纥汗国，致使"熏血异俗，化为蔬饭之乡；宰杀邦家，变为劝善之国"。回纥汗国所在漠北萨

---

① 伯希和、沙畹：《摩尼教流行中国考》，冯承钧译，收入冯承钧《西域南海史地考证译丛八编》，第61~62页；林悟殊：《摩尼教及其东渐》，第84页；杨富学、牛汝极：《牟羽可汗与摩尼教》，《敦煌学辑刊》1987年第2期；杨富学：《关于回鹘摩尼教史的几个问题》，《世界宗教研究》2007年第1期。

② 此据程溯洛、林梅村及杨富学等学者整理的录文而引用，个别标点和文字笔者有所补正。参见程溯洛《释汉文〈九姓回鹘可汗碑〉中有关回鹘与唐朝的关系》，收于氏著《唐宋回鹘史论集》，第104页；林梅村《九姓回鹘可汗碑研究》，收于氏著《古道西风——考古新发现所见中西文化交流》，三联书店，2000，第307页；杨富学《关于回鹘摩尼教史的几个问题》，《世界宗教研究》2007年第1期。

满教之乡也因此一变而为"光明佛"之国。突厥文摩尼教残经中则径称牟羽可汗为"摩尼化身"（zahag'i mani），① 作为摩尼教徒的回鹘可汗，以其草原帝国最高统治者的身份助摩尼法师入国传教，使之颇具护法者之意味。而立国不久的回鹘可汗也需借助一种新宗教之"神力"，以维护和适应新汗国的统治秩序。② 在这里需要"护法者"的摩尼教师和需要"护国者"的回鹘可汗，在共奉一教的同时，实现政治与宗教的完美结合，二者互相借力，各谋其利，各取所需，不意却促进了以尊奉摩尼教为突出特点的漠北草原新文明——回鹘文明的诞生，粟特人在加深其与回鹘上层互动、融合的同时，亦进一步推动了漠北地区的回鹘化进程。

不过，值得注意的是，粟特与回鹘在宗教层面的混融，初期进展似并不顺利。学界多以另一件有关摩尼教入回鹘的出土文献——回鹘文《牟羽可汗入教记》残卷与上述《九姓回鹘可汗碑》的内容相印证，认为牟羽可汗时期摩尼教传入回纥初期曾遭遇很大挫折，摩尼教徒亦受到迫害。③ 从相关文献记载可知，摩尼教在回纥汗国的传播，共遭遇两次大的波折。第一次即广为学界所注意到的，是在牟羽可汗统治初期，具体时间为 763 年，摩尼教通过官方渠道初传回纥时，似受到部分回纥上层的极力阻挠。甚而作为摩尼教直接引入者的牟羽可汗也曾一度动摇，但最终在摩尼教师的说服和宣传下改宗新教，从而开始奠定摩尼教在回纥汗国国教化的基础。④ 第二次是在牟羽可汗统治末期，回纥境内的摩尼教徒遭遇回纥上层内部顿莫贺达干击杀牟羽可汗及其党羽九姓胡，并夺取汗位等重大政治变故，包括粟特摩尼教徒在内的凡二千人被杀。⑤ 之后至少在顿莫贺在位（779～789）十年间，摩尼教似乎受到限制，同一时期汉文文献中未见摩尼教的相关记载。顿莫贺亦成为回纥汗国历史上，自牟羽可汗至汗国末诸可汗中，唯一未在自己的汗号中冠以摩尼教徒所崇拜的日月尊号"爱登里逻"（ai tängridä）

---

① 伯希和、沙畹：《摩尼教流行中国考》，冯承钧译，收入冯承钧《西域南海史地考证译丛八编》，第 61～62 页。

② 林悟殊：《摩尼教及其东渐》，第 94 页。

③ 冯家昇、程溯洛、穆广文编著《维吾尔族史料简编》（上），民族出版社，1981，第 35 页；杨富学、牛汝极：《牟羽可汗与摩尼教》，《敦煌学辑刊》1987 年第 2 期。

④ 森安孝夫「ウイグルから見た安史の乱」『内陸アジア言語の研究』2002（17）、117 – 170 頁；杨富学：《关于回鹘摩尼教史的几个问题》，《世界宗教研究》2007 年第 1 期。

⑤ 《旧唐书》卷 195《回纥传》，第 5208 页；《新唐书》卷 217 上《回鹘上》，第 6121 页；《资治通鉴》卷 226，德宗建中元年六月条，第 7401 页。

或"君登里逻"（kün tängridä）等徽号的可汗，① 他也因此被贴上回纥上层中反
对外来摩尼教、维护回纥传统萨满教的保守派代表的标签。② 但从前揭有限的汉
文文献记载来看，顿莫贺对牟羽可汗的击杀及其周围九姓胡人的清除，与其从宗
教传播的角度解释为是对"异教徒的迫害"，③ 不如从政治史的角度视为游牧帝
国上层内部争夺汗位的政变更接近历史真相。④ 值得一提的是，两《唐书·回
纥/回鹘传》的相关记载，有助于坐实这一认识。《新唐书》载："主（即小宁国
公主——引者注），荣王女也。始宁国下嫁，又以媵之。宁国后归，因留回鹘中
为可敦，号'少宁国'，历配英武、英义二可汗。至天亲可汗时，始居外。其配
英义生二子，皆为天亲所杀。"⑤ 此处天亲可汗即顿莫贺，为唐朝加封之汗号；
而小宁国公主所配英义可汗即牟羽可汗，二人所生两子竟皆为天亲可汗所杀，顿
莫贺此举明显带有清除后患的政治目的。在这次重大政治变故中，追随和支持牟
羽可汗的粟特胡人（应多为摩尼教徒）成为回纥上层内争的政治牺牲品。依理
度之，顿莫贺对摩尼教的排斥⑥与牟羽对摩尼教的尊宠，其政治功用和考量并无
本质不同，即更多当是为其获得汗位或巩固统治之计，而非草原上"守旧派"
与"新兴派"之间的对决。也正因为如此，顿莫贺在自立为可汗后，仍旧继续
至少自回纥汗国第二代可汗即磨延啜之时起即重用粟特人的传统，⑦ 其后继者则
更是重新恢复对摩尼教的尊崇。⑧ 由此可见，为获得和巩固政权，宗教的采用与
否及采用何种宗教，只是政治家的一种策略，更多时候是一种为其统治服务的权

---

① 林悟殊：《摩尼教及其东渐》，第 92 页；王小甫：《中国中古的族群凝聚》，第 98 页注①。
② 林悟殊：《摩尼教及其东渐》，第 92 页；E. de la Vaissière, Trans. by James Ward, *Sogdian Traders: A History*, p. 224.
③ 森安孝夫「ウイグルから見た安史の乱」『内陸アジア言語の研究』2002（17）。
④ 王小甫先生对这一历史事件的意见与笔者类似，参见氏著《中国中古的族群凝聚》，第 101～102 页。
⑤ 《新唐书》卷 217 上《回鹘上》，第 6125 页；《旧唐书·回纥传》所载较《新唐书·回鹘上》为略，详见第 5210 页。
⑥ 林悟殊：《摩尼教及其东渐》，第 92 页。林悟殊先生认为"顿莫贺排斥粟特人，自己亦就不信奉摩尼教"。此论或失之武断。顿莫贺从其政治需要出发不信奉摩尼教或为真，但断言他排斥粟特人，恐不妥。实则他所排斥和打击的应只是追随其政敌牟羽可汗的粟特摩尼教徒及商人。
⑦ 耿世民译《磨延啜碑》西面第 44 行，磨延啜称："我让粟特人和中国人在色楞格河建造了富贵城"。收于林幹《突厥与回纥史》，内蒙古人民出版社，2007，第 383 页；森安孝夫则据此碑文进一步指出"磨延啜与粟特人关系匪浅"，详见氏著「ウイグルから見た安史の乱」『内陸アジア言語の研究』2002（17）。
⑧ 林悟殊：《摩尼教及其东渐》，第 92 页。

宜之计。从这个角度而言，顿莫贺对摩尼教的排斥，或并非完全出于宗教甚至是种族偏见，而更多当出于政治需要。以非正常方式继汗位的顿莫贺，在努力消除牟羽在位时因听信九姓胡而在唐、回关系中留下的阴影的同时，也在设法增强其在漠北地区的凝聚力和号召力。在获唐朝册封、得尚公主之后，又请易旧称"回纥"为新号"回鹘"，①"言捷鸷犹鹘然"。② 此举可视为顿莫贺在经历政变动荡后，重新扶稳政局、增强回鹘内部凝聚力的应时之举。在这样的背景下，粟特人所奉之摩尼教在回鹘上层中的尊崇地位虽一度有所降低，但应该并未从根本上影响粟特人在回鹘汗国中的优宠地位及其之后对回鹘汗国社会信仰世界的持续改造。

如前所述，为漠北粟特人所奉之摩尼教几经波折，后于 9 世纪初期在回鹘汗国进入其全盛期。③ 这一变化除了回纥上层需要继续重用精于商业的粟特摩尼教徒为其获取财富的原因之外，亦应与回纥可汗出身发生转变密切相关。众所周知，漠北回纥汗国自第七代可汗即唐所封怀信可汗（795～805）始，王族易姓，汗权由此前回纥内九姓之药罗葛氏转入外九姓之跌跌（Ädiz，文献中或记作阿跌）氏。怀信可汗本名骨咄禄，即位前为前任奉诚可汗（顿莫贺之孙）（790～795）之相，且"当天亲时数主兵，诸酋尊畏"。④ 刘义棠先生指出，回纥可汗汗位继袭法则之一，是原则上可汗必须出自药罗葛氏。⑤ 故有辩慧、有勇略且被"国人"拥立为可汗的跌跌氏骨咄禄，仍需冒姓药罗葛氏。⑥ 怀信可汗"以药罗葛氏世有功，不敢自名其族，而尽取可汗子孙内之朝廷"。⑦ 以异姓而首登回鹘汗位的骨咄禄，在处理与药罗葛氏及其族裔的关系上，颇费心思。同时为巩固统

---

① 回纥更名回鹘的时间，因传世文献记载不同，学界意见多有分歧。详见刘美崧《两唐书回纥传回鹘传疏证》，第 63～64、74 页；杨富学《大唐西市博物馆藏〈回鹘米副侯墓志〉考释》，《民族研究》2015 年第 2 期。尤值一提的是，杨文结合大唐西市博物馆藏《石解墓志》和《回鹘葛啜王子墓志》，与传世文献记载相印证，否定了刘美崧先生主张的元和四年说，并针对贞元四年说与贞元五年说，提出前者为回纥上表请求改名的时间，后者为德宗诏敕颁行回鹘的时间，此说颇为在理。不过，若从回纥/回鹘立场出发考虑，应从《新唐书·回鹘上》的记载，即贞元四年（788）说更妥。
② 《新唐书》卷 217 上《回鹘上》，第 6124 页。
③ 林悟殊：《摩尼教及其东渐》，第 93 页；森安孝夫「ウイグルから見た安史の乱」『内陸アジア言語の研究』2002（17）。
④ 《新唐书》卷 217 上《回鹘上》，第 6126 页。
⑤ 刘义棠：《突回研究》，第 122 页。
⑥ 刘义棠：《突回研究》，第 122 页；刘美崧：《两唐书回纥传回鹘传疏证》，第 72 页。
⑦ 《新唐书》卷 217 上《回鹘上》，第 6126 页。

治之需，仍尊奉摩尼教，而投其所好的唐朝则封其为"爱腾里逻羽録没蜜施合胡禄毗伽怀信可汗"，① 唐之封号中仍冠以摩尼教所奉之月（Ai/Ay）神尊号"爱登里逻"。盖怀信可汗在位时期，仍致力于维持跌跌氏的汗位，故于排斥或不太热衷于摩尼教的顿莫贺系（药罗葛氏）与回鹘境内粟特摩尼教徒之间保持平衡（即在冒姓药罗葛氏的同时尊奉摩尼教），借此获二者的支持，左右逢源，巩固汗位。因此粟特人及其所奉摩尼教的影响力，在怀信可汗时虽可能仍处于恢复和过渡期，但粟特与回鹘上层在宗教层面的融合在新形势下应得以继续。

至回鹘汗国第 8、9 代可汗（805~821）时，时间约略与唐宪宗元和年间（806~820）相当，跌跌氏汗位已稳，摩尼教徒则因找到新的政治靠山，而完全摆脱之前顿莫贺时代留下的阴影，复又活跃于回鹘汉廷。与摩尼教表里一体的粟特人，② 不仅重新成为回鹘可汗信仰世界里的导师，同时继续其作为可汗谋士、外交使节、对外贸易担当者的传统角色；跌跌氏则通过尊崇摩尼教，进一步增强其汗位的合法性、神圣感与权威性，从而使之在回鹘社会中更具号召力和向心力。③ 自此始，汉文文献中有关摩尼教徒（多为粟特人）与回鹘关系密切的记载明显增多。《新唐书·回鹘传》载："元和初，再朝献，始以摩尼至。其法日晏食，饮水茹荤，屏湩酪，可汗常与共国者也。"④ 这条史料常被学界视为摩尼教徒作为回鹘官方正式代表出使唐朝，并借由其所奉宗教进而左右回鹘国政的主要依据。⑤

由文献记载来看，自跌跌氏掌控回鹘汗国以后直至汗国末期，回鹘汗国境内与摩尼教表里一体的粟特人，与立国初期相比，其势益重。《旧唐书·回纥传》载："（元和八年）十二月二日，宴归国回鹘摩尼八人，令至中书见宰臣。先是，回鹘请和亲，宪宗使有司计之，礼费约五百万贯，方内有诛讨，未任其亲，以摩尼为回鹘信奉，故使宰臣言其不可。"又载："（长庆元年）五月，回鹘宰相、都督、公主、摩尼等五百七十三人入朝迎公主，于鸿胪寺安置。"⑥ 因摩尼教为回

---

① 《新唐书》卷 217 上《回鹘上》，第 6126 页。

② 森安孝夫「ウイグルから見た安史の乱」『内陸アジア言語の研究』2002（17）。

③ 从保义可汗纪功碑《九姓回鹘可汗碑》的三语碑文内容中，均可看出跌跌氏出身的回鹘可汗在这方面的努力。相关碑文详见林幹《突厥与回纥史》，第 395~401、437~449 页。

④ 《新唐书》卷 217 上《回鹘上》，第 6126 页。

⑤ 林悟殊：《摩尼教及其东渐》，第 93~94 页；杨富学：《关于回鹘摩尼教史的几个问题》，《世界宗教研究》2007 年第 1 期。

⑥ 《旧唐书》卷 195《回纥传》，第 5210~5211 页。

鹘上层所敬信，摩尼教徒无论在回鹘汗国还是在唐境均获殊遇，诚如陈垣先生所言："无论来朝，无论去国，非摩尼不成行。其敬重等于宰相都督，其亲信等于骨肉，其关系可知也。"① 在唐朝境内的回鹘摩尼教徒也因此其势益张，气焰熏天。"摩尼至京师，岁往来西市，商贾颇与囊橐为奸。"② "其在京师也，瑶祠云构，甲第棋布，栋宇轮奂，衣冠缟素。交利者风偃，挟邪者景附……蝎蠹上国，百有余年。"③ "回鹘常与摩尼议政，故京师为之立寺……其大摩尼数年一易，往来中国；小者年转江岭。西市商胡囊，其源生于回鹘有功也。"④ 上引史料，常被学界用作摩尼教在回鹘及中原兴盛的证据。事实上，作为摩尼教徒的粟特人，对回鹘的影响已远远超出宗教层面。

由前文分析可知，无论在回鹘汗国的内政还是涉外活动中，作为回鹘汗国政权中优秀僚属的粟特人，⑤ 他们不仅仅只是可汗身边的谋士，亦非单纯传教布道的僧人或从事外交活动的使节，而是兼政治、外交、商贸、传道数任于一身，在为自己牟利的同时，也在加速其与回鹘多维度的互动与融合，进一步推动回鹘族群的熔铸和成型，从而塑造甚至改变着回鹘汗国的面貌乃至命运。他们对回鹘的影响已远甚于之前对突厥的影响。⑥ 突厥时代的粟特人则仅仅只是作为突厥汗国的属部之一，在诸多方面仍受制于其宗主国突厥，当多为现实利益计而发生突厥化的种种改变。⑦ 而回鹘时代的粟特，显然已非昔日游牧文化的被动接受者，作为回鹘强盛的关键助力者，以其擅长的商道为依凭，借助以回鹘可汗为核心的游牧政权统治上层在政治上的支持，促使以信仰摩尼教、奉行重商主义、筑城而居为突出特点的粟特文化与长期以来受到中原影响的漠北游牧文化，逐渐融冶于一体。在相当程度上或可说，回鹘汗国的强盛和回鹘文明的生发形成，即是在承袭

---

① 陈垣：《摩尼教入中国考》，《陈垣学术论文集》第 1 集，中华书局，1980，第 343 页。
② 《新唐书》卷 217《回鹘上》，第 6126 页。
③ 李德裕：《会昌一品集》卷 2《纪功》，《景印文渊阁四库全书》第 1079 册，台湾商务印书馆，1986，第 117 页。需要指出的是，此处引文描述的虽是留居唐之京师的回鹘及摩尼教徒奢靡骄纵之状，但联想到九姓商胡常伪服与之杂居，并携券以重，故将之视为九姓胡在中原富可敌国、纵横恣肆的写照于理亦无不妥，刘美崧先生则将之视为"回鹘与摩尼教势力在唐朝京师的一个缩影"，详见氏著《两唐书回纥传回鹘传疏证》，第 73～74 页。
④ 李肇：《唐国史补》卷下，《松牕杂录（及其他四种）》，《丛书集成初编》第 2743 册，中华书局，1991，第 173 页。
⑤ 森安孝夫「ウイグルから見た安史の乱」『内陸アジア言語の研究』2002（17）。
⑥ E. de la Vaissière, Trans. by James Ward, *Sogdian Traders：A History*, p. 224.
⑦ 彭建英：《东突厥汗国属部的突厥化——以粟特为中心的考察》，《历史研究》2011 年第 2 期。

之前突厥汗国游牧传统的同时，以相对发达的粟特文明（西方）为蓝本，[①] 兼采中原汉地文明（东方）要素，三者融合而成所谓"合成文明"的结果。日本学者羽田亨很早就注意到回鹘文明的这种"合成"性质，强调其"特色就在融合"。[②] 虽然他此论针对的主要是西迁后由游牧改行定居生活的回鹘人所创造的西域文明而言，但对我们进一步认识此前由同一群体创造的漠北回鹘文明的性质仍极具启发性。实际上，回鹘文明兼摄东西诸种文明要素于一体的合成（融合）进程，当不必迟至西迁之后，早自漠北回鹘时代即已开启。而在公元 8 ~ 9 世纪漠北草原上新"合成文明"的生成过程中，活跃于回鹘汗国境内的粟特人，是不可或缺的重要因素。

三

由上述可知，从族际互动的角度观之，粟特与回鹘之间的认同与融合，深度远胜于突厥时代与突厥之间的混融。不过，需要注意的是，这一互动混融进程，并非一帆风顺。恰恰相反，二者之间时有不谐，有时甚至发展为极其尖锐的冲突和对立，乃至酿成严重流血事件。

撰诸汉文史籍，有关粟特与回鹘间较大的矛盾和冲突，明确见载于文献的共有三次。其一，是前述顿莫贺政变，牟羽可汗及其亲信、九姓胡凡二千人被杀。[③] 导致这一流血事件的起因，学界从不同角度出发，有不同解读，前已述及，此不赘。但从涉事方的族属背景观之，则为回纥上层（出身于药罗葛氏的顿莫贺达干）与回纥上层（同为药罗葛氏的牟羽可汗及其亲信）＋粟特（九姓胡）之间的政治冲突和对决，似并不具有非常强烈的种族冲突的色彩。尤其从事件的结果来看，发动政变的顿莫贺最终杀牟羽自立，取而代之，对追随牟羽可汗的九姓胡的诛杀，则可视为清除政敌余孽的必然举措。故视这次事件为回纥上层的政治内斗，于理而言并无不可。但在这次政变中，非常引人注目的事实是，

---

① E. de la Vaissière, Trans. by James Ward, *Sogdian Traders: A History*, p. 224.
② 详见羽田亨《西域文明史概论（外一种）》，耿世民译，中华书局，2005，第 65 页。
③ 《旧唐书》卷 195《回纥传》，第 5208 页；又，据《新唐书》卷 217 上《回鹘上》，被击杀者有牟羽可汗，"其支党及九姓胡几二千人"（详见第 6121 页）。两书所载此次政变中被杀人数略有出入，移录于此，以备参考。另，《资治通鉴》卷 226，德宗建中元年六月条所载人数与《旧唐书》同（详见第 7401 页）。

大量牵涉其中的九姓胡（粟特）被发动政变的顿莫贺达干（回纥）所杀，尽管不能因此完全将之视为种族冲突，但至少表明粟特与回纥之间的互动关系，显然非常复杂，在政治上既存在互相利用、互相借力的一面，同时也存在冲突和矛盾。

文献记载所见二者之间第二次较大的冲突，发生于德宗即位之初。据史载，一支从唐境返回漠北的回纥大型使团（九百余人），途中停驻唐之振武军（治所在今内蒙古和林格尔县北）时，随行的九姓胡"已而闻顿莫贺新立，多杀九姓胡人，惧不敢归，往往亡去，突董察视严亟。群胡献计于光晟，请悉斩回纥，光晟许之"。① 这次回纥使团内部群胡与回纥上层关系生变，从上引史文可知，显然是受顿莫贺政变的波及，或者更确切地说是在回纥汗国内部发生的政变中，顿莫贺对参与其中的九姓胡粟特人的诛杀行为产生的后续影响。因涉事的九姓胡人被杀，似乎对粟特与回鹘的关系产生了不小的负面效应。这支原本满载而归的回纥使团，"装橐系道，留振武三月，供拟珍丰，费不赀"。他们一路耀武扬威，放纵恣肆。不料中途生变，随回纥使团准备归国的九姓胡，听闻顿莫贺政变，竟"惧不敢归"，纷纷逃亡。但因受回纥酋长突董的严密监视，② 情急之下，"群胡"（九姓胡）竟献计于唐之地方官员张光晟，欲借其手，"悉斩回纥"。结果早已探知这支回纥使团"皆盛女子以橐"的不法行为，并因对其供费不赀、肆意妄为而心怀不满的张光晟，在奏闻新即位之德宗的同时，"因勒兵尽杀回纥群胡，收橐它、马数千，缯锦十万"，并"部送女子还长安"。③ 这次事件的发生，显然与回纥内政动荡有关，从而波及出使唐朝的回纥使（商）团内回纥与粟特的关系。二者在协同获利（从唐朝）的同时，相互间明显存在矛盾和冲突，由前引"突董察视严亟"和九姓胡"密献策于光晟，请杀回纥"④ 即可获知。而这种裂痕和矛盾被唐朝边将振武留后张光晟所乘，最终给冲突双方招致灭顶之灾，不仅获自唐朝的大宗商品（橐它、马、缯锦、中原女子）被收缴，"回纥、群胡"亦一起命丧归途。不过，耐人寻味的是，在对此事的善后中，通过政变登可汗之位的顿

---

① 《新唐书》卷217上《回鹘上》，第6122页；《资治通鉴》卷226，德宗建中元年八月条，第7406页。

② 《新唐书》卷217上《回鹘上》载："突董，可汗诸父也"（第6122页）。可见负责此次使团的所谓酋长突董，是回纥可汗宗亲，联系文献上下文的记载可知，同为回纥使团中的九姓胡显然受制于回纥人。

③ 《新唐书》卷217上《回鹘上》，第6121～6122页。

④ 《资治通鉴》卷226，德宗建中元年八月条，第7406页。

莫贺，并未深究唐朝击杀其使团的责任，只是传谓唐使曰："国人皆欲尔死，我独不然。突董等已亡，今又杀尔，犹以血濯血，徒益污。吾以水濯血，不亦善乎？为我言有司，所负马值一百八十万，可速偿我。"① 对外而言，顿莫贺此举显然是在刻意舒缓这次事件给唐与回纥关系造成的紧张气氛，而强调从唐朝获取经济补偿；对内而言，也可以看出他似欲以此种方式，消弭该变故在回纥与粟特关系中投下的阴影，尽快恢复国内政局的稳定。有迹象表明，或正因顿莫贺在此事件善后中的努力，因回纥内政动荡及突董事件的发生而受到波及的粟特与回鹘关系，并未遭受太大影响和破坏，更未造成二者间严重的种族冲突和对立。随后顿莫贺派往唐朝获取经济补偿的使节，即为衔有回纥官号的粟特人——散支将军康赤心，说明回纥汗国的内政与外交事务以及经济来源根本离不开粟特人的支持和参与，同时此举也可视为顿莫贺在尽可能短的时间内，努力修复因政变而受到冲击的回纥与粟特关系的补救措施，从而稳定回纥内政。

第三，回鹘汗国末，内乱迭起，始作俑者似亦与其境内的粟特人脱不了干系。《旧唐书·回纥传》载："开成初，其相有安允合者，与特勤柴革欲篡萨特勤可汗，萨特勤可汗觉，杀柴革及安允合。又有回鹘相掘罗勿者，拥兵在外，怨诛柴革、安允合，又杀萨特勤可汗，以厖馺（e'sa）特勤为可汗。有将军句录末贺恨掘罗勿，走引黠戛斯领十万骑破回鹘城，杀厖馺，斩掘罗勿，烧荡殆尽，回鹘散奔诸蕃。"② 可见回鹘汗国末期一系列连环变故的最初引发者之一，即是时任回鹘国相之粟特人安允合。③ 如果说此前顿莫贺政变造成的流血事件，祸起于九姓胡对回纥政治的操纵，④ 导致牟羽可汗及其亲信、九姓胡两千人惨遭屠戮，引发回纥药罗葛氏执政时代回纥内部一次重大变故；此事又进一步发酵，波及自唐境归国的大型回纥使团，导致使团内粟特因惧受株连而自危，与同行的回纥产生尖锐冲突，并欲假唐朝官员之手尽除回纥以自保，结果却落得所有使团成员被唐朝全部诛杀而收场。上述事件的连环发生，表明回纥汗国立国前期，在粟特与回纥的频繁互动、积极融合进程中，亦不能否认双方之间因利益冲突引发种族矛

---

① 《新唐书》卷 217 上《回鹘上》，第 6122 页。

② 《旧唐书》卷 145《回纥》，第 5212 页。《新唐书·回鹘传下》记其事略异于《旧唐书·回纥传》，详见第 6130~6131 页；刘美崧：《两唐书回纥传回鹘传疏证》，第 85~86 页。

③ 刘美崧先生认为安允合为"出身于九姓胡（粟特）中的安国人"，甚是，此从。详见氏著《两唐书回纥传回鹘传疏证》，第 85 页。

④ 杨富学：《关于回鹘摩尼教史的几个问题》，《世界宗教研究》2007 年第 1 期。

盾乃至对立的可能性依然存在。而 9 世纪 30 年代末漠北回鹘汗国上层内部发生的一系列变乱，可谓祸起萧墙，由内乱招致外患，更可视为已臻至高位的粟特人，再次操纵回鹘（跌跌氏执政时代）内政造成的恶果。不仅安允合自己引火上身，死于非命，更因其谋逆发动政变为导源，致回鹘内乱迭兴，引黠戛斯大军来犯，840 年（唐文宗开成五年）回鹘城破汗亡，汗国崩溃，族众离散。

四

综上可知，漠北回鹘时代的粟特人，与突厥时代的同一群体相比，似更加活跃，亦使其自身更为深入地融入漠北社会。不仅其身影频现于回鹘汗国的政治、经济（商业）、外交以及军事等领域，更借可汗之威权，得立其所奉摩尼教为回鹘国教，使之与回鹘因同奉一教而获宗教乃至文化上的亲近感，从而得以强化和加深其与回鹘之间的凝聚和认同，推动回鹘族群的进一步熔铸和成型，对公元 8～9 世纪漠北回鹘汗国的兴衰沉浮和回鹘文明的生发形成，影响深远，在将北方草原文明推进到以融合东、西方诸文明要素于一体，尊奉摩尼教为突出特点的回鹘文明时代的同时，亦在相当程度上推动了漠北地区近百年的回鹘化进程。

首先，回鹘时代居于漠北的粟特人以其商业民族惯有的积极、精进的主动精神和高度的应变能力，表现出对流移不定的草原生活极强的适应性。他们凭着娴熟的商业技巧，操控东西方贸易，在为自己谋利的同时，也使倚重自己的回鹘汗国财富骤增（尤其通过与唐朝之间带有勒索、掠夺性质的不平等绢马贸易，使之获利巨多）；并进而介入乃至左右回鹘政治，不仅常与回鹘可汗共谋国政，甚而有荣登宰相之高位者（如前述回鹘宰相安允合），深入回鹘汗国的权力中心；更不用说，九姓胡粟特人利用其所奉摩尼教之"圣力"，树立起摩尼教在回鹘汗国的国教化地位，成为回鹘可汗之精神文化导师，借机改造回鹘人的精神与信仰世界，促进源自西方的粟特文明与欧亚东部草原文明的深度融合，同时兼采南边的汉地文明（包括中原官号的采用、定居之风的发生以及礼仪制度的模仿等），熔铸为新的合成文明，并在此进程中强化其自身与漠北草原部族尤其是与回纥的深度混融。随着二者之间融合程度的加深，联系到其对回鹘汗国政治、经济、军事、外交以及宗教信仰等诸方面几乎全方位的影响，甚而可以说回鹘汗国的主体族群即为回鹘与九姓胡粟特共同构成，亦不为过。虽然在长期的互动和交融过程中，双方之间时有矛盾和冲突，但总体而言，从族际关系的角度以及二者共同创造的漠北文化的面貌来看，呈现出一体化即回鹘化的趋势。而前述漠北回鹘汗国亡后南投中原的部众中，有号称回鹘王子嗢没斯和回鹘特勤那颉啜的回鹘上层，皆冠有粟特语名号的现象，则可视为粟特与回鹘在具体生活习俗方面相互融合的例证。如前所述，这种渐趋模糊的族群边界，恰恰说明二者之间的交融和认同在逐渐加深。有学者主张，殆至漠北回鹘汗国后期，二者已基本融为一体。[①] 当然，考虑到后来对回鹘文明的进一步发展和传承，影响极为重要的回鹘文（源自粟特文）的创制和广泛使用，主要是在回鹘主体离开漠北并西迁之后，[②] 则粟特与回鹘之间的完全融合和深度认同，显然需要其后更长的时间内来完成。不过，与突厥时代虽已出现某种程度的突厥化倾向，但在政治上却随时准备变换其效忠对象并常常自行其是的粟特人群体相比，显然大为不同。

其次，漠北回纥/回鹘社会中的粟特人，与突厥时代的胡部（粟特）另一不同之处，在于他们在回鹘汗国历史上充当的并非仅仅只是一个外来者或属部的角色，亦非被动地接受草原传统。恰恰相反，他们甫一出现，即以积极进取的面貌给人留下极为深刻的印象。他们往往身兼多重角色（可汗身边的谋士、外交使节、摩尼教徒、隐形的商人），活跃于关涉回鹘汗国利益的不同场合，在绝大多数情况下是回鹘利益的坚定维护者（如前述石野那、康赤心等），而非仅仅自谋私利。更重要的是他们是漠北回鹘汗国兴衰沉浮的见证者，更是回鹘文明生发、形成的参与者甚至是创造者。正是在这一过程中，他们已内化为回鹘汗国不可或缺的一部分，难以将二者截然分开。而从前述内容可知，回纥/回鹘汗国的强盛期（自葛勒历牟羽，直至第九代保义可汗时期），均与粟特人的参与和支持息息相关。因此，作为近邻的唐人，对二者关系作出"回纥非素强，助之者九胡尔"[③] 这样的认识和解读，正可以作为粟特之于回鹘强盛而言极具重要性的一个很好的注脚。

最后，需要指出的是，粟特在回鹘汗国历史上，其所施予后者的影响亦有消极和负面的情形，有时甚至是灾难性的。其一，在回鹘汗国对外关系尤其是与唐

---

① 王小甫：《中国中古的族群凝聚》，第99页。

② 一般认为回鹘文是由粟特文发展演变而来，它的创制和使用与粟特人关系密切。其初创时间学界意见不一，但广泛通行则在西迁之后。参见杨富学《回鹘文源流考辨》，《西域研究》2003年第3期；耿世民《古代维吾尔族的书写文化》，《喀什师范学院学报》2005年第2期；李树辉《回鹘文始用时间考》，《青海民族研究》2011年第3期。

③ 《新唐书》卷217上《回鹘上》，第6121页；《资治通鉴》卷226，德宗建中元年八月条，第7406页。

关系中，他们似常扮演负面角色，导致唐、回关系紧张乃至交恶。如前所述，牟羽可汗在中原代宗大丧、德宗初立之际，对来自唐朝的告丧修好使者"不为礼"，且"欲悉师向塞"，① 即是因其周围的九姓胡"陈中国便利，以诱其心"，② 以此为策源，引发牟羽与顿莫贺达干之间的激烈冲突，导致回鹘国内政局动荡，汗位易人；唐、回关系亦因之紧张，德宗甚至一度起"欲与虏绝"之心，且下令"毋议和"。③ 后因新任可汗顿莫贺回归其部很早以来既有的传统亲唐路线，德宗亦因需要依赖回鹘之力对抗西边劲敌吐蕃，遂有许降公主、再次册封可汗等亲善之举，一度紧张的唐、回关系才得以缓和。其二，回鹘汗国末年，最终导致汗国瓦解的一系列内乱，最初显然也是由时任宰相的粟特人安允合，与回鹘特勤柴革谋篡可汗之位引发祸端，可视为粟特人再次操纵回鹘内政带来的恶果，并致漠北回鹘汗国遂为外敌所乘，最终国破族散。由上观之，漠北回鹘汗国的兴衰，在相当程度上亦与其辖境内的粟特人密切相关。

原刊《中国边疆史地研究》2016 年第 4 期，

注释内容有增补和改动

① 《新唐书》卷 217 上《回鹘上》，第 6121 页；《资治通鉴》卷 226，德宗建中元年六月条，第 7400 页。

② 《旧唐书》卷 195《回纥传》，第 5208 页；《新唐书·回鹘上》则明言"时九姓胡劝可汗入寇"，此处"可汗"即指牟羽可汗，详见第 6121 页；另参见《资治通鉴》卷 226，德宗建中元年六月条，第 7400 页。

③ 《新唐书》卷 217 上《回鹘上》，第 6121~6122 页。

唐代宦官研究二题

——以《唐姜子荣墓志》为中心

贾志刚

摘　要：新发现的《唐姜子荣墓志》系一位获谴流贬泰陵、属于左神策军的宦官墓志。此前，唐代宦官获谴配陵的深浅轻重，未见明载，配陵之外还有哪些惩罚性管理措施，也不得而知。经过系统比较才发现，宦官配陵经常是数罚并用，但配陵之罚为主刑，介于徒刑和流刑之间，为管理宦官较为独特的处罚手段。但在宦官政治时期，对于宦官主政掌军肆意妄为的局面，并未发挥出具有震慑力的作用，相反以宦者任使成了神策军丧失民心的原因之一。

关键词：宦官配陵　神策军　采造使　征马群牧使　韩城事件

唐代宦官群体的管理值得研究，却并未引起太多关注，究其所由是缺乏一个适当的切入口。如何把史籍无意保留下来的零散记录连缀起来，非提供一个契机则无从谈起，近来发现之《唐姜子荣墓志》（柏章甫撰，志文附后），① 对揭示唐代宦官管理问题和宦者任使神策军之专题有重要价值，可以认为是检讨此问题的良好契机，故草就此文以志探讨，不当之处，请不吝赐教。

一　宦官配陵与宦官惩罚性管理

志文记："元和十四年（819）七月丁酉，有唐泰陵守当姜府君卒于奉先

---

① 胡戟：《珍稀墓志百品》77《姜子荣墓志》，陕西师范大学出版社，2016，第188页。

县……",志主姜子荣生前任泰陵守当,此处应当就是唐玄宗所葬之泰陵。因为泰陵位于京兆府奉先县,[①] 姜子荣正好也是卒于奉先县。据志文所载,姜子荣曾任内侍省奚官局丞员外置同正,又迁左神策军同州朝邑、夏阳、韩城、郃阳四县征马使,兼丹州采造使等职,说明志主姜子荣的身份属于北司宦官系统之左神策军。其时宦官所控制的神策军日渐显赫,志主为何却沦为泰陵守当呢? 志文并未对此有明确的解释,只委婉而言:"不图行高出众,必见毁之。爰兴挟挟之言,孰塞嗷嗷之口。遂流贬于山园。"由于志文隐讳其辞,志主姜子荣缘何流贬不得而知,但到泰陵属流贬是确定无疑的。如所周知,中唐以后,北司权阉干政弄权成为常态,已经引起学界的极大关注。[②] 但宦官群体的管理办法是否特立独行?或因记载阙略而不得其详。如果考察对宦官的贬黜惩罚有助于此,也未尝不是一个值得尝试的角度,窃以为出土的姜子荣墓志就属于探讨宦官流贬问题的一个切入点,值得关注。

宦者姜子荣从神策军征马使、采造使转守泰陵,既称之为流贬,就属于惩罚,然此种惩罚是轻是重? 是深是浅? 有待详考。唐代宦者任职范围多在内侍省,包括一监五局,即内谒者监和掖庭局、宫闱局、奚官局、内仆局、内府局。[③] 开元以后逐渐形成宦官监军制度,[④] 担任监军使及其属僚成为宦者效力的又一领域。与此同时,由宦者充任的内诸司使日渐其多,[⑤] 也为诸宦者乐见其

① 王溥:《唐会要》卷 1《帝号上》,中华书局,1955,第 6 页。

② 王寿南:《唐代宦官权势之研究》,台北:正中书局,1971;余华青:《中国宦官制度史》,上海人民出版社,1993;杜文玉:《唐代长安的宦官住宅与坟茔分布》,《中国历史地理论丛》1997 年第 4 期;杜文玉:《唐代宦官的籍贯分布》,《中国历史地理论丛》1998 年第 1 期;杜文玉:《唐代宦官世家考述》,《陕西师范大学学报》1998 年第 2 期;杜文玉:《唐代宦官婚姻及其内部结构》,《学术月刊》2000 年第 6 期;黄修明:《唐代后期的宦官典军制度》,《福建师范大学学报》1991 年第 1 期;齐陈骏、陆庆夫:《唐代宦官述论》,《中国史研究》1984 年第 1 期;牛志平:《略论唐代宦官:兼与齐陈骏、陆庆夫同志商榷》,《陕西师大学报》1985 年第 1 期;冻国栋、黄楼:《唐宦官集团与大中政局》,《武汉大学学报》2005 年第 4 期;冯辉:《论唐代的宦官政治》,《求是学刊》1987 年第 4 期;何敦铧:《略论中唐前期宦官擅政及其祸害》,《学术月刊》1981 年第 3 期;杨玉秋:《论唐朝后期的宦官专权》,《云梦学刊》2002 年第 4 期;黄楼:《唐宣宗大中政局研究》,天津古籍出版社,2011;兼平雅子「唐代宦官の呼称について:内使・中使を中心に」『立正史学』第 122 号、2017;等等。

③《唐六典》卷 12《内官宫官内侍省》"内侍省"条,第 355~361 页。

④《通典》卷 29《职官典・武官下》监军:开元二十年后,并以中官为之,谓之监军使(第 805 页)。

⑤ 唐长孺:《唐代的内诸司使及其演变》,载唐长孺文集之《山居存稿》,中华书局,2011,第 252~282 页。另见唐长孺《唐代的内诸司使》(上、下),《魏晋南北朝隋唐史资料》第 5、6

任。特别是宦官执政典军所依赖之内枢密使和左右神策军系统，更为众宦官趋之若鹜。与这些领域相比，① 看守陵园则被诸宦者视若畏途。据佚名阿拉伯作者的《中国印度见闻录》记载：唐朝广府（Khānfū，广州）的市舶使宦官强买了一位呼罗珊（Khurasān）商人的象牙等物品，愤怒之极的商人到京城胡姆丹（Khumdān，长安）向皇帝申诉成功。"遵照皇帝的旨意，把这个宦官留在皇陵当了看守。"② 值得一提的是，阿拉伯人笔下的宦官因犯错而被责罚看守皇陵，正与上揭《姜子荣墓志》所记惩罚宦官的办法不约而同。尤其是阿拉伯作品所保留的皇帝责备宦官的对话更可补充汉籍所不载的细节。据《中国印度见闻录》记载：

> （皇帝责备宦官）你简直该当死罪……姑念你往日为我效力之劳，免你一死，但你不能再去活人中间理事了，现派你去管管亡人的事吧。③

阿拉伯作者记录宦官配陵作为减免死罪的选择，传统史籍记有宦官不愿配陵而自杀，据《册府元龟》记翰林使吕如金以密书请托盐铁使李巽，"元和四年，杖四十，配恭陵。行至阌乡而卒"。④ 此事《新唐书·宦者传》却记为内常侍翰林使吕如全："坐擅取樟材治第，送东都狱，至阌乡自杀。"⑤ 遭受惩治的宦官翰林使一为吕如金，一为吕如全，都死于阌乡，应为一事，可能系形近而误，但无从辨正。因不堪受杖责配陵而自杀，足以说明配陵之罚的严重性。前引志主姜子荣流贬泰陵是否也遭杖责不得而知，但他在贬于山园后，"未逾匝年，痼疾中发，奄忽不救"。或是杖责太重，或是不堪配陵之苦，志主不治而亡。不管是

期，汉大学历史系魏晋南北朝隋唐史研究室编，1983、1984，第 1 ~ 11、1 ~ 9 页；杜文玉：《唐代内诸司使考略》，《陕西师范大学学报》1999 年第 3 期；尚民杰：《唐墓志中所见宦官诸使及相关问题探讨》，《唐研究》17 卷，北京大学出版社，2012，第 399 ~ 440 页；贾艳红：《谈论唐中后期的内诸司使》，《齐鲁学刊》1997 年第 4 期等，对唐代宦官体系进行专门研究。

① 兼平雅子「唐代宦官職掌研究の成果と課題」『立正史学』第 115 号、2014。综述以往学界对唐代宦官任职相关研究，既涉及宦官权势之职掌方面，也关注内侍省与内诸司使领域的成果。兼平雅子「唐代宦官の職掌」『立正史学·東洋史論集』第 19 号、2015。分别就律令内宦官职掌（内侍省）和律令外宦官任官（使职）予以统计和检讨。

② 佚名：《中国印度见闻录》卷 2，穆根来、汶江、黄倬汉译，中华书局，1983，第 117 页。

③ 《中国印度见闻录》卷 2，第 117 页。

④ 王钦若等编《册府元龟》卷 669《内臣部·谴责》，中华书局，1960，第 7998 页。

⑤ 《新唐书》卷 207《宦者上·刘贞亮传》，第 5869 页。

出土墓志，还是外国商人行记，或是传统汉籍所载，宦官犯错后罪不至死之时，流配皇陵是比较多见的惩罚措施。换言之，宦官配陵与死罪之刑相较属于轻罚。

唐代惩治宦官的手段除死罪之外还有哪些？未见明确记载。据《旧唐书》卷17上《敬宗纪》："帝好深夜自捕狐狸，宫中谓之打夜狐。中官许遂振、李少端、鱼弘志以侍从不及削职……中官李奉义、王惟直、成守贞各杖三十，分配诸陵；宣徽使闫弘约、副使刘弘逸各杖二十。"① 据此可知，惩罚宦官的手段较多，削职、笞杖、配陵等处罚手段都有使用。此条材料中除了杖20与杖30能分辨责罚程度外，削职、笞杖、配陵等处罚手段孰轻孰重不好判断。另外，唐代管理宦官是否还有其他惩罚办法？均未见专门记载，值得关注。

首先，杖责和配陵的比较。史载泽潞节度使刘从谏死，其子刘稹秘不发丧，欲效河朔故事父死子继。唐廷派中使解朝政前往问疾，却遭到泽潞部将阻拦。《资治通鉴》载："解朝政复命，上怒，杖之，配恭陵。"② 因未能完成使命，中使解朝政不仅遭杖责，还被贬谪恭陵。③ 解朝政的处境与上揭诸宦官相类似，唯不记他受杖多少。又宣宗大中九年（855），"（浙东）监军王宗景杖四十，配恭陵"。④ 浙东监军使王宗景在配恭陵之际还被杖40，联系前揭翰林使吕如金配恭陵时被杖40，中官李奉义、王惟直、成守贞等配诸陵时，各杖30，说明宦官配陵者受杖责是通例，只不过杖多少有所不同，或杖30，或杖40。亦有更多者、更少者，如宝历二年诏："高品杜金立、许士莒，各杖一百，流琼、珠、崖等州；……供奉官孙从彦、王从素并杖六十，配陵；……梨园白身李进朝，各杖二十，处死，以盗玉带、银器故也。"⑤ 按处罚深浅分成杖100、60、20之不同。也有宦者受杖80的事例（详下），但似乎杖责过百者不多。据《新唐书·刘贞亮传》记："五坊朱超晏、王志忠纵鹰人入民家，榜二百，夺职。"⑥ 五坊使朱超

---

① 《旧唐书》卷17上《敬宗纪》宝历二年十一月条，第522页。
② 《资治通鉴》卷247，唐武宗会昌三年四月条："上遣中使解朝政以医问疾……朝政欲突入，兵马使刘武德、董可武蹑帘而立，朝政恐有他变，遽走出……解朝政复命，上怒，杖之，配恭陵。"（中华书局，1956，第7979~7981页）
③ 《新唐书》卷81《高宗诸子·孝敬皇帝李弘传》："葬缑氏，墓号恭陵，制度尽用天子礼。"（第3590页）
④ 《资治通鉴》卷249，唐宣宗大中九年九月条，第8057页。
⑤ 《册府元龟》卷153《帝王部·明罚二》，第1859页。
⑥ 《新唐书》卷207《宦者上·刘贞亮传》，第5869页。

晏等受杖达到二百，似乎超出常例，检《册府元龟·内臣部·贪货》记："朱超晏、王志忠皆品官，为五坊监，多纵鹰隼入富人家，广有求取。宪宗知之，立召晏、忠二人，笞二十，夺其职。"① 此事《唐会要》也记"各笞二十"，② 诸处所记为一事，但或记榜二百，或记笞二十。按唐律笞杖一般不过百，累决笞杖者，也不过二百，此五坊使二人皆品官，不应属累犯，应以二十为准。③

由上可知，同样是配陵，以杖责多少来区别处罚的轻重程度。而既遭配陵又被杖责的事实，说明不同处罚手段可以同时使用，无可置疑。依此类推，前揭遭呼罗珊商人申诉的市舶使宦官和《姜子荣墓志》所记志主姜子荣，恐怕也难免受杖责后再配陵的责罚。

尽管配陵与杖责相较，其处罚深浅程度还是因为没有直接证据而难以判断，但通过分析前引诸例发现，宦官受杖责时不一定要配陵，而遭配陵时则多受杖责的现象，可以为比较二者的轻重提供线索。显然较死刑而言，配陵属于轻罚，但较单纯杖责而言，配陵就属于严惩。这种判断也基本符合唐律之笞、杖、徒、流、死五刑由轻到重的规定。

其次，配陵和削职的比较。对于宦官的惩罚手段不仅有笞杖、流配和死刑，也有其他办法，尤其是二罚并用，甚至有宦者遭配陵时数罚并用的现象。上揭诸宦官既遭杖责，还被配陵，就属于二罚并用。又如武宗会昌五年（845），武德副使孟秀荣，"贬在东都恭陵，已夺朱绶"。④ 既贬在恭陵，又夺去朱绶，属于二罚并用。再如懿宗咸通十三年（872），国子司业韦殷裕于阁门进状论事，激怒懿宗，"阁门使田献铦夺紫，配于桥陵。阁门司阁敬直决十五，配南衙，为受殷裕文状故也"。⑤ 田献铦为阁门使，属内诸司使之一，因遭皇帝迁怒而流贬，遭夺紫后，又被配役桥陵。而阁门司阁敬直也受到杖责和配南衙的处罚，都是二罚

① 《册府元龟》卷 669《内臣部·贪货》，第 8000 页。
② 《唐会要》卷 78《五坊宫苑使》："（元和）三年七月，五坊品官朱超晏、王志忠，放纵鹰隼入长安富人家，旋诣其居，广有求取。上知之，立召二人，各笞二十，夺其职。"（第 1422 页）
③ 刘俊文：《唐律疏议笺解》卷四《名例律》更犯条："其杖罪已下，亦各依数决之，累决笞、杖者，不得过二百。其应加杖者，亦如之。"（中华书局，1996，第 294 页）
④ 《唐代墓志汇编续集》大中〇三五《唐故振武麟胜等州监军使、给事郎行内侍省内仆局丞……孟公（秀荣）府君墓志铭》，上海古籍出版社，2001，第 994 页。
⑤ 《旧唐书》卷 19 上《懿宗纪》咸通十三年五月条，第 679 页；又载《册府元龟》卷六六九《内臣部·贪货》，第 7998 页。《资治通鉴》卷 252，唐懿宗咸通十三年五月条："阁门使田献铦夺紫，改桥陵使。"（第 8163 页）

并用。夺朱、夺紫可能是削去品阶，因为唐代中官也分高品、品官和白身，① 按品阶又有服色之别，如玄宗时，"品官黄衣已上三千人，衣朱紫者千余人"。② 不仅有黄衣、朱紫衣之别，也有其他，如敬宗时，"高品郭日通、袁孝恩并赐金紫、玉带，内养袁义成、贾叔方等五人并赐绯，白身四十人并赐绿。而元孝温、刘仲孺昨日赐绿，今日赐绯"。③ 证明宦官之服色应与朝官一样有服紫、服绯、服绿、服青、服黄之差别，④ 无品阶者则称白身。可知上揭武德副使孟秀荣属衣朱之阶，阁门使田献铦属衣紫之阶，夺朱、夺紫就意味着削去品阶，他们遭到既配陵又夺朱紫的处罚，也属于二罚并用。

数罚并用的情况也时有所见，如宪宗元和九年（814），平定振武军乱，"贬前振武节度使李进贤为通州刺史，监军路朝见配役于定陵"。⑤ 此言监军使路朝见配役于定陵，未记其他惩罚。检《资治通鉴》："（振武监军）骆朝宽坐纵乱者，杖之八十，夺色配役定陵。"胡注："夺色者，夺其品色也。"⑥ 不管监军之名是路朝见还是骆朝宽，二处所记应为一事。但前者只记配役定陵，后者既有杖80，又有夺色配役，应以后者为确，属于三罚并用的情况。与此类似，元和九年，高重昌为江西监军使，"诬奏（信州刺史）李位。决杖四十，剥邑、配役于建陵，仍籍没其家"。⑦ 江西监军使高重昌在配役建陵时，还遭杖责、剥邑和籍没，数罚并用。又元和十一年，"内弓箭库使王国文及弟国良、国成，各杖一百，配诸陵，仍并为白身"。⑧ 内弓箭库使王国文等也遭三罚并用，除配陵、决杖外，还有"并为白身"之说，似乎可理解为尽削官爵，降为白身。又如敬宗宝历二年（826），中使吐突士昕、武自和任入新罗使，"咸受其问遗，不以进

---

① 《唐会要》卷65《内侍省》："元和十五年四月，内侍省奏：应管高品、品官、白身共四千六百一十八人，数内一千六百九十六人高品。"（第1133页）
② 《旧唐书》卷184《宦官传》，第4754页。
③ 《册府元龟》卷665《内臣部·恩宠》，第7965页。
④ 《新唐书》卷24《车服志》："其后以紫为三品之服……绯为四品之服……浅绯为五品之服……深绿为六品之服……浅绿为七品之服……深青为八品之服，浅青为九品之服……黄为流外官及庶人之服。"（第529页）另，柳浚炯《试论唐五代内职诸使的等级化》（《史学集刊》2010年第3期）、徐成《〈唐重修内侍省碑〉所见唐代宦官高品、内养制度考索》（《中华文史论丛》2014年第4期）对此问题有专门的探讨，请参阅。
⑤ 《旧唐书》卷15《宪宗纪》，元和九年二月条，第449页。
⑥ 《资治通鉴》卷239，唐宪宗元和九年正月条，第7703页。
⑦ 《册府元龟》卷670《内臣部·诬构》，第8007页。
⑧ 《册府元龟》卷153《帝王部·明罚二》，第1854页。

献。各杖四十，剥邑，（吐突）士昕流恭陵，（武）自和配南衙。"① 宦官入新罗
使吐突士昕和武自和既受决杖，又遭剥邑，还被配流恭陵，或者配役南衙，属三
罚并用。又元和十一年，楼烦监牧使中官党文楚以供征马羸瘠，为诸军所奏，
"夺绯，没其家财，配隶南衙"。② 中官党文楚遭夺绯、没产和配南衙之处罚，也
属三罚并用。可知数罚并用的情况多有出现。

值得一提的是，数罚并用的几个案例中，伴随配陵、杖责还有夺紫、夺朱、
夺绯、夺色、剥邑、并为白身等手段，几种处罚之间有何区别，尚不得而知。前
引胡三省的注解曰："夺色者，夺其品色也。"不仅有夺色之说，还有剥色者。
如宣宗大中十年（856），内园使李敬寔"命剥色，配南衙"。胡注曰："褫其本
色，使配役南衙也。"③ 唐代入仕者皆有品阶，按品有服色之别，剥色应属免去
官品。联系胡氏对"黜守诸陵"的注文："黜守诸陵者，剥色配役诸陵也。"④ 似
乎可以认为夺色与剥色相通，均是免去官品。前述夺紫、夺朱、夺绯应属于夺色
之一种情况。而剥邑可能是削去封邑，唐代宦官任职中多有封邑，剥邑可能是将
其中封邑罢免。另有宦官高力士配流黔中道，史载"除籍，长流巫州"，⑤ 又有
除籍之法。结合前引宝历时中官许遂振、李少端、鱼弘志以侍从不及削职，楼烦
监牧使党文楚、江西监军使高重昌籍没等的案例，发现唐代处罚宦官的手段还有
很多名目，如削职、剥邑、夺色、剥色、降为白身、尽削官爵、除籍、籍没等，
因这类惩罚多是将宦官之官职、品阶、封邑、财产予以削夺，故大体归属免官
削职。

对照《唐律·名例律》之免官条记："二官并免。爵及降所不至者，听留。"
疏议曰："'二官'为职事官、散官、卫官为一官，勋官为一官。此二官并免，
三载之后，降先品二等叙。'爵及降所不至者，听留'，爵者，王及公、侯、伯、
子男。'降所不至者'，谓二等以外历任之官是也。若会降有余罪者，听从官当、

① 《册府元龟》卷669《内臣部·贪货》，第8000页；又见同书同卷《内臣部·谴责》，第7998
　 页。其中武自和之墓志收于《唐代墓志汇编续集》会昌〇〇七，记："奉诏充新罗宣慰告哀等
　 使。"（上海古籍出版社，2001，第947页）

② 《唐会要》卷66《群牧使》条，第1146页。

③ 《资治通鉴》卷249，唐宣宗大中十年十一月条及胡注曰，第8062页。

④ 《资治通鉴》卷262，唐昭宗天复元年八月条："既而宦官自恃党援已成，稍不遵敕旨。上或出
　 之使监军，或黜守诸陵。"胡注曰："黜守诸陵者，剥色配役诸陵也。"（第8557页）

⑤ 《新唐书》卷207《宦者上·高力士传》，第5860页；《旧唐书》卷184《宦官·高力士传》：
　 "配流黔中道。"（第4759页）

减、赎法。"① 据律可知，免官先免二官，不得已才免爵。那么前述诸例提及的诸种惩罚手段中，剥邑较削职、夺色、剥色稍重，因为一般只免官不免爵，而剥邑则是连爵也免去了，故剥邑可能等同于除名，即所谓的官爵悉除，降为白身，课役从本色。②

宦官配陵时多伴有免官剥色，往往称"黜守诸陵"。其他惩罚手段，诸如决杖、削职、夺色、剥邑、除籍、籍没等手段，都属辅助性惩罚，而配陵则为主要惩罚手段，故配陵的处罚程度还要重些。

再者，宦官流配也有几种情况，有配陵、配南衙、配边等手段，其中深浅轻重也难判别。如宝历二年（826），内养杨文端与李孝温为送幽州春衣使，"节度使朱克融嫌疏弱，执之以闻。敬宗特优容，别命中人宣谕，仍更赐衣服。流文端崇陵，孝温元陵"。③ 二宦官同时被配陵，但一配崇陵，一配元陵，是否有轻重差别，不得而知。又前揭诸例中，敬宗时，吐突士昕与武自和都在出使新罗时接受赠遗不进献，但吐突士昕流恭陵，武自和却配南衙，孰轻孰重，难以忖度。再有文宗时，同时处罚数名宦官，其中，高品杜金立等流琼、珠、崖州，供奉官孙从彦等配陵之事，同时受惩罚，有流边，有配陵，深浅难知。据前揭懿宗咸通十三年（872），国子司业韦殷裕于阁门进状论事，激怒懿宗，"阁门使田献铦夺紫，配于桥陵。阁门司阁敬直决十五，配南衙"。此事牵连阁门使田献铦和阁门司阁敬直两名宦官，但对其处罚是主要责任者阁门使田献铦配桥陵，次要责任者阁门司阁敬直配南衙，由此可以区分配陵和配南衙的轻重程度，即配陵重于配南衙。另据前引《孟秀荣墓志》："（会昌四年）左神策军都判官，除武德副使。五年九月七日，为王妃连累，贬在东都恭陵，已夺朱绂。六年四月廿七日，奉恩命，追赐绿，在南衙。"宦者孟秀荣由武德副使贬恭陵且削夺朱绂，经恩命特诏，才又赐绿，自恭陵配南衙，类似于官员的量移。这件事证明由守陵改配南衙属于减轻处罚，与上述配陵重于配南衙的判断相合。

配陵和配边的比较，也未见明文。赘引宦者朱如玉和马英俊二例以资说明，

① 《唐律疏议笺解》卷3《名例律》"除免官当叙法"条，第226~231页。
② 《唐律疏议笺解》卷3《名例律》"免官"条，第212页。又同卷《名例律》"除免比徒"条："诸除名者，比徒三年；免官者，比徒二年，免所居官者，比徒一年。流外官不用此律。"（第248页）也证明除名较免官、免所居官为最重。
③ 《册府元龟》卷669《内臣部·谴责》，第7998页。又《旧唐书》卷180《朱克融传》，第4673页。

内给事朱如玉出使于阗隐藏所得玉器，"在法绞论，减死杖一百，流恩州"。① 又肃宗张皇后与内官马英俊和朱光辉等谋废太子另立越王，阴谋失败后，内官马英俊被诛，朱光辉等流黔州。② 可知流配边远属于减死从轻的处罚，较死刑为轻，应比配陵、配南衙严重。唐代流刑有三：二千里、二千五百里、三千里，以远近来区别深浅轻重的。其中有"犯流应配"条，《唐律疏议》："犯流，若非官当、收赎、老疾之色，即是应配之人。三流远近虽别，俱役一年为例。"③ 也有加役流，配役三年，比常流之一年为多。④ 不管是常流还是加役流均适用于宦者，故宦者配边对应唐律五刑之流刑无疑。而宦者配南衙、配诸陵有别于此，按理应当属于唐律五刑之徒刑。唐代徒刑有五，自徒一年，以半年为差，至于三年。⑤ 又唐《狱官令》记："诸犯徒应配居作者，在京送将作监，妇人送少府监缝作。"⑥据此知普通人犯徒应配役，其配役之所在京城者男则将作监，女则少府监，如果与宦者配陵、配南衙之处罚比较，似乎一般人犯徒居作对应着宦官配南衙，与配陵不同。由此而言，配陵之罚在唐律五刑中似无对应之文，可能只适用于宦官（宫女别论）。宦官配诸陵有别于属于流刑的配边和属于徒刑的配南衙，其处罚轻重也介于二者之间，即重于配南衙，而轻于配边。

前揭《姜子荣墓志》记志主"流贬于山园"之后为泰陵守当，而其他文献记宦官配陵时用配役、谪隶、黜守、流、贬等词，不一而同，其间是否有差别？据上引胡三省之注文："黜守诸陵者，剥色配役诸陵也。"可知唐代宦官获谴配陵均为配役，故流贬山园就是诸陵守当。据大中三年（849）敕："杨施礼缑氏

---

① 《册府元龟》卷669《内臣部·贪货》，第8000页。
② 《资治通鉴》卷222，肃宗宝应元年建巳月条，第7124页；另据《旧唐书》卷52《后妃下·肃宗张皇后传》，第2186页；另参同书卷11《代宗纪》宝应元年四月条，第268页。朱光辉之名诸处或为朱辉光，马英俊之名或为段恒俊，因无关宏旨，不加辨正。
③ 《唐律疏议笺解》卷3《名例律》"犯流应配"条，第256页。
④ 《唐六典》卷6《尚书刑部》："流刑三：自流二千里、二千五百里、三千里三流，皆役一年。然后编所在为户。而常流之外，更有加役流者……贞观六年，改为加役流，谓常流唯役一年，此流役三年，故以加役名焉。"
⑤ 《唐律疏议笺解》卷3《名例律》"徒刑五"，第29页。
⑥ 《唐律疏议笺解》卷30《断狱律》"徒流送配稽留"条："犯徒应配居作，在京送将作监，在外州者供当处官役。"（第2092页）另据雷闻《唐开元狱官令复原研究》认为："诸犯徒应配居作者，在京送将作监，妇人送少府监缝作。在外州者，供当处官役。当处无官者，听留当州修理城隍、仓库及公廨杂使。配流应住居作者，亦准此。妇人亦留当州缝作及配春。"载《天一阁藏明钞本天圣令校证（附唐令复原研究）》，中华书局，2006，第617页。

县庄，宜赐东都内侍省新配恭陵守当，贫穷官正居住。"① 证明配役诸陵之宦官均可称某陵守当，仍属于内侍省管理。唐人李涪《刊误》奉陵条："某自省事六十年来，常见报状云：内官某以某过奉陵，内人亦时有之……今以罚过配陵，实乖严奉之礼，其奉陵内官，伏请遵行旧制，不用有过之人。"宦官配陵也可称罚过配陵，或奉陵内官，只是称法不同，差异并不大。

最后，宦官也有死刑，② 但除普通死刑外，宦官惩罚还有更严重的办法，如本人处死后，妻女守陵并籍没家产，可能有别于普通人。如会昌四年（844），日本求法僧圆仁记："仇军容儿常侍知内省事，吃酒醉颠，触误龙颜，对奏云：'天子虽则尊贵，是我阿耶册立之也。'天子怒，当时打煞。敕令捉其妻女等，流出于外，削发令守陵墓，仍仰中官收纳家中财物。"③ 此仇军容当为仇士良。仇士良于会昌三年去世，《旧唐书》卷18《武宗纪》会昌四年六月条："制追削故左军中尉仇士良先授官及赠官，其家财并籍没。士良死后，中人于其家得兵仗数千件，兼发士良宿罪故也。"两条材料在记录此事上有异曲同工之处，一记追削仇士良之先授官和赠官；一记处死其也为宦官的养子，养子的妻女配陵；二者都记籍没家财。据《唐律·贼盗》谋反大逆条："诸谋反及大逆者，皆斩；父子年十六以上皆绞，十五以下及母女、妻妾、祖孙、兄弟、姊妹若部曲、资财、田宅并没官。"④ 反逆者处极刑，延伸出缘坐和籍没，但宦官妻女配陵似乎是宫人得罪配陵之外，诸陵"陵园妾"⑤ 的又一来源，或者说也是惩罚宦官的手段。

综上所述，宦官配陵作为一种惩罚手段，与其他手段相互配合，形成对宦官群体的惩罚性管理制度，虽并未独立于唐律之外，却显示宦官管理有其独特之处。

---

① 《唐会要》卷65《内侍省》条，第1134页。
② 唐代宦官处死刑之例有处死、杖死、赐死等，如《册府元龟》卷153《帝王部·明罚二》记元和八年，"中官李建章坐受桂州观察房启之贿，杖一百，处死"（第1853页）。宝历二年，"梨园白身李进朝，各决杖二十，处死"（第1859页）。《旧唐书》卷14《宪宗纪上》元和六年五月条："取受王承宗钱物人品官王伯恭杖死。"（第435页）《新唐书》卷208《王守澄传》："（杨）承和次公安赐死……使内养赍酖赐死。"（第5883页）不一而足。
③ 圆仁：《入唐求法巡礼行记》卷4，会昌四年九月条，顾承甫、何泉达点校，上海古籍出版社，1986，第179页。
④ 《唐律疏议笺解》卷17《贼盗律》"谋反大逆"条，第1237页。
⑤ 《白居易集》卷4《讽谕四·陵园妾》，顾学颉点校，中华书局，1979，第83页。

二　宦者为使动摇神策守甸之基础

志文曰："俄迁左神策军同州朝邑、夏阳、韩城、郃阳等四县征马群牧使，兼丹州采造使。"志主姜子荣曾任职于左神策军。学界关于神策军的研究成果很丰厚，① 但神策军所设之采造使、征马使及其职能尚有未知之处，而此志所记载的资料，对于研究这些问题有很重要的价值。

志主曾兼丹州（今陕西宜川县②）采造使，采造使之职责是什么，未见详载。白居易《宿紫阁山北村》："晨游紫阁峰，暮宿山下村……紫衣挟刀斧，草草十余人。夺我席上酒，掣我盘中餐……中庭有奇树，种来三十春。主人惜不得，持斧断其根。口称采造家，身属神策军。主人慎勿语，中尉正承恩。"③ 如诗中所记持刀斧之采造家一样，志主姜子荣也是"口称采造家，身属神策军"的丹州采造使，二者都属神策军没有问题。但白居易所见的以采造为名闯入民家砍伐庭树的采造家，是否与丹州采造使一样也属左神策就无法说清，更难讲他们有同属一营的巧合，因为神策军的采造使，可能于京畿诸州多处设置。据《册府元龟》记：文宗大和元年（827），"左神策军奏当军请铸'南山采造印'一面"。④ 此南山采造虽然也属于左神策军，但与志主之丹州采造使分处异地，应是平行并立的关系。

左神策军设置采造使，右神策军是否也设？据《册府元龟》记：大和四年，"左、右神策军奏：'当军于凤翔扶风县营田、采造，宝鸡县采造，斜谷、南山、

① 小畑竜雄「神策軍の成立」『東洋史研究』18：2、1959；黄良铭：《唐代神策军护军中尉及神策军之研究》，《台东师专学报》1976 年第 4 期；日野開三郎「神策軍の發展」『東洋史学論集』、三一书房、1980；西川恭司「神策軍の両面性」『東洋史苑』16、1980；齐勇锋：《说神策军》，《陕西师大学报》1983 年第 2 期；何永成：《唐代神策军之建置与发展》，《史学集刊》1983 年第 5 期；何永成：《唐代神策军研究：兼论神策军与中晚唐政局》，台湾商务印书馆，1990；贾宪保：《神策中尉与神策军》，《唐史论丛》第 5 辑，三秦出版社，1990；张国刚：《论唐代的神策军》，《春史》，1995（收入《唐代政治制度研究论集》，文津出版社，1994）；黄修明：《唐代神策中尉考论》，《天津师范大学学报》2002 年第 6 期等，不一而足。
② 丹州属于关内道，与同州相邻。见《新唐书》卷 27《地理志一》"关内道丹州"条，第 971 页。
③ 《白居易集》卷 1《讽谕一·宿紫阁山北村》，中华书局，1979，第 10 页。
④ 《册府元龟》卷 61《帝王部·立制度》，第 678 页。

吴山、宝鸡、扶风营田共四所，各请铸印。'并可之。"① 左、右神策军联合为诸处采造、营田申请铸印，让凤翔之扶风县采造使和宝鸡县采造使的归属问题难以判断，却能说明左、右神策军都设有采造使。不仅两军都设置采造使，而且还多处设置，绝不仅限于在丹州、南山设采造使，扶风县、宝鸡县也设采造使。是否其他地方也有设置？答案是肯定的，据宋白《续通典》记：

> 左神策军六万二千四百四十二人，马八千四十四匹。在城三万四千三百九十二人，外镇及采造二万九千六百三人。京西北普润镇，崇信城，在凤翔府西北二百二十五里，复改崇信军，定平镇、归化城、定远城、永安城、邻阳县等八镇二万六千一百十七人，马一万二千一百六十六匹。右神策军四万六千五百二十四人，马五千九百五十一匹。在城二万七千四十五人，外镇及采造一万九千四百七十九人。京西北奉天、麟游、良原、庆州镇、怀远城一万七千四百二十七人，马四千七百八匹。②

此条资料尚有难以通解的地方，如左、右神策军的构成，是分成在城、外镇和采造两部分？还是分成在城、外镇及采造、京西北诸城镇三部分？仍有悬疑。③ 但不管怎样，"采造"始终是神策军的重要组成，从而也证明神策军采造使之设可能比较普遍，其分布区域也不会仅限于上述四地。

由上揭左、右神策军屡次为采造使铸印的情况来推测，采造使已经成为常设使职，故其职掌也可能逐渐固定。但采造使究竟负责何种事务，也未见详载。唐

---

① 《册府元龟》卷61《帝王部·立制度》，第678页。

② 王祎：《大事纪续编》卷62，唐顺宗永贞元年五月条，"解题曰"引宋白《续通典》，《景印文渊阁四库全书》第334册，台湾商务印书馆，1986，第237页上。

③ 从所记数字来分析，右神策军总数46524人，等于在城27045人加上外镇及采造19479人之和，京西北五（城）镇17427人小于外镇及采造19479人，很可能二者之差2052人就属于采造人数。依此类推，左军之外镇及采造29603人也大于京西北八（城）镇之26117人，其差额为3486人，应为左军之采造人数。左、右神策军之采造人数可能就是二者之和即5538人。但左神策军的数字存在例外，如在城34392人加上外镇及采造29603人之和为63995人，大于总数之62442人，此一疑惑；左军之总马数8044匹比京西北八（城）镇之马数12166匹还要少4122匹，也与右军之总马数5951匹大于京西北五（城）镇之4708匹之例不匹配，此又一疑惑。这种结果就有京西北八（城）镇是否包括在左军总人数的问题，如果包括在内，左军就分成两部分，即在城、外镇及采造；如果不包括在内，左军就分成三部分：即在城、外镇及采造、京西北八（城）镇，二者孰是孰非，有待他证。

德宗曾提及："开元、天宝中，近处求觅五六丈木，尚未易得，皆须于岚、胜州采造。"① 可知唐人将伐木取材称之为采造。又如《太平广记》引《芝田录》记："会昌、开成中（开成应在会昌前——笔者按），含元殿换一柱，敕右军采造，选其材合尺度者。军司下鼜屋山场，弥年未构。"② 将采造殿柱之材的任务交给右神策军，实际上是交给右神策军下某一采造使，最后由鼜屋采造使山场承担，说明鼜屋也属于右神策军的采造山场。李锦绣认为唐前期将作监下伐木诸监之职，到中唐以后，已被炙手可热的神策军侵夺，采伐材木的范围有逐渐扩大的趋势。③ 可知伐木取材属于采造使之主要职掌。另据《唐会要》记德宗贞元十一年（795），"户部侍郎裴延龄充京西木炭采造使"。④ 但文渊阁本《唐会要》同条却记为"充京西木炭使、采造使"，究竟是木炭采造使，还是木炭使和采造使？并不一致。又据《册府元龟》记："裴延龄充京西木炭采运使。"⑤ 不管裴延龄所任是木炭使，还是木炭采运使，抑或是木炭使和采造使，都不会影响理解采造使职掌与采伐木材有关的问题。至于前揭白居易所见以采造之名闯入居民庭院强行采伐庭树之事，显然是采造使职权的滥用，势必会激起畿甸民众的怨愤。事实上，神策军之使职多有扰甸残民之事，如敬宗宝历元年（825），就发生了一起矛盾激化的事件：

> 同州韩城县百姓王文秀等，于本县左神策军渚田内放牧马，群牧小将刘兴裔擅鞭扑。摄令李元珪遣县吏率徒擒兴裔送州，刺史萧俛方结其状，而军司上闻。命监察御史崔璜就按得实。敕刘兴裔付本军科决停职，李元珪罢摄，仍罚直四十。自神策兵分镇畿县及近甸，诸州若群牧、采造之名，其类不一，干法乱政，为蠹颇甚，及罪兴裔，而猾党为钮。⑥

前引白居易《宿紫阁山北村》诗中有"主人慎勿语，中尉正承恩"之句，面对神策军采造家的侵害，甸民敢怒不敢言。诚如《新唐书·兵志》所记："其后京

---

① 李昉等编《太平广记》卷239，裴延龄条出《谭宾录》，中华书局，1961，第1844页。
② 《太平广记》卷84，会昌狂士条出《芝田录》，第547页。
③ 李锦绣：《唐代财政史稿》下卷，北京大学出版社，2001，第504页。
④ 《唐会要》卷66《木炭使》，第1152页。
⑤ 《册府元龟》卷483《邦计部·总序》，第5770页。
⑥ 《册府元龟》卷153《帝王部·明罚二》，第1857页。

畿之西，多以神策军镇之，皆有屯营。军司之人，散处甸内，皆恃势凌暴，民间苦之。"① 神策军与京畿甸内百姓之间积怨日深，很容易引起事端，上述同州韩城县所发生的事件，就属于百姓与左神策军将之间的摩擦。牧马乃日常小事，结果却引起所在县令罢摄罚直、涉事军将科决停职。特别是此条资料所言引发争端最集中的群牧使和采造使，恰巧是志主姜子荣所担任过的使职，更为巧合的是志主也曾在事发地韩城担任过群牧使。

志主姜子荣卒于元和十四年（819），在此之前就任左神策军同州朝邑、夏阳、韩城、郃阳等四县征马群牧使，稍早于韩城事件数年，属于此事件的酝酿期，还是准备期都很难说，但群牧由宦者主掌为神策军效力的情况不能被忽略。正如墓志所言："掌其驹牧，骒牝斯蕃。将谓职乃骤□，方期大用，不图行高出众，必见毁之。爰兴㧑㧑之言，孰塞嗷嗷之口，遂流贬于山园。"宦者姜子荣所任的四县征马群牧使具体职责如何？不得而知。贾志刚曾就征马使与中唐之战马征用进行了探讨，② 也注意到神策军以宦官任征马使的现象。

德宗贞元十四年（798），"敕铸左、右军征马使印各一钮"。③ 从贞元十四年始，左右军所设之征马使都拥有官印。据出土右神策军征马使《武自和墓志》④推断，在由宦官任中尉的神策军中，征马使可能多选用宦官任职。确切地讲，右神策军的征马使由宦者充任，而左神策军未知其情。现据《姜子荣墓志》所记，志主姜子荣以中官的身份充任左神策军征马群牧使，这与内侍武自和所任的右神策征马使形成对比，说明左军征马使的选用范围同右军一样。进一步证实不仅右神策军征马使选用阉人，左神策军征马使也由内侍出任。如所周知，唐代仍存在清浊分流的意识，注重出身资历，某种官职局限在一定范围中选任，变化相对不明显。而神策军征马使一旦由宦者担任，则选用士人、武将的可能性很小。唐政府专门为左右军征马使铸印，说明神策军征马使已经成为事务性要职，选用宦者充任左、右神策军征马使是否与护军中尉的宦者身份意识有关，很难确定，但存在借征马使掌控军队的意图是不容否定的。

---

① 《新唐书》卷 50《兵志》，第 1334 页。

② 贾志刚：《从征马使一职看中唐以后战马征用》，《唐史论丛》第 14 辑，陕西师范大学出版社，2012，第 340～348 页。

③ 《唐会要》卷 72《马》条，第 1303 页。

④ 《唐代墓志汇编续集》会昌〇〇七《唐故朝议大夫内侍省内府局丞员外置同正员上柱国武府君（自和）墓志铭》记："迁监右神策军征马使。"（第 947 页）

据前揭《册府元龟》所记："自神策兵分镇畿县及近甸，诸州若群牧、采造之名，其类不一，干法乱政，为蠹颇甚。"给畿甸之民带来痛苦的神策军职名不仅有采造使，还有群牧使。志主姜子荣恰好也曾任左神策军同州朝邑、夏阳、韩城、郃阳等四县征马群牧使，志文记其职责为"掌其駧牧，騋牝斯蕃"，其职掌与牧马放养有关。群牧使之职，唐前期就于诸监牧中长期设置，无须赘言。① 但神策军群牧使何以成为蠹政害民的魁首？特别令人费解。再者，身为征马群牧使的志主姜子荣何以功成不受赏，反而受罚？更是百思不得其解。

随着神策军禁军地位的确立，其规模越来越大，学界对此已有关注，如唐长孺先生曾质疑《新唐书·兵志》所记神策军 15 万之数；② 黄楼惊讶神策军京西北诸镇前后数量可达到 30 镇之多。③ 但神策军所拥有的马匹数量并未引起关注。实际上，据前引宋白《续通典》所记，左神策军共有 90412 人，20210 匹马；右神策军共有 63951 人，10659 匹马；神策军实有兵 154363 人，马 30869 匹。此数字是否准确，或反映哪一时期的数字，仍有待研究。但作为禁军的神策军，马匹数量不会很小。多达 3 万匹马的神策军需要很多类似志主姜子荣的群牧使，同时也需要更多的牧场和草料，如宪宗元和四年（809），"右神策军奏绛州龙门临河乡河曲无居人田业，请为牧地，从之。仍禁侵踩居人田业"。④ 不管出于什么原因，右神策军将牧地扩展到畿外的绛州，都反映出神策军马匹畜养的压力。虽说诏令禁止侵占居人田业，但养马所需的牧场与畿县甸民生产生活出现冲突在所难免。如孙樵《兴元新路记》记："郿多美田，不为中贵人所并，则籍东西军，居民百一系县……自黄蜂岭洎河池关，中间百余里，皆故汾阳王私田，尝用息马，多至万蹄。今为飞龙租入地耳。"⑤ 兴元新路兴修于大中三年，⑥ 其时汾阳王郭子仪家牧马地竟入宦者主掌的飞龙使，连中兴功臣勋戚之家的财产都难保证，其他

① 对群牧使专门研究的成果有宁志新《隋唐使职制度研究（农工商业编）》，中华书局，2005，第 181～187 页；马俊民、王世平《唐代马政》，西北大学出版社，1995，第 33～51 页；李锦绣《唐代财政史稿》上卷，北京大学出版社，1995，第 1179～1183 页；乜小红《唐五代畜牧经济研究》，中华书局，2006，第 40～51 页，等等。从不同角度涉及群牧使的相关问题。

② 唐长孺：《唐书兵志笺正》卷 3，中华书局，1962，第 104 页。

③ 黄楼：《唐代神策京西北诸城镇研究》，《魏晋南北朝隋唐史资料》第 27 辑，武汉大学《人文社会科学学报》编辑部，2011，第 347～380 页。

④ 《册府元龟》卷 621《卿监部·监牧》，第 7480 页。

⑤ 孙樵：《兴元新路记》，《全唐文》卷 794，中华书局，1983，第 8327 页。

⑥ 严耕望：《唐代交通图考》第 3 卷《秦岭仇池区》"汉唐褒斜驿道"，上海古籍出版社，2007，第 716～728 页。

甸民之处境可想而知。美田多被东西军、中贵人侵占,牧地或被飞龙使圈占,或被东西军并吞,导致禁军与畿民势同水火,中贵人所任的使职难辞其咎。

不仅神策军所需的牧场会侵占居人田业,供给神策军之马匹也给畿县甸民带来很重的负担,据元和四年十二月元稹《牒同州奏均田状》:"当州自于七县田地数内……均摊左神策邰阳镇军田粟……当州供左神策邰阳镇军田粟二千石。右,自置军镇以来,准敕令取百姓蒿荒田地一百顷,给充军田。其时缘田地零碎,军司佃田不得,遂令县司每亩出粟二斗。"① 因为要供给左神策军邰阳镇军粮,原来是由所在县加税而给,元稹处置后要求同州七县均摊配率,将一时矛盾予以化解。但就连同州刺史元稹也直言:"其粟并是一县百姓税上加配,偏当重敛,事实不均。"不管是一县承担,还是七县均摊,神策军的供给成为激化冲突的重要因素之一。又杜牧《同州澄城县户工仓尉厅壁记》:"至如禁司、东西军、禽坊、龙厩、彩工、梓匠、善声、巧手之徒,第番上下,互来进取,挟公为首缘,以一括十。民之晨炊夜舂,岁时不敢尝,悉以仰奉,父伏子走,尚不能当其意,往往击辱而去。"② 澄城县也属同州七县之一,邻近韩城,同样承担东西军的奉仰,以至杜牧直言有击辱而去之冲突。再联系韩城县百姓王文秀与左神策军群牧小将刘兴裔的事件,本来为一件很小的民事纠纷,结果变成了韩城县与神策军的冲突,问题扩大化。而志主姜子荣的任职不仅是颇受争议的采造使、群牧使,其驻地恰巧也是屡发争端的韩城县及周边地区。

马俊民、王世平注意到唐代宦官马权的扩张,前期宦官通过掌握飞龙厩将势力渗入马政系统,中后期宦官所任的飞龙使成为唐朝马政之长。③ 宁志新也关注中唐以后,宦官专任的飞龙使侵夺闲厩使之权主宰宫廷御马,甚至地方监牧。④ 据《姜子荣墓志》记载:"夫人清河张氏,则前飞龙副使,内坊典内知省事国朝之长女也。"宦者姜子荣所任左神策军群牧使与曾任飞龙副使的宦者张国朝有何关联,不得而知,但翁婿二人都属于宦者管理牧马,飞龙使管理宫廷御马,征马群牧使管理禁军征马,形成了宦官既主宰宫廷御马,又控制禁军征马之势。从而

---

① 《册府元龟》卷495《邦计部·田制》,第5930页。另参《元稹集》卷38《同州奏均田状》,中华书局,1982,第435~437页。文字略有出入。

② 杜牧:《同州澄城县功仓户尉厅壁记》,李昉等编《文苑英华》卷805,中华书局,1966,第4258~4259页。

③ 马俊民、王世平:《唐代马政》,第29~32页。

④ 宁志新:《隋唐使职制度研究(农工商业编)》,第167~171页。

说明宦官势力不仅凌驾闲厩之上，也渗透到禁军征马系统。这样就能解释神策中尉总是选用宦者主掌征马使、群牧使的现象，既体现中尉的宦者身份意识，又可借此巩固宦者军权，进而操纵皇权。故志文所载的翁婿二宦者任职马牧的事实，正是理解宦官争夺马权的一张"剖面图"。

事实上，中尉借神策军之势，神策军借征马之力的格局，成为宦官政治的常态，宦官担任的神策军群牧使也成为此种政治格局的关键。而畿甸所出现的征马与甸民争地的矛盾，必然集中于宦者所任之征马群牧使身上，宦官专权的格局不变，神策军群牧使害民扰甸的性质就不会变。故征马群牧使既是神策军存在的基础，也是动摇神策军存在基础的根源。诚如是，左神策军同州朝邑、夏阳、韩城、郃阳等四县征马群牧使，兼丹州采造使的姜子荣虽牧马蕃息，却不免流贬守陵。功成不受赏却受罚的现象，出现在任何群牧使身上都有可能，因为根本矛盾未能调和。唐人舒元舆有言："来临者苟能惠百姓，军旅必咨怨；苟能富军旅，百姓不堪命，二德既不易备。"① 养军与治民形成对立关系，这种对立关系的极端情况也出现在神策军与畿甸之民之间。宦官充使的禁军群牧，过分追求征马蕃息，而畿县甸民却视征马如虎。维护统治就不得容忍残民，维持权力却无法放弃征马，征马残民的事实就变成了群牧残民，故志文虽未言其被贬之原委，实际上也无须多言，由此来看，唐代神策军逐渐陷入不可调和的二难境界，其衰亡之势自然也无可挽回。

综上所述，包括宦官守陵在内的惩罚性管理措施实际震慑作用有限，对平息宦官主政时代采造使害民、群牧使残民等军地矛盾无能为力，也不能调和宦官政治的其他冲突，无力替唐朝挽狂澜于既倒，也难言其垂鉴后世的社会管理价值。

附录　唐故天水姜府君墓誌銘并序

朝議郎試太常寺太祝上柱國栢章甫撰

元和十四年七月丁酉，有唐泰陵守當天水姜府君卒於奉」先縣昌寧鄉慕化里之旅舍，享年五十有八。十一月乙酉窆于高陵縣」佐輔鄉陽原，邇於先府君

---

① 舒元舆：《鄂政记》，《文苑英华》卷831，第4384页。

松楸，禮也。公諱子榮，字敬宗，其先天水人。昔者」太公坐渭濱，垂大鈞，有
戡暴亂之意。蘊文武之才，著六韜，述三略，所以再駕」而滅紂，一言而興周。
德及生人，福延嗣續者矣。祖諱承祚，皇隴西別駕。烈考」[諱]進誠，皇朝議大
夫、靈武、醴泉、普潤等監軍使，左三軍僻仗，上柱國，賜紫金」魚袋，贈右監
門衛將軍。世濟其美，克大其門。公即將軍之長子也。性惟仁孝，言」以忠信。
陰德以濟物，力行以遊道。精於理體，敏於從政。建中初，始以筮仕，遂屬涇」
原難作，天王狩畿。公出入險艱，導達忠義。上嘉乃績，授文林郎，守內侍省」
奚官局丞員外置同正。未幾，夏六月廓清上京。秋七月後歸宮闕，乃告虔于」
清廟，展事於南郊。內外近臣，詔降勳賞，累加上柱國。洎元和初，遇今上登
寶」位，受靈符，圓壇展禮，羣司奉職，載弘慶賜，式獎勳勞。節著艱難，榮參
侍從」。特加寵命，遂賜緋魚袋。俄遷左神策軍同州朝邑、夏陽、韓城、郃陽等
四縣征」馬群牧使，兼丹州採造使。從政恪慎，在公廉潔。掌其馴牧，駃牝斯
蕃，將謂職乃驟」□，方期大用，不䁜行高出眾，必見毀之。爰興揓揓之言，孰
塞嗷嗷之口。遂流貶於」山園。未逾迊年，痼疾中發，奄忽不救，斯為命歟，其
痛也。夫人清河張氏」，則前飛龍副使，內坊典內知省事國朝之長女也。四德爰
備，六行聿脩。哀晝哭」之無時，怨夕臨之有度。有子曰士幹，掖庭局監作，棘
辛柴毀，可謂至哀。令弟前」莒王府錄事參軍苗裔，文學長材，時論所著。痛
深天倫之感，禮備送終之儀」。恐岸谷遷移而芳烈不貽於後，故刻石而誌之。
銘曰」：

蕭蕭姜公，神密氣雄。折而不撓，和而不同。因心則孝，奉國惟忠。與時而
達，聿脩厥功」。述職三紀，恩榮孰比。寵過災生，斯為命矣。流落園寢，歲未
浹暑。天不憖遺，奄然而已」。返葬故園，祔于九原。吉來凶往，身歿名存。白
楊風悲，白楝霜繁。[百]身非贖，吞恨何言」。

原刊《中国史研究》2019 年第 2 期

唐长安平康坊出土鎏金银茶托再考察

贾志刚

摘　要： 西安和平门外发现的唐代平康坊铭文茶托出土已超过半个世纪，随着考古文物的不断出土，这批茶托的历史价值有待重新认识。通过研究，茶托铭文"左策"为左神策军的假设得到了相应出土文物的证实，同时，铭文也要求关注唐人生活中的"宅库"问题。还有，出土茶托成为见证唐宋之际中国古代计量制度变革的文物，填补传世史料的记载缺失。

关键词： 鎏金银茶托　左策　右策　宅库　字衡制　钱分制

1957 年，西安市和平门外唐长安城平康坊内建筑遗址中出土了 7 件带铭文鎏金银茶托，马得志先生曾于《考古》1959 年第 12 期上发表论文《唐代长安城平康坊内出土的鎏金茶托子》，就所发现的茶托予以公布和初步研究，在许多问题上取得进展，也使这批唐代出土文物得到学界的长期关注。时至今日，虽然这批茶托所包含的历史信息已得到多方面的挖掘，[①] 但随着考古文物的不断出土，其历史价值的某些方面仍有重新认识的必要，故本文欲在学界已有研究成果的基础上，结合近期出土相关唐代文物重新审视这批鎏金茶托的价值，还就茶托铭文之"使宅茶库"提出一己之见，实现文物从历史中来，再回到历史中去的目的，就教于方家时贤。

---

① 韩伟：《从饮茶风尚看法门寺等地出土的唐代金银茶具》，《文物》1988 年第 10 期。齐东方：《唐代金银器研究》，中国社会科学出版社，1999，第 30、118 ~ 119 页。

一 "左策使宅" 茶托与 "左策××" 砖铭

根据上揭马得志的文章记载，同时出土的 7 件茶托圈足内壁均有铭文，1 号茶托的铭文为："大中十四年八月造成浑金涂茶拓子一枚金银共重拾两捌钱叁字"，文字是后刻的，非铸文。2 号茶托的铭文为："左策使宅茶库金涂工拓子壹拾枚共重玖拾柒两伍钱一。"3～7 号茶托的铭文相同，均为"左策使宅茶库一"。① 马得志针对 6 件茶托铭文中都提到"左策使宅"，指出："左策使一名，疑即左右神策军节度使（或观军容使），或左神策军×使的简称。"有一定道理，惜未提出根据。因为出现在茶托上的"左策"一词，在现存唐代各种传统文献中无考，故只能猜测，别无他法。近年来，随着大明宫太液池遗址的考古发掘，有一类带"左策"字样的铭文砖引起笔者的注意，如 2003 年发表的《唐长安城大明宫太液池发掘简报》公布了带有"左策壬午"的铭文方砖："背面模印文字为'左策壬午'，砖残长 16、宽 16、厚 7.7 厘米，印框长 8、宽 2.5、深 0.3 厘米。"② 同时指出"左策壬午"砖可能出土于太液池西北唐代晚期进水渠挡水设施的三堵残砖墙中。2005 年发表的《西安市唐长安城大明宫太液池遗址》一文，又公布了带有"左策戊寅"的铭文砖，并说明"左策戊寅"砖出土于晚唐文化层。③ 除此以外，大明宫太液池遗址上还发现"左策辛巳"铭文砖。④ 截至目前，这些带有"左策"与天干地支序号的铭文砖只是在太液池遗址上出土过，在其他地方甚至是大明宫其他区域都尚未见到过，其原因尚有待于新考古资料的揭示。

与唐长安城平康坊内出土的几枚涂金茶托上的錾刻铭文比较，这些出土于唐大明宫太液池遗址的铭文砖中也带有"左策"字样，二者之间有无联系，成为理解"左策"一词的关键，也是进一步认识茶托和铭文砖历史属性的切入点。

首先，从现有材料看，出土的唐代茶托铭刻时间与大明宫太液池遗址出土的铭文砖烧造时间接近。出土的唐代茶托均属于某左策使宅库，因为其中 1 号茶托

① 马得志：《唐代长安城平康坊内出土的鎏金茶托子》，《考古》1959 年第 12 期。
② 中国社会科学院考古研究所、日本独立行政法人文化财研究所奈良文化财研究所联合考古队：《唐长安城大明宫太液池遗址发掘简报》，《考古》2003 年第 11 期。
③ 中国社会科学院考古研究所、日本独立行政法人文化财研究所奈良文化财研究所联合考古队：《西安市唐长安城大明宫太液池遗址》，《考古》2005 年第 7 期。
④ 范超、何建超：《大明宫之谜》，陕西人民出版社，2008，第 12 页。"左策辛巳"砖出土情况不明，等待新的发掘报告公布。

錾刻铭文提到大中十四年（860）八月造成，与之同时出土且都属于某左策使宅茶库的另外几件茶托应当也与这个时间不会相差太远。而大明宫太液池遗址之带"左策"字样的铭文砖均于唐代晚期文化层出土。如果"左策戊寅""左策辛巳""左策壬午"等铭文中的戊寅、辛巳、壬午是指其烧造时间，其对应的公元纪年在唐代有 5 种可能性，但满足大明宫建造历史（始建于贞观八年即公元 634 年）的只有 4 种，满足神策军充禁军（代宗永泰元年即公元 765 年①）的条件者只有 2 种，而满足晚唐文化层要求的只有 1 种可能性，故戊寅即唐宣宗大中十二年（858）、辛巳即唐懿宗咸通二年（861）、壬午即咸通三年（862）。这些时间均与茶托铭刻时间相接近，或前后相差一二年，可视为同一时期的历史产物。

从出土铭文砖的角度看，"左策"作为左神策军的省称与农历戊寅、辛巳、壬午年的交叉点只有两种情况。

第一种情况是唐德宗贞元年间，分别为戊寅即贞元十四年（798），辛巳即贞元十七年（801），壬午即贞元十八年（802），但贞元年间，正是神策军确立禁军地位之时，贞元二年始由神策左右厢改为左右神策军。据现有史籍统计，唐德宗贞元年间（785~804），见于诸书记载的 13 项大型营修工程中，户部主持 4 项，京兆府主持 2 项，度支主持 2 项，使职主持 1 项，4 项未记主持者，并没有提到左右神策军。可见此期长安城、大明宫中修造工程多由政府部门负责，② 很少有左右神策军士在贞元年间参加工程营造之类的记载。龚国强认为唐代神策军广泛参与工程营缮是在唐宪宗元和以后，③ 可谓确当之论。据笔者统计，唐宪宗元和年间（806~820），见于史籍记载的京城营修工程有 16 项，其中左右神策军主持或参与的就有 12 项，未记主持者 4 项。④ 据此可知，左策铭文砖由左神策军在贞元年间烧造的可能性很小。

排除了这种情况，第二种情况的可能性就更大，即左策戊寅是在宣宗大中十二年（858），左策辛巳是在懿宗咸通二年（861），左策壬午是在咸通三年（862）分别由左神策军烧造而成，这种推断正与前揭一致。至于为什么平康坊

① 王溥：《唐会要》卷 72《京城诸军》"神策军"条，中华书局，1955，第 1294~1295 页。

② 《唐会要》卷 30《杂记》；《册府元龟》卷 14《帝王部·都邑二》；《旧唐书》卷 13《德宗纪》。

③ 龚国强：《由铭文砖瓦谈唐长安城宫城的砖瓦之作》，《唐大明宫遗址考古发现与研究》，文物出版社，2007，第 295~302 页。认为有关神策军参与工程建设的史事，恰得到了太液池遗址出土的"左策壬午"的印证。

④ 《唐会要》卷 30《杂记》；《旧唐书》卷 14《宪宗纪上》、卷 15《宪宗纪下》；《册府元龟》卷 14《帝王部·都邑二》、卷 497《邦计部·河渠二》；等等。

出土左策使宅茶托铭刻时间与太液池出土铭文砖烧造时间相接近，有待新解。

其次，平康坊出土茶托铭文之"左策"与大明宫砖瓦铭文之"左策"存在一定的联系。平康坊出土之数件茶托铭文上有"左策使宅茶库"，马得志认为属于宣宗末懿宗初某左神策军使家的遗物。① 大明宫太液池出土之铭文砖也与神策军有相当关系，龚国强认为左策壬午太液池铭文砖是神策军参与大明宫太液池工程建设的物证，② 那么左策戊寅、左策辛巳也应该与此相同，故带有左策铭文字样的茶托和同样带有左策铭文的宫砖都与左神策军有一定关联，这正是理解"左策"在唐代文物上出现的一条重要线索。

二 文物上的"右策"与"左策"形成对文

唐代既有左神策军，也有右神策军，二者均属禁军，也都曾在唐代中后期历史上发挥重要作用。出土文物既然出现了"左策"之铭文，"右策"之文是否也曾出现就更值得关注。就笔者所掌握的资料来看，传统史籍并未见到右策指代右神策军的证据，幸而发现了一枚古印，弥补了这一缺憾。罗福颐在《故宫博物院藏古玺印选》收录"右策宁州留后朱记"官印（并附印痕及图版）一方，③ 过去一直认为此印属于五代时期，如果此印的断代不误，则印文之"右策"与茶托、铭文砖之"左策"就很难联系起来。

然而，细检诸家对此印的断代依据，却发现一些问题，据张锡瑛记载，此印现藏于北京故宫博物院，长条铜印，鼻钮上仍有一孔，印面长8.3厘米，宽3.2厘米，朱文隶书，刻"右策宁州留后朱记"，印文刻制很精。④ 印文出现"朱记"之字成为诸家断定为五代之物的主要根据。事实上，就"右策宁州留后朱记"一印的各项特征综合分析，此印应属于唐代，而不是五代。理由如下：

---

① 马得志：《唐代长安城平康坊内出土的鎏金茶托子》，《考古》1959年第12期。
② 龚国强：《由铭文砖瓦谈唐长安城宫城的砖瓦之作》，《唐大明宫遗址考古发现与研究》，第299页。
③ 罗福颐：《故宫博物院藏古玺印选》（文物出版社，1982，第115页）在"唐宋以来官私印"之"五代"一节中收录"右策宁州留后朱记"印及印痕。曹锦炎：《古代玺印》（文物出版社，2002，第142~143页）记北京故宫博物院收藏"右策宁州留后朱记"鼻钮铜印，印面长8.3厘米，宽3.2厘米。印文隶书，刻制极精。曹氏认为此印属于五代时期明显是接受了罗福颐的断代之论。
④ 张锡瑛：《中国古代玺印》，地质出版社，1995，第93页。

其一，宁州在唐确实隶属于神策军。唐代宁州属于关内道，其领县有定平县，《新唐书》卷37《地理志一》关内道宁州条记："（元和）四年隶左神策军。"不仅此处记录宁州定平县隶属于神策军，宋白《续通典》也曾说道："左神策京西北八镇，普润镇、崇信城、定平镇、□□□、归化城、定远城、永安城、邠阳县也。右神策五镇，奉天镇、麟游镇、良原镇、庆州镇、怀远城也。"① 据此可知唐代宁州定平镇遥隶于左神策军，虽与"右策宁州"并不一致，但宁州隶属神策应是事实。实际上，胡三省在记神策右军中尉梁守谦兼领左右神策八镇兵时，已注意到神策外镇的隶属或数目差异的问题："左、右神策军分屯近畿，凡八镇，长武、兴平、好畤、普闰、邠阳、良原、定平、奉天也。宋白所记与此稍异。"② 张国刚先生曾注意到神策外镇有 13 镇和 8 镇的不同记载，③ 事实上，唐代京西北神策外镇有时也记为 12 镇，④ 唐长孺先生认为唐神策京西北诸镇可分成原本就属神策的 9 镇和错出京西北节度使管内的神策 12 镇两类，其名不可悉考，且时有分并。⑤ 出现这种差异的主要原因可能是诸镇隶属关系多有变动，如元和三年，诏普润镇兵马使隶左神策军，⑥ 到元和八年，又以普润镇兵四千人割属泾原节度使。⑦ 同样是普润镇，有时隶神策军，有时属泾原节度，并不确定。也许梁守谦以右神策军护军中尉率包括定平镇在内的京西北八镇时，就意味着宁州定平镇的隶属关系发生变化，因为未见明确记载而不敢妄断。但有一点是事实，即宁州属于神策京西北外镇的驻屯地之一。

其二，右策宁州留后是唐代的产物。作为禁军的神策军，分为两大类：一是在长安宿卫的左右神策，那是真正的北门禁军；一是在京西北驻防的隶属神策的镇防军。⑧ 史言："又有素非禁旅，本是边军，将校诡为媚词，因请遥隶神策，不离旧所，唯改虚名，其于廪赐之饶，遂有三倍之益。"⑨ 这些神策外镇或神策

---

① 司马光编著，胡三省音注《资治通鉴》卷237，唐宪宗元和二年（807）四月条，胡三省注引宋白《续通典》，中华书局，1956，第7639页。

② 《资治通鉴》卷241，唐宪宗元和十五年（820）十月条，第7784页。

③ 张国刚：《唐代藩镇研究》，湖南教育出版社，1987，第86页。

④ 宋敏求：《唐大诏令集》卷2《穆宗即位赦》，商务印书馆，1959，第12页。

⑤ 唐长孺：《唐书兵志笺正》卷3，中华书局，1962，第104页。

⑥ 《唐会要》卷72《京城诸军》，第1295页。

⑦ 王钦若等编《册府元龟》卷124《帝王部·修武备》，中华书局，1960，第1491页。

⑧ 唐长孺：《魏晋南北朝隋唐史三论》，武汉大学出版社，1993，第450页。

⑨ 陆贽：《陆贽集》卷19《论缘边守备事宜状》，中华书局，2006，第622~623页。

行营既称神策军，也以屯驻地为名。不管是 13 镇，还是 12 镇或 8 镇都有属于自己的名称，故"右策宁州"应该是唐代左右神策军遥领京西北诸镇的产物，显示驻地在宁州（甘肃宁县）却遥隶于右神策的特殊历史背景。"留后"一词，在唐代中后期就普遍使用，一般是在新旧节度、观察等使交代之际出现，如"使府交代，诏到，署留后即行"，[①] 即留后在唐代是负责新、旧节使过渡交代的官职，[②] 但到中晚唐时期，有些军镇不任命节度使，而以他官兼留后代掌军府，故留后之职虽未列入唐代职官志中，却逐渐取得了军府显职的地位，是知"右策宁州留后"之职属于唐代特殊官制的产物。

其三，左右神策军在五代已不复存在。唐代神策军取得禁军地位后，成为宦官控制政局的政治工具，宦官掌握的神策军不断衰微，到唐末，神策军随宦官集团灭亡而不复存在，"于是悉诛宦官，而神策左右军由此废矣，诸司悉归尚书省郎官，两军兵皆隶六军"。[③] 在长安宿卫的神策军主体解散或转入六军后，在京西北驻防的隶属神策军的镇防军也自然消失，抑或转属他军。五代迭起，未见再设置过神策军号。皮之不存，毛将焉附，五代时期使用"右策宁州留后"官印的政治环境已经不存在了，所以官印"右策宁州留后朱记"不可能属于五代。

其四，即使印文中出现"朱记"之字，也并不能说明就是五代之物，陕西西安曾出土一枚古印，印文为"陕虢防御都虞候朱记"，朱文篆书，印面长方形，边长 5.8×5.6 厘米，通钮高 4 厘米，铜铸橛钮，印文为一般篆文，印背无刻字。整理者陈全方认为此印可能是贞元六年（790）至太和五年（831）间的唐代官印，印称朱记自此开始。[④] 此印铜质矩形、橛（杙）钮篆书等特征均没有溢出唐代官印的制印风格之外，[⑤] 定性为唐印是可信的。如果其判断不错，印文使用"朱记"应始于中唐以后。另据后晋天福三年（938）李详上疏提到节度使

---

① 欧阳修、宋祁：《新唐书》卷 160《孟简传》，中华书局，1975，第 4968 页。

② 贾志刚：《唐代地方长吏的交接替代》，《郑州大学学报》2007 年第 3 期。

③ 《新唐书》卷 50《兵志》，第 1336 页。

④ 陈全方：《陕西出土的一批古代印章资料介绍》，《文物资料丛刊》1977 年第 1 期，文物出版社，1977，第 192～197 页转 38 页。记此印为 1971 年西安市永红路公社菊花园一处窖穴内出土。

⑤ 到目前为止，唐代官私印出土不多，如官印有浙江安吉出土之"金山县印"、浙江绍兴出土之"会稽县印"、新疆吉木萨尔出土之"蒲类州之印"、陕西扶风出土之"右武卫右十八车骑印"、西安出土之"千牛府印"，安徽贵池发现之"宜春县印""萍乡县印""豫州留守印"等，私印有河南偃师出土之"渤海图书"、河南洛阳出土之"武威习御图书"等，其制印风格多为铜质或陶质，鼻钮或杙（橛）钮，文字焊接或铸造，方形或矩形、有背款或无等特征。

将校中都押衙、都虞候、教练使、客将、孔目官等均属于有朱记的大将。① 出土铜印"陕虢防御都虞候朱记"也在李详所列之有朱记大将之范围，至少说明都虞候有朱记也与"右策宁州留后有朱记"一样，是唐代的产物，五代只是承袭前代旧制。

总之，铜印"右策宁州留后朱记"应该考虑仍属于唐代，因为其制印风格、印文内涵与中晚唐社会的联系要远多于五代时期，如果再联系上揭茶托、铭文砖铭刻上的"左策"之文，此印文中的"右策"正好与茶托之"左策"形成对文，二者时间接近、内容相关、语境相同，属于比较典型的文物互证之案例。诚如是，我们认为：如果茶托、铭文砖铭刻的"左策"之文是左神策军的略称或简写的判断成立，那么"右策宁州留后朱记"之"右策"是右神策军的略称或简写的结论也能成立，这个推论也可以反过来说。从而证明，"左策"指左神策军的猜测能够确立。

三　茶托之"宅库"与同时代社会生活之宅库

学界对唐代仓廪、国库的研究已较深入，② 但对家廪宅库的关注仍显不够，出土茶托的铭文"左策使宅茶库"提示唐人宅库也是值得关注的历史问题。一般地讲，唐人私家仓库包括以储藏粮食为主的私仓廪和以储积杂物为主的宅库，题材所限，私家仓廪于此不多涉及，仅就私家宅库的相关问题稍做探讨。换句话说，茶托铭文所提到的宅库在唐代是否普遍设置？宅库与唐人生活有何关系？是本文想要进一步探讨的问题。

出土唐代茶托铭文"左策使宅茶库"显示左策使宅内设有茶库的事实，另外，洛阳发现的成德节度使王士真之妻齐国太夫人吴氏墓出土的金银器中，有一件"长柄单流带盖银铛"，底面錾刻"四两二兮（钱）宅"5字。③ 窃以为"二兮（钱）"应为"二分"，整理者识读铭文有误，原因详下。此银铛铭文中之

---

① 《册府元龟》卷476《台省部·奏议七》晋天福三年李详奏："应诸道职员，除主兵将校外，其衙前职列，伏乞明示条章，俾循事体，节度州只许奏都押衙、都虞候、教练使、客将、孔目官及有朱记大将十人，仍取上名。"（第5682页）

② 张弓：《唐朝仓廪制度初探》，中华书局，1986；葛承雍：《唐代国库制度》，三秦出版社，1990；等等。

③ 洛阳市第二文物工作队：《伊川鸦岭唐齐国太夫人墓》，《文物》1995年第11期。墓主齐国太夫人吴氏为成德军节度使王士真之妻，卒于唐穆宗长庆四年（824）二月，葬于同年九月。

"宅"字较为难解，联系到前揭左策使宅之铭文，似乎也系吴氏生前宅内所用之物。二物均是唐人私宅管理下的器皿，都涉及私家宅库的问题。从现有资料来分析，唐代宅库表现出以下几个特点，首先是类型多样。宅库在唐代有多种名称，《朝野佥载》记唐中书舍人郭正一曾以一名好看的高丽婢"专知财物库"，此婢后来携带库中"金银器物十余事"逃走。① 由此事件可知郭正一家的财物库也储藏金银器物。又《太平广记》记武则天"尝赐太平公主细器宝物两食合，所直黄金千镒，公主纳之藏中"。② 可知太平公主也是将细器宝物收于自家私藏之中，此私藏也应属于财物库或宅库。

唐时私宅之内不仅有财物库，也有书库。如唐人柳仲郢，"家有书万卷，所藏必三本，上者贮库，其副常所阅，下者幼学焉"。③ 柳氏宅内设有书库，将藏书制成三等，书库用来收藏精制本，有别于日常阅读和子弟习读之本。与此类似，白居易洛阳履道里之宅院也有书库，其自撰的《池上篇并序》记："虽有台，无粟不能守也，乃作池东粟廪……虽有子弟，无书不能训也，乃作池北书库。"④ 粟廪与书库并提，显示白家私宅书库的独立性，专以收藏各类书籍为主，这种设置也可能是当时士人之家的共性。

随着唐人饮茶风俗日渐浓厚，公私茶库之设也逐渐普遍，如江南西道某馆驿内设茶库、酒库、菹库，主吏不仅将所用之物分类储藏，而且在每库之外还分别画相关神像，如诸茗毕贮的茶库外面画陆羽之像，贮藏诸醢的酒库画杜康之像，收藏诸菹的菹库画蔡伯喈之像。⑤ 此事反映唐人物品分类贮藏的事实或习惯，出土茶托铭文所属之左策使宅茶库正是分类贮藏观念影响到宅库管理的表现，茶具、茶茗之类要贮藏在专门的茶库之中。不仅左神策使私宅内有茶库，一般的富

① 张鷟《朝野佥载》卷5："中书舍人郭正一破平壤，得一高丽婢，名玉素，极姝艳，令专知财物库。"（赵守俨点校，中华书局，1979，第108页）

② 李昉等编《太平广记》卷171，苏无名条出《纪闻》，第1258页。

③ 《新唐书》卷163《柳仲郢传》，第5025页。钱易《南部新书》卷丁："柳公绰家藏书万卷，经史子集皆有三本，一本尤华丽者镇库，又一本次者长行披览，又一本又次者后生子弟为业。皆有厨格部分，不相参错。"（黄寿成点校，中华书局，2002，第46页）

④ 《白居易集》卷69《池上篇并序》，中华书局，1979，第1450页。又，刘昫等：《旧唐书》卷166《白居易传》，中华书局，1975，第4354页。

⑤ 《太平广记》卷497，江西驿官条出《国史补》："江西有驿官以干事自任，白刺史，驿已理，请一阅之。乃往，初一室为酒库，诸醢毕熟，其外画神，问曰：何也？曰：杜康。刺史曰：功有余也。又一室曰茶库，诸茗毕贮，复有神。问何也？曰：陆鸿渐。刺史益喜。又一室曰菹库，诸菹毕备，复有神。问何神也，曰：蔡伯喈。刺史大笑曰：君误矣。"（第4076页）

裕之家抑或也设，如唐咸通中（860～873）李昌符在其成名之《婢仆诗》50 首中云："不论秋菊与春花，个个能嘡空肚茶。无事莫教频入库，一名闲物要些些。"① 李昌符将私家婢仆入茶库索要茶物作为题材，写入诗歌，终于改变了屡试不第的人生命运，一举成名。婢仆入茶库作为诗赋题材为众人所接受的事实，说明唐时茶库之于私家并不罕见。

唐人也于私宅内置药库，如唐人元行冲有言："贵家储积，则脯腊膜胰，以供滋膳，参术芝桂，以防疴疾。"他认为贵家贮藏这些药物是"蓄积以自资也"。② 这又反映唐代贵家有专库储积日常药物的风气。唐人韦陟属于关中著姓，史载其家，"侍儿阉阁，列侍左右者十数，衣书药食，咸有典掌"。③ 韦家不仅有药库、书库，而且衣库、食库也是专门贮藏，且有专人典掌。

唐代宅库表现出的又一个特点是规模大小因人而异。唐人私家多有宅库之设，其结构主要是按储藏的物品分类，有财物库、茶库、药库、书库、衣库、食库、酒库、菹库等名称，或许还有其他称呼，但均属于宅库范围。各家宅库的规模有大有小，不可一概而论，事实上，达官显贵家专设大型宅库，如《新唐书》记武周时期，建昌王武攸宁"筑大库百余舍，聚所得财"。④ 此言武攸宁有大库百余舍，积聚收敛而来的钱财。而《朝野佥载》却记此事为，"为大库长百步，二百余间"。⑤ 二书所记武家的宅库规模有出入，但不管是百余舍还是二百余间，其规模足可称之为"大库"。也许当时权贵之家的宅库都不会很小，如唐人杨务廉曾因建造"长宁、安乐宅仓库"，特授将作大匠，坐赃数千万。⑥ 二公主家的宅库多大，史言不详，但从修造者坐赃数额可以推知长宁公主、安乐公主之宅库也非同一般。考虑左策使在中唐以后政治上的显赫地位，出土茶托所属之左策使宅茶库也不可小视。

另外，葛承雍先生曾专文研究唐代长安的复壁，涉及唐代皇宫、官宅和民舍

① 孙光宪：《北梦琐言》卷 10 李昌符咏婢仆条："唐咸通中，前进士李昌符有诗名，久不登第，常岁卷轴，怠于装修，因出一奇，乃作《婢仆诗》五十首，于公卿间行之。"（贾二强点校，中华书局，2002，第 228 页）
② 《旧唐书》卷 102《元行冲传》，第 3127 页。
③ 《旧唐书》卷 92《韦陟传》，第 2959 页。
④ 《新唐书》卷 206《武攸宁传》，第 5840 页。
⑤ 《朝野佥载》卷 2，第 41 页。
⑥ 《朝野佥载》卷 2，第 36 页。

中构筑复壁以藏闭资财的历史现象，对复壁藏书、复壁藏物等问题有重要揭示。① 这种用墙垣夹层专门贮藏的建筑也应属于私家宅库的范围，同时又是宅库普遍存在的有力证据。

与富豪之家的大型宅库不同，一般官吏家也设宅库，但规模要逊色几分。如《太平广记》记松江华亭令曹朗于吴郡置一宅："西廊之北一房充库……一间充厨。"② 曹朗之宅内也专设宅库。《北梦琐言》记滑台杜尚书宅遭火，家人云："老鼠尾曳火入库内，因而延燎。"③ 家人以老鼠尾曳火入库为由，解释火灾原因，虽然有点荒诞不经，却正说明宅库是这次火灾的起火点。又《太平广记》记蜀将张彦，"于蜀中私第别构一堂，以贮其金"。④ 虽说张彦之宅库已属五代，但这种宅第中设宅库的风气仍是唐代遗风。反过来讲，唐代一些不设宅库的官员被时人视为特例，如孔璋上书提到陈州刺史李邕："拯孤恤穷，救乏周惠，家无私聚。"⑤ 私聚即宅库，家无宅库成为地方官的一善，反衬出此一阶层设置宅库的普遍性。

普通百姓之宅院也有宅库，只是更加简陋，根本无法与显贵、富豪之家相提并论。如，敦煌文书 P. 2685《善濮兄弟分家文书》记："城内舍大郎分，堂壹口，内有库舍壹口，东边房壹口；遂恩分西房壹口，并小房子、厨舍壹口，院落并碓舍子，合大门外舞（庑?）舍。"⑥ 此件文书系善濮与遂恩兄弟分家之事，提及城内院落由堂、库舍、东房、西房、小房、厨舍、碓舍、大门等构成，可知库舍是这座院落的重要组成部分。

由此可见，不管是显贵皇亲，还是官吏富室，抑或是普通百姓的宅院中，均有宅库之设，只不过官僚士大夫之家较普通百姓家口更多，⑦ 宅库之设就更有实用性。这些宅库主要功能是贮藏自家财物，也属于财物库之类。

唐代宅库表现出的另一个特点是宅库有专人管理。前引郭正一家以高丽婢专

① 葛承雍：《唐代"复壁"建筑考》，《文博》1997 年第 5 期。
② 《太平广记》卷 366，曹朗条出《乾巽子》，第 2906 页。
③ 《北梦琐言》卷 4，"祖系图进士榜"条，第 88 页。
④ 《太平广记》卷 401，张彦条出《北梦琐言》，第 3226 页。
⑤ 《新唐书》卷 202《文艺中·李邕传》，第 5756 页。
⑥ 《善濮兄弟分家文书》P. 2685，中国科学院历史研究所资料室编《敦煌资料》第 1 辑，中华书局，1961，第 424~425 页。
⑦ 冻国栋：《中国人口史·隋唐五代时期》（葛剑雄主编）第二节"唐代的家庭规模结构"，复旦大学出版社，2002，第 371~399 页。

知财物库，韦陟家"衣书药食，咸有典掌"之例，说明私家宅库的管理是由专人负责的。史言柳公权家财物"多为主藏竖海鸥、龙安所窃"，[①] 柳家负责宅库的不止一人，虽较韦陟家衣库、书库、药库、食库数人专职典掌有所不如，但也是多人管宅库且各司其职的管理办法，这应是中古时期大户人家家庭管理的一个普遍现象。《唐语林》记唐人郑还古"每出行，必封管钥付家人"。[②] 此管钥是其私帑或宅库的管钥，也是管理宅库的主要工具，由谁执掌宅库管钥，是非常慎重的事，所以一般家庭的宅库就由主妇掌管，如唐人李光进是李光颜之兄，李光颜"先娶妻，其母委以家事。母卒，光进始娶。光颜使其妻奉管钥、家籍、财物，归于其姒。光进反命之，且谓光颜曰：'新妇逮事母，尝命以主家，不可改也。'"[③] 李家的财物、家籍、管钥先由其母执掌，后由弟李光颜妻主管，虽有新妇与旧妇、兄媳与弟媳的争议，但都是在母妻之间选择。如果宅库财物由士大夫自己管理，则会引来一些非议，如身任给事中之职的唐人徐岱因为"仓库管钥，皆自执掌"而获讥于时。[④] 这些事例说明唐代宅库主藏多为侍儿、家人所掌，士人阶层不亲其事。但并不是说宅库由奴竖、主妇掌管就不重要，事实上，宅库与唐人社会生活的关系十分密切。

四　作为过渡状态的字衡制

唐宋之际，中国古代计量制度经历了一次变革，出土茶托就是可以见证这次计量变革的少数历史文物之一，其价值有待重新审视。中唐以来，"两"以下出现了几种衡制并存的局面，一种是：两—分—铢；一种是：两—钱—分。前一种是传统铢累制的遗留，1 两 = 4 分 = 24 铢，日趋衰微。后一种是新衡法的端倪，1 两 = 10 钱 = 100 分，逐渐确立。但是在新旧衡法交替时，还存在一种过渡状态，即当钱衡制确立后，"钱"之下"字"衡制的出现，这种情况记录唐代史实的传世史籍很少提及，却反映在出土茶托的铭文上。如出土 2 号茶托之"左策使宅茶库金涂工拓子壹拾枚共重玖拾柒两伍钱一"，与 1 号茶托"大中十四年八月造成浑金涂茶拓子一枚金银共重拾两捌钱叁字"，铭文使用了两套数字表示法，

① 《旧唐书》卷 165《柳公权传》，第 4312 页。
② 王谠：《唐语林校证》卷 1，德行篇，周勋初校证，中华书局，1987，第 16 页。
③ 《旧唐书》卷 161《李光进传》，第 4218 页。
④ 《旧唐书》卷 189 下《徐岱传》，第 4975 页。

凡表示重量者都用大写数字，表示非重量者只用常见数字，是知 2 号茶托是 97 两 5 钱，最小单位到了钱这一级，而 1 号茶托重 10 两 8 钱 3 字，最小单位则精确到了比钱更小的字。字为何物？值得思考。

与此类似，江苏丹徒丁卯桥出土鎏金凤纹大银盒上铭刻也有："力士，伍拾肆两壹钱贰字。"① 此银合重 54 两 1 钱 2 字，最小单位也是精确到字；又陕西蓝田杨家沟出土唐代窖藏银合铭文："内园供奉合，咸通七年十一月十五日造，使臣田嗣莒，重一十五两五钱一字。"② 此合重 15 两 5 钱 1 字，也是精确到了字。虽说钱与字的换算关系仍然不清楚，但钱大于字是肯定的。又咸通十五年《法门寺物账》"金器计七十一两一钱，银器计一千五百廿七两一字"。③ 与前揭几则铭文相同，也是精确到钱、字。就其中最小单位来说，几则铭文中既有 1 字、2 字，也有 3 字。既然钱和字相伴出现，自然而然就会让人联想到唐代流通最广的"开元通宝"钱上的字，但为何只是 1 字、2 字、3 字，却不出现 4 字？明人郎瑛和今人郭正忠的解释让我豁然开朗，郎瑛认为："一字者，即钱文之一字，盖二分半也。"④ 郭正忠认为：一钱共为四字，一字之重，当一钱的 1/4。⑤ 也就是说，4 字就是 1 钱，故出土金银器铭文未出现 4 字的原因，并不是文物的或然性表现，而是字衡制 1 钱等于 4 字关系的必然性结果。

由出土茶托和其他几件唐代金银器物铭文可知，在钱作为称重单位已经确立以后，又衍生出了比"钱"更小的称重单位"字"，唐代主要通行开元通宝钱，一钱四字就成为新衡量关系的依据。同时，出土文物也为确立这种衡制的时间提供了重要线索，据上揭有明确纪年的金银器铭文可知，字衡制行用时间较早者唐大中十四年（860），稍晚者有咸通七年（866）、咸通十五年（874），即使没有明确纪年的丁卯桥出土金银器，齐东方先生也认为应在九世纪后半叶，⑥ 这些出土文物不约而同地集中出现在九世纪后半叶的晚唐，说明字衡制在当时已然确立，显然比郭正忠所举北宋药称和医方的材料要早得多，却也验证了郭先生字分

---

① 丹徒县文教局等：《江苏丹徒丁卯桥出土唐代银器窖藏》，《文物》1982 年第 11 期。

② 樊维岳：《陕西蓝田发现一批唐代金银器》，《考古与文物》1982 年第 1 期。

③ 齐东方：《唐代金银器研究》，中国社会科学出版社，1999，图版 1−1，第 13 页；录文，第 14～15 页。

④ 郎瑛：《七修类稿》卷 22《辨证类·端匹大两一字》。

⑤ 郭正忠：《三至十四世纪中国的权衡度量》，中国社会科学出版社，1993，第 137 页。

⑥ 齐东方：《唐代金银器研究》，第 34 页。

单位的出现似在钱衡单位问世以后之论断。①

　　记重单位"钱""字"的出现是唐宋之间计量变革的重要现象，在"十钱为一两"之制的创行与两以下十进位制取代不规则的传统铢累制之间，"字衡制"曾作为过渡制度存在过相当长的时间，这种制度虽不见于正规史籍，却被平康坊出土唐代茶托等文物所见证，其历史价值应予以充分重视。

原刊《考古》2013 年第 5 期

---

① 　郭正忠：《三至十四世纪中国的权衡度量》，第 138 页。

清抄本《京兆翁氏族谱》
与晚唐河西历史

李　军

摘　要： 翁郜在晚唐曾长期任职于河西，故《京兆翁氏族谱》中保存了多件与此段历史密切相关的重要文献。翁郜的历官情况同时展现了晚唐河西军政机构的基本运作情况及形态演变轨迹。晚唐政府在銮舆数度播迁的特殊历史时期，仍致力于凉州地区最高军政长官的任命及军政机构的改置，显示出力图控制河西的迫切愿望。其经营河西的举措对归义军起到了重要的制约作用。但随着唐王朝统治力的衰减，河西军政机构的运作在很大程度上受归义军的影响。各种文献对晚唐"河西"含义的不同诠释，也在一定程度上反映出中央政府及归义军在河西共同发挥作用的历史事实。

关键词：《京兆翁氏族谱》　晚唐　河西　多重证据法

清抄本《京兆翁氏族谱》（以下简称《族谱》）共 6 卷，现由福建省莆田市翁元炼收藏。① 《族谱》收录有晚唐时期曾出任河西都防御使及河西节度使的翁郜等翁氏家族成员的任官文书、墓志铭及诗文作品等内容，具有重要的史料价

---

① 多贺秋五郎『中國宗譜の研究』共著录中、日、美三国公私机构所藏翁氏族谱 6 种（日本学术振兴会，1981，第 200、314、404 页），其中未及《族谱》。上海图书馆编《中国家谱总目》共著录翁氏族谱 97 种（上海古籍出版社，2008，第 4 册，第 2155～2164 页），虽然包含有翁忠言等人于 1994 年将《族谱》与数种翁氏家族文献进行汇编的同名铅印本，对于其底本的清抄本却并未提及。《族谱》谱序第 1 篇为《唐吴融序》，记载"大丞相"翁承赞以太子太傅的身份致仕之际，翰林学士承旨吴融受命于"唐天祐二年（905）八月既望"撰成谱序。但根据《族谱・谏议公（翁承赞）墓志铭》及其授官制书的记载，翁承赞在天祐二

值。1994 年，翁忠言等人将《族谱》等数种翁氏家族文献进行抄录、汇编，并以《族谱》为名铅印（以下简称《铅印本》）。笔者曾根据《铅印本》的相关内容，从名称及辖区变化的角度，勾勒出晚唐凉州节度使向五代河西节度使过渡的脉络。① 此外，荣新江、冯培红等也曾据此对翁部的部分历官情况及河西都防御使的设置情况进行过探讨。② 笔者在利用《铅印本》的过程中，发现其在录文及体例编排等方面存在诸多问题，故于 2009 年 8 月赴闽，寻访到《族谱》的原件。《族谱》共收录有 7 件与晚唐河西历史密切相关的文献，包括 3 件翁部授官制、1件慰劳制书、1 件王行瑜致翁部牒、1 件翁部为僚属请官奏状及 1 件唐政府为翁部下属授官的告身。③ 由于史书记载的局限，以往学者在研究晚唐河西历史时，只能依赖敦煌文献及数量极少的石刻文献，《族谱》无疑是非常重要的资料补充。本文将通过以《族谱》与敦煌文献及传世史书互证的方式，阐述《族谱》对于晚唐河西历史研究的价值。不当之处，敬祈方家指正。

一　翁部生平事迹复原

翁部，两《唐书》无传。据笔者管见，传世文献中最早记载翁部事迹的是

年仅担任右拾遗，并无宰相之任，更无致仕之举。后梁贞明四年（918），翁承赞才由盐铁副使、太中大夫升任门下侍郎、同中书门下平章事，致仕更在其后。由此，《唐吴融序》当系后人伪托之作，不足采信。而作于北宋建隆二年（961）的《赐翁氏京兆郡序》，一则其撰者翁处厚出自京兆翁氏；二则撰者并非名人，降低了伪托的风险，所以应可以作为《族谱》始修的时间坐标。此外，《族谱》所收的序文中，以作于清康熙三十九年（1700）四月《重修京兆翁氏族谱序》为时代最晚者，故《族谱》当抄于此次重修之后不久。

① 参见拙文《晚唐政府对河西东部地区的经营》，《历史研究》2007 年第 4 期。

② 冯培红：《归义军节度观察使官印问题申论》，刘进宝、高田时雄主编《转型期的敦煌学》，上海古籍出版社，2007，第 297～329 页。荣新江、余欣：《沙州归义军史事系年（咸通七年—十三年）》，《庆祝宁可先生八十华诞论文集》，中国社会科学出版社，2008，第 271～294 页；《沙州归义军史事系年（咸通十四年—中和四年）》，《敦煌学》第 27 辑，台北：乐学书局，2008，第 255～273 页；《沙州归义军史事系年（中和五年—龙纪元年）》，《中国敦煌吐鲁番学会 2008 年度理事会暨"敦煌汉藏佛教艺术与文化学术研讨会"论文集》，三秦出版社，2011，第 100～110 页。荣新江：《唐人诗集的钞本形态与作者蠡测——敦煌写本 S.6234 + P.5007、P.2672 综考》，《项楚先生欣开八秩颂寿文集》，中华书局，2012，第 141～158 页。

③ 对于《族谱》所收相关文献的内容及真实性，笔者已在《清抄本〈京兆翁氏族谱〉所收晚唐河西文献校注——兼论其内容的真实性》（《敦煌学辑刊》2013 年第 3 期）一文中详述，请参阅。本文所引《族谱》内容均可见于该文，故未一一出注。除《族谱》外，笔者还在建阳区莒口镇发现了刊印于 1915 年的 10 卷本《翁氏宗谱》（以下简称《宗谱》）。

成书于明万历二十九年（1601）的《建阳县志》。该书卷6《人物志》"隐逸·翁郜"条载：

> 翁郜字季长，长安人。唐昭宗朝，官至朝请大夫、检校尚书左仆射、河西节度使。朱梁僭窃，耻事二姓，以父、祖宦闽，知其地僻静可以避乱，遂携家至建阳考源。后徙居义宁莒口。[①]

此后，沿袭者渐多，如何乔远《闽书》及吴任臣《十国春秋》等。[②] 由于相关记载较为简略，且没有唐代文献予以印证，所以长期以来这位晚唐河西历史上的重要人物并未引起学者关注。通过将《族谱》与敦煌文献相结合的方式，我们可以对翁郜的生平事迹进行大致的复原。

翁郜之曾祖名轩，祖何，父则。《族谱·赐翁氏京兆郡序》记载翁轩"仕唐德宗朝，官至朝请大夫，有大勋，特赐郡曰'京兆'。后迁官于闽，因乐东南山水之胜，而遂居焉"。由此，莆田翁氏将翁轩视为迁闽始祖。翁岏山于元祐四年（1089）所撰的《族谱·重修族谱序》记载翁轩长子翁何"官至散骑常侍"，但根据《族谱》卷3《成都仓曹公（翁廷皞）墓铭》及《谏议公墓铭》的记载，可知所谓的"散骑常侍"只是翁何的加官，而非实任。《宗谱》卷1《何公流派闽浙世系传》"翁则"栏收录有唐政府授参军翁则以"大理寺丞"的制书，《成都仓曹公墓铭》《谏议公墓铭》及《族谱》所收的《补阙郎中乾度公墓志铭》则均载翁则的终任官为"大理司直"。由此可见，翁则曾以参军之职升任大理寺丞，继而转任大理司直。

对于翁郜早年的历官情况，《宗谱·何公流派闽浙世系传》"翁郜"栏载："唐武宗时，授都镇使，迁都知兵马兼统军指挥使。宣宗朝迁福州都押衙。"由于文献缺失，翁郜由福州转任河西的具体情况，我们不得而知。但根据唐朝中后期藩镇僚佐多追随长官移镇的惯例看，笔者怀疑翁郜是追随某位福建观察使前往

---

① 万历《建阳县志》，日本藏中国罕见地方志丛刊本，书目文献出版社，1991，第434页。万历《建阳县志》卷1《坊里》记载宋代建阳县的六乡二十三里中有建阳里，所以该书中所谓的"建阳考源"之"建阳"当非指建阳县，而是建阳里。而翁郜最终定居的"义宁莒口"，即今建阳莒口，所以"义宁"应同"建阳"一样，为某一历史时期建阳县的里名。

② 何乔远：《闽书》卷133《侨寓志》，《四库全书存目丛书》史部第207册，齐鲁书社，1996，第419页；吴任臣：《十国春秋》卷97《闽八·翁郜传》，中华书局，1983，第1391~1392页。

凉州任职的。对于翁郜到达河西之后的任官情况，作于龙纪元年（889）四月十六日的《族谱·赐劳敕书》载："自顷为凉州都防御使判官，五年改授甘州刺史，八载复摄凉州防御使并正授。十余年吮血同甘，能致人之死力。"其中，所谓的"凉州都防御使判官"，即"河西都防御使判官"。① 而从"自顷为"的叙述看，敕文所言的"五年"、"八载"和"十余年"，都是以翁郜出任河西都防御使判官的时间作为起点。所以，翁郜在凉州出任都防御使判官的时间当为五年、刺理甘州则为三载，继而被河西都防御使辟为凉州防御使并得到了唐政府的正式任命。翁郜之所以由甘州刺史转任正规职官体系之外的摄官，当与中和四年（884）底甘州被回鹘占领有关。所以，翁郜出任甘州刺史的时间当始自中和元年，终于中和四年，那么其出任都防御使判官当在乾符三年（876）至中和元年，出任摄凉州防御使并正授的时间应在中和四年至唐政府任命其为河西都防御使之间。②

P. 3863《河西都防御招抚押蕃落等使牒》是某位自称为"郜"的河西都防御使发给端公的牒文。③ 在牒文中，某郜提及其本人在二月十九日被唐政府册封为河西都防御使。因端公在册封过程中曾起过积极作用，故某郜要向端公表示感谢。此外，某郜又提及已派遣阴文建"赍书牒上仆射"，希望端公能说服"仆射"，给予凉州物资方面的支持。学者已将牒文中的"仆射"和"端公"成功比定为归义军节度使张淮深及其属下，④ 但对于某郜的情况却未能深究。笔者在《晚唐政府对河西东部地区的经营》一文中，曾根据《铅印本》证明某郜应即翁郜。此外，在整理《族谱》的过程中，笔者意外发现翁忠言等人在编纂《铅印

---

① 参见荣新江、余欣《沙州归义军史事系年（咸通七年—十三年）》，《庆祝宁可先生八十华诞论文集》，第 290 页。

② 荣新江和余欣将敕文中的"五年"和"八载"视作翁郜担任河西都防御使判官及甘州刺史的时间，所以其将翁郜自甘州离任的时间分别前推 8 年和 13 年，认为翁郜出任甘州刺史在乾符三年，出任防御使判官在咸通十二年（871）。［《沙州归义军史事系年（咸通七年—十三年）》，《庆祝宁可先生八十华诞论文集》，第 289～290 页；《沙州归义军史事系年（咸通十四年—中和四年）》，《敦煌学》第 27 辑，第 260 页］

③ 图版见《法藏敦煌西域文献》第 29 册，上海古籍出版社，2003，第 23 页；录文参赤木崇敏「河西帰義軍節度使張淮鼎——敦煌文献 P. 2555pièce1 の検討を通じて——」『内陸アジア言語の研究』XX、2005、17 頁。

④ 森安孝夫「河西帰義軍節度使の朱印とその編年」将文书中的"仆射"和"端公"分别比定为张淮深及李明振（『内陸アジア言語の研究』XV、2000、14～15 頁）。笔者则在《晚唐五代归义军与凉州节度关系考论》（《陕西师范大学学报》2011 年第 6 期）一文中指出，"端公"应即在归义军任职的张球。

本》时漏收了一件极为重要的文献，即《除检校工部尚书诰》。该文献记载了翁郜在文德元年（888）获得工部尚书的检校官之前，职衔为"朝议郎、检校右散骑常侍、持节凉州诸军事、守凉州刺史、兼凉甘肃等［州］都防御招抚押番（蕃）落等使、兼御史大夫、上柱国、赐紫金［鱼］袋"，正可与上述牒文中某郜所获得的"右散骑常侍，充河西都防御招抚押蕃落等使"相对应。由此，我们可以进一步确定牒文中自称为"郜"的河西都防御使即翁郜。赤木崇敏最早将牒文中翁郜获得册封的"二月十九日"与 S.1156《光启三年（887）沙州进奏院上本使状》中张淮深所遣宋闰盈等三般使团于光启三年二月十九日在兴元觐见僖宗的记载对应起来。① 由此，张弘信很可能是跟随三般使团中的某一个班次，前往兴元觐见僖宗，并在二月十九日为翁郜求得了河西都防御使的任命。正是因为凉州使者是跟随归义军使者入使，所以翁郜在获得河西都防御使的任命后，要对在归义军中身居要职的张球表示感谢。

凉州地区所需的军粮等物资本应由唐中央度支供给。但受到黄巢起义的影响，导致凉州"省绝支遣"，所以翁郜才会向归义军求援。广明元年（880）十二月黄巢起义军已西进长安，如果将此时视作凉州无法获得中央物资支持的开始，则翁郜在光启三年之际面临"欠阙至甚"的窘境也就不难理解了。在无法仰仗度支的情况下，向与凉州有着深厚渊源关系的沙州求援，也就成为翁郜为数不多的选择之一。

此外，P.3569v《唐光启三年四月为官酒户马三娘、龙粉堆支酒本和算会牒》记载"凉州使"曹万成等人曾在当年三月至四月间，停留于沙州长达 32天。从时间上判断，曹万成等人也应由翁郜所遣。曹万成前往沙州的目的应与此后的阴文建相同，都是为了获得沙州的援助。但可能因为此时张淮深并不了解唐政府对其求节的态度，所以拒绝援助凉州。正是由于没有完成任务，难以复命，才导致曹万成等人长期滞留于沙州。

光启三年九月二十日之前不久，得到河西都防御使任命的翁郜续遣出身于归义军的阴文建前往沙州求援。由于此前唐政府已将张淮深的检校官由"兵部尚书"晋升为"尚书左仆射"；以及，张淮深通过沙州上都进奏院获得了"堂头要

① 赤木崇敏「河西帰義軍節度使張淮鼎——敦煌文献 P.2555pièce1の検討を通じて——」『内陸アジア言語の研究』XX、18～19 頁。

人"支持其求节的消息，① 再加上时任归义军节度掌书记的张球从中斡旋，张淮深最终于九月二十日答应为凉州提供援助。此即 P. 3863v《光启三年金刚经神验记事》中张球所言的"果至廿日给粮"。文德元年十月，唐政府派遣的册封张淮深为沙州节度使的宋光庭使团到达沙州。而就在当年六月，唐政府曾将翁郜的检校官由"右散骑常侍"晋升为"工部尚书"。考虑到唐政府将制文传达到河西所需的时间，笔者推测册封张淮深和晋升翁郜的很可能都是宋光庭使团。以往学者已指出唐政府册封张淮深应属昭宗登基后的新政，② 而通过此前凉州与沙州的关系变化及唐政府对凉州、沙州长官进行册封的时间关联性来看，唐政府授予张淮深节度使旌节与其对凉州的援助之间存在密切联系。

根据《赐劳敕书》的记载，龙纪元年四月八日之前，翁郜的职衔为静难军节度使、河西都防御押蕃落等使、朝议郎、检校兵部尚书、上柱国、赐紫金鱼袋。四月八日，唐政府又颁发《加翁郜朝散大夫河西节度使白麻》，将其担任的河西都防御使升为河西节度使，散官则由朝议郎晋升为朝散大夫。乾宁元年（894）八月二十三日，唐政府为了表彰翁郜"致夷狄绝贪婪之患，垣墙无战伐之劳"的功绩，又加授他朝请大夫、检校尚书右仆射。③

乾宁三年（896）正月二十三日，翁郜以河西节度使的身份为刘翱等 30 人求官。对此，《族谱·奏状》载：

> 河西节度使臣翁郜谨言：伏奉宣旨，以臣充河西节度使。臣当远地，僻在穷荒，官员多阙，累因摄职，皆至重难，敢不奏闻？在内有摄节度推官、备补将仕郎、试太常协律郎刘翔（翱），年四十……处重难而不挠，持公正以居先。又前件所奏郑晁等三十人，深详事理，各有行能，并乞天恩，特赐一官。所冀籍其干事，同茸凋残，干冒宸衷，毋（无）任战越屏营之至。谨奏。

根据《族谱》及《宗谱》的记载，翁郜所荐举的刘翱为其妻族亲属。元人叶留《为政善报事类》引胡一桂《人伦事鉴》记载唐京兆万年县人刘翱"为河西节

① 相关内容见 S. 1156《光启三年沙州进奏院上本使状》（唐耕耦、陆宏基：《敦煌社会经济文献真迹释录》第 4 辑，全国图书馆文献缩微复制中心，1990，第 370~373 页）。
② 荣新江：《归义军史研究——唐宋时代敦煌历史考索》，上海古籍出版社，1996，第 191 页。
③ 《族谱·加翁郜朝请大夫检校尚书右仆射白麻》。

度推官。时有妇杀夫诬及他人者，公正其罪，民得不冤。又河西有溺子之风，公严其禁，存活者数千人"。① 其中刘翱任"河西节度推官"的记载，正可与《奏状》中刘翱担任的"摄河西节度推官"相对应，证明两者为同一人。根据《族谱·授刘翱等人建阳县尉告身》的记载，乾宁三年六月十八日，刘翱被任命为"将仕郎，从九品下，守建州建阳县尉"。虽然我们没有在唐代传世文献中发现相关的记载，但宋元时期的传世史料中有多处可与此相印证的记载，可以证明《族谱》所载翁郜为刘翱求官及唐政府任刘翱以建阳县尉的记载是完全可信的。②

对于翁郜迁居建阳的时间，万历《建阳县志》卷6"隐逸·翁郜"条系于"朱梁僭窃"，即后梁建立之后。同书"附录·拾遗"条又载："翁泳字永叔，其先长安人。始祖郜，唐末入闽，世居建阳。"③ 由此可见，在这个问题上，万历《建阳县志》本身的记载已相互矛盾。《宗谱》"卷末·附录"所收翁郜之子师固撰《立寺碑记》则记载翁郜"乾宁三年由京兆避地入闽，因家于东阳之义宁"。几者相较，以《立寺碑记》的记载最为可信。由此，在唐政府为刘翱等人颁发告身后不久，翁郜应已自河西离任，并最终定居于建阳莒口。

翁郜之所以选择建阳作为最终的栖身之地，除了刘翱被任命为建阳县尉外，更重要的是其本人早就与建阳建立起了密切联系。翁师固撰《立寺碑记》载：

> 先君季长公……于光启二年建立安福院，贞明二年建立西滌院，景福元年仍立安闽院，保太（大）五年亦建圣迹院。时称为功德院，以崇报本之忱。其四院各塑像安奉，置买田地二千余石，分充四院蒸尝之需。

---

① 叶留：《为政善报事类》卷4，"全城活命"，江苏古籍出版社，1988，第57~58页。
② 南宋周必大《文忠集》卷75《朝请郎致仕刘君（大成）墓志铭》载："君讳大成，字仲吉，其先京［兆万］年人。九世祖翱，唐末为建阳尉，值中原乱，占籍县之麻沙镇，子孙登儒科者相望。"（《景印文渊阁四库全书》第1147册，台湾商务印书馆，1986，第787~788页）"兆万"二字，《文忠集》原作"阙"，据《族谱》补。墓志中所记载的刘翱之郡望及其唐末出任官职的情况，均可与《族谱》的记载相对应。叶留《为政善报事类》引《人伦事鉴》也记载刘翱"以镇守建州，因居建之建阳。居官廉洁，狱无留讼……公后以朝议大夫、开国公致仕，寿八十五"（第57~58页）。此外，无名氏《湖海新闻夷坚续志》后集卷2"麻沙瑞樟"载："建安之阳有麻沙镇……唐有刘开国卜筑镇之溪南。"（金心点校，中华书局，2006，第277页）"刘开国"，即日后晋爵开国公的刘翱。
③ 万历《建阳县志》，第236页。

作为翁氏家庙的安闽等院，此后逐渐演变为建阳当地著名的佛教寺院。① 天祐元年，翁承赞以右拾遗的身份前往福州册封王审知。② 在途经建阳时，翁承赞前往莒潭附近的安闽院游览，作有《题莒潭安闽院》诗。③ 诗中"桃宗营祀舍"一句，证明安闽院系由翁承赞同宗者所建。根据《族谱·谏议公墓铭》等文献的记载，承赞之父巨隅，正是翁郜之兄长。由此，翁承赞所言的"桃宗"应指翁郜。此外，诗中"景福滋闽壤"一句，又可与《立寺碑记》中翁郜"景福元年仍立安闽院"的记载相契合。所以，翁承赞所探访之安闽院应由翁郜所营建。据《立寺碑记》的记载，安福院建于光启二年（886）、安闽院建于景福元年，皆在乾宁三年之前，可见翁郜在唐末入闽前已在建阳修建家庙并大量购置田地。这样看来，翁郜之所以在唐末率众前往建阳，当是因为其与建阳早有渊源，而这可能正是唐政府授刘翱以建阳县尉的原因。④

二　晚唐河西都防御使性质及人选的明确

广德二年（764），吐蕃攻陷凉州，河西节度使被迫先后西撤至甘州及沙州，并最终随着沙州的陷蕃而覆亡。咸通二年（861），张议潮率军收复凉州。咸通

---

① 赵文、黄璿：景泰《建阳县志》，《四库全书存目丛书》史部第 176 册，齐鲁书社，1996，第 37、39、41 页。对于上述诸寺的创建时间，景泰《建阳县志》所载与《立寺碑记》完全吻合。圣迹院自创立以来，历千年而不绝，即今位于建阳莒口佛迹岭的圣迹寺。谢道华在《建阳文物志》（厦门大学出版社，1997）中，将圣迹寺的创建时间系于南唐保大五年（947）（第 119 页）。根据邢东风对谢道华的访谈，谢氏所依据的乃翁郜撰碑记。此碑记原藏于建阳市博物馆，后下落不明（邢东风：《马祖和建阳》，《普门学报》第 41 期，高雄：佛光山文教基金会，2007 年 9 月，第 59~98 页）。笔者当年在建阳考察期间，曾向圣迹寺住持、建阳市博物馆馆长以及博物馆原馆长、时任建阳市旅游局局长的谢道华等多位相关人士寻访碑记的去向，但最终未能找到明确的线索。从内容上判断，笔者认为《宗谱》所载的《立寺碑记》应抄录自原碑，即所谓的翁郜撰碑记。景泰《建阳县志》的编修者在记述各寺创建时间时，当是参考了原藏于圣迹寺的《立寺碑记》。
② 《族谱·谏议公墓铭》。
③ 《全唐诗》卷 703，中华书局，1999，第 8163 页。
④ 翁郜卒后，葬于建阳莒口镇西北的门掌山。对此，《建宁府建阳县莒口翁氏支宗派流派世系传》"翁郜"栏载："公年八十余而终……葬莒口后门掌山，坐申向寅，今九百余年，犹然碑碣岿巍，享祀弗替。"此外，《宗谱》卷 8 还附有"莒口掌山唐尚书公墓图"。笔者在莒口考察期间，寻访到了翁氏后裔翁顺咕老人。据其所言，翁郜墓近年已遭盗掘。由于受到时间的限制，笔者未能对翁郜墓进行实地踏查。

四年，唐政府置凉州节度使，"领凉、洮、西、鄯、河、临六州，治凉州"。① 据史书记载，五代时期在凉州又有河西节度使的建置。在由晚唐凉州节度使向五代河西节度使的演变过程中，创设于晚唐的河西都防御使起到承上启下的关键作用，对河西的历史进程产生了重要影响。《族谱》不仅可以弥补传世文献及敦煌文献中对河西都防御使记载不足的缺陷，还可以纠正学术界长期以来的一些误解。

据笔者管见，传世文献中涉及河西都防御使的记载，仅有《文苑英华》卷409 薛廷珪《授前河西防御押蕃落等使冯继文检校工部尚书依前充河西防御招抚等使制》。② 相对于传世文献，敦煌文献中关于河西都防御使的记载更为丰富。如 P.4660《河西都防御右厢押衙王景翼邈真赞并序》提及赞主生前曾担任过河西都防御使属下的右厢押衙；P.3863《河西都防御招抚押蕃落等使牒》则记载翁郜曾被任命为"河西都防御招抚押蕃落等使"。此外，森安孝夫还指出 P.2672v《河西都防御使判官状》及 P.2696《唐僖宗中和五年（885）三月车驾还京师大赦诏》背后均钤有"河西都防御使印"，证明上述文献与河西都防御使有关。③ 由于在《族谱》揭出之前，河西都防御使的相关记载多出自藏经洞，所以学者多将河西都防御使视为归义军节度使的下属。④ 而《族谱》所收《除检校工部尚书诰》及《赐劳敕书》记载唐中央与河西都防御使之间的统属关系，可以纠正学界对河西都防御使性质的误解。⑤

《族谱·除检校工部尚书诰》载：

> 敕：朝议郎、检校右散骑常侍、持节凉州诸军事、守凉州刺史、兼凉甘肃等［州］都防御招抚押番（蕃）落等使、兼御史大夫、上柱国、赐紫金

---

① 《新唐书》卷 67《方镇表四》，中华书局，1975，第 1886 页。

② 李昉：《文苑英华》，中华书局，1966，第 2074~2075 页。

③ 森安孝夫「河西帰義軍節度使の朱印とその編年」『内陸アジア言語の研究』XV、13~16 頁。

④ 荣新江：《归义军史研究》，第 153 页；荣新江、余欣：《沙州归义军史事系年（大中六年—咸通二年）》，《敦煌吐鲁番研究》第 8 卷，中华书局，2005，第 71~88 页；冯培红：《晚唐五代宋初归义军武职军将研究》，郑炳林主编《敦煌归义军史专题研究》，兰州大学出版社，1997，第 156~159 页；森安孝夫「河西帰義軍節度使の朱印とその編年」『内陸アジア言語の研究』XV、15、55~58 頁。

⑤ 冯培红《归义军节度观察使官印问题申论》一文利用《铅印本·赐劳翁郜敕书》，指出河西都防御使当是晚唐政府的建置，而与归义军无关。但其论文主旨在于探讨归义军节度使官印的使用情况，更为重要的是，当时《除检校工部尚书诰》尚未揭出。所以，对晚唐河西都防御使的相关情况有进一步探讨的必要。

[鱼] 袋翁郜……可加授检校工部尚书，余如故。主者奉行。

文德元年六月八日舍人刘建功行。

通过与敦煌文献及《族谱》其他文献进行比对，我们可以明确上举敕文中提及的凉甘肃等州都防御使应即河西都防御使。据笔者考证，河西都防御使创设于咸通八年九月至咸通十二年十月之间，其所辖理的乃凉、甘、肃三州。① 反观此时归义军实际统治者张淮深，自咸通八年以后的 20 年间，始终没有得到唐政府的节度使册封，此即 S.1156《沙州进奏院上本使状》所载的"廿余年朝廷不以指捣"。在获得节度使册封之前，张淮深为唐政府所承认的身份仅为沙州刺史。而翁郜不但兼任凉州刺史，且辖理凉、甘、肃三州，显然不可能是张淮深的属下。

《族谱·赐劳敕书》又载：

> 敕静难军节度使、河西 [都] 防御押番（蕃）落等使、朝散大夫、检校兵部尚书、上柱国、赐紫金鱼袋翁郜……觞酒豆肉，实得众之欢心……以至七千里有亭障之备，三十年无西北之虞。伊谁之力？实翁郜之功也。
>
> 龙纪元年四月十六日王尚父行。

根据上述记载，龙纪元年四月之际翁郜以静难军节度使的身份兼领了河西都防御使。文德元年十月，唐政府派遣中使宋光庭前往沙州，授予张淮深节度使旌节。但唐政府授予张淮深的仅为"沙州节度使""沙州观察处置等使"。② 而据《族谱·加翁郜朝散大夫河西节度使白麻》的记载，龙纪元年四月八日，唐政府已将河西都防御使升为河西节度使。从管辖范围上看，沙州节度使张淮深仅领 1 州，所以由静难军节度使所兼领的河西都防御使及此后由河西都防御使改制而来的河西节度使自然不会是其属下。

此外，《授前河西防御押蕃落等使冯继文检校工部尚书依前充河西防御招抚等使制》中提及河西都防御使的职责为"防御西夏，控压三州"，也就证明直至光化年间，河西都防御使的辖区仍然为凉、甘、肃三州。光化三年（900）八月

---

① 参见拙文《晚唐政府对河西东部地区的经营》，《历史研究》2007 年第 4 期。

② 森安孝夫「河西帰義軍節度使の朱印とその編年」『内陸アジア言語の研究』XV、59 頁。

己巳，张议潮之孙张承奉被唐政府册封为归义军节度使。① 无论是其瓜、沙、伊、西四州辖区，还是实际控制的瓜、沙二州，均与河西都防御使的三州辖区无涉。此外，甘州回鹘政权在光启三年之前已经建立，② 归义军越过甘州回鹘的势力，进而控制凉州的可能性微乎其微。

总之，河西都防御使不应听命于归义军，而是唐政府在继凉州节度之后，设置于凉州的军事使职。从河西都防御使的辖区看，唐政府设置该使职的目的是控制河西东部地区。此外，河西都防御使的辖区均由归义军从吐蕃手中收复，尤其是甘、肃二州本来就在归义军的管辖范围之内，所以唐政府利用河西都防御使削弱归义军势力的意图也较为明显。

对于晚唐河西都防御使的人选，除了《文苑英华》所提及的冯继文，我们还可以根据《族谱》及敦煌文献的记载进行大致复原。

P. 3281v《押衙马通达状稿（三件）》第 1 件载：

> 押衙马通达。右通达自小伏事司空，微薄文字并是司空教视奖训，及赐言誓。先随司空到京，遣来凉州，却送家累。拟欲入京，便被卢尚书隔勒不放。卢尚书死后，拟随慕容神护入京，又被凉州麴中丞约勒不达。③

文中的"卢尚书"，即咸通七年至十一年（866～870）以朔方节度使身份兼领凉州节度使的卢潘，而"麴中丞"是继卢潘之后掌控凉州的统治者。④ 此位"麴中丞"在 S. 6342＋Дx. 5474v《张议潮处置凉州进表并批达》中被记作"麴长申"。在作于咸通末年的 S. 4622v《百姓高盈信请取兄沙州任事状》中，又被记作"麴大夫"。从上述几件文书的内容看，麴长申掌管凉州的时间主要集中于咸通末年，与唐政府设置河西都防御使的时间接近。所以，麴长申很可能是唐政府所任命的首任河西都防御使，但其自凉州离任的时间不详。

S. 2589《中和四年十一月一日肃州防戍都营田索汉君等状》则载："游弈使白永吉、押衙阴清儿等十月十八日，平善已达嘉麟。缘凉州闹乱，郑尚书共□□

---

① 《旧唐书》卷 20 上《昭宗纪》，中华书局，1975，第 768 页。

② 荣新江：《甘州回鹘成立史论》，《历史研究》1993 年第 5 期。

③ 唐耕耦、陆宏基：《敦煌社会经济文献真迹释录》第 4 辑，第 375 页。

④ 参见拙文《晚唐政府对河西东部地区的经营》，《历史研究》2007 年第 4 期。

净位之次，不敢东行。"① 文书中的郑尚书是此时凉州的掌权者。P. 2696《中和五年三月车驾还京师大赦诏》背面纸缝下端钤有多处"河西都防御使印"，系由河西都防御使转发至沙州的官方文书。② 根据 S. 1156《光启三年沙州进奏院上本使状》及 P. 3863v《光启三年金刚经神验记事》的相关记载，翁郜在当年二月十九日才获得河西都防御使的任命。从时间上判断，中和五年之际将大赦诏转发至沙州的河西都防御使，当即此前因凉州局势动荡而不敢东行的郑尚书。

光启三年二月十九日，翁郜获得河西都防御使的任命。据 P. 3863《河西都防御招抚押蕃落等使牒》载，为翁郜带回唐政府任命的为"当使先差押衙张弘信"。翁郜所言的"当使"应指前任河西都防御使郑某。因凉州地区形势动荡，且其与他人处于"净位"的关键阶段，故只能派遣张弘信跟随归义军使者入朝。此后，其或在"净位"斗争中最终失利，续遣的归义军使者将此消息带到兴元驾前，所以唐政府任命原凉州防御使翁郜为河西都防御使。

据《族谱》所收《加翁郜朝散大夫河西节度使白麻》及《王尚父请兵部尚书右仆射翁郜举兵牒》的记载，龙纪元年四月八日，河西都防御又被唐政府改置为河西节度，翁郜被改授为静难军节度使兼河西节度使。所以，翁郜出任河西都防御使的时间当在光启三年二月至龙纪元年四月之间。乾宁三年六月之后不久，翁郜自凉州离任，唐政府随即在凉州恢复了河西都防御的建制。继翁郜出任河西都防御使的，当为前文所提及的冯继文。

此外，敦煌文献还记载归义军原掌管酒司的押衙阴季丰曾于唐末在凉州任职。P. 3720《河西都僧统阴海晏墓志铭并序》记载阴海晏之父阴季丰担任过"凉州都御使"。对于文中的"凉州都御使"，陈祚龙录作"凉州防御使"，郑炳林则认为当作"凉州都［防］御使"。③ 结合翁郜曾出任"凉州都防御使判官"的史实，可知阴季丰所担任的确应为"凉州都防御使"。④ 正如荣新江所说，"凉州都防御使"当为"凉州之河西都防御使"的简称。⑤ 如此，则可证阴季丰在唐末曾在凉州出任河西都防御使。其获得河西都防御使任命的时间应在天复二年

---

① 图版参《英藏敦煌文献（汉文佛经以外部份）》第 4 卷，四川人民出版社，1991，第 111 页。

② 森安孝夫「河西帰義軍節度使の朱印とその編年」『内陸アジア言語の研究』XV、14 頁。

③ 陈祚龙：《敦煌古钞碑铭五种》，《敦煌文物随笔》，台湾商务印书馆，1987，第 77 页；郑炳林：《敦煌碑铭赞辑释》，甘肃教育出版社，1992，第 261 页。

④ 冯培红：《归义军节度观察使官印问题申论》，刘进宝、高田时雄主编《转型期的敦煌学》，第 301 页。

⑤ 荣新江：《唐人诗集的钞本形态与作者蠡测——敦煌写本 S. 6234 + P. 5007、P. 2672 综考》，《项楚先生欣开八秩颂寿文集》，第 147 页。

（902）六月至四年八月之间。此后，昭宗被朱温挟持至洛阳，河西与唐中央之间的联系被阻断，故阴季丰或为唐朝末任河西都防御使。

综上所述，由凉州节度使改制而来的河西都防御使，治凉州，辖凉、甘、肃三州。张淮深的法定身份无论是沙州刺史还是沙州节度使，都不可能获得统领河西都防御使的权力。唐政府对河西都防御使的控制一直比较稳定，麹长申、郑某、翁郜、冯继文、阴季丰等人曾先后出任该使职。尤其是翁郜在任期间，唐政府更是将河西都防御使升格为河西节度使，力图加强对河西地区的控制。直至天复年间，原归义军僚佐阴季丰始被任命为河西都防御使，表明唐政府在内外交困的情势下，最终被迫放弃了控制凉州等地的愿望。

三 归义军节度使自称河西节度使问题再探讨

大中五年（851）十一月，唐政府于沙州置归义军，授张议潮以归义军节度使及十一州观察使。虽然晚唐史籍中多将张议潮记作归义军节度使，但其在归义军内部却多自称河西节度使。咸通八年二月，张议潮入京，其侄张淮深代掌归义军事务。最初，张淮深只使用"归义军兵马留后"的称号，[①] 但不久就不再自称留后，而开始以"河西节度使"的面目出现。到张淮深统治末期，他又突然放弃河西节度使的称号，而改称归义军节度使。此后，除曹议金时期曾存在归义军节度和河西节度并用的现象外，[②] 其他节度使大多不再使用河西节度使的称号。归义军使用及放弃河西节度使称号的问题，反映了归义军在经略河陇的层面与唐政府发生冲突及主动调适的重要史实，颇值得关注。在以往的研究中，学者已经从归义军的角度，对张议潮等人自称河西节度使的原因进行过深入探讨。[③] 不

---

① 张球撰于咸通八年至十年之间的 P.3425《金光明变相一铺铭并序》，记载张淮深的职衔为"使持节沙州刺史充归义军兵马留后、当管营田等使、守左骁卫大将军、赐紫金鱼袋"。

② 从现存敦煌文献看，官方文书多将曹议金记载为"归义军节度使"，民间的世俗文书中则出现了"归义军节度使"和"河西节度使"的差别。总的看来，"归义军节度使"是更为官方所认可的称呼。

③ 荣新江：《归义军史研究》，第179页。冯培红：《关于归义军节度使官制的几个问题》，郑炳林、花平宁主编《麦积山石窟艺术文化论文集》下册，兰州大学出版社，2004，第203~236页；《论晚唐五代的沙州（归义军）与凉州（河西）节度使——以"河西"观念为中心的考察》，张涌泉、陈浩主编《浙江与敦煌学——常书鸿先生诞辰一百周年纪念文集》，浙江古籍出版社，2004，第239~258页。

过，根据《族谱》的记载，并结合晚唐河西的历史形势，笔者认为归义军之所以使用及放弃河西节度使称号，除了应考虑其自身因素外，更应该关注到唐政府经营河陇政策的影响。

对于归义军节度使长期自称河西节度使的现象，学者多认为反映了归义军力图控制旧河西道的愿望。但目前看来，对此尚有进一步探讨的必要。景云二年（711），唐政府设置河西节度使，辖凉、甘、肃、瓜、沙、伊、西七州。先天二年（713），伊、西二州被析出，河西节度使辖区遂缩减为凉、甘、肃、瓜、沙五州。在归义军设置之初，其实际控制区为甘、肃、瓜、沙、伊五州之地，与先天二年之后的河西节度使相比，少凉州，但多伊州，范围基本相当；但归义军的辖区却为十一州，远超原河西节度使的五州辖区。作为归义军节度使及河陇十一州观察使，张议潮在放弃归义军节度使称号的同时，在名义上也就等于放弃了对伊、西、鄯、河、兰、岷、廓等州的观察权。如果说张议潮为了显示控制旧河西道的愿望，却要放弃对伊、西、鄯等六州的政治诉求，似乎不太符合常理。此外，在张议潮时期，归义军实际控制区与唐前期的河西节度使辖区尚相差不大，但到了张淮深统治时期，不仅长期没有得到唐政府的节度使册封，而且统辖范围也由五州缩减为沙、瓜二州。在这种情况下，张淮深是否仍怀有控制整个河西道的愿望，是颇值得怀疑的。

据匈牙利学者乌瑞的研究，敦煌藏文文献 P. t. 1081 是"沙州归义军尚书"为改正原属吐谷浑保尔根千户的一位奴隶身份，而于鼠年发出的行政文书。[1] 此件文书后部钤有篆书、阳文"河西道观察使印"一枚。[2] 对于这枚印章的使用者，学者多认为是归义军节度使，而文书中所提及的"鼠年"为大中十年（856）。[3] 由此可知，上述藏文文献中"河西道观察使印"的使用者应即归义军节度使张议潮。这枚印章当是与"归义军节度使印"相配合使用的观察使印，而张议潮获

[1] Géza Uray（乌瑞），"*emploi du tibétain dans les chancelleries des* tats *du* Kan-sou et de Khotan postérieurs à la *domination tibétaine*," *Journal Asiatique*, vol. 269, 1981, pp. 81–90. 本文据《吐蕃统治结束后甘州和于阗官府中使用藏语的情况》，耿昇译，《敦煌译丛》第 1 辑，甘肃人民出版社，1985，第 212~220 页。

[2] 森安孝夫「河西帰義軍節度使の朱印とその編年」『内陸アジア言語の研究』XV、16 頁。

[3] 森安孝夫、山口瑞凤两位先生均指出这件文书的时代为归义军初期（森安孝夫「イスラム化以前の中央アジア史研究の現況について」『史学雑誌』第 89 編第 10 号、1980、63 頁；山口瑞凤『講座敦煌　第 6 巻　敦煌胡語文献』大东出版社、1985、513~515 頁）。此后，森安氏进一步将文书中的鼠年确定为 856 年（丙子），并认为此印在张淮深时期继续得到使用（森安孝夫「河西帰義軍節度使の朱印とその編年」『内陸アジア言語の研究』XV、16、49~55 頁）。

得这枚印章的时间应就在归义军设置之初。

此外，需要注意的是，在宣宗于沙州设置归义军之前，武宗曾于会昌二年（842）授南迁回鹘嗢没斯部以归义军的军号。虽然回鹘归义军只持续了短短10个月时间，但对唐政府与南迁回鹘关系的发展起到了重要的影响。大中五年十一月，宣宗以废弃多年的"归义军"军号，授予弃蕃归唐的张议潮。归义军的设置虽名为表彰，但从名称上看，却也有将张议潮视为蕃族首领，或明显带有蕃族特征的汉人军事长官的意味。① 这对于沙州军民来说，不能不说是一种略带歧视性的称呼。与此同时，沙州与河西节度之间原本就存在着深厚的渊源关系。自大历元年（766）至贞元二年（786），河西节度使驻节沙州达20年之久，这对沙州的影响程度可想而知。所以，在实际控制区与唐前期河西节度使相近，且不愿接受含有贬义的"归义军"军号的情况下，张议潮沿用陷蕃前驻节于沙州的河西节度使的称号也就显得顺理成章了。

要而言之，沙州在陷蕃之前，曾与河西节度使保持了长期的共存关系。在归义军设置之初，其所控制的区域与唐前期河西节度使辖区相当，且张议潮获得了唐政府所授予的"河西道观察使印"。与此同时，"归义军"称号本身具有一定的歧视色彩。张议潮之所以没有使用归义军节度使的称号，而是自称河西节度使，应是受到了唐政府经营河陇新复地的策略、沙州自身的历史传统以及归义军现实考量等多重因素的共同作用。正是受到了张议潮既定政策的影响，即使在仅控制瓜、沙二州，且没有得到节度使册封的情况下，张淮深仍一度坚持使用河西节度使的称号。

光启三年闰十二月十五日至大顺元年（890）正月之间，张淮深突然放弃了河西节度使的称号，开始自称归义军节度使。对此，学者或归因于归义军内部，认为自张淮深后期起，归义军陆续丢失了伊、甘、肃诸州，仅辖沙、瓜二州，所以归义军节度使遂弃用河西节度使，而多代以"节度沙瓜伊西等州"为名，退守河西西部，兼抚西域。② 但是这个结论可能也存在一定问题。

首先，我们来看归义军辖区的缩减情况。归义军设置之初，观察河陇十一州之地，实际控制沙、瓜、伊、甘、肃五州。咸通二年，张议潮率军收复凉州。但

① 参见赵贞《归义军史事考论》第1章"归义与归义军"，北京师范大学出版社，2010，第1~24页。
② 冯培红：《关于归义军节度使官制的几个问题》，郑炳林、花平宁主编《麦积山石窟艺术文化论文集》下册，第208页。

随着凉州节度的设置，归义军被剥夺了对凉州的管辖权及对西、鄯、河三州的观察权。河西都防御使设置后，归义军又丧失了对甘州和肃州的控制。此外，P.5007《诗四首》所录最后一诗的序文载"仆固天王乾符三年四月廿四日打破伊州"。① 如果将"乾符三年四月廿四日"视为西州回鹘占领伊州的时间，则归义军至迟在乾符三年四月就已经丧失了对凉、甘、肃、伊等州的控制，其所能控制的区域仅剩下沙、瓜二州。但在此后长达 15 年的时间里，张淮深却仍一直在自称河西节度使。所以，张淮深放弃河西节度使的称号与河西诸州统治权的丧失之间应该并没有直接联系。

如此看来，单纯从归义军自身考虑，并不能彻底解决何以张淮深主动放弃河西节度使称号的问题。而如果我们将张淮深放弃称号的时间与河西都防御使名称变化的进程对照考察，或有助于对归义军节度使称号变化的理解。

据 P.3863《河西都防御招抚押蕃落等使牒》载，翁郜于光启三年二月十九日获得河西都防御使的任命。而在同年三月二十日之前，张淮深的检校官已由兵部尚书晋升为尚书左仆射，故 S.1156《沙州进奏院上本使状》在叙述张文彻与宋闰盈等人发生争执的情况时，才会以"仆射"称呼张淮深。在河西都防御使设置后，从中央政府的角度来看，凉州自然比沙州更有资格代表河西。但在光启三年之前的一段时间里，河西都防御使很可能阙任，所以唐政府才会任命原凉州防御使翁郜为河西都防御使。翁郜获得此项任命后，在名义上可统辖凉、甘、肃三州，但实际上此时甘州已为回鹘所占据，肃州防戍都对凉州则采取了虚与委蛇的态度，其所能实际控制的只有凉州一地。所以，虽然张淮深没有获得节度使册封，但其检校官被晋升为"尚书左仆射"，远高于翁郜的"右散骑常侍"，且翁郜此时并没有实际控制河西诸州的能力，所以归义军内部仍然沿用了河西节度使的称号。

文德元年六月，翁郜的检校官由右散骑常侍晋升为工部尚书，反映出唐政府对凉州及河西都防御使的重视。更为重要的是，在龙纪元年四月八日，唐政府进一步将河西都防御直接改置为河西节度，并以翁郜为节度使。如果说在唐政府设置凉州节度使及河西都防御使期间，张淮深尚可以无视其存在，而自称河西节度使。但随着唐政府在凉州正式恢复河西节度使的设置，如归义军方面再自称河西节度使，一方面是自欺欺人，已没有任何实际意义；另一方面也面临与中央政府

---

① 图版见《法藏敦煌西域文献》第 34 册，上海古籍出版社，2005，第 11 页。

直接对抗的危险。与此同时，唐政府所授的沙州节度使，实际上相当于将张淮深限制在沙州一地，显然不符合其心理预期。所以，在唐政府于凉州设置河西节度使后，张淮深虽然放弃了河西节度使的称号，但也并未使用朝廷授予的沙州节度使，而是开始重拾此前很少在沙州内部使用的归义军节度使称号。

由此可见，张议潮及张淮深之所以自称河西节度使，并不是为了表达控制旧河西道的愿望，而是受唐政府经营河陇失地措施及沙州特殊历史文化背景等多重因素的影响。此外，由于中央政府在凉州复设河西节度使，张淮深之后的归义军统治者在内部虽偶尔也会自称河西节度使，但在大多数的时间里，归义军节度使成为其更为常用的称号。

四 晚唐"河西"观念再探讨

"河西"是一个极具方位特征的地理名词，但在不同历史时期，其所代表的区域范围又不尽相同。唐朝前期，"河西"在史籍中的含义比较明确，即景云二年唐政府以黄河以西地区所置的河西道。安史之乱后，河西及陇右地区被吐蕃次第占领，河西的概念与此前相比，发生了很大的变化。随着大中及咸通年间唐政府对河陇大片陷蕃失地的收复，"河西"的具体所指在晚唐史籍及敦煌文献中更是呈现出多样化的趋势。而《族谱》所收的晚唐文献多与"河西"有关，可以促进对"河西"观念的进一步探讨。

孙修身在《张淮深之死再议》一文中根据 P. 2044v《文范》的记载，认为归义军节度使张淮深不仅曾派河西兵参与镇压黄巢起义的战争，还参与了王行瑜诛杀朱玫的历史事件。[1] 其文中共引用了 5 处关于晚唐时期河西的记载。

1. 云南蛮寇黎、雅二州，河西、河东、山南东道、东川兵伐云南。[2]
2. 杨复光、王重荣以河西、昭义、忠武、义成之师屯武功。[3]
3. 时朝廷号令所行，惟河西、山南、剑南、岭南数十州而已。[4]
4. 朱玫遣其将王行瑜将邠宁、河西兵五万追乘舆，感义节度使杨晟战

---

① 孙修身：《张淮深之死再议》，《西北师院学报》1982 年第 2 期。
② 《新唐书》卷 9《僖宗纪》，乾符元年十二月，第 265 页。
③ 《旧唐书》卷 19 下《僖宗纪》，中和元年九月，第 712 页。
④ 《资治通鉴》卷 256，僖宗光启元年（885）三月己巳，中华书局，1956，第 8320 页。

数却，弃散关走，行瑜进屯凤州。①

    5. 克用既去，李茂贞骄横如故，河西州县多为茂贞所据，以其将胡敬璋为河西节度使。②

对于上述记载中的"河西"，孙修身均等同于归义军政权。而李永宁针对第 4 条记载，指出根据史书的记载并不能证明"河西兵"即为张淮深的部属，所以应存疑。③ 对于第 5 条材料的记载，唐长孺先生曾指出，李茂贞的势力不可能到达凉、肃诸州，所以此"河西节度使"恐非旧河西道。④ 朱玉龙则进一步指出第 5 条资料中的"河西"，乃指黄河以西的延州，并非旧河西道。⑤ 荣新江在对上述资料进行辨析的基础上，又补充了《旧唐书》卷 144《杜希全传》等 6 条记载，认为吐蕃占领河西及晚唐时期，史籍中之河西往往是指关内道北部东西纵流的黄河所夹地区，而不是旧河西道。⑥ 该结论得到学界的普遍认可。

    在上举史料中，大多数确如学者所说，并不是指旧河西道，但也不尽如此。如在第 3 条材料所提及的地理名词中，从形式上判断，所谓的"河西"同山南、剑南、岭南一样，都是以行政区划的形式出现的，而非泛称的地域概念。学者之所以不将其视为旧河西道，主要是因为张淮深在没有得到唐政府节度使册封的情况下，已擅自在境内自称河西节度使。此外，随着回鹘、嗢末等部落的崛起，旧河西道很难归入中央实际控制的范围。但如果我们不是将"河西"视为归义军，而是将其视为治于凉州的河西都防御，则一方面其长官由唐政府直接任命，另一方面，晚唐时期的河西都防御使及此后的河西节度使在凉州地区维持了较为稳定的统治。所以，将以凉州为代表的河西都防御使辖区纳入"朝命所能制"的范围，似并无不妥。

    通过作于乾宁元年八月四日的《族谱·王尚父请兵部尚书右仆射翁郜举兵牒》之记载，也可以帮助我们重新理解晚唐时期"河西"的具体所指。牒文载：

---

① 《资治通鉴》卷 256，僖宗光启二年五月，第 8336 页。

② 《资治通鉴》卷 260，昭宗乾宁二年（895）十二月，第 8481 页。

③ 李永宁：《竖牛作孽，君主见欺——谈张淮深之死及唐末归义军执政者之更迭》，《敦煌研究》1986 年第 2 期。

④ 唐长孺：《关于归义军节度的几种资料跋》，《中华文史论丛》第 1 辑，1962。

⑤ 朱玉龙：《中华版〈资治通鉴〉辨证 30 例》，《安徽史学》1988 年第 3 期。

⑥ 荣新江：《沙州张淮深与唐中央朝廷之关系》，《敦煌学辑刊》1990 年第 2 期；《归义军史研究》，第 176～182 页。

敕静难军节度使、兼河西节度使、兵部尚书、右仆射翁部……昨者以遽
命弘夫，俾专重寄。岂谓何晏之鼻，忽集青蝇；伯有之门，俄生荒芜。固骄
矜之自剿，亦鼎形（刑）之难逃。今则流泽双旌，已承大赐；侯藩十（千）
乘，归启行期。［故将军之再至霸陵，何妨夜猎？前召父之重来旧地，更长
子孙。］虽昼锦之或殊，亦绣衣之何异？行瑜已具事由闻奏，外须简请尚
书，便主牌印。谨牒。

牒文中自署为"行瑜"者，应即晚唐时期邠宁节度使王行瑜；"弘夫"当为曾出
任灵武节度使，后率军勤王、出任西面行营都统郑畋之行军司马的唐弘夫。所谓
"固骄矜之自剿，亦鼎刑之难逃"应指唐弘夫及程宗楚、王处存在中和元年四月
收复长安，旋即被黄巢起义军所杀之事。牒文中所言的"故将军之再至霸陵，
何妨夜猎？前召父之重来旧地，更长子孙"，尤其值得我们重视。"召父"即西
汉曾出任南阳太守、与东汉南阳太守杜诗合称为"召父杜母"的召信臣。"将军
再至霸陵"及"召父之重来旧地"两句，明确表示翁部曾以军事将领的身份进
驻长安附近，故王行瑜希望翁部能率军重回故地。在王行瑜致牒翁部的前一年，
即景福二年（893）九月，王行瑜与凤翔节度使李茂贞共同进军长安，迫使昭宗
赐死宰相杜让能；在致牒翁部的 9 个月后，即乾宁二年五月，王行瑜又与李茂贞
及镇国军节度使韩建联军入朝，杀宰相韦昭度等。虽然此次三节度拥兵入朝的起
因是唐政府拒绝册封由王行瑜等人支持的王珙为河中节度使，但王行瑜因景福二
年求尚书令而不得，对昭宗早有怨怼之心。[1] 王行瑜之所以在数次称兵入朝之
际，明确提出希望翁部出兵支持其针对唐政府的军事行动，说明两者在此之前已
经结识且关系密切。据《旧唐书·僖宗纪》的记载，中和元年九月，"杨复光、
王重荣以河西、昭义、忠武、义成之师屯武功"，[2] 围攻据守长安之黄巢。而就
在唐弘夫兵败长安之后的两个月，即中和元年六月之际，邠宁将领朱玫曾屯兵兴
平。王行瑜作为朱玫的部属，多次参与了同起义军的战斗。[3] 由此我们或可推
测，中和元年九月屯于武功的河西之师应由河西都防御使所遣，统帅这支军队的
很有可能就是翁部。由于防区临近，所以翁部与当时作为邠宁部校的王行瑜之结

① 《资治通鉴》卷259，昭宗景福二年九月，第8448～8449页；同书卷260，昭宗乾宁二年五月，
   第8469～8470页。
② 《旧唐书》卷19下，第712页。
③ 《新唐书》卷224下《王行瑜传》，第6405页。

识或即在镇压黄巢起义的过程中。而翁郜之所以能在中和元年由河西都防御使判官升任甘州刺史，或与其此次率军勤王有关。

大顺元年七月十六日，张议潮之婿李明振葬于敦煌县漠高里。在 P. 4615 + P. 4010 张球撰《李明振墓志铭》中，其生前职衔被记作"河西节度凉州左司马、检校国子祭酒、兼御史中丞、上柱国"。① 李明振获得凉州左司马的任命是在大中十三年（859），但在咸通二年凉州收复后，他并未前往凉州上任，而是长期生活在沙州。咸通四年凉州节度使设置之后，"凉州左司马"更不可能隶属于归义军，统辖"凉州左司马"的"河西节度"只能是治于凉州的军事建置。与此同时，在《族谱》所收的 7 件晚唐文献中，有多件涉及晚唐时期的"河西"。如《赐劳敕书》提及"静难军节度使、河西都防御押蕃落等使"；《加翁郜朝散大夫河西节度使白麻》提及"河西节度使"；《王尚父请兵部尚书右仆射翁郜举兵牒》提及"敕静难军节度使兼河西节度使"；《奏状》提及"河西节度使"等。这些文献中所言的"河西"均与归义军无关，而是特指晚唐政府设置于凉州的军政机构。

此外，我们在晚唐时期的诏书中还可见到以"河西"指代旧河西道的记载，如李德裕《会昌一品集》载：

> 今吐蕃未立赞普，已是三年，将相猜携，自相攻击……国家河西、陇右四镇一十八州，皆是吐蕃因中国有难，相继陷没。今当其破灭之势，正是倚伏之期……故令刘濛专往，亲谕朕怀。卿宜选练师徒，多蓄军食，使器甲犀利，烽火精明。尺籍伍符，尽无虚数。务修实效，勿显事机。制置之间，尤须密静。②

唐政府遣刘濛巡边及议复河陇失地的时间应在会昌五年（845）二月壬寅（二十五日）。③ 在李德裕所言的"河西、陇右四镇一十八州"中，"河西"显然应指此时尚由吐蕃所占领的旧河西道，而非关内道北部地区。

综上所述，吐蕃占领河陇之后，史籍中"河西"的地理范围发生了变动。

---

① 郑炳林：《敦煌碑铭赞辑释》，第 293 页。
② 李德裕：《会昌一品集》卷 7《赐缘边诸镇密诏意》，《丛书集成初编》第 1856 册，商务印书馆，1936，第 55～56 页。
③ 岑仲勉：《通鉴隋唐纪比事质疑》，"刘濛巡边"，中华书局，1964，第 292～293 页。

正如学者所言,晚唐史籍中"河西"多指关内道北部一带。不过,时人作品中也不乏以"河西"指代旧河西道的事例。此外,在张淮深放弃河西节度使称号后,敦煌文献中的"河西节度使"有可能是指唐政府设置于凉州的河西节度使,而并非驻节于沙州的归义军节度使。与此同时,在《族谱》中也有多处有关"河西"的记载。这些记载多与唐政府对翁郜的任命有关,证明晚唐史籍中"河西"还有可能是指河西都防御使或河西节度使所统辖的区域。

结 语

由于史书记载相对缺乏,学者在探讨唐宋之际的河西历史时,敦煌文献就成为主要的资料来源。但敦煌文献绝大多数出自莫高窟藏经洞,具有浓厚的地域性色彩,相对于中央政府及河西的其他区域,沙州及归义军政权是其更为常见和重要的记载对象。在敦煌文献无法顾及晚唐五代宋初河西历史全貌的情况下,新史料《族谱》的引入就显得尤为必要。借助《族谱》及敦煌文献的记载,晚唐河西军政长官翁郜的生平基本上得以复原。而通过勾勒翁郜 20 年的河西任职经历,我们可以粗线条地展现出晚唐政府所设河西军政机构的基本运作情况及其形态演变轨迹。此外,通过《族谱》的记载,我们还可以明确河西都防御使隶属于唐中央政府的性质并对其人选进行了大致比定。而唐政府在銮舆数度播迁的特殊历史时期,仍可以通过任命凉州地区最高长官及改置军政机构的方式,最低限度地维持中央对凉州等地的控制。唐政府的上述举措对同处河西的归义军政权不可避免地产生了重要影响,归义军内部对节度使称号的主动调整即为显著表现之一。最后,通过资料互证的方式,我们还证明晚唐史籍中的"河西"并非仅指向关内道北部或旧河西道。在归义军之外的场合,"河西"在作为军事使职的地域限定词而存在时,往往指河西都防御使及河西节度使所辖的区域。总的看来,《族谱》涉及晚唐河西历史的诸多问题,具有重要且极为独特的学术价值,应该得到唐史学界及敦煌学界的足够重视。

原刊《历史研究》2014 年第 3 期

晚唐政府对河陇地区的收复与经营

——以宣、懿二朝为中心

李　军

摘　要： 以吐蕃王国内部的政治动乱为契机，通过调派西北藩镇武力介入、张议潮及吐蕃河陇守将归附等方式，晚唐政府收复了河陇大片失地。由于唐政府在大中年间尚未形成经营河陇的整体战略，所以其最初多以归义军及临近的西北藩镇管理新复地。随着咸通初年河州、渭州、凉州等河陇重镇的收复，唐政府经营河陇的政策发生了重大变化。通过新置天雄军、凉州节度的方式，唐政府完成了对河陇政区的重新划分。由此，河陇地区完成了由归义军独大到三节度分治的转变，从而奠定了晚唐时期河陇基本的政治格局。

关键词： 晚唐　河陇　收复　分治

河西和陇右是唐前期中央政府重点经营的战略区域之一。天宝元年（742）之际，唐朝所设置的九节度中，地处河陇的有河西、陇右、安西、北庭等四席；兵力在五万以上的大镇有五，河陇居其二，[①] 河陇在唐朝国防安全中的重要地位不言自明。安史之乱爆发后，唐政府抽调河陇精锐参与平叛，造成河陇守御空虚。自乾元元年（758）开始，吐蕃 "日蹙边城……数年之后，凤翔之西，邠州之北，尽蕃戎之境，湮没者数十州"。[②] 此后数十年间，吐蕃对河陇地区进行了

---

① 《资治通鉴》卷215，玄宗天宝元年，中华书局，1956，第6847～6851页。

② 《旧唐书》卷196上《吐蕃传上》，中华书局，1975，第5236页。

持续的统治。直至宣宗大中年间，随着吐蕃王朝统治的逐渐崩溃，唐政府才展开收复和经营河陇失地的行动。河陇的收复是唐后期最重大的历史事件之一，为学者所关注。20 世纪 40 年代，陈寅恪先生《唐代政治史述论稿》下篇《外族盛衰之连环性及外患与内政之关系》即据《新唐书·宣宗纪》及《吐蕃传》的记载，探讨了吐蕃内乱与唐政府收复河陇之间的内在联系。① 此后，学术界针对河陇收复的具体进程进行了细致的探讨。② 但由于史书的记载较为简略，彼此之间又颇多抵牾，所以学者的观点不尽相同。唐政府在收复河陇部分失地后，很快就展开了对新复地的经营。在以往的研究中，学者已经关注到了唐政府针对归义军所采取的限制性措施，③ 但对于唐政府在经营河陇过程中的主导地位似尚未给予足够的重视。④ 此外，随着河陇地区政治形势的变化，唐政府的经营策略在懿宗咸通初年曾发生过重大转变，对晚唐五代之际的河陇政局带来了持续的影响。对此，学术界以往的研究基本上尚未涉及。本文希望在学者已有研究的基础上，对上述问题进行探讨。不当之处，敬请学者批评指正。

一　宣宗朝对河陇陷蕃失地的收复

在河陇地区被吐蕃占领后，唐朝并没有彻底放弃对河陇失地的政治诉求。

① 《唐代政治史述论稿》，商务印书馆，1943，第 97～99 页。
② 苏莹辉：《论张义潮收复河陇州郡之年代》（初刊《新社学报》第 2 期，1968），收入氏著《敦煌论集续编》，台湾学生书局，1983，第 7～23 页；苏莹辉：《试论张义潮收复河陇后遣使献表长安之年代》（初刊《包遵彭先生纪念论文集》，台北"国立"历史博物馆，1971），收入《敦煌论集续编》，第 143～154 页；岑仲勉：《隋唐史》第 46 节"吐蕃之衰及河陇收复"，中华书局，1982，第 444～448 页；荣新江：《初期沙州归义军与唐中央朝廷之关系》，黄约瑟、刘健明主编《隋唐史论集》，香港大学亚洲研究中心，1993，第 106～117 页；王永兴：《唐代后期军事史略论稿》，北京大学出版社，2006，第 89～99 页。在上述成果中，以苏莹辉及荣新江两位先生的研究最为细致。
③ 荣新江：《沙州张淮深与唐中央朝廷之关系》，《敦煌学辑刊》1990 年第 2 期；荣新江：《〈新中国出土墓志·河南〉壹》，《唐研究》第 1 卷，北京大学出版社，1995；冯培红：《论晚唐五代的沙州（归义军）与凉州（河西）节度——以"河西"观念为中心的考察》，张涌泉、陈浩主编《浙江与敦煌学——常书鸿先生诞辰一百周年纪念文集》，浙江古籍出版社，2004，第 239～258 页。
④ 最近，村井恭子注意到了唐朝收复三州七关、张议潮归附以及党项叛乱三个事件时代接近的历史背景，通过唐朝大中年间平定党项的活动，从军事、经济及交通等方面，考察了宣宗政府的西北边境政策（《唐宣宗时期的西北边境政策试析》，荣新江主编《唐研究》第 16 卷，北京大学出版社，2010，第 279～304 页）。不过，虽然村井恭子在文中将"西北边境"定义为"渭水以北，黄河弯曲南流部分（北干流）以西的地区"，但实际上其所讨论的内容限于"三州七关"地区，似未能反映出宣宗时期西北边境政策的全貌。

但唐朝在唐蕃关系中长期处于相对弱势地位；藩镇割据势力的存在，也使得唐政府无法集中精力解决河陇失地问题。所以，肃宗至文宗诸朝均未能对河陇失地采取实质性的措施。会昌二年（842），吐蕃赞普朗达玛遇刺身亡，吐蕃王国的统治陷入崩溃的边缘。而吐蕃河陇守将之间的长期混战，更是直接削弱了吐蕃对河陇的统治。① 以此为契机，唐政府开始了通过武力手段收复河陇失地的战略筹划。

《资治通鉴》卷247武宗会昌四年（844）二月条载："朝廷以回鹘衰微，吐蕃内乱，议复河、湟四镇十八州。乃以给事中刘濛为巡边使，使之先备器械糗粮及诇吐蕃守兵众寡。"② 对于这条记载，学者在探讨晚唐河陇史事时多有所引用。从内容上分析，《通鉴》所载应本自李德裕所拟的《赐缘边诸镇密诏意》。由于司马温公在史料剪裁及史事系年上存在一定的问题，所以当以后者为据。③ 根据《赐缘边诸镇密诏意》的记载，虽然此时"吐蕃未立赞普已是三年"，但唐朝君臣对吐蕃的真实情况并不十分了解，所以要鼓励诸镇遣谙练边事者，深入蕃境刺探情报，以为其进一步的军事决策提供参考。此外，虽然唐政府在出击南下回鹘及平定泽潞刘稹之乱的过程中，积累了一定的军事斗争经验，但在中央军不足为恃且藩镇离心的情况下，唐政府并未真正做好与吐蕃发生正面冲突的准备。在形势尚不明朗的情况下，唐政府更希望通过"多设反间，密用奇谋"④ 的方式，以达到使陷蕃地区主动归附的目的。此后不久，武宗暴卒，武宗君臣的战略构想未能付诸实施。⑤

根据史书记载，唐政府收复河陇失地的进程始于宣宗大中初年。大中二年

---

① 关于吐蕃内乱及吐蕃河陇守将相争的问题，参见王忠《新唐书吐蕃传笺证》，科学出版社，1958，第148~155页。此外，对于唐政府收复河陇的历史背景，参见荣新江《归义军史研究——唐宋时代敦煌历史考索》，上海古籍出版社，1996，第155~156页。

② 《资治通鉴》，第7999~8000页。

③ 如《通鉴》在记载武宗力图收复陷蕃失地范围时，将《赐缘边诸镇密诏意》所载的"河西、陇右四镇一十八州"改为"河湟四镇十八州"，显然并不恰当（详见李军《唐代河陇陷蕃失地范围考》，《云南师范大学学报》2010年第4期）。此外，据岑仲勉先生考证，唐政府议复河陇失地并遣刘濛充使巡边的时间，并非会昌四年二月，而应为《实录》所载之会昌五年（845）二月二十五日（岑仲勉：《通鉴隋唐纪比事质疑》，"刘濛巡边"，中华书局，1964，第292~293页）。此时，南下回鹘及泽潞刘稹的威胁均已解除，这也就为唐政府收复河陇提供了相对安定的内部环境。

④ 李德裕：《会昌一品集》卷7，上海古籍出版社，1994，第47页。

⑤ 对于武宗朝未能收复河陇失地的原因，荣新江先生根据《资治通鉴》卷247武宗会昌四年的记载，有不同的解读。具体情况，参见荣新江《归义军史研究》，第156页。

（848）十二月，"凤翔节度使崔珙奏破吐蕃，克清水。清水先隶秦州，诏以本州未复，权隶凤翔"。① 清水县本属秦州，"西南至州一百二十五里"。② 河陇被吐蕃占领后，清水成为吐蕃防御唐朝西进的东境要冲。清水不仅是唐蕃建中四年（783）举行会盟的地点，而且作为唐蕃的分界点之一，还正式出现在此次所缔结的盟约中。③ 此外，吐蕃在长庆会盟后所镌刻的《唐蕃会盟碑》的盟辞中也提及清水："（唐蕃）每须通传，彼此驿骑，一往一来，悉遵曩昔旧路。蕃汉并于将军谷交马，其绥戎栅已东，大唐祗应；清水县已西，大蕃供应。"④ 崔珙收复清水，表明唐政府已经正式突破唐蕃会盟，尤其是长庆会盟的束缚，拉开了唐朝收复河陇失地的序幕。而此后的事实也证明，唐朝的军事介入对河陇的形势起到了重要的催化作用。在崔珙收复清水的次月，即大中三年（849）正月，吐蕃原洛门川讨击使论恐热即"以秦、原、安乐三州及石门等七关之兵民"⑤ 归附唐朝。

由于《资治通鉴》卷246武宗会昌二年载，"（论恐热）与青海节度使同盟举兵，自称国相"，⑥ 且《通鉴考异》引《献祖纪年录》《宣宗实录》中有论恐热杀吐蕃东道节度使奉表归唐的记载，⑦ 故王忠先生推测吐蕃东道节度使与青海节度使或为同一人。对于论恐热归唐的原因，王忠先生则认为："恐热及杀东道节度使而并其兵，惧诸城守不服，难为己用，乃以之奉献于唐，欲以空惠

---

① 《资治通鉴》，第8036～8037页。

② 李吉甫：《元和郡县图志》卷39，"陇右道秦州"，中华书局，1983，第982页。

③ 《旧唐书》卷196下《吐蕃传下》，第5247页；同书卷125《张镒传》，第3548页。

④ 录文参见王尧《唐蕃会盟碑疏释》，《历史研究》1980年第4期；又参见同作者《吐蕃金石录》，文物出版社，1982，第41页。

⑤ 《旧唐书》卷18下《宣宗纪》，第621～622页。据《旧唐书·宣宗纪》所载，论恐热归附唐朝的时间在大中三年正月丙寅（十一日），而《新唐书》卷8《宣宗纪》及《资治通鉴》卷248则将三州七关归附的时间系于大中三年二月。《旧唐书·宣宗纪》既著日期，似更为可信。《新唐书》及《通鉴》所载，或将三州七关归附与唐政府此后遣太仆卿陆耽前往宣谕两事合而为一。此外，在《通鉴考异》卷22"（大中）三年二月吐蕃三州七关降"中，司马光认为率领三州七关军民归附唐朝的并非论恐热。但司马光在《稽古录》卷15"宣宗忧大中三年春"中又言："吐蕃相论恐热以秦、原、威三州及石门等七关内附，诏泾原帅康季荣、灵武帅朱叔明、邠宁帅张君绪出兵应援，悉定其地。"司马光呈进《资治通鉴》《考异》在元丰七年（1084）十二月，呈进《稽古录》在元祐元年（1086）。据此，在《资治通鉴》《考异》成书后不久，司马光已对其此前所持的"三州七关非论恐热帅以来"的观点进行了修订。

⑥ 《资治通鉴》，第7970页。

⑦ 《资治通鉴》，第8038页。

而换取实利。"① 但据学者考证，吐蕃东道节度使衙府设于河州，吐蕃常以大尚论兼任此职，称"东军宰相大论"；而吐蕃青海节度使驻地在青海湖东南一带，② 所以《宣宗实录》及《献祖纪年录》中提及的东道节度使应并非与论恐热同盟起兵的青海节度使。从时间上判断，笔者认为《资治通鉴》卷246 武宗会昌二年及《新唐书·吐蕃传》所载的为论恐热所败的国相尚思罗或即吐蕃东道节度使。③ 论恐热杀尚思罗与献三州七关本为两事，《实录》《献祖纪年录》或将其合而为一；《补国史》仅载论恐热归附事，而未及杀尚思罗事。此外，论恐热之所以奉"三州七关"之特定区域归唐，很可能与元和年间唐政府要求吐蕃归还秦、原、安乐等三州失地的谈判有关。

安史之乱后，吐蕃从唐朝手中夺取了河陇大片领土，导致双方关系恶化。但迟至肃宗宝应元年（762），唐蕃之间已重新恢复会盟活动。④ 此后，唐蕃双方又分别在永泰、大历、建中、贞元及长庆年间进行过会盟。其中，在德宗建中四年（783）的清水会盟中，唐蕃确立了双方之间的边界。虽然此后双方的关系几经反复，清水会盟中所规定的唐蕃疆界却没有被改变。宪宗元和初年，唐蕃关系一度较为缓和。按照《新唐书·吐蕃传》的记载，元和五年（810）吐蕃曾遣论思邪热等人入使长安。在送还平凉劫盟中被俘的郑叔矩、路泌等人灵柩的同时，吐蕃"因言愿归秦、原、安乐州"。⑤ 实际上，唐蕃之间关于再修盟约的谈判在元和三年（808）或之前已经开始展开。⑥ 在元和四年（809）白居易所草的《与吐蕃宰相钵阐布敕书》中，明确提出唐朝将吐蕃归还秦、原、安乐三州作为双方修盟的基本条件。⑦ 次年，当吐蕃以"此三州非创侵袭"为

① 王忠：《新唐书吐蕃传笺证》，第156页。

② 杨铭：《吐蕃统治敦煌与吐蕃文书研究》，中国藏学出版社，2008，第20～22页。

③ 《资治通鉴》，第7970页；《新唐书》卷216下，中华书局，1975，第6105页。

④ 王维强：《唐蕃会盟及其仪式》，《藏学研究论丛》第3辑，西藏人民出版社，1991，第216～231页。

⑤ 《新唐书》卷216下，第6100页。

⑥ 约瑟夫·科尔玛斯（Joseph Krmas）：《白居易致吐蕃当局书（公元808年～810年）》，阿沛·晋美译，载《国外藏学研究译文集》第1辑，耿昇译，西藏人民出版社，1985，第139～165页；戴密微（Paul Demiéville）：《吐蕃僧诤记》，耿昇译，甘肃人民出版社，1984，第303～305页。

⑦ 白居易：《白居易集》卷56，顾学颉点校，中华书局，1979，第1173～1174页。对于敕书所作的时间，本文采用了约瑟夫·科尔玛斯的观点。吴逢箴先生则认为敕书作于元和三年冬（吴逢箴：《长庆会盟准备阶段的重要文献——读白居易〈与吐蕃宰相钵阐布敕书〉》，《藏学研究论丛》第2辑，西藏人民出版社，1990，第48～56页）。

由不肯归还时，白居易又草《与吐蕃宰相尚绮心儿等书》，不仅驳斥了吐蕃的言论，还坚持"若议修盟：即须重定封疆，先还三郡"的立场。① 但由于受到尚绮心儿等人的阻挠，此次谈判最终不了了之，双方在宪宗朝未能完成盟约的修订。由于萧关等七关皆在原州境内，② 所以在行政区划上，论恐热所献之"三州七关"正是宪宗力图通过谈判收回的"三州"。由此可见，论恐热以"三州七关"的区域归附当非巧合，而正是为了对应元和年间唐政府所提出的归还三州的要求。

要而言之，论恐热之所以在大中三年正月以三州七关降附，一方面与唐政府已突破唐蕃会盟的约束，开始以武力收复河陇失地的行动有关；另一方面，还应与元和年间唐蕃之间展开的以归还三州为修盟条件的谈判有关。

在得到三州七关归附的消息后，唐政府随即以太仆卿陆耽前往宣谕。三州七关本为泾原、灵武、凤翔等镇侧近之地，故唐政府在吐蕃王朝统治崩溃、论恐热归附的有利形势下，诏泾原、灵武、凤翔、邠宁、振武等镇出兵接应。③ 对于诸镇收复三州七关的具体时间，虽然《旧唐书·宣宗纪》及《资治通鉴》卷248皆有记载，但彼此抵牾之处不少。④ 晚唐西北史料既缺，歧误又多，对三州七关收复时间的考证虽嫌烦琐，却又是解决问题的关键之一，故略述如下。⑤

对于泾原节度使康季荣收复原州及六关的时间，《旧唐书·宣宗纪》与《通鉴》均系于大中三年六月，对此当无异议。

对于安乐州的情况，《旧唐书·宣宗纪》大中三年六月载："敕于萧关置武州，改长（安）乐为威州。"据此，萧关、安乐州的收复似俱在六月或之前。《通鉴》则将灵武节度使朱叔明收复安乐州的时间系于七月丁巳（六日）。而据下文所考，萧关七月十三日始收复，所以，大中三年六月已置武州和威州的记载

---

① 《白居易集》卷56，第1187～1189页。

② 参见米寿祺《唐代原州七关述论》，《西北师大学报》1992年第6期。

③ 《资治通鉴》，第8038页。振武节度地处河东道北部，不似泾原、灵武、凤翔、邠宁等镇俱处西北前沿，且唐政府在收复三州七关后所颁发的《收复河湟德音》中只提及对四镇的赏赐以及对四镇镇守三州七关将士的优待，而未及振武。所以，笔者认为参与三州七关收复之役的振武兵，应属来源于振武节度而暂驻京西北防线附近的防秋兵。

④ 《旧唐书》卷18下，第622～623页；《资治通鉴》，第8039页。

⑤ 在秦、原、安乐三州中，从严格意义上来说，原州和安乐州本属关内道，并不在河西、陇右两道范围之内。但两州位于陇右侧近，且与秦州同时收复，所以史书记载中多将三者视为整体，难以断然割裂。故本文在探讨唐政府收复、经营河陇陷蕃失地的情况时，对原州及安乐州的情况一并进行了探讨。

也就存在问题。两者相较，以《通鉴》的记载更为可信。

《旧唐书·宣宗纪》大中三年六月在记载康季荣收原州及六关事后，又载"邠宁张君绪奏，今月十三日收复萧关"，将萧关收复的时间系于六月。对此，《通鉴》则系于七月甲子（十三日）。此外，《唐会要》卷71"州县改置下陇右道武州"条也将萧关的收复时间系于七月。① 相对上述几种记载，《唐会要》卷86"关市"条的记载显得更为清晰。

> 大中三年七月，泾州节度使康季荣奏："六月二十七日，收原州城及诸关。"（原注：石门关、驿藏关、木峡关、制胜关、六盘关、石峡关）其月，邠宁监军小使张文锐奏："当兵道兵马，今月十三日收萧关。"②

监军小使为监军使手下的驱使官，③ 张文锐所言之"当兵道"应即邠宁节度。据上述记载，原州及六关收复于大中三年六月二十七日，康季荣的奏表于七月初到达长安。故文中所言之"其月"和"今月"都应指康季荣奏表到达长安的七月，由此，萧关的收复当在七月十三日。此外，如萧关收复确如《旧唐书·宣宗纪》所载的六月十三日，则张君绪献捷应在康季荣之前，其所载萧关收复事不应系于康季荣奏收原州及六关事后。所以，对于萧关的收复时间，《通鉴》的记载更为可信。

对于秦州收复的时间，《通鉴》作大中三年七月甲戌（二十三日），《旧唐书·宣宗纪》则系于大中三年八月。与此同时，《旧唐书·宣宗纪》大中三年七月又载："三州七关军人百姓，皆河、陇遗黎，数千人见于阙下。上御延喜门抚慰，令其解辫，赐之冠带，共赐绢十五万匹。"④ 如此看来，仅就《旧唐书·宣宗纪》本身而言，来自三州七关的河陇遗黎七月见于阙下的记载，已与八月始收秦州的记载相互矛盾。此外，对于宣宗于延喜门抚慰河陇降众之事，《通鉴》大中三年八月则载："乙酉，改长乐州为威州。河、陇老幼千余人诣阙，己丑，上御延喜门楼见之……诏：'募百姓垦辟三州、七关土地。'"⑤ 据金人元好问

① 王溥：《唐会要》，中华书局，1955，第1269页。
② 《唐会要》，第1580页。
③ 张国刚：《唐代藩镇研究（增订版）》，中国人民大学出版社，2010，第108页。
④ 《旧唐书》，第622~623页。
⑤ 《资治通鉴》，第8039~8040页。

《唐诗鼓吹》卷 2 所收晚唐诗人薛逢《八月一日驾幸延喜楼看冠带降戎》,① 我们可以明确河陇遗黎觐见宣宗在八月壬午（一日），如此秦州收复当从《通鉴》所载的七月甲戌（二十三日）。此外，唐政府在诏书（即《收复河湟德音》）中，将其所收复的三州记作"秦、威、原",② 证明唐政府改安乐州为威州的时间必在德音颁发之前。由此可知，虽《通鉴》所载秦州收复时间不误，但同时司马温公却又误将河陇遗黎觐见宣宗与颁发《收复河湟德音》系于同时。《旧唐书·宣宗纪》则将河陇降众觐见宣宗与秦州收复两事时间颠倒。如此，我们或可借助上述史料，对秦州收复等事件的时间顺序进行重新排列：大中三年七月甲戌（二十三日），凤翔节度收复秦州；八月壬午（一日），河陇降众抵长安，宣宗御延喜楼抚慰；乙酉（四日），唐政府改长乐州为威州；己丑（八日），唐政府颁发《收复河湟德音》。

另据《旧唐书·宣宗纪》所载大中四年十一月己亥敕："收复成、维、扶等三州，建立已定，条令制置，一切合同",③ 可知除三州七关外，唐政府从吐蕃手中收复的河陇失地尚有成州。虽然史书未明言成州收复的具体时间，但在大中三年八月颁布的《收复河湟德音》中，唐政府所提及的河陇新复地仅为三州七关地区，可证此时成州尚未收复。另据《册府元龟》卷 508《邦计部·俸禄四》大中三年九月敕，"秦州刺史并秦成两州经略、天雄军使职田夏小麦共八十石，秋粟一百二十石",④ 可知至迟到大中三年九月，秦成两州经略使的建置已经设立，所以成州之复应在大中三年八月至九月间。

此外，在唐朝收复陇右东部一带的三州七关之前，即大中二年（848）三、四月间，张议潮已经自河西西部的沙州起事，开始驱逐吐蕃统治者。⑤ 为了获得唐政府的承认和支持，在占领沙、瓜二州后，张议潮派遣押衙高进达等人奉表长安。此即敦煌写本《敕河西节度兵部尚书张公德政之碑》（以下简称《张淮深

---

① 钱牧斋、何义门评注《唐诗鼓吹评注》，韩成武等点校，河北大学出版社，2000，第 70 页。"八月一日"，《全唐诗》卷 548 作"八月初一"（《全唐诗》，中华书局，1980，第 6328 页）。

② 宋敏求：《唐大诏令集》卷 130，中华书局，2008，第 709 页。对于《收复河湟德音》的作者，《唐大诏令集》和《旧唐书》均阙载。而据《太平广记》卷 199《文章》"刘瑑"条引郑处诲撰《刘瑑碑》，可知此制的作者为宣宗朝翰林学士刘瑑（《太平广记》，中华书局，1961，第 1497～1498 页）。

③ 《旧唐书》，第 628 页。

④ 王钦若：《册府元龟》，中华书局，1960，第 6095 页。

⑤ 李正宇：《张议潮起义发生在大中二年三、四月间》，《敦煌学辑刊》2007 年第 2 期。

碑》）所载的："敦煌、晋昌收复已讫，时当大中二载。题笺修表，纡道驰函。（自注曰：沙州既破吐蕃，大中二年，遂差押衙高进达等，驰表函入长安城，已〔以〕献天子。）"① 在天德军防御使李丕的协助下，大中五年（851）二月，沙州使者到达长安。② 当唐宣宗看到张议潮的进表时，"龙颜叹曰：'关西出将，岂虚也哉！'百辟欢呼，抃舞称贺。便降驲骑，使送河西旌节，赏赉功勋，慰谕边庭收复之事，授兵部尚书万户侯"。③ 其中虽不乏溢美之词，但唐政府对张议潮的归附无疑是持一种欢迎的态度。④

二　宣宗政府对河陇新复地的经营

在吐蕃王朝内乱的有利形势下，通过西北藩镇主动出击、吐蕃河陇守将归附等方式，宣宗政府完成了对三州七关及成州等地的实际收复。此后，随着张议潮所遣使者的入京，唐政府又在名义上恢复了对河西广大地区的统治。虽然唐政府对各地的实际控制力存在明显的差异，而且针对上述区域的具体经营措施在表现形式上也不尽相同，但宣宗政府经营河陇失地的理念在大中年间却保持了一定的连续性。

（一）宣宗政府对三州七关地区的经营

大中三年八月己丑（八日），随着三州七关收复工作的完成，唐政府颁发《收复河湟德音》，体现了此时中央政府对三州七关新复地的经营策略以及对河陇其余失地的态度。⑤

在《收复河湟德音》中，唐政府提出了经营三州七关的初步策略。首先，

---

①　录文参见荣新江《归义军史研究》，第401页。

②　对于张议潮起事后所遣入京使团的情况，学者多有关注。如赵贞及李军探讨了沙州使团的行进路线问题；杨宝玉先生则指出在大中五年有三个殷次的沙州使团到达长安，各个使团分别承担了不同的使命〔赵贞：《大中二年（848）沙州遣使中原路线蠡测》，《中国边疆史地研究》2002年第3期；李军：《唐大中二年沙州遣使中原路线献疑》，《中国边疆史地研究》2010年第1期；杨宝玉：《大中二年张议潮首次遣使入奏活动再议》，《兰州学刊》2010年第6期〕。

③　录文参见荣新江《归义军史研究》，第401页。

④　对于张议潮收复河陇失地的情况，详见荣新江《归义军史研究》第三章第一节"从沙州起义到收复凉州"，第148～155页。

⑤　《唐大诏令集》卷130，第709页。

为了吸引民众前往耕垦，唐政府制定了"五年内不加税赋，五年后已量定户籍，便任为永业"的优惠条件。此外，为了鼓励凤翔、邠宁、灵武、泾原四道利用镇守新复地的官健耕垦营田，唐政府规定由度支给赐牛粮，而收获物则留充军粮。再者，诏书中体现了对三州七关镇守官健的优待：镇守原州、秦州、威州及七关的军人，不仅可以获得"每人各给衣料两分"的优给；在防守时间上，也是"仍二年一替换"，比通常状况下的三年一替缩短了一年的时间。最后，唐政府还希望通过鼓励"商旅往来、兴贩货物"，以恢复和发展三州七关地区的经济。此后的事实也证明，唐政府的上述措施确实起到了"将士无战守之劳，有耕市之利"① 的效果。

此外，由于上述区域由唐政府所指派的四个藩镇分别收复，为了加强控制，唐政府还对这些地区进行了政区上的调整。大中三年八月乙酉（四日），唐政府改安乐州为威州。② 所以，在随后颁布的《收复河湟德音》中，"三州"中的安乐州已为威州所取代。《白敏中墓志铭》在记述白敏中收复三州七关之后，又载其"理□州，立天雄军，置威州"。③ 如此，则唐政府以安乐州置威州或与白敏中有关。大中五年，唐政府又以本属原州的萧关置武州。④ 由此，大中五年之后，在原三州七关地区就形成了秦、原、威、武等四个州级政区。

原州本为泾原节度所辖，在广德元年（763）被吐蕃占领后，唐政府曾于灵台百里城置行原州。此后，又先后徙治平凉及临泾。大中三年六月，原州为泾原节度使康季荣收复后，归治平高。⑤ 原州既本属泾原节度辖区，又为其收复并派兵驻守，所以大中三年六月之后，原州当由唐政府直接划归泾原节度。威州（原安乐州）的情况与原州相类似。安乐州本属灵武节度辖区，大中三年又为灵武节度使所收复。大中三年八月，唐政府将安乐州改为威州，并最终于大中八年（854）将其正式划归朔方节度辖区。⑥ 但与此同时，秦州及武州的情况却与上述两州有所不同。

① 《资治通鉴》卷248，宣宗大中十一年十月，第8065页。
② 《资治通鉴》卷248，第8039页。
③ 录文参见吴钢主编《全唐文补遗》第3辑，三秦出版社，1996，第245页；周绍良、赵超主编《唐代墓志汇编续集》，上海古籍出版社，2001，第1034页。图版参见王仁波、吴钢主编《隋唐五代墓志汇编·陕西卷》第2册，天津古籍出版社，1991，第100页。
④ 《新唐书》，第969页。
⑤ 《新唐书·地理志一》，"关内道原州"，第968页。
⑥ 《新唐书·方镇表一》，"朔方"节度大中八年，第1785页。

大中三年七月二十三日，秦州为凤翔节度使李珰所收复，此前为凤翔节度所代管的清水县随即重新划归秦州。① 大中四年二月，秦州被划归凤翔节度。② 对此，胡三省注曰："秦州本属陇右节度，是时新复，以属凤翔。"③ 在开元五年（717）陇右节度设置之初，秦州即被划归陇右节度。虽然在陇右陷蕃后，凤翔节度使曾一度兼领陇右节度，但显系虚衔遥领。秦州之所以在大中四年被划归凤翔，应与其为凤翔节度所收复有关。

大中三年七月十三日，邠宁节度使张君绪收复萧关。据《收复河湟德音》的记载，三州七关收复后，由凤翔、邠宁、灵武、泾原四镇土卒分别镇守。很明显，邠宁节度的防区应就是其所收复的萧关地区。包括萧关在内的七关，皆在原州境内，本属泾原节度的辖区。但在萧关收复后，唐政府并未将其划归泾原节度，而是在大中五年以其置武州，并将其正式划入了邠宁节度的辖区。④ 此外，地处陇右的成州收复后的归属情况也与秦州及武州相类似。

成州本属旧陇右道，宝应元年（762）被吐蕃占领。贞元五年（789），唐政府应山南西道节度使严震之请，将其割属山南西道，并于同谷西境的泥公山置行成州。⑤ 但值得注意的是，在大中三年八月至九月间完成收复后，唐政府并没有将成州划割给此前在名义上对其享有管辖权的山南西道节度使，而是将其与秦州组成了秦成经略使辖区，并最终于大中四年二月与秦州一起被划割给了凤翔节度。成州与凤翔节度之间本没有渊源关系，所以其管辖权的变迁当与其为凤翔节度所收复有关。

唐政府的上述举措表明，河陇失地收复之初，在新复地的归属原则上，唐政府优先考虑的是由谁真正收复且实际控制，其次才是传统的隶属关系。但与此同时，唐政府对仍处于吐蕃控制之下的河陇大片领土却态度暧昧，仅允许山南西道、剑南、山川边界"有没蕃州县，量力收复"，而对于收复失地所需要的军力，则"委本道差遣"。诏令中"取不在广，贵保其金汤""今则便务修筑，不进干戈"等言辞，反映出宣宗满足于三州七关的收复，以守境为主、不务进取

① 《新唐书·地理志四》，第 1040 页。
② 《资治通鉴》卷 249，第 8042 页。
③ 《资治通鉴》，第 8042 页。
④ 《新唐书·方镇表一》，第 1785 页。
⑤ 《元和郡县图志》卷 22《山南道三》，"成州"，第 572 页。

的态度。此后，唐政府更是"又诏：朕姑息民，其山外诸州须后经营之"，① 表明宣宗对陷蕃失地的态度更趋于保守。②

（二）归义军的设立

大中五年二月，唐政府得到了张议潮在沙州起事的消息。最初，唐政府沿用了在秦、原等新复地设置防御使的政策，任命张议潮为沙州防御使。③ 同年七月，张议潮所遣的张议潭使团入朝。④ 由于宣宗对于进一步收复失地的态度并不积极，与此同时，唐朝与张议潮的实际控制区之间尚存在吐蕃势力的隔阻，所以唐政府对张议潮所控制的河西诸州采取了不同于三州七关的管理模式。大中五年十一月，唐政府在沙州设置归义军节度，授张议潮归义军节度使及十一州观察、营田、处置等使。⑤

此外，由于两《唐书·宣宗纪》《新唐书·吐蕃传》《资治通鉴》《通鉴考异》引《实录》皆载张议潭曾奉十一州图籍入朝，所以学者多认为唐政府对归义军辖区的设定乃据图授地。但从行政区划上看，归义军所辖的十一州涵盖了河西的大部及陇右一部，无论是对于旧陇右道，还是分道之后的河西、陇右两道，都并非整体，且非归义军所实际控制的区域，所以张议潭以十一州图籍入献于理不合。而根据 P. 2748《大中五年天德军防御使李丕上宣宗表》的记载，大中五年二月之际，沙州使者所进献的地图是以"河西道"，而并不是以"×州"作为

---

① 《新唐书·吐蕃传下》，第6107页。

② 对于唐政府的消极态度，王忠先生归结为党项对西北地区持续的侵扰（《新唐书吐蕃传笺证》，第160页）。李鸿宾先生则认为宣宗之所以放弃西进的计划，主要是受到了张议潮自立于河西、党项及其他外族势力在西北地区的存在以及唐王朝忙于内政整治等因素的限制（《唐代朔方军研究——兼论唐廷与西北诸族的关系及其演变》，吉林人民出版社，2005，第299~304页）。

③ 《资治通鉴》卷249，第8044~8045页；《新唐书·吐蕃传下》，第6107~6108页。《唐郑州原武县令京兆王公墓志铭并序》记载王某卒于景福元年（892），其夫人李氏卒于光启二年（886），而撰者自署职衔为"前原州防御推官将仕郎试秘书省校书郎"（郝本性主编《隋唐五代墓志汇编·河南卷》，天津古籍出版社，1991，第131页）。由此可证，唐政府收复原州之后，曾在原州设置防御使，而强道任职原州的时间应在吐蕃于广明年间再次占领原州之前。

④ 《唐会要》卷71《州县置设下》，"陇右道沙州"，1269页。

⑤ 通过对汉唐之际"归义"一词内涵的探讨，赵贞先生认为虽然张议潮被宣宗敕命为归义军节度使，但唐王朝仍视张议潮为蕃族首领或明显带有蕃族特征的汉人军事长官（赵贞：《归义军史事考论》，北京师范大学出版社，2010，第1~13页）。

基本单位。① 这就进一步证明张议潭之所献，当如藤枝晃先生所说，为《唐会要》卷71 "州县改置下·陇右道沙州" 条所载的 "天宝陇西（右）道图经、户籍"，而非所谓的 "十一州图籍"。②

天宝年间陇右道的范围当与成书于开元末年的《唐六典》所载相当，即秦、渭、成、武、洮、岷、叠、宕、河、兰、鄯、廓、凉、甘、肃、瓜、沙、伊、西、北庭、安西等地。③ 与天宝陇右道所辖相比，归义军所领十一州中没有包括安西、北庭、凉、秦、渭、成、武、洮、叠、宕等地，证明唐政府设置归义军时并没有采用据图授地的原则，而是存在一定的取舍。

大中二年至四年间，张议潮先后收复了沙、瓜、肃、甘、伊等五州。④ 唐政府于大中五年设置归义军之际，上述五州均被纳入归义军辖区。但值得注意的是，十一州辖区中有六州并不在归义军的实际控制之下。其中，西州为回鹘所据。大中五年，西州回鹘曾遣使入京，得到了唐政府的正式册封。对于杜牧《樊川文集》卷20《授西州回鹘骁卫大将军制》中的 "交臂来朝" 之语，⑤ 学者通常释为西州、沙州使者一起入朝。此外，学者指出张议潮曾通过外交手段取得了与西州回鹘的联系，并招引其一起向唐朝入贡。⑥ 所以，虽然张议潮并未控制西州，但由于西州位于张议潮实际控制区侧近，且西州回鹘使者曾与沙州使者联袂入朝，唐政府将其划入归义军的观察区域也在情理之中。

与上述区域的实际控制者均已向唐政府表示归附不同，归义军所领的鄯、河、兰、岷、廓等陇右五州尚为吐蕃部族所占领，所以在归义军设置之初，张议潮对这些区域只能是虚衔遥领。从地理位置上看，陇右五州在唐前期本为抵御吐蕃的前沿阵地，而晚唐之际则成为断隔陇右吐蕃残余势力与吐蕃本部联系的屏障。唐政府将上述区域划入归义军辖区，当是希望张议潮能够按照其预期设定，由归义军通过武力手段收复这些地区，以消除吐蕃对唐朝西北边境的军事威胁。可以说，唐政府对归义军辖区的设定，一方面显示了唐政府对张议潮所收复失地

① 图版见《法藏敦煌西域文献》第 18 册，上海古籍出版社，2001，第 66 ~ 67 页。
② 相关内容参见藤枝晃「沙州歸義軍節度使始末」（一）『東方学報』第 12 本第 3 分、1942。
③ 李林甫等：《唐六典》卷 3《尚书户部》"户部郎中员外郎"，陈仲夫点校：中华书局，1992，第 68 页。
④ 荣新江：《归义军史研究》，第 148 ~ 155 页。
⑤ 杜牧：《樊川文集》，上海古籍出版社，1978，第 304 ~ 305 页。
⑥ 荣新江：《张氏归义军与西州回鹘的关系》，段文杰等编《1990 年敦煌学国际研讨会文集·石窟史地、语文编》，辽宁美术出版社，1995，第 121 页。

的承认，另一方面也体现了唐朝希望在中央政府不动干戈的情况下，通过西北缘蕃藩镇自主收复陷蕃失地的愿望。正是在上述战略思想的指导下，宣宗政府并未对河陇其余失地，尤其是凉州、河州、渭州等战略要地采取进一步的措施。此外，唐政府对归义军的发展也保持了一种旁观的态度。

三　咸通初年高骈及张议潮对河陇失地的收复

由于宣宗对进一步收复河陇失地的态度并不积极，在大中五年张议潮归附之后，宣宗政府收复失地的工作已基本上陷于停顿状态。所以，唐政府在大中年间所收复的河陇失地限于三州七关、成州及张议潮所控制的河西五州之地。但随着懿宗咸通初年张议潮对凉州及高骈对河、渭等州的收复，河陇地区形成了全新的政治格局，从而为唐政府经营河陇策略的调整埋下了伏笔。①

（一）凉州

归义军设置之初，不仅陇右的大部分地区，就连作为原河西节度治所的凉州都仍为吐蕃所据，这种状况严重地威胁着归义军的安全。与此同时，虽然唐朝西北边镇的实际控制区已基本与凉州接壤，但唐政府却迟迟未予收复。所以，张议潮在率军征讨罗布泊地区的退浑国及伊州纳职回鹘，解除沙州的后顾之忧后，于大中十二年（858）八月开始了东征凉州吐蕃的征程。② 经过三年的征战，咸通二年（861），张议潮收复凉州。根据《张淮深碑》的记载，此时归义军控制的

---

① 对于张议潮收复凉州的情况，以荣新江先生为代表的学者的研究已非常深入，无须赘述。此外，学术界对于晚唐重臣高骈的事迹也比较关注。据笔者管见，对高骈生平论述较详的有张秀民《高骈传》，《中国东南亚研究会通讯》1988 年第 3、4 期合刊；田廷柱《论〈桂苑笔耕集〉的史料价值——兼评高骈其人》，《辽宁大学学报》1996 年第 5 期；山根直生《唐朝军政统治的终局与五代十国割据的开端》，《浙江大学学报》2004 年第 3 期。总的看来，以往学者研究的重点主要集中于高骈出任安南都护、剑南西川及淮南节度使期间的活动，对于高骈与咸通初年陇右陷蕃失地收复之间的关系，则基本上尚未涉及。此外，静永健利用崔致远《桂苑笔耕集》卷 17 所收的《纪德诗三十首》，对高骈的生平事迹进行了系年（静永健「新羅文人崔致遠と唐末節度使高駢の前半生」、九州大学『文学研究』第 105 輯、2008）。与前述论文相比，静永氏加强了对高骈出任安南都护之前事迹的关注。但遗憾的是，其文仍未涉及高骈与陇右诸州收复的关系。故本节将重点探讨高骈与陇右陷蕃失地收复的内在联系及其收复的具体时间。

② 荣新江：《归义军史研究》，第 151～152 页；荣新江、余欣：《沙州归义军史事系年（大中六年—咸通二年）》，《敦煌吐鲁番研究》第 8 卷，中华书局，2005，第 80 页。

区域"西尽伊吾，东接灵武，得地四千余里，户口百万之家，六郡山河，宛然而旧"，① 归义军进入鼎盛时期。唐政府在张议潮收复凉州后，不仅赐予归义军襄疮帛、衣甲枪旗、征马等物，还给予张议潮"画影麟台"的殊荣，可见唐政府对凉州收复一事的重视。②

（二）河州、渭州

河州，治今甘肃临夏，为唐代河陇地区的军事重镇。唐人有言："河州军镇要冲，屯田最多。"③ 顾祖禹《读史方舆纪要》则指出河州"椅角河西，肘腋陇右"，为"中外之要防"。④ 吐蕃占领河陇后，不仅在河州设立节度使，此外，还将河州作为东境五节度大使的驻跸之地，成为吐蕃统治河陇的政治、军事中心。⑤ 根据史书记载，渭州的收复应与河州同时，所以，对于河、渭二州的收复问题可一并讨论。⑥

高璩于咸通二年十月所撰的《白敏中墓志铭》载："公奉神算，征天下兵，捉险徼利，纳七关与秦、武、渭三州，度陇山还为内地，降男女羊马无数。"⑦ 如此，则高璩将渭州视为唐政府所收复的"三州"之一。但无论是各种史书，还是唐政府所颁发的诏令，均记载唐政府于大中三年所收复的"三州"乃"秦、原、安乐"，而非高璩所言之"秦、武、渭"。武州本为原州之萧关，并不在三州之列。高璩不列原州、安乐州，而列武州、渭州，本身就存在一定的问题。其次，《新唐书·吐蕃传》、《高骈传》及《资治通鉴》均记载唐朝收复河、渭二州为同时。而高璩《白敏中墓志铭》仅载白敏中收复渭州，而不言河州，与理不合。再次，据《通鉴》所载，尚延心降唐后曾以张议潮归唐之例，力挫唐朝将领吞并吐蕃降部之企图，而《新唐书·吐蕃传》也将尚延心降唐事置于张议潮

---

① 录文参见荣新江《归义军史研究》，第401页。

② 参见赵和平《敦煌表状笺启书仪辑校》，江苏古籍出版社，1999，第284～291页。

③ 张说：《河州刺史冉府君神道碑》，《全唐文》卷228，中华书局，1983，第230页。

④ 顾祖禹：《读史方舆纪要》卷60，中华书局，1955，第2631页。

⑤ 杨铭：《吐蕃统治敦煌与吐蕃文书研究》，第21～22页。

⑥ 苏莹辉先生曾根据《旧唐书·宣宗纪》及《收复河湟德音》的记载，推测唐政府在大中三年七月之前已经收复了包括河、鄯、兰、岷、廓五州在内的河湟流域（《论张议潮收复河陇州郡之年代》，氏著《敦煌论集续编》，第7～23页）。但上述结论似并不能令人信服，故暂不取。

⑦ 录文参见吴钢《全唐文补遗》第3辑，第245页；周绍良、赵超主编《唐代墓志汇编续集》，第1034页。图版参见《隋唐五代墓志汇编·陕西卷》第2册，第100页。

归唐之后。由此，唐政府收复河、渭二州应在大中五年之后，高璩所言唐政府于大中三年已收复渭州的记载并不可信。

《资治通鉴》卷249宣宗大中十一年十月己巳载：

> 以秦成防御使李承勋为泾原节度使。承勋，光弼之孙也。先是，吐蕃酋长尚延心以河、渭二州部落来降，拜武卫将军；承勋利其羊马之富，诱之入凤林关，居秦州之西……奏延心为河、渭都游弈使，使统其众居之。①

同样是尚延心降唐事，《新唐书·高骈传》却载为："党项叛，（高骈）率禁兵万人戍长武。是时诸将无功，唯骈数用奇，杀获甚多。懿宗嘉之，徙屯秦州，即拜刺史兼防御使。取河、渭二州，略定凤林关，降虏万余人。"②《新唐书·吐蕃传》亦载："沙州首领张义潮奉瓜、沙、伊、肃、甘等十一州地图以献……其后河、渭州虏将尚延心以国破亡，亦献款。秦州刺史高骈诱降延心及浑末部万帐，遂收二州，拜延心武卫将军。骈收凤林关，以延心为河、渭等州都游弈使。"③从内容上分析，《通鉴》及《新唐书》皆言尚延心入凤林关、献河渭二州，且言唐政府以延心为河、渭都游弈使，地点与人物皆同，这也就充分证明两者所言本为一事。唯《通鉴》载尚延心以河、渭二州降李承勋，时间在大中年间；《新唐书》言降高骈，时间在咸通年间。

《通鉴》和《新唐书·高骈传》中都有尚延心为唐将（李承勋或高骈）诱入凤林关，随即献河、渭二州的记载，可见凤林关与尚延心降唐之间存在着密切的关系。④而在高骈传世的诗篇中保留了多处与凤林关相关的记载，可证招降尚延心、收复河州等地者当为高骈，而非李承勋。

《唐诗纪事》卷63"高骈"条载：

> 骈，字千里，崇文孙也。生于长庆之首，卒于光启之间。家世禁卫，颇

① 《资治通鉴》，第8064~8065页。
② 《新唐书》卷224下，第6391页。
③ 《新唐书》卷216下，第6107~6108页。
④ 据学者考证，凤林关位于今炳灵寺石窟黄河南岸津渡，其地北临黄河，东据凤林川口，西瞻积石山，扼河湟至鄯州交通，形势特别紧要（陈小平：《唐蕃古道》，三秦出版社，1989，第48~51页）。

修饬，折节为文学，与诸儒交，硁硁谈治道。两军中人更称誉之，号落雕侍御。《赴安南却寄台司》云："曾驱万马静江山，风去云回顷刻间。今日海门南面事，莫教还似凤林关。"①

根据《新唐书·吐蕃传》及《高骈传》的相关记载，高骈所言"莫教还似凤林关"，应与其略定凤林关、诱降尚延心及浑末部众有关。咸通四年二月，唐政府以高骈为安南经略招讨使。② 而唐政府在将高骈调离秦州的同时，随即在此设置天雄军节度，并以金吾将军王晏实为节度使。对于这样的结果，高骈显然难以接受。而据《新唐书·高骈传》的记载，高骈在安南击败南诏之后，为监军李维周所忌，"匿捷书不奏。朝廷不知骈问百余日，诏问状，维周劾骈玩敌不进，更命右武卫将军王晏权往代骈"。③ 如将两事综合考虑，所谓的"莫教还似凤林关"，当表达了高骈对自己立下收复河、渭等地的功勋后，反而为王晏实所代的愤懑之情。

《全唐诗》卷598收高骈《塞上曲二首》之第一首云：

> 二年边戍绝烟尘，一曲河湾万恨新。
> 从此凤林关外事，不知谁是苦心人。④

结合高骈的生平，"二年边戍绝烟尘"当发生在高骈出任秦州刺史期间。而"从此凤林关外事，不知谁是苦心人"又与上文"今日海门南面事，莫教还似凤林关"相对应，皆反映出其对唐政府的不满及郁郁不得志的心情。高骈在上述诸诗中所表达出的抑郁之情皆与河州之凤林关有关，显然并非巧合。这进一步证明《新唐书》中高骈诱延心入凤林关，随即收复河、渭二州记载的可信性。

崔致远《桂苑笔耕集》卷10《萧遘相公二首》第二记载高骈曾"北定羌

---

① 计有功：《唐诗纪事》，中华书局，1965，第950页。《赴安南却寄台司》收入《全唐诗》卷598。
② 《新唐书》卷9《懿宗纪》，第258页。
③ 《新唐书》，第6391~6392页。
④ 《全唐诗》，第6922页。

戎，南征蛮蜑，东降齐盗，西建蜀城"。① 同书卷17《淮南》诗自注曰："剑南、荆南、淮南乃天下名镇，相公累移节制。西戎、南蛮、东鄙贼起，相公皆自讨除。"② 如将两者相对照，就会发现高骈"北定羌戎"之"戎"，也就是所谓的"西戎"，即吐蕃。同卷又收《安南》诗："西戎始定南蛮起，都护能摧骠信威。"③ 据此，也可知高骈平定吐蕃在调任安南之前。而据同书卷16《补安南录异图记》的记载，在咸通初年南诏骠信频频侵扰安南之际，懿宗"以今淮海太尉燕公，威宣大漠，政洽上都，乃请出镇龙编，立身豹略"。对于"政洽上都"之语，崔致远自注曰："时公防御秦城，划平丑虏，才归辇下，出镇安南。"④ 由此，崔致远所云"北定羌戎"、"西戎始定"及"政洽上都"都应指高骈出任秦州刺史期间"划平丑虏"，即平定吐蕃而言。结合上文所考，笔者认为《桂苑笔耕集》中高骈"划平丑虏"的记载，也就是指高骈招降尚延心之部族、收复河渭等州的事迹。

此外，咸通七年（866）十月，盘踞于廓州的论恐热被拓跋怀光擒获。其部众东奔秦州，为尚延心所败，且由延心上奏唐政府迁于岭南，⑤ 证明此时尚延心仍为唐守河、渭等地。而高骈在乾符元年（874）出任西川节度使后，为了防御南诏，曾"结吐蕃尚延心、嗢末鲁耨月等为间，筑戎州马湖、沐源川、大度河三城，列屯拒险，料壮卒为平夷军"。⑥ 在高骈防御南诏的战略布局中，嗢末曾起到过重要的作用。所以，在南诏放弃攻蜀、转袭安南后，卢携上奏僖宗言道："陛下初即位，遣韩重使南诏，将官属留蜀期年，费不赀，蛮不肯迎。及骈节度西川，招嗢末，缮甲训兵，蛮夷震动，遣赵宗政入献，见天子，附骠信再拜；云虔之使，骠信答拜。"⑦ 此嗢末既由尚延心等人率领，所以当来自河、渭地区。高骈在久离秦州的情况下，仍能招致尚延心等人率部众远赴西川为其效力，也从侧面证明最初招抚尚延心者确为高骈，而非李承勋。

再次，《资治通鉴》卷250懿宗咸通三年载："是岁，嗢末始入贡。"⑧ 文中

① 崔致远：《桂苑笔耕集校注》，党银平校注，中华书局，2007，第283页。
② 《桂苑笔耕集校注》，第606页。
③ 《桂苑笔耕集校注》，第595页。
④ 《桂苑笔耕集校注》，第554页。
⑤ 《资治通鉴》卷250，第8115页。
⑥ 《新唐书》卷222中《南蛮传中》，第6290页。
⑦ 《新唐书》卷222中《南蛮传中》，第6292页。
⑧ 《资治通鉴》，第8101页。

之"始"字，充分体现了司马温公对于尚延心归附多年之后嗢末才有入朝之举的疑惑。但如将尚延心"率浑末部万帐"降唐事系于高骈出刺秦州的咸通初年，则嗢末即浑末于咸通三年入贡的记载也就容易理解了。《唐河东监军使刘中礼墓志》载志主担任鸿胪礼宾使期间，曾"西降嗢末"，此或与咸通三年嗢末入贡有关。①

综上所述，虽然《通鉴》将尚延心以河、渭二州降唐事系于李承勋移镇泾原的大中十一年，但通过对高骈生平事迹的分析，笔者认为收复河、渭二州的应为高骈，时间在其刺理秦州期间；而《通鉴》所据之《补国史》当系将高骈之事迹误植于李承勋。

对于高骈由长武移镇秦州的时间，吴廷燮《唐代方镇年表》卷8"天雄"条、郁贤皓《唐刺史考全编》卷27"陇右道秦州"条均系于咸通元年，② 再结合咸通三年嗢末入贡的记载，可知高骈收复河、渭当在咸通元年至三年间。此外，虽然高璩《白敏中墓志铭》中大中三年唐政府已收复渭州的记载并不可信，但在咸通二年十月之际，渭州当已收复，故其才能出现在白敏中的墓志铭中。而根据高骈《塞上曲》中"二年边戍绝烟尘"及"从此凤林关外事，不知谁是苦心人"的描写，也可知此时河、渭当已收复。如以高骈移镇秦州作为"二年边戍"之始，则河、渭二州的收复当在咸通二年前后。

（三）鄯州

对于晚唐时期鄯州的情况，史书记载甚少。《新唐书·吐蕃传》在咸通七年北庭回鹘仆固俊击取西州事后，又载："鄯州城使张季颙与尚恐热战，破之，收器铠以献。"③《通鉴考异》卷23咸通七年二月"拓跋怀光破论恐热"条引《实录》亦载："义潮又奏鄯州城使张季颙押领拓跋怀光下使送到尚恐热将，并随身

---

① 参见张全民《唐河东监军使刘中礼墓志考释》，《敦煌学辑刊》2007年第2期。对于高骈降服嗢末的时间，王忠先生系于868年（《论西夏的兴起》，《历史研究》1962年第5期），但未言依据为何，而诸书又无与此相关的记载，故无从查证。周伟洲先生据《新唐书·吐蕃传》的记载，认为应在咸通初年（《西北民族史研究》，中州古籍出版社，1994，第36～41页）。但限于篇幅，对于《通鉴》与此矛盾的记载，周先生并未进行相关的辩证。
② 吴廷燮：《唐代方镇年表》，第1209页；郁贤皓：《唐刺史考全编》，安徽大学出版社，2000，第417页。
③ 《新唐书》卷216下，第6108页。

器甲等，并以进奉。"① 对此，荣新江先生认为鄯州之事要由张议潮上奏，说明张议潮的势力向东已伸展到鄯州地区。② 郑炳林先生则认为鄯州城使张季颙是归义军的将领，与唐朝中央无关。③ 此外，撰于咸通八年的 P. 4660《敦煌唱导法将兼毗尼藏主广平宋律伯彩真赞》中，还有"鄯州龙支县圣明福德寺前令公门徒释惠菀述"④ 的记载。而《全唐诗》卷 598 高骈《寓怀》诗载：

> 关山万里恨难销，铁马金鞭出塞遥。
> 为问昔时青海畔，几人归到凤林桥。⑤

诗中虽未提及凤林关，但其中却有"几人归到凤林桥"的感慨。《水经注》卷 2 引《秦州记》云："枹罕原北有凤林川，川中则黄河东流也。河水又东，与漓水合。"⑥ 高骈诗中之"凤林桥"当与凤林川有关，而距凤林关不远。对于由河州通鄯州的道路，《武经总要·前集》卷 19《西蕃地理》"河州"条载："自州北百里过凤州关，渡黄河百四十里至鄯州龙支县。又百六十里至鄯州。"⑦ 其所谓的"凤州关"当即"凤林关"，为河、鄯交通的必经之地。尚延心为高骈诱入凤林关后，遂以河、渭二州降附，所以尚延心所率之浑末应来自鄯州。据高骈所言"从此凤林关外事，不知谁是苦心人"及"为问昔时青海畔，几人归到凤林桥"的记载，隐约透露出高骈曾率军出凤林关、入鄯州征讨吐蕃的信息，而尚延心入

---

① 《资治通鉴》，第 8113 页。

② 荣新江：《归义军史研究》，第 162 页。

③ 郑炳林：《敦煌写本〈张议潮处置凉州进表〉拼接缀合与归义军对凉州的管理》，《敦煌吐鲁番研究》第 7 卷，中华书局，2004，第 386 页。

④ 图版见《法藏敦煌西域文献》第 33 册，上海古籍出版社，2005，第 43 页。而在创作年代不明的 P. 4660《都毗尼藏主始平阴律伯真仪赞》中，惠菀则被记作"龙支圣明福德寺僧"。此外，"惠菀"又见于杜牧《樊川文集》卷 20《敦煌郡僧正惠菀除临坛大德制》。郑炳林先生根据惠菀的署名情况，推测咸通八年之际，鄯州龙支县由归义军控制（《晚唐五代归义军疆域演变研究》，《历史地理》第 15 辑，上海人民出版社，1999，第 62~63 页）。但咸通四年之后，鄯州已被划入凉州节度的辖区（详下文）。由于凉州等地的阻隔，归义军控制鄯州的可能性并不大。此外，惠菀称号中的"前令公门徒"似只是追述了其以往与吐蕃东道节度使尚思罗的从属关系，并不能作为龙支县此时为归义军所管的直接证据（对于"令公"所指，参见陆离、陆庆夫《张议潮史迹新探》，《中国边疆史地研究》2011 年第 1 期，第 104~105 页）。

⑤ 《全唐诗》，第 6920 页。

⑥ 郦道元注，杨守敬、熊会贞疏《水经注疏》，江苏古籍出版社，1989，第 141 页。

⑦ 曾公亮、丁度：《武经总要》，《中国兵书集成》编委会编《中国兵书集成》第 4 册，解放军出版社、辽沈书社，1987，第 974 页。

凤林关降唐可为旁证。如此，则鄯州的收复当与高骈有关，时间应与河、渭二州收复的时间相近。

鄯州既为高骈所收复，那么唐政府将其划归归义军的可能性似乎并不大。所以，张议潮在咸通七年二月以鄯州事上奏，当与其所奏北庭仆固俊收西州事相类似，只是力图行使对上述诸州的观察权，并不代表鄯州此时为归义军所实际控制。由此，《新唐书·吐蕃传》及《通鉴考异》引《实录》所载的鄯州城使张季颙很可能是唐政府的官员。

四　天雄军、凉州、归义军（沙州）三节度分治河陇

大中年间，唐政府一方面通过调派西北藩镇接收并管理的方式，获得了对三州七关等地的控制；另一方面又新置归义军节度以统辖河陇十一州的广大区域。咸通二年之际，随着尚延心的归附，高骈收复河、渭等州。但最初唐政府并未将河、渭划入秦成经略使的辖区，而只是任命尚延心为河渭都游弈使，以统其众居之，似乎表明此时唐政府尚未做好进一步经营河陇失地的准备。但随着河西重镇凉州的收复，唐政府对此前的策略进行了调整，即不再单纯依靠西北旧镇及归义军对新复地进行管理，而是通过新置天雄军节度及凉州节度的做法，完成了对大中初年以来所收复河陇失地的分治。唐政府以天雄军、凉州、归义军三节度分治河陇，是晚唐政府经营河陇失地的最重要的措施之一，对西北地区的历史进程及唐政府与归义军的关系均产生了重要影响。

（一）天雄军节度的设置

唐政府在大中三年收复秦州之初，曾在此设置秦州防御守捉使，继而将防御使的建制升格为秦成两州经略使，并最终改制为天雄军节度，显示出秦州在唐政府经营陇右地区的战略布局中具有的重要地位。

对于天雄军节度设置的时间，吴廷燮《唐方镇年表》系于大中六年（852），但其所引用的却是《旧唐书·宣宗纪》大中六年正月戊辰"以陇州防御使薛逵为秦州刺史、天雄军使，兼秦成两州经略使"的记载。[1] 对于此时薛逵的职衔，杜牧《樊川文集》卷18《薛逵除秦州刺史制》更是明确记载为

_____

① 吴廷燮：《唐方镇年表》，第1208页。

"检校左散骑常侍、使持节秦州诸军事、兼秦州刺史、御史大夫、充天雄军使、兼秦成两州经略及义宁军行营镇遏都知兵马使、本道营田等使"。① 很明显，"天雄军"并不能等同于"天雄军节度"，所以，吴氏所说并不能成立。其实，据前引大中三年九月敕的记载，天雄军早在大中三年九月就已经设立，而不必迟至大中六年。

《资治通鉴》卷250懿宗咸通四年二月载："置天雄军于秦州，以成、河、渭三州隶焉；以前左金吾将军王晏实为天雄观察使。"② 据《通鉴》文意揆之，司马温公认为咸通四年设置于秦州的为"天雄军"，而非"天雄军节度"，故其言王晏实为天雄观察使，而非天雄军节度使。但天雄军的设置早在大中三年，所以，唐政府在咸通四年二月所设置的并非天雄军，而只能是天雄军节度。

此外，《新唐书·方镇表四》"陇右"节度咸通五年（864）载："升秦成两州经略、天雄军使为天雄军节度、观察、处置、营田、押蕃落等使，增领阶州。"③ 据上述记载，天雄军节度设置之初辖区似当为秦、成、阶三州。但据《文苑英华》卷453《授王安（晏）实天雄军节度使制》的记载，首任天雄军节度使王晏实所担任的乃"天雄军节度、秦成河渭等州营田观察押蕃落等使"，④，可证天雄军节度设置之初，所领为秦、成、河、渭四州，所以天雄军节度之设置与其增领阶州并非同时。

《新唐书·方镇表四》"河西"节度咸通四年载："置凉州节度，领凉、洮、西、鄯、河、临六州，治凉州。"⑤ 同卷"陇右"节度咸通四年又载："河、鄯、西三州隶凉州节度。"⑥《新唐书·方镇表四》所载凉州节度的辖区可与《旧唐书·地理志一》的记载相吻合，证明了其记载的可信性。如果《新表》中关于凉州设置于咸通四年、天雄军节度设置于咸通五年的时间皆记载无误，则河州应本属凉州节度，后被划归天雄军节度。如此，则会形成两个难以解释的矛盾：其一，既然据《授王晏实天雄军节度使制》的记载，天雄军节度初设时已领秦、成、河、渭四

① 《樊川文集》，第272页。
② 《资治通鉴》，第8104页。
③ 《新唐书》，第1886页。
④ 李昉：《文苑英华》，中华书局，1966，第2301页。
⑤ 《新唐书》，第1886页。
⑥ 《新唐书》，第1886页。

州，何以《新表》在记载升秦成两州经略使为天雄军节度使时，不书增领河、渭二州，反而增领四州之外的阶州？由此可证，唐政府设立天雄军节度与其增领阶州必不在同时，天雄军节度设置当在前，增领阶州在后。其二，如河州确属凉州节度割属秦州节度，凉州节度所领的六州辖区则缩减为凉、西、鄯、洮、临五州。唐政府设置凉州节度的本意，当是为了从归义军手中夺取凉州，以及部分名义上已属于张议潮，而实际上还未被其控制的陇右诸州。① 从凉州节度所领陇右之鄯、河、临、洮四州的地理位置看，其共同构建了防御吐蕃、防卫关中的前沿防线。如果河州划归天雄军节度，则凉州节度的陇右辖区会被切割为互不相连的两个部分，这明显与唐政府利用凉州节度经营陇右以防御吐蕃的初衷相违背。既然我们可以确定在天雄军节度设立之初，其所领辖区中包括河州，咸通四年设置的凉州节度也领河州，而河州显然不应是由凉州节度划归天雄军节度，故河州当系由天雄军节度划归凉州节度，这也就证明天雄军节度设置于凉州节度之前。由此，《新表》"陇右"节度咸通五年条所记，当是将唐政府咸通四年二月设置天雄军节度及其次年增领阶州两事混而为一。

要而言之，咸通四年二月，唐政府于秦州设置天雄军节度，领秦、成、河、渭四州。此后，唐政府于凉州设置凉州节度。为使陇右的鄯、临、洮等州连为一体，以在陇右构筑防御吐蕃的统一防线，唐政府将本属天雄军节度的河州划归凉州节度。咸通五年，唐政府又将阶州划归天雄军节度以示弥补。此外，如果我们将咸通二年张议潮收复凉州、高骈收复河渭与咸通三年嗢末入贡，以及唐政府于咸通四年二月设置秦州节度并于此后设置凉州节度等事件综合起来考虑，就会发现原本看似孤立的事件，彼此之间却都存在密切的内在联系。由此看来，唐政府之所以在咸通四年设置天雄军节度和凉州节度，当与此前河、渭、凉等州的收复有关。

（二）凉州节度的设置

凉州为河西重镇，在唐政府于大中五年设定归义军辖区之际，其被排除在外，显示了唐朝君臣的心计。② 由于归义军一直都把自己视为河西节度的继承者，而把凉州视为自己的势力范围，所以，在建成于咸通二年之后的莫高窟第 156 窟

① 荣新江：《归义军史研究》，第 159 页。
② 荣新江：《归义军史研究》，第 157 页。

中，"张议潮统军出行图"被题作"河西节度使检校司空兼御史大夫张议潮统军□除吐蕃收复河西一道行图"，说明张议潮夺取凉州的意义在于控制河西一道。① 此外，荣新江先生还指出："在张议潮和张淮深任归义军节度使期间（851～890），更多的是使用'河西节度'，而不是唐朝命名的'归义军节度'，表明了他们力图控制整个河西道的愿望。"②

在获得凉州收复的消息后，唐政府随即调派天平军节度使所辖的郓州兵前往凉州戍守。此外，为了增强凉州的防御能力，在咸通四年正月之前，唐政府已遣人修筑凉州城。③ 在上述工作完成后，唐政府设置凉州节度，"领凉、洮、西、鄯、河、临六州，治凉州"。④ 在凉州节度所领的六州中，凉州为归义军所收复，而西、鄯、河三州本属归义军的观察范围，所以在凉州节度设置之后，归义军的势力受到了非常明显的削弱。此外，针对西北地区形势的变化，唐政府还曾经对凉州节度的名称和辖区进行过大幅度的调整。唐政府的某些经营措施，甚至一直延续到五代时期，对五代宋初河西政局的走向产生了重要的影响。⑤

（三）归义军辖区及名称的变化

咸通四年二月，唐政府在秦州设置天雄军节度，领秦、成、河、渭四州，其中河州本属归义军节度使观察的范围。此后，唐政府又设置凉州节度，领六州之地。由于河州为秦成经略使高骈所收复，所以唐政府将此前由归义军所遥领的河州划归天雄军节度尚属正常的政区调整。但凉州节度的设置，已明显反映出懿宗君臣力图削弱归义军的愿望。随着天雄军及凉州节度的设置，归义军的辖区出现了大范围的缩减。

归义军节度使本领十一州之地，在河州被划入天雄军节度后，其辖区缩减为十州。而在凉州节度设置之后，归义军的法定辖区最多只能包括沙、瓜、甘、肃、兰、伊、岷、廓八州，《旧唐书·地理志一》所载瓜沙节度使的领州数即与

---

① 荣新江：《归义军史研究》，第 152 页。另参见冯培红《论晚唐五代的沙州（归义军）与凉州（河西）节度使——以"河西"观念为中心的考察》，《浙江与敦煌学》，第 239～258 页。
② 荣新江：《归义军史研究》，第 179 页。
③ 《资治通鉴》，第 8103 页。
④ 《新唐书》卷 67《方镇表四》，第 1886 页。
⑤ 李军：《晚唐政府对河西东部地区的经营》，《历史研究》2007 年第 4 期。

此相同。① 对此，我们却存有一定的疑问。因为从大中五年归义军的辖区看，虽然十一州地处河西、陇右两道，且张议潮未能实际控制陇右五州，但毕竟十一州尚为相互连接的整体。而在凉州节度设置之后，由于凉、鄯、临、河、洮五州的阻隔，不仅地处陇右的兰、廓、岷等州与河西之间的地理联系被切断，甚至三州之间也被分割为互不相连的孤岛。所以，笔者认为在凉州节度设置后，归义军仍领兰、廓、岷三州的可能性并不大。所以，随着唐政府以三节度分治河陇策略的实施，归义军的辖区当被限制在沙、瓜、甘、肃、伊等五州，即归义军设置之初张议潮所实际控制的区域之内。也正因为如此，在作于咸通末年或乾符初年的 P. 3451《张淮深变文》中，才会有归义军节度使张淮深"持□（节）河西理五州"②的记载。甚至到了五代时期，在归义军仅领瓜、沙二州的情况下，仍有人将其辖区记作"五州"之地。③ 这些以"五州"指代归义军辖区的做法，应该是受到了晚唐政府在以三节度分治河陇后，将归义军的法定辖区由河陇十一州缩减为沙、瓜、甘、肃、伊等五州的影响。

在三节度分治河陇之后，不仅归义军的辖区发生了严重缩减，其名称也随之变动。冯培红先生根据《旧唐书·地理志一》的记载，认为在懿宗析置三节度后，"归义军"的军额可能被取消，而归义军节度使则被降为瓜沙节度使。④ 但笔者发现《旧唐书·地理志一》所载的晚唐河陇三节度的名称及辖区与实际情况不尽相符，所以对于归义军改称的问题还需进一步探讨。

《旧唐书·地理志一》略云：

----

① 苏莹辉先生推测凉州节度设置之后，归义军辖区缩减为沙、瓜等八州，而唐政府以张淮深、张淮兴兄弟分镇沙、凉二镇［《略论沙州归义军节度使领州沿革》，氏著《敦煌论集（修订三版）》，台湾学生书局，1983，第435~438页］。

② 《法藏敦煌西域文献》第24册，上海古籍出版社，2002，第254页。

③ P. 4638《曹良才邈真赞并序》载赞主在曹议金出任归义军节度使期间，"荣加五州都将，委任一道指挥"，担任了归义军都指挥使。曹良才即曹仁裕，为五代时期归义军节度使曹议金之长兄。其时，归义军实际控制区仅为沙、瓜二州，所以在莫高窟第108窟中曹良才又被记作"归义军节度应管内二州六镇马步军诸司都管军"（敦煌研究院编《敦煌莫高窟供养人题记》，文物出版社，1986，第51页）。对于曹良才的生平事迹，详见《归义军史研究》，第231~237页）。由此，邈真赞中曹良才在名义上所统御的"五州"应与 P. 3451《张淮深变文》所指相同，也即咸通四年之后，唐政府为归义军设定的沙、瓜、甘、肃、伊等五州辖区。

④ 冯培红：《归义军节度观察使官印问题申论》，刘进宝、高田时雄主编《转型期的敦煌学》，上海古籍出版社，2007，第306页。

上元年后，河西、陇右州郡，悉陷吐蕃。大中、咸通之间，陇右遗黎，始以地图归国，又析置节度。

秦州节度使。治秦州，管秦、成、阶等州。

凉州节度使。治凉州，管西、洮、鄯、临、河等州。

瓜沙节度使。治沙州，管沙、瓜、甘、肃、兰、伊、岷、廓等州。①

据前文所述，咸通四年二月，唐政府在秦州设置的藩镇以"天雄军"为名。天雄军节度设置之初，统秦、成、河、渭四州。随着凉州节度的设置，其辖区缩减为秦、成、渭三州。咸通五年，唐政府以阶州属天雄，其辖区又扩展为秦、成、渭、阶四州。广明元年（880），渭州为吐蕃所破。中和四年（884），泾原节度使张钧表置行渭州，并最终于乾宁元年将渭州纳入泾原节度辖区。② 而据《新唐书·方镇表四》"陇右"节度文德元年（888）条所载，当年成州又隶威戎军节度。③ 由此，不仅"秦州节度使"之名称不准确，天雄军节度领秦、成、阶三州的情况也只能发生在广明元年至文德元年之间，并非唐政府设置天雄军节度时的原始状态。而归义军领河陇八州的记载，显然是后晋史官将其最初所辖的十一州减去划归凉州节度的西、鄯、河三州后所得出的结论。但据上文所述，随着凉州节度的设立，归义军继续辖领岷、廓等州的可能性已不是太大，所以，《旧唐书·地理志一》对于析置节度后归义军辖区的记载可能也存在一定的问题。由此看来，《旧唐书·地理志一》对三节度名称和辖区的记载并非唐政府的原始设置，而应是后晋史臣根据相关资料进行整合的结果，可信度已大打折扣。

此外，冯培红先生指出《旧唐书·宣宗纪》与《懿宗纪》中关于张议潮的节度使称号记载不同。其中，大中五年十一月条云："沙州置归义军，以张义潮为节度使。"④ 咸通七年七月条则载："沙州节度使张义潮进甘峻山青骹鹰四联、延庆节马二匹、吐蕃女子二人。"⑤ 由于冯培红先生已经认定《旧唐书·地理志

① 《旧唐书》，第1392～1393页。
② 《新唐书》卷37《地理志一》，第968～969页；《新唐书·方镇表一》，"泾原"节度乾宁元年，第1790页。
③ 《新唐书》，第1890页。
④ 《旧唐书》，第630页。
⑤ 《旧唐书》，第660页；《册府元龟》卷169《帝王部·纳贡献》所载略同。

一》记载的正确性，所以，其认为《懿宗纪》之"沙州节度使"当为"瓜沙节度使"之误。但学者在敦煌文献中并未发现"瓜沙节度使印"及与之配套使用的观察使印。再结合文德元年唐政府曾授张淮深"沙州节度使"及"沙州观察处置使"的事实，[①] 笔者认为归义军节度使被改称为沙州节度使的可能性更大。也就是说，在唐政府设置天雄军节度与凉州节度之后，为了限制归义军的发展，唐政府取消了"归义军"的称号，而仅授予张议潮以沙州节度使。由此，也就剥夺了其对河陇广大地区的观察权。

结　语

在吐蕃内乱的有利形势下，大中二年十二月，唐政府已经开始收复河陇失地的进程。在唐朝军事势力的介入下，大中三年初，论恐热以三州七关降附，不过唐朝西北诸镇完成对上述地区的收复已迟至大中三年七月底。在收复失地之初，唐政府尚未形成收复和经营河陇失地的总体规划，新复地多被划归实际参与收复的藩镇进行管理。而在张议潮归附的基础上，唐政府设置了名义上辖河陇十一州的归义军节度。随着咸通初年凉、河、渭、鄯等州的收复，唐政府对河陇失地的经营策略发生了重大转变，即不再满足于依靠归义军及参与三州七关收复的西北缘边诸镇进行管理，而是将这些地区析置天雄军、凉州、归义军（沙州）三节度以分治。从此时西北地区政治力量的分布看，凉州及天雄军节度的设置有助于唐政府对河西新复地的控制，两者所防御的主要对象应即吐蕃。这与唐前期的河西及陇右节度的功能相类似，只是此时唐政府的陇右防线已发生了大幅度的内缩，而且吐蕃部族在陇右地区内部保留有不小的势力。归义军虽然在名义上归附中央，但由于地处西北边陲，再加上党项等势力的阻隔，唐政府很难完成对其的真正控制。所以，唐政府借新置凉州及天雄军节度并进行政区调整之机，对归义军的辖区进行了压缩。经过强制分割的方式，归义军很可能被限制在河西五州的

---

① 森安孝夫「河西帰義軍節度使の朱印とその編年」『内陸アジア言語の研究』XV、2000、59～60頁。森安氏揭出多件钤有"沙州节度使印"及"沙州观察处置使之印"的敦煌文献。经其考证，这对相配套的印章，为唐政府于文德元年册封张淮深为节度使时所授予。其中，"沙州观察处置使之印"的存在，明确表明此时"沙州节度使"的辖区仅为沙州，所以张淮深所担任的"沙州节度使"并非"归义军节度使"的别称，这就证明唐政府确曾将"归义军节度"贬称为"沙州节度"。

范围。与之相适应，唐政府对归义军节度的名称也进行了限制性的改动。对此，张议潮似乎并没有轻易就范，其于咸通七年二月奏仆固俊克西州等地事、七月遣使贡甘州甘峻山之青鹘鹰等特产，十月又奏鄯州城使张季颙遣拓跋怀光破廓州论恐热事，似在一定程度上反映出张议潮力图加强其在河陇地区影响力的努力。但张议潮此举显然与唐政府希望利用凉州及天雄军节度以加强控制河陇的策略相违背。咸通八年二月，张议潮被唐政府征召入京，而这应是归义军扩充势力的愿望与唐政府经营河陇战略发生冲突的最终结果。①

原刊《中国史研究》2012 年第 3 期，此次收录略做修订

---

① 根据 P. 3425（2）《金光明变相一铺铭并序》的记载，荣新江先生认为此前入质京师的张议潭之死应为张议潮归阙的直接原因。[《沙州归义军历任节度使称号研究（修订稿）》，《敦煌学》第 19 辑，1992，第 27 页；《归义军史研究》，第 82 页] 而杨宝玉、吴丽娱先生在对 P. 3804 所抄愿文进行校注研究时，也涉及了张议潭之死与张议潮入京的关系。（《P. 3804 咸通七年愿文与张议潮入京前夕的庆寺法会》，《南京师大学报》2007 年第 4 期）杨秀清先生则从归义军内部矛盾的角度，对张议潮归阙的原因进行了探讨（《张议潮出走与张淮深之死——张氏归义军内部矛盾新探》，《敦煌研究》1996 年第 4 期）。结合咸通二年至咸通八年间河陇地区的历史发展状况，笔者认为张议潮入京应是受到了懿宗朝经营河陇策略的影响。限于篇幅，对此笔者将另文详述。

翰林天文考

王善军　郭应彪

　　摘　要： 有关翰林天文的最早记载，见于《资治通鉴》清泰二年
六月记事"翰林天文赵延乂等更直于中兴殿庭"。然对于清泰年间赵延
乂所任之职，史籍记载多有歧义。《旧五代史》等误载为"司天监"，
《册府元龟》中则简写为"天文"。依后唐末帝年间政局的变动来看，
"翰林天文"出现当不晚于清泰二年六月。据传世的《景祐乾象新书》
残本等史籍的记载，"翰林天文"实为宋代翰林院中天文官的一种专职
称谓。

　　关键词： 翰林天文　司天监　赵延乂

　　"翰林天文"一职始见于后唐清泰年间，为五代、两宋翰林院中天文官的一
种官称。现存史籍中相关记载较为混乱，甚至有抵牾之处，因而今人解读多有
歧见。

　　就现有史籍来看，"翰林天文"最早出现于清泰二年（935）。《资治通鉴》
记载，清泰二年六月，后唐末帝李从珂"好咨访外事，常命端明殿学士李专美、
翰林学士李崧、知制诰吕琦、薛文遇、翰林天文赵延乂等更直于中兴殿庭，与语
或至夜分"。① 对此，《册府元龟》亦有类似记载："废帝在位，尤好咨询，乃诏
宣徽使李专美，端明殿学士李崧、吕琦，枢密直学士薛文遇、天文赵延乂等，更

---

　　① 《资治通鉴》卷279，清泰二年六月，中华书局，2011，第9257～9258页。

直于中兴殿。庭设穹庐，每至宵分，与之评议。"① 这两则史料所记，为后唐末帝李从珂与大臣在内廷中议事，所载官员的姓名乃至表述顺序皆相同，很可能出自同一史源。然诸官员所带官称皆异，其中赵延义之官称，前者为"翰林天文"，后者则记为"天文"。

"天文"本是与天象、星占等有关的名词，并不能作为官员所任职官的正式称谓。所以，按常理看，《册府元龟》中赵延义之官称"天文"颇为蹊跷。而类似的称谓差异，两书中竟可找出另一事例。《册府元龟》记载，乾祐二年（949）十一月，因"契丹入寇"，朝廷派郭威出征，"天文赵修己、医官顾师琪等从行"。② 此处赵修己所任之职，亦只有"天文"二字。关于赵修己的官职和行事，《资治通鉴》有比较详尽的记载：乾祐二年七月，郭威剿灭李守贞之叛后，征赵修己为"翰林天文"。③ 不久，修己作为随军天文人员从郭威出征契丹。三年（950）十一月，后汉隐帝杀史弘肇等人，"翰林天文赵修己"劝郭威"拥兵而南"。④《宋史》本传亦载，乾祐中，郭威平李守贞之叛后，"朝廷知其（修己）能，召为翰林天文"。⑤ 另据《宋史·苗训传》，显德末，苗训随赵匡胤北征，因借异象言天命所在，"既受禅，擢（训）为翰林天文"。⑥ 可见，后汉至宋初确已设"翰林天文"一职，而赵修己在乾祐二年出任翰林天文的记载亦很明确，且在乾祐三年仍任此职。由此推断，《册府元龟》中赵修己的官称"天文"自当为"翰林天文"。

同样的情况，《册府元龟》载赵延义为"天文"，而《资治通鉴》则载为"翰林天文"。那么，《册府元龟》此处所载"天文"是否亦为"翰林天文"呢？这可从赵延义的仕历中窥见一斑。据《旧五代史·赵延义传》，延义在前蜀补为翰林待诏，"蜀亡入洛，时年三十。天成中，得蜀旧职"，清泰中兼卫尉少卿。天福中，代马重绩为司天监。⑦ 可知，赵延义初任翰林待诏，至后晋才升为司天监。然《旧五代史·唐书·末帝纪下》则载后唐清泰年间，末帝"欲移石敬瑭

① 王钦若等编纂《册府元龟》卷104《访问》，周勋初等校订，凤凰出版社，2006，第1141页。
② 《册府元龟》卷987《征讨第六》，第11429页。
③ 《资治通鉴》卷288，乾祐二年七月壬戌，第9540页。
④ 《资治通鉴》卷289，乾祐三年十一月丁丑，第9563页。
⑤ 《宋史》卷461《赵修己传》，中华书局，1977，第13496页。
⑥ 《宋史》卷461《苗训传》，第13499页。
⑦ 《旧五代史》卷131《赵延义传》，中华书局，2015，第2011页。其原文载赵延义于前蜀为"奉礼部翰林待诏"，此处"部"似当为"郎"之误，故其标点应为"奉礼郎、翰林待诏"。

于郓州，房暠等坚言不可，司天监赵延义亦言星辰失度，尤宜安静"。① 此事在《册府元龟》《新五代史》等书中均为如是记载。据此，似后唐清泰年间赵延义已任司天监。然《资治通鉴》记载该事时则删"司天监赵延义"及其建言，于他处记清泰二年六月赵延义所任之职为"翰林天文"。

后唐时期，"司天监"为外朝天文机构的长官，而"翰林天文"仅为中低级的内廷天文官，二者之间颇有差距。据《旧五代史·赵延义传》记载，延义在前蜀为翰林待诏，于后唐天成年间"得蜀旧职"，故此"旧职"很可能仍为"翰林待诏"。再考《册府元龟》，后唐长兴三年（932），赵延义又任"翰林参谋"，② 至"清泰末，胡杲通为司天监，延义专待诏内廷"。③ 即赵延义于清泰末年仍待诏于内廷。清泰为末帝的年号，仅三年，而赵延义直至清泰末年，无论其任职的名称为"翰林待诏"、"翰林参谋"还是"翰林天文"，皆为中低级的待诏类天文官，与"司天监"一职差距颇大。

换个角度来看，后唐时期，司天监一职实另有其人。后唐同光二年（924）二月，"以随驾参谋耿瑗为司天监"，④ 至清泰二年四月，"以司天监耿瑗为太府卿；以伪蜀右卫上将军胡杲通为司天监"。⑤ 可知，耿瑗从同光二年二月至清泰二年四月一直为司天监，之后由胡杲通继之，且一直任职至天福元年（石敬瑭于清泰三年十一月改元天福）十二月。⑥ 由此可见，整个后唐时期赵延义是没有机会出任司天监的。

综上，赵延义在清泰年间当一直为翰林院中的天文官，未曾出任司天监。可能因赵延义从后晋至后周长期任司天监，故史籍有此追称之故。《资治通鉴》所载"翰林天文赵延义"当有所本，胡三省还曾就此作注："翰林天文，居翰林院以候天文者也。"⑦ 所以，《册府元龟》中赵延义之称亦当为"翰林天文"。如此，赵延义与赵修己二人，《册府元龟》连续载为"天文"，《资治通鉴》则皆明

① 《旧五代史》卷48《末帝纪下》，第759页。
② 《册府元龟》卷145《弥灾第三》，第1624页。此处任"翰林参谋"者原文记为"赵延文"，然五代时期，以知天文而待诏于翰林院者仅赵延义一人，且"义"与"文"形近，故此处当为"翰林参谋赵延义"。
③ 《册府元龟》卷860《相术》，第10028页。
④ 《旧五代史》卷31《庄宗纪第五》，第489页。
⑤ 《旧五代史》卷47《末帝纪中》，第743页。
⑥ 《册府元龟》卷154《明罚第三》，第1724页。
⑦ 《资治通鉴》卷279，清泰二年六月胡三省注，第9258页。

确记为"翰林天文",故或可将"天文"视为五代时期对"翰林天文"的简称。

史籍中对"翰林天文"的记载歧见,尚未引起当代学者的充分注意,因而对其解读亦未能展开。龚延明先生认为宋代的"翰林天文"为"翰林院(局)天文官"的简称。① 然考诸史籍,"翰林天文"实为两宋时期翰林院天文官的一种专称。

宋代翰林院之下设有翰林天文院,翰林天文院中"有翰林天文,以司天监官充"。② 成书于宋仁宗朝、重修于宋神宗朝的《景祐乾象新书》一书,其残本仍存于世。该书载有参与重修的三位翰林天文,其完整官衔为"校定将仕郎守司天监主簿充翰林天文同测验浑仪臣赵靖""校定将仕郎守司天灵台郎充翰林天文同测验浑仪赐绯臣董惟正""校定文林郎守司天监主簿充翰林天文同测验浑仪臣王应"。③ 朝廷官员向御前进奏新书,参与者自当署其正式官称。此外,就现有统计成果所见的宋代 20 位翰林院天文官中,有 17 位在史籍中明确被称为翰林天文。④ 所以,"翰林天文"实为宋代翰林院中天文官的专称。而宋人所称的"翰林天文官""翰林天文局天文官"等则是对翰林天文等官员的一种泛称。

原刊《中国史研究》2019 年第 1 期

---

① 龚延明:《宋代官制辞典》,中华书局,1997,第 69~70 页。
② 《宋会要辑稿》职官三六之一一〇,中华书局,1957 年影印本。
③ 潘宗周编《宝礼堂宋本书录》,柳向春标点,上海古籍出版社,2007,第 237 页。
④ 参见郭应彪《唐宋翰林院天文官演变考》,《广西民族大学学报》(自然科学版)2017 年第 4 期。

宋太祖朝的曲宴及其政治功用

陈 峰

摘 要： 曲宴作为一种小型宫廷宴饮形式，不仅可以满足君臣的饮乐需要，并且以其私密性的特点，而具有了特殊的政治功用。宋太祖在位期间，充分运用曲宴方式，在笼络将帅、安抚藩镇、震慑割据势力以及私下议政等方面居中操控，从而发挥了独特的作用。宋太祖朝的曲宴活动，彰显了实用主义政治及怀柔政策的特征，并对其后产生重要的影响。

关键词： 宋太祖 曲宴 笼络 震慑 政治功用

在中国古代传统生活中，酒历来是不可或缺的助兴之物，如曹操名言"何以解忧？唯有杜康"，故"宴"与"饮"密不可分。在人际交往中，宴饮又往往有融通之效，推杯换盏间的热烈气氛，既有助于释放情绪，加深相互信任，也能缓和矛盾，甚或化解僵局，正如唐人李远诗所云"人事三杯酒，流年一局棋"。① 因此，宴饮始终是统治集团生活中的一项重要内容。历史上，帝王因贪杯而醉生梦死的现象屡见不鲜，诸如商纣王的"酒池肉林"、北齐宣帝的"唯数饮酒，曲蘖成灾"②，以及辽穆宗的"荒耽于酒，畋猎无厌"③ 之类，但其间彰显的政治功能更不容忽视。如历代皇帝宴请群臣的宴席、赐天下父老的"赐酺宴"等，意在表达君臣同乐和睦，而另类的形形色色"鸿门宴"背后，则包藏着各种复

---

① 《全唐诗（增订本）》卷519《李远》（残句），中华书局，1999，第5979页。另见孙光宪《北梦琐言》卷6，中华书局，2002，第134页。
② 《北史》卷7《齐本纪中》，中华书局，2003，第263页。
③ 《辽史》卷7《穆宗下》，中华书局，2017，第95页。

杂的政治动机。有关这方面的活动，又以小范围的酒宴为甚，宋朝的曲宴可谓这方面的集中代表。

宋朝的宫廷宴饮活动，可谓名目繁多，形式与规格也不尽相同。其性质大体分为两类：大型礼仪性宴会、小型非正式宴会。前者如春秋两季、皇帝生辰及巡幸返京时的"大宴"等，体现的主要是政治礼仪的意义；后者如皇帝巡幸和游猎期间所设宴会、后苑赏花宴、钓鱼宴之类"曲宴"等，主要是满足君臣的饮乐享受，并为他们提供亲密交往的机会。本文重点关注后者。

对宋代曲宴的理解，《宋会要》称："国朝，凡幸苑囿、池籞、观稼、畋猎，所至曲宴，惟从官预。"①《宋史》的记载与此相同，②可见这一表述属于当时官方的常规认识。但在宋人眼里，曲宴其实还有更宽泛的含义。如建隆元年（960）九月，宋太祖分别在万春殿、广德殿两次宴请近臣，宋朝史家对此记述为："皆曲宴也。凡曲宴无常，惟上所命。"③这显然是针对其随意而小范围的特点而言。故司马光记载魏明帝"游后园，曲宴极乐"，宋元之际的胡三省就注解为："曲宴，禁中之宴，犹言私宴也。"④这一说法进而解释了曲宴的私宴含义。因而，凡宋朝皇帝在常礼之外随兴安排的小规模宴会，皆可视为曲宴，对应的是"大宴"之类例行礼仪性宴会。宋人因此又称："有旨内苑留臣下赐宴，谓之'曲宴'，与'大宴'不同之义。"⑤

宋朝的曲宴，因其宽松及私密氛围，已成为帝王生活中不可或缺的方面；同时因其为君臣深度交往提供了独特场合，又往往超越了单纯的享乐，而具有了特殊的政治功用。宋太祖朝的曲宴即极具典型性，其间蕴含的政治动因，恰可折射当时朝政的倾向及其特点。⑥

① 《宋会要辑稿》礼四五"宴享·曲宴"，上海古籍出版社，2014，第1746页。
② 《宋史》卷113《嘉礼四》，中华书局，1977，第2691页。
③ 李焘：《续资治通鉴长编》（以下简称《长编》）卷1，建隆元年九月辛丑，中华书局，2004，第23页。
④ 司马光：《资治通鉴》卷73，景初元年（237）九月，中华书局，1987，第2320页。
⑤ 赵升：《朝野类要》卷1《曲宴》，中华书局，2007，第32页。
⑥ 有关宋代曲宴的问题，除了在研究宋代帝王、政治史及饮食生活的论著中有所提及，专门的论述并不多见。目前仅有张胜海《帝子设宴纳宾贤，赏花钓鱼赋太平——中国古代曲宴初探》（《学术探索》2005年第3期）一文中的宋代部分，与本文主旨有所关联，但过于简略。日本学者竺沙雅章关注到宋太祖的嗜酒习惯，并指出："除此之外，有不少国家大事、方针政策也是在酒宴上决定的。"（《宋朝的太祖和太宗——变革时期的帝王》，方建新译，浙江大学出版社，2006，第94页）虽未进一步展开论述，却颇有启发意义。

宋朝开国后，宫廷举办正式大宴已渐成惯例，"凡国有大庆皆大宴，遇大灾、大礼则罢"，地点通常在广政殿（后陆续改名大明、含光、会庆、集英殿），即正式的"宴殿也"。① 但这些隆重宴会都有明确的礼仪规定，参加者动辄数百上千人以上，包括皇帝以下宰执大臣、皇亲贵胄及各级文武朝官等人，皆须遵循成规，不得有失态举止。如以后的诏书所重申："自今宴会，宜令御史台预定位次，各令端肃，不得喧哗。违者，殿上委大夫、中丞，朵殿委知杂御史、侍御史，廊下委左右巡使，察视弹奏。"② 由于受到大宴烦琐礼仪的约束，美酒佳肴也不免枯燥无味，更谈不上尽兴畅饮与亲密交往，因此曲宴最为君臣所喜好，其场所也多改在别殿、后苑及其他地点。③ 事实上，武夫出身的赵匡胤嗜酒，即位后仍长期保持这一习惯，他还曾在某次宴会后自责道："沈湎于酒，何以为人？朕或因宴会至醉，经宿未尝不悔也。"④ 这种放纵饮酒的行为只可能发生在曲宴之中。梳理记录北宋政治活动最为系统的《续资治通鉴长编》以及相关史籍，⑤ 可知宋太祖在位期间开设的曲宴，对象除了皇室宗亲外，⑥ 主要有统军将领、藩镇及诸国王室、宰辅近臣等三类人物，其政治功用及特点又不尽相同。

---

① 《宋史》卷113《嘉礼四》，第2683页；卷85《地理一·东京》，第2098页。
② 《宋史》卷113《嘉礼四》，第2683~2686页。
③ 北宋曲宴的地点并不固定，除少数在广政殿外，更多在长春、崇德、讲武等殿及后苑等地。其中讲武殿与后苑属内宫，更具私密性。有关北宋皇宫的布局，参见李合群等《北宋东京皇宫布局复原研究——兼对元代〈事林广记〉中的〈北宋东京宫城图〉予以勘误》，《中原文物》2012年第6期；傅熹年《山西省繁峙县岩山寺南殿金代壁画中所绘建筑的初步分析》附《北宋汴梁宫城主要部分平面示意图》，《傅熹年建筑史论文集》，文物出版社，1998，第296页。
④ 《长编》卷2，建隆二年闰三月甲子，第42页。司马光亦记载宋太祖曾对身边左右表示："朕每因宴会，乘欢至醉，未尝不自悔也。"（《涑水记闻》卷1，中华书局，1989，第6页）
⑤ 《宋会要辑稿》礼四五"宴享"记载虽多（第1711~1712页），但时间混乱，且多有错误，不可直接引用。
⑥ 宋太祖在位期间，有关宴请皇室的记载颇多，如开国之初，便召皇弟、皇子、皇侄及公主"共宴太后阁中"（《长编》卷22，太平兴国六年九月丙午注引王禹偁《建隆遗事》，第501页）。太祖舅父杜审琦某日入宫，太祖设内宴于福宁宫，邀杜审琦陪同杜太后，"终宴侍焉"。在为杜太后所设的一次寿宴中，"乐人史金著，粗能属文，致词于帘陛之外，其略曰：'前殿展君臣之礼，虎节朝天；后宫伸骨肉之情，龙衣拂地。'祖宗特爱之"（文莹：《玉壶清话》卷3，中华书局，1984，第30页）。太祖"又尝宴宫中，王（太宗）醉，不能乘马，上起送至殿阶"（《长编》卷17，开宝九年六月己亥，第373页）。但这类曲宴属于皇室家宴，主要是叙骨肉之情，故省略不论。至于其中重要成员参加与朝政有关的曲宴活动，则在文中相应论及。

一　笼络与控驭：为统军将领设宴的用意

在宋太祖朝，统军将领，特别是禁军高级将帅受到曲宴款待的记载，屡见史籍，由此展现了当时宫廷宴饮活动的一道重要景象。

有关这方面最早的记录是：建隆元年六月，宋太祖亲征反抗的昭义节度使李筠，大军踏入潞州城之日，"宴从官于行宫"。这里笼统说到的从官，显然主要指出征将领，因为宰辅大臣并未随行。次月，宋军班师后，太祖在宫中设宴犒赏，"宴韩令坤等于礼贤讲武殿"。① 在此仅提及韩令坤之名，是因为其侍卫马步军都指挥使的军职排序最高，也表明宴请的对象是立功将领。由于参战高级将领还有慕容延钊、石守信、高怀德、王审琦、王全斌、韩重赟及罗彦瓌等人，② 他们及立功的一批武将应同时受邀。之后的记载还有许多，如建隆二年十一月，赵匡胤在为太后完成葬礼后，"宴宰臣、节度防御团练使、刺史、统军、诸军厢主、军指挥使以上及诸道进奉使于广政殿"。此次宴请范围仅限于宰臣与中高级武将，故"特犒之"③ 的对象是以将领为主。开宝三年（970）十一月的情形类似："宴宰臣、见任前任节度防御团练使、刺史、统军、侍卫诸军将校及外国使于广政殿，以江南、两浙、高丽、三佛齐皆遣使朝贡故也"。④ 乾德二年（964）十一月，大将王全斌等人受命征讨后蜀，临行前"宴于崇德殿，赐金玉带、衣帛、鞍马、戎器有差"。开宝七年十月，曹彬率军出征南唐前，"将行，赐燕于讲武殿"。⑤ 九年二月，曹彬回朝后，"复赐燕讲武殿"；八月，侍卫马军都指挥使党进出征北汉，辞行前"宴于长春殿"。⑥ 至于太祖亲征北汉期间，在潞州城内、太原城外数次"赐从臣饮"；⑦ 在亲征李重进期间，于宿州、扬州和宋州

---

① 《长编》卷1，建隆元年六月丁亥、七月戊午，第17、19页。
② 《长编》卷1，建隆元年五月庚子，第14页；《宋史》卷250《王审琦传》《韩重赟传》《罗彦瓌传》，第8816、8823、8828页。
③ 《长编》卷2，建隆二年十一月壬申，第55页。
④ 《宋会要辑稿》礼四五"宴享"，第1712页。
⑤ 《长编》卷5，乾德二年十一月乙亥，第135页；卷15引《纪事本末》，开宝七年十月丙戌，第324～325页。
⑥ 《宋会要辑稿》礼四五"宴享"，第1712页。
⑦ 《长编》卷10，开宝二年三月戊寅，四月壬子、戊辰，第218、220～221页。

"宴从官于行宫",① 其犒劳的对象仍为将领也不难理解。而最经典的例证,莫过于"杯酒释兵权"那场特殊的曲宴。

统军将领之成为曲宴的重要对象,实在于宋太祖对兵权的高度重视。宋朝建国初,将帅拥兵自重,且跋扈积习未除,使宋廷时刻面临兵变的威胁。赵匡胤既要防范兵权失控,又要倚重将帅完成统一大业,不能不对其倍加关注,于是采取笼络与控驭并举的两手策略。出征将帅肩负重任,又统军在外,自须给予特别礼遇并授意行动要领,饯行宴即属表达的方式之一。典型的例证如:前述在为王全斌所设的宴会上,太祖"示川峡地图,授攻取方略"。② 而为曹彬等人所置曲宴则更具深意,据记载,赵匡胤为了防止以往灭蜀中过度杀掠现象重演,在为诸将安排的内宫饯行宴上,特别当众嘱咐曹彬:"南方之事,一以委卿,切勿暴略生民,务广威信,使自归顺,不须急击也。"又授予御剑,"副将以下,不用命者斩之"。副帅潘美以下诸将"皆失色,不敢仰视"。李焘在记载此事时,引《纪事本末》的一段文字为注:

> 将行,赐燕于讲武殿,酒三行,彬等起跪于榻前,乞面授处分。上怀中出一实封文字付彬,曰:"处分尽在其间。自潘美以下有罪,但开此,径斩之,不须奏禀。"二臣股栗而退。讫江南平,无一犯律者。比还,复赐燕讲武殿,酒三行,二臣起跪于榻前,曰:"臣等幸无败事,昨授文字,不敢藏于家。"即纳于上前。上徐自发封示之,乃白纸一张也。

这段近乎故事性的描写,清晰反映了太祖的深刻用心,也彰显其驭将权谋。正如记述者所评:"上神武机权如此……恩威两得,故虽彬等无不折服。"③ 如此恩威并施的手段,在轻松的曲宴中巧施出来,确可收意外效果。还有记载称:曹彬在出发前夜被召进宫,"帝亲酌酒,彬醉,宫人以水沃其面",随之再度授意严格监管诸将。④ 由此可见,饯行宴绝非简单停留于吃喝之上。至于凯旋班师之后,对立功将帅设宴犒赏,以示荣耀,亦属理所当然。如上述平定李筠之乱后,赵匡胤设宴款待韩令坤以下众将,并"赐袭衣、器币、鞍勒马有差,赏平泽、潞之

---

① 《宋会要辑稿》礼四五"宴享",第1711页。
② 《宋史》卷1《太祖纪一》,第18页;《长编》卷5,乾德二年十一月乙亥,第135页。
③ 《长编》卷15,开宝七年十月丙戌,第324~325页。
④ 邵伯温:《邵氏闻见录》卷1,中华书局,1983,第4~5页。

功也"，① 即主要表达酬谢、褒奖之意。值得一提的是，当曹彬平定江南回朝之日，太祖并没有兑现事前授予使相的承诺，而是说："非忘之也。顾河东未下耳。卿等官位甚重，岂可更亲此事耶？"曹彬等人回家后，都收到大量金钱。②这种曲宴连带赐钱的酬劳手段，再度巧妙地发挥了激励的作用。

宋太祖朝最为关键的收兵权之举，其实也离不了曲宴场合相助。如所周知，五代时期因君主往往兵权旁落，遂屡屡发生兵变篡位的现象，赵匡胤即由此灭周建宋，故其登基后急于解决兵权问题。在度过最紧张的一年半后，太祖固然帝位稍稳，但石守信等一批功臣依旧把持禁军要职，若此时直接剥夺他们的兵权，可能酿成血腥厮杀，甚或重演以往的亡国悲剧。于是，太祖在与赵普等谋臣密商后，召石守信、高怀德、王审琦、张令铎等人入宫赴宴，"上因晚朝，与故人石守信、王审琦等饮酒"。正是利用这次故旧聚饮的机会，在彼此酒酣耳热之际，赵匡胤"屏左右"，说出了"人生如白驹之过隙，所为好富贵者，不过欲多积金钱，厚自娱乐，使子孙无贫乏耳。尔曹何不释去兵权，出守大藩，择便好田宅市之，为子孙立永远不可动之业，多置歌儿舞女，日饮酒相欢以终其天年。我且与尔曹约为婚姻，君臣之间，两无猜疑，上下相安，不亦善乎"云云相劝的话。最终，诸功臣大将只得接受开出的条件，无奈交出兵权。③ 宋人笔记对此的记载中，也特别提及曲宴之名，所谓"召守信等曲燕，道旧相乐"。④ 可见这一重大利益交换，正是在借叙旧言欢为名的私密酒席上达成，充分展现了太祖高超的手腕，可谓当时曲宴发挥特殊功用的一曲绝唱。闻名于史的"杯酒释兵权"，本质上是一场政治交易，赵匡胤以柔软的身段充分施展帝王术，借曲宴之名"请君入瓮"，然后以优厚的物质代价加上联姻的方式换取了兵权，既避免了兵戎相见带来的朝政震荡，同时也留下保全功臣的美誉，从而极大地稳固了统治。就此而言，曲宴无疑为这场政治变故蒙上了温情的面纱，不仅遮蔽了钩心斗角的用心，也化解了权力博弈的残酷性，将古代密室政治的特点诠释得淋漓尽致。

---

① 《长编》卷1，建隆元年七月戊午，第19页。
② 王曾：《王文正笔录》，中华书局，2017，第24页；《长编》卷17，开宝九年二月庚戌，第364页。
③ 《长编》卷2，建隆二年七月戊辰，第49~50页；司马光：《涑水记闻》卷1，第11页。
④ 《王文正笔录》，第16页。之后王辟之亦云："上乃曲燕守信等，道旧甚欢……"实缘于王曾的这一记载（《渑水燕谈录》卷1，中华书局，1981，第3页）。

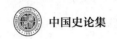

关于宋太祖与将领在曲宴上的详情，文献记载并不多见，唯有《宋史·王审琦传》所记最为生动：王审琦"素不能饮"，某次侍宴中，太祖酒酣仰祝曰："酒，天之美禄，审琦，朕布衣交也。方与朕共享富贵，何靳之不令饮邪？"祝毕，对后者说："天必赐卿酒量，试饮之，勿惮也。"审琦受诏，"饮十杯无苦"。从此，王审琦"侍宴常引满，及归私家即不能饮，或强饮辄病"。① 君臣如此亲昵的互动，只能出现在曲宴之中，由此也可管窥赵匡胤笼络将帅手段之一斑。

二 安抚与震慑：对藩镇及诸国王室置宴的动机

宋太祖在位期间，宴请各地藩镇及诸割据国王室的记载屡见不鲜，并形成传统惯例，反映出其在当时曲宴中的突出位置。

有关为藩镇设曲宴的记载如：建隆元年五月，"以忠正节度使、兼侍中杨承信来朝"之故，设宴于广政殿。"自是，节度使来朝，即宴如例"；② 同年八月，忠武节度使张永德朝觐，"召对后苑，道旧故，饮以巨觥"；③ 建隆二年三月，雄武节度使王景来朝，"上优待之，宴赐加等"；④ 时隔不久，宋太祖"因幸作坊，召从臣宴射"，入朝的凤翔节度使王彦超赴会；⑤ 同年闰三月，被解除军职的韩令坤、慕容延钊奉命归镇，辞行之际特"宴于广政殿"。"自是，节度使以上出使赴镇，宴如仪"；⑥ 建隆四年春，历仕四朝的老藩镇符彦卿来朝，"赐袭衣、玉带，宴射于金凤园"；⑦ 开宝元年五月，建雄节度使赵彦徽朝觐，依旧享受到专门的宴请，"上为开宴，宠顾甚厚"等。之后还有邀请石守信等人参加后苑宴射的记载。⑧ 人数最集中也最特殊的一次，是开宝二年十月为王彦超等资深藩镇所设的一场曲宴。

各地藩镇能成为曲宴的上宾，也与宋朝建国阶段的政治形势密不可分。宋太

① 《宋史》卷250《王审琦传》，第8816~8817页。
② 《长编》卷1，建隆元年五月乙卯，第16页。
③ 《宋史》卷255《张永德传》，第8916页；《长编》卷1，建隆元年八月甲戌，第8916页。
④ 《长编》卷2，建隆二年三月辛亥，第41页。
⑤ 《宋史》卷255《王彦超传》，第8912页。
⑥ 《长编》卷2，建隆二年闰三月丙戌，第43页。《宋史》卷251《韩令坤传》载：令坤"将赴镇，上于别殿置酒饯之"（第8833页），或在广政殿外又有一次曲宴。
⑦ 《宋史》卷251《符彦卿传》，第8839页。
⑧ 《长编》卷9，开宝元年五月丙午，第202页；卷14，开宝六年四月丁亥，第299页。

祖称帝之初，一方面由于政权尚未稳固，特别是兵权还未得到有效控制，因此对根深蒂固的藩镇势力只能加以容忍，以赢得他们的承认和支持。于是，在对藩镇保留地盘并加官晋爵外，也运用曲宴的尊崇、礼遇方式拉拢其感情，当然亦包括被解除兵权归镇的将帅。正因为如此，凡节度使入朝与归镇时，都会专门设宴款待，并成为惯例。另一方面，为了重建中央集权统治，太祖也与藩镇展开各种博弈，伴随收兵权进程的推动，太祖不失时机地陆续推行了削藩举措，以促使其分化瓦解。① 因此，为藩镇专设的曲宴在发挥安抚作用的同时，亦隐含震慑的政治意味。

结合时间节点的线索，对此类曲宴加以考察，可以进一步发现其背后的动机及变化。前述建隆元年五月，因杨承信来朝之故，宋太祖在正式的宴殿专门设宴，近臣作陪。揆诸这次举动背后的时局：李筠已在河东起兵造反，新生王朝为了应对首次公开的挑战，称帝不足五月的赵匡胤立即派军征讨，并即将动身亲征。在此之际，第一位前朝节度使主动朝觐，无疑具有示范效应，太祖自然要倍加礼遇，以昭示天下，由此确立专门的曲宴成规也不难理解。同年八月，也就是太祖剿灭李筠返京不久，忠武节度使张永德自许州来朝。对这位权重位高的前朝驸马、殿前都点检，赵匡胤不敢怠慢，史称："恩宠优渥，旧臣无与比者。"曲宴再度发挥笼络功效，"道旧故为乐，饮以巨觥"，"但呼驸马而不名"，其场所也换到后苑。张永德从游玉津园时，太祖还命卫士为其执马辔，其间又私下征求其对讨伐北汉的意见。随后，将张永德改徙武胜节度使。② 这种礼遇加徙镇的做法，无非是释放一种清晰的信号，以动员其他实力派旧臣效仿。在此要指出的是，后周太祖外甥、淮南节度使李重进此时拥兵在外，又心怀不满，赵匡胤对其甚为忌惮。李重进昔日曾与张永德"俱握重兵"，但彼此有隙，③ 太祖借优待同为后周贵戚的张永德之举，意在进一步分化旧势力。随之，李重进果然谋反，然而已无人敢公开响应，于是迅速遭到镇压。到建隆二年以后，政局逐步稳定，赵匡胤在继续安抚藩镇的同时，也往往通过曲宴观察他们的动向，以做出必要的调整。如雄武节度使王景"性谦退"，对宋廷使臣"尤加礼重"，故自秦州来朝时，"宴赐加等"。大概在曲宴中有了更多了解，太祖才将其移镇凤翔。④

① 参见陈峰《宋太祖朝节度使类别及其转型述论》，《河北大学学报》2012年第4期。
② 《长编》卷1，建隆元年八月甲戌，第21页；《宋史》卷255《张永德传》，第8916页。
③ 《宋史》卷484《周三臣·李重进传》，第13977页。
④ 《宋史》卷252《王景传》，第8846~8847页。

更典型的例子当属建隆二年三月，永兴军节度使王彦超奉命入朝：

> 太祖与彦超有旧，因幸作坊，召从臣宴射，酒酣，谓彦超曰："卿昔在复州，朕往依卿，何不纳我？"彦超降阶顿首曰："勺水岂能止神龙耶！当日陛下不留滞于小郡者，盖天使然尔。"帝大笑。

宋太祖在曲宴上重提旧事，既一吐怨气，也借题发挥，就此罢其节钺，"令赴朝谒"。经过此番敲打与考察，才恢复王彦超的旧镇，以后又改镇凤翔，[①] 彻底铲除了其根基。邠州节度使刘重进于建隆二年秋转为环卫虚职，应是在奉命回朝后所处置，按照惯例他也应享受过曲宴待遇，不过缺乏直接记录。据记载，刘重进通契丹语，在后晋时因出使契丹有功获得节钺，但"无他才能"。刘重进曾参加玉津园曲宴，赵匡胤与其交谈后，对左右说："观重进应对不遽常人，前朝以为将帅，何足重耶？"[②] 近距离的观察，显然为宋太祖识别藩镇积累了更多的经验。乾德元年春，符彦卿这位老资历的藩镇来朝时，太祖已可大度应酬，"赐袭衣、玉带"，并宴请于金凤园。在符彦卿诸多恭顺举动之下，太祖对其产生了信任，曾一度想启用统领禁军。后在赵普的告诫下，赵匡胤才打消了念头，令符彦卿回归本镇。[③] 赵彦徽与宋太祖为故交，后周时"上尝拜为兄"，在"陈桥兵变"中还有拥戴之功，由此获授节镇。开宝元年五月，赵彦徽来朝，"上为开宴，宠顾甚厚"。他大概出于感激缘故，在曲宴上饮酒过度，"因致病"，太祖特亲临其家慰问，赐钱百万，"遽令归镇"。[④] 由此又可见，太祖仍有念旧之处，对忠实的故人更为放心。

宋人还有戏剧化的描述：太祖曾赐诸藩镇宴，"酒酣，乃宣各人子弟一人扶归。太祖送至殿门，谓其子弟曰：'汝父各许朝廷十万缗矣。'诸节度使醒，问所以归，不失礼于上前否？子弟各以缗事对。翌日，各以表进如数。此皆英雄御臣之术"。[⑤] 另有记载称：太祖即位后，过去结拜的"十兄弟"为方镇，"多偃

① 《宋史》卷255《王彦超传》，第8912页；《长编》卷2，建隆二年三月癸亥，第42页。
② 《宋史》卷261《刘重进传》，第9045页。
③ 《长编》卷4，乾德元年二月丙戌、三月辛未，第83~84、87页；《宋史》卷251《符彦卿传》，第8839页。
④ 《长编》卷9，开宝元年五月丙午，第202页；《宋史》卷250《韩重赟传附赵彦徽》，第8824页。
⑤ 程颢、程颐：《二程集》，中华书局，1981，第301页。

塞"。一日，召诸方镇，各授弓剑，同骑马出游林中。

> 下马酌酒，上语方镇曰："此处无人，尔辈要作官家者，可杀我而为之。"方镇伏地战恐。上曰："尔辈是真欲我为主耶？"方镇皆再拜，称万岁。上曰："尔辈既欲我为天下主，尔辈当尽臣节，今后无或偃蹇。"方镇复再拜，呼万岁，与饮尽醉而归。①

不管这一缺少时间点的记载是否确切，但以私宴行酒方式化解对立的做法，仍是宋人对开国皇帝高明手段的一种理解。

与"杯酒释兵权"有异曲同工之妙的"后苑之宴"，同样是载入史册的一场特殊曲宴。开宝二年十月，宋太祖在后苑设宴，邀凤翔节度使王彦超、安远节度使武行德、护国节度使郭从义、定国节度使白重赟及保大节度使杨廷璋等人赴会。依旧是"酒酣"之际，太祖对诸位说："卿等皆国家宿旧，久临剧镇，王事鞅掌，非朕所以优贤之意也。"王彦超当即表示愿卸去节钺，但武行德等人却不甘心，"竞自陈攻战阀阅及履历艰苦"。赵匡胤不再耐心劝说，而是直接答复道："此异代事，何足论也。"次日，便将他们一律打发到环卫虚职。② 这场鸿门宴发生之日，已是宋廷统治根基巩固之时，故太祖的态度坚决果断，丰盛的曲宴不过是一种过场而已，背后隐含的是斧钺相见，赴宴者只得俯首就擒。正如宋人评说："召前朝慢令恃功藩镇大臣，一日而列于环卫，皆俯伏骇汗，听命不暇……每召藩臣，朝令夕至，破百年难制之弊。"③ 到宋太祖后期，随着削藩举措的深入落实，节度使已不再拥有管辖地方行政与军队的权力，仅保留优渥的头衔与待遇。于是，他们单独享受曲宴的记载已不多见，倒是有集体受邀的情形存在，如开宝九年四月，"宴近臣及节度使于讲武殿"。④ 故以后宋人写道："诸藩镇皆罢归，多居京师，待遇甚厚。一日从幸金明池，置酒舟中，道旧甚欢"云云。⑤

与地方实力派的藩镇相比，坐拥江山的诸国君王当然更为重要，故有必要以礼相待，曲宴就是重要的表现形式之一。不过，对他们中的不同对象，宋太祖的

---

① 王巩：《闻见近录》，《全宋笔记》第2编第6册，大象出版社，2006，第22页。
② 《长编》卷10，开宝二年十月己亥，第233页；《邵氏闻见录》卷1，第1页。
③ 王明清：《挥麈录·余话》卷1，上海书店出版社，2001，第220~221页。
④ 《长编》卷17，开宝九年四月壬戌，第371页。
⑤ 邵伯温：《邵氏闻见录》卷1，第6~7页。

态度也明显有别，并且随着形势的变化加以调整。其中为被俘君王所设的曲宴，既表现胜利者的宽容，又意在宣示朝廷的权威。如：对第一个重要的降王孟昶，除了给予秦国公等尊崇头衔、授予子弟优越官职外，又两度设宴安抚。孟昶去世，赵匡胤为之辍朝五日，追封楚王，厚加下葬。① 可见太祖对孟氏的宽容处置，意在表现宋廷的大度。刘鋹因在败亡前焚烧府库珍宝及宫殿，引起太祖的极大不满，故被押送开封后受到严厉追责，所授官衔不仅远低于孟昶，而且受封的"恩赦侯"也含有贬义。因此，为刘鋹在崇德殿所设的曲宴，宣威成分应当更浓。之后，太祖曾在游讲武池时，赐酒给陪同游览的刘鋹，刘鋹怀疑酒中有毒，遂哭诉哀求，表示愿"为大梁布衣足矣"。太祖讥笑道："朕推心于人腹，安有此事！"将酒一饮而尽，令刘鋹羞愧谢罪。② 至于开宝九年李煜被俘进京后，未见专门受到宴请的记载，或与此时宋太祖已无暇顾及降王的情面有关。

对于主动效忠的吴越国，宋太祖始终加以笼络，最终达到使之臣服的目的，曲宴在此也发挥了独特的功用。如钱惟濬奉父命来朝献礼，太祖"待惟濬特异"，曾在后苑设宴款待，"令黄门奏箫韶乐，与诸王同席而坐，赐白玉带、缀珠衣、水晶鞍勒御马，赐赉巨万计"。③ 吴越王钱俶亲赴开封朝觐之日，"宴长春殿"。随之，太祖又为钱俶父子举办隆重的"大宴"。时隔四天，赵匡胤再"召俶、惟濬宴射苑中"，唯有宗室作陪，席间"又尝令俶与晋王光义、京兆尹廷美叙兄弟之礼"。④ 钱俶返回之日，太祖还"宴讲武殿"饯行。这几场曲宴可谓礼遇备至，令钱俶深感荣宠。然而，风光场面的背后却暗藏深意：当各地政权先后覆灭的大势下，吴越即使依旧顺从，也难以长久分疆裂土，宋廷给予的高度礼遇不过是暂时保留其颜面而已。据载，太祖不顾群臣"乞留俶而取其地"的要求，放钱俶归国，但在饯行宴上却将这些奏章密封于"黄袱"中相交，钱俶途中阅后"益感惧"。⑤ 宋人笔记亦有类似记载，而描述交谈的内容更为详细。⑥ 曲宴中的杯觥交错，无异于心照不宣地交换底牌，钱俶终于在两年多后纳土归顺。

---

① 参见《长编》卷6，乾德三年五月壬申、壬辰，六月甲辰、庚戌，第153～155页。
② 《长编》卷12，开宝四年五月乙未，第264页；《宋史》卷481《世家四·刘鋹传》，第13928页。
③ 《长编》卷10，开宝二年正月己亥，第215页。
④ 《长编》卷17，开宝九年二月己未、三月庚午，第365～366页。《宋史》卷480《世家三·钱俶传》所记相类："又尝一日召宴，独太宗、秦王侍坐，酒酣，太祖令俶与太宗、秦王叙昆仲之礼。"（第13900页）其中"酒酣"二字突出了气氛的融洽。
⑤ 《长编》卷17，开宝九年三月庚午，第366页。
⑥ 文莹：《玉壶清话》卷7，第68页。

三　宰辅与近臣在曲宴中的位置

宋太祖一朝，几乎看不到为宰辅大臣专门设曲宴的记载，倒是屡见宴请宰臣与从臣、近臣或从官的记录。这种情形构成当时曲宴的一个特点，也从侧面映射了赵匡胤时代的朝政重心与趋向。

检索有关记录发现，宋太祖朝曲宴中清晰注明宰臣为首者有四次：建隆二年十一月，在为太后完成葬礼后，太祖在广政殿宴请宰臣与大批中高级武将；① 乾德三年七月，"诏皇弟开封尹、宰相、枢密使、翰林学士、中书舍人泛舟后苑新池，张乐宴饮，极欢而罢"；② 四年八月，太祖召宰相、枢密使、开封尹及翰林学士、知制诰等人，"宴紫云楼（位于内宫）下"；③ 开宝三年十一月，在广政殿宴请宰臣、现任与前任节度使以下大批武官。④ 显然，宰辅虽在这四次宴请中位列上宾，却非专享的待遇。款待从臣、近臣或从官的曲宴记载颇多，其中从臣、从官的含义较为笼统，既包括文臣，也可包含武臣，其位次应视出现的场合所界定。而近臣通常特指皇帝身边的臣僚，包括宰辅大臣、草拟诏书的学士、枢密直学士及其他相关朝臣，亦即以文臣为主。就此而言，若剔除用兵过程中的从臣、从官应以将帅为主外，其他场合则当以宰辅为首，至于当时的近臣应以宰辅领衔自不待言。由此观之，包括宰臣在内的文臣参加的从臣（从官）曲宴主要有：建隆二年正月，"上御明德门观灯，宴从臣"；三年二月，太祖"幸国子监，遂幸迎春苑，宴从官"；开宝九年二月，太祖在西巡洛阳期间，"宴从臣于会节园"等。为宰辅及近臣所设曲宴则主要有：建隆元年九月，"宴近臣于万春殿，后九日，又宴于广德殿，皆曲宴也"；⑤ 次年二月，"宴近臣于广政殿"；⑥ 乾德三年重阳节，"宴近臣于长春殿"⑦ 等。此外，在宋太祖经常性的玉津园宴射之类活动中，因很少注明具体参加者，故不便揣测文臣、武官在其中的位置。

---

① 《长编》卷 2，建隆二年十一月壬申，第 55 页。

② 《宋史》卷 113《嘉礼四》，第 2691 页。

③ 《长编》卷 7，乾德四年八月辛丑，第 174 页。

④ 《宋会要辑稿》礼四五"宴享"，第 1712 页。

⑤ 《长编》卷 2，建隆二年正月己酉，第 37 页；卷 3，建隆三年二月丙辰，第 63 页；卷 17，开宝九年四月乙巳，第 370 页；卷 1，建隆元年九月辛丑，第 23 页。

⑥ 《宋会要辑稿》礼四五"宴享"，第 1711 页。

⑦ 《长编》卷 6，乾德三年九月丙子，第 157 页。

由上可见，与专为特定将帅、藩镇及列国君主开设的大量曲宴相比，宰辅与文臣在这方面的待遇明显要少。推究其原，也离不开建国初期的内外形势。在宋太祖眼里，握有兵权的将帅、割据地方的藩镇，更不用说诸国君王，无疑都比朝中臣僚的威胁更大、分量更重，需要全力应对，为此耗费心机在所难免。事实上，在赵匡胤即位初的四年间，范质、王溥和魏仁浦三位宰相，加上在任两年多的枢密使吴廷祚，皆为留用的后周遗臣，不过是过渡性人物。而随后继任的宰辅赵普、薛居正、沈义伦及李崇矩、李处耘、吕余庆、王仁赡、楚昭辅等人，都是昔日幕府出身的旧僚。① 因此，对于这些非实力派的前朝遗臣与自己的亲信幕僚，太祖可以轻松驾驭，不用刻意拉拢与礼遇。身边其他文臣，更是如此。正如王夫之所指出的那样："宋所忌者，宣力之武臣耳，非偷生邀宠之文士也。"② 因而，除了在正式大宴等礼仪场合保留宰辅与文臣应有的位置外，似不必为其特别精心设计曲宴。故罕有为他们中某位专门设宴之举，唯有相关集体性活动存在，由此也凸显了太祖朝鲜明的实用主义特征。

值得关注的是，近臣中的文士在宋太祖时代仅为陪位角色，他们在曲宴中不仅如此，甚至以后还失去了这一待遇。据记载："旧制，每命将帅出征、还，劳宴于便殿，当直翰林学士，文明、枢密直学士，皆预坐。"开宝中，武臣、阁门使梁迥"为白太祖曰：'陛下宴犒将帅，安用此辈。'遂罢之"。直至宋太宗朝，才在参知政事苏易简的请求下恢复旧制。③ 故宋代官方所称"故事，枢密节度使、使相还朝，咸赐宴于外苑，见、辞日，长春殿赐酒五行，仍设食，当直翰林、龙图阁学士以上，皇亲观察使预坐"④ 的规则，其中关于诸学士的待遇在太祖朝就曾一度中断。由此一例可见，经历过五代兵火岁月的赵匡胤最重实力，内心对文臣士人并不特别在意。无独有偶，宋太祖在另外的场合还有更明确的表达："五代方镇残虐，民受其祸，朕令选儒臣干事者百余，分治大藩，纵皆贪浊，亦未及武臣一人也。"⑤ 从宋人记述的一段佚事还可进一步印证。翰林学士王著曾参加曲宴。

① 《宋史》卷210《宰辅年表一》，第5416~5422页；并俱见《宋史》本传。
② 王夫之：《宋论》卷2《太宗》，中华书局，1964，第37页。
③ 《长编》卷34，淳化四年十一月丁卯，第759页；《宋史》卷266《苏易简传》，第9172页。
④ 《宋会要辑稿》礼四五"宴享·宴饯"，第1756页。
⑤ 《长编》卷13，开宝五年十二月乙卯，第293页。

御宴既罢，著乘醉喧哗，太祖以前朝学士，优容之，令扶以出。著不肯退，即趋近屏风，掩袂恸哭。左右拽之而去。明日，或奏曰："王著逼宫门大恸，思念世宗。"太祖曰："此酒徒也。在世宗幕府，吾所素谙。况一书生，虽哭世宗，何能为也？"①

即使是宰相赵普，赵匡胤也曾有"彼谓国家事皆由汝书生尔"这样轻蔑之言。②

由于有关宰辅、文臣在专设曲宴活动中细节的记载欠缺，所获认识不免有限。不过，从仅见的史料中还是能解读出一些信息，即君臣饮乐之余的话题往往与朝政相关。如前述乾德四年在紫云楼下的那场宴会，除了宰辅大臣赵普、李崇矩及开封尹赵光义外，还有翰林学士窦仪、知制诰王祐等人出席，"因论及民事"，宋太祖遂与赵普就藩镇割据问题进行了讨论。③ 由此可见，这类曲宴的政治功用应该主要是对朝堂议事的一种延伸或补充，相较于以上几类，其动机可能要相对单纯。

四 余论

宋朝以前，宴饮的政治功能已在历代王朝得到充分体现，相关记载也不绝于史。《诗经》中《常棣》一诗，《毛诗正义》注解为："言燕兄弟也。谓王者以兄弟至亲，宜加恩惠，以时燕而乐之，周公述其事而作此诗焉。""推而广之，同姓宗族皆是也，故诗云：'兄弟既具，和乐且孺。'则远及九族宗亲，非独燕同怀兄弟也。"④ 就反映了周公借聚宴场合显示周室和睦之目的。以后历朝宫廷的宴饮活动，都有向天下宣示君臣同乐、和谐的政治主旨，即使小型宴席也不例外。如唐太宗在宫中宴请近臣，不仅邀请关系不睦的魏征与王珪同时参加，还当众赞扬魏征直言敢谏，其用意无非是要表露君臣同心。⑤ 不过，在此主题之下也往往隐含特殊功用，如隋文帝将居功跋扈的大将贺若弼下狱后，因"惜其功"而复其爵位，却又心存猜忌，不予实权，筵席遂成为保留情面的特殊形式，"然

---

① 《国老谈苑》卷1，《丁晋公谈录（外三种）》，中华书局，2012，第48页。
② 《宋史》卷256《赵普传》，第8933页；《涑水记闻》卷3，第41页。
③ 《长编》卷7，乾德四年八月辛丑，第174页。
④ 毛亨：《毛诗正义》卷9，见《十三经注疏》，中华书局，1980，第407页。
⑤ 《资治通鉴》卷194，唐太宗贞观六年（632）闰月乙卯，第6097~6098页。

每宴赐，遇之甚厚"。① 唐玄宗在封禅泰山返程中"宴从官"，在"酒酣"之际点评沿线地方官之优劣，并特意举杯赐予宋州刺史寇泚，② 意在显示自己明察秋毫，并借机督促地方官员尽职尽责。朱温在完成改朝称帝的仪式后，赐宴款待故唐宰相张文蔚等人，席间还举酒道："朕辅政未久，此皆诸公推戴之力。"张文蔚等"皆惭惧，俯伏不能对，独苏循、薛贻矩及刑部尚书张祎盛称帝功德宜应天顺人"。③ 朱温的这一举动，显然含有笼络前朝大臣的心机。

与前代相较，宋太祖朝的曲宴虽然仍有表达君臣同乐、和谐的主题，但专就棘手问题而安排的活动频次及其隐藏的深意，却远非以往任何帝王可比。推究其因，实与赵匡胤篡位改朝的背景有关。王夫之曾精辟地指出：宋太祖出身寻常，既非乱世奸雄，登基前也无赫赫之功，其所以能建国，全在因缘际会。因此，宋太祖称帝后深怀戒惧之心，"惧以生慎，慎以生俭，俭以生慈，慈以生和，和以生文"。④ 其在位期间便异常谨慎，不敢像其他许多君主那样以杀戮的手段解决功臣隐患之类难题，更倾向用怀柔的方式化解矛盾。⑤ 这正是宋太祖一朝竭力发挥曲宴功用的缘由。毋庸置疑，宋太祖朝的曲宴在安抚笼络将帅、藩镇以及诸国君王方面，发挥了特殊的作用。而当时曲宴中发生的"杯酒释兵权""后苑之宴"之类事件，对藩镇势力、列国君主的施压效果，以及君臣探讨朝政等，都使曲宴成为宋太祖施政过程的重要手段之一。值得关注的是，宋太祖时代的曲宴以武臣为主要对象，明显流露出"重武轻文"的色彩，这既与五代遗风的影响有关，更是实用主义政治需要所使然。可以说，唯其高度重视并防范将帅藩臣，才一再耗费心机为他们设宴，正反映宋太祖抑武用心之深刻。⑥

到宋太宗即位以后，随着崇文抑武路线的逐渐确立，文官士大夫开始成为政坛的主体力量，跻身为笼络、礼遇的主角，他们因此顺理成章位居曲宴的主宾之

---

① 《隋书》卷 52《贺若弼传》，中华书局，1987，第 1345 页。

② 《资治通鉴》卷 212，唐玄宗开元十三年（725）十一月庚申，第 6768 页。

③ 《资治通鉴》卷 266，梁太祖开平元年（907）三月甲子，第 8673 页。

④ 王夫之：《宋论》卷 1《太祖》，第 1~3 页。

⑤ 参见陈峰《宋朝化解矛盾的怀柔方式及倾向——以处理内外重大矛盾问题为中心》，《人文杂志》2015 年第 4 期。

⑥ 宋太祖出身行伍，在情感上本与武将更为亲近，故曲宴有"重武轻文"色彩，看似与其习性有关。但在武夫跋扈的形势背景下，宋太祖采取了抑武方针，以维护朝政秩序的稳定，因此曲宴上的表面现象，其实是理性政治策略的体现。对宋太祖"抑武"的问题，学界已多有论述，可参见拙作《北宋武将群体与相关问题研究》，中华书局，2004；《宋代军功集团在政治上的消亡及其影响》，《中国史研究》2008 年第 4 期。

席，而将帅则日益受到冷遇。正因为如此，如《宋史》关于宋太宗朝"曲宴"的记载，便都是宴请文臣的内容：太平兴国九年（984）三月中，宋太宗"诏宰相、近臣赏花于后苑"，并"令侍从词臣各赋诗"；雍熙二年（985）四月，"诏辅臣、三司使、翰林、枢密直学士、尚书省四品两省五品以上、三馆学士宴于后苑，赏花、钓鱼，张乐赐饮，命群臣赋诗习射"，"赏花曲宴"就此开端；次年十二月，宋太宗在玉华殿设宴，款待宰辅、近臣赏雪，还御书《雪诗》，"令侍臣属和"。其后的事例已被省略，"后凡曲宴不尽载"。① 其实，之后的一次曲宴更能反映宋太宗的倾向：淳化三年（992）九月，太宗率近臣和馆阁学士登秘阁"观书"，"赐从臣及直馆阁官饮"。随后才召三衙将帅前来参观，并为之设宴，这种安排即在于"上意欲武将知文儒之盛也"。② 甚至太宗在亲征北汉期间，途经翰林学士李昉的故乡，还特意驻跸设宴七日，款待其亲朋父老，史称"人以为荣"。③ 显而易见，太宗朝的曲宴已成为宠遇文臣的重要方式之一，其间洋溢的儒雅气息，已表露出显著的崇文趋向。自真宗以降，宋代历朝曲宴都延续了太宗时的特点，而又日趋突出。

原刊《历史研究》2018 年第 4 期

---

① 《宋史》卷 113《嘉礼四》，第 2691～2692 页。

② 《长编》卷 33，淳化三年九月己未，第 739 页。

③ 《宋史》卷 265《李昉传》，第 9136 页。

宋代主流意识支配下的战争观

陈 峰

摘 要：先秦以来，传统政治中长期具有重视武备和积极御边的主流意识，至宋代则发生了明显的转变。在宋朝"崇文抑武"统治方略的推动下，主流意识逐渐形成了以和止战的应对边患的导向，武力虽然有时也是现实的选择，但统治集团在精神上却对边防战争产生了怀疑和抵触。造成这一现象的根源，既与宋代统治者推行的路线方针有关，也与当时复杂的社会背景存在深刻的关联。宋代主流意识支配下的武力战争观及其实践，影响深远，并形成了宋朝时代特征的重要方面。

关键词：宋代 崇文抑武 主流意识 武力 战争

战争是人类社会挥之不去的魔咒，和平与战争也是人类社会永恒的话题。古往今来，人们常常面临战争与和平的二难选择，也不能不思考如何看待武力战争。在中国历史上，王朝政权总是面临如何维护自身统治和应对内外军事威胁的问题，战争常常被视为至高无上的万灵之神，一再被祭出来终决一切。而宋代却逐渐发生了引人注目的变化，即形成了以和止战的应对外部威胁的趋势。本文即以宋朝这一断面为考察对象，探究主流意识对待武力战争手段的态度与变化，及其对现实政治实践的影响。①

---

① 目前，一些论著中，虽涉及宋廷对军队与边防的看法，如刘子健《略论宋代武官群在统治阶级中的地位》（载于《两宋史研究汇编》，台北：联经出版事业公司，1987）、黄宽重《中国历史上武人地位的转变：以宋代为例》（载于《南宋军政与文献探索》，台北：新文丰出版公司，1990）、陈峰《北宋武将群体与相关问题研究》（中华书局，2004）等，但偏重于从武将

一　先秦以来重视武备的传统

长期以来，中国古代王朝在治国的过程中，为了满足内政外交的需要，都不能不注重文治武功之间的互相配合。孔子即云："有文事者必有武备，有武事者必有文备。"① 这一认识可谓奠定了中国王权古代政治运作的基本范式。唐太宗更著有"阅武第十一"与"崇文第十二"两篇，进一步概括了文武的意义及其关系："斯二者递为国用。至若长气亘地，成败定乎锋端，巨浪滔天，兴亡决乎一阵，当此之际，则贵干戈，而贱庠序。及乎海岳既晏，波尘已清，偃七德之余威，敷九功之大化，当此之际则轻甲胄，而重诗书。是知文武二途，舍一不可。与时优劣各有其宜，武士、儒人焉可废也。"② 战时军事手段和武将发挥重要作用，平时文治与建设中，文臣则居于主导地位。而军队作为维护政权安全的重要力量，也从来受到高度重视，并常常通过武力战争手段实施其对内对外的政治目的，如西方近代军事鼻祖克劳塞维茨的名言："战争是政治的继续。"

先秦之时，随着华夏中心观念的形成，无论是三代名义统一的格局下，还是诸侯纷争的岁月中，围绕捍卫自身文明与安全利益的目的，中原政权产生了"尊王攘夷"的对外战争观念；与此同时，因对内维护统治的需要，又有"大刑用兵"的认识。如唐代史家所说："三皇无为，天下以治，五帝行教，兵由是兴。所谓大刑用甲兵，而陈诸原野。"③ 于是，"国之大事，在祀与戎"之说盛行，即一方面注重血缘宗法祭祀维系统治的意义，另一方面充分强调兵戎征伐手段的作用和价值。尤其是春秋、战国时代，无论是诸侯争霸还是列国称雄，现实政治更离不开武力方式的推动，战争成为助推滚滚历史车轮的强有力手臂。孙子

地位下降所产生的影响角度论述。陈峰《试论宋朝"崇文抑武"治国思想与方略的形成》（载于《10～13 世纪中国文化的碰撞与融合》，上海人民出版社，2006），从治国思想的走向方面初步考察了宋朝对武力因素的怀疑；王明荪《宋初的反战论》（载于《国际宋史研讨会论文集》，河北大学出版社，1992，第478～487页），则从特定阶段的反战言论方面，涉及宋初部分官员对用兵的态度；还有一些论述宋与辽、金关系的论著，探讨了和战主张的交锋。但在本文关注的主旨问题上，尚缺乏全面、深入的探究。

① 司马迁：《史记》卷47《孔子世家》，中华书局，1959，第1915页。
② 李世民：《帝范》卷4，《景印文渊阁四库全书》（以下简称"《四库全书》本"），台湾商务印书馆，1986。
③ 杜佑：《通典》卷148《兵·序》，《四库全书》本。

即指出："夫将者，国之辅也，辅周则国必强，辅隙则国必弱。"① 虽然墨、道家尤其墨家有"非攻""兼爱"的反战主张，儒家有仁政的见解，但由于与列国交战、图存的现实需求相抵触，都难以大行其道。而法家、兵家更能适应时代的要求，如孙武"合于利而动，不合于利而止"② 的用兵主张，商鞅"以战去战，虽战可也"③、尉缭"故兵者，所以诛暴乱、禁不义也"④ 的战争观，都将武力战争视作维护自身安全、打击对手的必要手段，并蕴含其正义的精神，从而满足了统治者的现实利益需要，因此军事竞赛成为各国的必然选择。正因为如此，当时出现的弭兵运动也难以为继。战国后期真实的历史便诠释出这样的事实：秦自商鞅变法确立了走"农战"的强国之路，建立起了高速运转的国家机器，其军事实力迅速崛起，终于用战争手段逐群雄而统一天下。

秦朝的统一，标志着东亚地区空前强盛的中央集权帝国的建立。就地缘背景而言，秦帝国一改以往"小国寡民"的地理格局，东临茫茫大海，西接青藏高原，南靠崇山峻岭，北面广袤草原，形成以黄河中下游为重心的辽阔疆域。从国防形势来看，秦朝拥有相对封闭的簸箕形地理环境，其东、西和南面拥有阻隔外部的自然屏障，唯有北部相对开放。再从周边部族的分布而言，由于地理和生产方式的差异，只有北部广阔草原地区能够集中人力、物力资源，形成强大的军事力量。当代学者在研究全球人类通史后认为："在地处大草原西部的印欧各族和地处大草原东部的蒙古—突厥人之间，有一条最早的分界线，这就是阿尔泰山脉和天山山脉。这条分界线以东的大草原，地势较高、较干燥，气候通常也更恶劣……这一地理上的不平衡造成相应的历史上的不平衡，即出现了一个持久的、影响深远的、由东向西的民族大迁徙。""这些东方的游牧部族，由于其地理位置，不仅能进入欧洲、中东和印度，也能抵达中国；只要有机会，它们就不时地侵入中国。"⑤ 这里所说的中国，当然应是历史上的中原王朝。事实上，长期以来也唯有北方的游牧势力能够对中原的农耕政权造成军事威胁，所以御北成为秦朝及之后王朝的边防重点。这也决定了中原政权不得不依靠军事武力抗击北方游

---

① 孙武：《孙子·谋攻第三》，林伊夫等译注《武经七书新译》，齐鲁书社，1999，第12页。
② 《孙子·火攻第十二》，《武经七书新译》，第48页。
③ 商鞅：《商子》卷4《划策第十八》，《四部丛刊初编》本。
④ 尉缭：《尉缭子·武议第八》，《武经七书新译》，第142页。
⑤ 斯塔夫里阿诺斯：《全球通史——1500年以前的世界》，吴象婴、梁赤民译，上海社会科学院出版社，1999，第151页。

牧势力的必然性，耗费巨大的万里长城的出现也不是偶然。

汉武帝以降，大一统的观念不断深化，以汉族为主体的中央王朝从维护边防和统一国家的需要出发，都必须依靠强大的武装力量，强军卫国的主流意识遂长期贯穿于王朝政治中。汉、唐帝国强盛时，还追求运用武力手段开疆拓土，并力图将边防线推进到塞外，以积极防御的战略压制北方游牧政权势力，削弱其铁骑的威胁。个别时期统治者欲望超过了极限，甚至出现"穷兵黩武"导致祸国殃民的后果。大一统时期的隋炀帝，割据时期的三国、东晋、十六国、南北朝和五代，战争频仍，大小政权对军事武装的依赖更为强烈，一时武力因素在国家政治生态中占据突出的位置，给社会和百姓的生产生活带来了深重的灾难。民间反战的呼声、文人控诉战乱的诗文，如汉代乐府中的民间古诗《战城南》、唐朝杜甫的《兵车行》等，不胜枚举，以致"铸剑为犁"还成为某些思想家及政治家的梦想。但统治集团及主流意识出于各方面的需要，都无法放弃对武力的倚重，战争手段不仅是现实的必要选择，而且成为立国御边的重要精神支柱，没有也不可能在价值上对其加以怀疑和动摇。所谓"非兵不强，非德不昌"。① 汉代以来儒家学说虽然成为官方思想，然而"王道"的精神总是被现实中的"霸道"理由所支配，"仁政"的理念也总要服从王朝统治天下的现实需求。如汉宣帝告诫其子："汉家自有制度，本以霸王道杂之，奈何纯任德教，用周政乎？"②

二　宋初对待武力战争态度的变化

如所周知，唐末、五代经历了长达百余年的藩镇割据、战乱动荡，这是武力因素超强干预，甚至主导政治的必然结果。可以说，这是一个崇尚暴力和"枪杆子里出政权"的时代，"重武轻文"的价值观也日渐在社会中积淀下来。此时，不仅国家"文治"荒疏，社会经济遭到破坏，文官集团受到武将群体的压制，而且皇权也趋向式微。后晋时，军阀安重荣断言："天子，兵强马壮者当为之，宁有种耶！"③ 相当深刻地总结了这个时代的政治特点。

宋初，面临着内外交困的严峻局面。从外部的地缘状况而言，由于后唐末年

① 司马迁：《史记》卷130《太史公自序》，第3305页。
② 班固：《汉书》卷9《元帝纪》，中华书局，1962，第277页。
③ 薛居正：《旧五代史》卷98《安重荣传》，中华书局，1976，第1302页。

燕云十六州地区被辽占领,中原失去了传统上最重要的国防生命线——东段和中段长城,使御北边防限于艰难境地,如宋人所说:"自飞狐以东,重关复岭,塞垣巨险,皆为契丹所有。燕蓟以南,平壤千里,无名山大川之阻,蕃汉共之。"①辽突破长城阻隔后,不仅挥师南下更为便利,还因拥有长城以内农业区的各种经济资源,为骑兵行动提供充足的补给,从而极大地增强了军事优势。这种此消彼长的形势,使宋朝丧失了以往秦汉隋唐帝国有利的国防地理条件。与此同时,南方各地诸割据政权依然存在,五代以来战乱的局面亟待结束,混乱的统治秩序更有待改变。

宋太祖君臣探讨以往长期动乱的关键所在时,一致认为系君弱臣强、藩镇割据所致,②而又突出地表现为武力因素超强干预政治。"大抵五代之所以取天下者,皆以兵。兵权所在,则随以兴;兵权所去,则随以亡。"③于是,在使用武力战争手段剿灭割据政权的同时,对内需要采取收兵权举措,并解决以往长期存在的文、武之间关系严重失衡的问题,消弭社会意识中"枪杆子里出政权"的观念和广泛存在的"重武轻文"风气。从宋太祖朝开始,便一方面对骄兵悍将逞强的状况进行整顿;另一方面则提高文官及士大夫的社会地位,提倡儒家道德伦理,培植崇文的社会风气,以重振纲纪、加强皇权。宋太祖朝的一系列崇儒举动,包括亲自为孔子作赞文、拜谒孔庙,并率群臣幸临国子监,发展科举制度,要求武臣读书等,便旨在向天下传递重文的信息。宋人范祖禹对此评说道:"儒学复振,是自此始,所以启佑后嗣,立太平之基也。"④"崇文抑武"的治国思想由此发端。⑤也就是说,虽然统一天下是宋王朝的急切任务,使用武力战争手段也是现实的选择,但从国家更高的政治追求来说,则在于儒家文化设定的统治秩序与国家气象,因此"文治"高于"武功"。值得一提的是,宋太祖不仅在收兵权的过程中,没有像以往汉高祖以及后世明太祖那样杀戮功臣,主要是采取怀柔的赎买手段解决,而且对所推翻的后周皇室优礼有加,对所灭诸国的亡国之君也一律赐以爵号,将其举家安置于京城,以礼相待。这种开明的做法,也体现了宋

① 李焘:《续资治通鉴长编》(以下简称《长编》)卷30,端拱二年正月乙未,中华书局,2004,第667页。
② 《长编》卷2,建隆二年七月戊辰,第49页。
③ 范浚:《香溪集》卷8《五代论》,《四库全书》本。
④ 范祖禹:《帝学》卷3,《四库全书》本。
⑤ 参见陈峰《试论宋朝"崇文抑武"治国思想与方略的形成》,《10~13世纪中国文化的碰撞与融合》,第350~370页。

朝开国政治的某种趋向。

从统一的行动部署上看，宋太祖君臣确定了"先南后北"的用兵方略，先征服南方诸割据政权，然后再剿灭北汉、收复燕云，即实施先易后难的原则。宋太祖对于处理被辽朝控制的燕云问题，也考虑过优先采用经济手段赎买的办法，其次才是运用武力方式解决。① 事实上，宋太祖后期已尝试缓和与辽的紧张关系。开宝七年（974），宋主动遣使"请和"，辽也派地方官"与宋议和"。② 此后，宋辽双方使臣往来逐渐频繁，彼此还互致国书、礼物，互贺正旦和对方皇帝生辰。③ 宋辽虽然缓和了关系，不过在北汉问题上却仍然存在矛盾，即宋试图统一河东，而辽不愿放弃牵制宋朝的北汉傀儡政权。开宝九年（976）八月，宋军大将党进率军对太原发动进攻时，辽继续出兵增援北汉，挫败宋军的攻势。④

宋太宗即位后，继续执行"先南后北"的统一方略，并很快完成了南征和消灭北汉的任务。宋太宗通过非常手段登上帝位，⑤ 因此意欲建立超越乃兄的武功，遂在对辽关系上采取了主动进攻的战略。但随后的两次收复燕云的伐辽行动却惨遭失败。文官执政群体对北伐战争先是少数人反对，之后则基本上持批评态度，并对宋太宗不断施加影响。⑥

早在太平兴国四年（979）讨伐北汉呼声兴起之际，宋太宗征求大将、枢密使曹彬的意见，得到肯定的答复，但宰相薛居正等人则委婉表示应当从缓。⑦ 第一次宋军北伐幽州失败后的次年，宋太宗一度又试图出兵幽州，文臣张齐贤便上疏反对继续对辽用兵，理由是："臣闻家六合者以天下为心，岂止争尺寸之事，角强弱之势而已乎？是故圣人先本而后末，安内以养外。人民，本也；疆土，末

---

① 宋太祖曾设立封桩库，储积金帛，并告诉近臣：此库金帛专用于向辽朝赎买燕云地区，如果遭到拒绝，再以此项经费支持武力收复行动。有关记载见于《长编》卷19，太平兴国三年十月乙亥，第436页。

② 《辽史》卷8《景宗纪上》，中华书局，1974，第94页。

③ 《长编》卷16，开宝八年三月己亥、七月庚辰、八月壬戌，第337、343、344页；《宋史》卷3《太祖纪三》，第44~47页；《辽史》卷8《景宗纪上》，第94~96页。

④ 《宋史》卷3《太祖纪三》，中华书局，1977，第48页；《辽史》卷8《景宗纪上》，第95~96页。

⑤ 参见邓广铭《宋太祖太宗皇位授受问题辨析》，《邓广铭治史丛稿》，北京大学出版社，1997，第475~502页。

⑥ 参见王明荪《宋初的反战论》，邓广铭、漆侠主编《国际宋史研讨会论文选集》，河北大学出版社，1992，第483~485页。

⑦ 《长编》卷20，太平兴国四年正月丁亥，第442页。

也。五帝三王，未有不先根本者也。"① 在第二次北伐的筹备阶段，宋太宗"独与枢密院计议，一日至六召，中书不预闻"。② 则说明中书大臣的反对意见给宋太宗带来了一定的压力，并使其抛开中书仅与枢密院合谋。当第二次北伐失败后，以重臣赵普为首的执政群体便激烈批评北伐行动。赵普认为："远人不服，自古圣王置之度外，何足介意"，"岂必穷边极武，与契丹较胜负哉？"他指出小人（主要指武将）好战，"事成则获利于身，不成则贻忧于国"；又从维护皇帝个人利益出发，特别提出"兵久则生变"的告诫，深得宋太宗的认同。③ 在内外形势的压力下，宋太宗不得不对负责军事的枢密院大臣"推诚悔过"。④ 端拱（988~989）初，御辽前线形势紧张，宋太宗诏文武群臣"各进策备御"。宰相李昉"引汉、唐故事，深以屈己修好、弭兵息民为言，时论称之"。⑤ 不久，知制诰田锡又上奏反对北上用兵，认为："欲理外，先理内，内既理则外自安。"⑥淳化四年（993），宋太宗与宰臣吕蒙正讨论到战争议题，吕氏以隋、唐动武之害为例，认为隋唐两朝数十年间，四次讨伐辽东，人不堪命。隋炀帝全军覆灭，唐太宗亲自指挥作战，也无功而返。因此治国的关键在于内修政事，才能边境安稳，"且治国之要，在内修政事，则远人来归，自致安静"。宋太宗当即表示："炀帝昏聩，诚不足语。唐太宗犹如此，何失策之甚也。且治国在乎修德尔，四夷当置之度外。"又对以往的伐辽战争表达了追悔之意。⑦ 此时，边境相对平静，宋太宗君臣的讨论应当是理性而清醒的。文官大臣的以上见解，固然有息兵休民的意思，同时表明对武力战争手段的作用开始怀疑。他们的主张被"时论称之"，并影响了宋太宗的态度，则说明这种认识在宋太宗朝后期已渐成主流意识。

宋人李攸《宋朝事实》卷三《圣学》称，"太宗笃好儒学"，并举例加以说

---

① 《宋史》卷265《张齐贤传》，第9151~9156页。并见《长编》卷21，太平兴国五年十二月辛卯，第484~485页。

② 《长编》卷27，雍熙三年六月戊戌，第618页。

③ 赵普的议论，见于《宋史》卷256《赵普传》，第8934~8936页；《长编》卷27，雍熙三年五月丙子，第614~617页。第一次北伐期间，曾发生了部分将领试图拥戴宋太祖之子称帝的事件，宋太宗对此一直耿耿于怀。此事见司马光《涑水记闻》卷2，中华书局，1989，第36页。

④ 《长编》卷27，雍熙三年六月戊戌，第618页。

⑤ 《宋史》卷265《李昉传》，第9137页。

⑥ 《长编》卷30，端拱二年正月乙未，第678页。

⑦ 《宋史》卷265《吕蒙正传》，第9147页；《长编》卷34，淳化四年十一月甲寅，第758~759页。

明，宋太宗阅览兵法《阴符经》后叹道："此诡诈奇巧，不足以训善，奸雄之志也。"而在读《道德经》后则表示："朕每读至兵者，不祥之器，圣人不得已而用之。未尝不三复以为规戒。王者虽以武功克敌，终须以文德致治。朕每日退朝不废观书，意欲酌先王成败而行之，以尽损益也。"在宋太宗眼中，兵家讲求诡诈奇巧，势必容易诱发"奸雄之志"，自然是"不祥之器"；王者非不得已不可用兵，"武功"手段也只能服从"文德"目的。由此可见，在维护现实统治需要的情况下，宋太宗虽然离不开军队，在精神上却已对武力战争手段产生怀疑。宋太宗对动武及兵家学说的贬损态度，其实正是两次北伐失败后方针路线转变的结果。

北宋第二次北伐的失败，成为一个重要的转折点，从此宋统治集团放弃武力收复燕云的目标，也停止了开疆拓土的活动，其军事思想转为保守，积极防御的战略被消极防御的战略所取代。于是，北宋在对辽前线全面布置防御体系，所谓"今河朔郡县，列壁相望，朝廷不以城邑小大，咸浚隍筑垒，分师而守焉"，① 还通过开挖河塘的方式弥补失去长城带来的地形缺陷。当政者从此眼光向内，采取"守内虚外"之策，② 换言之可称之为"攘外必先安内"，追求内部统治稳定和"文治"功业成为施政的重心，边防则退为次要问题。宋太宗晚年对身边人所说"外忧不过边事，皆可预防。惟奸邪无状，若为内患，深可惧也。帝王用心，常须谨此"③ 的话，便透露出实施这一政策的心机所在。因此，"崇文抑武"的治国方略遂得到确立，即侧重于以儒家思想文化治国，推崇文治而排斥武功，有意抑制武力因素在国家政治生活中的影响，朝廷主要不是依赖军队，而是凭意识形态化的儒家的纲常伦理来控制社会，维系世道人心，以求长治久安。为了防止军事将领干扰其主导方针，又对武将处处设防，实施"将从中御"之法。

总之，历史上高度重视和依赖军事武力的传统从宋太宗朝后期开始发生转变，强军强国的意识逐渐被追求文治和稳定的思想取代。正因为如此，宋太宗朝后期遂尝试通过议和的手段缓和与辽朝的紧张关系，但未能成功。如淳化五年（994），宋廷曾先后两次遣使入辽议和，不过都遭到辽朝的拒绝。④ 甚至面对西

---

① 《长编》卷30，端拱二年正月乙未，第667页。
② 参见漆侠《宋太宗与守内虚外》，《宋史研究论丛》第3辑，河北大学出版社，1999，第1～17页。
③ 《长编》卷32，淳化二年八月丁亥，第719页。
④ 《辽史》卷13《圣宗纪四》，第145页。

北一隅的党项势力也消极应对，当军事重镇灵州遭到长期围攻后，还曾一度打算放弃。①

三 宋代主流意识抵触武力战争态度的发展与延续

宋真宗即位初，完全继承了以往的治国方略和御辽战略部署。但面对辽军的不时南犯，却一筹莫展，河北、河东前线形势持续紧张。咸平二年（999）年底和咸平六年（1003）四月，辽军先后两次南攻，爆发了瀛州之战、望都之战，宋军都惨遭失败。咸平五年（1002）三月，军事重镇灵州城被党项军攻陷，北宋对西北地区的统治受到很大威胁。可以说，宋廷陷于极大的边防困境，茫然不知出路何在。

景德元年（1004），辽太后与辽圣宗率军大举南下，大有问鼎中原之意。宋朝在走消极防御之路不通的情况下，只能被迫发动全面抗战，宋真宗也赴澶州亲征。当辽军在黄河北岸遭到宋军有力抗击，双方交战僵持不下时，虽然宰相寇准等人希望坚持抗战，用武力手段彻底解决对辽问题，但宋真宗和多数朝臣却无意恋战，主张抓住辽朝有意和谈的机会，通过议和达到休战的目的。于是，以付出经济代价换取辽军停战的"澶渊之盟"就此缔结。其实，这也是宋太宗朝以来国防战略转变后宋廷及主流意识的现实选择。

"澶渊之盟"的订立，使宋统治集团避免了与辽朝的一场殊死决战，更重要的是双方依照条约放弃武装敌对，维持现有边界，结为兄弟之邦，并互通边境官方贸易。随后，对冲突不断的西北前线，宋统治者也转为议和的方式解决。就在"澶渊之盟"订立的同年，党项首领李继迁死，其子李德明即位，宋廷又借机主动与之议和，承认其割据现状，缓和了双方的紧张敌对关系。

如果说此前宋朝因为连续两次的北伐失败，挫伤了自己的锐气，那么宋真宗登基初又不断遭到辽军的打击，形势迫使北宋像西汉初年对待匈奴、唐初对待西突厥那样，也暂时采取守势，以财货换取对方撤军，然后着手聚集力量，待国力强盛后再适时发动反击，则属于审时度势下的权宜之计。但"澶渊之盟"订立后，宋朝却延续了这一对外消极防御的思路，则标志着其走上了与以往王朝不同的发展路线。

---

① 《长编》卷39，至道二年五月壬子，第838页。

宋朝与辽、夏议和后，调整了军事部署，裁减了前线驻军，减免了对地方的征调。其中在对辽前线，"放河北诸州强壮归农，令有司市耕牛给之"。"罢诸路行营，合镇、定两路都部署为一"，"罢北面部署、钤辖、都监、使臣二百九十余员"，"省河北戍兵十之五，缘边三之一"。① 在西北前线，"缘边屯戍量留步兵，余悉分屯河中府、鄜州、永兴军，以就刍粟"。② 为了表示和平的诚意，宋真宗还下诏将前线原敌对性的地名改为通好之意的名称，如威虏军（治所在今河北徐水西）改为广信军，破虏军（治所在今河北霸州东北）改为信安军，定羌军（治所在今陕西府谷南）改为保德军等。③

分析当时的各种记载，不难发现宋统治者显然从议和中获得了一种启示，即通过金帛赎买的办法也能够消弭边患，并且代价比用兵更小。据以后宋人自己承认：本朝虽然向辽支付了岁币，但相较与辽交战的军费开支，不足百分之一、二。④ 因此，宋真宗君臣认为突破了长期无法解决的边防困境，为内部的统治和建设创造了稳定的外部环境，巩固了"崇文抑武"的治国方略。可以说，从宋真宗朝以后，主和、反战的主张长期占据了庙堂的主导地位，成为朝廷的主流意识，并有意引导社会意识的趋向。虽然某些官员和许多在野的士人认为澶渊之盟是"城下之盟"，并不完全认同议和政策，但不能左右主政者的走向。

景德二年（1005），宋真宗在幸临国子监时对文教繁盛的局面表示赞美，并说："国家虽尚儒术，然非四方无事，何以及此。"⑤ 而宋人曹彦约对此指出："臣前读《符瑞篇》固已略举用兵之害矣，上而为君不免宵衣旰食，下而为臣不免罢于奔命。此古之圣贤所以偃武而后修文，息马而后论道也。真宗皇帝四方无事之语发于景德二年，是时澶渊之盟契丹才一年耳，而圣训已及此，则知兵革不用，乃圣人本心，自是绝口不谈兵矣。"⑥ 即说明宋真宗对澶渊之盟深表满意，对用兵动武则表示怀疑和抵触。宋真宗曾对身边的近臣说："自契丹约和以来，武臣屡言敌本疲困，惧于兵战，今国家岁赠遗之，是资敌也……武臣无事之际，

① 《宋史》卷7《真宗纪二》，第127页。
② 《长编》卷64，景德三年十月辛巳，第1429页。
③ 《长编》卷58，景德元年十二月甲辰，第1301页。
④ 富弼：《上仁宗河北守御十三策》，赵汝愚编《宋朝诸臣奏议》卷135，北京大学中国古代史研究中心点校，上海古籍出版社，1999，第1501页。
⑤ 《长编》卷60，景德二年五月戊辰，第1333页。
⑥ 曹彦约：《经幄管见》卷1，《四库全书》本。

喜谈策略，及其赴敌，罕能成功。好勇无谋，盖其常耳。"① 大中祥符五年（1012），宋真宗亲自撰写了《崇儒术论》，向全社会表明尊崇儒学的坚定决心。宋真宗还对臣僚说明写作此文的动机，其意大致是：儒术渊深，当发扬光大，国家理应尊崇。以往历代凡崇儒者则国运盛，凡抑文者则王业衰。本朝太祖、太宗"崇尚斯文"，才改变五代流俗。朕继承先帝遗业，"谨遵圣训，礼乐交举，儒术化成"。在宰相王旦的建议下，御撰《崇儒术论》被刻碑立于国子监。②

在此形势下，主张加强边防的呼声和官员都受到压制，武将群体也进一步被边缘化。如力主压制党项的西北守将曹玮、孙全照等，先后被调回内地。③ 大中祥符三年（1010），当有将领反映西夏"颇不遵守誓约"时，宋真宗询问宰相王旦道："方今四海无虞，而言事者谓和戎之利，不若克定之武也。"王旦则说服道："止戈为武。佳兵者，不祥之器。祖宗平一宇内，每谓兴师动众，皆非获已。先帝时，颇已厌兵。今柔服异域，守在四夷，帝王之盛德也。"宋真宗深以为然。④ 大中祥符九年（1016），河西节度使石普以天象变化为由上书，请求主动对党项用兵。结果，石普被逮捕下狱，遭到撤官和监管的处分。⑤

宋真宗朝后期，君臣从事的大规模封禅活动，劳民伤财，遭到后世的批评，但其实也是宋朝运用神道为自己正统地位与"主和"路线所做的一场全民宣传动员。因此，宋辽、宋夏议和后，当政者在沿袭以往"守内虚外"思想的同时，又极其现实地将议和作为处理边患的一种手段，这便进一步对宋朝以后的主流意识和边防战略产生很大的影响。

到宋仁宗朝，在推行"崇文抑武"方略的力度上更甚于以往。历经长期文治建设，以至于连当时的僧人也认为："文儒之昌盛，虽三代两汉无以过也。"⑥因此，虽元昊称帝触犯了宋廷的政治脸面，使得北宋不得不对西夏采取打压行动，但战场上被动挨打与劳民伤财的结果，却再度引发宋统治者的厌战情绪。如知谏院张方平所反映："今自陕西四路、河东麟府，远近输挽供给，天下为之劳弊，而解严息甲，未可以日月期也。"⑦ 以后宋人也指出："昔仁宗皇帝覆育天

① 《长编》卷68，大中祥符元年二月丁卯，第1528页。
② 《长编》卷79，大中祥符五年十月辛酉，第1798～1799页。
③ 《宋史》卷258《曹彬传附曹玮传》，第8985页；卷253《孙行友传附孙全照传》，第8874页。
④ 《长编》卷73，大中祥符三年五月癸卯，第1672页。
⑤ 《长编》卷88，大中祥符九年十一月戊申，第2027页。
⑥ 释契嵩：《镡津集》卷9《万言书上仁宗皇帝》，《四库全书》本。
⑦ 《长编》卷134，庆历元年十月壬寅，第3192页。

下，无意于兵。将士惰偷，兵革朽钝，元昊乘间窃发，西鄙延安、泾原、麟府之间，败者三四，所丧动以万计。"① 庆历四年（1044），宋与西夏签订标志性的"庆历和议"的妥协做法，其实与"澶渊之盟"精神相通。至于对辽关系，则长期以议和条款为保障，在北部边防上未做出任何变动。庆历二年（1042），辽朝利用宋夏战争僵持不下的机会，派使臣以索要关南之地为名向宋朝进行要挟，宋廷仍力求通过和谈解决。最终北宋同意每年再向辽纳白银十万两、绢十万匹。② 在宋仁宗朝后期，因为边防压力舒缓，使当政者得以维持内部相对安宁的形势，而这一时期还被宋人美誉为"嘉祐之治"。③ 由此可见，至此宋朝对武力战争持抵触态度的主流意识，可谓已根深蒂固，并成为巨大的惯性思维。

北宋中后期，统治集团基本维持以往的内政外交路线，特别是消极防御的思想，并视其为祖宗之法，④ 虽然在个别阶段有所调整，但其主体与精神却基本上未被放弃，对西夏采取的主动"开边"举措，不过是有限的军事行动。值得注意的是，宋神宗时代，试图通过实施变法措施，缓和社会矛盾，扭转已然下降的国势，并达到理财整军、改变对外屈辱状况的目的，但遭到人数众多的传统派官员反对。其中在边防问题上，传统的主流意识仍具有很大影响。如宋神宗征求元老大臣富弼、文彦博及张方平对经营边防的意见时，都遇到抵触。富弼更直接告诫道：希望天子二十年"口不言兵"。司马光、范纯仁、郑獬等一批官员也先后上奏批评对西夏用兵的企图。⑤ 甚至宋神宗与王安石也对此存在一定的分歧，血气方刚的宋神宗有意走汉唐之路，主张积极对西夏采取攻势，而王安石虽对强国抱有期望，但对用兵作战之事则持慎重的态度。⑥ 因此，熙宁年间除了对河湟地区松散的吐蕃等诸族实施控制活动外，重大边防战争不到不得已通常不为之。如宋军对交趾的自卫反击战，便是战火燃遍南疆后被迫采取的行动，并最终主动撤军。王安石对保持与辽盟约关系也持肯定态度，如熙宁五年（1072）讨论有关应对辽朝挑衅问题时，王安石明确要求宋神宗坚守双方盟约，"臣愿陛下于薄物

---

① 苏轼：《苏轼文集》卷37《代张方平谏用兵书》，中华书局，1996，第1050页。

② 《长编》卷137，庆历二年九月癸亥、乙丑，第3291~3293页。《辽史》卷19《兴宗纪二》则称宋每岁向辽增加银绢各十万，"贡"于辽，第227页。

③ 参见曹家齐《"嘉祐之治"问题探论》，《学术月刊》2004年第9期。

④ 宋朝祖宗之法历经发展，其说法和做法又不尽相同，但无疑对宋代政治具有极大的影响力。参见邓小南《祖宗之法——北宋前期政治述略》，三联书店，2006。

⑤ 参见李华瑞《宋夏关系史》，河北人民出版社，1998，第82~84页。

⑥ 参见漆侠《王安石变法》，上海人民出版社，1979，第222~223页。

细故，勿与之校，务厚加恩礼，谨守誓约而已"。① 元丰时期，宋神宗亲自主导变法后，抛开朝臣的反对意见，一度对西夏发动攻势，主要支持与参与者则为武将和宦官，却都以失败告终。宋神宗信心大受打击，史称"深自悔咎，遂不复用兵，无意于西伐矣"。② 宋神宗还因此忧愤成疾而死，主动用兵的主张遂宣告终止。

宋哲宗元祐年间，主政者在废除变法举措的同时，也将此前对夏"开边"活动视为弊政，全面加以清算，如将统军对夏作战的宦官李宪以"贪功生事"之罪，予以贬官监管，③ 实施"弃地"议和，将获得的缘边部分土地及城寨退回西夏④等。可以说，宋统治集团继续了排斥武功的趋向，立足于维持内部的稳定。这一时期被以后的宋人奉为全盛岁月之一，其内政外交路线正集中代表了宋朝的价值取向和时代特征。而如朱熹不满地指出："本朝全盛之时，如庆历、元祐间，只是相共扶持这个天下，不敢做事，不敢动。被夷狄侮，也只忍受，不敢与较，亦不敢施设一事，方得天下稍宁。"⑤ 宋哲宗亲政后的数年里，虽在西部前线有所举动，其影响却未超出局部"蚕食"的范围。

宋徽宗时代，统治日趋腐朽混乱，在政坛投机风气的冲击下，传统的治国思想虽然根深蒂固，相关举措以及许多制度却遭到破坏，武备更为涣散。在大宦官童贯的主导下，宋与西夏发生时断时续的交战，这在当时和后世都遭到正统士大夫的抨击。正如宋人所说："士大夫多以讳不言兵为贤，盖矫前日好兴边事之弊。"⑥ 北宋末，统治集团还利用辽朝即将灭亡的机会，仓促导演了联金攻辽的投机举动，试图假手他人收复燕云，体现出灭亡"世仇"的用心，也遭到许多官员的批评。⑦ 至靖康时，面对金军的两次围城，宋钦宗与主和派仍抱议和幻想，试图以和谈方式换取对方撤军。当幻想破灭后，宋廷有限的抗战力量终于无法挽救覆灭的结果。

---

① 《长编》卷236，熙宁五年闰七月己巳，第5752页。

② 《宋史》卷334《徐禧传》，第10724页。

③ 《宋史》卷467《宦者二·李宪传》，第13640页。

④ 见司马光《上哲宗乞还西夏六寨》、范纯仁《上哲宗答诏论西事》，《宋朝诸臣奏议》卷138，第1552～1556页。

⑤ 黎靖德编《朱子语类》卷127《本朝一》，中华书局，1986，第3051页。

⑥ 叶梦得：《避暑录话》卷下，《四库全书》本。

⑦ 《宋史》卷335《种世衡传附种师道》，第10751页；徐梦莘：《三朝北盟会编》卷8，宣和四年六月三日庚寅，上海古籍出版社，1987，第52～55页。

通览南宋历史，不难发现：虽然宋廷长期处于外患的巨大压力下，民间要求抗金的呼声不断，许多文官武将也不甘屈辱现状，如辛弃疾与陆游的诗词、陈亮及真德秀的上疏，都集中体现了强烈抗战的愿望，但在长期惯性思维与制度的推动下，主和仍然成为影响朝廷的主流意识，抗战主张受到压制，被动求和成为边防不力下的无奈之举。南宋主和派长期当政，他们在维护统治与抵抗女真、蒙古军队进攻时，不能不现实地选择战争手段反抗，然而在精神上却继续怀疑、抵触武力，不敢也无力主动用军事方式收复北方失地，只能满足于偏安江南。

宋高宗君臣甚至不惜借杀害岳飞之举，压制主战派力量，促成与金朝的"绍兴和议"。宋高宗赞扬秦桧的话"尽辟异议，决策和戎"，① 反映了当时朝廷当政者主和避战的态度。秦桧死后，宋高宗还特别告诫执政大臣延续既定路线："两国和议，秦桧中间主之甚坚，卿等皆预有力，今日尤协心一意，休兵息民，确守勿变，以为宗社无穷之庆。"② 其后，唯有在宋孝宗、宁宗朝，抗战主张曾一度冲击了传统的主和意识，并有过两次主动北伐行动，反映了在野强烈的抗战要求，不过北伐既短暂，又告失败。战场的失利再度引发失败主义弥漫庙堂，主和派很快又占据主政地位，遂先后出现"隆庆和议""嘉定和议"。揆诸其时其势，不满现状的宋孝宗虽心有不甘，也不免最终厌战。如宋人诗云："自胡马窥江去后，废池乔木，犹言厌兵。"③ 据记载，开禧北伐开始时宋宁宗便心存疑虑，事后他对大臣说道："恢复岂非美事？但不量力。"④ 以宋宁宗名义下达给将士的诏书云："岂不知机会可乘，仇耻未复，念甫伸于信誓，实重要起于兵端。故宁咈廷绅进取之谋，不忍绝使传往来之好，每示固存之义，初无幸衅之心。"⑤ 说明之所以坚守议和盟约，关键在于不愿引发战祸。这其实表达的正是当时主政者及朝廷主流意识的主张。如南宋名臣真德秀所批评："以忍耻和戎为福，以息兵忘战为常，积安边之金缯，饰行人之玉帛。金邦尚存，则用之于金邦，强敌更生，则施之于强敌，此苟安之计也。"⑥

南宋后期，内外交困，江河日下，统治者面对空前强大的蒙古军的猛烈进

---

① 李心传：《建炎以来系年要录》卷160，绍兴十九年九月戊申，《四库全书》本。

② 李心传：《建炎以来系年要录》卷170，绍兴二十五年十二月乙未。

③ 姜夔：《白石道人歌曲》卷4《扬州慢》，《四库全书》本。

④ 《续编两朝纲目备要》卷16，嘉定十七年闰八月丁酉，中华书局，1995，第303页。

⑤ 《续编两朝纲目备要》卷15，嘉定十年六月庚戌，第283页。

⑥ 真德秀：《西山文集》卷3《直前奏事札子》，《四库全书》本。

攻，更难以应对，只能一面抵抗，一面继续寻求议和的解决之道，于是又产生了贾似道与忽必烈达成的议和密约。南宋末，在元朝大军兵临城下的情况下，宋廷已经失去和谈的资本，依旧寄希望于议和，最终因遭到拒绝而亡国。

四　宋代主流意识抵触武力战争的社会根源及影响

从宋代历史的发展来看，朝廷主导下的主流意识也经历了由初步怀疑武力和战争的态度，到认识不断加深并最终加以抵触的变化过程。宋朝这一现象的产生，毫无疑问是与宋初北伐战争失败后消极边防思想盛行有关，也与推行上述"崇文抑武"的方略及其内政外交路线密不可分。之所以能够如此，还有更深层次的社会历史根源所在。

第一，宋朝统治集团的构成发生重要变化。如所周知，唐宋之际社会发生重大变迁，宋初门阀世族已经消亡，而极端化加强皇权和收兵权的结果，又抑制了军功贵族的崛起。事实上，宋朝建国不久，军功集团势力在政坛就迅速消解，以后始终没有复兴，这也是与以往王朝不同的时代特点。宋朝代表地主阶级的整体利益，自然也要依靠他们的支持。而人数众多、分散各地的地主，是不可能像以往对待少数贵族、世族那样给予政治特权，只能通过不断选拔或流动的办法，由其代表人物组成国家的政治中坚力量。于是，相对开放并具有相对公平性的科举制度迅速发展，成为选官制度的主体，从而造就了科举出身的官僚士大夫执政集团。如当代研究者指出：宋太祖"并非出于偏爱而将士大夫单独挑选出来，但是他创造了形势和先例，这些形势和先例能够部分解释为什么他的继任者太宗的确提高了士的利益"。[1]

大致而言，到宋太宗朝后期，科举官僚便居于统治集团的核心地位，随后则影响力日益扩大，至宋真宗朝以后，已完全成为统治集团的主体。通过《宋史·宰辅年表》，可以清楚地看到宋朝宰执大臣基本由科举出身构成的事实。如北宋宰相共有71人，其中64人出身进士。其余非科举出身的7人中，仅有3人为开国功臣，而所有的宰相竟无一人出身武臣。[2] 南宋时期的情况也大体如此，

---

① 参见包弼德（Peter K. Bol）《斯文：唐宋思想的转型》，刘宁译，江苏人民出版社，2001，第58页。
② 《宋史》卷210~212《宰辅年表》，第5416~5531页。

共有宰相62人，其中51人出身科举，其余非科举出身的11人中，6人出身太学生，唯有1人为武臣。① 就宋代文官士大夫在政坛的位置而言，确已达到前所未有的地位。北宋中叶人即指出："今世用人，大率以文词进。大臣文士也，近侍之臣文士也，钱谷之司文士也，边防大帅文士也，天下转运使文士也，知州郡文士也，虽有武臣，盖仅有也。"② 宋钦宗也承认："祖宗涵养士类垂二百年，教以礼乐，风以诗书，班爵以贵之，制禄以富之，于士无负。"③ 宋朝以儒家思想文化为背景的科举文官集团长期执政，武将群体受到压制，制约了尚武的力量对政治生活的影响，使得以往历史上盛行的"出将入相"现象消失，从而导致统治集团内军功观念的弱化。这便影响到国家政治的走向，即摆脱了以往强军强国、盛世开疆的路线，转而推崇文治和内部建设。

第二，宋朝的统治思想发生变化。宋代之前，儒家虽然长期成为官方的舆论工具，但并未取得完全的思想统治地位，多种思想文化和价值观都反映到统治集团内部。如汉初的黄老思想，三国的兵家影响，两晋的玄学流行，南北朝、隋唐佛教以及北方游牧文化渗透的特点等，儒、释、道三家之间的关系还出现紧张和对立，因此国家的政治倾向不免受到多元文化的影响。宋统治者建国后，在极端重文政策的推动下，不仅儒家文化的教化功用得到高度重视，而且其价值观也进一步获得提倡和宣扬，这都使儒家思想赢得了前所未有的传播。据记载，宋初功臣赵普居宰相位后，在宋太祖的要求下做出率先读儒经的姿态，但因缺乏学养，最终不出孔子的《论语》。④ 这便从侧面折射出当时重文、崇儒的气氛。史称：宋太宗"引缙绅诸儒，讲道兴学，炳然与三代同风矣"。⑤ 现存《宋会要》中"崇儒"的大量篇幅和内容，便记述了宋王朝推崇儒学的事例。随着儒学重要载体科举制的日益发展和影响，以及儒、释、道三家长期的渗透，遂出现了三教合流的趋势。儒家汲取了佛、道思想的精华，从而登堂入室，真正成为宋代国家的

---

① 据《宋史》卷213~214《宰辅年表》（第5543~5655页）记载，可知57人出身情况。其余沈该、曾怀、钱象祖、留梦炎和吴坚等5人出身背景，则考诸其他史籍获知，参见陈骙《南宋馆阁录》卷7《官联上》，中华书局，1998，第77页；《宋史》卷34《孝宗纪二》，第653页；陈耆卿《赤城志》卷33《人物门·本朝》，《四库全书》本；《宋史》卷43《理宗纪三》，第830页；陈骙：《南宋馆阁录·续录》卷8《官联二》，中华书局，1998，第308页。

② 蔡襄：《端明集》卷22《国论要目》，《四库全书》本。

③ 李纲：《梁溪集》卷34《戒励士风诏》，《四库全书》本。

④ 《宋史》卷256《赵普传》，第8940页。

⑤ 《长编》卷116，景祐二年五月庚子，第2733页。

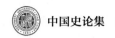

统治思想。朱熹指出："国初人便已崇礼义，尊经术，欲复二帝三代，已自胜如唐人，但说未透在。直至二程出，此理始说得透。"① 大致到宋仁宗时代，儒学逐渐引发思想变革，讲求"义理"的宋学（特别是其中的理学）兴起。儒家注重君臣关系的礼仪秩序认识，讲求仁政、反对暴政的政治理念，重义轻利的价值取向，强调以三纲五常为主的伦理道德观，这些核心价值观渗透到宋朝的统治思想之中，虽然不可能都获得实现，许多内容还常常成为虚伪的遮羞布，但无疑推动了国家发展及价值评判的趋向。

就政治理想而言，主流宋儒们追求的是三代"圣王"之道，而非秦汉以降的"霸道"。如北宋中叶的石介、欧阳修、尹洙和李觏等有影响的思想家，"在政治思想方面，他们都同有超越汉、唐，复归'三代'的明显倾向"；② 苏轼反映：当今士大夫，"仕者莫不谈王道，述礼乐，皆欲复三代，追尧舜"。③ 宰相王安石劝告宋神宗不必效仿汉唐盛世，而应直追三代、"法先王之政"；④ 理学家二程批评周代以下已无圣王，"先王之世，以道治天下；后世只是以法把持天下"；⑤ 朱熹则认为自尧舜至周公是内圣与外王合一的理想时代，他还在与对立派关于王霸义利的争辩中，将汉、唐与尧舜、三代剥离开来，反对把汉唐与先王时代"合而为一"。⑥ 欧阳修、司马光及范祖禹等史家则通过修史，批判汉唐黩武追求，如他们虽承认唐太宗的功业超越以往许多帝王，但对其征伐活动却予以谴责，"好大喜功，勤兵于远，此中材庸主之所常为"。⑦ "太宗于天下，无事不知用之于礼义，而惟以战胜为美……兵威无所不加，四夷震慑，而玩武不已，亲击高丽，以天下之众困于小夷，无功而还，意折气沮，亲见炀帝。"⑧ 宋儒对秦汉至隋唐社会及其帝王将相的否定，固然隐含改造现实的用意，但主流意识从理论上否定汉、唐"盛世"，便意味着反对追求"霸道"和武功，同样具有为现实"崇文抑武"方略服务的意义。而宋朝儒学家的思想观念与倾向，也深入国家的意识形态之中，必然会与使用武力战争的政治追求产生冲突，其结果便是武

① 《朱子语类》卷 129，第 3085 页。

② 参见余英时《朱熹的历史世界》，三联书店，2004，第 191~194 页。

③ 苏轼：《苏轼文集》卷 48《应制举上两制书》，中华书局，1996，第 1393 页。

④ 王安石：《王文公文集》卷 1《上皇帝万言书》，上海人民出版社，1974，第 2 页。

⑤ 朱熹编《二程遗书》卷 1《端伯传师说》，《四库全书》本。

⑥ 朱熹：《晦庵集》卷 36《答陈同甫》（第八书），《四库全书》本。

⑦ 欧阳修：《新唐书》卷 2《太宗纪》"赞曰"，中华书局，1987，第 48~49 页。

⑧ 范祖禹：《唐鉴》卷 6《太宗四》，《四库全书》本。

力战争的手段逐渐遭到质疑、抵触。事实上，宋初以来主流执政者对汉、唐动武教训的批判，也与宋儒的价值取向始终发生着互相推动的影响。以至于一些民间士大夫阐述《春秋》大义，提倡尊王攘夷，特别是如陈亮等南宋士人倡导效法"汉唐"，主张"义利双行，王霸并用"，[①] 但这些激进的思想处于非主流的地位，未能被朝廷所接受。

需要指出的是，宋代皇帝还出现了显著的儒学化倾向。"太宗崇尚儒术，听政之暇，观书为乐。"[②] 如果说宋太宗本人此举属故作姿态的话，那么从宋太宗开始，皇族高度重视教育却是事实，从而使其受教育的程度远胜于前朝，其皇储自幼读写儒经的情况，较之以往则更为突出。所谓："太宗、真宗其在藩邸，已有好学之名，作其即位，弥文日增。自时厥后，子孙相承，上之为人君者，无不典学。"[③] 因此，宋朝储君在成长过程中受到儒家的影响更大。宋哲宗即位初，范祖禹在经筵为年幼的帝王讲解治国之道时，献《帝学》一书。从《帝学》的各项内容，可以清楚地看出儒家学说及其价值观对宋朝帝王思想形成的巨大影响，也可以窥见"崇文抑武"在天子观念中延续、发展的基础。范祖禹认为："本朝累圣相承百三十有二年，四方无虞，中外底宁，动植之类蒙被涵养，德泽深厚，远过前世，皆由以道德仁义、文治天下，主无不好学故也。"[④] 特别是像宋仁宗，被士大夫认为是"以尧舜为师法，待儒臣以宾友"。[⑤] 被儒学彻底熏陶出来的大多数宋朝皇帝，在观念上通常对武力战争存在疑虑，在现实中更容易选择温和的解决之道，也更容易退缩到"化干戈为玉帛"的幻想中。

第三，宋朝环境下的募兵制度盛行，进一步影响了社会风尚的变化。宋朝在唐中后期、五代的基础上，大规模实行募兵制度，特别是实施"荒年募兵"的举措。[⑥] 而在宋代盛行租佃经济的背景下，募兵队伍主要由被土地排挤出来的破产农民组成，另外也包括充军的罪犯，因此其社会地位便低于以往征兵制下的军人，这从士兵面部刺字这一与罪犯共有的标记可以说明。如宋人指出："往往天

---

① 陈亮：《龙川集》卷20《又甲辰答书》，《四库全书》本。有关陈亮的激进思想，可参见邓广铭《陈龙川传》，三联书店，2007。

② 范祖禹：《帝学》卷3。

③ 《宋史》卷439《文苑传》"叙"，第12997页。

④ 范祖禹：《帝学》卷8。

⑤ 范祖禹：《帝学》卷6。

⑥ 参见邓广铭《北宋募兵制度及其与当时积弱积贫和农业生产的关系》，《中国史研究》1980年第4期。

下奸悍无赖之人，苟其才行足以自托于乡里者，未有肯去亲戚而从召募者也。"①
士兵被视作"贱隶"的结果，极大地削弱了军人的社会地位和尊严。

宋初以来，在"崇文抑武"的政治环境之下，文官士大夫的政治影响力本
已持续高涨，形成了文尊武卑的格局，包括在政坛产生"文不换武"的现象。②
宋人田况说道："状元登第，虽将兵数十万恢复幽蓟，逐强敌于穷漠，凯歌劳
还，献捷太庙，其荣亦不可及也。"③ 当军人遭到社会普遍歧视后，从"文"便
成为宋代世人追求的目标，如宋人所言："今也举天下之人，总角而学之，力足
以勉强于三日课试之文，则嚣嚣乎青紫之望盈其前，父兄以此督责，朋友以此劝
励。"④ 所谓"满朝朱紫贵，尽是读书人"。⑤ 投军则很难受到世人的赞许，如著
名理学家张载，"当康定用兵时，年十八，慨然以功名自许，上书谒范文正公
（范仲淹）。公一见知其远器，欲成就之，乃责之曰：'儒者自有名教，何事于
兵！'因劝读《中庸》"。⑥ 可见即使在国家用兵之际，这种观念仍然在产生影响。
所以，王安石指出："先王之时，士之所学者，文武之道也。……今之学者，以
为文武异事，吾知治文事而已，至于边疆、宿卫之任，则推而属之于卒伍。"⑦
与以往相比，宋代社会风尚发生重要变化，尚武精神沦落，军功的感召力和影响
力大为削弱，从而间接地制约了朝廷和主流意识对武力战争手段的运用，反战的
呼声也更容易得到宋朝执政集团的关注。

第四，宋朝军事决策和统率体制发生变化。宋代之前，实施军事决策和统军
作战主要由将帅承担，但到宋代，这一局面却逐渐发生变化。宋朝开国后，为了
防止军权旁落、武人干政，设置枢密院掌管最高军事决策和机要，正副长官由武
官、文臣出身的亲信大臣担任。随着"崇文抑武"方略的不断推行，这一机构
中科举出身的文官逐渐在人数上占据优势。"澶渊之盟"后，文官基本上控制了
枢密院。到宋仁宗朝，武臣很快从枢密院退出，直到北宋灭亡，枢密院几乎都是

---

① 王安石：《王文公文集》卷 1《上皇帝万言书》，第 7 页。
② 参见陈峰《从"文不换武"现象看北宋社会的崇文抑武风气》，《中国史研究》2001 年第
2 期。
③ 田况：《儒林公议》，《四库全书》本。
④ 叶适：《水心别集》卷 13《科举》，《叶适集》，中华书局，1961，第 799 页。
⑤ 张端义：《贵耳集》卷下，《丛书集成初编》本。
⑥ 吕大临：《横渠先生行状》，载于朱熹《伊洛渊源录》卷 6，《四库全书》本。
⑦ 王安石：《王文公文集》卷 1《上皇帝万言书》，第 7 页。

文臣掌管。① 南宋时期，枢密院的地位逐渐下降，由宰相兼任枢密使往往成为定制。再从各地军事统率组织来看，大约在宋太宗后期、真宗朝，出现了文臣参与统率和指挥方面军的现象，到宋仁宗时代遂形成文臣担任主帅、武将充当副将的制度，如宋哲宗朝人所说："臣窃闻祖宗之法，不以武人为大帅专制一道，必以文臣为经略以总制之。武人为总管，领兵马，号将官，受节制，出入战守，唯所指麾。"②

值得注意的是，前代由于文武官员之间没有鸿沟阻隔，许多文臣自愿"投笔从戎"，还出现"出将入相"现象。因此，无论是职业武将还是弃文从武的将帅，都能安心军职、投身沙场，从事专职性的军事决策和统军作战，以博取功业。与以往相比，宋代文武之间产生巨大的隔阂，文臣通常不愿从武。而以科举为背景的宋代官僚队伍虽拥有文化优势，精于文辞与儒经，熟悉典章制度，然而因为多不愿投笔从戎，缺乏军旅和战场锻炼，即使出任帅职，也依旧保持文官资格，因此普遍存在欠缺军事技能的缺陷，拙于用兵。与此同时，由于武职受到歧视，社会精英多不愿踏入军门，导致武将群体素质普遍下降，其政治影响力进一步下滑。纯粹的文官主掌军事决策、统军体制，在边防上只能是越来越保守，这便都进一步加剧了执政集团对武力手段的怀疑和抵触，缺乏足够的能力和信心应对战争。如韩琦、范仲淹被当世称为御边良帅，清人王夫之却中肯地评说道："韩、范二公，忧国有情，谋国有志，而韬钤之说未娴，将士之情未浃，纵之而弛，操之而烦，慎则失时，勇敢则失算。"③

第五，宋代商品经济的发展，对统治集团处理边防问题产生前所未有的影响。如所周知，宋代商品经济的发展及其影响不断扩大，并直接作用到宋朝政府的收入方面，其中突出地表现为货币在税收中的比重加大，商税和专卖的收入在财政中的比例逐渐超过农业收入。④ 而这种变化对宋朝统治者的决策，包括考虑边防问题，会产生潜移默化的影响，即计算成本的意识增强。如前所述，宋太祖在收复燕云的问题上已有经济赎买的考虑。宋仁宗朝，素有名望的富弼在《上仁宗河北守御十三策》中指出："真宗皇帝嗣位之始，专用文德，于时旧兵宿

---

① 陈峰：《从枢密院长贰出身变化看北宋"以文驭武"方针的影响》，《历史研究》2001年第2期。
② 刘挚：《上哲宗论祖宗不任武人为大帅用意深远》，《宋朝诸臣奏议》卷65，第724~725页。
③ 王夫之：《宋论》卷4《仁宗》，中华书局，1964，第93页。
④ 参见汪圣铎《两宋财政史》下册，中华书局，1995，第688~694页。

将，往往沦没，敌骑深入，直抵澶渊，河朔大骚，乘舆北幸。于是讲金帛啖之之术，以结欢好。自此河湟百姓，几四十年不识干戈。岁遗差优，然不足以当用兵之费百一二焉。则知澶渊之盟，未为失策。"[①] 富弼在此承认了这样的事实：因澶渊之盟向辽支付的岁币较交战的军费开支，不过百分之一二，因此认为不算失策。还有许多执政大臣也持类似的看法，如王安石在《澶州诗》中，有"欢盟从此至今日，丞相莱公功第一"的诗句，[②] 即持此观点；两宋之际的抗战领袖李纲也对此抱有肯定态度，如其《喜迁莺——真宗幸澶渊》一词云："虏情詟，誓书来，从此年年修好。"[③] 这说明宋代许多执政者在计算得失的思考下，满足于以经济手段而非武力方式应对边患的结果。南宋时期，长期遭到女真、蒙古军队的战争压迫，军费开支极为浩大，百姓的生产和生活因此受到无穷的影响，统治集团既不敢又无心抗战，计算经济得失往往又成为其主和的一项重要理由。

事实上，不战而胜的思想在中国古代早已存在，即使是兵家鼻祖的孙子也指出："是故百战百胜，非善之善者也。不战而屈人之兵，善之善者也。"[④] 宋朝固然并非主动从大战略的角度考虑，妥善处理和与战的关系，但被动地以和罢战的做法，却为自己寻找到"不战而屈人之兵"的理论依据，并以现实主义的经济换算对战争方式加以否定。西方学者因此认为：宋王朝"是以高度的现实主义政治为特征的"，"依靠军事手段不能打败契丹人的国家"，便与辽议和，"宋辽缔结的澶渊之盟成了处理日后冲突的一个样板"。[⑤]

综上所述，中国古代传统重视边防和武备的强国意识到宋代发生了重要变化。宋朝从太宗后期开始，即不再以积极防御、开疆拓土为能事，军队转而以维护域内统治为首要任务，其讨伐的对象主要限于篡逆反叛者和造反百姓，而不是以强大的游牧政权势力为主，因此军队与边防的意义和价值也就随之降低。宋朝统治集团为了维护自身的存在和安全，虽然在现实中依赖军队的支持，也不得不选择用兵的方式抵抗边患，但是，"崇文抑武"治国思想与方略推行的结果是，主流意识逐渐对武力战争手段产生怀疑和抵触的态度。澶渊之盟的缔结，似乎也

---

① 富弼：《上仁宗河北守御十三策》，《宋朝诸臣奏议》卷135，第1501页。
② 王安石：《王文公文集》卷47《澶州诗》，第532页。
③ 唐圭璋编《全宋词》第2册，中华书局，1998，第901页。
④ 孙武：《孙子·谋攻第三》，林伊夫等译注《武经七书新译》，第12页。
⑤ 傅海波、崔瑞德主编《剑桥中国辽西夏金元史》"导言"，史卫民等译，中国社会科学出版社，1998，第21～22页。

证明了在战争与和平之间，有选择和平的可能性和现实性。这个二难选择的成功，使宋朝统治者自认为一劳永逸地寻找到了"化干戈为玉帛"之路，从此更倾向于以和的方式解决边患威胁。其外交政治既然以和为主轴，则战争手段便不能更多地为这种政治而继续与服务了。总体而言，宋朝主流意识中的以和缓战、以和止战的理念，又大致包含了三种表现，其一，攘外必先安内，暂时放弃主动对外用兵，而集中力量稳定内部；其二，审时度势，在对外形势不利的情况下，高扬反战旗帜；其三，政治投机，以君主和既得利益集团厌战的意志为转移，满足于苟且偷安。就宋朝发展的历史来看，也大体经历了这样的过程。

现代英国著名军事家利德尔·哈特认为："战争的目的是要获得一个较好的和平，这当然是从你自己一方的愿望来说的……一个国家，如果它把自己的力量消耗殆尽，那它也就不会有能力继续推行自己的政治，因而必然使其前途不堪设想。"① 如果说这一深刻的认识，是在日益理性和多边制约的现代国际关系下，告诫人类要正确处理战争与和平之间的关系，包含着丰富的历史经验和强烈的现实关怀。毋宁认为，宋代主流意识支配下的和平与战争观，便过于早熟。在历史的复杂演进过程中，宋朝过早而被动走上了这条脱离扩军、强权的道路。因为那还是一个武力战争不受任何约束的时代，多少先进的文明都在惨烈的战火中毁灭，种族灭绝的悲剧也不会引发野蛮征服者心灵的战栗。宋朝片面总结历史的经验教训，矫枉过正，不能保持自身必要的军事强势，对外长期采取守势，其军队和边防也就不足以维持长久的和平局面，一旦内外平衡被破坏，就只能陷于被动挨打的境地。

由此，两宋虽然经济、文化、科技独领风骚，如现代史学家陈寅恪先生所称"华夏民族之文化，历数千载之演进，造极于赵宋之世"②，并在全球首先发明了火药武器，但先进的生产和雄厚的经济力量没有转化为强大的国防实力，火器这种巨大革命性技术的投入，也未能引发军事变革和应有的效用，遂不免长期被动挨打，先后亡于边患，终以"积弱"而为世所诟病。南宋学者吕祖谦即沉痛地指出：本朝"文治可观而武绩未振，名胜相望而干略未优"；③ 宋人又总结道：

① 利德尔·哈特：《战略论》第二十二章"大战略"，中国人民解放军军事科学院译，战士出版社，1981，第494页。

② 陈寅恪：《邓广铭宋史职官志考证序》，《金明馆丛稿二编》，上海古籍出版社，1982，第245页。

③ 《宋史》卷434《吕祖谦传》，第12874页。

"汉唐多内难而无外患，本朝无内患而有外忧"①；元代人修宋史时则评价道，"宋恃文教，而略武卫"②。即明确地意识到宋朝国运与以往时代不同的史实。也可以说，中国古代经历的唐宋社会转型，就包含了这一重要的方面。然而，和比战难。今天自应站在更高的平台看待过往发生的一切，过犹不及。穿越宋代演进中的迷雾，探究其行程的路径与覆辙，都可为今天提供难得的历史经验和教训。

原刊《历史研究》2009 年第 2 期，收入本论文集时略有增改

---

① 吕中：《宋大事记讲义》卷 1《序论》，《四库全书》本。
② 《宋史》卷 493《蛮夷一·序》，第 14171 页。

宋代武成王庙与朝政关系初探

陈 峰 胡文宁

摘 要： 在沿袭唐代的基础上，宋朝继续设置武成王庙，并确定了相应的礼仪规则。但与以往相比，宋代武成王庙的礼仪内容却发生了较大的变化，特别是其中陪祀、从祀武将的标准与人选发生多次变动。而这种变化，恰与当时朝政以及意识形态的演变存在密切的联系，由此也从一个侧面展示出其时代价值观的演进轨迹。

关键词： 宋代 武成王庙 太公 陪祀 从祀 武将

作为国家确立的武成王庙，初称太公庙，是祭祀供奉兵家鼻祖吕尚的祠庙，始设于唐朝中叶，在形式上与文宣王庙相对应，到唐肃宗时正式定名为武成王庙。① 其创设的动机，乃在于将吕尚与孔子并列，以体现王朝政府文武并重的用意，所谓："帝王大业，文武所以垂范……宣尼大圣，立文以化成；尚父惟师，仗武而弘训。"② 有关唐朝创立武成王庙的过程，已有学者专门加以研究。③ 另外，在有关贡举及礼制的论述中也有涉及武成王庙的。④ 但宋代武成王庙的地位究竟如何，尤其是其演变与当时的朝政存在怎样的关系，目前学界尚未有专门的

---

① 杜佑：《通典》卷53《礼十三·太公庙》，中华书局，1988，第1483~1484页。

② 王钦若：《册府元龟》卷33《帝王部·崇祭祀第二》，中华书局，1960年影印本，第359~360页。

③ 于赓哲：《由武成王庙制变迁看唐代文武分途》，《魏晋南北朝隋唐史资料》第十九辑，武汉大学编辑部，2002。

④ 高明士：《隋唐贡举制度》，文津出版社，1999；王美华：《唐宋礼制研究》，博士学位论文，东北师范大学，2004。

研究。本文即专就此问题加以探究。

唐朝贞观年间，以吕尚为兵家之祖的缘故，在关内凤翔府境内的磻溪立太公祠，但这仅属于纪念前代名贤的一般举动。作为古代王朝对吕尚的国家祭祀行为，大致始于唐玄宗朝。开元十九年（731），唐中央下令在两京及诸州各置太公庙一所，以汉代留侯张良配享。在每年春秋两季分别取仲月上戊日，举行祭奠礼。照此规定，太公庙被纳入与文宣王庙待遇相同的吉礼祭祀之中。① 天宝六年（747），又诏令：各州武举人来礼部之前，须先拜谒太公庙；凡出师命将以及征战报捷，都要告祭于太公庙。②

上元元年（760），唐廷下诏尊太公为武成王，仿照文宣王的从祀规则，选择历代良将十位作为十哲陪侍于武成王左右两侧。当时列于左侧的有秦武安君白起、汉淮阴侯韩信、蜀丞相诸葛亮、唐卫国公李靖及英国公李勣；右侧依次为汉太子少傅张良、齐大司马田穰苴、吴将军孙武、魏河西太守吴起及燕昌国君乐毅，并给予张良配享的特殊待遇。③ 按照当时确立的原则，武成王庙的祭祀制度完全按照文宣王庙的规格执行。④

从太公庙到武成王庙的确立，标志着唐朝国家对武臣宗师地位的承认。之所以如此，确如研究者所指出：唐朝以武力开国，军功曾长期受到各阶层的重视。但随着承平日久，加之科举选官制度日渐受到推崇，社会风气遂逐渐转向重文。开元年间，为提倡和维持武德精神，唐朝政府将太公吕尚确定为国家礼制大典的祭祀对象，借此抬高武人的社会地位，以维持朝野的尚武风气。⑤

不过，武成王庙在唐朝诞生后，也引发许多争议。归纳起来，异议主要在于吕尚既没有孔子丰硕的著述，作为殷商叛臣也缺乏圣人的必要品德，至于其武功业绩似乎也不足以威震古今，因而吕尚在世人心中缺乏武圣人应有的威望。尤为重要的是，孔子有弟子三千，其中更有七十二贤人，并世有传承，从中选择配享与从祀合乎情理，令人信服。而太公望的配享、从祀人选缺乏依据标准。这些批

① 萧嵩：《大唐开元礼》卷1《序例上》，影印文渊阁《四库全书》本，上海古籍出版社，1987，第646册，第39页。
② 王溥：《唐会要》卷23《武成王庙》，上海古籍出版社，2006，第507页；《旧唐书》卷24《礼仪志四》，中华书局，1975，第935页；《新唐书》卷15《礼乐志五》，中华书局，1975，第377页。
③ 《新唐书》卷15《礼乐志五》，第377页。
④ 《唐会要》卷23《武成王庙》，第508页。
⑤ 参见于赓哲《由武成王庙制变迁看唐代文武分途》一文。

评意见，固然多少隐含着某些文人对尚武的不满，但主要还限于礼法内容是否合理这一范围之内。然而，武成王庙先天不足的缺陷，却为其在宋代的跌宕命运埋下了伏笔。

一

虽说是宋承唐制，宋朝建立后沿袭了国家祭祀武成王庙的传统，但随着朝政以及内外形势的发展演变，武成王庙礼制的诸多方面也不断发生变化，从而呈现出独特的时代特点。

北宋前期，祭奠武成王的礼仪由太常礼院掌管，太常寺仅负责武成王庙习乐事项。宋神宗元丰改制以后，太常礼院被撤销，遂由太常寺继续统管包括武成王在内的各项礼乐之事。① 如果说这种管理机构上的变动，也适用于文宣王庙等礼制对象，那么有关武成王庙自身的诸多变化，则远非他者可以比拟。

宋代武成王庙的设置情况，已与唐代存在较大的差别。建隆三年（962），宋太祖下诏在东京开封修武成王庙，以与国子学相对应，其址位于开封城内的龙津桥南街西之武学巷。② 左谏议大夫崔颂和宦官卢德岳奉命监修，并受命会商上报唐末以来的谋臣猛将。③ 景德四年（1007），宋真宗又下诏在西京修建武成王庙，规格与东京相同，同时在西京也设立国子监。④ 次年，还在青州设武成王庙。⑤ 至南宋时期，仅在行在临安府修建了武成王殿，地点位于太学之侧的前洋街。⑥ 由此可见，宋代仅在京师及个别地方保留武成王庙，与唐代各州皆设的情况不可同日而语，反映了其影响范围大为缩小的事实。与此形成鲜明对比的是，祭祀孔子的文宣王庙则遍布各地，并且不断修缮扩建。如宋儒周敦颐在邵州任内便进行了文庙的迁址扩建，他还专就此撰文指出：

---

① 徐松辑《宋会要辑稿》职官二二之一七，中华书局，1957，第2868页。

② 孟元老：《东京梦华录》卷2《朱雀门外街》，李士彪注，山东友谊出版社，2001，第16~18页。

③ 李焘：《续资治通鉴长编》（以下简称《长编》）卷3，建隆三年九月壬申，中华书局，1992，第72页；《宋史》卷105《礼八》，中华书局，1985，第2556页。

④ 《宋史》卷7《真宗纪二》，第132页。

⑤ 《宋史》卷7《真宗纪二》，第138~139页。

⑥ 吴自牧：《梦粱录》卷15《学校》，傅林祥注，山东友谊出版社，2001，第201页。

惟夫子道高德厚，教化无穷，实与天地参而四时同。上自国都，下及州县，通立庙貌……得其位，施其道，泽及生民者，代有之。然夫子之宫可忽欤？①

宋代武成王庙礼制的主要程序，大致延续了唐制。宋代武成王庙的祭祀日期，仍选在春秋两季的仲月上戊日，其过程和礼数也与唐代类似。② 具体有"时日"、"斋戒"、"陈设"、"省馔"和"行事"，③ 其中烦琐细节，在此不予细述。

依照宋代最初的规定，祭祀文宣王、武成王同用《永安》之乐，④ 牲牢用羊一、豕一。嘉祐七年（1062），在翰林学士王珪的建议下，祭祀武成王与文宣王的牲牢一并增加为羊三、豕三。⑤ 高宗绍兴时，则都改为两少牢。⑥ 从礼仪形式看，倒是文武并无明显差别。但在其他方面，则逐渐呈现出崇文抑武的倾向。

在宋代，祭祀武成王的献礼官前后存在变化。北宋初期，由兵部掌春秋释奠武成王庙，⑦ 直到元丰二年（1079），仍令武职性的三班院选差使臣作为分献官。⑧ 元丰改制后，武学始隶于国子监，初献官改为文职性的国子监祭酒和司业，但亚献、终献依旧令三班院差使臣充当。但不久，在国子司业朱服的建言下，三献官完全由国子监官员充摄行事。⑨ 具体为：祭酒、司业为初献，祭酒及司业丞为亚献，丞博士为终献。⑩ 这就疏远了武成王庙与武职军事系统的关系。虽然《政和五礼新仪》如同《开元礼》一样，也有命将出征的告武成王庙仪，⑪

---

① 周敦颐：《周敦颐集》卷 3《邵州迁学释菜文》，陈克明点校，中华书局，2009，第 55 页。

② 《大唐开元礼》卷 55《吉礼·仲春仲秋释奠齐太公》，第 646 册，第 389 ~ 392 页；《宋史》卷 105《礼八》，第 2555 页。

③ 郑居中：《政和五礼新仪》卷 122《吉礼·释奠武成王庙仪》，影印文渊阁《四库全书》本，第 647 册，第 617 ~ 620 页。

④ 《宋史》卷 126《乐志一》，第 2940 页。

⑤ 《宋会要辑稿》礼二六之一〇，第 1008 页。

⑥ 李心传：《建炎以来系年要录》卷 111，绍兴七年五月壬申，中华书局，1956，第 1793 页。

⑦ 《宋史》卷 163《职官志三·兵部》，第 3854 ~ 3855 页。

⑧ 《长编》卷 299，元丰二年八月丁酉，第 7277 页。

⑨ 《宋史》卷 105《礼志八》，第 2556 页。

⑩ 《政和五礼新仪》卷 5《序例·献官》，第 647 册，第 149 页。

⑪ 《大唐开元礼》卷 88《军礼·制遣大将出征有司告于齐太公庙》，第 646 册，第 526 ~ 567 页；《政和五礼新仪》卷 159《军礼·命将出征仪下·告武成王庙》，第 647 册，第 705 ~ 706 页。

但在宋代各种史料记载中少有践行的实例，显然是徒具虚文。① 这说明了礼制与实践的差异，更显示出宋代武成王庙在军事上的意义已经有所淡化。事实上，宋朝的讲武礼也存在类似的情况。②

在宋朝礼制的一些细节上，武成王庙也与文宣王庙产生很大的差距。按照宋朝规矩，皇宫殿门左右各设十二"门戟"，以"应天数"；宗庙门以及国学、文宣王庙门也是左右各有十二门戟，而武成王庙左右只设八个门戟，③ 规格明显下降。大中祥符初，宋真宗封禅泰山后，亲临曲阜祭祀孔子，并加孔子谥号为玄圣文宣王，旋改谥至圣文宣王。为与孔子的谥号相对应，同时追谥太公曰昭烈武成王。④ 表面上武成王的谥号也水涨船高，但实际上打破了"文宣"与"武成"这一文武对等的格局，"至圣"将孔子提高到"昭烈"无法企及的高度。另外，唐朝武成王庙中还仿照文宣王庙中的"十哲"名号，在宋代却不再加以沿用。排序最高的前十位将领只是列于堂中的东西两向，以别于东庑和西庑中所列之将，从而在名誉上降低了陪祀者的规格。

值得关注的是，宋代的武成王庙还常常派作其他场所。如最初曾被作为科举考试的考场，少有人考虑到是否影响其肃穆庄重，反倒有人觉得有辱科举本身。宋太宗朝的右拾遗田锡曾不满道："礼部无贡院，每贡士试，或就试武成王庙。是岂太平之制度耶？"⑤ 言语中流露出对武成王庙的轻视。

到宋仁宗朝，国子监不愿让医官在国子监内授课，认为"儒者讲学之地，不宜令医官对列"。遂将之推给太常寺，而太常寺因无场地，最后只能令医官带学生去武成王庙授业。⑥ 当时，参知政事范仲淹也主动建言：选派翰林院的数名医师，在武成王庙开办医科学校，在京城招生，学制三年，合格者可择优录用。⑦ 在供奉武圣的祠庙中教习诊脉、针灸、药剂之类的事，实与场所性质

---

① 关于遣将的仪式，《明史》中说道："汉高命韩信为将，设坛具礼。北齐亲授斧钺。唐则告于庙社，又告太公庙。宋则授旌节于朝堂，次告庙社，又祃祭黄帝。"可见唐宋在这一点上的确不同。有关记载见张廷玉《明史》卷57《礼志十一·遣将》，中华书局，1974，第1432～1433页。

② 参见陈峰、刘缙《北宋讲武礼初探》，《清华大学学报》（哲学社会科学版）2007年第5期。

③ 《宋史》卷150《舆服志二》，第3514页。

④ 《宋史》卷7《真宗纪二》，第138～139页。

⑤ 《长编》卷22，太平兴国六年闰九月壬寅，第497页。

⑥ 《长编》卷147，庆历四年三月丁亥，第3570页。

⑦ 《长编》卷147，庆历四年三月丁亥，第3569～3570页。

不符。

熙宁年间，太学实行三舍法，将生员分为外舍、内舍和上舍三等。在确定教学场所时，锡庆院被定为上舍，国子监被定为内舍，而武成王庙则为地位最低的外舍。① 不难想象，在太学生眼中武成王庙成了低人一等的象征。

通观宋代有关典籍史料不难发现，两宋历朝皇帝鲜有专程拜谒武成王庙者，通常的情况是先赴国子监，拜谒文宣王后再去武成王庙。② 在文宣王庙中，帝王往往是一拜再拜，而在武成王庙，只是"肃揖"而不拜，对比相当强烈。③ 难怪皇帝每次拜文宣王时，虽然有司所定仪礼为肃揖，④ 却总是打破常规施礼。所谓"虽天子之尊，入庙肃恭行礼"。⑤ 但在武成王庙，则仅依照规定完成礼制的基本要求。宋代帝王与官员在礼制上对武成王庙的轻视，自然会降低武庙在社会上的地位。

二

在宋代武成王庙礼制的各种变化中，最引人注目的内容是出现了陪祀、从祀武将忽升忽降、忽进忽退的现象。细究如此变化的过程，更能清晰地发现其与朝政演变之间的直接关系。

建隆二年（961），宋太祖在亲临武成王庙时，看到白起像名列壁画名将之中，便不满地说："起杀已降，不武之甚。"当时的武成王庙，为后周所遗留，因此从祀武将的选择仍反映的是唐朝以来的观念。两年后，宋太祖到新落成的武成王庙，又看到白起的画像，遂怒道："此人杀已降，不武之甚，何受享于此？"当即下令剔除。⑥ 于是，知制诰高锡上疏认为王僧辩有始无终，也不应该纳入从祀之列。赵匡胤于是下诏，命吏部尚书张昭和工部尚书窦仪重新审核从祀诸将，并要求以功业前后无瑕疵者为标准。

---

① 司马光：《涑水记闻》附录二《温公日记》，邓广铭、张希清点校，中华书局，1989，第379页。

② 《长编》卷4，乾德元年四月丁亥，第88页；《长编》卷102，天圣二年八月己卯，第2366页。

③ 《宋史》卷114《礼志十七》，第2708～2711页。

④ 《宋史》卷105《礼志八》，第2548页。

⑤ 《周敦颐集》卷3《邵州迁学释菜文》，第55页。

⑥ 《宋会要辑稿》礼一六之五，第685页；《宋史》卷105《礼志八》，第2556页。

乾德元年（963）六月，张昭等在原有基础上重新定出名单，共增选二十三人，减退二十二人。增选的诸将为：灌婴、耿纯、王霸、祭遵、班超、王浑、周访、沈庆之、李崇、傅永、段韶、李弼、秦叔宝、张公谨、唐休璟、浑瑊、裴度、李光颜、李愬、郑畋、葛从周、周德威、符存审。而减退的则为：吴起、孙膑、廉颇、韩信、彭越、周亚夫、段纪明、邓艾、陶侃、关羽、张飞、杜元凯、慕容绍宗、王僧辩、吴明彻、杨素、贺若弼、史万岁、李光弼、王孝杰、张齐丘、郭元振。宋太祖下诏特将管仲塑像于堂，而将吴起画像置于庑下，其余按张昭所议的名单实施。① 乾德三年，官方还编修了《武成王庙配享事迹》三十卷，对吕尚及张良以下共73人事迹加以叙述。②

从以上陪祀、从祀武将的增删名单可以看出，宋太祖对滥杀尤其是杀降的行为不能容忍，反映了对武将武德标准的重新审视，这无疑是对唐末五代时期悍将跋扈、滥杀无辜，从而加剧社会动乱并危害皇权国家后果教训的警惕。事实上，在立国与统一的实践过程中，宋太祖也贯彻了这一精神。如王全斌统军灭亡后蜀之际，出征将校沿袭旧习烧杀抢掠，导致川蜀局面动荡不已，赵匡胤便对主帅王全斌及其以下诸多将帅予以贬责。大将曹彬、潘美受命率大军征伐南唐时，太祖特别预先告诫二人："城陷之日，慎无杀戮。设若困斗，则李煜一门，不可加害。"③ 而对功臣大将兵权的收夺，也采用了和平的方式解决，即所谓"杯酒释兵权"。宋太祖对武将武德标准的态度，顺应了宋初政权建设与社会稳定的要求，故在相当的时期内也被后世嗣君所延续。

但到了庆历年间，宋廷又对太祖时确定的武成王庙陪祀、从祀的武将进行了较大更改，"自张良、管仲而下依旧配享，不用建隆升降之次"。④ 揆诸此事，应与当时紧张的边防军事形势有关。庆历元年（1041），宋军在与西夏交战中大败于好水川。翌年，在辽朝陈兵威胁下，北宋又被迫向对方增加岁币。为了加强武备、振兴军威，以鼓励将士奋勇作战，于是恢复了旧制，将前代战功显赫而"道德"不达标的二十二位武将，再度重归武庙中的地位。与此同时，还一度创设武学于武成王庙。宋神宗登基后，致力于恢复汉唐旧疆，又重建武学于武成王庙。

① 《长编》卷4，乾德元年六月癸巳，第92~93页。
② 郑樵：《通志》卷65《艺文略三》，中华书局，1987，第779页。
③ 《宋史》卷3《太祖本纪三》，第42页。
④ 《宋史》卷105《礼志八》，第2556页。

到宋徽宗宣和五年（1123），宋廷将武成王庙从祀历代诸将中未有封爵者，全部封以侯、伯的爵位。至此，武成王庙中除吕尚外，从祀共七十二将，在庙中的排列为：以张良配享殿上；管仲、孙武、乐毅、诸葛亮、李勣并列堂中西向；田穰苴、范蠡、韩信、李靖、郭子仪并列堂中东向。在东庑中，依次有白起、孙膑、廉颇、李牧、曹参、周勃、李广、霍去病、邓禹、冯异、吴汉、马援、皇甫嵩、邓艾、张飞、吕蒙、陆抗、杜预、陶侃、慕容恪、宇文宪、韦孝宽、杨素、贺若弼、李孝恭、苏定方、王孝杰、王晙、李光弼，并西向；西庑内，依次为吴起、田单、赵奢、王翦、彭越、周亚夫、卫青、赵充国、寇恂、贾复、耿弇、段颎、张辽、关羽、周瑜、陆逊、羊祜、王濬、谢玄、王猛、王镇恶、斛律光、王僧辩、于谨、吴明彻、韩擒虎、史万岁、尉迟敬德、裴行俭、张仁亶、郭元振、李晟，并东向。①

若将以上名单与《唐会要》记载的唐代武成王庙陪祀、从祀武将对比的话，② 可以看到如下变动。

宋代设在大堂西向和东向的十将，相当于唐时的十哲，但区别在于：将唐时确定的张良从十哲中单独升入正殿之上，以突出其配享地位；将十哲中的白起和吴起降次到东庑和西庑，同时将管仲、范蠡、郭子仪升位，所以西向和东向仍保持十将。

东庑和西庑所列名将与唐朝大致相同，变化除了有降格下来的白起和吴起外，还有两个区别：一则新增了李晟一人，另一则剔除了檀道济、长孙嵩和慕容绍宗三人。这样，宋代包括张良在内的所有陪祀、从祀武将，恰好七十二人，与文庙中的七十二贤匹配。而唐代虽称是七十二名将，但实际数额并不准确。

宣和五年的这次举动，其实也与当时的对外形势有关。宣和二年，宋与金结成"海上之盟"，以联合伐辽。宣和四年，金军攻陷辽燕京（不久宋改为燕山府）。次年，金以燕京及涿、易、檀、顺、景、蓟州归宋，童贯、蔡攸率军进入燕山府。至此，宋朝基本收复了燕云地区。虽然这并非宋军的武力所致，但毕竟实现了宋朝开国以来未能完成的北伐目标。为满足宋徽宗好大喜功之心，当政者不免也要庆贺一番。既然有"赫赫武功"，自然应惠及武庙。于是礼部就将武成王庙从祀诸将中未有封爵者，全部予以加封，以示对武功的尊崇。

---

① 《宋史》卷105《礼志八》，第2556～2557页。
② 《唐会要》卷23《武成王庙》，第508页。

但值得注意的是，礼部同时又用儒家道德标准对陪祀、从祀武将进行了一次品评，具体表现为调整了他们的座次。将张良升入正殿之上，又将管仲、范蠡、郭子仪从两庑升到正殿之内，却将白起和吴起降次到东西两庑。显然，前四位不但有忠义的形象，而且鲜有居功跋扈之举，自然受到青睐；而后者中的白起屠杀降卒不必再说，至于吴起，正如曹操所评价："吴起贪将，杀妻自信，散金求官，母死不归。然在魏，秦人不敢东向；在楚，则三晋不敢南谋。"① 汉末乱世，曹操求才若渴，即便"缺德"如吴起，照样唯才是举。但在宋代推崇儒家道德的风气下，即便在重视武功的特殊时期，也不会忽视对武将进行道德考量。通过降低白起和吴起在武庙中的地位，也是对当世武将的一种警示。

南宋初期，战事异常紧张，原东西两京又已沦陷，宋廷自然无暇顾及武成王庙的问题。随着南宋武力的加强，政权逐渐巩固，宋高宗意识到有为将帅在保卫江山社稷中的重要作用，如其所云："兵无不可用，在主将得人耳。赵奢用赵兵大破秦军；而赵括将之则大败。乐毅用燕兵破齐，而骑劫代之，则为田单所败。岂不在主将得人乎?"② 于是，在绍兴七年（1137）五月恢复了对武成王的祭祀。

绍兴十一年（1141），"绍兴和议"订立，南宋王朝以屈辱的方式取得了暂时的和平。与此同时，统治集团实施了第二次收兵权，并罗织罪名杀害了岳飞。随着对武将地位的再度打压，宋廷遂重新对武成王庙加以审视，正统的道德标准又一次成为衡量从祀武将的依据。绍兴十六年（1146），在祠部员外郎陈诚的建议下，"诏武成王庙从祀诸将，升赵充国于堂，降韩信于庑下"。③ 绍兴二十九年（1159），右正言都民望又指责李勣好战黩武，"邪说误国，唐祀几灭"。于是，李晟被升为陪祀位置，而李勣则被降于堂下李晟原有位序。④

乾道六年（1170），力主抗战的宋孝宗为激励士气，拟选择本朝功勋卓著将帅从祀武成王庙。结果礼官们遍考建隆、建炎以来名将，最后确定的唯一人选为曹彬。⑤ 这位宋初大将虽有剪灭江南之功，但在雍熙三年的北伐中却大败而归，⑥故难称名将。而诸如杨业、狄青、郭逵、岳飞、韩世忠以及吴玠等将领，无论战

① 《三国志》卷1《魏书·武帝纪一》，中华书局，1959，第49页。
② 《建炎以来系年要录》卷111，绍兴七年五月乙丑，第1791页。
③ 《建炎以来系年要录》卷155，绍兴十六年九月丙申，第2516页。
④ 《建炎以来系年要录》卷181，绍兴二十九年四月辛丑，第3012页；《宋史》卷105《礼志八》，第2557页。
⑤ 《宋史》卷105《礼志八》，第2557～2558页。
⑥ 《宋史》卷258《曹彬传》，第8981～8982页。

功还是斗志都居曹彬之上，却未能入选。以此观之，最终选择曹彬，显然不是因为其战功的缘故，而是在于其不仅认真贯彻太祖戒杀的诏命，更在于其谦逊礼让、不居功自傲。曹彬谨慎为将的品行素来受到宋统治者的高度评价，因此入选为武成王庙中的当朝武将代表。褒扬这样一位近乎平庸的武将，自然体现的是推崇儒家正统品德的价值取向。

值得一提的是，与宋朝对立的金朝也受到汉文化的熏染。泰和六年（1206），金章宗下诏于都城内修建武成王庙，不过，其礼制却"一遵唐制"。次年，在官员的请求下，将金朝开国名将宗翰与张良同处陪祀位置，将管仲降格为从祀之列。随后又将宗望、宗弼等纳入从祀行列，而将王猛、慕容恪等废黜，以继续保持七十二陪祀、从祀武将之数额。①

<h1 style="text-align:center">三</h1>

宋代武成王庙所发生的一系列变化，尤其是出现的陪祀、从祀武将反复变动的现象，既与当时王朝政治的演变存在直接的关系，也是其主流价值取向发展下的必然产物。

宋朝上承唐末、五季兵戈战乱之后建国，故统治者急于结束动乱、重建社会秩序，与此同时也力图扭转重武轻文的社会风尚。随着军功集团的快速消亡和文官士大夫当政局面的形成，② 因礼制惯性延续而设置的武成王庙，逐渐被赋予传统的儒家道德观，统治集团以正统的伦理标准为其定位，将武功纳入文德的范畴之内。因此，武成王庙不仅个别地方的礼数明显低于文宣王庙，其场所还不时被派作其他用途，而且其中的从祀武将被随意褒贬。如此一来，武成王庙扮演的角色及自身存在的价值便受到削弱，其地位的下滑自然在所难免，可以说武庙不但成了文庙的陪衬，而且充当了宋朝推行"崇文抑武"国策的辅助工具。

针对唐开元时设立太公庙的问题，司马光在编修《资治通鉴》时有如下评论：

> 经纬天地之谓文，戡定祸乱之谓武，自古不兼斯二者而称圣人，未之有

---

① 《金史》卷35《礼八》，中华书局，1975，第818页。

② 参见陈峰《宋代军功集团在政治上的消亡及其影响》，《中国史研究》2008年第4期。

也。故黄帝、尧、舜、禹、汤、文、武、伊尹、周公，莫不有征伐之功。孔
子虽不试，犹能兵莱夷，却费人，曰"我战则克"，岂孔子专文而太公专武
乎？孔子所以祀于学者，礼有先圣先师故也。自生民以来，未有如孔子者，
岂太公得与之抗衡哉！……自孙、吴以降，皆以勇力相胜，狙诈相高，岂足
以数于圣贤之门而谓之武哉！乃复诬引以偶十哲之目，为后世学者之师；使
太公有神，必羞与之同食矣！①

司马光在此表达了四层意思：其一，圣人应文武兼备，不应以文圣和武圣分属孔
子和太公；其二，孔子是至圣先师，无人可比拟，太公也不例外；其三，立太公
庙，有崇尚武力之嫌，易导致世人好武勇而不知礼义；其四，从祀于太公庙的孙
武、吴起以下兵家名将，都是以勇力和诈谋相胜之徒，不配入圣贤之门，不可为
后世之师。由此可见，作为当时政治家和士大夫代表人物的司马光的这种态度，
在很大程度上反映出宋代当政集团的普遍认识与主流价值取向，反过来自然也影
响着对武成王庙规则的定位与修改。

　　正因为如此，本应使人崇拜敬畏的武圣之庙，成了宋人随意品评的对象，陪
祀、从祀诸将忽进忽退、忽升忽降，几同儿戏，这就侵害了其严肃性、权威性。
早在宋初时，朝臣梁周翰即向当政者反映：即使圣人如周公、孔子者，也不能尽
善尽美、始终如一，所以不能去苛求武庙从祀的武将。他指出，若随意变更，
"吹毛求异代之疵，投袂忿古人之恶，必使时情顿惑，窃议交兴"，最终将影响
武成王庙"劝激戎臣"的目的。② 但其建议未被接受。之后，维护武庙地位的呼
声便消失殆尽。

　　就吕尚本身的形象而言，自唐代已被认为存在诸多缺陷。特别是吕尚作为殷
臣，却佐周灭商，以此"不忠"的行为难免受到后世帝王与儒士的诟病。与传
说中的战神蚩尤相比，吕尚在威武暴烈上也有些相形见绌。传说中的蚩尤，兽身
人面，铜头铁额，其好战彪悍的"战神"形象，长期受到武人的崇拜，被视为
可以激励军兵浴血奋战的神祇代表。因而，吕尚虽被看作兵家鼻祖，其事迹和著
述（皆为伪托）只留下诡诈奇计的印象，不仅文人不视之为"圣"，认为无法与

---

① 司马光：《资治通鉴》卷213《唐纪二十九》，开元十九年三月丙申，中华书局，1956，第
　　6795～6796页。
② 《宋史》卷439《梁周翰传》，第13000～13002页。

文圣孔子相提并论，武人似乎亦不能从中汲取武勇之力。所以宋代将帅出征时，往往不是去告祭武成王庙，而是祭祀蚩尤，希望这位能呼风唤雨的战神保佑军队取得胜利，此即军礼之首的"祃祭"的内容之一。① 由此，武成王庙在宋代就逐渐成为摆设，并直接导致其地位在后世的沦丧。

如所周知，关羽以其忠义、坦荡的形象在民间得到广泛的崇拜，其忠心不事二主的品格更受到后世统治者的青睐。因此，关羽在宋代以后就渐渐取代了吕尚的地位，明朝时的关羽庙已经成为事实上的武庙，关羽也被树为新一代的武圣。

洪武二十年（1387），明太祖下诏：罢武成王旧庙，去其王号，令吕尚从祀帝王庙。② 这样在中国古代延续六百多年的武成王庙，随之消亡于国家礼制之中。到清朝时，已有学者讥讽武成王庙"几同淫祠"，③ 可见其沦落到民间祠庙的境地，并受到士人的轻视。

综上所述，在宋代朝政路线与主流意识观念的影响下，武成王庙从纯粹象征武学与武功的代表，逐渐演化为文德和儒学标志的文宣王庙之附庸，其地位遂不断下降，并影响后世，由此则折射出宋代不同于以往的时代特征。

原刊《中国史研究》2012 年第 2 期

---

① 《宋史》卷 121《礼志二十四》，第 2829 页。
② 申时行：《明会典》卷 91《礼部四十九》，中华书局，1989，第 517 页。
③ 秦蕙田：《五礼通考》卷 123，影印文渊阁《四库全书》本，第 137 册，第 974 页。

宋代枢密院司法事权考述

张 明

摘　要：枢密院作为宋代最高军事机构，具有军事司法监督与审判职能。一般军人的流、死罪案件以及疑难案件，枢密院有审查覆核之责；军官案件则须枢密院覆奏定判。尽管宋代统治者会在战时或平时军事审判中赋予相关军事官司必要的便宜权，以保障局部军队刑政的令行禁止，但是其主旨精神是高度维护日常军事审判秩序，谨慎权衡集权与便宜之间的关系。宋代统治者正是通过枢密院的司法事权强化对军队的绝对领导，从法制层面切实促进了中央军事集权的效果。

关键词：宋代　枢密院　司法事权

作为宋代最高军事领导机构，枢密院掌管兵籍、军队之教阅、招补、拣汰、俸给、升迁、换官及制定有关军事法规和赏功罚过等事，[①] 具有军事司法监督和审判案件的职能。学界关于宋代枢密院问题的探讨，主要集中在枢密院长贰身份的变化、枢密院与宰相机构的关系，以及枢密院在中枢决策体系中权势的演变等方面，[②] 对其司法权力的研究尚显不足，唯有香港学者梁天锡《宋枢密院制度》

---

① 《宋史》卷 162《职官志二·枢密院》，中华书局，1985，第 3797 页。

② 参见陈峰《北宋枢密院长贰出身变化与以文驭武方针》，《历史研究》2001 年第 2 期；傅礼白《宋代枢密院的失势与军事决策权的转移》，《史学月刊》2004 年第 2 期；黄洁琼《论宋代枢密使之势衰》，《哈尔滨学院学报》2007 年第 6 期；李全德《唐宋变革期枢密院研究》，国家图书馆出版社，2009；田志光《试论北宋前期宰辅军事决策机制的演变》，《史林》2011 年第 2 期；田志光《试论宋仁宗朝宰相兼枢密使之职权》，《史学集刊》2011 年第 5 期；田志光《北宋中后期"三省—枢密院"运作机制之演变》，《史学月刊》2012 年第 3 期；等等。

涉及宋代枢密院的部分司法职能。① 本文拟在爬梳宋代枢密院与中央、京畿及地方军事司法机构之间的司法管辖关系及其演进的基础上，考察枢密院司法事权诸层面，并观照宋代统治者在军事司法集权与便宜之间的态度与做法，以期窥知宋代军制设计理念之一端。

一 枢密院的司法部门与人员

宋代枢密院设有专门的司法部门与人员，掌理具体司法事务。宋初，枢密院无刑房。宋神宗熙宁四年（1071），枢密院始置刑房，"选三班内晓法者一人为主事"。② 元丰二年（1079），神宗曾手诏大理寺：本寺勘鞫案件"断讫徒以上，旬具犯由申中书、枢密院刑房"。可知，枢密院刑房一度具有审验大理寺狱徒罪以上案件的职责；一年之后，此责方转归纠察在京刑狱司。③ 元丰改制，枢密院又置广西房，"掌行招军捕盗赏罚"。④ 宋孝宗乾道六年（1170），枢密院依旧制并为兵、吏、礼、刑、工五正房。《宋会要辑稿》载有当时枢密院刑房、兵房的具体司法职掌。

> 刑房，应诸军统兵官以下至使臣，并校副、尉、将校、祗应、效用、军兵断案。陕西、河东路蕃官、蕃部犯罪特断。诸路州军，应厢、禁军断案。武臣功赏过赎，两省内臣磨勘、功过、叙用。应诸军官兵叙复官资、牵复职任。诸路招捕盗贼、收捉诸军逃走人。本院人迁补、本院客司迁补、三衙人吏迁补出职、诸路帅司人吏出职补授。诸处关申通知条贯、宣旨库编类本院革弊指挥。⑤

---

① 梁天锡：《宋枢密院制度》，台北：台湾黎明文化事业股份有限公司，1981。该书"职掌篇"第一章"军队之编制与管理"之第九节"刑禁"（第577~588页）论及宋代枢密院的部分司法职能，但囿于论证形式主要以资料罗列为主，加之史料运用有限，所以未能对宋代枢密院司法事权进行系统深入考察。

② 徐松辑《宋会要辑稿》职官六之五，中华书局，1957，第2499页。

③ 李焘：《续资治通鉴长编》（以下简称《长编》）卷296，元丰二年正月戊子，中华书局，2004，第7199页。

④ 《宋史》卷162《职官志二·枢密院》，第3798页。

⑤ 《宋会要辑稿》职官六之一五，第2504页。

兵房……诸军并诸路州军禁军副都头已上功过赏罚……①

据《皇宋中兴两朝圣政》卷5，建炎三年六月癸酉记载可知，枢密院一般置检详官二员、编修官四员。② 这些属官不仅在院处理司法事务，也会外出调查案件，奉命推勘。如，宋神宗元丰二年，枢密院检详官范育奉神宗皇帝之命，赴环庆路调查岷州团练使高遵裕等人案件，"还具奏其状"，神宗"因命育推勘"。③另据《续资治通鉴长编》卷185记载，宋仁宗嘉祐二年，枢密副使田况曾奉命提举修殿前、马、步军司编敕。④ 因而到宋神宗熙宁八年，鉴于"军政事重"，遂依"仁宗时命枢密使田况提举"故事，诏枢密使陈升之提举修马军司敕。⑤又，熙宁九年，因"诏令数易"，诏："自今应删立海行条贯，专委官详定讫，中书、枢密院同进呈取旨，类聚半年一覆奏颁行。事应亟行者，取旨，中书委检正五房并本房检正与制敕库官，枢密院委都副承旨并本房检详提举宣旨库官司详定。"⑥ 可见，枢密院长贰及属官还有总领三衙编敕、详定海行编敕等司法职责。

为了确保枢密院的司法效能，宋廷对枢密院人吏有试断案或试刑法之制。宋哲宗元祐六年（1091），诏枢密院人吏"并许依旧法，三年一试断案，次第推恩"。⑦ 元符元年（1098），从刑部言，枢密院吏"三年一次许试刑法"。⑧

枢密院有覆审军人案件的司法权力，下文将予以详论。除此之外，枢密院有时也直接开庭审判军事案件。如，宋真宗咸平六年（1003），西上阁门使、康州刺史、保州威虏静戎军沿边都巡检使李继宣在对辽战役中，"虽日出游骑侦贼势，屡徙寨而未尝出战"，"乃诏还，令枢密院问状"。⑨ 宋仁宗康定元年（1040），宋廷令御辇院拣下都辇官为禁军。辇官千余人，"携妻子遮宰相、枢密使喧诉"，诏枢密院"推鞫以闻"。⑩ 宋哲宗元符三年，潍州团练使王赡"贪功生

① 《宋会要辑稿》职官六之一三、一四，第2503页。
② 《皇宋中兴两朝圣政》卷5，建炎三年六月癸酉，北京图书馆出版社，2007，第2册，第29页。
③ 《长编》卷298，元丰二年五月己巳，第7240页。
④ 《长编》卷185，嘉祐二年五月癸未，第4478页。
⑤ 《长编》卷260，熙宁八年二月乙丑，第6331页。
⑥ 《长编》卷276，熙宁九年六月辛亥，第6752页。
⑦ 《长编》卷468，元祐六年十二月丁巳，第11181页。
⑧ 《长编》卷495，元符元年三月壬子，第11766页。
⑨ 《长编》卷55，咸平六年六月癸酉，第1202~1203页。
⑩ 《长编》卷127，康定元年五月己未，第3010页。

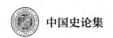

事，招诱羌酋，收复穷远之地"，"几陷两路军马"，即为枢密院勘罪。① 宋高宗绍兴二年（1132），临安界内有军人强占民舍，宋廷即令临安府收捉，送枢密院从重断遣。② 宋真宗大中祥符二年（1009）设置纠察在京刑狱司的诏书中，虽未阐明该司与枢密院之间的司法关系，③ 但据宋仁宗嘉祐四年七月纠察刑狱刘敞奏言，可知纠察在京刑狱司设立后，枢密院亲自审理的案件也需经其录问。刘敞的上奏，缘于嘉祐四年七月之前，枢密院鞫治案件一度不需报纠察在京刑狱司录问，所谓"近例，凡圣旨、中书门下、枢密院所鞫狱，皆不虑问"。刘敞就此接连论列，认为此乃"废条用例"，"未见所以尊朝廷，审刑罚"，应"自今一准定格"。宋仁宗予以恢复，命"著为令"，④ 即枢密院所鞫案件仍需送纠察司审察，方可定判结案。在此需要特别说明的是，枢密院交付纠察在京刑狱司虑问的案件，仅指其开庭审判者，而不包括其覆审案件。

二　枢密院对军人案件的覆审之权

宋代枢密院可以直接开庭审判军事案件，对于军人流、死案件以及疑难案件更有审查覆核之责。

（一）对军人流罪案件的覆核

在京军人案件，通常归三衙审判，北宋开封府，南宋临安府亦得受理。⑤ 如前所述，宋真宗大中祥符二年特置纠察在京刑狱司，规定包括三衙、开封府在内的京师刑禁之处，所判决的徒罪以上案件须供报纠察在京刑狱司审查。⑥ 至大中祥符五年，宋廷又"诏法寺，取开封府、殿前、侍卫、军头司等处见用宣敕，凡

①　陈均：《皇朝编年纲目备要》卷25《哲宗皇帝》，中华书局，2006，第626～627页。

②　《宋会要辑稿》刑法二之一〇九，第6550页。

③　《宋大诏令集》卷161《官制二·置纠察在京刑狱诏》（中华书局，1962，第610页）大中祥符二年七月丁巳记载："其御史台、开封府，在京应有刑禁之处，并得纠举。逐处断徒已上罪，于供报内未尽理及淹延者，并追取案牍，看详驳奏"；又据《宋会要辑稿》职官一五之四四（第2719页）记载：大中祥符二年七月十九日，"诏应在京府刑狱司局，每日具已断见禁轻重罪人因由供纠察司。其殿前、马、步军司徒已上亦依此供报"。

④　《长编》卷190，嘉祐四年七月庚申，第4581页。

⑤　参见张明、陈峰《宋代军事审判管辖问题考论》，《人文杂志》2007年第5期。

⑥　相关史料见上文，此不赘引。

干配隶罪名，悉送枢密院，详所犯量行宽恤，改易配牢城罪名；内军人须合配者，并降填以次禁军，及本城诸色人情重须配者，量所犯轻重，更不刺面，配定官役年限，令本处使役"。① 可知，三衙、开封府审理的军人流罪案件，不仅要接受纠察在京刑狱司的监察，还要上呈枢密院覆核定判。也就是说，枢密院对在京军人流罪案件有覆核之责。

宋真宗至宋仁宗时期，三衙审判管辖权限发生变化，其所判唯军人死刑案须经纠察在京刑狱司、枢密院审核，而流配案已不必再报纠察在京刑狱司、枢密院过问，即可判决。② 因此，在宋神宗熙宁三年发布的诏令中，仅强调三衙死刑案须"送纠察司录问"。③ 在此需要说明的是，三衙所判的流罪案虽然判决之前已不须枢密院覆核，但是判决之后会接受枢密院的事后审验。④

不仅是京城，宋代各地已判流刑的军人犯罪，枢密院也有责覆核审定。宋真宗景德三年（1006），枢密院奏："诸路部送罪人赴阙者，军头司引对，颇为烦碎。望止令本司依例降配。"宋真宗说："朕虑其间或有冤滥及情理可矜者，宜令银台司自今取审状送枢密院进拟，付司施行，其涉屈抑者，即令引见。"⑤可知宋真宗对于地方军人流罪案的态度极为谨慎：在枢密院深感"军头司引对，颇为烦碎"而奏请"望止令本司依例降配"之时，宋真宗明示枢密院必

---

① 《宋会要辑稿》刑法四之六，第6624页。
② 《长编》卷60，景德二年六月壬寅（第1348页）记载，是日，宋真宗诏三衙："自今除逮捕证佐悉如旧制，军人自犯杖罪以下，本司决遣；至徒者，奏裁。"诏令明确界定了三衙的司法权限，即禁军杖刑以下罪由三衙审决，徒刑以上罪则须上奏朝廷裁断。然据《长编》卷430，元祐四年七月丁酉（第10405页）记载，殿中侍御史孙升言及三衙审判管辖权："恭惟祖宗深得治军之法，设三卫管军之官，付以流配之权，自非死刑，不付有司按覆。"可知三衙有流配之权，唯军人死罪案须有司覆核。另《长编》所载宋仁宗朝的两则案例，也说明此时三衙确有决配禁军的司法权力。案例一：《长编》卷156，庆历五年闰五月丙戌（第3777页）载，庆历五年（1045），"上祀南郊，有骑卒亡所挟弓"，步军副都指挥使李昭亮以为"宿卫不谨，不可贷"，遂将其配隶下军；案例二：《长编》卷190，嘉祐四年七月己酉（第4579~4580页）载，嘉祐四年（1059），"有禁卒妻男皆为人所杀"，殿前副都指挥使许怀德"以其夫为不能防闲，谪配下军"。综之可见，三衙的审判管辖权限在宋真宗至宋仁宗时期应该有所变化，即由审决禁军杖以下罪扩大为断决流配之罪。由于缺少相关史料，三衙审判权变动的具体时间已无从可考。
③ 《宋会要辑稿》职官三二之五（第3008页）记载："神宗熙宁三年八月十八日，令殿前、马、步军司，今后大辟罪人并如开封府条例，送纠察司录问。"
④ 这一观点，是笔者根据后文对于枢密院死刑覆奏权的探讨，以及对于宋代军事司法制度特点的了解而做出的谨慎推测。由于相关史料阙如，该观点有待史料进一步的发现和论证。
⑤ 《长编》卷63，景德三年七月丁巳，第1412页。

须加强对此类案件的司法监督。之后的宋代统治者，贯彻了这一慎刑态度。如，宋神宗元丰三年，诏："今后应刺面军吏、公人等，并枢密院施行。"① 宋哲宗元符二年，诏："禁军犯罪，除班直外，枢密院批降指挥，移降特配，更不取旨。"②

（二）对军人死刑案件的覆奏

宋代对死刑判决极其审慎。在京军人死刑案件，须经枢密院覆核，上奏皇帝取旨批准之后，方可执行。宋真宗大中祥符二年，诏："自今开封府、殿前、侍卫军司奏断大辟案，经朕裁决后，百姓即付中书，军人付枢密院，更参酌审定进入，俟画出，乃赴本司。其虽已批断，情尚可恕者，亦须覆奏。"③ 但在宋仁宗时期，枢密院曾札下开封府，令"军人犯大辟无可疑者，更不以闻"，即案情确凿、无疑难的军人死刑案件，无须经枢密院覆奏，便可行刑。宋仁宗得知后，出于"重人命"考虑，于至和元年九月下诏开封府加以纠正，"自今凡决大辟囚，并覆奏之"。④ 至是，在京军人死刑案必须覆奏。宋神宗熙宁三年，宋廷又要求殿前、马、步军司，"今后大辟罪人并如开封府条例，送纠察司录问"。⑤ 即京师军人死刑案在呈枢密院覆奏之前，还须送纠察在京刑狱司审查。

宋代地方军人死刑案件，在宋真宗大中祥符五年之前，只录案刑部，不覆奏；在大中祥符五年五月之后，必须上枢密院覆核。该年五月，"诏诸路部署司，科断军人大辟者，承前旨不上奏，止录案申刑部，自今具犯名上枢密院，覆奏以闻"。⑥ 据此可作一推断，宋代枢密院覆核军人死刑案，应是由京师推广到诸路的。

南宋初年，地方军事司法十分混乱。针对这种形势，宋廷先罢各地诸军淫刑。宋高宗建炎二年（1128），诏："自今士卒有犯，并依军法，不得剜眼刳心，过为惨酷。"⑦ 时隔不久，宋廷就着手恢复祖宗旧制，明令非战时军人死刑案件

---

① 《长编》卷309，元丰三年闰九月庚戌，第7498页。
② 《长编》卷515，元符二年九月辛丑，第12237页。
③ 《宋大诏令集》卷201《刑法中·大辟经裁决后付中书密院参酌诏》（大中祥符二年正月戊辰），第746页。
④ 《长编》卷177，至和元年九月丁丑，第4281页。
⑤ 《宋会要辑稿》职官三二之五，第3008页。
⑥ 《长编》卷77，大中祥符五年五月己丑，第1766页。
⑦ 《建炎以来系年要录》卷16，建炎二年七月戊子，中华书局，1956，第338页。

必须经枢密院覆核取旨。建炎三年，诏："将帅非出师临阵，毋得用刑。即军士罪至死者，申枢密院取旨。"① 通过强化枢密院对军人案件的司法监督，宋廷再度将军人死刑案件的判决执行权收归中央。

（三）对军人疑难案件的覆审

除了军人流罪案外，枢密院对军人流罪以下的疑难案件，亦得覆核。如，宋仁宗天圣七年（1029），御马直于荣"鬻自制紫衫"，被开封府"以军号法物定罪"。② 宋代军法禁止军人典卖军事装备，依开封府的定罪，于荣案应量及杖刑，未至流、死。③ 但此案因罪名与实际犯罪情节的名实不符，即"紫衫荣所自制，非官给，难以从军号法物定罪"，④ 遂以疑难案件的形式接受了枢密院的覆审。又如，宋哲宗元祐四年，诏："禁军公案内流罪以下，情法不相当而无例拟断，合降特旨者，令刑部申枢密院取旨。"⑤ 枢密院通过审核军人重罪、疑难案件，大大加强了对军事审判的监控力度。

三　枢密院对军官案件的覆奏之权

宋代军官案件无论大小，各级机构通常无权处置，须具案奏裁。⑥ 根据涉案军官的职务高低及罪情轻重，宋廷会将案件交由相应的司法机构受理；在官司审

---

① 《建炎以来系年要录》卷22，建炎三年四月己酉，第465页。
② 《长编》卷108，天圣七年十月丁未，第2525页。
③ 《宋会要辑稿》刑法七之九、十（第6738页）记载，宋仁宗天圣七年（1029），宋廷裁定诸军衣装、军号法物的规格与数量，并立法："自今诸军兵士将军号法物转卖、典当者，并依至道元年并大中祥符七年六月二十四日敕，从违制本条定罪；若将衣赐制造到随身衣物非时破货典卖，即依天禧四年四月二十五日敕，从不应为重杖八十上定断。"
④ 《长编》卷108，天圣七年十月丁未，第2525页。
⑤ 苏辙：《栾城集》卷46《论边防军政断案宜令三省枢密院同进呈札子》，《苏辙集》，中华书局，1990，第806~807页。
⑥ 《宋会要辑稿》刑法三之四九（第6602页）记载：宋太宗太平兴国八年（983）八月二十日，"诏今后勘诸司使副、供奉官、殿直等案，内须具出身、入仕、因依。法寺断罪，亦取敕裁"。又据《宋会要辑稿》职官二四之三七（第2910页）记载：宋孝宗淳熙十三年（1186）十月二日，臣僚言及军中行政，"若军人，则多有名目在法，下班祗应（引者注：'应'原作'罪'，按下班祗应为宋代无品武阶官，据改）以上，犯罪不论轻重，必具案闻奏"。守阙进勇副尉、进勇副尉、守阙进义副尉、进义副尉、下班祗应、进义校尉、进武校尉等，是宋高宗绍兴改名后无品武阶官的升迁资级。可知到了南宋时期，即便是无品的小武官犯罪，也必须上奏。

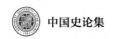

结军官案件之后，必须申报枢密院、三省取旨，方可定判。也就是说，枢密院对军官案件拥有覆奏之权。

宋神宗元丰改制前，文臣等罪案归中书，武臣等罪案归枢密院，所谓"文臣、吏民断罪公案并归中书，武臣、军员、军人并归密院"。① 熙宁八年右侍禁陈吉案审判环节中出现的问题，足以印证枢密院对于军官案件的覆奏之责。是年，陈吉"押盐纲稽留"，三司不申枢密院听旨，"辄牒发运司依所申及牒三班院照会"。就三司官吏不报枢密院取旨的失当行为，宋廷令开封府劾罪。② 熙宁十年的诏令亦强调："内外责降官，侍从之臣委中书，宗室委大宗正司，武臣委枢密院，具元犯取旨。"③ 元丰元年万州刺史全信"乞取本班长行卫旦钱物"案，即是由大理寺审判，经枢密院奏闻，宋神宗圣旨裁定。④

鉴于中书、枢密院"轻重各不相知"，宋神宗元丰五年改官制时，命"凡断狱公案，并自大理寺、刑部申尚书省，上中书取旨"。即官员案件无论文武，均由三省覆奏。这样，便一度剥夺了枢密院对军官案件的司法知情权和处置权。苏辙盛赞此举"自是断狱轻重比例，始得归一，天下称明焉"。⑤ 到了宋哲宗元祐时期，宋廷逐步放开了对于枢密院司法事权的限制。元祐五年七月，枢密院言："诸路主兵官及使臣等犯法，下所属鞫治，及案到大理寺论法，乃上尚书省取旨。虑有元犯情重，或事干边防，合原情定罪者，既元自枢密院行下，当申枢密院取旨。"宋廷从之。⑥ 于是，由枢密院行下的案件，申枢密院取旨。同年十月四日，诏："应官员犯罪公案，事干边防军政，并令刑部定断，申枢密院取旨。"时隔 25 天，即十月二十九日，宋廷便对十月四日诏令加以补充和限定，诏："应官员犯罪公案，事干边防军政，文臣令刑部定断，申尚书省，武臣申枢密院。"⑦ 至此，枢密院对于军官案件的司法管辖权，基本恢复到元丰五年改制之前。

针对宋廷这一系列扩大枢密院司法事权的动作，御史中丞苏辙于元祐五年十

① 《栾城集》卷 46《论边防军政断案宜令三省枢密院同进呈札子》，《苏辙集》，第 806 页。又见《长编》卷 453，元祐五年十二月丁巳，第 10873 ~ 10874 页。

② 《长编》卷 271，熙宁八年十二月辛卯，第 6636 页。

③ 《长编》卷 286，熙宁十年十二月甲申，第 6996 页。

④ 《长编》卷 293，元丰元年十月乙卯，第 7153 页。

⑤ 《栾城集》卷 46《论边防军政断案宜令三省枢密院同进呈札子》，《苏辙集》，第 806 页。

⑥ 《长编》卷 445，元祐五年七月丁酉，第 10711 页。

⑦ 《栾城集》卷 46《论边防军政断案宜令三省枢密院同进呈札子》，《苏辙集》，第 807 页。

一月、十二月先后两次上章论列，认为"刑政大柄，非密院所得专"，"令枢密院得专断官吏，已系侵紊官制"，①且"断狱不归一处，其间必有罪同断异，令四方疑惑"，请求回归宋神宗元丰五年旧制，断罪公案并归三省，其事干边防军政者，令枢密院同进呈取旨，"如此则断狱轻重，事体归一，而兵政大臣，各得其职，方得稳便"。②次年二月，宋廷最终采纳苏辙建议，诏："文武官有犯同案，事干边防军政者，令刑部定断，申尚书省，仍三省、枢密院同取旨。"③即在充分贯彻元丰五年旧制核心精神的基础上，折中了元祐五年十月诏令内容，与文官同案且情涉国防的军官奏案，枢密院须与三省协同取旨。元符二年熙河兰会路、秦凤路文武官"妄增首级，冒受功赏"案，就由枢密院、中书省共同上奏取旨。④

　　在此，需要厘清枢密院于军官奏案方面司法事权的演变轨迹。元丰改制之前，枢密院拥有独立的军官奏案受理权；元丰五年改官制，完全将枢密院剥离于军官案件上奏程序之外；而到元祐五年十月四日，将事干边防军政的官员案件，统交由枢密院一司负责上奏取旨。至此，枢密院专掌武臣，乃至包括文臣在内的涉及边防军政案件的审判权。这一权力的赋予，使得枢密院的司法管辖范围触及文臣；单就此方面而言，其时枢密院的司法权能已超过了元丰改制之前。随后，在台谏官的施压下，宋廷于元祐五年十月二十九日、元祐六年二月连颁诏令，旨在限制日益扩大的枢密院司法权力：先是紧急修正了元祐五年十月四日诏令内容，将事关边防军政的文官案件交付尚书省，仅保留了枢密院对于武臣案件的审理权；而后枢密院这一独立司法管辖权也被收回，宋廷在强调枢密院与三省之间沟通与协作的名义下，诏命武官与文官同案案件由二者共同受理，这样便将枢密院该方面司法职能的行使置于三省的制约之下。从元丰五年针对军官案件的司法事权被剥夺，到元祐五年起的逐渐恢复，再到元祐五年十月四日的反超，其后又有元祐五年十月二十九日的回落、元祐六年二月的限制，十年间枢密院司法管辖权限经历了最为跌宕的调整变动期。

　　南宋初年，统治者在非常局势之下努力恢复前朝各项制度。随着立国形势的

① 《长编》卷450，元祐五年十一月乙丑，第10811页。
② 《栾城集》卷46《论边防军政断案宜令三省枢密院同进呈札子》，《苏辙集》，第807页。又见《长编》卷453，元祐五年十二月丁巳，第10873～10874页。
③ 《长编》卷455，元祐六年二月己亥，第10906页。
④ 参见《长编》卷507，元符二年三月乙丑，第12085～12089页。熙河兰会路、秦凤路文武官冒赏案案情如下：宋哲宗元符元年（1098），熙河兰会路经略判官钟传统领两路大军出界，讨荡白草原，实斩获290首级，却奏斩获3520首级，其中虚冒3230首级。

逐渐明朗，以及朝廷地位的日渐稳固，南宋统治者开始逐步控制诸将日益膨胀的权力，其中至关重要的一环便是防止诸将以杀立威，收其"专杀"之权。继建炎三年责成诸将必须将军人死刑案申枢密院取旨，① 绍兴五年又诏命诸路必须将军官案件申枢密院覆奏。② 关于绍兴五年的这条诏令，较之《建炎以来系年要录》，《宋会要辑稿》所载内容更能反映出时局下中央与诸路大将间的微妙关系。诏令中宋廷先是充分肯定了诸路大将功绩；然后婉转提出朝廷的顾虑，所谓"尚虑本军偏俾将佐不能遵守诸帅约束，非因行军，用刑过当"，遂要求诸将"依条断遣"士卒，"有官人"则须具案情申枢密院处置，"不得故为惨酷，因致杀害"，而又深恐诸将因之多心，不明"朝廷责任事功之意"，于诏令结尾处重申战时诸将的临机制变之权。③ 对于此诏背后更为深刻的用意，南宋史家李心传一语道破："此指挥虽云为偏裨设，然令径申密院，则是大帅亦不得专杀也。朝廷指挥不得不尔。"④ 该诏令正是以语气委婉但又意旨明确的方式，通过要求军官案件必须报枢密院覆奏定判，再度将军官案件的判决权收归中央。

至宋孝宗淳熙十三年（1186），枢密院适度向大理寺下放了军官案件的部分司法权限。起因在于自淳熙五年之后，军民纠纷案件由大理寺受理。在审判过程中，百姓立判，"随所抵罪受杖而去"；军人则"犯罪不论轻重，必具案闻奏"，以致结案拖延，"动辄逾月"。故淳熙十三年从臣僚奏请，军官杖一百以下罪，大理寺可在知会枢密院的前提条件下"径行决遣"；军官徒罪以上，仍须按照旧制经枢密院奏案。⑤

四　集权与便宜：枢密院与各级军事司法官司之关系

宋代高度重视中央军事集权，特别是以严控和限制各级官司军事司法管辖权

---

① 李心传：《建炎以来系年要录》卷22，建炎三年四月己酉，第465页。
② 《建炎以来系年要录》卷85，绍兴五年二月戊子，第1400页；《宋会要辑稿》刑法七之三六、三七，第6751~6752页。
③ 《宋会要辑稿》刑法七之三六、三七（第6751~6752页）记载："（引者注：绍兴）五年二月十四日，诏：朝廷攘却寇盗，皆将帅之力。理须恩威兼济，使人悦服，竭节效命。自顷戎虏荐至，赖二三大帅体德意，抚驭士卒，果获其用。尚虑本军偏俾将佐不能遵守诸帅约束，非因行军，用刑过当。自今本将、本队士卒有犯，依条断遣问当。有官人，具情犯申枢密院量度事因，重行编置。即不得故为惨酷，因致杀害。务要士卒悦服，庶使主帅仰副朝廷责任事功之意。如遇教阅、行军，合依自来条例施行。"
④ 《建炎以来系年要录》卷85，绍兴五年二月戊子，第1400页。
⑤ 《宋会要辑稿》职官二四之三七，第2910页。

的方式，强化中央对军队的绝对领导与监督。但是值得注意的是，并非所有的军人流、死刑案及军官案件均须枢密院覆核。

在战时及紧急状况下，宋代军事司法官司会被赋予必要的事权。宋制，"大将每出讨，皆给御剑自随，有犯令者，听其专杀；兼置随军赏给库，或付空名宣符，有立功者听大将便宜爵赏，不待中覆"。① 这类立法与案例不胜枚举，此处试举几例。宋仁宗皇祐四年（1052），广源蛮首领侬智高反宋，仁宗任命狄青为荆湖北路宣抚使、提举广南东西路经制贼盗事，诏"广南将佐皆禀青节制"。② 次年，狄青以此权军前斩杀广西钤辖陈曙以下 32 名败军将校。③ 宋高宗建炎三年，知枢密院事、宣抚处置使张浚奉命主持川陕战场，宋高宗"许浚便宜黜陟"，并亲作诏赐之。④ 宋金富平之战后，张浚行便宜之权，斩同州观察使赵哲于邠州，责明州观察使刘锡为海州团练副使，合州安置。⑤ 绍兴十年，金军再攻川陕，宋廷诏川陕宣抚副使胡世将依"昨张浚所得指挥"，军前合行便宜黜陟。⑥ 宋金青溪之战后，胡世将斩统制官曲汲；⑦ 泾州之战后，胡世将责统制樊彦贷命，追夺其身官爵，统制王喜降十官，皆押赴本军自效。⑧

在日常的军队管理中，宋廷也会针对某种军事犯罪行为颁布诏令，赋予官司死刑执行权。如，宋太宗至道二年，诏："自今沿边城寨诸军，内有故自伤残、冀望拣停者，仰便处斩讫奏。"⑨ 宋真宗咸平五年，诏："陕西振武军士逃亡捕获，曾为盗及情理蠹害罪至徒者，所在处斩讫奏。"⑩ 宋仁宗庆历三年（1043），诏广南转运司："诸配军有累犯情涉凶恶者，许便宜处斩以闻。"⑪ 宋神宗元丰五年，诏鄜延路经略司："闻缘边防拓将下士卒颇有逃归者，勘会是实，严行收

---

① 《武经总要》前集卷 14《赏格罚条》，《景印文渊阁四库全书》第 726 册，台湾商务印书馆，1986，第 451 页。

② 《长编》卷 173，皇祐四年九月庚午，第 4174 页；《长编》卷 173，皇祐四年十月辛巳，第 4175～4176 页。

③ 《长编》卷 174，皇祐五年正月己酉，第 4190 页。

④ 《建炎以来系年要录》卷 23，建炎三年五月戊寅，第 481 页。

⑤ 《建炎以来系年要录》卷 38，建炎四年十月庚午，第 717 页。

⑥ 《建炎以来系年要录》卷 135，绍兴十年四月庚子，第 2174 页。

⑦ 《建炎以来系年要录》卷 136，绍兴十年六月甲子，第 2185 页。

⑧ 《建炎以来系年要录》卷 136，绍兴十年闰六月甲申，第 2191 页。

⑨ 《宋会要辑稿》刑法七之一，第 6734 页。

⑩ 《长编》卷 53，咸平五年十一月壬子，第 1164 页。

⑪ 《宋会要辑稿》刑法四之二一，第 6632 页。

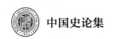

捕，为首人凌迟处斩，余并斩讫，具人数以闻。"① 在《欧阳修文集》中，还载有这样一则案例：

> 右臣访闻岢岚军昨于四月中捉获逃走万胜长行张贵、虎翼张贵、李德等三人，并系禁兵。本军勘正法司检用编敕："禁军料钱满五百文，逃走，捕捉获者，处斩讫奏。"其张贵等，并依法处斩讫。②

岢岚军即是依照朝廷法令，对其捉获的逃亡禁军先斩后奏。

此外，对于一些特殊地区，宋廷还会在日常军事审判中授予其便宜之权。如，由于"所部去朝廷远"，川峡地区的钤辖司被获准"事由便宜裁决"，③ 对辖区内的禁军犯罪拥有相对较大的审判管辖权限。宋仁宗皇祐元年，两浙转运司请求"自今杭州专管勾一路兵马钤辖司事，如本路军人犯法，许钤辖司量轻重指挥"，④ 得到批准。这样，杭州钤辖司亦得便宜审决禁军案件。

要之，作为宋代最高军政领导机构，枢密院虽然拥有对一般军人重罪案件、疑难案件，以及军官案件的覆核、覆奏之权，但各级军事司法官司一旦获得便宜之权，遂不须经由枢密院，即可实现对涉案人员的司法处置。宋代统治者一方面将枢密院对各类军人案件的有效司法监督，作为保障和实现中央军事集权的重要手段；另一方面在战时以及日常军事审判中，又通过赋予前线将帅和各级军事司法官司便宜之权的方式，来确保局部军事刑政的令行禁止。

如所周知，自立国以来，强烈的防弊心理促使宋代统治者不断加强君主专制中央集权，严控军权，赐予各级军事官司的"便宜"之权终究与强化中央军事集权的主旨相抵触，因而在军事司法的集权与便宜之间，统治者一直努力探寻着最稳妥的契合点。宋仁宗天圣五年四月枢密院的一份上奏，便充分反映了统治者在集权与便宜之间慎重权衡的态度。

> （引者注：天圣）五年四月，枢密院言："诸归远指挥系杂犯配军人拣

---

① 《长编》卷 323，元丰五年二月庚午，第 7788 页。

② 欧阳修：《欧阳修全集》卷 115《米光濬斩决逃军乞免勘状》，中华书局，2001，第 1742 页。

③ 文彦博：《潞公文集》卷 19《奏议·乞别定益利钤辖司画一条贯》，《景印文渊阁四库全书》第 1100 册，第 698 页。

④ 《长编》卷 166，皇祐元年正月乙卯，第 3982 页。

充。先曾密降宣命，如有赌博、吃酒、劫盗、恐喝不受约束者，便行处斩。
访闻近日军伍渐有伦序，虑其间有因轻罪配军，今来再犯小过，逐处尽从极
断。欲降宣就粮并屯泊州军，如归远节级、兵士不改前非，再作过犯，先详
前犯，如是贷命决配之人又作过者，既依宣命施行；若前罪稍轻、再作过犯
者，止依法决断。仍此宣命不得下司，令长吏慎密收掌。"从之。①

由上述史料可知，宋仁宗时期鉴于诸归远指挥"系杂犯配军人拣充"的特殊构
成，宋廷曾密降宣命，授予当地军事司法官司便宜处斩之权。其后随着形势的发
展，归远指挥"军伍渐有伦序"，枢密院虑及其间会存在配军微罪重罚的情况，
遂奏请宋廷区别对待不同性质的犯罪行为，既有依前宣命从重施行者，又有轻犯
"止依法决断"，并谨慎强调"此宣命不得下司，令长吏慎密收掌"。枢密院的建
议，不仅保持了前宣命"便行处斩"的震慑作用，而且以此宣命维护了日常军
事执法慎刑的基本精神，可谓周密细致，用意深远。又，如前所述，川峡地区钤
辖司拥有便宜裁决禁军犯罪的司法权力。但是，这种"便宜"之权与夺无常、
屡有反复。据《潞公文集》卷19《乞别定益利钤辖司画一条贯》② 以及《续资
治通鉴长编》卷166③ 记载，可知至少在宋仁宗中期，益、利州路钤辖司得便宜
从事，可临机处置本路军人犯法。然而，宋神宗熙宁五年六月利州路发生的一起
禁军案件，则说明这一时期"成都便宜行事法"被宋廷收回。是月，神勇兵杨
进等"谋夺县尉甲为乱"，钤辖司判"配进等沙门岛及广南"，宋廷却下诏"斩
进首送成都府令众，余配沙门岛"。旨意颁降后，宋神宗还对执政道："朝廷改
成都便宜行事法，（引者注：知成都府）吴中复屡乞复行。及杨进结众为变，而
中复乃止刺配之，若付以便宜，不过反是，妄配平人为多，有何所补也。"④ 同

---

① 《宋会要辑稿》刑法七之九，第6738页。

② 《潞公文集》卷19《奏议·乞别定益利钤辖司画一条贯》（《景印文渊阁四库全书》第1100
册，第698页）记载："庆历六年，臣知益州。时属饥馑，列郡多事，贼盗兴起，刑狱淹延，
事稍有疑，例欲奏决。臣勘会得益、利路钤辖司多是承例酌情，便宜区断。寻曾牒辖下州军，
今后勘到合行奏听敕旨公案，且先申当司，以凭相度，其间有别无疑虑，或情轻法重，可以
末减，情重法轻当从严断者，率皆便宜决遣。内有事状必难裁处，方敢奏闻。兼朝廷不以为
非，在川蜀甚以为便。"

③ 《长编》卷166，皇祐元年正月乙卯（第3982页）记载："两浙转运司请自今杭州专管勾一路
兵马钤辖司事，如本路军人犯法，许钤辖司量轻重指挥。从之（宋选为两浙宪，奏请置杭州
钤辖司比益州，得便宜从事）。"

④ 《长编》卷234，熙宁五年六月癸酉，第5687页。

年十月，中书复删定敕文，又一次赋予成都四路①钤辖司断"军人犯罪及边防并机速"②的司法特权。其后，该特权一度又被宋廷夺回。元丰八年，知成都府吕大防奏请予以恢复："川峡军人犯法，百姓犯盗，并申钤辖司酌情断配。"被宋廷采纳。③分析这一地区钤辖司便宜权往复变动的过程，亦足以窥见宋代统治者在收放军事司法权力时的踌躇与审慎。

宋代统治者不仅秉持着对于颁降军事司法便宜权的谨严态度，更是从制度层面妥善规范集权与便宜之间的关系。首先，非常形势下各级军事司法官司被暂时赐予的便宜之权，待局势缓解后就会被宋廷及时收回。如，宋神宗熙宁五年，因"疆事渐宁"，诏鄜延路经略使赵卨赴枢密院，"缴纳先许便宜行事札"。④宋高宗建炎四年七月，诏："诸州守臣自军兴以来得便宜指挥者，并罢。"⑤绍兴三年，川陕宣抚处置使张浚还行在，宋廷随即"罢宣抚司便宜黜陟"。⑥其次，宋廷责命各级军事司法官司在临机裁决军人案件之后，必须依法上奏。宋英宗治平三年（1066），同知谏院傅卞言："乞今后惟诸路帅臣受特旨许便宜从事及军前或临贼战斗，其犯罪之人仍须委实情理不可恕者，方得临时裁处，仍限十日内奏闻。"⑦可知，至少在这一时期，地方军事司法官司便宜处置军事案件后，必须于10日内向中央上奏案情。再者，宋代统治者高度维护日常军事审判秩序，要求平时军事案件的审理必须严格遵循法定司法程序，对于各级军事官司私自处置部下军兵的行为予以严厉惩治。如，宋太宗太平兴国四年（979），沂州防御使张万友决所部军校郭赟致死，被鞫治。⑧宋神宗熙宁九年，殿直、襄·叶·郏县巡检刘永安擅杀"率众卒不推兵器车"士卒年李贵，被大理寺判以死刑，后改为"随军效用，以功赎过"。⑨宋高宗建炎三年，武略大夫、统制官王德擅杀军将陈彦章，被除名、郴州编管。⑩绍兴七年，武功大夫、凤州团练使、殿前司选锋军统领吉俊杖杀辖下私

---

① 成都四路指益、梓、利、夔州路。
② 《长编》卷239，熙宁五年十月庚子，第5820页。
③ 《长编》卷360，元丰八年十月丁亥，第8621页。
④ 《宋会要辑稿》兵十四之三、四，第6994页。
⑤ 《建炎以来系年要录》卷35，建炎四年七月癸卯，第673页。
⑥ 《皇宋中兴两朝圣政》卷13，绍兴三年五月辛巳，第2册，第372页。
⑦ 《宋会要辑稿》兵十四之三，第6994页。
⑧ 《长编》卷20，太平兴国四年四月戊辰，第449页。
⑨ 《长编》卷277，熙宁九年七月癸亥，第6768～6769页。
⑩ 《建炎以来系年要录》卷25，建炎三年七月甲申，第507页。

役军士的修武郎辅于，被降三官。① 宋宁宗庆元六年（1200），太尉郭杲戮27名逃亡戍卒而不敢奏，宋廷得知此事后欲处罚郭杲，然"命未下而杲卒"。②

结　语

宋代统治者对于一般刑事案件，除疑难案件外，始终未将地方官司的死刑终审权收归中央，③ 但是对于军人案件的态度却截然不同。中唐以来，节度使的军事司法权力极大，得"总军旅，颛诛杀"。④ 赵宋建国后，立足于矫枉防弊，对武将权力进行层层削夺与限制，其中一个重要的方面就是严控军事司法权。在逐步实现中央、京畿及地方军事司法机构之间权力周密分配的进程中，宋代最终将军人死、流罪案件的审决权收归中央。枢密院与三衙分掌兵权、地位有序，包括三衙在内的在京军事司法机构审理的军人死、流罪案，须由枢密院覆审定判。当此过程，三衙显然处于枢密院覆核结果的执行者之地位。不仅是京畿，宋代各地已判流刑的军人犯罪，枢密院也有责覆核审定；在宋真宗大中祥符五年之后，地方军人死刑案件同样也必须经枢密院覆核。此外，枢密院还拥有军人疑难案件以及军官案件的覆审、覆奏之权。与此同时，并非所有的军人死刑案均须枢密院覆核，无论在战时还是日常的军事审判中，宋廷会有针对性地赋予各级军事司法官司临机裁决的便宜之权。在集权与便宜之间，宋代统治者不仅有极为谨慎的与夺态度，更有细致稳妥的制度设计；既要维护军事司法活动的正常秩序，又要保证局部军队执法的震慑力与时效性。川峡地区钤辖司便宜权的流变，即体现了宋代统治者探寻这一军事司法权力平衡点的努力。综观宋代枢密院司法事权的演进，统治者正是通过枢密院这些司法事权强化了对军人案件的司法监督，一方面有效地降低了军中冤假错案的出现概率，另一方面则极大地遏制了军官以杀立威的现象，从法制层面切实促进了中央军事集权的效果。

原刊《历史教学》（下半月刊）2017 年第 2 期，本文有增补

---

① 《建炎以来系年要录》卷111，绍兴七年六月甲辰，第1805页。

② 《续编两朝纲目备要》卷6，庆元六年十二月，第107页。

③ 宋代地方一般死刑案件的审理，在元丰改制之前，州级官司即可判决执行；元丰改制后，须报路级提点刑狱司核准才能执行。参见戴建国《宋代刑事审判制度研究》，《宋代法制初探》，黑龙江人民出版社，2000，第225～233页。

④ 《新唐书》卷49《百官志四》，第1309页。

宋代荐举改官文书中的照牒和奏检

胡 坤

摘 要：宋代的选人通过荐举而改秩京朝官，是一个复杂的制度运行过程。荐举改官文书的体式及流转程序，不但反映了荐举改官制度的实际运作过程，同时也能反映出制度在具文与实效之间的割裂。作为宋代荐举改官文书中辅助举状进入文书流转程序的照牒和奏检，一方面是对荐举改官过程中所出现弊病的补救，另一方面则又产生新的弊病，使得荐举改官制度在实际运行过程中，呈现出与制度规定截然不同的面相。

关键词：宋代 荐举 改官 照牒 奏检

学界关于宋代荐举制度的研究，已有不少研究成果。① 这些研究成果厘清了宋代荐举制度的一些基本脉络，不断深化着对宋代荐举制度的认识。随着对宋代荐举制度研究的推进，会发现有关制度施行运作的情况，呈现在眼前的并不是一幅清晰的图景。一些关涉制度细节的问题，仍有仔细探究的必要。例如对荐举文书本身及其在制度运行过程中所起的作用、产生的意义方面，就显得较为薄弱。

---

① 例如金中枢《北宋举官制度研究（上）》，《新亚学报》第 9 卷第 1 期，1969，第 243～298 页；《从司马光十科举士法看北宋的举官制度》，《新亚书院学术年刊》第 9 期，1967，第 75～85 页；梅原郁「宋代銓選のひとこま——薦舉制度を中心に」『東洋史研究』第三十九卷第四號、昭和五十六年、79～114 頁；朱瑞熙《宋代幕职州县官的荐举制度》，《文史》第 27 辑，中华书局，1986，第 67～88 页；曾小华《宋代荐举制度初探》，《中国史研究》1989 年第 2 期；邓小南《宋代文官选任制度诸层面》，河北教育出版社，1993；苗书梅《宋代官员的选任和管理制度》，河南大学出版社，1996。

目前宋史学界愈来愈重视通过文书来观察制度，也出现了不少相关的探讨，① 使得制度史研究呈现出丰富的面相，而今人对宋代制度的认识也有了不同程度的提升。

宋代选人改官的过程中，所涉及的官文书种类繁多。如部符、印纸等俱是此类。但这绝非改官文书的全部。选人通过荐举改官，其核心程序是荐举，举状自然就是这一过程中的核心文书。不过，荐举改官对选人来说是越过选调的必经程序，对于朝廷来说则是遴选中高级官员的重要手段，宋代从制度上也对如何荐举选人改官有着一整套细密的规定。为了使细密的规定在制度运作过程中得以落实，仅凭举主的举状是远远不够的，这就需要有一些辅助举状的文书，共同构成荐举体系中的文书系统，具体说来就是照牒和奏检。

需要说明的是，照牒和奏检的文书体式并不见载于今存之记载、碑刻、传世文书，甚至在有限的史料当中有关照牒、奏检运行程序的记载都相互抵牾，矛盾重重。这些都给今人对照牒、奏检的正确认识造成了很大的障碍。在通过有限的史料记载，对照牒、奏检进行相关研究的过程中，总是有雾里看花、迷雾重重之感。笔者虽对能否"拨云见日"并无把握，然而就照牒、奏检所能反映出的一些问题来看，对深入认识宋代荐举改官制度仍然是有所裨益的，故此也就不惮谬误，勉力为之，以期抛砖引玉，就教于方家学者。

一 "取部示牒照所举者"： 照牒的文书流转及体式

在宋人"谢荐举启"一类的文字中，常会出现诸如："右，某伏准照牒，举某堪充改官亲民任使者"；② "伏蒙照牒，举某堪充县令亲民任使者"；③ "右佺启：准照牒，保举佺充改官亲民任使者"④ 的字样。在"求荐举启"中亦会出现

---

① 如张祎《制诏敕札与北宋的政令颁行》，博士学位论文，北京大学，2009；平田茂树《宋代政治结构研究》，林松涛、朱刚译，上海古籍出版社，2010；邓小南、曹家齐、平田茂树主编《文书·政令·信息沟通：以唐宋时期为主》（北京大学出版社，2012）所刊载的一系列论文。

② 刘才邵：《檆溪居士集》卷9《谢太守举状启》，文渊阁《四库全书》本。

③ 陈渊：《默堂先生文集》卷11《谢太守举状》，《四部丛刊三编》本。

④ 上海市文物管理委员会、上海博物馆编《宋人佚简》，上海古籍出版社，1990。按，"右佺启准"四字与后文分属两页，与"右佺启准"同页前行文字为"门生右文林郎舒州观察支使朱佺"。

诸如："先赐照牒，以慰老怀"；① "先发到照牒，不胜万幸"② 之类的字句。看到这些书启中的记录，不禁使人追问：照牒是一种什么类型的文书？在宋代荐举改官的过程中，它又充当着怎样的角色呢？欲回答这些问题，本文拟从照牒文书的流转及体式两个方面进行探讨。

1. 照牒文书的流转

南宋人钱时所撰乃师慈湖先生杨简"行状"云：

> 先生举贤，不可梯级，取实，知其人，即自举之。剡章既上，然后取部示牒照所举者。尝曰："为国荐贤，吾其职也。而先私照牒于人，且又剡章付之，使自上，此何理乎？"③

在这一段记载中，涉及举状（剡章）和照牒两件文书的运行程序，又通过对杨简所"做"和所"说"，将此两件文书运行的程序分成制度许可的运行程序（杨简的行为或可看作符合制度的文书运行程序）和时下流行的运行程序。根据杨简行状的记载，且不考虑文书运行的其他环节，现用图示将此两种不同的运行程序表示如下。

图1　制度许可的运行程序　　　　图2　流行的运行程序

对于举状的文书流转，另拟专文加以讨论。现就照牒的文书流转，予以正面探讨。

由图1、图2所示，照牒是由举主出具给被举人的官文书，似乎没有多大问题，但是，联系到"行状"中所称"然后取部示牒照所举者"一句，根据"行

---

① 杨万里：《杨万里集笺校》卷109《与权运使》，辛更儒笺校，中华书局，2007，第4134页。
② 《宋人佚简》第4册，"（鲍）祖文启"。按，祖文之姓系编者通过考证所加，原启中并无姓氏。
③ 杨简：《慈湖遗书》附录《宝谟阁学士正奉大夫慈湖先生行状》，文渊阁《四库全书》本。

状"的上下文之间的关系，固然可以认定此句中所"牒"之文书即后文提及的"照牒"，然而"部示"一词，是否说明举主发给被举人的照牒，其中还含有"部示"的内容呢？无独有偶，《宋人佚简》第3册载张临书启一通中，有句亦云："既而帅座敷文转示照牒，如被华衮之荣"，这里"转示"一词似乎进一步凿实了刚才的推断。

若此推断不误，那么联系到尚书六部之中，与荐举改官最为密切的是吏部，此处之"部"就当是尚书吏部。接下来的问题是：牒文关涉了哪些内容？尚书吏部缘何要给举主发"部示"？举主又为何将"部示""牒照"被举人？

《宋会要辑稿》选举二九之一二的一段记载，或许可以帮助我们解释上述问题。

> （政和）八年五月二十九日，臣僚言："迩来任剌举者，往往虚发照牒，妄为美词，并称已具奏闻，而实未尝发，此其罪岂止自欺而已哉！今士人到部，乞用照牒磨勘了当，暨至会问，元未申发，却行追改。而虚发照牒之人，殊不加罪。乞下有司，明立条禁，以正虚发照牒，不申岁帐之罪。凡遇举官，即具奏检申吏部，仍备坐连照牒，付所举官收执照用，庶几息绝弊源，寒素有赖。"诏举官如敢妄发照牒，及不申岁帐者，并以违制论。

这段材料所包含的信息很丰富，不但提及照牒文书运转的流程、照牒的基本内容，还涉及照牒与奏检之间的关系，奏检的流转渠道等问题。为了保证本文论述的流畅，暂且不处理与上文所提及问题无关的信息，留待后文具体论述。现在，让我们先解读与上述问题相关的记载。

首先，从本段的记载来看，照牒的内容涉及"妄为美词，并称已具奏闻"。此虽为不符合制度规定的做法，但据文意，也不难推断出，照牒中应该有举主（任剌举者）对被举人客观、基本评价性的言辞，及说明举状已经奏闻的字句。"仍备坐连照牒"之语，亦说明照牒中还要开具举主对本次荐举承担连带责任的申明。

其次，细审文意，虚发照牒所造成的不良后果主要有如下三项：（1）士人到部后，因会问揭露出虚发照牒的情状，导致"却行追改"的结局；（2）因照牒乃是虚发，故此缺失了"申岁帐"的程序；（3）虚发照牒，不能使"寒素有赖"，造成了极大的不公平。在这三项后果中，与"尚书吏部缘何要给举主发'部示'"这一问题直接相关的，恐怕要属第二项。

何以言之？在宋代的常程荐举中，每一个具有举主资格的职任，其每年的举官员数都有严格的规定。在《庆元条法事类》卷14《选举门一》中保存的《举承直郎以下改官及从政郎以下充从事郎以上状》和《举迪功郎充县令状》中都要求举主写明"所举某人，是今年第几员"。由此可以推断，所谓"岁帐"当指记录举主每年举到员数信息的文帐。综合杨简"行状"和《宋会要辑稿》选举二九之一二的记载，可以判断，按照制度的要求，举主在荐举之前，应先以"申状"写明所欲荐举之人系本年第几员上闻吏部，吏部在核验过岁状之后，认定举主所举并无超员，乃下发"部示"，准许举主荐举。

再次，若以上论断不误，再综合"取部示牒照所举者"及"仍备坐连照牒，付所举官收执照用"的记载，举主发照牒给被举人，其目的在于"照用""照知"，即将荐举的相关事项通告给被举人知晓。相关事项则包含如下内容：（1）将举状中的内容大意告知被举人；（2）说明本次荐举已申闻吏部，并获得允准；（3）阐明本次荐举如有谬举，举主将承担连带责任。

另外，从本段"今士人到部，乞用照牒磨勘了当，暨至会问，元未申发，却行追改"的记载来看，照牒由举主发送至被举人，并由"所举官收执"后，显然并不是一个完整的公文流转程序。在被举人赴部参选的时候，照牒还要经过磨勘程序，会问无碍后，方为圆满。那么照牒是怎样进入磨勘程序的？是由被举人直接携带投入吏部，还是经过什么中间程序，最后到达吏部？《吏部条法·荐举门》"尚书侍郎左右选通用令"中，有这样一段记载，或可帮助我们解决这一问题。

> 诸参选者，录自出身以来应用文字（曾经参选，已录白在部者，止录前一任付身印纸，内关升人止录差札印纸），并同真本，于书铺对读，审验无违冒，书铺系书。其真本令本官收掌，候参部日，尽赍本选，当官照验。

"诸参选者"当然也包括赴部参选的改官人，"出身以来应用文字"当然也就包含照牒在内的诸荐举文书。需要说明的是，上引令文中的书铺是指公证书铺，它不同于以买卖书籍为主要业务的商铺，是宋代新出现的民间公证机构。① 单就照

---

① 有关宋代公证书铺的职能、性质、特点等问题，可参见戴建国《宋代的公证机构——书铺》，原载《中国史研究》1988 年第 4 期，后收入氏著《宋代法制初探》，黑龙江人民出版社，2000，第 382～396 页。

牒的流转问题来看上述令文，可知照牒须由被举人拿到书铺中"对读"，也就是初步审验文书的真实性，经审查"无违冒"后，由书铺"系书"，再将原件发还给被举人。照牒在经过这一程序之后，方能在赴部参选之日，将其带到吏部铨司，"当官照验"，进入磨勘程序。这应当就是照牒文书流转的一个完整过程。综上所述，照牒的文书流转程序如图3所示。

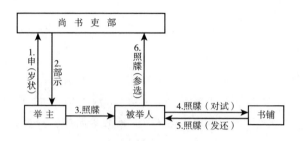

图3　照牒的文本流转程序

至此，照牒文书的完整流转过程就已经完成了。不过，如果我们再追问一句，在被举人结束磨勘程序之后，照牒的流向又在哪里呢？现存的宋代史料中，并没有关于这方面的记载，但是后世的一些记载，却为追索此问题的答案提供了一些蛛丝马迹。元人袁桷说：南宋时，刘震孙（朔斋）荐举他的父亲，"至今照牒犹袭藏也"。① 同为元人的黄溍在为胡氏家藏公牒撰写题跋时，亦曾写道："予家藏先世以京削外改，时举主五员，照牒皆有奏检，而此悉无之，不知偶失之邪，例无之邪。"② 黄溍这段话中所提到的"京削""举主五员"，正是在说宋代荐举改官的制度，因此可以判断他所提及的自家所藏和胡氏所藏的公牒俱为亡宋遗物。从袁桷和黄溍的记载来看，袁桷、黄溍以及胡氏的先世在宋代受荐改官后，照牒均为本人收藏，或许，荐举改官程序结束后，照牒仍旧发还被举人，成为他们仕宦履历文件的一部分（这或许也是照牒不仅为本人保存，同时也为其后人保存的原因之一），这亦是十分有可能的。

2. 从牒到照牒：照牒文书的体式

在探讨了照牒文书的流转过程之后，下面将对照牒文书的体式加以讨论。

从前文的论述中可知，"照牒"一词中的"照"字表明了该文书的功用，也

---

① 袁桷：《清容居士集》卷48《书朔斋送弟牧翁十绝后》，《四部丛刊初编》本。

② 黄溍：《文献集》卷4《跋胡氏家藏公牒》，文渊阁《四库全书》本。

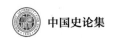

就是"照用""照知"之意，那么"牒"字则反映了该文书的文体，即"照牒"是属于"牒"这一类的文书体裁。《庆元条法事类》卷16《文书门一·文书式》载有牒文格式及行用此文体的相关说明。现引之如下。

某司　牒　某司（或某官）

　　某事云云。

牒云云（如前列数事，则云"牒件如前"云云）谨牒

　　年　月　　日

具官姓　书字

　　内外官司非相统摄者，相移则用此式（诸司补牒准此。唯改"牒某司"，作"牒某人"，姓名不阙字，辞末云"故牒"，于年月日下，书吏人姓名）。官虽统摄而无申状例，及县于比州之类，皆曰"牒上"。于所辖而无符、帖例者，则曰"牒某司"或"某官"，并不阙字。

从"牒式"的说明文字来看，"牒"主要用于"内外官司非相统摄者"；"官虽统摄而无申状例，及县于比州之类"；虽相统摄"于所辖而无符、帖例者"三种情况。①

　　这段说明文字中，特别强调的是官司之间的"（非）统摄关系"。从照牒的流转来看，照牒由举主出具给选人个人，照牒的发出似乎成了举主与被举人之间的"私事"。《宋会要辑稿》选举二九之一二："迩来任刺举者，往往虚发照牒"，似乎也印证了照牒是由举主个人发出，然而这样的结论实有违于"公文"的意旨。照牒发给选人个人确是如此，但发出者绝不是举主个人。况且，从现存文献及实物资料中有关宋代"牒"的记载来看，亦无个人对个人发牒的例证，因此从文书制度所遵循的原则来讲，照牒当是以举主所在官司的名义发出。既然照牒的发出是官司对个人，那么官司之间的"（非）统摄关系"自然就不能用以说明照牒的情况。更何况，即使以举主和被举人之间的关系而论，

---

① 对于宋代"牒式"及其说明文字的解读，可参见平田茂树《宋代地方政治管见——以札子、帖、牒、申状为线索》，氏著《宋代政治结构研究》，第334～359页；《宋代文书制度研究的一个尝试——以"关"、"牒"、"咨报"为线索》，《宋史研究论文集（2008）》，云南大学出版社，2009，第22～42页。

两者之间也不一定都能划入"（非）统摄关系"上来。《玉照新志》卷3有这样一则记载：

> 政和末，（高公轩）为沧州仪曹，考满，哀鸣于外台及将曰："自惟孤寒，无从求知于当路，但各乞一改官照牒，障面而归，以张乡闾足矣！"人皆怜而与之。

这条材料中，举主是"外台"（监司）和"将"（知州），[①] 被举人则是沧州仪曹参军高公轩。仪曹参军是知州的属官，二者之间有统摄关系，可监司同州的诸曹官却并无直接统摄关系。因此，牒式的说明中涉及"（非）统摄关系"的文字，并不适用于照牒。

不过，说明中亦提到了"补牒"，补牒的行用虽准"内外官司相统摄者"，但是其"牒"的对象却是"某人"。照牒会不会是补牒的一种表现形式呢？

从宋代史料记载中可以看到，补牒是在进纳、荫补、胥吏升迁等情况下补中进纳人、荫补人官职，升迁胥吏职级的证明凭证，[②] 亦是补中国子监太学生的证明文状。[③] 从补牒的一些基本情况来看，补牒的出给正如"牒式"后的说明文字所言，是以"诸司"的名义发出的。现存的"周瑀补中太学生牒"是以国子监的名义发出的。另李觏尝记一名叫邹子房的人"游京师"，后"寄书于其家，自

---

① 汉魏之际以"州将"作为州牧、州刺史的别称，宋代亦以"州将"指称知州，简称"将"。如司马光《温国文正司马公文集》卷52《请罢将官札子》（《四部丛刊初编》本）："盖知州则一州之将。"

② 李焘《续资治通鉴长编》（中华书局，2004，第6647页，以下简称《长编》）卷271，熙宁八年十二月己酉载："诏支广南东路铸钱监十万缗，及进纳斋郎、助教等补牒，为钱五万缗"；王明清《挥麈录》后录卷6（中华书局，1961，第163页）："闻公今岁当任子，愿为内举毕，赍补牒来，当遣人送归"；周必大《文忠集》卷182《省吏补牒》（文渊阁《四库全书》本）："省吏孔目官沈濬而下，递迁一级，皆给绫牒。赞词如补太学生者"。以上三例分为进纳、荫补、胥吏升迁时应用补牒的情况。在宋代，有时空名补牒还常被当作有价证券使用，如本段所引《长编》之记载。

③ 《长编》卷175，皇祐五年七月甲子，"诏国子监，如闻监生或以补牒质鬻于人，使流寓无行之士，冒试于有司，其加察之"（第4221页）。监生补牒又称"监牒"，今存补牒副本实物，即江苏金坛周瑀墓出土之补中太学生牒，原件藏于镇江博物馆。有关此牒的研究文章，可见镇江市博物馆等《江苏金坛南宋周瑀墓发掘简报》，《文物》1977年第7期；朱瑞熙《再谈宋墓出土的太学生牒》，《考古》1979年第3期。

言因奏对事得恩为斋郎"，虽"无礼部补牒"，却也一路招摇撞骗的事情。① 可知投书补官人的补牒亦是以礼部官司的名义发出。

从补牒的相关情况来看，其与照牒确有类似之处，但照牒是否属于补牒这一类牒文，却不好妄加断言。不过除照牒之外，宋代还有一种牒文与补牒类似，这就是由尚书礼部祠部司发给僧道准其出家的证明文状——度牒（亦称祠部牒）。② 因此，度牒与照牒的文书体式应该与补牒相类，在牒式的基础上，将"牒某司"改为"牒某人"，辞末将"谨牒"改为"故牒"。据此复原照牒体式如下：

　　某司牒某人
　　　　　某事云云
　　牒云云。故牒
　　　　　年月　　　日
　　吏人姓名
　　　　具官姓　　书字

二　从"检"到改官"奏检"：荐举改官中的奏检文书

前文在讨论照牒相关情况时，曾引《宋会要辑稿》选举二九之一二所载政和八年（1118）臣僚上奏，其中有一段提到"凡遇举官，即具奏检申吏部"。在此拟对奏检进行一些正面的探讨。

欲对奏检有所了解，首先还是要明晰"检"在宋朝公文制度中的含义。宋敏求尝记："凡公家文书之稿，中书谓之'草'，枢密院谓之'底'，三司谓之'检'……检，即州县通称焉。"③ 由此可见，所谓检其实就是三司与州县公文之稿。不过，宋敏求所记乃元丰改制前的公文制度，元丰改制后，罢三司，三司公文也就无从说起。至于"州县通称"之谓，则亦为含混之说，州县之中何种公文须具检，从此段话中则无从知晓。

---

① 李觏：《直讲李先生文集》卷28《上蔡学士书》，《四部丛刊初编》本。
② 参见成寻《参天台五台山记》卷8，熙宁六年四月十二日记事下所录"尚书祠部与陈咏剃度牒"，上海古籍出版社，2009，第678~679页。
③ 宋敏求：《春明退朝录》卷下，中华书局，1980，第43页。

事实上，从宋代相关记载来看，"检"的使用范围远较宋敏求所记为广。①
司马光《书仪》卷1所载"奏状式"的说明文字中明确提到，诸官司及臣僚奏
状"皆先具检，本司官画日亲书，付曹司为案"，如果奏状系"本官自陈事者"，
所具之检"则自留其案"。从这段说明中，可以看到，"检"在"奏状"之前
"先具"。奏状以官司名义发出，则"检"保存在本司中的相关曹案，若以个人
名义发出，则自留其案。当然，"检"的使用范围并非仅限于奏状，在官司或官
员使用申状及官司之间行移公文之时，按照规定，亦须先具检。《庆元条法事
类》卷16《文书门一·文书令》载：

> 诸事应奏申，皆先具检，本司官画日书字，付司为案，然后奏申（本
> 官自陈事者，听自留）。官司行移公文准此。

这段文字与《书仪》所记为同一内容，然以此为详。这段话明确地说明，凡有
事须奏、申者，及官司之间行移所使用的公文体式，皆须具检留案。

如皇祐三年（1051），广南西路转运司言，广源州蛮首领侬智高奉表献金银
等物请内属，朝廷"诏转运司、钤辖司止作本司意，答以广源州本隶交趾，若
与其国同贡奉即许之"，后侬智高破邕州，"阅所上金"，怒谓知州陈珙曰："我
请内属一官，以统摄诸党，汝不以闻，何也？""珙言已奏而不报。索奏检，又
不获"，"遂杀之"。② 在这里，奏检显为奏状之检，侬智高索奏检，则是为核实
陈珙"已奏而不报"之语。

又如南宋末期，黄震为广德军通判，"本军有祠山张王庙，民俗尝祭以牛"，
按制，祭张王庙不当用牛，黄震遂"僭申诸司"，"继荷诸司各榜禁戢"。后黄震
出外"虑囚"，"闻新知军下车之初，首索某申检拖详，已不谓然"。③ 因新任知
军并不认为以牛祭祀张王为不当，故索出黄震所申之检查看，意在知晓所申内容
为何。

---

① 参见刘江《宋朝公文的"检"与"书检"》，《北京大学学报》（哲学社会科学版）2012年第2
期，第129~139页。
② 徐松辑《宋会要辑稿》蕃夷五之六一至六二，中华书局，1957。
③ 黄震：《黄氏日钞》卷74《以申尚书省乞禁本军再行牛祭事》，文渊阁《四库全书》本。元人
徐元瑞编《吏学指南·发端》"拖详"条云："谓牵照案牍，评论始末也。"（杨讷点校，浙江
古籍出版社，1988，第37页）

另如朱熹知漳州时，鉴于州县官员决事多由长吏，意欲令其长吏与属官聚厅议事，遂行牒所管佐司及属县，乃先命"都吏具检，牒通判厅，遍下签厅及诸曹官"，① 此则为行移公文具检之例。

就"奏检"来说，从上文所举侬智高之例可知系奏状之底稿。在宋代，有关利用奏检核实、照验举状内容的记载还有很多，兹不赘举。本文所要探讨的"奏检"并不包括所有的奏状之检，而是特指在荐举改官制度中，举主所上举选人改官的奏状（举状）之检。

从前文对"检"的讨论中可知，诸公文之检一般由官司或个人保管，待需要之时索出以供查验原本。可以说"检"的主要功能在于留底存档，而不进入文书流传渠道。然而荐举改官中的奏检似乎并不如此。从宋代史料中的记载来看，从北宋末期到南宋时期，改官奏检进入了公文传递程序。至如北宋中前期，由于史无该载，其是否进入公文传递程序，则不得而知。或者在荐举改官发展演进的过程中，根据实际需要，改官奏检经历了一个由存档留底到流转传递的过程。此皆为猜测，或是或否，并无足够的史料予以证明。因此本文主要对进入公文流转程序的改官奏检进行探讨。

据笔者所见，有关改官奏检的最早记载，当是载于《宋会要辑稿》选举二九之一二，政和八年五月二十九日之臣僚上奏。前文已有引述，为更清楚地说明问题，不妨再引之如下。

> （政和）八年五月二十九日，臣僚言："迩来任刺举者，往往虚发照牒，妄为美词，并称已具奏闻，而实未尝发，此其罪岂止自欺而已哉！今士人到部，乞用照牒磨勘了当，暨至会问，元未申发，却行追改。而虚发照牒之人，殊不加罪。乞下有司，明立条禁，以正虚发照牒、不申岁帐之罪。凡遇举官，即具奏检申吏部，仍备坐连照牒，付所举官收执照用，庶几息绝弊源，寒素有赖。"诏举官如敢妄发照牒及不申岁帐者，并以违制论。

从这段记载来看，臣僚首先陈述荐举中存在的"虚发照牒，不申岁帐"现象。虚发照牒的表现是只发照牒与被举人，而未发举状奏闻朝廷。举状且未奏闻，岁帐自然未申。于此，臣僚提出，一方面要"明立条禁"；另一方面除"仍备坐连

---

① 朱熹：《朱熹集》卷100《州县官牒》，四川教育出版社，1996，第5093页。

照牒"之外，还要"具奏检申吏部"。细审文意，奏检在此之前似乎无须申吏部，只是为了杜绝虚发照牒之弊，而不得不采取的防范措施。因奏检乃系举状留底，据检便可知原状已然奏闻，从而达到"息绝弊源"的目的。

但是，这里存在的疑问是，既然照牒"虚发"源自未发举状，为何不在举状之上寻求解决方法，却要强调以奏检申部，这岂不是舍本逐末？按照两宋通行的章奏通进规则，奏状发出后，一般先入进奏院或通进（银台）司，之后或奏御、或申省（中书门下）、或分授相关诸司。举状系奏状的一种表现形式，就改官举状而言，在京诸官举改官，举状经通进司投下，而地方诸官举改官则由进奏院投下，[1] 之后再由通进司或进奏院将改官举状分发至吏部铨司。由前文论述可知，举状是在出给被举人照牒之前，由举主直接发出的。

上述举状的流转经过是制度规定，理想状态下的情况。如以此论，虚发照牒几无可能，因照牒出给较举状发出为晚，且须由被举人亲执赴部，以情理度之，举状一定早于照牒到部。从这点来看，以奏检申部防弊的做法，不但舍本逐末，倒显得有些滑稽。不过，在举状实际的传递过程中，往往不能按照理想状态运行。有举主将"剡章付之（被举人）使自上"；[2] 亦有"奏状（举状）已到（吏部）而不为注籍者"。[3] 另如举状在传递过程中丢失，而举状送到进奏院或吏部之后却因事故（如火灾之类）去失的情况，亦屡见于记载。至如炎绍兵兴之际，举状去失的情况更是普遍存在。正因有此类特殊情况的存在，才使得照牒到部，吏部却并不一定有与此照牒相对应的举状，这也就给虚发照牒者以可乘之机。

前文所举高公轩之例，他在骗取了改官照牒后，"至京师，乃诣部自陈荐状已足，乞以照牒为用，先次放散，适有主之者，从其说而施行者"，最后竟得以改官。高公轩冒为改官，固然有"主之者"不负责任的一面，但更应检讨的则是对举主与被举人可能利用举状在传递过程中的事故以生奸弊认识不周，以致发生此类情形。以此来看，具奏检申吏部的做法，就不再显得奇怪了。我们简单地梳理一下举状、照牒、奏检传递的过程：

举状：举主→进奏院（通进司）→吏部

---

① 参见《宋会要辑稿》职官二之五〇，钱周材言。

② 《慈湖遗书》附录《宝谟阁学士正奉大夫慈湖先生行状》。

③ 《吏部条法·荐举门》，"尚书侍郎左右选通用敕"，黑龙江人民出版社，2002，第244页。

照牒：举主→被举人→吏部

奏检：举主→吏部

可以看出，三份内容可以互相照验的文书，它们的传递渠道完全相异，但最后都汇总到吏部，这就使得任一文书在传递过程中出现了意外，没有及时送达吏部，剩余的两件文书都能够为此次荐举的真实性提供充分的证明。同时，这样的一种传递方式也增加了作弊的成本，在一定程度上做到了"息绝弊源"。这大概也是改官奏检能够进入文书流通渠道中的重要原因。

三 "照牒皆有奏检"：文书运转中的照牒与奏检

前文对宋代荐举改官中照牒、奏检文书的一般情况进行了讨论。读者或能发现，有关照牒的记载大都集中在北宋后期及南宋时期。北宋中前期的荐举改官制度中是否有照牒文书的应用，由于史阙该载不得而知。至于宋代荐举改官制度中缘何出现了照牒文书，以现存之史料，亦无法推知。与照牒的情况相类，记载北宋中前期史实的材料中，有关改官奏检的记录几为空白。"检"作为一种留底备案的文书，虽系公文，但无特殊情况，并不进入运行流转渠道。不过，以改官奏检而论，或从宋徽宗政和末期始，进入公文运行程序，此种状态基本贯穿北宋末至南宋。奏检进入公文运行程序是为了应对"虚发照牒"所产生的弊行，因此照牒亦当早于奏检进入荐举改官的文书运转之中。同处于这一运转流程中的照牒、奏检虽为两种有所区别的文书形态，但二者之间亦有着非常紧密的联系。在此将从二者之间的联系入手，探讨公文运转中照牒奏检的一些相关规定。

自北宋政和末，奏状、照牒、奏检共同进入文书运转中的模式形成，荐举改官从制度运作的层面来看，当处于一种较为完善的状态。然而从表面上来看，毫无破绽的制度运作模式却并没有取得制度完善者希望看到的结果。宣和五年（1123）三月，吏部侍郎卢法源等上言：

> 窃见选人到部关升磨勘，中间尝许先用照牒奏检，至有已升朝改官资后，因会问不实，复行追夺者，其弊实大，今复尊依元丰成法，须奏状到部，方许收使，不复容有违滥及误行关升改官，诚良法也。近年多有奏状遗滞，如川广福建道路辽远，若俟取会，往复之间动经岁月，方当选举人材之

时，未免留滞之患，乞行立法。①

从这段话中可以看到，照牒奏检配合举状在荐举改官制度中运转，并没有取得良好的结果，在奏状未能及时到部的情况下，仅凭照牒或奏检，依旧会产生违滥之事。有鉴于此，朝廷一度恢复了"须奏状到部，方许收使"的旧法。这种做法，虽有效阻止了弊行的发生，但也使一些举状在传递过程中确有事故的选人因此深被"留滞之患"。为此，卢法源等人希望朝廷能够别立良法解决问题。朝廷为此下诏，提出了解决办法。

> 应荐举承直郎以下磨勘关升，于照牒前录白元奏状检，仍声说于某年月日、某字号发讫。如违及不实者，并依虚发照牒科罪。②

这道诏书所提出的解决方案是维持举状、照牒、奏检三者传递模式不变的基础上，在照牒前全文录出举状之检的内容，至如某年月日、某字号发讫，仍旧声说。这样的变动，在解决改官违滥问题时，是怎样起作用的呢？

从前文论述中可知，举状、照牒、奏检三份内容相互照验、传递渠道相异的文书，任两件文书能够不发生意外，就能为本次荐举提供真实性证明。但是，三份文书在传递过程中，出现意外的可能性却非等同。照牒系被举人亲执赴阙，其安全性要远高于其他两份文书，在一些违冒改官的例证中，选人亦多是以照牒作为改官的凭证。因此在照牒上录出奏检的内容，就使经过修改后的照牒担负了之前照牒、奏检两份文书的功能，以此保证荐举改官的公正性。

经过了此次修正，举状、照牒、奏检的传递与运行模式也由此被固定下来，南宋时期的荐举令明确规定：

> 诸举官限员者，奏讫，录奏检声说入递年月日，引号连于牒前，牒所举官照会，限三日内缴元奏检，申尚书吏部。③

---

① 《宋会要辑稿》选举二九之一六。
② 《宋会要辑稿》选举二九之一六。
③ 《吏部条法·荐举门》，"淳祐令"，第 249 页。又载于谢深甫《庆元条法事类》卷 14《选举门一》，黑龙江人民出版社，2002，第 291 页。

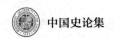

从这条令文中可以清楚看到举状、照牒、奏检三者的传递顺序及相互之间的关系：举主先发出举状，然后将奏检录于照牒之上，并声明举状入递时间及编号，牒与被举人照知，照牒发出之后三日内将原奏检申送尚书吏部。于举主而言，这样才算完成了荐举的过程。

北宋末期所形成的举状、照牒、奏检的传递模式及与之相配套的制度运作方式在南宋初期兵兴之际起了很大的作用。当时，高宗为避难四处逃窜，居无定所，但即使如此，一些事务性的工作，如选人磨勘改官，仍在这种艰难的条件下勉力运行。杨时在为周武仲（字宪之）所作的墓志铭中，就曾提到当时选人赴部磨勘改官时的一些情况。

> 大驾南幸，公扈从至扬州。时选人赴行在磨勘者，部吏以文字不圆备，百端沮难。公建明权宜措置，举状不到部者，依旧例用奏检照牒，其投下文字，并当日上簿。①

在时局纷乱之际，文书传递亦常有意外发生，在此种情形之下，若拘泥于承平常法，选人特别是孤寒者，必会有留滞之叹。因此在周武仲的建明之下，有照牒奏检者亦得以磨勘。杨时所记的这段文字，其中用词很值得玩味。周武仲所建明措置之法系属"权宜"，却是"依旧例"。这种看似矛盾的"说法"，却很恰当地反映了当时对待照牒奏检时的一些实际"做法"。所谓"依旧例"，前文也曾提到，从北宋末期，照牒奏检就逐渐担当起照验举状的功能，在遇到边远地区选人赴部磨勘之时，若有举状去失的情况，吏部会奏明朝廷，允许本部以照牒奏检作为选人磨勘的依据，以解决可能出现的留滞之患。因此周武仲的建明并不新鲜，属于依据以往经验而提出的建议。需要明确的是既可称之为"例"，则说明此种行为是经朝廷允准，而非私下之为。而"权宜"则表明，朝廷对待以照牒奏检为磨勘依据的行为持有一种谨慎的态度，当现实条件不允许坚持以举状为用的情况下，虽可退而求其次用照牒奏检，但也仅限于暂时使用，一旦条件允许，则仍要"回归"到以举状为用的道路之上。事实上，在炎绍兵兴之际，朝廷在颁发允准以照牒奏检为用的诏书中，无不透露着这层含义。如建炎四年（1130）五月，朝廷曾下诏：

---

① 杨时：《杨龟山先生全集》卷36《周宪之墓志铭》，台湾学生书局，1974。

> 选人投下改官文字日，以姓名及到部月日关御史台，置簿书籍定，依限
> 勘会起钞。虽小节不圆，案牍不在，而举官别无事故，奏检具存，可以照
> 验，并听先次施行。①

在这道诏书中，首先强调了选人投下改官文字后，要将本人姓名及到部日期关送
御史台，御史台要在专门的簿书中进行登记，并对该选人的情况进行查验。在查
验当中，遇到改官文字不圆或缺失相关文状的情况，可以依据奏检进行磨勘，但
前提条件是"举官别无事故"，同时投下的文书能够"照验"。这样详细的规定
以及文字中所透露的"态度"，无不反映朝廷对于此事的戒惕。

正是有着这份戒惕，从北宋末期形成的举状、照牒、奏检传递模式，虽从理
论上照牒奏检可以替代举状，但朝廷始终将照牒奏检定位在"照验"层面，用
以防备不时之需。出于同样的理由，一旦条件稍有具备，朝廷便会要求回归到举
状为用的正常之路。绍兴四年（1134）四月，吏部侍郎刘岑曾上奏：

> 绍兴新书应用举官，奏状到部方许收使。承指挥，自今年二月七日奉
> 行。本部未降新书以前升改外，余用举主入选较量分数。从事郎有举主三
> 人，从政、修职郎有四人，通注县令、知县，并止缴照牒或奏检，其用举主
> 免试，亦止缴奏检，似此收理名次，判成行阙，人数颇多，若一一需要奏
> 状，深虑留滞。欲乞且依旧制，其发奏在今年二月七日以后，自合遵依新书
> 施行。从之。②

绍兴新书系参酌以前颁降之敕令格式，分门别类修纂而成，其修纂时间几与绍兴
时期等同，③ 其中有关吏部的敕令格式于绍兴三年九月二十七日修成，以《绍兴
重修尚书吏部敕令格式并通用敕令格式》为名，并定于绍兴四年正月一日正式
颁行。④ 从上引刘岑的上奏来看，大约后来又将行用的时间推迟到了二月七日。
由此可见，局势稍有好转，朝廷便致力于统治秩序的恢复。从这份上奏中可看
到，自重修尚书吏部敕令格式颁行之后，以照牒奏检收使磨勘的行为便被禁止，

---

① 《宋会要辑稿》选举二四之一七。
② 《宋会要辑稿》选举二四之一九。
③ 参见《宋会要辑稿》刑法一所载有关条目。
④ 《宋会要辑稿》刑法一之三六。

恢复"奏状到部方许收使"旧条。只不过遽然禁止尚有难度,方以"发奏在今年二月七日"为限,之前者,仍可以照牒奏检为用,之后者则须遵依新书施行。

余 论

自此之后,以照牒奏检代替举状收使的情况就不再见于史书记载,但照牒奏检作为照验举状的一种辅助文书形式仍在荐举改官制度中发挥着作用。至于其流转模式是否有所改变,从前引"淳祐令"来看,应该在制度规定的层面并未做出大的改动,但是在实际运行过程中,似乎不是如此。洪适《盘洲文集》卷46《劾管璆奏札》中曾记录了当时奏状、奏检在文书运行过程中的一些情况,现将相关文字引之如下。

> 臣今年二月二十日,以去年第四纸改官文字,荐举饶州乐平丞管璆,续次持书铺笔帖来云:"奏状以五月十七日到阙,限期甚迫,遂揩改作二十六日投进。既至考功,为铨吏点检问难,乞将奏检移易日子前来符合。"管璆委屈恳祷,臣语之曰:"书铺为蛇添足,自干罪遣。寻常州换赤历、移月日,固或有之,此乃荐章,若旋易日辰,便为周上,不敢相从。"不谓管璆自将元检辄行改换,盗用官印,行略计会,已得放散,敢为如此!他日进步,何所忌惮,岂可保任终身![1]

洪适于淳熙七年二月二十日入递举状,于五月十七日送达进奏院(奏邸),[2] 因稽期,书铺便揩改入递日期。[3] 在管璆赴部公参的时候,其举状因揩抹遭到铨吏的诘难。因宋代规定"诸投纳文书,内或揩改而有可照据者,不得会问",[4] 故管璆欲洪适更改奏检的投入日期,以求通过吏部考功司的审核。遭洪适拒绝后,

---

① 此段录文以《四部丛刊初编》本为底本,并据文渊阁《四库全书》本参校后录出,所校之处,恕不一一说明。

② 参见李心传《建炎以来朝野杂记》乙集卷14《前宰执岁举京官多非所知》载此事云:"有管璆者为乐平丞,既得举矣,偶文书至奏邸,稽期数日"(中华书局,2000,第754页)。

③ 淳熙四年(1177)十一月七日朝廷下敕云:"应荐举升改奏状,并限半年内到进奏院。其出限者不在收使。"见《吏部条法·荐举门》,"淳祐申明",第260页。从洪适所记之日期来看,应无"稽期"之虞,未审如何,系之存疑。

④ 《吏部条法·印纸门》,"尚书侍郎左右选通用令",第231页。

管璆私自改换原奏检并盗用官印，最终得以放散。从此奏管璆乞洪适"将奏检移易日子"及"管璆自将元检辄行改换"的文字中可以看出，此时的奏检似乎并没有在吏部，而是在管璆的手中。奏检的传递渠道似乎是由管璆亲执赴部，这就和"限三日内缴元奏检，申尚书吏部"的记载颇为不符。

值得注意的是，洪适在上书中叙述此一事件经过时，似乎也并未觉得奏检的传递有违令格。对于这种情况，比较合理的解释是制度在运作的过程中，通常制度运行中的当事人会在某些环节按照自己的意志进行一些变动，而这种变动往往会在不引人注目的环节出现，这样即使有违规定，但也为时人所默许。比如按照制度规定，奏检应由举主以申状发送到吏部，但在传递过程中是专人差送还是被举人执送，对于接收奏检的吏部来说，并无太大的差异，因此也就并不特别着意传递过程。再如前文所提到的照牒出给的路径，按照制度规定，应在举状上奏之后，由举主出具给被举人，但从宋人文集所存求荐或谢荐的书启来看，通行的做法却是举状尚未写就，照牒就已经到了被举人手中。只要最终举状上奏，照牒并非虚发，并没有人会计较这种"先私照牒于人"的行为有违制度之程序。在当时人的心目中，上述的这些行为与虚发照牒、以照牒奏检冒为改官之类的弊行是有着泾渭分明的区隔，前者至多被认为是不当之举，而后者则被目为奸弊。因此在制度的具文与运行实效之间，不但因为相关之人的因缘为奸、以权乱法、贿赂公行造成了割裂，更有那些利用制度边界模糊而造成似是而非，却并不引人注目的规定悄然改变了制度本意所造成的区隔。前者虽为害甚深，但易引起戒惕，在制度运作的过程中往往会通过补充立法加以矫正；后者为害不显，且不易引起注意，在制度运行中往往又习以为常，不以为谬，非常之举常为日常之用，这恐怕才是具文与实效之间有所割裂的最大原因。

原刊《中国史研究》2014 年第 2 期

"尽有诸元"：科举与宋代浦城
章氏家族的发展

王善军

摘　要： 在宋代的科举选官过程中，一些家族优势明显。枝繁叶茂、兴盛绵久的浦城章氏家族，可说是其中的突出代表。该家族科举的成功，主要表现在科举考试参加者众多、及第人数众多、及第者中高科得中者较多、持之不懈地参加科举考试等方面。科举带来了章氏家族的起家，并且使大量成员得以入仕，科举还扩大了家族的社会声誉，对成员仕宦产生了有利的影响，带动了其他途径的入仕。在家族发展过程中，科举与仕宦良性互动，并形成重视子弟教育、积极进行文化创造以及家族成员间相互扶植和影响的有利内部环境。可以说，科举成为章氏家族官宦地位得以长期延续的主要因素。

关键词： 宋代　浦城章氏　科举　家族

南宋名儒真德秀有言："国朝南方人物之盛，自浦城始。"① 位于福建路北部的建州浦城县，尽管"最为僻邑"，但赵宋一代竟有"四甲族皆本县人"。② 四甲族的兴盛，有一个共同特色，就是以科举起家并主要以科举来维持门阀，而其中

---

① 真德秀：《西山先生真文忠公文集》卷34《杨文公书玉溪生诗》，《四部丛刊初编》本。
② 王明清：《挥麈录》前录卷2《建州浦城有四甲族》，上海书店出版社，2011，第16页。

的章氏又最为突出。在宋代的社会条件下，世家大族①的发展借助于科举之力，已是较为普遍的社会现象。相比而言，章氏家族对科举更是异乎寻常地重视，甚至可以说，将科举对家族发展的作用已发挥至极致。因此，剖析章氏家族的发展和科举状况，对于进一步深入认识科举与宋代家族发展之关系，无疑是有益的。以往的学术研究成果，仅涉及章氏家族的个别人物，②且多为从政治角度进行的探讨，既无对章氏人物科举情况的论述，亦无对这一家族整体情况的探析，故本文对该家族进行较为系统的探讨时，侧重于科举情况及其与家族发展的关系等方面。

一 兴起、迁徙与分化

宋代浦城章氏家族，其先祖为唐代康州刺史章及。③章及生子脩，脩生二子：仔钧、仔钊。仔钧"甘贫好学，居乡有贤行"，后为王审知所用，④仕闽至建州刺史。"其子若孙，多显荣于时，章遂为建之著姓。"⑤章仔钧之妻练氏，"知识过人"，章氏后裔在宋代的昌盛发达，与她有很大的关系。据载：

---

① "世家大族"一词，一般指累世官宦的大家族。在不同历史时期，世家大族的社会特征和社会地位不尽相同。笔者《宋代世家大族：个案与综合之研究》（博士后研究工作报告，四川大学，2003）曾提出，宋代世家大族应为三世以上仕宦的大家族，可分为诗书类、军伍类和特权类三种类型，请参看。

② 关于章氏家族人物的研究，主要集中于章惇、章楶二人。有关章惇的研究成果有：陈玉洁《试论章惇》（《河南师范大学学报》1983年第1期）、李济民《略论章惇》（《唐都学刊》1988年第4期）、马力《章惇、苏轼交往考》（《岳飞研究》第4辑，中华书局，1996）、喻朝刚《章惇论》（《史学集刊》1997年第1期）、曹宝麟《章惇论》（《书法研究》1999年第6期）、黄锦君《章惇传论》（《宋代文化研究》第9辑，巴蜀书社，2000）、汪天顺《章惇研究》（博士学位论文，河北大学，2002）及《章惇与曾布、蔡卞交恶及其对绍述政治的影响》（《中国史研究》2009年第1期）、喻世华《关于章惇历史定位的再认识——兼论苏轼与章惇几方面的异同》（《广西师范大学学报》2011年第1期）等。有关章楶的研究成果有：米寿祺《绍圣开边与章楶经营天都》（《固原师专学报》1991年第4期）、黄锦君《章楶年谱》（《宋代文化研究》第4辑，四川大学出版社，1994）、钱俊岭《从浅攻到蚕食：论章楶的军事构想与实施》（《西夏研究》2010年第3期）等。

③ 杨时：《龟山集》卷35《章端叔墓志铭》，《景印文渊阁四库全书》（以下简称"《四库全书》本"）第1125册，台湾商务印书馆，1986，第426页。章定《名贤氏族言行类稿》（《四库全书》本，第933册）则云章后徙居建之浦城，似误。

④ 章定：《名贤氏族言行类稿》卷26《章》，《四库全书》本，第933册，第399页。

⑤ 黄潜：《文献集》卷9下《龙泉章府君墓碣铭》，《四库全书》本，第1209册，第583页。

　　章郇公得象之高祖，建州人，仕王氏为刺史，号章太傅。其夫人练氏，知识过人。太傅尝出兵，有二将后期，欲斩之，夫人置酒，饰美姬进之，太傅欢甚，迨夜饮醉，夫人密摛二将使去。二将奔南唐，将兵攻建州，破之。时太傅已卒，夫人居建州，二将遣使，厚以金帛遗夫人，且以一白旗授之，曰："吾将屠此城，夫人植旗于门，吾以戒士卒勿犯也。"夫人返其金帛，并旗弗受，曰："君幸思旧德，愿全此城之人；必欲屠之，吾家与众俱死耳，不愿独生。"二将感其言，遂止不屠。太傅十三子，其八子夫人所生也。及宋兴，子孙及第至达官者甚众；余五房子孙无及第者，惟章衡状元及第，其父亦八房子孙，继五房耳。①

　　此事件中的"二将"，一为王建封，一为郑姓的某人。② 显然，练夫人因在此事件中有恩于当地人民，极大地提高了章氏家族的社会声望。

　　尽管如此，在经历过不断的战乱和政权更迭后，至宋初，章氏家族的仕宦已逐渐难以为继。章仔钧之子仁嵩，"仕李昇为驾部郎中"。仁嵩有子士廉，为汀州宁化令。士廉之子奂，则"盘桓家食，以天爵自终"。③ 可见，仕宦官位一代不如一代，直至沦为平民。章氏家族在政治上的重新兴起，主要依靠科举选官制度，章得象可说是政治兴起过程中的核心人物之一。他于咸平五年（1002）中进士，在经历数任州县官之后，得到了浦城同乡、姻亲杨亿的推荐，因而仕途更为顺利，步步升迁，直至宰相之职。章得象为人"深厚有容"，宋仁宗在任他为宰相后曾明确对他说："向者太后临朝，群臣邪正，朕皆默识之。卿清忠无所附，且未尝有所干请，今日用卿，职此也。"④ 虽然史臣说他"在中书凡八年，宗党亲戚，一切抑而不进"。⑤ 但由于他官职高、仕宦久，即使按宋代制度性荫补特权，仍然能使不少子弟踏入仕途。如章望之，"好学有文，用从父得象荫，

---

① 司马光：《涑水记闻》卷9《章太傅夫人练氏》，中华书局，1989，第177页。陈师道《后山谈丛》卷4、章炳文《搜神秘览》卷3、彭乘《墨客挥犀》卷1、叶梦得《石林燕语》卷10等亦记载此事，情节大略相同，唯《墨客挥犀》记章仔钧之妻为连氏，误。
② 章定：《名贤氏族言行类稿》卷26《章》，《四库全书》本，第933册，第399页。宋濂《文宪集》卷16《龙泉章氏世系碑文》云"遣二校边镐、王建封求援兵"（《四库全书》本，第1124册，第56页）。孰是待考。
③ 宋祁：《景文集》卷59《文宪章公墓志铭》，《四库全书》本，第1088册，第559页。
④ 《宋史》卷311《章得象传》，中华书局，1985，第10204～10205页。
⑤ 《宋史》卷311《章得象传》，第10205页。

为校书郎"；① 章粢"始以世父得象荫，为将作监主簿，复举进士甲科"。② 更重要的是，章得象的个人成功，为章氏家族子弟树立了榜样，极大地提高了其科举入仕的信心。自此章氏家族各支系便不断"以儒学大其家"，逐渐形成庞大的仕宦群体。"章氏之有藉于朝廷者，或以文章擅天下，或以才能任事于时，比比有为"③，成为天水一朝著名的世家大族。

在长期的仕宦过程中，章氏家族也曾经历过不少波折。章惇作为变法人物，在北宋后期的复杂政治斗争中起落浮沉，死后又被视同元祐党人，"别为一籍"。④ 直到南宋初期，仍对家族具有"子孙不得仕于朝"⑤ 的不利影响。同时，其苏州园宅又为中兴名将韩世忠所觊觎，章氏后人"窘迫，亟以为献，其家百口，一日散居"。⑥ 章粢子辈更因与蔡京之矛盾，章纵被诬以盗铸钱币，"坐刺配，籍没其家"，⑦ 兄弟子侄皆受牵连，"降罢除名者十余人"，⑧ 该支系"章氏一网尽矣"。⑨ 尽管如此，自北宋初以迄南宋末，章氏家族堪称昌盛，南宋时无论是朝廷上还是地方上，均有不少章氏仕宦成员。

两宋时期，浦城章氏家族在发展过程中经历过多次的迁徙和分化。至宋末，其家族成员甚至遍布于全国，尤其是江南各地。宋代家族在发展过程中，不断有分支迁往外地，是十分正常的社会现象。章氏家族由于"其间支系繁衍，后先显者以数百计"，⑩ 迁徙和分化尤其频繁。章炳文曾说："吾族九代祖避黄巢之乱，自洪州武宁徙于建安浦城。"⑪ 宋祁为章奂作墓志铭称为"武宁章府君讳奂"。⑫ 周紫芝

① 王称：《东都事略》卷115《章望之传》，《四库全书》本，第382册，第756页。
② 王称：《东都事略》卷97《章粢传》，《四库全书》本，第382册，第630页。
③ 孙觌：《鸿庆居士集》卷33《宋故左朝奉大夫提点杭州洞霄宫章公墓志铭》，《四库全书》本，第1135册，第337页。
④ 《宋会要辑稿》职官六八之一〇，中华书局，1957。
⑤ 《宋史》卷471《奸臣·章惇传》，第13713~13714页。
⑥ 卢熊：洪武《苏州府志》卷7《园第》引云衢《谈隽》，《中国方志丛书·华中地方》第432号，台北：成文出版社，1983，第310页。
⑦ 方勺：《泊宅编》卷2，中华书局，1983，第12页。
⑧ 《宋史》卷328《章粢传》，第10591页。
⑨ 孙觌：《鸿庆居士集》卷33《宋故左朝请大夫直龙图阁章公墓志铭》，《四库全书》本，第1135册，第341页。
⑩ 戴良：《九灵山房集》卷6《章氏家乘序》，《四库全书》本，第1219册，第316页。
⑪ 章炳文：《搜神秘览》卷3《郇公》，《全宋笔记》第3编第3册，大象出版社，2008，第137页。
⑫ 宋祁：《景文集》卷60《故赠太师章公夫人追封邓国太夫人张氏墓志铭》，《四库全书》本，第1088册，第584页。

为章元任所作墓铭亦云："其先占籍武宁。五季之乱，有徙于建安之浦城者。"① 可见，建州浦城的章氏家族，来自洪州武宁。② 入宋以后章氏家族的频繁迁徙，其状况难以详知，散居之地亦难以缕述。正如后人对章氏家族的概括："子孙蕃衍，布于东西；宦游四方，随地占籍。"③ 今据相关资料，将自建州迁出以及不断再迁徙情况，考其大致如下。

（1）迁往处州。章仔钧之曾孙重，"尝猎于处之龙泉，至西宁乡，爱其山水明秀，因家焉，是为龙泉章氏之所祖"。④ 此支章氏族人因而"自浦城迁处之龙泉"。⑤ 除龙泉县外，丽水、缙云等县亦有章氏支系。据《绍兴十八年同年小录》，章驹为"处州丽水人"。章驹为宋高宗时户部尚书章谊之子。宋宁宗时官拜参知政事的章良能，或亦出此支系。据《南宋馆阁续录》卷9《官联三》，章楳为"处州缙云人"。楳为服之孙，此支系当由婺州永康县迁入。

（2）迁往宣州。章元任之七世祖某，"自武宁而徙宣之符里"。⑥ 此处武宁似指浦城，而符里则当指符里窑镇，属宣城县，即此支章氏由浦城迁往宣州宣城县。不过，在宣州的宁国县，尚有章氏分支。据墓志记载，章夏，"宣州宁国

① 周紫芝：《太仓稊米集》卷70《朝议大夫章公墓铭》，《四库全书》本，第1141册，第500页。

② 王安石《临川先生文集》卷91《建安章君墓志铭》云"君家建安者五世，其先则豫章人也"（《四部丛刊初编》本）。孙觌《鸿庆居士集》卷33《宋故左朝奉大夫提点杭州洞霄宫章公墓志铭》亦云"章氏世家豫章，后徙建安"（《四库全书》本，第1135册，第337页）。豫章指江西，章氏本籍为江西路洪州武宁县，殆无可疑。唯浦城县在唐朝时亦曾称武宁县（《建宁府志》卷1《建置沿革》，厦门大学出版社，2009，第26页），极易产生误解。宋濂《文宪集》卷7《章氏家乘序》记载，章氏之先，"有讳展者，仕晋为中散大夫，世居泝之阳武。至兵部尚书岊，永嘉初出守于泉，始家于南安。唐康州刺史鹏，又自南安迁建之浦城"（《四库全书》本，第1123册，第446页）。这是对章氏先祖在晋唐时期迁徙状况的概括，然遗漏了重要之地洪州武宁。因历史上建州曾称建安郡，建州建安县又与浦城县多有辖地分合，故宋以后多有称章氏家族为建安章氏者。

③ 朱珪：《荻溪章氏家乘》序，转引自章开沅《〈荻溪章氏家乘〉初探（三题）》，《浙江社会科学》2003年第3期。

④ 王祎：《王忠文集》卷10《章氏祠堂记》，《四库全书》本，第1226册，第213页。

⑤ 戴良：《九灵山房集》卷6《章氏家乘序》，《四库全书》本，第1219册，第316页。宋濂《文宪集》卷16《龙泉章氏世系碑文》曾云，龙泉章氏发展至南宋章闻义、章用之父子时，"父子益雄于资，闻义所搆室庐、亭馆，甲于一州"（《四库全书》本，第1224册，第57页）。章氏因何致富，未见说明。南宋龙泉县曾有章生一、生二兄弟经营著名的瓷窑——哥窑和弟窑，是否与此章氏家族有关，尚待进一步考证。

⑥ 周紫芝：《太仓稊米集》卷70《朝议大夫章公墓铭》，《四库全书》本，第1141册，第500页。

人"，死后"葬于宁国柯氏之原"。①

（3）迁往苏州（平江府）。章仔钧之六世孙甫，"自建徙居于吴"，章甫之子宪，"居黄村"。② 章仔钧之后，也有分别迁到苏州的。章惇之父俞，"徙苏州"。③ 章粢之父访，"徙苏州之吴县人，平江府也"。④ 这两个支系，乃是章氏家族中"尤称于天下"的显宦支系，吴人称之为"南北章"。

大丞相申公（章惇）家州南，枢密秦公（章粢）家州北，两第屹然，轮奂相望，为一州之甲。吴人号南北章以别之。⑤

南宋初期，章惇后人中的章渊，"居长兴"，⑥ 属于湖州；章冲一支，"筑居弁山"，亦自平江府治所迁往湖州。⑦ 可见，章惇后人又多自平江府迁往湖州。章粢后人似又自平江府迁往临安府临安县。章绛，"以疾终于平江府之私第"，"葬于临安府临安县国昌乡前同村之原"。⑧ 其弟章综，葬于"临安县横溪塘头坞之原"，乃"所自卜也"。⑨

（4）迁往杭州（临安府）。陈亮所撰章服行状云："其先建之浦城人，五代之乱，徙杭之盐官，国初来婺，因家永康。"⑩ 可见，婺州永康县的章氏后裔，

---

① 周紫芝：《太仓稊米集》卷70《左朝散郎章公墓志铭》，《四库全书》本，第1141册，第498页。

② 范成大：《吴郡志》卷26《人物》，江苏古籍出版社，1999，第388页。

③ 《宋史》卷471《奸臣·章惇传》，第13709页。

④ 孙觌：《鸿庆居士集》卷33《宋故左朝奉大夫提点杭州洞霄宫章公墓志铭》，《四库全书》本，第1135册，第337页。

⑤ 孙觌：《鸿庆居士集》卷33《宋故左朝请大夫直龙图阁章公墓志铭》，《四库全书》本，第1135册，第340页。

⑥ 陈振孙：《直斋书录解题》卷11《小说家类》，上海古籍出版社，1987，第336页。《浙江通志》卷124《选举二》（《四库全书》本）云"章傑，长兴人"，如此则自章渊父辈已居长兴。

⑦ 张亿：《宋故夫人章氏祔葬埋铭》。见南京市博物馆《江浦黄悦岭南宋张同之夫妇墓》，《文物》1973年第4期。

⑧ 孙觌：《鸿庆居士集》卷33《宋故左朝奉大夫提点杭州洞霄宫章公墓志铭》，《四库全书》本，第1135册，第338页。

⑨ 孙觌：《鸿庆居士集》卷33《宋故左朝请大夫直龙图阁章公墓志铭》，《四库全书》本，第1135册，第343页。

⑩ 《陈亮集》卷34《吏部侍郎章公行状》，《邓广铭全集》第5卷，河北教育出版社，2005，第360页。

来源于杭州盐官县。另，"南渡时，仓部员外郎迁昌化"。① 昌化县亦属临安府。此处之"仓部员外郎"，似指建炎年间曾任是职的章谊。②

（5）迁往温州。据元人王祎所作谱序记载："其居温之永嘉、婺之永康者，亦本于浦城，与（处州）龙泉为同祖。"③

（6）迁往婺州。在婺州，除自杭州盐官县迁来永康县的章氏族人外，尚有居住在金华县的章氏支系。绍兴年间曾任干办诸军审计司的章服，即为金华人。④ 据元人王礼《麟原后集》卷1《章氏家乘序》云："金华章氏之谱，远者不可详。而可征者，今二十世矣。"

（7）迁往秀州。卫泾《后乐集》卷17《故安康郡夫人章氏行状》云："夫人章氏，其先建宁浦城人，后徙居秀之华亭。"此章夫人之曾祖为章稽、祖为章枳、父为章终。另，元丰二年进士章粹，亦应为这一支系。⑤

（8）迁往湖州。前述章惇后人中的章渊和章冲支系，即迁往湖州属地。同时，湖州还曾是章良肱、良能兄弟的居住地。⑥

（9）迁往润州（镇江府）。章友直"葬润州丹阳县金山之东园"。⑦ 章岷，"葬于润州鹤林山长乐乡"。⑧ 另据《至顺镇江志》卷18《人材·科举》记载，章襄为"镇江人"。

（10）迁往其他地区。史料中所见章氏族人居于或葬于他处者，尚有：①常州。陈襄《古灵集》卷18《送章衡秀才序》云："章衡子平，年弱冠，为予县学生，家居毗陵。"毗陵即常州。②洪州。永兴尉章佑之妻张氏，"嘉祐二年十一月三十日卒于洪州之私第，即以其年十二月十八日葬于洪州某县之某乡某

① 舒頔：《贞素斋集》卷1《昼锦堂记》，《四库全书》本，第1217册，第562页。

② 《宋史》卷379《章谊传》，第11685页。另，绍兴年间，章惇之孙章傑亦曾任仓部员外郎（《宋会要辑稿》职官六三之一二）。

③ 王祎：《王忠文集》卷5《章氏族谱序》，《四库全书》本，第1226册，第99页。

④ 李心传：《建炎以来系年要录》卷156，绍兴十七年八月壬寅，中华书局，2013，第2965页。该书中华书局原排印本（1988，第2537页）将章服罢官事系于"壬辰"，误。又叙事佚一"服"字，致使文意误为金华人余尧弼。

⑤ 单庆：《至元嘉禾志》卷15《宋登科题名》，《宋元方志丛刊》第5册，中华书局，1990，第4518页。

⑥ 周密：《癸辛杂识》前集《吴兴园圃》，中华书局，1988，第8页；别集上《二章清贫》，第241页。

⑦ 王安石：《临川先生文集》卷91《建安章君墓志铭》。

⑧ 镇江市博物馆等：《镇江市南郊北宋章珉墓》，《文物》1977年第3期。

原"。① ③临江军。《南宋馆阁续录》卷9《官联三》云，章颖为"临江军新喻人"。

章氏家族在入宋前即为宦族，入宋后发展迅速，枝叶繁盛，因而裂变、迁徙甚为频繁。在发展过程中，不同支系和不同地区的章氏族人，贫富贱贵分化在所难免。杨时为章甫所撰墓志中，曾概括章氏的状况说："仔钧之后居西村，仔钊之后居珠林，自是分为二族。宋兴几二百年，西村世有显人，珠林久不振。至景德中，公之大王父（章可法）始以进士中甲科而仕至秘书丞。公于熙宁三年继登科，而后珠林之族浸显矣。"② 即使是同一支派的族人，在不同的时期也有起伏变化，有时这种变化亦甚为明显。一般来说，因仕宦而迁往外地定居者，大都属于家族中比较显达的支系。如迁往苏州的章惇一系和章窣一系，即属章氏家族中"尤称于天下"者。因其他原因而迁往外地定居者，或需要一定时期的积累后重新起家，或长期沦为平民而默默无闻。章元任之七世祖迁到宣州宣城县后，直至元任之"曾祖某，祖某，皆隐于家"，其父虽"赠太中大夫"，乃是因元任之贵。不过，元任之父虽未出仕，却已"资产甚厚"。③ 可见，该支系经过几代人的积累，已成为当地富室，并随后通过章元任的及第而实现了由富及贵的变化。定居在宣州宁国县的章氏支系，章夏之"曾大父曰某，大父曰某，凡二世皆高蹈岩穴，不愿就禄。至公（章夏）之父曰某，始举进士。一不中第，即谢去"。④ 章夏兄弟继承乃父之志，锐意科举，终至兄弟二人先后登科，成功实现了本支系的起家。

二　科举考试

章氏家族虽然不断迁徙、分化，但各地的章氏族人均十分热衷于参加科举考试，而且逐渐形成读书应试的家族传统。总体来看，章氏家族不但参加科举考试的成员众多，而且及第成员亦众多。在及第者中，又多有高中者。在应试的过程中，章氏成员多表现出了持之不懈的精神。

① 《曾巩集》卷45《永兴尉章佑妻夫人张氏墓志铭》，中华书局，1984，第620页。
② 杨时：《龟山集》卷35《章端叔墓志铭》，《四库全书》本，第1125册，第426页。
③ 周紫芝：《太仓稊米集》卷70《朝议大夫章公墓铭》，《四库全书》本，第1141册，第501页。
④ 周紫芝：《太仓稊米集》卷70《左朝散郎章公墓志铭》，《四库全书》本，第1141册，第499页。

（一）科举考试参加者众多

章氏家族在入宋之前，即有成员参加科举考试并得高中。章频之父谷，在南唐统治浦城时"以文辞举进士第一"。尽管章谷在南唐政权中"官不显"，但对章氏家族子弟的读书应试却是极大的鼓舞。入宋之后，章氏子弟"又以儒学大其家"，① 踊跃参加科举考试乃成家风。如章频，曾"与弟顿皆以进士试礼部，预选"。② 章佑有三子，"曰造、适、述，皆举进士"。③ 章焘有十子，章纯、章纲，"相继策第"，章综、章缍、章经、章纶，皆"业进士"。④ 章甫有八子，除早逝和有官者外，章惠、章宪、章懋、章悊，"皆业儒"。⑤ 即使是"自放不羁，不肯求选举"的章友直，也同样令其二子"存、孺为进士"。⑥ 从众多家庭皆是兄弟共同从事举业的情况看，章氏家族成员参加科举考试的队伍相当庞大。

（二）及第人数众多

章氏家族子弟科举及第之众，一般家族绝难望其项背。在这些及第者中，既有一榜同时中第的多名子弟，也有出自同一家庭中的多位兄弟。王明清曾介绍章氏的情况是："族属既殷，簪裳益茂，至今放榜，必有居上列者。章氏自有登科题名石刻，在建阳。"⑦ 按照这种说法，则每次开科取士，都有章氏家族成员。家族自立登科题名刻石，在宋代尚不多见，其前提是家族成员中第者众多。章氏的题名刻石，始于章得象。据后人记载："文简公居浦城，作昼锦堂于县南峰，刻仁宗赐诗。凡子孙登科仕宦者，镌名于此。"⑧ 南宋人戴表元"尝见建州章氏家登科题名记，惇虽位至宰相，丑其人，削而不录"。⑨

根据现存资料，即可统计出章氏家族进士及第者至少有数十人之多（见

---

① 孙觌：《鸿庆居士集》卷33《宋故左朝奉大夫提点杭州洞霄宫章公墓志铭》，《四库全书》本，第1135册，第337页。
② 《宋史》卷301《章频传》，第9992页。
③ 《曾巩集》卷45《永兴尉章佑妻夫人张氏墓志铭》，第619页。
④ 《杨万里集》卷125《刑部侍郎章公墓铭》，中华书局，2007，第4838页。
⑤ 杨时：《龟山集》卷35《章端叔墓志铭》，《四库全书》本，第1125册，第428页。
⑥ 王安石：《临川先生文集》卷91《建安章君墓志铭》。
⑦ 王明清：《挥麈录》前录卷2《浦城章氏尽有诸元》，第17页。
⑧ 舒頔：《贞素斋集》卷1《昼锦堂记》，《四库全书》本，第1217册，第562页。
⑨ 戴表元：《剡源集》卷18《题蜀苏氏族谱后》，中华书局影印《丛书集成初编》本，1985，第269页。

表1）。在这些及第者中，一家兄弟即有不少。章岷、章岘、章岵兄弟三人，先后登第。章惇"四子连登科"。① 章夏在大观三年（1109）成功登进士第后，"其弟某，继以登科"。② 以兄弟友睦闻名的昌化一支系，"翊之子樵、橚，诩之孙铸、鑑，皆相继登第"。③ 其中章鑑，"第癸未（嘉定十六年，1223）进士"，而其弟铸，"第庚辰（嘉定十三年，1220）进士"，④ 及第之年反早于乃兄。

表1　章氏家族成员科举及第事例

名（字）	中进士时间	名次	资料来源
谷	南唐时	第一	《鸿庆居士集》卷33《宋故左朝奉大夫提点杭州洞霄宫章公墓志铭》
頔（朝宗）	咸平三年		《宋史》卷301《章频传》
得一	咸平三年		《嘉靖建宁府志》卷15《选举上·进士》
得象（希言）	咸平五年		《景文集》卷59《文宪章公墓志铭》
可法	景德二年	甲科	《吴郡志》卷26《人物·章甫》；《龟山集》卷35《章端叔墓志铭》；《嘉靖建宁府志》卷15《选举上·进士》
频（简之）	景德二年		《宋史》卷301《章频传》
岷（伯镇）	天圣五年		《嘉靖建宁府志》卷15《选举上·进士》
岘（伯瞻）	天圣八年		《嘉靖建宁府志》卷15《选举上·进士》
造	景祐元年		《曾巩集》卷45《永兴尉章佑妻夫人张氏墓志铭》；《嘉靖建宁府志》卷15《选举上·进士》
俞（咨臣）	景祐元年		《嘉靖建宁府志》卷15《选举上·进士》
岵（伯望）	宝元元年		《嘉靖建宁府志》卷15《选举上·进士》
佺	宝元元年		《嘉靖建宁府志》卷15《选举上·进士》
嶙	庆历二年	甲科	《至顺镇江志》卷18《人材·科举》
䜣（天和）	庆历六年		《嘉靖建宁府志》卷15《选举上·进士》
颖	皇祐五年		《嘉靖建宁府志》卷15《选举上·进士》
衡（子平）	嘉祐二年	第一	《宋史》卷347《章衡传》
惇（子厚）	嘉祐四年	第五	《宋会要辑稿》选举二之九
楶（质夫）	治平二年	省试第一	《宋史》卷328《章楶传》
甫（端叔）	熙宁三年		《龟山集》卷35《章端叔墓志铭》
綖（伯成）	熙宁九年		《鸿庆居士集》卷33《宋故左朝奉大夫提点杭州洞霄宫章公墓志铭》

---

① 《宋史》卷471《奸臣·章惇传》，第13713页。
② 周紫芝：《太仓稊米集》卷70《左朝散郎章公墓志铭》，《四库全书》本，第1141册，第499页。
③ 周密：《齐东野语》卷8《昌化章氏》，中华书局，1983，第140页。
④ 吴泳：《鹤林集》卷35《盛宜人墓志铭》，《四库全书》本，第1176册，第349页。

名（字）	中进士时间	名次	资料来源
粹（仲容）	元丰二年		《云间志》卷中《进士题名》;《嘉靖建宁府志》卷15《选举上·进士》
择	元丰八年		《攻媿集》卷70《跋元丰八年进士小录》
綡（子上、子京）	元祐三年	国子监试第一	《鸿庆居士集》卷33《宋故左朝请大夫直龙图阁章公墓志铭》
援（致平）	元祐三年	省试第一	《鹤林玉露》甲编卷5《李方叔》;《云麓漫抄》卷9
元任（莘民）	绍圣元年		《太仓稊米集》卷70《左朝散郎章公墓志铭》
持	绍圣四年	第四	《太平治迹同类》卷28《祖宗科举取人·哲宗》
佃	绍圣四年	甲科	《萍洲可谈》卷1;《嘉靖建宁府志》卷15《选举上·进士》
授（荣之）	绍圣四年	省试第一	《嘉靖建宁府志》卷15《选举上·进士》
谊（宜叟）	崇宁五年		《宋史》卷379《章谊传》
夏（彦明）	大观三年	雌榜	《太仓稊米集》卷70《左朝散郎章公墓志铭》
元振（时举）	政和五年		《嘉靖建宁府志》卷15《选举上·进士》;《建炎以来系年要录》卷168,绍兴二十五年三月庚午
骧	宣和六年		《至顺镇江志》卷18《人材·科举》
傑	宣和六年		《嘉靖建宁府志》卷15《选举上·进士》
夏之弟某			《太仓稊米集》卷70《左朝散郎章公墓志铭》
藉	建炎二年		《吴郡志》卷28《进士题名》
服（德文）	绍兴二年		《陈亮集》卷34《吏部侍郎章公行状》
谧（靖之）	绍兴十八年	第二甲第十一名	《绍兴十八年同年小录》
驹（伯昂）	绍兴十八年	第五甲第十五名	《绍兴十八年同年小录》
洽	绍兴二十四年		《万历湖州府志》卷6《甲科·进士》
渭	绍兴三十年		《陈亮集》卷34《吏部侍郎章公行状》;《万历金华府志》卷18《科第·宋进士》
澥	隆兴元年		《攻媿集》卷70《跋元丰八年进士小录》
纯	乾道二年		《嘉靖建宁府志》卷15《选举上·进士》
纲	乾道八年		《嘉靖建宁府志》卷15《选举上·进士》
颖（茂献）	淳熙二年	礼部正奏第一人	《南宋馆阁续录》卷9《官联三》;《宋史》卷404《章颖传》
良能（达之）	淳熙五年		《南宋馆阁续录》卷8《官联二》
良肱（翼之）	淳熙十一年		《南宋馆阁续录》卷8《官联二》
梾（敬则）	淳熙十一年		《南宋馆阁续录》卷9《官联三》
如愚（俊卿）	庆元二年		《金华先民传》卷7《文学·章如愚传》
橚	开禧元年		《贞素斋集》卷2《章氏族谱序》;《咸淳临安志》卷61《国朝进士表》

续表

名(字)	中进士时间	名次	资料来源
樵(升道)	嘉定元年		《贞素斋集》卷2《章氏族谱序》；《宋史翼》卷29《章樵传》；《咸淳临安志》卷61《国朝进士表》
铸(子寿)	嘉定十三年		《贞素斋集》卷2《章氏族谱序》；《鹤林集》卷35《盛宜人墓志铭》
鑑(君玉、君宝)	嘉定十六年		《贞素斋集》卷2《章氏族谱序》；《鹤林集》卷35《盛宜人墓志铭》
大醇(景孟)	宝庆二年		《后村先生大全集》卷60《章大醇侍左郎官》；《宝庆四明志》卷1《郡守》

注：史料中尚有不少虽不能确证，但极可能为浦城章氏之裔的科举及第者。如：章一桂，宁国人，宝祐四年三甲第二十一名进士及第（《宝祐四年登科录》）；章如旦，余干人，咸淳二年进士（《宋季忠义录》卷7）；章朝宗，临安人，绍兴十八年四甲第四十七名进士（《绍兴十八年同年小录》）；章谏，临安人，绍兴二十七年进士（《咸淳临安志》卷61《国朝进士表》）；章沐、章湛，长兴人，分别中绍兴二十四年、三十年进士（《万历湖州府志》卷6《甲科·进士》）；《嘉靖建宁府志》卷15《选举上·进士》宋代部分记载的若干章姓进士等。

（三）及第者中高科得中者较多

在众多及第的章氏家族成员中，又有较多得中高科者，这进一步表现了章氏家族的科举质量。王明清称之为"尽有诸元"。

> 浦城章氏，尽有诸元。子平为廷试魁，而表民（望之）制科第一，子厚（惇）开封府元，正（应为质）夫（楶）锁厅元，正（应为质）夫子（综）为国学元，子厚子（援）为省元，次子（持）为别试元……至今放榜，必有居上列者。[1]

除王明清所列章氏成员在各级科举考试中获得的第一外，尚有一些名列前茅者。章得象于咸平五年（1002）中"进士高第"。[2] 章可法于景德二年（1005）中进士甲科。[3] 章惇于嘉祐四年（1059）以第五名中进士。[4] 章惇之"子持、孙

---

[1] 王明清：《挥麈录》前录卷2《浦城章氏尽有诸元》，第17页。

[2] 宋祁：《景文集》卷60《故赠太师章公夫人追封邓国太夫人张氏墓志铭》，《四库全书》本，第1088册，第584页。

[3] 杨时：《龟山集》卷35《章端叔墓志铭》，《四库全书》本，第1125册，第426页。

[4] 《宋会要辑稿》选举二之九。

佃，甲科"。① 章夏，"就举开封，有司第其文，常在第一……登进士第。先是，开封首荐者，率六岁一登科，谓之雌雄榜"，他"始以雌榜得之"。② 章颖，"以兼经中乡荐。孝宗嗣服，下诏求言，颖为万言书附驿以闻，礼部奏名第一"，后"召对，除太学录。礼部正奏第一人"。③

（四）持之不懈地参加科举考试

对待科举考试，章氏家族成员多能持之不懈，不仅依靠过硬的本领，而且依靠顽强的精神来取得优异的成绩。有些成员多次参加科举考试，有些成员以荫入仕后又积极科场博名。

对于有官人参加科举考试，宋朝政府不但允许，而且有专门的政策，章氏家族成员同其他世家大族子弟一样，也是积极利用这一政策来增加仕进资本的。章粲，以族叔章得象荫入仕，后又参加科考，并且取得了"试礼部第一"④ 的好成绩。

在章氏家族成员的科考生涯中，甚至有的成员即使考中，但只因对名次不满意，即不惜再次考试。著名的故事是章惇"进士登名，耻出［族］侄衡下，委敕而出，再举甲科"，⑤ 而章衡的成绩是第一即以状元而及第的。

当然，在章氏家族成员中，也有一些科场失利后即退出者，但除个别因对科场不满而被迫退出者外，⑥ 他们实际上大都是根据自身情况，将对科举持之不懈的追求转移到了子孙身上。如章得象之父奂，"以儒术发闻，不乐进取，试礼部，一不中即谢去。盘桓家食，以天爵自终"。⑦ 章夏之父，"始举进士，一不中第，即谢去。杜门终身，学治气养心之术"。⑧ 此后，章夏兄弟先后中第。

三 科举在仕宦中的作用

章氏家族在宋代政治舞台上的显达，与科举具有十分密切的关系。科举不但

① 朱彧：《萍洲可谈》卷1，《全宋笔记》第2编第6册，大象出版社，2006，第142页。
② 周紫芝：《太仓稊米集》卷70《左朝散郎章公墓志铭》，《四库全书》本，第1141册，第498页。
③ 《宋史》卷404《章颖传》，第12226～12227页。
④ 《宋史》卷328《章粲传》，第10589页。
⑤ 《宋史》卷471《奸臣·章惇传》，第13709页。
⑥ 范镇《东斋记事》卷3曾云："仲昌者，章郇公之从子，论科场不公，郇公奏闻，牒归建州。"（中华书局，1980，第29页）
⑦ 宋祁：《景文集》卷59《文宪章公墓志铭》，《四库全书》本，第1088册，第559页。
⑧ 周紫芝：《太仓稊米集》卷70《左朝散郎章公墓志铭》，《四库全书》本，第1141册，第499页。

使家族及其一些支系起家，成功实现了向上流动，而且使一些成员得以顺利升迁，并且扩大了家族的影响，促进了其他的入仕途径，也为成员仕宦带来各种有利的影响。

（一）科举带来起家

入宋以后，章氏家族以科举而起家，并逐渐成为显赫的世家大族。孙觌在为其岳父章綡所撰写的墓志铭中，开篇便云：

> 建安章氏，自郇公（章得象）以文学道德仕仁宗为宰相，声号显融，族大以蕃，异人辈出，事五朝，踵相蹑为将相，宠光禄大，为世闻宗。①

一些迁徙到外地的非官户支系，在起家过程中也大都依靠科举考试。宣州的章氏支系，居于宣城县的，自章元任之七世祖以来，"皆隐于家"，直至章元任"登绍圣元年进士第"；② 居于宁国县的，章夏之曾祖、祖父"皆高蹈岩穴，不愿就禄"，其父"始举进士"，但科场不利，直至章夏兄弟先后登第。③

（二）科举使大量家族成员得以入仕

章氏家族既然科举及第人员众多，就必然使大量子弟由科举得入仕途。尽管章氏家族成员中也有一些是入仕后又科考及第的，但毕竟数量有限，大部分成员是将科举视作入仕手段的。有些成员虽然完全有条件通过荫补入仕，却不屑于此，而必通过科举入仕而后已。例如章綡，本可通过其父章窦之荫入仕，但他"推与其弟，而束手诣太学受业，食淡攻苦，穷日夜不息，然后挟所有，从诸生校于有司"。④

---

① 孙觌：《鸿庆居士集》卷33《宋故左朝请大夫直龙图阁章公墓志铭》，《四库全书》本，第1135册，第340页。
② 周紫芝：《太仓稊米集》卷70《朝议大夫章公墓铭》，《四库全书》本，第1141册，第500页。
③ 周紫芝：《太仓稊米集》卷70《左朝散郎章公墓志铭》，《四库全书》本，第1141册，第499页。
④ 孙觌：《鸿庆居士集》卷33《宋故左朝请大夫直龙图阁章公墓志铭》，《四库全书》本，第1135册，第340页。

（三）科举扩大了家族的社会声誉，对成员仕宦产生了有利的影响

由于章氏家族子弟在科举中不断取得优异成绩，章氏家族"诗书名族"的声誉也得以不断扩大。在宋代的政治环境和社会环境下，家族的良好声誉，对个人仕宦具有明显的促进作用。这不但表现在有利于得到同僚的认可和举荐，而且也有利于政绩影响的扩大。章望之，曾得到"欧阳修、韩绛、吴奎、刘敞、范镇同荐其才"。① 章岷在升任太常少卿时，词臣所撰制词云"以学术之茂，升在台阁；以政事之敏，列于藩服。畴其已试之效，宜在当陟之典"。②

宋代科举得中甲科者，往往仕途顺利。章氏家族成员甲科及第者不少，他们大多能够仕至高位。如章惇仕至宰相，章楶仕至同知枢密院事。当然，也有一些不甚顺利的情况。

> 本朝状元及第，不五［六］年即为两制，亦有十年至宰相者。章衡滞于馆职甚久，熙宁初冬月，圣驾出，馆职例当迎驾。方序立次，衡顾同列而叹曰："顷年迎驾于此，眼看冻倒掌禹锡，倏忽已十年矣。"执政闻而怜之，遂得同修起居注。③

尽管章衡的职位升迁有所迟滞，但毕竟因其状元身份"得同修起居注"，这说明科甲名次仍对其仕宦产生了积极的影响。章惇"四子连登科，独季子援尝为校书郎，余皆随牒东铨仕州县，讫无显者"。这在当时的多数人看来，"不肯以官爵私所亲"④ 乃属不正常的社会现象。但这正说明了章惇"爱惜名器，坚守法度"。与那些任人唯亲的官僚相比，"岂不贤哉"！⑤

（四）科举带动了其他途径的入仕

科举为章氏家族成员提供了有利条件，使某些成员能够跻身于中高级官僚行

① 王称：《东都事略》卷115《章望之传》，《四库全书》本，第382册，第756页。
② 韩维：《南阳集》卷16《兵部郎中充集贤校理章岷可太常少卿依前充集贤校理敕》，《四库全书》本，第1101册，第654页。
③ 魏泰：《东轩笔录》卷6，中华书局，1983，第67~68页。
④ 《宋史》卷471《奸臣·章惇传》，第13713页。
⑤ 《李纲全集》卷160《书章子厚事》，岳麓书社，2004，第1480页。

列，从而获得了荫补子弟的资格。显然，科举带动了章氏家族子弟的荫补入仕。章得象由科举入仕，位至宰相，除荫补其子外，既得以荫补侄章望之，又得以荫补族侄章窭，对族子章友直，也"尝欲以郊恩奏补"。① 章窭入仕后又进士及第，位至同知枢密院事，其七子中章绛、章综进士入仕，其他诸子则以荫补入仕；其众多的孙辈成员，则大都以荫补入仕。章元振以进士入仕，其子才邵虽被杨时"目为笃实君子"，然亦"以父荫补官"。②

四　子弟教育与文化成就

章氏家族对子弟的教育，不但十分重视，而且相当成功，这是该家族能够在天水一朝人物辈出的关键所在。子弟教育的成功，一方面使家族成员科举中第不断，另一方面也使该家族产生了不少学者型人物，取得了引人注目的文化成就。

（一）子弟教育

章氏家族世代重视教育子弟，持之不懈，已成家族风气。与宋代其他世家大族相比，虽然相同之处甚多，但在某些方面也表现出了自己的特点。概括来看，章氏家族的子弟教育主要包括如下一些内容。

1. 设立族塾或家塾进行教育

章得象曾"作昼锦堂于［浦城］县南峰，刻仁宗赐诗"。③ 该堂很可能具有族塾的功能。浦城为章氏族聚之地，对众多的子弟进行集中教育是十分必要的。迁往外地的支系，也多设立家塾教育子弟。章鑑之母盛氏，"辟塾于家，延师教子，入则问所业进减，出则视其友损益"。④ 章良能在湖州吴兴县的嘉林园有怀苏书院。⑤

2. 父兄子弟，自为师友

在章氏家族中，父兄亲教子弟甚为常见，尤其是仕宦成员，在仕宦之余，往

① 曾敏行：《独醒杂志》卷3，《全宋笔记》第4编第5册，大象出版社，2008，第141页。
② 《福建通志》卷47《人物五》，《四库全书》本，第529册，第600页。
③ 舒顿：《贞素斋集》卷1《昼锦堂记》，《四库全书》本，第1217册，第562页。
④ 吴泳：《鹤林集》卷35《盛宜人墓志铭》，《四库全书》本，第1176册，第349页。
⑤ 周密：《癸辛杂识》前集《吴兴园圃》，第8页。

往以教子为乐。章棨"教诸子甚严，恐其纵肆，闭置一书室中"。① 章焘，"教子无倦，自作家训，绳以礼法，迪以文词"。② 据说，章惇作为"郇公（章得象）之疏族，举进士，在京师馆于郇公之第"。③ 举进士的族人即使是暂居于仕宦者家中，当亦可得到一定的教育机会。在家庭教育的过程中，父兄子弟之间不但具有师生的关系，亦具有学友的关系。在学问进展到一定程度后，往往能够相互切磋，相互促进。

以家庭教育的方式培养子侄，重要条件之一便是具备一定的家庭藏书。章氏家族对藏书也同样十分重视。章甫，"藏书万卷，雠校精密"。④ 章綡，"致仕逾年，病间即舍旁营一堂，号美荫，聚书万卷，凡国子、中秘所有，皆具"。⑤ 章宪，在吴县黄村拥有著名的复轩，"自作记，谓葺先人之庐，治东庑之轩，以贮经史百氏之书，名之曰复，以警其学"。⑥ 楼钥曾为《元丰八年进士小录》作跋说："先祖少师以是年登科……章公择，申公子也，实为同年生，其孙澥与钥同登隆兴元年进士科，家藏此书。"⑦ 这说明章氏家族的藏书是世代相传的。章祖义也曾"即先君藏书楼，辟为草堂三间"，⑧ 可见其父藏有相当数量的图书。

3. 重点培养秀异子弟

在章氏家族的精英人物中，有不少人自幼聪慧，他们往往能够受到重点培养。章得象，"孩提已自秀挺，丱能属文"。⑨ 章甫，"资颖悟，方幼学，已能属文"。⑩ 章綡，"少颖异，不类儿童"。⑪ 章綡，"通亮英敏，有大志"。⑫ 章焘，"穉而卓伟，

① 龚明之：《中吴纪闻》卷5《章户部》，《宋元笔记小说大观》第3册，上海古籍出版社，2001，第2902页。

② 《杨万里集》卷125《刑部侍郎章公墓铭》，第4838页。

③ 邵伯温：《邵氏闻见录》卷13，中华书局，1983，第143页。

④ 范成大：《吴郡志》卷26《人物·章甫》，第388页。

⑤ 孙觌：《鸿庆居士集》卷33《宋故左朝请大夫直龙图阁章公墓志铭》，《四库全书》本，第1135册，第341页。

⑥ 范成大：《吴郡志》卷14《园亭》，第198页。

⑦ 楼钥：《攻媿集》卷70《跋元丰八年进士小录》，《四部丛刊初编》本。

⑧ 甘文蔚：乾隆《昌化县志》卷10《冢墓》，台北：成文出版社，1983，第524页。

⑨ 宋祁：《景文集》卷59《文宪章公墓志铭》，《四库全书》本，第1088册，第559页。

⑩ 杨时：《龟山集》卷35《章端叔墓志铭》，《四库全书》本，第1125册，第426页。

⑪ 孙觌：《鸿庆居士集》卷33《宋故左朝奉大夫提点杭州洞霄宫章公墓志铭》，《四库全书》本，第1135册，第338页。

⑫ 孙觌：《鸿庆居士集》卷33《宋故左朝请大夫直龙图阁章公墓志铭》，《四库全书》本，第1135册，第340页。

渊渟山峙"。① 章服，"自幼颖悟，读书不苟"。② 章著，"自少容貌伟然，把笔为诗文，便能有不凡语，父兄特爱之"。③ 章如愚，"自幼颖悟，负才尚气"。④ 这些秀异子弟因自身素质条件良好，经过家族的重点培养，往往更容易成才。

4.注重培养子弟自立能力

在对家族成员的培养过程中，章氏家族除重视学业外，还相当注重对自立能力的培养。这应是章氏家族培养子弟的一个重要特点。章得象，"年十二，侍袂挟笈，与密公（章得象父奂）及从兄得一俱称茂才"。⑤ 章甫，"年十四即辞亲求师友，薄游江淮间，殆十年，能自力，卒以名闻于时"。⑥ 较强的自立能力，不但对子弟个人发展大有益处，而且使迁往各地的支系能够不断崛起。

5.注重道德教育

宋代专制主义进一步加强，世家大族对皇权的依附性也越来越强，因而它们普遍重视以忠孝为核心的道德教育。章氏家族子弟中虽然出现过一些才高于德的事例，但总体来看，该家族对道德教育亦相当重视。章焘，"将薨，精神湛然，一语不乱，惟语子孙以孝弟忠信"。⑦ 以"孝弟忠信"教育子弟，正是宋代的社会环境对世家大族维持社会地位的必然要求。当国难临头之时，章氏家族亦曾出现过忠义之士。南宋末年，面对强大的元朝军队，章埥"念自祖父以来世受国恩，与弟壁捐家资募忠勇，得义兵数千，收复婺城……与元兵力战于丁鼠山，援绝城陷，埥与壁皆死之"。这可谓是"以孤忠自奋，徇国忘身。功虽不就，其志愤矣"。⑧

在章氏家族的子弟教育中，妇女发挥了重要作用。世间盛传的章仔钧妻练夫人所生八子后世科宦显达，其实并非仅为"阴德"所至，当与练夫子对子孙的教育有密切关系。章得象之母张氏，在丈夫"无禄早世"的情况下，"教忠免学"，⑨ 终于将章得象培养成才。

---

① 《杨万里集》卷125《刑部侍郎章公墓铭》，第4837页。
② 《陈亮集》卷34《吏部侍郎章公行状》，《邓广铭全集》第5卷，第356页。
③ 《陈亮集》卷35《章晦文墓志铭》，《邓广铭全集》第5卷，第366页。
④ 应廷育：《金华先民传》卷7《文学·章如愚传》，《续金华丛书》本。
⑤ 宋祁：《景文集》卷59《文宪章公墓志铭》，《四库全书》本，第1088册，第559页。
⑥ 杨时：《龟山集》卷35《章端叔墓志铭》，《四库全书》本，第1125册，第426页。
⑦ 《杨万里集》卷125《刑部侍郎章公墓铭》，第4838页。
⑧ 应廷育：《金华先民传》卷4《忠义·章埥传》。
⑨ 宋祁：《景文集》卷60《故赠太师章公夫人追封邓国太夫人张氏墓志铭》，《四库全书》本，第1088册，第584页。

（二）文化成就

枝繁叶茂的章氏家族，培养出了规模庞大的士人群体。在文化上的成就也是多方面的，对当时和后世均产生了重要的影响。以下一些领域，章氏家族成员均取得了较为突出的成就。

在哲学方面，章氏家族成员多有对传统哲学特别是经学较有造诣者。章望之"喜议论，宗孟轲，言性善，排荀卿、扬雄、韩愈、李翱之说。著《救性》七篇。欧阳修论魏、梁为正统，望之以为非，著《明统》三篇。江南人李觏著《礼论》，谓仁、义、智、信、乐、政、刑皆出于礼，望之订其说，著《礼论》一篇。其议论多有过人者"。① 章甫，曾著有《孟子解义》14卷。② 章综，"尤尊王氏学，著书三十卷，醇深雅奥，发明经术居多"。③ 章祖义著有《道德经疏》2卷，他还著有《壶中邈稿》15卷、《读书记》20卷。④

在史学方面，章氏家族成员留下了不少较有价值的著作。除作为宰相的成员挂名编修的国史外，其他成员的史学著作也甚为丰硕。章衡著有《编年通载》10卷。章宪，"以学文……尤邃于《春秋》"。⑤ 章综曾"集古今石刻千卷"。⑥ 章颖著《经进皇宋中兴四将传》4卷及包含有前四将传的《南渡十将传》10卷、《舂陵志》1卷等。章冲著《春秋左氏传事类始末》5卷。章定撰有《名贤氏族言行类稿》60卷。

在文学方面，有文名的章氏家族成员也不乏其人。章岷，"有文声，范文正公（范仲淹）有《和章从事斗茶歌》及《同登承天寺竹阁》诗"。⑦ 章宪，"有《复轩集》十卷，曾文清公几为之序"。⑧ 章楶曾"作《水龙吟》咏杨花，其命意用事，清丽可喜"，⑨ 苏轼和之；现存《寄亭诗遗》1卷，⑩ 当为其诗作的一部

---

① 《宋史》卷443《文苑·章望之传》，第13098页。

② 杨时：《龟山集》卷35《章端叔墓志铭》，《四库全书》本，第1125册，第428页。

③ 孙觌：《鸿庆居士集》卷33《宋故左朝请大夫直龙图阁章公墓志铭》，《四库全书》本，第1135册，第343页。

④ 甘文蔚：乾隆《昌化县志》卷10《冢墓》，第524页。

⑤ 范成大：《吴郡志》卷26《人物·章宪》，第388~389页。

⑥ 孙觌：《鸿庆居士集》卷33《宋故左朝请大夫直龙图阁章公墓志铭》，《四库全书》本，第1135册，第341页。

⑦ 范成大：《吴郡志》卷12《官吏·章岷》，第163页。

⑧ 范成大：《吴郡志》卷26《人物·章宪》，第388~389页。

⑨ 朱弁：《曲洧旧闻》卷5《东坡和章质夫词声韵谐婉》，中华书局，2002，第158页。

⑩ 陈思、陈世隆：《两宋名贤小集》卷132，《四库全书》本，第1363册，第228页。

分。章渊著有《稿简赘笔》，① 为笔记体作品。

在文献学方面，章樵有《古文苑注》21卷，虽然"注释亦不能无失，然唐以前散佚之文，间赖是书以传"。② 章如愚有感于"宋自南渡以后，通儒尊性命而薄事功，文士尚议论而赳考证"，编撰了卷帙浩繁的《群书考索》（《山堂考索》），"独以考索为名，言必有征，事必有据"。③

在艺术方面，章惇"能传笔意，虽精巧不迨唐，而笔势超超"，④ 章友直"知音乐、书画、弈棋，皆以知名于一时"。⑤ 米芾《画史》说章友直"善画龟蛇，以篆画笔，亦有意。又能以篆笔画棋盘，笔笔相似"。⑥ 其女章媚，"善界画，颇有父风"，⑦ 又"能嗣其篆法，备极精巧"。⑧

在自然科学方面，章夏之父"尝手编《千金外台》数百卷，传于时"，⑨ 属医学著作。

除以上较有影响的人物及其文化成就外，还有一些章氏家族成员，也积极进行文化创作，只是学术成就稍显逊色，作品"藏于家"而已。章元任，"哀其平生所作二十卷，藏于家"。⑩ 章绛，"有文集三十卷，藏于家"。⑪ 章服，"有《论语［解］》、《孟子解》各二卷，《易解》二卷，古律诗四卷，藏于家"。⑫

通过成员对各类著作的撰写，章氏家族的文化成就得到了比较直接的反映。这些著作，有些至今仍留存于世，但有些已经佚失了。为便于观察，笔者对章氏家族的著作情况（不含散篇诗文）试作统计，制成表2。

---

① 陶宗仪：《说郛》卷44，中国书店，1986，第7页。
② 永瑢等：《四库全书总目》卷186《古文苑》，中华书局，1965，第1691页。
③ 永瑢等：《四库全书总目》卷135《山堂考索》，第1150页。
④ 黄伯思：《东观余论》卷上《论书六条》之六，中华书局，1988，第150页。
⑤ 王安石：《临川先生文集》卷91《建安章君墓志铭》。
⑥ 《全宋笔记》第2编第4册，大象出版社，2006，第278页。
⑦ 王毓贤：《绘事备考》卷5下，《四库全书》本，第826册，第242页。
⑧ 陈槱：《负暄野录》卷上，《四库全书》本，第871册，第36页。
⑨ 周紫芝：《太仓稊米集》卷70《左朝散郎章公墓志铭》，《四库全书》本，第1141册，第499页。
⑩ 周紫芝：《太仓稊米集》卷70《朝议大夫章公墓铭》，《四库全书》本，第1141册，第501页。
⑪ 孙觌：《鸿庆居士集》卷33《宋故左朝奉大夫提点杭州洞霄宫章公墓志铭》，《四库全书》本，第1135册，第339页。
⑫ 《陈亮集》卷34《吏部侍郎章公行状》，《邓广铭全集》第5卷，第360页。

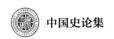

表2　章氏家族主要著作情况

名(字)	今存著作(不含散篇作品)	已佚著作
望之(表民)	《延漏录》1卷,《曹氏女传》	《救性》7篇,《明统》3篇,《礼论》1篇,《道穷集》30卷。
友直(伯益)		《三经堂歌》
衡(子平)	《编年通载》4卷(原10卷,存1～4卷)	
炳文(叔虎)	《搜神秘览》3卷	
甫(端叔)		文集20卷,《孟子解义》14卷
寀(质夫)	《寄亭诗遗》1卷	遗文40卷,奏议30卷
综(子上、子京)		《樵居集序》30卷,集古今石刻1000卷
夏之父某		《千金外台》数百卷
夏(彦明)		《湘潭集》19卷
宪(叔度)		《复轩集》10卷
服(德文)		《论语解》2卷,《孟子解》2卷,《易解》2卷,古律诗4卷
定	《名贤氏族言行类稿》60卷	
渊(伯深)	《稿简赘笔》1卷(原5卷)	
颖(茂献)	《经进皇宋中兴四将传》4卷,《南渡十将传》10卷,《春陵志》1卷	
冲(茂深)	《春秋左氏传事类始末》5卷	
良能(达之)		《嘉林集》100卷
樵(升道)	《古文苑注》21卷	《章氏家训》7卷,集《曾子》18篇,补注董仲舒《春秋繁露》18卷
楝(敬则)		《凝尘集》
如愚(俊卿)	《群书考索》(《山堂考索》)前集66卷、后集65卷、续集56卷、别集25卷,《新刻山堂诗考》1卷,《新刊山堂先生章宫讲考索》丁集10卷、已集10卷	文集若干卷

续表

名(字)	今存著作(不含散篇作品)	已佚著作
鑑(君玉、君宝)		《友山文集》10 卷,奏议 10 卷,内外制,《资善讲读》,《四时杂兴》1 卷,《众芳集》1 卷
康(季思)		遗集 50 卷,《雪崖集》10 卷
邦傑(子才)		《章氏家传德庆编》1 卷
祖义(行之)		《壶中遯稿》15 卷,《道德经疏》2 卷,《读书记》20 卷
佚名		《建安章氏家谱》1 卷

注：此表的制作除据今存著作及前揭文献外，主要参考《宋史》卷 203《艺文志二》，周密《齐东野语》卷 16《文庄公滑稽》，孙觌《鸿庆居士集》卷 31《樵居集序》，陆心源《宋史翼》卷 29《章樵传》，尤袤《遂初堂书目》，《江南通志》卷 193《艺文志》，朱长文《墨池编》卷 6《宋碑》，《浙江通志》卷 245《经籍五》，郑樵《通志》卷 66《艺文略第四》，凌迪知《万姓统谱》卷 49《下平声》，应廷育《金华先民传》卷 6《政事·章徕（应为棣）传》、卷 7《文学·章如愚传》，等等。

五　家族内部关系

在家族发展过程中，必然会出现越来越多的支系或房分，尤其是随着某些房支的外迁，势必造成整个家族在活动区域上的疏散。尽管如此，宋代的世家大族多能通过各种形式使家族成员间保持或多或少的内部联系。事实上，即使是在一定地理空间内（一般为村庄）的宗族，如果不是同居共财的大家庭，其成员之间的相互关系也是或密或疏的，并非完全相同。章氏家族由浦城发展至遍布江南各地，其内部之间的关系十分复杂。尽管有些支系基本独立发展，较少与其他支系联系，但大多数支系之间，关系仍然较为密切。这种内部关系，主要表现在如下几个方面。

（一）经济互助

自范仲淹创建范氏义庄以来，义庄便成为宋代家族内部经济互助的新方式，并受到士大夫的青睐。章氏家族亦由章惇创立了义庄。但可能由于章惇作为变法派人物，"士大夫喜诋诃其失"[①] 而不愿记其"善行"。关于章氏义庄的直接记载

---

① 《李纲全集》卷 160《书章子厚事》，第 1480 页。

竟难以寻觅，幸陈造在其记述毕氏义庄时曾说，毕氏家族"取范文正、章申公遗法增损之……捐田以赒族，固范、章二公意"。① 可见章惇曾捐田赒族，创办了章氏义庄，并制定了义庄规矩。章惇一支在其父章俞时迁往苏州（后改为平江府），而范氏、毕氏所建义庄亦皆在此地，由此可知，章氏义庄亦在苏州无疑。章氏义庄的具体规模，已难以确知。苏州当时的章氏族人，应主要是章惇的兄弟子侄，其他支系的章氏族人，则难知是否包括在内。

与创建义庄相比，世家大族内部的散财恤孤则是更为常见的经济互助形式。在章氏家族内部，也同样存在仕宦成员散财赒族的情况。章焘"仕逾三纪，不籯一簪，得禄必分族姻友朋，赒而无斁"。② 散财赒族的范围虽不确定，但一般主要是较为亲近的族人，有些甚至是在兄弟之间，以别籍异财时放弃自己份额的方式，散与兄弟。章甫"仕于朝，兄弟请别籍"，他"尽以己所当得田业均之，且立券与之，约毋得辄典卖，而其后兄弟之子有破其产者，卒赖此以为生"。③ 可见，这类"惇族"有接济和保障族人生活的作用。当族人中出现正常家庭生活难以为继、孤弱难存的情况时，则更需要提供接济和保障。章佑之妻张氏，对"疏宗远属"亦"极于爱"，"男之有不能葬者，为葬之；女之有不能嫁者，为嫁之。忘其力之匮而为之也"。④ 家族中的妇女尚且如此，而章氏家族中的近亲尤其是仕宦成员，一般更是尽责尽力，而自私争财者则为族人所不齿。南宋初的章亿，即"行同驵侩，尝与兄弟争财，首建析居之议，宗党莫不鄙其所为"。⑤

（二）仕途奥援

在宋代政治生活中，家族成员间互为奥援乃是十分正常的现象。章氏家族族盛人众，仕宦成员之间相互扶植，形成较强的政治势力网络，亦属情理之中的事情。但是，在现存资料中，却留下了章得象"在中书凡八年，宗党亲戚，一切抑而不进"⑥ 和章惇"不肯以官爵私所亲"⑦ 的记载。章得象和章惇，均官至宰

① 陈造：《江湖长翁集》卷21《毕叔兹通判义庄记》，《四库全书》本，第1166册，第266页。
② 《杨万里集》卷125《刑部侍郎章公墓铭》，第4838页。
③ 杨时：《龟山集》卷35《章端叔墓志铭》，《四库全书》本，第1125册，第428页。
④ 《曾巩集》卷45《永兴尉章佑妻夫人张氏墓志铭》，第620页。
⑤ 李心传：《建炎以来系年要录》卷71，绍兴三年十二月丙午，第1378页。
⑥ 《宋史》卷311《章得象传》，第10205页。
⑦ 《宋史》卷471《奸臣·章惇传》，第13713页。

相，是宋代章氏家族两位官职最高的成员。他们的做法，至少可说明两方面的问题。一方面，章氏家族凭借家族的整体文化素质，对家族成员的个人能力充满自信，认为没有必要通过任人唯亲的方式增强家族的政治势力。另一方面，在专制主义政治体制下，像宋代其他许多世家大族一样，章氏家族的一些精英人物亦顾忌政治上过于昌盛反倒会对家族发展不利。

尽管章氏家族中的两位宰相均有过不私所亲的做法，但并不能说明章氏家族在政治生活中完全超凡脱俗。应该说，家族成员在仕宦中互相扶植仍是广泛存在的。与其他世家大族相比，只是程度上有差别而已。章夏曾由婺州知州被黜为宫观官，原因是有臣僚说他"专与大臣为交党，到任以来多废弛"。① 章冲曾因其举荐的官员后来犯贿而受到牵连处罚。② 这都说明章氏家族在仕途上亲朋间结网营私问题的存在。

（三）祭祖、修谱与族会

随着章氏家族的发展，分散于各地的章氏族人，跟随时代的脚步，进行各种敬宗收族活动，以加强家族成员之间的相互联系。这些活动，有些甚至可以说走在了时代的前列，其中比较突出的是祭祖、修谱与族会等。

宋代章氏家族一般以浦城为本贯，其中章仔钧之后又多以其为始祖，因而通过对浦城章氏先祖的祭祀即可使各地章氏族人强化家族认同意识。迁往处州龙泉的一支，在章世安时即在其父公探之墓侧建祠堂，以祭祀章仔钧，祔以章重、章公探。而且，据元人王祎记载："自都官（章重）而下十世兆域，咸在西宁［乡］，旧有祭田。"③ 看来，龙泉章氏的祭祖已由墓祭向祠祭过渡，并有祭田的收入作经费保障。

私家修谱作为收族的重要手段，章氏家族成员尤其是士大夫成员，对此是相当热衷的。郑樵《通志》卷71《校雠略第一》云："《章氏家谱》可求于申公之后。"同书卷66《艺文略第四》又列"《建安章氏家谱》一卷"。可见，章氏家谱在当时已甚为知名。南宋名儒、浦城人真德秀曾为章颖所修《章氏家乘》作

---

① 《宋会要辑稿》职官七〇之五〇。
② 楼钥：《攻媿集》卷34《外制·中散大夫知通州章冲》。
③ 王祎：《王忠文集》卷10《章氏祠堂记》，《四库全书》本，第1226册，第213页。"公探"，王祎记为"公傑"，据黄溍《文献集》卷9下《龙泉章府君墓碣铭》及宋濂《文宪集》卷16《龙泉章氏世系碑文》改。

序云："章氏兴自汉魏，迨至五季仔钧以来迄今，英贤迭出，忠节懋著……后裔懋献先生名颖者，追思前烈，虑久而失其传，乃构祖先所遗诰牒、名公所赠序篇，绘像列图，集成卷帙，名之曰《章氏家乘》。盖欲后代子孙世世相仍，不使总者散之、聚者分之。"① 元人王祎所作《章氏族谱序》说："盖其族盛于建之浦城，而分于处之龙泉。其居温之永嘉、婺之永康者，亦本于浦城，与龙泉为同祖。四族子孙硕大繁衍，在故宋时，每间岁或数年辄为会，会则各出谱牒互考而续书之，曰《庆系图》，则其族各有谱旧矣。"② 这说明分散在各地的章氏族人，不但各自修谱，而且相互通谱。元末章溢所修《章氏家乘》的情况是："稽厥系绪，法诸史表，旁行为图，条列不紊，作《谱图篇第一》；先世遗行，可仰可师，摭其都凡，区别以陈，作《景行篇第二》；竹素所载，琬琰所刻，文章昭烂，不愆其实，作《传志篇第三》；事涉考质，难可类分，小大弗爽，集以示后，作《丛载篇第四》。四篇之外，复不厌详，著《本房图》以为别录，通名之曰《章氏家乘》云。"③

对于分散于各地的家族成员来说，族会是加强相互联系的重要手段。章氏家族"每间岁或数年辄为会"，看来是比较频繁的。族会时除了可以"各出谱牒互考而续书之"以外，当还有祭祖、宣扬教化等内容，对于成员间强化家族认同意识、联宗敦谊起到重要作用。

（四）家法与家风

在家族发展过程中，章氏家族逐渐以家法管理族众并以陆续形成的家风引导族众行为。章绪墓志铭说他"生而累世富贵，独简俭守家法"。④ 这说明章氏家族是有家法可守的。章焘墓志铭则说他"自作家训，绳以礼法"，⑤ 这又说明章氏家族的精英人物是十分重视家法建设的。尽管不同支系间可能出现不同的家法，但从宋代家法的普遍情况看，其主要内容莫不大同小异，何况宋代各地章氏

① 真德秀：《新喻章氏谱序》。引自章氏文化研究网，"谱序选登"，http：//www.zhangzijun.com/whyj。后世族谱所载宋代名人之序，多为伪作。然真德秀为章氏作谱序，则有可能。加之此序未见可疑之处，故暂以真作视之。
② 王祎：《王忠文集》卷5《章氏族谱序》，《四库全书》本，第1226册，第99页。
③ 宋濂：《文宪集》卷7《章氏家乘序》，《四库全书》本，第1223册，第447页。
④ 孙觌：《鸿庆居士集》卷33《宋故左朝奉大夫提点杭州洞霄宫章公墓志铭》，《四库全书》本，第1135册，第337页。
⑤ 《杨万里集》卷125《刑部侍郎章公墓铭》，第4838页。

族人又都对浦城本贯有着很强的认同感。①

章氏家族的家风，除宋代世家大族普遍具备的忠孝外，比较突出的是俭朴、勤奋和耿介。俭朴的家风对经济实力雄厚的世家大族来说，是十分耀眼的特色，因而为时人所津津乐道。章得象做宰相多年，死后"上遣中人省实家资簿，付宗老，举不满万金，裁俸赐所赢"，② 可见他为官清廉。章粢曾对邵伯温讲其"勤俭不自侈"的情况说："某初官入川，妻子乘驴，某自控，儿女尚幼，共以一驴驮之。近时初为官者，非车马仆从数十不能行，可叹也!"③ 章焘，"天性质俭，不为华靡，一裘补纫且三十年"。④ 章甫，"平生无女妓、珍奇之好"。⑤ 章综也同样"家无声妓之奉"。⑥ 章岵在任苏州知州时，"其子出入以皂绢为伞，二人肩舆"，⑦ 全无世家子弟的纨绔习气。南宋时章良肱、良能兄弟读书时的表现，更能说明这一家风。

> 章文庄参政与其兄宗卿，虽世家五马，而清贫自若。少依乡校，沈丞相该之家学相连，章日过其门。沈氏少年与客坐于厅事，时方严冬，二章衣不掩胫，沈哂之曰："此人会着及时衣。"客傲之曰："二章才学，乡曲所推，不可忽也。"⑧

---

① 费成康主编《中国的家法族规》（上海社会科学院出版社，1998）一书，将《上虞雁埠章氏家训》列入附录，并认为其作者"是五代初期曾任吴国检校太傅等职的章仔钧"。按，章仔钧曾仕于闽，非吴国；检校太傅一职，非实职，章仔钧曾任建州刺史等实职。《上虞雁埠章氏家训》虽托名章仔钧，实伪作也。文中"置祭田"一条云："祭所以报本，无田则祭无所出。《家礼》云：'初立祠堂，则计立（应为见）田，取二十一以为祭田。'亲尽则墓田立约闻官，不得典卖。每岁计租之所入，以为牺牲粢盛之需。"《家礼》乃南宋朱熹所作，显然不应为五代时人章仔钧所引用。另，"慎婚配"一条中有云"娶妇须不若吾家者，则女之事舅姑，必执妇道。嫁女须胜吾家者，则女之事夫子，必敬必戒"。此段话一般认为是胡瑗所说（见周辉《清波杂志》卷下）。从通篇内容及语言来看，此《家训》应为明以后作品。
② 宋祁：《景文集》卷59《文宪章公墓志铭》，《四库全书》本，第1088册，第561页。
③ 邵伯温：《邵氏闻见录》卷17，第188页。
④ 《杨万里集》卷125《刑部侍郎章公墓铭》，第4838页。
⑤ 杨时：《龟山集》卷35《章端叔墓志铭》，《四库全书》本，第1125册，第428页。
⑥ 孙觌：《鸿庆居士集》卷33《宋故左朝请大夫直龙图阁章公墓铭》，《四库全书》本，第1135册，第343页。
⑦ 范成大：《吴郡志》卷11《牧守·章岵》，第140页。
⑧ 周密：《癸辛杂识》别集上《二章清贫》，第241页。章良能曾任参知政事，谥文庄。其兄章良肱曾任宗正少卿，故周密称之为"宗卿"。标点本在"宗卿"下划人名线，误。近人丁传靖所辑《宋人轶事汇编》卷18将"文庄"误为章颖。章颖谥文肃。

尽管章氏家族中的显宦支系也曾有过"轮奂相望，为一州之甲"①的时候，也曾有章珉"为布衣，以宰相自许，高盖大马，盛服群从而后出，润人谓之'三品秀才'"。②但总体来看，俭朴仍是章氏家族成员立身的普遍特征。

勤奋是章氏家族成功的重要条件，这一家风也同样在家族成员中代代相传。像章綜"食淡攻苦，穷日夜不息"③的情况，在家族成员中应是相当普遍的。从前述章氏家族的教育、科第和文化成就中，不难看出勤奋家风在家族发展过程中所具有的重要地位。

如果说俭朴和勤奋是章氏家族的立身亦即自身修养所表现出的家风，那么耿介则是章氏家族处世亦即对外交往所表现出来的家风。章得象之父奂，即"志耿介"。④这种家风在仕宦成员身上的表现尤为突出。章岵在任苏州知州时，"刚介不可屈，人目之曰章硬颈"。⑤章綜，"性刚果，胸中无留事。与人交，明白洞达，乐为之尽。一言之出，终身可复……居官矫矫然，见义勇为，不计祸福，必达其志乃已"。⑥虽然耿介的处世家风有时会对仕宦带来一些不利影响，但更有可能得到最高统治者或同僚的赏识，从而产生有利的影响。楼钥所撰关于章良能除吏部侍郎的诏书中即称："卿以刚劲之资，济以博洽之学，为吾词臣，仍兼数器，其在仪曹，事有不可者，坚执不移，朕所叹嘉。"⑦章良能官至参知政事，或许多少得益于这一家风。

结　语

宋代科举制度的发展，对世家大族的起家和地位维持均发挥了重要作用。章氏家族在宋代的发展，说明诗书类世家大族只要保持其文化教育上的优势，充分

---

① 孙觌：《鸿庆居士集》卷33《宋故左朝请大夫直龙图阁章公墓志铭》，《四库全书》本，第1135册，第340页。

② 陈师道：《后山谈丛》卷2，《全宋笔记》第2编第6册，大象出版社，2006，第88页。

③ 孙觌：《鸿庆居士集》卷33《宋故左朝请大夫直龙图阁章公墓志铭》，《四库全书》本，第1135册，第340页。

④ 宋祁：《景文集》卷59《文宪章公墓志铭》，《四库全书》本，第1088册，第559页。

⑤ 范成大：《吴郡志》卷11《牧守·章岵》，第140页。

⑥ 孙觌：《鸿庆居士集》卷33《宋故左朝请大夫直龙图阁章公墓志铭》，《四库全书》本，第1135册，第343页。

⑦ 楼钥：《攻媿集》卷44《新除吏部侍郎章良能辞免不允诏》。

利用科举选官制度，并辅之以专制政体下的荫补制度，即可使家族的官宦地位得以长期延续。尽管政治事件会对家族发展产生一定的冲击，尽管家族在发展过程中会不断出现分化，但通过家族成员间的相互扶植和影响，尤其是通过家法、家风的持久作用，仍然会使家族产生较多的仕宦人物，维持世家大族的社会影响。

原刊《中国史研究》2014 年第 3 期

"兵马大元帅"、"天下兵马大元帅"与"河北兵马大元帅"

——康王赵构大元帅官衔的变化及其政治意涵

贾连港

摘　要： 在金军第二次南侵的危急关头，钦宗被迫接受朝臣的建议，任命已在相州起义勤王的康王赵构为大元帅。从任命诏书的形成及传递过程看，康王赵构的官衔应是"兵马大元帅"。靖康二年三月，伪楚政权的建立对赵构即位的正统性构成重大挑战，在赵子崧等人建议下，康王赵构改称"天下兵马大元帅"。赵构即位后，大元帅府时期官衔的变化影响其政权的合法性。为"再造王室"，实现中兴，在南宋初期官方史书的编纂中，汪伯彦极有可能有意讳言赵构官衔变化的事实，而以"兵马大元帅"指称之。此外，在南宋中晚期，史臣认为钦宗任命赵构为"河北兵马大元帅"，缺少直接的史料依据。考察南宋建立前后两次更改大元帅官衔，其目的与宣示即位的正统性和巩固统治的合法性有关。

关键词： 康王赵构　兵马大元帅　天下兵马大元帅　河北兵马大元帅　政治意涵

前　言

北宋徽、钦嬗代之际，金军先后两次南侵，围城开封。尤其在第二次南侵中，宋钦宗被困于开封，原有的中枢体制已难以发挥作用。宋钦宗于无奈之下听从朝臣的建议，任命康王赵构为大元帅，团结勤王军马，以解京城之围。此后不久，赵构于相州开大元帅府，成为抗金的重要力量。对于这一段史实，大家耳熟能详，无须赘言。但是，在基本史实之外，涉及大元帅府的诸多问题仍有待开掘及深入。其中，康王赵构的官衔问题便是一例。钦宗的任命是"兵马大元帅""天下兵马大元帅"抑或"河北兵马大元帅"？此后有无变化？这并非细枝末节，而是关涉大元帅府的发展历程及赵构重建政权、构建正统的关键问题。

关于赵构大元帅府，仅有为数不多的专门研究，而对赵构官衔的研究则更为薄弱。[①] 其中，王曾瑜先生较早注意到，史书中对赵构官衔的记载多有抵牾。他指出，赵甡之《中兴遗史》在"兵马大元帅"等官衔上无"河北"两字，应以《建炎以来系年要录》卷 1 和《宋史》卷 24《高宗本纪》两书为准，赵构的官衔为"河北兵马大元帅"。[②] 梁伟基先生以元帅府重建武力的过程为中心讨论大元帅府，其中亦提及大元帅府官衔问题，梁先生详细地举证了相关史料，指出文献记载中存有歧异之处，同意前述王先生的观点，并认为赵构为"河北兵马大元帅"乃"权宜之计"。[③] 但是，既然梁先生对大元帅府做过历时性的考察，应该注意赵构大元帅官衔的变化，但从论文标题及上述考证来看，他似乎认为赵构一直沿用"河北兵马大元帅"的称呼。陈瑞青先生简要叙述了大元帅府的发展历程，而标题冠以《宋代河北兵马大元帅府探微》，可见，陈先生默认康王赵构一直担任"河北兵马大元帅"。[④] 最近，高纪春先生撰文讨论赵构出使金军史事，其中专辟一节考证赵构大元帅名号问题，从李心传本人的考证、今见相关史籍的记载、赵构初开大元帅府的实际活动情况以及反驳《要盟录》所载诏书等四方面加以论证，仍力主"河北兵马大元帅"之说。[⑤]

总之，关于赵构大元帅官衔问题，学界通说为"河北兵马大元帅"，对史书中大量记载的"兵马大元帅""天下兵马大元帅"两种说法采取否定的态度。但

① 详参梁伟基《宋代河北兵马大元帅府初探：以武力重建为中心》，《中国文化研究所学报》第55 卷，2012 年 7 月，第 60 页注 10。

② 王曾瑜：《岳飞和南宋前期政治与军事研究》，河南大学出版社，2002，第 12、319 页。

③ 梁伟基：《宋代河北兵马大元帅府初探：以武力重建为中心》，《中国文化研究所学报》第 55 卷，第 65 页注 33。

④ 陈瑞青：《宋代河北兵马大元帅府探微》，《沧桑》2010 年第 4 期。

⑤ 高纪春：《宋康王赵构出使金军史事三考》，《首都师范大学学报》2014 年第 5 期。

是，通过对当时文书材料和原始记载的考察，笔者发现问题似乎没有这么简单。愚意以为，在两宋之交，赵构的官衔有一个变化过程：首先，宋钦宗最初任命赵构为"兵马大元帅"，在张邦昌伪楚政权建立后，改称"天下兵马大元帅"，在大元帅府时期，赵构的官衔发生了从"兵马大元帅"到"天下兵马大元帅"的变化；其次，南宋初年，宋廷朝臣在编修官方史书时，似乎有意隐讳前述变化过程，仅以"兵马大元帅"称呼赵构的官衔；最后，"河北兵马大元帅"一称是南宋中晚期史臣的观点，虽有一定合理性，但缺少史实的支撑。对赵构大元帅官衔的考析，有助于我们进一步认识靖、炎之际政治变动的复杂性以及赵构权力起源问题。以下，笔者拟分三部分详论之。

一 "兵马大元帅"抑或"河北兵马大元帅"：宋钦宗对赵构的任命

（一）钦宗朝臣设"大元帅"的提议

早在靖康元年（1126）金军第一次南侵时，陕西人傅亮曾上奏"请以亲王为元帅，治兵于河朔，渊圣不喜，令押出门"。① 在金军第二次南侵，南下过黄河之后，曾有朝臣建议任命康王为元帅，但不了了之。可能出于顾忌，钦宗本人并不想任命宗王为元帅，"犹豫未决"间金军已至城下。② 靖康元年十一月十六日，康王被任命为告和使，第二次出使金廷。③ 当月二十一日，行次磁州，有王云之变，康王复次相州。④ 此后，康王并未按原计划出使金国，而是滞留相州。其间，钦宗"数遣使怀蜡丸间行出关召兵，又约康王及河北守将合兵入援，多为逻者所获"。⑤ 钦宗只是"约康王及河北守将合兵入援"，可见此时尚未有任命

---

① 《李纲全集》卷175《建炎进退志总叙》，王瑞明点校，岳麓书社，2004，下册，第1619页。
② 李心传：《建炎以来系年要录》（以下简称《要录》）卷1，建炎元年正月辛卯，上海古籍出版社，2008，第26页。
③ 徐梦莘：《三朝北盟会编》（以下简称《会编》）卷63，靖康元年十一月十六日，上海古籍出版社，1987，第473页；汪藻：《靖康要录笺注》卷12，王智勇笺注，四川大学出版社，2008，第1252页。
④ 《会编》卷64，靖康元年十一月二十一日，第479~480页；《宗泽集》卷7《遗事》，黄碧华、徐和雍校，浙江古籍出版社，2012，第132~133页。
⑤ 《靖康要录笺注》卷13，第1300页。

康王为元帅的打算。靖康元年闰十一月十四日，耿南仲"诈称面奉皇帝圣旨，尽起河北诸郡兵入卫"，康王顾虑被打消，起兵于相州。① 而几天后，"金人于城下环列营栅，治器具，攻城甚急"，② 并且朝廷亦已知晓康王起兵勤王之事。殿中侍御史胡唐老请对曰：

> 城危矣。康王北使，为河朔士民留不得进，殆天意也。请就拜大元帅，俾召天下兵入援。③

此即《宋史》卷24《高宗本纪》谓"至是，殿中侍御史胡唐老复申元帅之议"，④ 胡唐老的建议是拜康王为"大元帅"，号召"天下兵"入援。但是，其提议却遭到宰臣非难，以"大"字为难，认为爵赏过重。

> 宰臣视奏，犹以"大"字为难！唐老力争曰："今社稷危矣，仰其拯国，顾惜一'大'字，非计也！"⑤

既然"大"字都不能用，号召"天下兵"入援，可能也会遭到反对。此后，尚书右仆射何桌同意胡唐老的建议，秘密起草诏书进呈钦宗。

> 时康王在河北，信使不通，桌建议请以为元帅，密草诏稿上之。⑥

"密草诏稿"一词值得注意：其一，任命诏书是机密性的，外人尚不知晓；其二，何桌所拟诏书是"诏稿"，并非定本，还需钦宗亲自定夺。

---

① 《会编》卷67，靖康元年闰十一月十四日引汪伯彦《中兴日历》，第504页；《要录》卷1，建炎元年正月辛卯，第27页。
② 《会编》卷68，靖康元年闰十一月二十日，第517页。
③ 《宋史》卷453《胡唐老传》，中华书局，1977，第13333页。
④ 《宋史》卷24《高宗本纪》，第440页。
⑤ 陈均编《皇朝编年纲目备要》卷30，许沛藻、金圆、顾吉辰、孙菊园等点校，中华书局，2006，第807页。按，前资政殿学士、北壁守御刘韐曾提议："势危急，须于虏人未攻城前，遣使议和，一面除康王为兵马元帅，檄天下入援。"上深以为然。（《会编》卷75，靖康二年正月十六日，第564页）此亦表明，钦宗起初只想授予赵构"兵马元帅"的头衔。
⑥ 《宋史》卷353《何桌传》，第11136页。按，何桌本传未提胡唐老的首议之功，不确。

（二）钦宗任命诏书的拟定

何㮚草拟的诏书及其传递过程成为后来产生歧义的渊薮，值得仔细爬梳。以下，笔者结合钦宗任命诏书的拟定对相关史料做一梳理和考辨。对此，《要录》注文提供了重要线索（按，序号为笔者所加）。

1. 赵甡之《遗史》载帛书云："奉圣旨，访知州郡纠合军民，共欲起义，此祖宗涵养之俗，天地神祇，所当佑助。檄到日，康王可充兵马大元帅，同力协谋，以济大功。"其辞与汪伯彦《日历》不同。

2. 淳熙十三年九月壬申，翰林学士、兼修国史洪迈奏："（1）窃以靖康之难，诸王皆留京师，唯太上皇帝持节受使，独在河北。用能光启中兴，符一马化龙之兆。然霸府肇开，事出仓卒，一时潜藩诸臣，不能得其始末。近忽（传）[得] 钦宗遗翰石刻一纸于故相何㮚家，然后当时事迹皦如日星，可以垂示天下后世。盖靖康元年闰十一月，敌骑攻都城，中外不复可通，太上奉使斡里雅布（即斡离不）军，至磁州，而有王云之变。中夕还相州，迤逦东如济、郓。当是时，㮚为开封尹，首建元帅之请，及在相位，遂拟进 [蜡] 书之文。（2）其语云：'访知州郡纠合军民，共欲起义，此皆祖宗百年涵养忠厚之俗，天地神祇，所当佑助。檄到日，康王可充兵马大元帅，陈亨伯充元帅，宗泽、汪伯彦充副元帅。同力协谋，以济大功。'钦宗批云：'依奏施行。'又批云：'康王指挥已黄帛书讫。'又批云：'康王指挥已付卿，系黄帛书，必已到。'盖闰月十三日所行也。钦宗真迹今犹在㮚弟槩之子处，欲乞圣慈行下蜀中，于隆州何㮚家取索以上，布之史馆，编于太上中天《日历》，以彰示万世，为火德复辉之符。奉圣旨：依。"

3. 案：此与甡之所云全同。然是时汪伯彦同被除，且耿延禧为参议，不知二人何以乃不见此御笔？或者㮚虽拟入，而后来渊圣又自删润也。"兵马大元帅"上有"河北"字，亦与㮚所拟不同。今并附此，以备参考。①

---

① 《要录》卷1，建炎元年正月辛卯，第27页。另参佚名《皇宋中兴两朝圣政》卷63，淳熙十三年九月壬申，北京图书馆出版社，2007，第536～537页；佚名《宋史全文》卷27下，李之亮校点，黑龙江人民出版社，2005，第1920～1921页。三者文字略有不同，择善而从。

为完整展现事情始末，笔者不避烦琐，征引史料如上。概括其内容，依次包括：赵甡之《遗史》载诏书内容及李心传与汪伯彦《日历》的比对；洪迈介绍诏书来龙去脉及其所见诏书内容；李心传的辨析。对于这段史料，高纪春先生也予以特别留意，以李心传的考证来佐证"河北兵马大元帅"的正确。① 但是，作者所列三点主要复述了李心传的考证，未能提供推翻"兵马大元帅"这一说法的有力证据，亦未对此关键史料加以细致分析。以下，笔者从诏书的拟定过程方面加以辨析。

首先需要厘清的，是何桌所草拟的诏书的由来。据史料 2（1）洪迈所言，开大元帅府，事出仓促，"一时潜藩诸臣，不能得其始末"。当时在赵构身边的幕府臣僚，如耿延禧、汪伯彦等人对于任命康王之事的原委并不清楚，因而他们的记载也不确切。幸得"钦宗遗翰石刻一纸"，"当时事迹"（即钦宗任命康王一事）才得以明确。洪迈说，"当是时，（何）桌为开封尹，首建元帅之请，及在相位，遂拟进〔蜡〕书之文"。笔者业已指出，"首建元帅之请"乃胡唐老，而非何桌，此处洪迈所言有误。所谓"拟进〔蜡〕书之文"藏于何桌之侄何令修处，② "钦宗真迹"在洪迈建议下编入高宗《中兴日历》，成为修史的参考。

其次需要辨析何桌所草拟"蜡书之文"的内容。据前述钦宗遗翰石刻：

> 访知州郡纠合军民，共欲起义，此皆祖宗百年涵养忠孝之俗，天地神祇，所当佑助。檄到日，康王可充兵马大元帅，陈亨伯充元帅，宗泽、汪伯彦充副元帅。同力协谋，以济大功。③

这应该是何桌所起草诏书的最原始版本，任命康王为兵马大元帅。李心传所谓"案：此与甡之所云全同"，即指赵甡之《遗史》所记与此一致。但据前引史料 1，李氏所引《遗史》节文，缺"陈亨伯充元帅，宗泽、汪伯彦充副元帅"一句，可见李氏所云"全同"主要指任命康王事。又，李氏说，"其辞与汪伯彦《日历》不同"，盖指赵甡之《遗史》文句与汪伯彦《日历》所载不同。今据《会编》所引汪伯彦《中兴日历》：

---

① 高纪春：《宋康王赵构出使金军史事三考》，《首都师范大学学报》2014 年第 5 期。

② 参看李心传《建炎以来朝野杂记》甲集卷 8《何文缜建元帅议》，中华书局，2006，第 157～158 页。

③ 另，《靖康要录笺注》所载任命诏书的基本内容与此大致相同。参《靖康要录笺注》卷 13，第 1372～1374 页。

（秦仔）拆敝衣以出之，王命（韩）公裔破蜡，得黄绢，方四寸许，亲笔细字："知卿起义勤王，可除卿兵马大元帅，陈亨伯元帅，汪伯彦、宗泽副元帅。应辟官行事，并从便宜。"后空处："家中安乐，无虑前日，赐钱五千缗。"①

两相比较，二者的差异主要在于，汪伯彦《中兴日历》多出康王有便宜之权以及赐钱康王事。综合分析上述钦宗任命诏书的三种版本，赵甡之《遗史》所记与何㮚所草拟"蜡书之文"大致相同，而汪伯彦《中兴日历》则多所润色、增补，但三者对赵构大元帅官衔的记载则是一致的，皆为"兵马大元帅"。另外，何㮚家所藏为"钦宗遗翰石刻一纸"，其中包括何㮚"拟进〔蜡〕书之文"与"钦宗批"两部分，而后者恰反映出何㮚所拟"诏稿"的签发情况。仍据前引史料2（2）洪迈所言：

钦宗批云："依奏施行。"又批云："康王指挥已黄帛书讫。"又批云："康王指挥已付卿，系黄帛书，必已到。"

钦宗对何㮚所拟"诏稿"先后做了三次批示，尤其后面两次，反映出他焦虑而别无他策的窘急心情。起初"依奏施行"，同意何㮚的意见。接着，钦宗又说已将诏书写在黄帛上。最后，钦宗又再次强调"康王指挥"已发还何㮚。三次批示，都"落"到何㮚处，并且诏书亦发还何㮚。从钦宗批示看，"康王指挥"系钦宗亲笔所书，在此过程中，可见其急迫之情。

（三）钦宗任命诏书的传递与"兵马大元帅"一称的流布

由上所述，经钦宗亲笔书写并删润后的诏书，发还何㮚，并由他派人送交赵构。靖康元年闰十一月二十七日，秦仔带着蜡书首先抵达相州，见到赵构并转交钦宗任命诏书。随后，赵构依据秦仔所带来的蜡书发布札子，将钦宗任命诏书布告于外。《建炎录》基本保留了此札子的原貌。

闰月某日大元帅札子：准忠训郎、閤门祗候秦仔赍到蜡封，奉圣旨，访知州郡纠合军民，共欲起义，此皆祖宗百年涵养忠孝之报，天地神祇，所当

___
① 《会编》卷70，靖康元年闰十一月二十七日引《中兴日历》，第532页。

佑助。檄到日，康王可充兵马大元帅，陈遘充兵马元帅，宗泽、汪伯彦充兵马副元帅，同力协谋，以济大功。①

此处记载表明，按照钦宗的旨意，赵构被任命为"兵马大元帅"。可见，秦仔所带蜡书当属于钦宗未加"河北"二字的版本。此后，赵构大元帅府在下发文书中一直沿用这一官称。时任知磁州的宗泽一同被任命为副元帅，与赵构的任命关系密切。但此时宗泽远离大元帅府，对任命诏书的内幕并不知情。他收到了来自大元帅府的檄书，其中写道：

> 契勘闰十一月二十七日，康王于相州被受御前蜡封，皇帝亲笔除兵马大元帅，已于今月一日开府……右札送中山府陈延康亨伯……知磁州宗修撰泽……等，准此。②

宗泽收到的檄书中，已明确指明赵构系钦宗亲自除授，其官衔为"兵马大元帅"。这与前引大元帅札子一致。

靖康二年四月九日，大元帅府幕僚讨论康王即位事，宗室仲琮等以"昔晋安帝蒙尘西土，大将军武陵王遵承制行事，不改元"为理由，否认赵构即位的正统性。而幕府群僚则举唐肃宗以天下兵马大元帅即位灵武事反击之，同时认为：

> 况今日之祸，二圣北迁，邦昌僭伪，天下惶惶有甚于天宝时。大王以太上皇之子、皇帝之弟，入继大统，其谁不以为宜？矧皇帝命大王以兵马大元帅，睿意可见矣。今天下兵马会合，不于此时蚤正位号，将恐奸雄乘隙，摇毒纷纷。宜用唐肃宗故事，推戴大王，即尊位以定天下。实宗庙社稷之福，群黎百姓之幸。③

---

① 《会编》卷70，靖康元年闰十一月二十七日引《建炎录》，第532页。
② 《宗泽集》，第133~134页。
③ 《会编》卷92，靖康二年四月九日引《中兴日历》，第682~683页。按，同书同页《中兴记》所记内容与此略同。值得注意的是，此时，虽早有提议承制以"天下兵马大元帅"号令天下，但大元帅府直到四月十四日才正式在公文书中使用这一官衔，因此，这里仍使用了"兵马大元帅"或"大元帅"官衔。从《中兴记》的记载看，对"天下"的号令权屡被提及。同书后文还提及"即真"诏事，应是将本在建炎元年七月的事故意挪移至此，以突出高宗即位的正当性。

据上引史料，幕府臣僚所谓"矧皇帝命大王以兵马大元帅，睿意可见矣"，可见，此时"兵马大元帅"一称仍是臣僚对赵构的正式称呼。并且其中提到承肃宗灵武故事，即位称帝，是定一天下、造福社稷百姓的最佳途径。唯有如此，才能实现宋王朝的中兴大业。于是，仲琮等"议遂屈，于是劝即帝位南京之议定矣"。

总之，从任命诏书的拟定与传布来看，宋钦宗最初任命赵构为"兵马大元帅"，这并非完全可以忽略的笼统说法，① 而很可能是钦宗在闻知赵构开大元帅府后的无奈之举和权宜之计。

（四）"河北兵马大元帅"一称之由来蠡测

通过如上考证，我们知道，钦宗对赵构的任命皆指向"兵马大元帅"一称。但史书中另有"河北兵马大元帅"的说法，并得到学界的认可。具体而言，主要体现于如下三种史著中：《会编》正文、②《要录》正文③以及《宋史·高宗本纪》。④ 因前述三种史书成书及所依据的史料均在南宋中晚期，⑤ 从史源学的角度看，其准确性颇令人怀疑。因相关史料细节缺乏，我们已难以推定《宋史·高宗本纪》认定赵构最初被任命为"河北兵马大元帅"的原因，但是，我们仍能据前两种史著的相关记载做一简单推测。

首先，《会编》正文中"河北兵马大元帅"的由来，可能基于徐梦莘对其所见靖康年间史料的理解和判断。《会编》载：

> 分命使人往陕西授范致虚五路宣抚使，往淮南授翁彦国五路经制使，各令提兵勤王入援，白身及有官人各先授数官，带阁门宣赞舍人、阁门祗候。而行书词云："宜疾速率兵，不限万数，倍道前来。若南道总管张叔夜率先勤王，至之一日即除延康，二日除资政，三日除枢密金事。诸路兵若能速来，不吝官职，亦当优加劝赏，监司帅守能奋力卫国之人，即宜速团结军

---

① 高纪春：《宋康王赵构出使金军史事三考》，《首都师范大学学报》2014 年第 5 期。
② 《会编》卷 70，靖康元年闰十一月二十七日，第 532 页。
③ 《要录》卷 1，建炎元年正月辛卯，第 27 页。
④ 《宋史》卷 24《高宗本纪》，第 440 页。
⑤ 《会编》成书于光宗绍熙五年（1194），《要录》成书于宁宗嘉定五年（1212）。《宋史》成书于元末，但其高宗本纪所据之《实录》始修于孝宗淳熙十五年（1188）、《高宗正史》修于宁宗嘉泰二年（1202）。

民，以救国难。"①

通过上引史料，徐梦莘较容易得出如下认识：任命康王为大元帅，可能只是诸多任命之一，除了康王之外，授命者还有范致虚、翁彦国、张叔夜等。

同年十二月三日，阁门祗候侯章又送到钦宗蜡书，催促康王勤王。

> 皇帝宣谕云：康王辟中书舍人随行，可以便宜传谕，令草诏书，可尽起河北官兵入援。②

从钦宗宣谕来看，似乎能够印证如下问题：钦宗任命康王为大元帅的目的，仅是统率河北勤王军马，而非统盘全局。很可能基于以上两点，徐梦莘认为钦宗当时可能仅任命康王为"河北兵马大元帅"。但是，钦宗任命多人勤王与授予康王"尽起河北官兵入援"的特权，却难以必然推出如上结论。

其次，《要录》正文的根据主要来自李心传在注文中的解释。前此，笔者已作辨析。唯在前引李心传注文中（史料3），李心传曾疑惑：作为亲历者，汪伯彦、耿延禧为何"不见此御笔"。亦即令李心传所不解的是，二人为何在各自负责编纂的史书中未著录钦宗任命诏书的原文。接着，李氏给出了他的推测："或者桌虽拟入，而后来渊圣又自删润也。"随后，李氏说道："'兵马大元帅'上有'河北'字，亦与桌所拟不同。"可见，据其所见的史料，李心传推测赵构的官衔应写作"河北兵马大元帅"。概言之，李心传并未详细描述其所见且不同于何桌所拟的"御笔"，他对关键证据语焉不详，难以令人信服。事实上，李心传在《要录》开篇就提到"是日（建炎元年正月辛卯），兵马大元帅康王军行次阳谷县"，③ 同书同卷前后所载多有抵牾。因此，这一推测应存疑。

总之，随着大元帅府时代的远去，在南宋中后期，史臣试图更为客观地观察那个时代的历史。对于赵构大元帅官衔问题，他们不满足于既有的官方记载，而是形成了赵构时为"河北兵马大元帅"的新认识。虽然钦宗任命赵构为"河北兵马大元帅"的可能性无法完全排除，但是，终因与原始史料相左，缺少直接

---

① 《会编》卷68，靖康元年闰十一月二十日，第517页。
② 《会编》卷71，靖康元年十二月三日，第538页。
③ 《要录》卷1，建炎元年正月辛卯，第15页。

中国史论集

相关的证据支撑而说服力不强。

综合以上分析，由于钦宗任命诏书的形成及传递过程中的曲折过程，关于赵构大元帅官衔的记载颇为混乱。无论是"兵马大元帅"还是"河北兵马大元帅"，都留存于史书记载中。从史料的原始性及说服力来看，"兵马大元帅"一称更符合历史的实情，而"河北兵马大元帅"一称主要源自南宋中晚期史臣的观点，缺乏坚实的史料与史实支撑。

二 张邦昌伪楚政权的建立与赵构改称"天下兵马大元帅"

如上所述，笔者以为钦宗起初任命康王赵构为"兵马大元帅"，而非"河北兵马大元帅"。接下来讨论比"兵马大元帅"前是否有"河北"二字更为重要的问题：种种迹象表明，在登基称帝之前，赵构悄然将"兵马大元帅"改称"天下兵马大元帅"。这一举动的原因及意义何在？以下试做解答。

在康王赵构开兵马大元帅府之后，大元帅府一直处于迁移不定之中，依次驻扎于相州、大名府、东平府、济州、应天府，其中，驻扎于东平府与济州的时间最长。而在宋代，东平府与济州属于京东路，作为兵马大元帅，康王赵构何以能够越出河北，吸收河北以外的军事力量。这一问题也引起梁伟基先生的注意，但他只是以"权宜之计"一词带过，并未深究。[1] 其实，康王作为宗室、亲王，自行出面号召勤王，本不合宋朝规矩，所以耿南仲要"诈称面奉皇帝圣旨"，才能让赵构师出有名。过了这一"关口"，赵构便能顺理成章地号召勤王部队，而不论其官衔为何。

笔者以为，在济州驻扎时期，不是如何号召勤王部队，而是张邦昌建立伪楚政权之事，使康王及幕僚惊恐万分。随着金对宋的政策从和议向谋立异姓转变，金人于靖康二年三月七日立张邦昌，国号楚，史称伪楚。[2] 伪楚政权的建立，引起大元帅幕僚的强烈关注，靖康二年三月十六日丙午，赵子崧申大元帅府札子言道：

---

① 梁伟基：《宋代河北兵马大元帅府初探：以武力重建为中心》，《中国文化研究所学报》第55卷，第65页注33。
② 可参梁伟基《从"帝姬和亲"到"废立异姓"——北宋靖康之难新探》，《新史学》2004年第3期。

· 380 ·

又云三月六、七日有伪立者，似是向来与大王同使虏之人，而南京关报
汴水初八日忽满，皆可疑者。惟望大王力振军势，遣师邀击河上，迎请两
宫，再安宗社，问罪僭逆，不可犹豫。犹豫之间，变故生矣。国之存亡，在
此一举。若有献议拥兵南渡，似未可听，大王麾下尽是西北人，孰肯渡江？
渡江之后，中原岂可复取？莫如四近举兵邀击，先遣问罪僭逆，最为上策。
子崧此州危如累卵，万一伪檄，有死而已。半年城守，粗著微效，今虏幸
去。若僭伪见攻，势不俱生。伏望大王怜悯同姓，系累而去，所存无几。如
某辈粗有知识，荷国厚恩，必能自效。盖今日臣下已往往择利，非大王力宣
国威，则二百年基业将如何哉？①

张邦昌僭立伪楚对宋朝抗金形势产生了多方面的影响。一则，伪楚的建立涉
及宋朝存在的正统性问题；二则，伪楚的建立对大元帅府存在的合法性提出挑
战。靖康二年三月二十九日，元帅府斩阁门祗候侯章，其原因便是他听闻张邦昌
建立伪楚事，"以险语迫王"，"外则倡言，扇摇军情；内则怀奸，逼逐大王"，
以致大元帅府内部军心不稳。② 同年四月四日，赵子崧闻金军退师，与发运使翁
彦国引兵至襄邑，并建议进发大军，移屯南京。并且上言道：

> 窃惟国家之制，亲王素无握兵在外者。主上特付大王以大元帅之权，此
> 殆天意。今王室危难，若非大王深念宗社大计，仰副二圣付属之意，稍有犹
> 豫，则事去矣。兼恐四方奸雄，乘变而起，猝难平定。欲望大王遵用故事，
> 以"天下兵马大元帅"承制，号召四方。旬月之间，可传檄而定。③

赵子崧提议"望大王遵用故事，以'天下兵马大元帅'承制，号召四方"，
便是为大元帅府摆脱窘境的应对之策。赵子崧明确提出，借鉴唐肃宗灵武故
事，以"天下兵马大元帅"之名号召四方勤王部队。实际上，"以天下兵马大

---

① 《会编》卷85，靖康二年三月十六日，第638页。
② 《要录》卷3，靖康二年三月乙未引《中兴日历》，第75页。
③ 《会编》卷107，建炎元年六月五日引《小贴子》，第783页。另《宋史》卷274《赵子崧传》
　 载（第8743页）："国家之制，无亲王在外者，主上特付大王以元帅之权，此殆天意。亟宜承
　 制号召四方豪杰，则中原可传檄而定。"按，与上奏原文相较，此处稍有改动，"亟宜承制"
　 即指以天下兵马大元帅承制。

元帅承制"的目的，为增强正统性与号召力，为即位登基主动改称做准备。同年四月十四日，开封府以皇弟康王天下兵马大元帅札子揭榜晓示，在正式官方文书中特别强调，以"天下兵马大元帅"为称，以安众心。① 与之可资比较的是，在赵子崧上奏之前的四月二日，兵马大元帅皇弟康王檄郡邑，"兵马大元帅"前尚未带"天下"二字。② 此亦表明，作为官衔，"天下兵马大元帅"具有广而告之、宣示正统的意味。需要说明的是，有学者认为，史籍中所谓"天下兵马大元帅"的记载是"宋室南渡以后的夸饰之辞"，赵子崧的书信也是在"毫无依据的情况下，以当年唐肃宗的故事劝康王自立而已"。③ 如果考虑到前述张邦昌建立伪楚政权的背景和赵子崧上书前后的文书行移，那么我们便会对学者所论持保留态度了。

此外，对于此时康王改称"天下兵马大元帅"，史书中亦多有佐证。试举几例：

（1）邵博《闻见后录》：

> 上为天下兵马大元帅，至南都，筮日即帝位。④

（2）周紫芝《太仓稊米集》：

> 建炎元年五月朔，今天子以天下兵马大元帅即宝位于南都。⑤

（3）《中兴姓氏录·叛逆传》载张邦昌事迹：

> 及金人退师，邦昌即册哲宗孟后为大宋皇后，俄又请垂帘听政，邦昌复为太宰。闻天下兵马大元帅康王将至南京，邦昌上书以自明，又遣谢克家奉上玉玺，又至应天府来迎。⑥

---

① 《会编》卷93，靖康二年四月十四日，第687～688页。
② 《靖康要录笺注》卷16，第1795～1796页。
③ 高纪春：《宋康王赵构出使金军史事三考》，《首都师范大学学报》2014年第5期。
④ 邵博：《邵氏闻见后录》卷1，刘德权、李剑雄点校，中华书局，1983，第6页。
⑤ 周紫芝：《太仓稊米集》卷41《新城赋并叙》，《景印文渊阁四库全书》（以下简称"《四库全书》"本）第1141册，台湾商务印书馆，1986，第285页。
⑥ 《会编》卷105，建炎元年六月四日引《中兴姓氏录》，第773页。

（4）赵雄在《韩忠武王世忠中兴佐命定国元勋之碑》中写道：

> 光尧寿圣宪天体道性仁诚德经武纬文太上皇帝（按，宋高宗）时以天下兵马大元帅驻济阳，王领所部劝进，复自济阳次南京。①

综合分析上述四则史料，其共同点在于：从时间上看，正当康王驻扎济州、张邦昌僭伪之时，并与大元帅府僚属劝进登基有着密切联系。可见，未经钦宗授意而自行改称"天下兵马大元帅"关涉王朝正统性的争夺，不可不察。关于这一点，详见下文，此不赘述。

另需说明的是，在赵构改称"天下兵马大元帅"后，其官衔在今存原始文献中有不同留存状况。在官方公开面向大众的文书（如檄书）中，赵构的官衔多为"天下兵马大元帅"。面向开封民众的文书，唐重在檄蜀文中写道："近承天下兵马大元帅康王府移文经略范左承，令邀其归路，奉迎銮舆。"② 而在赵构与臣僚之间沟通的文书中，仍多称"兵马大元帅"。比如，叶梦得上呈赵构的申状以及赵构答宗泽劝进札子，即为例证。③ 这种不同场合下称呼有别的现象，应区分对待。前者进一步印证了赵构改称"天下兵马大元帅"的事实，后者应是约定俗成的省称。

概言之，康王赵构的官衔更改为"天下兵马大元帅"，只是在迁移至济州之后，尤其是听闻张邦昌建立伪楚，为凝聚大元帅府内外勤王部队、体现其即位的正统性，在僚属赵子崧等人建议下主动改称的。

三　南宋初年官方史书编纂与"兵马大元帅"官称的确定

依前所述，随着靖康年间军政形势的变化，钦宗于无奈之下任命赵构为大元帅，但命令一出，变幻莫测。从钦宗任命到赵构改称，赵构大元帅官衔也经历了

---

① 杜大珪：《名臣碑传琬琰之集》（上）卷13《韩忠武王世忠中兴佐命定国元勋之碑》（赵雄撰），《四库全书》本，第450册，第101页。

② 佚名编《新刊国朝二百家名贤文粹》卷190《檄蜀文》，《宋集珍本丛刊》本，第661页。

③ 叶梦得：《石林奏议》卷2《申元帅府拘系两浙提刑季龙图状》，清光绪十一年吴兴陆氏丽宋楼影宋刻本；《宗泽集》，第27～28页。

从"兵马大元帅"到"天下兵马大元帅"的变化。但对于这一史实，除极少数知情者之外，朝野上下对其来龙去脉已不甚了了。以下先讨论高宗朝臣对大元帅府时期史料的编纂，① 进而分析"兵马大元帅"如何成为赵构唯一的官称。

绍兴三年（1133）十月，高宗听取祠部员外郎兼著作郎虞澐的建议，分命朝臣编类元帅府事迹。

> （绍兴三年十月甲辰）诏观文殿大学士汪伯彦，端明殿学士董耘、梁扬祖，龙图阁直学士耿延禧，保静军承宣使、提举万寿观高世则编类元帅府事迹，以付史馆。用祠部员外郎兼著作郎虞澐请也。其后悉以书闻，惟伯彦所著《中兴日历》最备。②

据此，高宗任命汪伯彦等五人分头行动，编类元帅府事迹，③ 其后"悉以书闻"，汪伯彦等人所上元帅府事迹为名称各异的史书，但以汪伯彦所撰《中兴日历》最为详备。李心传指出了史书编纂的始末，但过于简略，需要加以辨析。

按官修史书编写流程，应是先编类、整理大元帅府事迹，后有《中兴日历》。据《会编》载："汪伯彦先于绍兴三年被旨编进大元帅府事迹，于是年编成。"④ 按文意，此"是年"指绍兴四年。汪伯彦在《上〈建炎（中兴）日历表〉》中说到编写的由来及目的。

> 臣伯彦言，今年（按，绍兴四年）三月十二日准尚书省札子节文，备奉绍兴三年十月二十三日圣旨，命臣以大元帅府事迹首尾省记，编录，进御

---

① 关于南宋初年官方史书的编纂，方诚峰先生曾以此辅助论证徽宗"即真诏"之伪。他认为：第一，汪伯彦《建炎中兴日历》上于绍兴四年十二月二十日（按，应为"十一月二十日"，作者引文失误），《要录》所载不足凭证，应采信《会编》之说；第二，汪伯彦《建炎中兴日历》为"元帅府事迹"之一，其后才编纂《元帅府事实》。对于以上两点，笔者基本同意。在既有研究的基础上，笔者着重对《建炎中兴日历》的情况略做补充。参方诚峰《补释宋高宗"最爱元祐"》，《清华大学学报》2014 年第 2 期。

② 《要录》卷 69，绍兴三年十月甲辰，第 9 页。按，《玉海》作"二年十月甲辰"，疑误。参王应麟《玉海》卷 47《建炎中兴日历》，江苏古籍出版社、上海书店，1987，第 899 页。

③ 《要录》载（卷 93，绍兴五年九月戊子，第 310 页）："乞将宗泽《行实》与汪伯彦等所编《元帅府事迹》参照，具录进呈，断自圣意，付之史官。"由"汪伯彦等所编《元帅府事迹》"一句可知，编成《元帅府事迹》者，包括汪伯彦在内，共五人。

④ 《会编》卷 165，绍兴四年十一月二十日，第 1192 页。

前，呈乙夜之览，付之史官，纂成一代之典，传信后世。

上表结尾署"绍兴四年四月二十二日观文殿学士、左正议大夫、提举西京嵩山崇福宫臣汪伯彦上表"。参看上表内容，亦证明，汪伯彦于绍兴三年奉旨编纂大元帅府事迹，绍兴四年三月十二日尚书省札子可能又催促上交。绍兴四年四月二十二日，汪伯彦"编类成书，名曰《建炎中兴日历》，谨自缮写，分为五卷，随奏上进以闻"。[1]

也就是说，汪伯彦于绍兴四年四月上呈《建炎中兴日历》一书。但是，到绍兴六年四月朔，史馆又上呈《元帅府事实》十卷，可能的解释是，史馆需要综合各位撰者的内容，重新编排，这也需要一定的时间。[2] 直到绍兴九年六月，高宗表示"甚宠伯彦上所著《中兴日历》五卷"。[3] 此后，汪伯彦《建炎中兴日历》成为了解大元帅府事迹的首选，并得到高宗的认可，而《元帅府事实》则流传不广。

虽然《建炎中兴日历》早已不存，但幸运的是，我们仍能从零星的史料中得知其大概。据汪伯彦《建炎中兴日历》序：

　　臣仰遵圣训，谨以陛下自康邸奉渊圣皇帝诏出使虏廷，改命建府，以兵马大元帅起义河朔，由相及魏、及郓、及济，忧劳百为，遭神器中移，以天下之推戴，续已断之大统，即祚于应天。臣往者首尾待罪，今得以奉诏，毕虑省记，参以断编，而以事系之日，以日系之月，以月系之时，以时系之年，起自靖康元年冬十有一月十五日至于建炎元年夏五月十日。采事摭实，编次成书，分为五卷，名曰《建炎中兴日历》，或庶几仰副陛下

① 《会编》卷165，绍兴四年十一月二十日，第1192~1193页。

② 陈骙：《南宋馆阁录》卷4《修纂上》（张富祥点校，中华书局，1998，第27页）："（绍兴六年）四月，史馆上《皇帝元帅府事实》十卷。（自注）先是，汪伯彦上《建炎中兴日历》乞付史馆纂述，至是书成。"另据熊克《皇朝中兴纪事本末》卷36（北京图书馆出版社，2005，第714~715页）："先是，前宰臣汪伯彦等进《建炎中兴日历》，诏付史馆编修《元帅府事实》。乙未，赵鼎奏：'近日请编元帅府事，有可疑者……'既而史馆纂《元帅府事实》一十卷，书成，鼎上之。（小注）鼎上《元帅府事实》在四月，今联书之。"综合上述记载，在汪伯彦所上《建炎中兴日历》基础上，经考察、核实、重新编纂之后，赵鼎于绍兴六年四月呈上《元帅府事实》。

③ 《要录》卷129，绍兴九年六月壬戌，第747页。

大正始之意焉尔。①

陈振孙谓此书"叙元帅开府至南都践极",② 颇不准确,因为据序文所言,"谨以陛下自康邸奉渊圣皇帝诏出使虏廷",即靖康元年十一月十六日,遣康王为告和使事。后文所言"起自靖康元年冬十有一月十五日至于建炎元年夏五月十日",说明了《中兴日历》的起讫时间,"靖康元年冬十有一月十五日"正是康王出使前一天,盖取整数也,"建炎元年夏五月十日"乃大元帅府"结局"的规定日期,将赵构大元帅府的始末涵盖在内了。《中兴日历》分为五卷,可能按照"由相及魏、及郓、及济"的顺序,再加上南京应天府,正好一地一卷,合为五卷。关涉本文的钦宗檄书大概存于第一卷中。

同样在上引序文中,另可注意者,乃汪伯彦所说"改命建府,以兵马大元帅起义河朔"一句。此序文是上呈高宗的,遣词造句必定慎之又慎。此处汪伯彦所称赵构官衔与前引《中兴日历》所录钦宗诏书一致,都写作"兵马大元帅"。而据前文所论,大元帅府时期赵构的官衔经历了从"兵马大元帅"到"天下兵马大元帅"的转变,而《中兴日历》所提供的文本,却只采用"兵马大元帅"一说,罔顾"天下兵马大元帅"的存在。笔者认为,作为亲历者,汪伯彦不应不知此中变化,至于其为何隐讳不谈,可能与他所谓"大正始之意"有密切关系。

所谓"大正始",即光大王道之始。③ 这在前述汪伯彦《上〈建炎(中兴)日历表〉》和《建炎中兴日历》序中皆有着重阐释。

> 为天下君,宜首表年之事……应天顺人,大一统自今以始矣,必有不刊之典,庶为罔极之传。
> 盖保位莫如慎始也……慎终莫重乎始,故君子大正始焉。陛下以天锡智勇之英姿,当阳九非常之厄运,再造王室,起于艰难。思厥艰难,大正厥

---

① 《会编》卷165,绍兴四年十一月二十日,第1193页。
② 陈振孙:《直斋书录解题》卷5,上海古籍出版社,1987,第155页。
③ "大正始"之说在南宋建立之初便已提出。建炎元年(1127)五月,朱胜非为中书舍人,兼直学士院,上奏曰:"陛下新即位宜正始,正始之说无他,仁义而已。"(熊克:《皇朝中兴纪事本末》卷1上,第40页)在朱胜非看来,"正始"之要,在行仁义。可见,因时、地不同,朝臣对"正始"的理解亦不尽相同。

始，以图允终。①

汪氏强调高宗即位之"始"的重要性，要"慎始"才能"克终"。"大一统"始于大元帅府时期，"再造王室"亦始于此。"大正厥始，以图克终"，光大王道之始，乃"纪事之意"之所在。因此，编纂大元帅府事迹，以符合"大正始之意"，与赵构"再造王室"、构建正统的努力若合符契，顺应了高宗的意愿。

在赵构即位后，如何维护统治的合法地位、稳定政权，成为萦绕其心头的一件大事。诸如崔府君显圣、泥马渡康王等传说，便与赵构的这一努力有关。② 太上皇（徽宗）的"即真"之诏、"太母（元祐皇后）之意"共同构成了赵构即位的正统性来源。③ 其实，在钦宗授意下，任命赵构为大元帅、开大元帅府，也是其即位正统性的重要来源之一，不容忽视。

由前所述，赵子崧在劝赵构"以天下兵马大元帅承制"时，便已指出："国家之制，亲王素无握兵在外者。主上特付大王以大元帅之权，此殆天意，今王室危难，若非大王深念宗社大计，仰副二圣付属之意，稍有犹豫，则事去矣。"对于这一段话，邓小南先生早有精辟的见解：对于"特付"之事，一方面是钦宗保住赵宋政权的不得已之举，另一方面也是赵构扩充实力的重要机会。④ "大元帅"一职正好发挥了这一职能，并且在张邦昌僭位之后，"天下兵马大元帅"这一官衔有助于平定四方奸雄，不致"事去"，失去即位的正统性。在靖康二年的四、五月间以及南宋建立之后的追述中，经常有幕僚言及对赵构的期许，希望他能"再造王室"，⑤ 实现中兴。

在赵构顺利即位之后，如何维护统治的合法性，仍是其面临的重要问题。他采取了一系列措施，除了破除一些勤王军队潜在的威胁之外，又伴随着"神道

---

① 《会编》卷165，绍兴四年十一月二十日，第1192~1193页。
② 参邓小南《关于"泥马渡康王"》，《北京大学学报》1995年第6期。
③ 参方诚峰《补释宋高宗"最爱元祐"》。按，作者认为，太上皇的"即真"之诏是伪造的，而"太母之意"才是高宗合法性的实质支持。笔者以为，"即真"之诏是大体真实的，似不能断然否定。
④ 邓小南：《关于"泥马渡康王"》，《北京大学学报》1995年第6期。
⑤ 此类记载颇多，可参《宗泽集》，第35、55~56页；《会编》卷101，建炎元年五月一日引汪伯彦《中兴日历》，第741页；陈东《少阳集》卷3《上高宗皇帝第一书》，《四库全书》本，第1136册，第304页；等等。

设教"的实施。① 待到政权稍微稳定之后,在经赵构审核的前提下,命朝臣编修大元帅府事迹,亦是维护其统治合法性的方式之一。绍兴前期,《建炎中兴日历》《元帅府事实》等史书集中而迅速地修纂,从高宗赞赏"汪伯彦上《建炎中兴日历》最备"来看,经过选择,高宗对大元帅府时期的记载是颇为重视的。② 除极少数知情者外,朝野对赵构大元帅之任并不知情。钦宗本意是让赵构任"兵马大元帅",团结勤王力量,解金军围城之急。但随着政治形势的变动,为应对张邦昌篡位的冲击,赵构在赵子崧等人的建议下改称"天下兵马大元帅"。虽然这一名号隐含皇位继承者的意味,③ 并在特殊时期发挥重要作用,但毕竟是在钦宗授权之外的决定。为争夺即位正统性的政治行动反而影响到即位后的统治合法性问题。因此,对于已经登上帝位的赵构来说,如果不对上述事件的历史记载加以处理,容易对其合法性构成新的威胁。因此,汪伯彦极有可能有意隐讳了赵构官衔变化的事实,以"兵马大元帅"统称之。这一折中之法恰可以解决上述难题,与赵构建构正统的努力也一致。在官方史料编纂的过程中,由于有意隐讳赵构官衔从"兵马大元帅"到"天下兵马大元帅"转变这一过程,而导致后人认识上的混乱不清。宋代史料中,关于大元帅府时期赵构官衔的记载,看似混杂、难以辨识,实则自此可以获得较为合理的解释。

结　语

在金军第二次南侵的危急关头,钦宗被迫接受朝臣的建议,任命已在相州起义勤王的康王为大元帅。通过考察钦宗任命诏书的形成及传递过程,赵构的官衔应为"兵马大元帅"。靖康二年三月,二帝北狩,张邦昌建立伪楚政权,对大元帅府的存在形成重大挑战,在赵子崧等人建议下,康王改称"天下兵马大元帅",以增强其即位的正统性,也满足臣僚对其"再造王室"的期许。在南宋建立前,康王官衔的改称,是其团结勤王力量、即位称帝的重要举措。但是,南宋

---

① 邓小南:《关于"泥马渡康王"》,《北京大学学报》1995 年第 6 期。

② 《玉海》卷 47《高宗日历、建炎中兴日历、绍兴修日历》,第 899~900 页。

③ 自中唐以来,天下兵马元帅与皇位继承关系密切。尤其五代时,后唐"秦王从荣以长子为河南尹,又为天下兵马大元帅,故当时遂以尹京为储贰之位"(陆游:《渭南文集》卷 22《记太子亲王尹京故事》,国家图书馆藏嘉定十三年陆子遹溧阳学宫刻本,《中华再造善本》第 309 册)。"天下兵马大元帅"几成皇位继承者的代名词,这成为一种约定俗成的传统。参林伟洲《天下兵马大元帅与中唐帝位继承》,(台)《研究与动态》第 16 期,2007。

建立后，其官衔的改动却不符合建构统治合法性的需要。为了配合高宗巩固政权的努力，官方史书的编纂亦在其中。面对钦宗任命诏书与现实之间的矛盾，汪伯彦极有可能隐讳其大元帅官衔变化这一事实，而以"兵马大元帅"指称之，这是官方史书编纂中颇为重要的内容。南宋中晚期，在考察大元帅府时期的史实后，史臣徐梦莘、李心传等人认为赵构最初被任命为"河北兵马大元帅"，只是这一观点缺少必要的史料和史实支撑。

从靖康元年闰十一月底钦宗任命赵构为"兵马大元帅"到靖康二年四月初赵构改称"天下兵马大元帅"，从南宋初年官方史书编纂中重新认定彼时赵构的官衔为"兵马大元帅"。此间一波三折，每一次官衔称呼皆有其特殊的政治意涵。由于有关大元帅事迹的原始档案已有篡改，我们需要进一步挖掘当时的诏书、檄书、札子等文书材料，探究其制作、形成与流布，并与当时的原始史料相互比对。经由探赜索隐，考察异同，我们才能更为客观地还原这一历史过程，并获得其中意蕴。

原刊《中国史研究》2017 年第 1 期

南宋中央宿卫体系的再建
与布防格局的形成

贾连港

摘　要： 在两宋之际的变动中，由于军队构成及都城布局的变化，南宋政权逐渐形成不完全等同于北宋的中央宿卫体系。南宋初年，中央宿卫武力往往随中央主力军的编制调整而变化。建炎、绍兴之交，中央宿卫体系的建设亦在进行之中。在继承建炎年间皇城司与行宫禁卫所职能的基础上，新组建的行在皇城司少有北宋皇城司伺察的职能，而兼有皇宫扈卫与制衡"禁旅"之职。绍兴五年底，殿前司的重建速度加快，新成立的殿前司中军逐渐成为负责皇宫周围宿卫的中坚力量。在不断"巡幸"中，高宗逐步确定了临安的行宫地位，除殿门、宫门外，着力加强了禁卫区的宿卫。殿前司中军、皇城司亲从亲事官分工布防，三衙管军夜间巡逻，三者共同负责以皇宫为核心的宿卫任务。

关键词： 南宋　中央宿卫体系　殿前司中军　皇城司　三重宿卫

在帝制时代中央王朝的主力军中，负责皇帝及皇宫宿卫的军队往往是最为精锐的亲从部队，是中央军的核心部分，[①] 或可称之为"中央宿卫武力"。它所包

---

① 参见孙闻博《八十年来秦汉军制研究述评》，《中国史研究动态》2014 年第 3 期。

括的范围要比"禁卫武力"① 窄一些，主要指负责皇帝及皇宫宿卫的武力。② 由中央宿卫武力为基础所形成的、重点保障皇帝及皇宫安全的制度体系，便是中央宿卫体系。

　　大致自中晚唐起，南衙卫兵与北衙禁军分别负责朝廷所在的皇城和皇帝所在的皇宫，且北衙禁军逐渐成为中央宿卫武力的主力。经历五代时期的调整，直属于皇帝的禁卫亲兵逐渐成为宿卫的主体。北宋初年，宋廷循后周之制，"置诸班直备爪牙士，属殿前司，又置亲从官，属皇城司。其宿卫之法，殿外则相间设庐，更为防制，殿内则专用亲从，最为亲兵也"。③ 以殿前司所属诸班直与皇城司亲从官为核心，殿外两者相互关防、殿内专用亲从官的分工统率系统，成为北宋中央宿卫体系的基本格局，终北宋大致不变。④

　　由此出发，笔者关心的问题是：在两宋之际由乱到治的历史过程中，伴随着中央主力军的急剧调整，中央宿卫武力有何变化？以宿卫临安皇宫为核心而重新组建的中央宿卫体系有何不同？据笔者所见，学界对南宋中央宿卫体系形成过程及布防格局的专题研究尚不多见，本文则尝试在前人基础上对如上问题加以探索。⑤

---

① 在宋人语境中，"禁卫"一词往往泛指皇帝直辖军队，而非特指保卫皇帝及皇宫安全的军队。鉴于两宋之际军队的溃乱，有感于宋廷"禁卫"力量的薄弱，朝臣对此多所指摘，此时所说的"禁卫"即为此义。

② 张金龙先生对魏晋南北朝"禁卫武官"概念的定义及其与"宿卫武官"概念的区别有较详细的说明，对笔者颇有启发。他认为，禁卫武官的范围比宿卫武官更广泛一些，"它是指包括皇帝警卫、皇宫及京师治安保卫在内的所有禁卫武职的总称。有时也会涉及负责京师周边卫戍事宜的将领"（参见张金龙《魏晋南北朝禁卫武官制度研究》，中华书局，2004，第25～27页）。

③ 《续资治通鉴长编》（以下简称《长编》）卷163，仁宗庆历八年三月甲寅，中华书局，2004，第3927页。

④ 近年来，王军营专注于北宋皇宫宿卫禁军诸问题，对北宋皇宫宿卫禁军的构成、统率机构、招募、拣选、训练等诸问题展开较为全面、系统的讨论。关于北宋的中央宿卫体系，他认为，北宋是以殿前司所属诸班直、宽衣天武等禁军与皇城司亲从、亲事等官为核心，由殿前司与皇城司分工统率所形成的宿卫系统（参见王军营《北宋皇宫宿卫禁军诸问题研究》，博士学位论文，陕西师范大学，2012）。

⑤ 目前，学界对南宋中央宿卫体系的专题研究比较缺乏，已有研究成果主要分散在南宋中央军制诸方面，包括南宋诸军种的演变概况、南宋中央军事领导体制的构成以及南宋三衙的建置、职能、兵力部署、与皇城司的关系等相关问题上［参见王曾瑜《宋朝军制初探（增订本）》，中华书局，2011；王青松《南宋军事领导体制研究》，博士学位论文，陕西师范大学，2007；粟品孝《南宋军事史》，上海古籍出版社，2008；范学辉《宋代三衙管军制度研究》，中华书局，2015；等等］。

一 南宋初年中央主力军之宿卫武力①

南宋中央宿卫武力的重建，要从赵构开大元帅府、组建五军讲起。北宋靖康年间（1126～1127），伴随着金军两次围攻开封，北宋原有的禁军体系趋于瓦解。在金军第二次围城时，康王赵构因再次出使议和而免于被虏，遂于靖康元年十二月一日在相州开大元帅府。赵构初至相州时约有一千人的扈卫人员，这其中当包括若干负责保护其安全的军事人员。② 至赵构开大元帅府时，组建大元帅府五军，其所属军队扩充至一万人，以"武显大夫陈淬都统制五军兵马"。③ 之后，赵构大元帅府先后流徙到大名府、东平府。在赵构驻扎东平府后不久（靖康元年十二月十七日），"元帅府都统制陈淬戍澶渊，遂以（杨）惟忠为元帅府都统制"。④ 此时，大元帅府军队已达八万人，除了由都统制杨惟忠统辖、驻扎于东平府的大元帅府五军之外，另有开德府驻军、濮州驻军、兴仁府驻军、广济军驻军、单州驻军、柏林镇驻军。⑤ 靖康二年二月二十三日，赵构又驻扎于济州，将大元帅府八万人"自黄河以南，分地而屯"，济州、濮州、兴仁府、广济军、单州、柏林镇等皆有驻军。其中，"济州万九千五百人，以为王之卫，隶都统制杨惟忠"⑥。由于大元帅府兵力大增，赵构不仅可以"摆布"诸军，分屯驻扎，而且任命大元帅府都统制杨惟忠统领一万五千人，驻军济州。随着大元帅府军队数量的激增，分区防御得以实现。专门驻扎于东平府、济

---

① 绍兴五年十二月二日，宋高宗将神武军、神武副军重新整编，改称行营五护军，同时大力扩充三衙（尤其是殿前司）的实力，是南宋初年中央宿卫体系发展的重要转折。笔者所谓"南宋初年"，主要以此为时间界限，但在具体行文时上下略有延伸。参见李心传《建炎以来系年要录》（以下简称《要录》）卷96，绍兴五年十二月庚子，上海古籍出版社，2008，第341～342页；李心传《建炎以来朝野杂记》甲集卷18《御前诸军、御营五军、五护军》、乙集卷13《十都统制》，徐规点校，大象出版社，2013，第317～318、203～204页；另参见王曾瑜《宋朝军制初探（增订本）》，第170页。

② 梁伟基：《宋代河北兵马大元帅府初探：以武力重建为中心》，《中国文化研究所学报》第55卷，2012年7月。

③ 徐梦莘：《三朝北盟会编》卷71，靖康元年十二月二日，上海古籍出版社，1987，第537页；《要录》卷1，第28页。

④ 《要录》卷1，建炎元年正月辛卯，第36页。

⑤ 梁伟基：《宋代河北兵马大元帅府初探：以武力重建为中心》，《中国文化研究所学报》第55卷，第74～75页。

⑥ 《要录》卷2，建炎元年二月癸未，第56页。

州的杨惟忠，在赵构流徙居留之地负责保障赵构安全，其所统领军马中的精锐部分当专司宿卫之任。①

南宋政权建立后，宋高宗赵构四处逃亡的窘况仍贯穿于建炎至绍兴初年。因此，其中央宿卫武力多随局势变动而适时调整。概而言之，此一时期主要有以下宿卫武力：建炎年间御营、御前系列，绍兴初年神武中军所属之宿卫亲兵以及殿前司诸班直。以下略作考述。

（一）建炎年间中央宿卫武力的构成

南宋建立之初的建炎年间，主要由御营、御前系列的军队负责高宗宿卫任务。建炎三年十月，在特殊的军政形势下，三衙中的殿前司诸班直曾一度成为高宗的核心宿卫力量。

首先是御营使司都统制及其中军。建炎元年（1127）五月八日，针对三衙禁军所存无几、禁卫寡弱以及大元帅府诸将"不相统一"的情况，高宗新置御营使司，设前、后、左、右、中五军，并设都统制、同都统制、提举御营使司一行事务等职。② 设置御营使司之初，负责高宗宿卫任务者为御营使司都统制及其所属中军。但是，能否成为宿卫力量也取决于特定军政形势下受高宗的信任程度。高宗初置御营使司，"以（王）渊为都统制，扈从累月不释甲"。③ 建炎二年十月七日，金军围濮州，宋廷打算遣韩世忠、张俊迎敌，"既而言者以俊中军不可远去，遂命御营平寇前将军、权同主管侍卫马军司公事范琼代行"。④ 这表明，张俊所统御营使司中军亦有守卫高宗的重要职责。建炎三年二月三日，金人攻陷天长军，高宗得知金人将至，遂仓皇逃跑，此即"维扬之变"。高宗"即介胄走马出门，惟御营都统制王渊、内侍省押班康履五六骑随之过市"。⑤ 可见，此时

---

① 值得注意的是，靖康二年三月十一日，金人分兵进犯济州，赵构命杨惟忠应战，而惟忠面有愠色，推脱不前（《要录》卷3，建炎元年三月辛丑，第65页），很可能因此而失去赵构的信任。虽然在赵构驻扎南京应天府时仍令其"警严，以虞非常"（《三朝北盟会编》卷95，靖康二年四月二十四日，第703页），但从南宋建立后杨惟忠仅加虚衔而未被纳入御营使司五军来看，杨惟忠确实失宠了。李心传亦言道："（杨）惟忠以都统制结局……百余日方有除目。"赵构刚刚建立政权，正是用人之际，对原大元帅府都统制如此冷落，亦可见杨惟忠的遭际（《要录》卷5，建炎元年五月甲午、丁酉，第101、103页）。

② 《要录》卷5，建炎元年五月丁酉，第103页。

③ 《宋史》卷369《王渊传》，中华书局，2004，第11486页。

④ 《要录》卷18，建炎二年十月癸亥，第279页。

⑤ 《要录》卷20，建炎三年二月壬子，第301页。

御营使司都统制王渊仍为高宗信任的扈卫大将。至建炎三年二月十一日，"时朝廷方以金人渡江为虑"，于是将御营使司诸大将张俊、杨惟忠、刘光世、王渊、范琼等人皆"分守要害"，"扈驾者惟苗傅一军而已"。① 御营使司后军统制苗傅负责高宗宿卫事务，则是紧急情况下的权宜之计，并非常态。正因为御营使司都统制、中军统制皆有它任而暂不扈卫，所以造成高宗身边宿卫空虚。建炎三年三月五日，苗刘兵变，御营使司中军统制官吴湛与苗傅相勾结，把守行宫北门，促成兵变，② 之后又与苗、刘二人把守中军寨门，③ 因御营使司中军宿卫行宫，故而在苗刘兵变中起到关键作用。在平定内部的苗刘叛乱之后，高宗开始着手对宋廷军队进行调整。建炎三年七月七日，御营军与御前军分立。④ 辛氏兄弟中，辛永宗任御前中军统制，⑤ 辛企宗任御营使司都统制。⑥ 在平定诸班直叛乱中，受到高宗信任与倚赖。

内乱既平，外患益增。大致自苗刘之变后的一年间，金军追袭益急，高宗开始频繁"巡幸"，成为南宋政权初建以来最为严重的危机。在此期间，由于殿前副都指挥使郭仲荀继杜充之后率禁旅余兵南逃，⑦ 奔赴高宗，建炎三年秋，殿前司诸班直的宿卫力量可能得到增强。史称"自巡幸以来，驾后诸军多乘势为乱"，建炎三年十月三日，高宗在前往平江府之际，"诏驾后诸军先发，独以禁卫诸班扈跸，由是平江得安"。⑧ 作为重要的宿卫力量，诸班直得到高宗的信任，一时成为宿卫的核心力量。但是，高宗放弃此前辛氏兄弟的御前与御营军，转而任用诸班直，却造成了班直叛乱。建炎三年十二月八日，高宗驻跸明州不久，"定议航海避敌"，但"每舟载六十卫士，人不得过两口"，士兵家属不能全部随

① 《要录》卷 20，建炎三年二月庚申，第 308 页；《宋史》卷 475《苗傅传》，第 13803 页。
② 《要录》卷 21，建炎三年三月癸未，第 322～323 页。
③ 《要录》卷 21，建炎三年三月庚寅，第 335 页。
④ 《要录》卷 25，建炎三年七月癸未，第 390 页。
⑤ 《要录》卷 22，建炎三年四月甲寅，第 365 页。另，据其后来任职神武中军统制，更能辅证此时应为御前中军统制（参见《要录》卷 36，建炎四年八月癸酉，第 528 页）。
⑥ 《要录》卷 25，建炎三年七月己丑，第 393 页；卷 31，建炎四年正月己酉，第 459 页。
⑦ "建炎元年秋，骑帅郭仲荀自东京部禁旅至南京。已而还为副留守。三年秋，仲荀以房逼京城，粮储告竭，遂率余兵赴行在。"（《建炎以来朝野杂记》甲集卷 18《三衙废复》，第 315～316 页）至晚在建炎三年闰八月十五日，郭仲荀已是殿前副都指挥使，但这一官职大概为虚衔，直到绍兴元年五月十六日，方被任命为权主管殿前司公事，实掌殿前司（参见《要录》卷 27，建炎三年闰八月辛卯，第 422～423 页；卷 44，绍兴元年五月辛亥，第 612～613 页）。
⑧ 《要录》卷 28，建炎三年十月戊寅，第 433 页；王明清：《挥麈后录》卷 10，《全宋笔记》第 6 编第 1 册，大象出版社，2013，第 211～215 页。

行，由此引发以张宝为首的班直骚动。高宗"密谕（御前）中军统制辛永宗①及亲军将姚端，令阴为之备"。② 建炎三年十二月九日，在二府官员参与下，御前中军及吕颐浩亲兵将姚端将谋事的"直宿兵卫"擒获，③ "诛十七人于明州市，除行门外，尽废其班"。④ 此后高宗下令"止亲兵三千人自随"。高宗废诸班直后，只有御前中军统制辛永宗有数千人行扈卫之职，"而御营使吕颐浩之亲兵将姚端众最盛"，⑤ 亦得到高宗优待。此后，御营使司都统制辛企宗亦回到高宗身边，所谓"昕夕密卫于舟中者，御营都统制辛企宗兄弟而已"，⑥ 表明扈从高宗泛海的宿卫武力主要为御营使司都统制辛企宗、御前中军统制辛永宗及其统领的御营军、御前军，吕颐浩的亲兵亦得到重用。

（二）绍兴初年神武中军及其所属之宿卫亲兵与殿前司诸班直

建炎四年四月十二日，高宗结束频繁的"巡幸"，流徙政权趋于稳定。⑦ 是年六月四日，高宗废御营使司，四天后，又改御前五军为神武军、御营五军为神武副军。⑧ 神武中军统制由原御前中军统制辛永宗担任。⑨ 此后不久，高宗便下

---

① 原文为"辛企宗"，误。按，此时辛企宗守越州，应为御前中军统制辛永宗。苗刘之变后，辛永宗被任命为御营使司中军统制。建炎三年六月，御营军与御前军分立后，辛永宗为御前中军统制。

② 《要录》卷30，建炎三年十二月壬午，第449页。

③ 《要录》卷30，建炎三年十二月癸未，第449页。按，建炎元年五月八日，黄潜善、汪伯彦分任御营使、副使，"别置亲兵各千人"；建炎元年八月五日，高宗命御营使、副大阅五军人马，"自是执政皆有亲兵"（《要录》卷5，建炎元年五月丁酉，第103页；卷8，建炎元年八月癸亥，第158页）。直到绍兴初年，宰执亲兵依然存在，至于其被废除的准确时间，有待考证。

④ 《建炎以来朝野杂记》甲集卷18《三衙废复》，第315～316页。按，行门班直主要负责礼仪性宿卫任务，且实力较弱。建炎四年五月二十日，高宗在论及行门迁转时，曾评价罢废诸班直后仅存的行门班直："此辈令挽弓弩至累石，率仰射，仅能施放，略不能及远，诚为无用。欲改此法，止令射亲。盖兵器之利无过弓矢。"（徐松辑《宋会要辑稿》职官三二之八，中华书局，1957，第3009页）另据杨倩描的研究，行门可分为两种，其一是殿前指挥使左右班的行门，其二是与天武官一样被独立编为指挥的行门。隶属于殿前指挥使左右班的行门，是诸班直中的一种职务，而被独立编为指挥的行门，则同天武指挥一样，只是隶属于殿前司，但并不属于诸班直（参见杨倩描《两宋诸班直番号及沿革考》，《浙江学刊》2002年第4期）。

⑤ 《要录》卷30，建炎三年十二月己丑，第451页。按，因为御前军、御营军改称神武军、神武副军在建炎四年六月戊寅，此处将辛永宗官衔误书为神武中军。

⑥ 《要录》卷30，建炎三年十二月庚寅，第453页。

⑦ 《要录》卷32，建炎四年四月癸未，第484页。

⑧ 《要录》卷34，建炎四年六月甲戌、戊寅，第505～506页。

⑨ 王曾瑜先生认为，绍兴二年，杨沂中（即杨存中）任神武中军统制兼提举宿卫亲兵，神武中军实际上成了高宗的宿卫兵。参见王曾瑜《宋朝军制初探（修订本）》，第166页。据笔者考察，神武中军是自御前中军演变而来的，一开始便是高宗的宿卫力量。

令从神武中军中选拔宿卫亲兵，加强中央宿卫，以弥补班直叛乱后宿卫武力不足的问题。起初，宿卫亲兵由主管宿卫亲兵统辖，接着由神武中军下属统领官兼管，随后固定由神武中军统制兼领，最后受内外因素的影响而被罢废。在建炎、绍兴之际，恰逢行在皇城司及其宿卫武力正在重建之中（详参本文第二部分），作为主要宿卫力量之一的宿卫亲兵亦诞生于此。以下笔者对宿卫亲兵①做一简要梳理。

建炎四年八月三日，神武中军统制辛永宗上言："被旨，令神武中军更选亲兵，通旧管作六百人，不隶禁卫所，朱师闵、李永志主管，辛永宗提举，分作三番入内祗应。"高宗下令神武中军另择亲兵，辛永宗"乞令主管官每夜轮一员，于禁中直宿"。② 这应该是首次从神武中军中选拔亲兵专掌禁中宿卫。辛永宗提举禁中宿卫之事，并与主管宿卫亲兵朱师闵、李永志各分领两百人，两名主管官轮次夜间直宿禁中。绍兴元年（1131）十一月六日，辛永宗因御史沈与求弹劾而被罢，③ 高宗先是任命阁门宣赞舍人韩世良为神武中军右部统领官、兼主管宿卫亲兵，④ 其后神武后军统制巨师古主掌神武中军，张俊统领的神武右军部分"扈卫者"暂时增加了宿卫之职。⑤ 直到权神武中军统制巨师古复被任命为神武后军统制后，原神武右军中部统制杨存中⑥接任神武中军统制、兼提举宿卫亲兵，方才再度恢复了神武中军的宿卫职能："时卫兵不满三千，沂中病其寡弱，于是招丁壮、营牧圉，未半岁，军容果张，由是上益眷之。"⑦ 绍兴二年八月十日，给事中兼侍读胡安国建言"亲兵寡弱，宿卫单少"，高宗下诏"三衙措置"。⑧ 因三衙的兵力尚属寡弱，本身无力主持扩充宿卫亲兵。同年九月胡安国再度提议时，高宗明确拒绝了这一请求："此论与朕意不同。彼但见承平仪卫之盛，今殿陛侍卫人亦不少。然一卫士请给，可（瞻）〔赡〕三四兵。朕命杨沂中

① 关于绍兴宿卫亲兵，《玉海》有所归纳，但尚需进一步完善。参见王应麟《玉海》卷139《建炎神武军》《绍兴宿卫亲兵》，江苏古籍出版社、上海书店据清光绪九年浙江书局刊本影印，1987，第2600～2603页。

② 《宋会要辑稿》职官三二之八、九，第3009～3010页。另参《要录》卷36，建炎四年八月癸酉，第528页。按，关于"禁卫所"，此处应为"行宫禁卫所"，详参本文第二部分。

③ 《要录》卷49，绍兴元年十一月己亥，第668页。

④ 《要录》卷49，绍兴元年十一月癸丑，第672页。

⑤ 《要录》卷51，绍兴二年正月壬寅，第685页。

⑥ 按，杨存中，本名杨沂中，绍兴十二年高宗赐名"存中"，为简便计，笔者统称其名为"杨存中"。在引用的史料中，仍存其原貌。

⑦ 《要录》卷52，绍兴二年三月己酉，第704～705页。

⑧ 《要录》卷57，绍兴二年八月己亥，第760页。

治神武中军，此皆宿卫兵也。卿等可与措置。增修鞍马、器械，乃为先务。"①
由于当时宋廷财力有限，而殿廷侍卫的耗费抵得过一般士兵的三四倍，所以高宗
任命杨存中并让他接管神武中军和宿卫亲兵，主要意图便在于整合两军，加强兵器
配备，使其战斗力得以提升。这一观点不仅意味着高宗试图控制宿卫亲兵规模的意
图，也体现出对神武中军"宿卫化"的期待。但是，由于宿卫亲兵的待遇不高，
故而多有"逃走"之弊。② 加之，随着绍兴三年九月二十四日神武中军统制、提
举宿卫亲兵杨存中兼权殿前司公事，③ 以及在神武军改为行营时将神武中军隶属
于殿前司，④ 宿卫亲兵逐渐归殿前司节制，⑤ 宿卫亲兵渐无独立存在的必要。⑥

绍兴初年，殿前司诸班直仍未有显著变化。经靖康之变，三衙禁旅多死亡、
流散于战争，但建炎初期经过重整的"三衙禁旅"仍是扈卫力量之一。⑦ 建炎元
年五月八日，"殿前司以殿班指挥使左言权领，而侍卫二司犹在东京"，⑧ 此时殿
前司的军力当很有限。加之在高宗航海避敌的艰难时期，发生了诸班直叛乱，直
接导致诸班直几近罢废的窘境。建炎四年四月，高宗结束频繁"巡幸"后，"乃
选（御前）中军五百人入直殿岩，悉乌合之众"，⑨ 诸班直的兵力并未恢复。三
衙之中以殿前司为最重，"掌诸班直禁旅扈卫之事"，⑩ 却因南宋之初三衙禁卫单
弱以及班直变乱，难以得到高宗信任。

绍兴元年（1131）的状况仍然是"自巡幸以来，三衙实无兵，名存而已"，⑪
诸班直的状况可想而知。⑫

---

① 《宋会要辑稿》职官三二之九、一〇，第 3010 页；《要录》卷 58，绍兴二年九月癸亥，第 768 页。
② 《宋会要辑稿》职官三二之一〇、一一，第 3010 ~ 3011 页；职官三四之三六，第 3056 页。
③ 《要录》卷 68，绍兴三年九月乙亥，第 889 页。
④ 《要录》卷 96，绍兴五年十二月己亥，第 340 页。
⑤ 《宋史》卷 166《职官六·殿前司》，第 3928 ~ 3929 页。
⑥ 随着宋金和议的实现，高宗于绍兴十二年十二月二十四日以"宿卫亲兵非祖宗法"之名而罢
之（参见《要录》卷 147，绍兴十二年十二月壬午，第 63 页）。按，关于宿卫亲兵的去向，前
引《要录》只提及"三路人"改刺充皇城司亲从亲事官，其他人的归属问题史无明言。笔者
以为，因宿卫亲兵听殿前司节制，"三路人"（全称为"不及等三路人"）之外的兵马当归属
于殿前司，尤其是掌管中央宿卫的殿前司中军。至于推测是否恰当，尚待史料佐证。
⑦ 《宋会要辑稿》礼五二之一二，第 1559 页。
⑧ 《要录》卷 5，建炎元年五月丁酉，第 103 页。
⑨ 《建炎以来朝野杂记》甲集卷 18《三衙废复》，第 315 ~ 316 页。
⑩ 《宋史》卷 166《职官六·殿前司》，第 3928 页。
⑪ 《要录》卷 44，绍兴元年五月辛亥，第 613 页。
⑫ 绍兴元年正月十四日，高宗下诏前述明州作乱诸班直"令殿前、皇城司依旧于禁军内安排"。
参见《要录》卷 41，绍兴元年正月壬子，第 580 页。

　　（赵鼎）初秉政，因为上言：“祖宗于兵政最为留意，今诸将各总重兵，不隶三衙，则兵政已坏，独卫兵髣髴，旧制亦扫荡不存，是因噎而废食也。”上悟，寻复旧制。然卫兵不满三千，识者病其单弱，数以为言。①

　　依赵鼎之见，由于诸将手握重兵，不似北宋时三衙统兵体制，“兵政”已然废坏。唯独诸班直等宿卫之兵约略类似北宋的情形，但北宋以来的宿卫之制也荡然无存。于是，高宗下令恢复宿卫之制。但是，由于宿卫之兵人数较少，不满三千人，实力有限，仍难以真正回到北宋的制度。关于宿卫之兵中诸班直的人数，更准确些的数字如下。绍兴五年三月十日，“时殿前司有兵九百余人，马、步司各六百余人而已”，② 殿前司才有九百余人，可以推想诸班直的人数必定远少于此。据绍兴七年七月五日，枢密院言：

　　　　殿前司所隶诸班直禁旅，自祖宗以来，专充扈卫，事体非轻。元额三千六百余人。比年以来，因出职换官并事故，及将来理年出职外，其所有止五百余人，比照元额，阙及九分。③

　　自北宋以来，诸班直定额为三千六百余人，至绍兴七年（此时已经对三衙有了较大扩充）诸班直仅有五百人，可以推测，绍兴五年三月之时，诸班直的数量必定少于五百人。由于数量寡少，殿前司诸班直自北宋以来所具有的“专充扈卫”之职也难以有效发挥。

　　另外，在绍兴初年，宋廷的军队往往分为内外诸军，在内诸军包括“三（卫）〔衙〕班直、宿卫、忠佐忠锐将兵、神武右军、中军”。④ 除前已讨论的诸班直、宿卫亲兵、神武中军外，御前忠佐、忠锐将兵和神武右军也驻扎于中央，但是除神武右军部分军人外，这些军队基本不参与中央宿卫任务。自北宋起，御

----

① 《建炎以来朝野杂记》甲集卷18《三衙废复》，第315～316页。按，据文意，应于“髣髴”后点断，“旧制”二字属下。
② 《要录》卷87，绍兴五年三月癸未，第224～225页。
③ 《宋会要辑稿》职官三二之一一，第3011页。
④ 《要录》卷80，绍兴四年九月辛酉，第118页。按，此处“三卫”当为“三衙”之误。关于内外诸军的提法，史籍多有记载，可另参见《建炎以来朝野杂记》甲集卷18《绍兴内外大军数》，第318页。

前忠佐军便主要从事皇宫杂役。① 成立于南宋绍兴二年二月的御前忠锐军，由七支军队组成，分为七将，隶属于侍卫步军司。御前忠锐军多有增减变化，② 平时大概只有一支驻扎于临安，其他各支则多轮派各地执行驻防任务。③ 至于张俊统辖的神武右军，前已论及，只是部分"扈卫者"在绍兴元年底至绍兴二年初短暂增加了宿卫职能。

综上，随着中央主力军的不断调整，自大元帅府成立至神武军存续时期，以扈卫赵构为核心的宿卫武力一直处于变动之中。大元帅府时代，尤其在赵构驻扎东平府后，赵构的扈卫任务主要由大元帅府都统制负责。大约在南宋建炎年间，宿卫力量随御营、御前军的变化而调整，包括建炎前期的御营使司都统制及下属中军统制，御营军、御前军分立后的御营使司都统制和御前中军。神武军成立后，神武中军及其所属宿卫亲兵、殿前司诸班直是主要的宿卫武力。

二 皇城司的重建及其所属宿卫武力

在前述中央宿卫武力剧烈调整之时，中央宿卫体系的制度建设亦在进行之中。皇城司的重建便是优先的选项之一。自建炎初年至绍兴三年十一月，南宋皇城司逐步完成了重建任务。大致在御营、御前军向神武军、神武副军转变之时，即建炎四年五、六月间高宗结束频繁"巡幸"，相对安定之后，南宋皇城司的重建速度得以加快。南宋初年，皇城司的职能定位也与北宋皇城司多有不同。目前，学界较少关注这一时期皇城司的变动，以下笔者略作探讨。④

皇城司的设立始于后唐时期由宦官掌管的武德司，其职能主要在于探事、侦伺。北宋建立后，宋太祖重建已在后周时衰落的武德司，不仅强化了它皇宫警卫的职能，而且显著增强了由宦官为主导的伺察职能。太平兴国六年（981）十一月，宋太宗改武德司为皇城司。经过调整，定型之后的皇城司主要以伺察职能为

---

① 参见王军营《北宋皇宫宿卫禁军诸问题研究》，第 40～42 页。
② 王曾瑜：《宋朝军制初探（修订本）》，第 168 页。
③ 《要录》卷51，绍兴二年二月丁丑，第 692 页；《要录》卷54，绍兴二年五月癸亥，第 728 页；《要录》卷58，绍兴二年九月癸酉，第 771 页；等等。
④ 据新近研究，范学辉先生在讨论三衙与皇城司的关系时，对南宋皇城司的职能、兵力构成等问题多有讨论，但作者主要关注皇城司机构稳定之后的情形，对皇城司的重建历程及最初的职能等问题未加探讨。参见范学辉《宋代三衙管军制度研究》，第 1207～1215 页。

主，皇宫警卫为辅。① 南宋建立后，皇城司亦得以重建，但在建炎年间动荡的环境下已难以完全延续北宋时伺察、皇宫警卫的职能。在有关建炎年间皇城司的有限史料中，我们可以发现，皇城司几乎处于名存实亡的境地。建炎二年四月九日，高宗不满于"皇城司亲事官等，日前应逃亡之人，或辄投他处及影占私役"，遂下令其"限一年所在州县出首，特与免罪"，"限内不首，依先降依军法从事。容蔽及影占私役官员，亦科违制之罪，人吏决配二千里"。② 从高宗对皇城司吏人恩威并施的措施来看，这当是慌乱之中的无奈之举，其效果如何，可以推想。据笔者所见，南宋建炎年间最早任职皇城司者为干办皇城司、主管禁卫孟忠厚。"帝幸扬州，除显谟阁直学士，台谏交章论列，帝以太后故，难之。后闻，即命易武秩，遂授常德军承宣使，干办皇城司，未几，奉太后幸杭州"，③ 在短暂任职期间，除建议"乞裁节本家恩泽"外，并无多少建树。④

与此相对照的是，此一时期行宫禁卫所似乎担负起了宋廷的皇宫宿卫任务。据笔者注意所及，北宋时曾设"提举皇城司整肃随驾禁卫所"一职，最早见于仁宗嘉祐六年（1061）七月十一日，⑤ 其职能为整严大礼文武班列执事之人出入禁卫者。⑥ 南宋建立之初，宋廷"为行（营）〔宫〕禁卫所，差主管官，掌出入皇城、宫、殿门等敕号，察其假冒；车驾行幸，则纠察导从"。⑦ 建炎年间，史料中所提及的禁卫所，往往指行宫禁卫所，其职责主要是：高宗驻跸某地时，管理出入禁廷诸门敕号，维护皇城安全；高宗行幸时，纠察高宗导从人员。

在建炎四年五月以后，由于高宗驻地趋于稳定，行在皇城司逐渐受到重视，宋廷开始着手扩充行在皇城司的兵力。建炎四年五月二十八日，高宗下诏："御前中军差赴（行宫）禁卫所充亲兵祗应，共三百四十八人，并特令改刺充皇城

① 佐伯富：《论宋代的皇城司》，《日本学者研究中国史论著选译》第 5 卷《五代宋元》，中华书局，1992，第 349～353 页；程民生：《北宋探事机构——皇城司》，《河南大学学报》（社会科学版）1984 年第 4 期；赵雨乐：《试析宋代改武德司为皇城司的因由——唐宋之际武德使活动的初步探索》，张其凡、陆勇强主编《宋代历史文化研究》，人民出版社，2001，第 274～287 页；范学辉：《从崩溃到重建：论宋太祖时期的武德司》，《郑州大学学报》（哲学社会科学版）2006 年第 5 期；等等。
② 《宋会要辑稿》职官三四之三四，第 3055 页。
③ 《宋史》卷 465《孟忠厚传》，第 13585 页。
④ 《要录》卷 21，建炎三年三月丙戌，第 328 页。
⑤ 《长编》卷 194，仁宗嘉祐六年七月壬辰，第 4691 页。
⑥ 《宋会要辑稿》礼一四之四〇，第 607 页。
⑦ 《宋史》卷 166《三卫官》，第 3934～3935 页。按，此处标点与点校本略有不同。

司亲从五指挥收管。如内有不及等三路人，亦令改刺。"① 从此诏书可知，原本行宫禁卫所负责宿卫任务，而宋廷本打算从御前中军抽调兵马以充实行宫禁卫所的兵力，此时高宗却下令将这批兵马由皇城司亲从五指挥接管，甚至其中身体素质不高的"不及等三路人"② 也迫不及待地改刺皇城司，足见其试图扩充皇城司兵力的迫切之情。

前已指出，在御营、御前军改编成神武军、副军之后，高宗于建炎四年八月三日下诏从神武中军中"更选亲兵"，分三番于禁中宿卫值班，且明确规定不隶属于行宫禁卫所，而由神武中军统制辛永宗提举之。这一举措发生在中央主力军整编之后，反映了宋廷试图推进中央宿卫体系多元化的努力。由于此时的宋廷仍处于颠沛流离之中，实际上，行宫禁卫所与行在皇城司并非两个独立的机构。因此，在实质上的同一机构内部，在压缩了行宫禁卫所军队编制的同时，为行在皇城司职能的扩充创造了条件。绍兴元年（1131）二月三日，高宗下令"改行宫禁卫所为行在皇城司"，③ 其具体情形以时任干办皇城司冯益④等人所言为详：

> 禁卫所昨缘阙官，差皇城司官权领主管禁卫所，时暂申请以"行宫禁卫所"为名。其所掌职事，各随事分隶主管。今若以禁卫所职事并归行宫禁卫所主管，本处使臣、人吏等系皇城司，即不经历自来禁卫职事。所有行宫禁卫所，乞改为行在皇城司称呼。其主管禁卫所，依旧欲存留主管官一员，使臣一名，手分二人，装界作画人各一名外，余并减罢。⑤

① 《宋会要辑稿》职官三四之三四，第 3055 页；《要录》卷 33，建炎四年五月己巳，第 502 页。按，《要录》多所省略，不如《宋会要辑稿》全面。

② 所谓"不及等三路人"，在《要录》中多省称"三路人"（《要录》卷 147，绍兴十二年十二月壬午）。北宋以来，多有"三路人""畿内三路人"的说法，指紧靠东京开封府的三路（《长编》卷 296，元丰二年二月辛亥，第 7207 页；卷 392，元祐元年十一月庚辰，第 9541页）。前引南宋初年"三路人"，全称为"不及等三路人"，其含义与北宋不同，很可能指"格尺不及"的"南兵"所在的广南东、广南西、福建三路（《要录》卷 115，绍兴七年十月辛亥，第 566 页）。

③ 《要录》卷 42，绍兴元年二月庚午，第 585 页；《宋会要辑稿》职官三四之三四，第 3055 页。

④ 据高宗《日历》所载，冯益于建炎三年三月十一日任职干办皇城司（《要录》卷 21，建炎三年三月己丑，第 333 页），"自入内东头供奉官迁至干办御药院，寻兼干办皇城司"（《宋史》卷 469《冯益传》，第 13670 页），直到绍兴六年七月十四日罢任（《要录》卷 103，绍兴六年七月庚辰，第 421 页）。

⑤ 《宋会要辑稿》职官三二之二七，第 3019 页。

首先需要明确的是，上引史料中"禁卫所"当是"行宫禁卫所"的简称。由冯益所言，我们知道：因行宫禁卫所阙官，皇城司官员权领主管行宫禁卫所，并暂时以"行宫禁卫所"为名。其实，行在皇城司皆名存实亡，真正运行的机构只是行宫禁卫所。而行在皇城司的职掌也是根据事务性质之不同，由行宫禁卫所主管。如果将行宫禁卫所所掌事务一并归属行宫禁卫所主管，便会出现如下问题：行宫禁卫所官吏出自皇城司，而建炎年间的皇城司并不掌禁卫事务，故他们没有亲身经历原来的禁卫事务。因此，冯益主张将之前暂时以"行宫禁卫所"为名者改称为"行在皇城司"，通过变换名称，使得皇城司纳入原行宫禁卫所主要职事，名实相符。至于主管行宫禁卫所的官吏，则保留一部分主管官、使臣、手分、装界作画人等官吏。而此后主管行宫禁卫所的主要职能转变为"仪卫宿卫"事务。① 比如，绍兴三年正月二十一日，因禁卫班直所服绯、绿罗红盘雕背子被火烧毁，主管行宫禁卫所将此事上报宋廷。② 可见，主管行宫禁卫所多负责监督仪卫之事。在绍兴年间（尤其绍兴和议后）关于主管行宫禁卫所负责各类礼仪安排的记载颇多，此不赘述。③ 易言之，冯益认为，暂时以"行宫禁卫所"为名的皇城司，其官吏本隶属于皇城司的，将行宫禁卫所改称行在皇城司，皇城司、行宫禁卫所各有所属。但是，改行宫禁卫所为行在皇城司，其更深层的目的，或许是高宗有意对行宫禁卫所宿卫职能的剥夺与皇城司宿卫职能的增强。

进一步说，行宫禁卫所改称行在皇城司的举措，并不仅仅是称呼的改易，而是皇城司机构、职能的重新整合。行在皇城司是在继承建炎年间皇城司与行宫禁卫所职能基础上形成的，因皇城司本无太大事权，行在皇城司主要继承了行宫禁卫所的宿卫职能。举例言之，建炎四年二月至七月，行宫禁卫所在敕号更换、使用及敕号改换成牌子等方面的规定日趋严格，对管理出入皇城、宫、殿门的官吏也制定了惩罚措施。④ 在绍兴元年二月改行宫禁卫所为行在皇城司之后，次年正月二十五日，行在皇城司对出入皇城做了进一步规范。高宗恰好驻跸临安，在前述行宫禁卫所规定的基础上进一步修订宿卫制度。其核心内容为"更造入禁卫、

---

① 《宋会要辑稿》礼七之三〇、三一，第 511~512 页。

② 《宋会要辑稿》职官三二之二七，第 3019 页。

③ 可参见《宋会要辑稿》职官三二之二七至二九，第 3019~3020 页；礼七之二七、三〇、三一，第 510~512 页；礼八之六，第 520 页；礼一七之二一，第 697 页；礼三十之六二、六三，第 1136~1137 页。

④ 《宋会要辑稿》职官三二之二五至二七。

宫、殿、皇城门号四等，岁一易之"，绍兴三年十一月二十一日，更宫门号以绯红绢方，皇城门以绯红绢圆，自后不复易"。① 与行宫禁卫所相比，行在皇城司在出入皇城方面有了两方面的改进，一是将出入皇城的关卡由皇城门、宫门、殿门三等扩展成皇城门、宫门、殿门及禁卫区四等；二是将敕号定额并分类管理。这表明，行在皇城司是在继承行宫禁卫所原有职能的基础上进一步发展的。

绍兴三年十一月十四日，殿中侍御史常同上言："皇城司顷以郓王提领，而不隶台察……若谓要近之司不当察，则三省、枢密院尚有分察之法，岂有官司在六部之下，而不隶台察之理？望复旧制。"当时的情况是："时阁门、皇城司皆援靖康诏旨，依祖宗法隶属中书省，而秘书省亦以未尝隶台察为言。（常）同复奏：'《御史台格》：吏察三馆、秘阁，礼察阁门、客省、四方馆，兵察皇城司。'"② 于是，高宗下诏三馆、秘阁、阁门、客省、四方馆、皇城司并隶台察。皇城司隶属台察的规定引起时任干办皇城司冯益等人的不满，并以"本司旧吏张佑等供，自祖宗至今，并无隶台察指挥"为由，促使高宗行下御笔，更改此前的诏书。

> 皇城司系专一掌管禁庭出入，祖宗法不隶台察。已降指挥，更不施行。自今臣僚不得妄有陈请，更改祖宗法度。如违，重行黜责。③

笔者以为，常同所据《御史台格》当非妄造，而冯益所引"本司旧吏"之言并不可靠。但是，高宗迅速更改此前的决定，当非简单的"祖宗法"问题。更可能的原因是，高宗强调行在皇城司"系专一掌管禁庭出入"的职能，出于禁庭安全及内廷方便控制的考虑，而使其不受御史台的监察。透过高宗之言，行在皇城司专门"掌管禁庭出入"的职能也更趋明确。④ 而这也是行在皇城司的首要职能。宁宗嘉定二年（1209）十一月二十六日，臣僚说道："皇城一司，总率

---

① 《要录》卷51，绍兴二年正月丁巳，第688页。按，《要录》载，"入殿门二千道黄绢方"，据《宋会要辑稿》，应为"入殿门一千道黄绢方"（参见《宋会要辑稿》职官三四之三四至三五，第3055~3056页）。
② 《要录》卷70，绍兴三年十一月乙丑，第15页。
③ 《要录》卷70，绍兴三年十一月壬申，第16页；《宋会要辑稿》职官三四之三五，第3056页。
④ 有研究认为，南宋绍兴三年之所以出现皇城司是否隶属台察的争论，其原因在于宋廷想保证皇城司的伺察职能。参见范学辉《宋代三衙管军制度研究》，第1215页。笔者以为，皇城司的伺察职能是在其机构稳定之后才有的，此时尚不具备。

亲从，严护周庐，参错禁旅，权亚殿岩。"① 此言比较精确地概括了南宋皇城司的主要职责与地位。行在皇城司"严护周庐，参错禁旅"，兼有皇宫扈卫与制衡"禁旅"之职，是"行都之卫"② 的有机组成部分，其地位仅次于殿前司。新组建的行在皇城司渊源于主掌皇宫宿卫的行宫禁卫所，朝廷防范重点亦与北宋初期不同。直至南宋政权稳定之后，方才逐渐恢复皇城司伺察三衙以及京城官民百姓的职能。③ 因此，行在皇城司起初少有侦伺、探事的职能，这是值得注意之处。

笔者业已指出，行在皇城司所属军队，主要来自御前中军、神武中军等中央宿卫武力，这与北宋皇城司来源于禁军不同。从组织编制看，则与北宋皇城司大致相同，以亲从、亲事官等指挥营为主，亲从官指挥包括：上一指挥、上二指挥、上三指挥、上四指挥、上五指挥；亲事官指挥包括：下一指挥、下二指挥、下三指挥、下四指挥、下五指挥。④ 亲从亲事官主要服务于其"专一掌管禁庭出入"的职能。绍兴二十年六月十三日，宋廷命两浙转运司"创皇城司寨三千间"，⑤ 表明此时行在皇城司官兵人数增长迅速，原有营寨难以支应。绍兴年间"立定员额"三千七百三十余人，但"至嘉泰、开禧，增至四千八百三十余人，续又增招一千余人"，至宁宗嘉定三年增至约六千人。⑥ 宋度宗咸淳年间，行在皇城司兵力下降为三千五百余人。⑦ 行在皇城司亲从、亲事等指挥营驻扎于临安府丰乐桥东。⑧

三 殿前司的重建及其所属宿卫武力

建炎、绍兴之交，行在皇城司逐步完成了重建任务，除了具有皇宫扈卫职能外，还与殿前司"参错禁旅"，相互制衡。这一体制的形成有赖于殿前司的重建。

---

① 《宋会要辑稿》职官三四之四二，第 3059 页。
② 周南：《山房集》卷 6《池阳月试策问》，《景印文渊阁四库全书》第 1169 册，台湾商务印书馆，1986，第 69 页下栏。
③ 范学辉：《宋代三衙管军制度研究》，第 1213～1215 页。
④ 《西湖繁胜录》，《续修四库全书》第 733 册，上海古籍出版社，2002，第 795 页下栏至第 796 页上栏。
⑤ 《要录》卷 161，绍兴二十年六月戊午，第 251 页。
⑥ 《宋会要辑稿》职官三四之四三，第 3055 页。
⑦ 关于南宋皇城司的组织编制及人数变化，参见范学辉《宋代三衙管军制度研究》，第 1210 页。
⑧ 王象之：《舆地纪胜》卷 1《军营》，四川大学出版社，2005，第 71～72 页；周淙：《（乾道）临安志》卷 1《军营》，《宋元方志丛刊》第 4 册，中华书局，1990，第 3219 页下栏。

据前所述，尽管因靖康之乱，殿前司诸班直的力量大为减弱，但在建炎三年十月，高宗流徙、逃亡之时，仍一度成为高宗的核心宿卫力量，既而由于班直叛乱，诸班直又几近被废，力量寡弱。绍兴初年，宋金交战的重点区域转移至川陕、荆襄等地，宋金对峙的局面趋于形成。此时，宋廷始有机会加强内部防范。绍兴三年九月二十四日，高宗命神武中军统制杨存中兼权主管殿前司公事，神武中军与殿前司的联系趋于密切。这标志着中央宿卫武力的构成开始发生重要变化。在兼权主管殿前司公事之后，杨存中于绍兴五年十二月一日真除主管殿前司公事，神武中军并入殿前司，使得殿前司的军事实力大为提升，在三衙中实力最强。与此同时，十二月二日，高宗下诏神武军改为行营护军，①将此一时期最具实力的武将吴玠、岳飞、刘光世、韩世忠、张俊等人收编在内。②在这一连串整军行动中，宋廷对内外诸军的区分更为明晰。

实际上，新成立的殿前司以原神武中军为核心，其组织编制也在此基础上进一步扩充，所谓"应本军（按，神武中军）统制、统领改充殿前司统制、统领官，余官依此"，③即为此意。据载，"神武中军旧止三部，自杨存中职殿岩，始增为五军"。④目前我们已经难以明了神武中军最初的三部，但从现今残存的史料来看，神武中军先后已有左、右、中、后四部，⑤至绍兴四年三月十五日杨存中创选锋部，⑥至少在绍兴五年六月，也已出现神武中军前部。⑦在真除权主管殿前司公事后（绍兴五年十二月一日），杨存中将其扩充成前、后、左、右、中等五军，"自五军外，又置选锋、护圣二军"，⑧由此扩充成殿前司七军。殿前司最多时有十三军。

由此来看，大致以杨存中兼权主管殿前司公事为界，我们可将殿前司的重建过程分为前后两个阶段。在前一阶段，除建炎三年十月间殿前司诸班直曾一度受

---

① 《要录》卷91，绍兴五年七月乙未，第293页；卷96，绍兴五年十二月己亥、庚子，第340~341页。

② 王曾瑜：《宋朝军制初探（增订本）》，第169页。

③ 《宋会要辑稿》职官三二之一一，第3011页。

④ 《要录》卷158，绍兴十八年闰八月乙酉，第213页。

⑤ 参《要录》卷49，绍兴元年十一月癸丑，第672页；卷52，绍兴二年三月己酉，第704页；卷67，绍兴三年七月甲戌，第867页；卷74，绍兴四年三月乙丑，第48页。

⑥ 《要录》卷74，绍兴四年三月乙丑，第48页。

⑦ 《要录》卷90，绍兴五年六月丙午，第273页。

⑧ 《要录》卷96，绍兴五年十二月己亥，第340页。

到重用之外，殿前司的宿卫职能一直较弱。在后一阶段，殿前司的宿卫职能逐渐显现，成为主要的宿卫机构之一。前文已论及第一阶段殿前司诸班直兵力相对寡弱的情形，以下笔者拟着重对第二阶段殿前司的重建及其所属宿卫武力问题加以讨论。

前已指出，由于纳入殿前司管理的宿卫亲兵多有"逃走"之弊，难以担负宿卫高宗的重任。大约与此同时，南宋殿前司的宿卫制度也有了重要调整。

首先，与北宋时期不同的是，三衙管军轮值负责高宗宿卫。北宋以来，三衙"侍卫扈从及大礼宿卫"① 已成定制，但南宋时期进一步形成了三衙管军"出入扈卫、守宿以奉上"② 的制度。对此，范学辉先生已有详细论述，③ 笔者就这一制度的形成过程略做补充。尽管自建炎元年十月便有"三衙管军更日内宿"的规定，④ 直到绍兴三年八月十七日，主管殿前司公事郭仲荀建议："三衙管军，依旧分轮内宿，别无宿止去处。欲望下修内司，于南宫门里、殿门外，修盖瓦屋三间充宿舍。"⑤ 此为三衙管军夜间值班做准备。但因高宗处于逃亡之中，行宫不定，这一制度仍未及施行。绍兴八年二月二十二日，高宗驻跸临安后，⑥ 下令"三衙管军依旧通轮内宿，惟殿前都虞候杨沂中许选统制官一员代之，诸班直、宿卫亲兵并听节制"，⑦ 又一次申严三衙管军内宿禁中、轮流值班的规定。与此同时，之前所谓"虽有宿卫亲兵，缘与班直禁卫各别"，⑧ 殿前司诸班直与宿卫亲兵分属不同系统，此时也将诸班直、宿卫亲兵纳入三衙管军统辖之下。绍兴八年四月以后，才在右谏议大夫李谊建议下最终确立了三衙管军轮流宿直的制度。

其次，随着殿前司内部组织结构的变化，殿前司中军越来越多地担负起宿卫重任的角色。⑨ 依前所述，殿前司军是在神武中军基础上整编而成的。并且，很

---

① 《宋会要辑稿》职官三二之一、二，第3006页。
② 《宋史》卷166《殿前司、侍卫马军司、侍卫步军司》，第3927～3931页。
③ 范学辉：《宋代三衙管军制度研究》，第244～248、1212页。
④ 《要录》卷121，绍兴八年七月癸丑，第639页。
⑤ 《宋会要辑稿》职官三二之一〇，第3010页；《要录》卷67，绍兴三年八月己亥，第871页；《玉海》卷139《绍兴宿卫亲兵》，第2602～2603页。
⑥ 《要录》卷118，绍兴八年二月戊寅，第601页。
⑦ 《要录》卷119，绍兴八年四月癸未，第612页。按，《宋会要辑稿》亦定于绍兴八年四月二十八日。参见《宋会要辑稿》职官三二之一一、一二，第3011页。
⑧ 《宋会要辑稿》职官三二之一一。
⑨ 尽管既有研究已指出殿前司中军在皇宫宿卫方面的重要性，但仍嫌简略，尤其对殿前司中军的来龙去脉尚少关注。参见范学辉《宋代三衙管军制度研究》，第237、242～243页。

可能是以神武中军中部为主体，改编成了殿前司中军。① 绍兴元年五月六日，因"皇城周回山坡并皇城脚下系属皇城界至"，宋廷规定"不得牧放羊马并令人过桩索"，当时高宗驻跸越州，此事由神武中军负责。② 李纲在论及淮西兵变（1136～1137）的札子中讲道："今陛下巡幸省方，驻跸建康，而禁卫单弱，朝廷初不留意。近闻杨沂中、刘锜皆以殿前中军及侍卫马军司兵出戍淮甸，外重内轻，诚可寒心，肘腋仓卒，何以待之?"③ 李纲认为，宋廷没有充分认识到"行幸之所尤宜严备，以待非常"的重要性，杨存中所领殿前司中军本应"拱卫宸极"，却"出戍淮甸"，难以防止肘腋之变。可见，至少在淮西兵变前后，殿前司中军的宿卫职能在时人眼中已经相当重要。绍兴十三年五月九日，因临安府"周回城壁久不修治，颓损至多。今日钱湖门南冲天观等并系相近禁卫去处，未敢擅便前去相视"，于是，知临安府卢知原上奏此事，高宗下诏"令计会中军，皇城司、殿前司前去检计修葺"。④ 因靠近禁卫，修葺城墙需先与殿前司中军沟通、商量，这也表明，殿前司中军有负责把守禁卫的职责。殿前司中军负责皇宫周围整体宿卫的职能一直延续下来，孝宗以后的史料亦可加以佐证。淳熙九年（1182）正月二十五日，殿前司言："乞将中军日后合轮差本司三队官兵免行差拨，（今）〔令〕诸军轮环差拨施行，庶几本军专以防护皇城，免致误事。"因"内西边遗火，本军阙人防护宫门、省部"，殿前司才建议中军免于差拨，专以护卫皇城为职事。⑤ 在开禧北伐（1206）失利后，史弥远密谋诛杀韩侂胄时，所主要倚靠的力量是殿前司中军统制、权主管本司公事夏震。⑥ 很可能缘于殿前司（尤其中军）在宿卫方面的重要职能，才会有其在宫廷政治上的突出表现。在神

① 以朱师闵为例，在宿卫亲兵刚成立时，他被任命为主管宿卫亲兵，其后担任神武中军中部统领官。神武中军中部与宿卫有一定联系。再如，宋廷罢神武中军，将其并入殿前司时，"应本军统制、统领改充殿前司统制、统领官"，在殿前司与神武中军的衔接上，其基本架构、编制方式应该变化不大。参见《宋会要辑稿》职官三二之一一，第3011页。
② 《宋会要辑稿》职官三四之三四，第3055页。所谓"桩索"，即"笋桩青索"，即由笋、桩所搭建的简易关卡。
③ 李纲：《李纲全集》卷99《论淮西军变札子》，王瑞明点校，岳麓书社，2004，第951页。
④ 《宋会要辑稿》方域二之二四、二五，第7343页。按，"令计会中军皇城司殿前司前去检计修葺"一句，范学辉先生断句为"令计会中军、皇城司、殿前司前去检计修葺"。笔者以为，若三者并列，语意不通，中军即为殿前司一部分，不应并列举出，故笔者断句为"令计会中军，皇城司、殿前司前去检计修葺"。参见范学辉《宋代三衙管军制度研究》，第243页。
⑤ 《宋会要辑稿》职官三二之一五，第3013页。
⑥ 王曾瑜：《宋朝军制初探（修订本）》，第197页。

武中军成立之初，因有宿卫亲兵、诸班直，神武中军中部的宿卫职能相对较弱；在神武中军并入殿前司后，以神武中军中部为基础组建的殿前司中军逐渐担负起更多的宿卫任务，尤其在原宿卫亲兵衰落直至被废置后，殿前司中军便成为中央宿卫的主力之一。需要说明的是，在礼仪人员不足的情况下，也会临时抽调殿前司中军，参与礼仪活动，但这不是常态。① 当然，我们说殿前司中军在皇宫宿卫方面的突出重要性，并不否认殿前司其他诸军乃至侍卫步军司、马军司也有相应的辅助宿卫、维护京师治安职能。

最后，由于殿前司"旧司"仍存，与之关系密切的上四军等禁军及诸班直在宿卫体系中的地位有下降的趋势。

所谓"旧司"，主要指绍兴五年至绍兴七年三衙开始恢复后，仍然保留的原北宋三衙所部的捧日、天武、龙卫、神卫主要番号，但每个番号之下仅留一个指挥。② 史称"旧司至今存，则东都卫兵之遗也"。③ 但是恢复之后的三衙捧日、天武、龙卫、神卫上四军等禁军的宿卫职能却趋于弱势。由于上四军隶属于三衙"旧司"，而且是诸班直拣选之后剩下的兵员。④ 从来源看，上四军的兵员素质逊于诸班直。尽管早在绍兴七年十月二十二日杨存中"乞以诸路所起禁军、弓弩手，拣刺上四军"，⑤ 但是上四军的缺额问题一直没有解决。绍兴十三年五月八日，兵部员外郎钱时敏言道：

> 伏睹《皇朝卤簿图记》，凡遇郊祀，其仗内马步导从之人，悉以禁军诸班直、捧日、天武、拱圣、骁骑等军充焉。自项用兵以来，禁旅卫兵颇多阙额，虽昨因臣僚有请，欲先将神、龙卫上四军旋次招填，以充扈从宿卫之数，然逮今累年，诸路州军所招之数，未及三分之一。欲望检举前诏，申饬有司，并与神勇、宁朔等军增广招置，以补仪卫之缺。设或今次大礼未能遽

---

① 礼部太常寺纂修《中兴礼书》卷28《吉礼二十八·郊祀警场鼓吹》，《续修四库全书》第822册，第119页上栏。
② 范学辉：《宋代三衙管军制度研究》，第566~568页。
③ 潜说友：《（咸淳）临安志》卷14《禁卫兵》，《宋元方志丛刊》第4册，第3496页下栏。
④ 赵升：《朝野类要》卷1《等子》，王瑞来点校，中华书局，2007，第31页；卷5《拣班》，第105页。
⑤ 《要录》卷115，绍兴七年十月辛亥，第566页。

足其数，亦乞预委殿前司选差，以字图分认仪物，前期教阅，务于习熟。①

　　钱时敏陈请招填禁军，以满足郊祀"扈从宿卫"的需要，但是仍然缺额严重。临时应急而招填的上四军，其主要职能本在于礼仪宿卫。大礼过后能否参与一定宿卫任务，尚有疑问。从发展趋势来看，"淳熙以后，四厢之职多虚"，② 上四军走向名存实亡，其宿卫职能也难以维系。

　　我们通常所熟悉的南宋殿前司二十四班，"皇城司及三衙旧司选补，皆隶殿司，以（殿前司）中军统制兼指教、统领兼同指教内诸司并宫观等兵士"。③ 尽管殿前司诸班直从皇城司和三衙"旧司"中选补，却不隶属于"旧司"。目前，学者对其番号已有较准确的考订。④ 二十四班的形成是有一个较长过程的，既有研究认为"待到南宋统治稳定以后，班直的设置也就恢复'旧制'了"，⑤ 这仍是一个比较模糊的时间概念。根据之前讨论，在神武中军并入殿前司之前，殿前司诸班直人数不多，直至绍兴七年七月尚仅有五百人。若与北宋诸班直三千六百人或南宋宁宗时二千二百五十二人的定额⑥相比，当时诸班直的人数仍然很少。因此，在宋廷朝臣的建议下，先后实行两项措施，以增强诸班直的数量。其一，绍兴八年六月十九日，"宰相赵鼎等上诸班直亲从、亲事官转员敕、令、格"，⑦为诸班直升迁提供制度保障。其二，绍兴十二年六月二十日，在杨存中建议下，宋廷下诏"以诸州禁军、弓弩手拣刺殿前司诸班直"，⑧从地方选拔军人扩充殿前司诸班直人马。尤其拣刺殿前司诸班直的措施，增加了诸班直的人数，也极可

① 《宋会要辑稿》职官三二之二七、二八，第3019页。另参《要录》卷149，绍兴十三年五月甲子，第78页。
② 《宋史》卷166《殿前司》，第3929页。
③ 《（咸淳）临安志》卷14《行在所录》，第3492~3493页；《朝野类要》卷5《拣班》，第105页。
④ 王曾瑜：《宋朝军制初探（修订本）》，第190~191页；杨倩描：《两宋诸班直番号及沿革考》，《浙江学刊》2002年第4期。据杨倩描先生考证，南宋殿前司二十四班分别是：殿前指挥使班、内殿直班、散员班、散指挥班、散都头班、散祗候班、金枪班、银枪班、东一班、东二班、东三班、东四班、东五班、西一班、西二班、西三班、茶酒旧班、茶酒新班、招箭班、散直、御龙直、御龙骨朵子直、御龙弩直、御龙弓箭直。
⑤ 王曾瑜：《宋朝军制初探（修订本）》，第190页。另，据前引文，杨倩描先生对二十四班形成时间问题也没有特别关注。
⑥ 王曾瑜：《宋朝军制初探（修订本）》，第190页。
⑦ 《要录》卷120，绍兴八年六月癸酉，第628页。
⑧ 《要录》卷145，绍兴十二年六月辛巳，第31页。

能促进了诸班直番号的恢复与完善。

结合前述上四军的招填，杨存中在绍兴十二年扩充殿前司诸班直的提议，当与宋金关系趋于稳定之后宋廷希望整合、恢复殿前司体系有关，其直接推动力仍是举行一系列礼仪活动的需要。由此便延伸出殿前司二十四班的宿卫职能问题。

绍兴十二年七月"懿节皇后埋重、立虞及神主祔庙"，① 以及绍兴十三年十一月举行南郊大礼，② 都需要大量的礼仪性宿卫人员，殿前司诸班直便是其中的主要部分。诸班直的招填，为郊祀大礼等礼仪活动提供了人员保障。据绍兴郊祀大驾卤簿，郊祀大礼至少用一万一千二百二十二人，③ 其中包括驾前诸班直、玉辂奉宸队（围子八重）、驾后部、大辇、前部马队、步甲前队、后部马队等。这次郊祀大礼不仅有大量班直人员，也有上四军等禁军。④ 正如研究者所指出的，"南宋大礼卤簿，主要使用殿前诸班直与三衙旧司指挥官兵"。⑤ 因大礼宿卫之需而迅速扩充人数的诸班直，在大礼过后应该仍负担一定的皇宫宿卫任务。从兵员来源看，诸班直多由诸路禁军、弓弩手拣选而来，也属于宋军精锐。⑥ 因此，大礼之后当不会被彻底闲置。但是，诸班直却早已不如北宋时期受到宋廷重视。绍兴三十一年六月，在高宗准备亲征之时，殿中侍御史杜莘老曾上言四事，其中之一便是关于班直缺乏的问题："今亲征有期，而熊虎两司班直亲兵才五千余人，赢老居半，至有不能甲胄者，乞亟留圣虑。"⑦ 可见，人数和素质皆不占优势的

① 懿节皇后即宋徽宗皇后邢氏，绍兴十二年六月二十六日，其死讯传至宋廷。懿节皇后的祔庙相关礼仪，需要仪卫六百一十八人，其中包括"前引四十八人，殿前指挥使三十二人，快行亲从一十六人，中道编排禁卫行子一十人。禁卫围子三重：第一重崇政殿亲从一百三十人，第二重御龙直长行人员一百四十人，第三重亲兵使臣人员一百五十人。内殿直散员、散指挥、散都头、散祗候；金枪、银枪散直、辇官一百六十四人，僧、道各一百人"（参见《宋会要辑稿》礼七之一八，第505页）。
② 《宋会要辑稿》舆服一之二一，第1752页。
③ 《宋会要辑稿》舆服一之二三（第1753页）："宋初，大驾用一万一千二百二十二人。宣和，增用二万六十一人。建炎初，裁定一千三百三十五人。绍兴初，用宋初之数，十六年以后，遂用一万五千五十人。"按，《要录》载，大驾卤簿人数为"万二千二百有二十人"，与《宋会要辑稿》所记略有出入。参见《要录》卷150，绍兴十三年十一月庚申，第95页。
④ 《宋会要辑稿》舆服一之二三、二四，第1753页。
⑤ 范学辉：《宋代三衙管军制度研究》，第255页。
⑥ 绍兴十二年六月二十日，"诏以诸州禁军、弓弩手拣刺殿前司诸班直，用领都指挥使职事杨存中请也"。参见《要录》卷145，绍兴十二年六月辛巳，第31页。
⑦ 《要录》卷190，绍兴三十一年六月丁卯，第718页。

诸班直，很难与殿前司中军相比。

总之，随着三衙管军轮宿制度的完善以及新成立的殿前司中军逐渐担负起皇宫外围宿卫的重任，因举行大礼而人员大增的上四军等禁军以及殿前司诸班直，虽能参与一定的宿卫任务，但处于相对次要的地位，其宿卫职能趋于弱化。

四　南宋皇宫宿卫体系的构建
与中央宿卫武力的分工布防

由前所述，南宋绍兴六年以后逐渐形成了以皇城司亲从、亲事官和殿前司中军为主的中央宿卫武力。那么中央宿卫武力如何在南宋皇宫内外分工布防呢?[①]这一问题又可分解为两题：其一，南宋临安皇宫宿卫体系的构建；其二，中央宿卫武力的分工布防。据笔者所见，虽然学界关于南宋临安的研究日渐丰富，但对前述问题仍有探讨空间。[②] 以下，笔者据史料所及，尽可能加以探讨。需要说明的是，关于临安的史料多为片言残章，而鉴于临安城基本格局的变化并不大，因此，在史料不足征时，兼采南宋中晚期的方志史料。

---

① 自南宋建立以来，高宗屡经"巡幸"，先后在建炎三年二月至四月、建炎三年十月、绍兴二年正月至绍兴四年十月、绍兴五年二月、绍兴六年九月至绍兴七年三月以及绍兴八年二月，六次驻跸临安（杭州），并最终定"行在"于临安，此后沿之不改［《建炎以来朝野杂记》甲集卷5《中兴定都本末》，第94~95页。《要录》卷20，建炎三年二月壬戌，第309页；卷23，建炎三年五月乙酉，第373页；卷51，绍兴二年正月丙午，第686页；卷81，绍兴四年十月戊戌，第139页；卷97，绍兴六年正月己巳，第352页；卷105，绍兴六年九月丙寅，第437页；卷118，绍兴八年二月戊寅，第601页；卷118，绍兴八年三月甲午，第604页。《（咸淳）临安志》卷1《驻跸次第》，第3356~3358页］。本节主要关注宋廷在临安（杭州）的营建及定都的情况，其他"巡幸"之所暂不涉及。

② 目前，关于南宋临安的研究成果颇丰，从趋势上看，近年来似有由单一论题向交叉论题转变的态势。早期的研究多关注临安城的布局、管理、市政建设、经济、人口、文娱、城市生态等单一问题的梳理，近期则有诸如政治空间、城郭构造、禁军驻防、御前文书运行等交叉论题的出现，深化了临安城市的相关研究。如梅原郁编『中國近世の都市と文化』京都大學人文科學研究所、1984；林正秋《南宋都城临安》，西泠印社，1986；傅伯星、胡安森《南宋皇城探秘》，杭州出版社，2002；林正秋《南宋故都临安研究》，中国文史出版社，2006；徐吉军《南宋都城临安》，杭州出版社，2008；高桥弘臣《南宋临安的禁军研究序说》，何忠礼主编《南宋史及南宋都城临安研究》（上），人民出版社，第181~191页；平田茂树《从周必大〈思陵录〉〈奉诏录〉考察南宋初期的政治结构》，氏著《宋代政治结构研究》，上海古籍出版社，2010，第227~233页；王化雨《南宋宫城布局与御前文书运行》，《史学月刊》2011年第5期；久保田和男《南宋临安国场小论》，郭万平译，2014年宋史年会论文；刘未《南宋临安城复原研究》，博士学位论文，北京大学，2011；等等。

南宋之初,宋廷仍延续北宋东京开封皇城的宿卫制度。① 从《宋刑统》卷 7
《卫禁律》所载对擅入殿门、宫门、皇城门者的不同处罚规定,② 可见北宋初年
皇宫殿门、宫门已形成较完备的管理制度。在绍兴元年二月之前,宋廷仍沿袭了
这一制度。此后,以绍兴二年正月二十五日行宫禁卫所改为行在皇城司为契机,
宋廷特别增加了禁卫区的宿卫任务,将原来的皇宫宿卫改成了宫门、殿门、禁卫
区三部分。同日,行在皇城司对出入皇城做了详细规范。

> 本司掌给行在应奉人等及臣僚下从人敕入皇城、宫、殿门三色牌子,照
> 验入出。近缘绍兴府遗火,烧毁去失。今来所造敕号,欲乞使本司二印,仍
> 角印上用"绍兴壬子新号"六字小印子(办)〔辨〕验。如日后印文字号大
> 小暗淡,许赍执保明,移文赴司纳换。敕入禁卫,黄绫八角号三千道;敕入
> 殿门,黄绢方号一千道;敕入宫门,黄绢圆号八千道;敕入皇城门,黄绢长
> 号三千道。③

在新造敕号的同时,行在皇城司将原来的三色牌子复杂化和规范化,并趁此
增加了进入禁卫的敕号,这是此前所无的。需要注意的是,绍兴二年正月十四日
高宗第三次驻跸临安,此时宋廷增加禁卫一重宿卫,意在增强皇宫的宿卫能力,
保证高宗安全。究其原因,除了因应金军紧逼的严峻形势外,这也与建炎以来临
安行宫的营建状况有关。建炎三年二月十三日,"上(高宗)至杭州,以州治为
行宫,显宁寺为尚书省",同年七月十五日,升杭州为临安府。④ 建炎四年七月
六日,迁临安府府治"于祥符寺基创建"。⑤ 朝臣本打算在"就移近城僧舍以造
行宫",遭到高宗反对,在驻跸临安不久(绍兴二年正月二十三日),高宗"政

---

① 关于北宋国都东京,有所谓"宫城""皇城"的区别。本文所谓开封"皇城"指包括宫城在
内的整个区域,临安"皇城",亦指包括"大内"在内的区域。参见田凯《北宋开封皇宫考
辨》,《中原文物》1990 年第 4 期;李合群《北宋东京皇宫二城考略》,《中原文物》1996 年
第 3 期;陈朝云《北宋东京皇城、宫城问题考辨——兼与孔庆赞先生商榷》,《郑州大学学报》
1997 年第 6 期;张劲《开封历代皇宫沿革与北宋东京皇城范围新考》,《史学月刊》2002 年第
7 期;李合群《"宋东京无宫城"及"皇城七里"说质疑》,《史学月刊》2003 年第 12 期。
② 窦仪等:《宋刑统》卷 7《卫禁律》,法律出版社,1999,第 130~131 页;《宋会要辑稿》方
域二之一一、一二,第 7336~7337 页。
③ 《宋会要辑稿》职官三四之三四,第 3055 页。
④ 《要录》卷 20,建炎三年二月壬戌,第 309 页;卷 25,建炎三年七月辛卯,第 394 页。
⑤ 《宋会要辑稿》方域二之九,第 7335 页。

不欲增广行阙，重困民力"，"行在系官修造去处甚多，可日下并罢"。① 综合以上梳理，高宗此次驻跸临安后，临安行宫与原来的临安府治差别不大，只是将临安府治迁出，其他多仍其旧。此时的临安行宫不仅"屋浅而人杂"，机事不密，② 而且行宫之门尚未大规模修建，存在安全隐患。因此，宋廷增设禁卫一重宿卫，有其必要性。至于禁卫的范围，史无明言，笔者试做推测。北宋开封为三重城墙，分别为宫城、皇城和外城，我们通常所说的大内，实际上主要是指宫城。而南宋临安则不同，为两重城墙，南宋临安皇城之内并无类似于北宋开封的宫城。但是，临安仍保持"前朝后寝"的格局，内朝后殿位于皇城之北，是皇帝、皇后、太子等居住的地方。③ 为进一步保障其安全，在此处另设禁卫区应是情理之中的事。

禁卫区之外的殿门、宫门、皇城门，则较为容易辨别。绍兴二年六月十三日，为准备将来的郊祀大礼，皇城司需要统计"合起斋宫屋宇间架、丈尺数目并皇城四壁分明标迁地步"，以便"检计实用物料，以凭预行计置施行"。其中，关于端诚殿的改造，皇城司提议：

> 端诚殿门外东西壁附近寝殿虑致喧闹，并合掷截，不通过往。并端诚殿门外合设宫门，及宫门外合设皇城门。其面南门内中道门系御路，东西两偏门放行事百官等并应奉人入出。其周围并系皇城，即不见得皇城内置局、应奉官司及宿斋臣僚幕次，本司即难以标迁广阔丈尺，乞下所属相度施行。④

端诚殿作为郊祀称贺的场所，笔者不拟涉及其具体改造方面，而是注意到前引史料中的画线部分。从这段史料中，我们可以明了，在高宗驻跸临安后，如何以大礼之名对皇城宿卫体系进行完善。自端诚殿门外依次设宫门、皇城门，正体现了南宋皇城的基本布局。首先看殿门。由前述史料可知，殿门即诸大殿之门，包括外朝正殿、内朝后殿等在内的诸殿之门，⑤ 构成一重宿卫。其次看宫门。宫

---

① 《宋会要辑稿》方域二之一〇、一一，第7336页。
② 《要录》卷82，绍兴四年十一月庚戌，第145页。
③ 这一区域先后有延和殿、崇政殿、福宁殿、复古殿、缉熙殿等十余殿。参见徐吉军《南宋都城临安》，第53～75页。
④ 《宋会要辑稿》礼二之五、六，第419～420页。
⑤ 徐吉军：《南宋都城临安》，第49～81页。

门主要指南宫门与北宫门。① 最后看皇城门。临安皇城有四座城门,分别是南门丽正门、北门和宁门、东门东华门、西门西华门。② 综合以上分析,我们不妨说,南宋皇宫形成了三重宿卫制度。

那么以殿前司中军和皇城司亲从、亲事官为主的中央宿卫武力如何分工布防呢?以下在既有研究基础上试加归纳补充。首先,皇城司亲从亲事官主要负责皇城内部重要建筑、关卡的宿卫任务。皇城司的衙署位于临安皇城内西南角,垂拱殿之南,③ 皇城司军营在皇城外东北角丰乐桥东。据《(咸淳)临安志》所载,"亲从官任大内诸门、诸殿宿卫之事,亲事官任皇城内巡铺守把及景灵宫等处宿卫"。④ 此虽为南宋晚期的记载,但应反映了南宋皇宫的一般情形。皇城司亲从官负责最为要害、包括禁卫区在内的大内三重宿卫及诸殿的宿卫,亲事官负责皇城内治安机构巡铺的防守以及皇城之外景灵宫⑤等礼仪性建筑的宿卫。其次,三衙系统中,大多数兵力驻扎在临安城外的城郊东西地区。⑥ 前已提及,绍兴三年八月宋廷在临安皇城南宫门里、殿门外修盖瓦屋,以便三衙管军于禁中值班。同时,殿前司中军是三衙中负责皇宫周围宿卫的主要军队。吴自牧描述南宋的大内时言道:

> 沿内城有内门曰东华,守禁尤严。沿内城向南,皆殿司中军将卒立寨卫护,名之"中军圣下寨"。寨门外左右俱置护龙水池,沿寨向南有便门,谓

① 在高宗移驻临安之前已有宫门的设置,但未知是否南、北宫门并设(《宋会要辑稿》礼五二之一三、一四,第1560页),至绍兴三年八月十七日,权主管殿前司郭仲荀建议"于南宫门里、殿门外,修盖瓦屋三间充(三衙管军)宿舍"时,可见此时当明确有南、北宫门之设置(《宋会要辑稿》职官三二之一○,第3010页)。

② 徐吉军:《南宋都城临安》,第45~49页。按,南门丽正门于绍兴十八年改称,之前为行宫之门(《宋会要辑稿》方域二之一一)。北门和宁门为皇城外门,但东门东华门位于皇城内御苑。参见王化雨《南宋宫城布局与御前文书运行》,第27页。

③ 关于皇城司衙署的位置,史无明言,只知其在禁中〔《(乾道)临安志》卷1,第3218页下栏〕。绍兴十二年十一月十二日,在朝臣建议下,宋廷"将皇城司近北一带相度修盖垂拱殿"(《宋会要辑稿》方域二之一六,第7339页),又垂拱殿以馒头山为屏障,南自笤帚湾,北至柳翠桥(徐吉军《南宋都城临安》,第53页),据此推断其大致位置。

④ 《(咸淳)临安志》卷14《禁卫兵》,第3493页上栏。

⑤ 景灵宫为宋代皇帝祭拜祖宗的宫观。南宋重建于新庄桥之西,每逢孟春,皇帝亲自前去举行朝飨礼。参见徐吉军《南宋都城临安》,第85~87页。

⑥ 林正秋:《南宋都城临安研究》,第550页;高桥弘臣:《南宋临安的禁军研究序说》,何忠礼主编《南宋史及南宋都城临安研究》(上),第186~188页;范学辉:《宋代三衙管军制度研究》,第241~242页。

之东便门，禁庭诸殿更有者十。①

殿前司中军圣下寨是殿前司中军步军六寨之一，驻扎于临安城东皇宫南门丽正门外东侧，紧靠皇宫大内，地位十分重要。在临安城西驻扎殿前司中军步军其他五寨，七宝山和钱湖门内各一个军寨，在钱湖门之外驻扎殿前司中军三个军寨。② 如若与前述吴自牧所言相对照，那么，至少从南宋晚期来看，大致在皇城西北、东南各有数量不等的殿前司中军寨拱卫皇城。

概言之，据现有记载来看，南宋中央宿卫武力的分工如下：殿前司中军在皇城西北、东南等处扎寨，以皇城周围整体布防为主；皇城司亲从、亲事官主要负责皇宫三重宿卫之门、诸殿、巡铺以及皇城外景灵宫等地的宿卫任务，以皇城内重要建筑、交通枢纽为主；同时，三衙管军夜宿于宫门里、殿门外，负责夜间皇宫巡逻任务。

结　语

本文主要讨论的是，南宋建立后，负责皇帝和皇宫宿卫的中央宿卫武力的构成和变化，以及在此基础上形成的中央宿卫体系。

自大元帅府成立至行营护军的建立，南宋初年的中央宿卫武力一直处于变动之中。大元帅府时代，尤其是赵构驻扎东平府后，大元帅府都统制及旗下军马主要负责其扈卫任务。南宋建立后，先后有以下两股力量担任高宗的宿卫任务：首先是建炎年间御营使司都统制及下属中军，御营、御前军分立后的御营使司都统制和御前中军统制，绍兴初年神武中军及其所属之宿卫亲兵。其次是殿前司诸班直。靖康之乱后，虽然诸班直的力量大为减弱，但在建炎三年十月曾一度成为高宗的核心宿卫力量，此后由于班直叛乱，诸班直几近被废，力量寡弱。

在建炎、绍兴之交，中央宿卫体系的制度建设亦在进行之中。首先是皇城司的重建。建炎年间动荡的环境下，皇城司已难以延续北宋时伺察、警卫的职能。在结束频繁"巡幸"后，高宗于绍兴元年二月三日下令改行宫禁卫所为行在皇

---

① 吴自牧：《梦粱录》卷8《大内》，符均、张社国校注，三秦出版社，2004，第104～105页。按，此处标点与校注本略有不同。
② 范学辉：《宋代三衙管军制度研究》，第237、242页。

城司。在继承建炎年间皇城司与行宫禁卫所职能基础上，新组建的行在皇城司较少有伺察的职能，而兼有皇宫扈卫与制衡"禁旅"之职，其地位仅次于殿前司，与北宋及南宋中后期行在皇城司的职能有不尽相同之处。

随着宋金对峙局面趋于形成，宋廷开始着力建设对内防范力量。在绍兴五年底，殿前司的重建速度得以加快。新成立的殿前司中军逐渐成为负责皇城周围宿卫的中坚力量，而三衙管军轮值宿卫是保障皇宫内安全的重要制度安排，上四军等禁军及殿前司诸班直的宿卫职能趋于弱化。

在不断"巡幸"中，高宗逐步确定临安的行宫地位，并着手完善临安的城防布局。绍兴二年初，宋廷将宫城改为宫门、殿门、禁卫区三重宿卫。在皇城司和殿前司的宿卫职能基本定型后，殿前司中军及皇城司亲从、亲事官分工布防，三衙管军夜间巡逻，三者共同负责以皇宫为核心的宿卫任务。

由于军队构成及都城布局的变化，南宋政权逐渐形成了与北宋不完全相同的中央宿卫体系。这不仅在于机构设置上的差异，还体现在中央宿卫武力构成的变化、宿卫机构职能的调整以及分工布防的方式上。纵观南宋政局，在偏安格局已定之后，宋廷甚少受到包括宫廷政变在内的安全威胁，这当与南宋政权建立了较为有效的中央宿卫体系有一定关系。

原刊《文史》2018 年第 2 辑

简论南宋临安的市井乱象及其根源

陈　峰

摘　要： 宋代城市的快速发展与市场经济的活跃程度，明显超过以往。但在宋代都市繁荣之时，市井亦随之产生诸多乱象，其中尤以南宋都城临安最为突出，包括社会上奢靡、攀比之风流行，市场中造假、欺行霸市现象迭出，街市上各种骗局层出不穷，酒肆茶楼中的乱象以及青楼妓院盛行等现象，不仅受到时人的关注与批评，也在史籍中留下不少记录。临安市井乱象的频发，与其城市快速发展存在密切关联，即经济快速膨胀造成的市场无序化状态，人口庞大而又构成复杂带来的多样化生存方式，统治者宽松实用主义政策引发的管制松弛，以及商品意识对正统观念的冲击等因素，都为乱象滋生提供了温床。而透过这些现象，还可以窥视到宋代社会与观念意识的变迁。

关键词： 南宋　临安　市井　乱象

宋代城市的快速发展与市场经济的活跃，已广受海内外学者的关注，论著颇多。但在宋代都市空前繁盛的同时，街市亦随之产生了诸多乱象，其中尤以南宋临安最为突出，并饱受当时人的诟病。学界有关宋代临安的研究论著中对此虽有涉及，却尚未有专门的论述。[①] 而临安市井乱象频发的根源，则与宋代都市经济发展、统治政策变化、社会以及观念意识变迁有着密切的关联。

[①] 目前主要有徐吉军《南宋临安工商业》（人民出版社，2009）、《南宋临安社会生活》（人民出版社，2011）两著中，涉及南宋临安市井乱象的片段。龙建国《宋代城市社会的享乐意识》（《天府新论》1993 年第 1 期）一文，则从背景上与本文主旨存在某些关联。

一

南宋时期，行都临安在发展繁盛之时，热闹喧嚣的街市中也出现了光怪陆离的乱象。其表现之多样，手法之繁复，可谓达到前所未有的地步，已构成当时临安城不容忽视的社会现象。从史籍记载来看，这些现象大致包括以下几类。

其一，奢靡及攀比之风盛行。南宋建立后，虽然战事长期紧张，但上层集团依旧生活奢侈不减，其行为在都城临安街市中表现得最为突出。早在绍兴元年（1131），就有官员指出："近年禁庭宫邸与夫宗戚贵近之家，具享富贵之奉，极骄奢侈丽之欲，皆自古所无有。"① 典型的例证如：镶金铺翠衣饰流行于上层，但过于豪华张扬，宋高宗不得不专就临安盛行销金珠翠之事表示，"奢靡之习，实关风化"，下令加以禁止。② 然而，此风却一直未能根绝，以后宋孝宗便对辅臣说过"近日都下销金铺翠复行于市"的话。嘉定时，又有官员反映：京师虽有禁约，但销金铺翠"冒犯如故"，都城内外以此为业者不下数百家，"列之市肆，藏之箧盝，通贩往来者往往至数千人"。③ 南宋后期，临安城的行会就有金银作、铺翠作等，公开售卖七宝珠翠、销金衣裙之类，"前所罕有者悉皆有之"。④ 仅就此屡禁不止的一种现象，已可见奢侈之风的盛行。而上层主流社会的行为往往具有示范效应，达官贵人间的各种奢侈表现，富商大贾们的效仿与炫耀，都刺激了临安民间奢靡及攀比之风的流行。

如官方带头开设的临安酒楼，场面无不豪华气派，其中的"太和楼"气势宏大，拥有数百间包席，时人有"席分珠履三千客，后列金钗十二行"⑤ 的诗句描述。这些官营酒楼皆有千两以上金银酒器，还有陪客的官妓数十人，对象主要是士宦之流，管理虽不善，却可"聊以粉饰太平耳"。⑥ 民间大酒楼同样是互相攀比，极尽奢靡之能事，如"三元楼""杨楼""白楼""八仙楼"等，被用

① 程俱：《北山小集》卷39《札子》（十二月十一日上），《宋集珍本丛刊》影印清钞本，线装书局，2004，第33册，第645页。
② 徐松辑《宋会要辑稿》刑法二"禁约二"，马泓波点校，河南大学出版社，2011，第276页。
③ 《宋会要辑稿》刑法二"禁约三"，第285、320页。
④ 吴自牧：《梦粱录》卷13《团行》，《东京梦华录（外四种）》，上海古典文学出版社，1956，第239页。
⑤ 《题太和楼壁》，厉鹗：《宋诗纪事》卷96，上海古籍出版社，1983，第2312~2313页。
⑥ 四水潜夫（周密）：《武林旧事》卷6《酒楼》，《东京梦华录（外四种）》，第441页。

"富贵"二字形容，酒具也全用银器，"以竞华奢"，各家还以妓女数十人妆点。①其他的表现又有：每逢节庆期间，出游临安街头的官宦、士庶，互以华丽炫耀。如元旦之夜，"有乘肩小女，鼓吹舞缩者数十队，以供贵邸豪家幕次之玩"。宋人有诗云："茸茸狸帽遮梅额，金蝉罗翦胡衫窄。乘肩争看小腰身，倦态强随闲鼓笛。问称家在城南陌，欲买千金应不惜。"富家披金戴银，"罗绮如雪"，"游手浮浪辈"也以纸衣效仿。②临安城会社颇多，其中上层组织的聚会，竞相攀比，如富家女子相聚诵经，却"俱带珠翠珍宝首饰赴会"，被称为"斗宝会"，③亦即含有斗富的意味。还有诸多会社活动，力求新奇，耗资不菲，"然皆浮靡无用之物，不过资一玩耳"。④南宋中叶以后，有一批年轻子弟出没街市，穿戴奇异，"三五为群，斗美夸丽"。⑤而西湖上，画舫游船"皆华丽雅靓，夸奇竞好"，皇室贵胄不说，大贾富民亦"买笑千金，呼卢百万"，各色游人四季如织，"日糜金钱，靡有纪极。故杭谚有'销金锅儿'之号"。⑥临安上层长期的奢侈追求表现，对民风产生不小的腐蚀性影响，引发众多市民加以仿效，如宋宁宗朝人所说："弊不在民，实缘士夫之家狃于豪贵之习，服用华侈，则下而民俗得以转相视效。"⑦因此，南宋官员指出："富者竞侈而越法，贫者强效而堕业。"⑧当时人也承认本地"俗奢靡而无积聚，厚于滋味"，⑨"临安风俗，四时奢侈，赏玩殆无虚日"。⑩

其二，造假与欺行霸市现象频出。临安市场良莠不齐，一些奸商唯利是图，以次充好，乃至造假，此类多发现象自不用说，甚至关乎人命的医药也不能幸免。南宋的一道诏书就提到"访闻街市货卖熟药之家，往往罔利，多用假药，致服者伤生"⑪的情况。难怪南宋有断案判词称，"大凡市井罔利之人，其他犹

---

① 《梦粱录》卷 16《酒肆》《分茶酒店》，第 263～264 页；《武林旧事》卷 6《酒楼》，第 441～442 页。
② 《武林旧事》卷 2《元夕》，第 369～370 页。
③ 《梦粱录》卷 19《社会》，第 300 页。
④ 《武林旧事》卷 3《社会》，第 377 页。
⑤ 《梦粱录》卷 18《民俗》，第 281 页。
⑥ 《武林旧事》卷 3《西湖游幸、都人游赏》，第 376 页。
⑦ 《宋会要辑稿》刑法二"禁约三"，第 308 页。
⑧ 《宋会要辑稿》刑法二"禁约四"，第 349 页。
⑨ 周淙：《乾道临安志》卷 1《风俗》，《南宋临安两志》，浙江人民出版社，1983，第 18 页。
⑩ 《梦粱录》卷 4《观潮》，第 162 页。
⑪ 《宋会要辑稿》刑法二"禁约四"，第 349 页。

可以作伪，惟药饵不可以作伪"，但伪劣之药仍经常出现。① 武林城内"三不欺药铺"② 之类招牌的标榜，其实反映出当年不良商家的常见。还值得关注的是，临安街市中的欺行霸市现象屡见不鲜，一些豪横之辈或以牙侩身份垄断交易，如绍兴后期两位朝官上奏反映：临安府钱塘县有羊市驵侩杨康，竟然敢进状妄图独揽一府屠宰之利，"使其侪辈拱手失业"，要求予以制止。据此可见，杨氏的职业属经纪人性质的牙侩，本已控制当地羊只交易，但仍要求垄断所有"屠宰之利"，足以说明其势力之大；③ 或干脆强买强卖，甚至胁迫商铺销售违禁货物。如庆元二年（1196）官方反映："访闻临安府城内外私盐盛行，多是无赖之徒胁持铺户、寺观、营寨或士庶之家随门椰卖。"④ 这一史料，颇值得深究，商铺、民户、寺观受到胁迫不难理解，而军营也有此类情况发生，则有与官兵相互勾结的可能。这些无赖、破落户，有"拦街虎""九条龙"之类绰号，属于好斗之徒，其公然欺行霸市以及抢掠的行径，严重地影响到市场秩序，"尤为市井之害"。⑤ 小说《水浒传》中描写的东京破落户泼皮牛二与杨志的冲突、独霸鱼市买卖的鱼牙主人张顺，看来并非无据可依。当年市井中还免不了贵胄子弟、公子恶少的劣迹，他们贩卖私酒、招摇过市、仗势欺人的现象也不少见，"多是酤私酒，开柜坊，遇夜将带不逞，殴打平人，夺取沿身财物"，宋高宗曾为此特下诏要求惩治。⑥

其三，骗局层出不穷。南宋末人周密曾长期任临安府下官职，熟悉当地掌故及各种诈骗手段，他指出："浩穰之区，人物盛多，游手奸黠，实繁有徒。"并对被称为"游手"所设的骗局，有较细的记载。如"美人局"，以娼妓冒充自家的姬妾，勾引青少年上当，然后敲诈钱财；"柜坊赌局"，是合谋开设赌局，诱人参赌，作弊骗钱。其实，这都不过是纯粹的结伙行骗行为，并非新鲜。最令人惊讶的是"水功德局"：若有人想求官、迁转、"觅举、恩泽"，或者打官司、买卖交易，游手闲汉就"假借声势，脱漏财物"。骗徒之所以能得逞，是因为有"声势"可以假借，也就是必然与官场存在勾结，可以疏通关系。其获利方式为

---

① 《明公书判清明集》卷14《惩恶门·假伪生药》，中华书局，2002，第528页。
② 《梦粱录》卷13《铺席》，第240页。
③ 《宋会要辑稿》刑法二"禁约四"，第347页。
④ 《宋会要辑稿》刑法二"禁约三"，第298页。
⑤ 《武林旧事》卷6《游手》，第444页。
⑥ 《宋会要辑稿》刑法二"禁约四"，第333～334页。

"脱漏财物",则指的是从中截留部分钱财。就此而言,"水功德局"实为官场腐败的产物。诸如此类,"不一而足"。又有被称为"白日贼"的骗徒,在买卖货物过程中采取诸多手法行骗,诸如"以伪易真","以纸易衣",用铜铅冒充金银,以土木伪造香药之类,"变换如神"。① 再有人称"涉儿"的窃贼,惯用"刀镊手作"偷取钱物,"专攻街市皂院",作案对象以富家子弟为主,兼做其他勾当。还有一类闲人,专门打探嫖客、游客所在,以献香陪送为由索要赏钱,"大抵此辈,若雇之则贪婪,不雇之,则强颜取奉,多呈本事,必得而后已"。②至于街头哄骗拐卖人口等其他行为,同样在所难免。③ 由此可见,当年临安街市上的骗局与闲人,可谓无奇不有,令人惊叹。

其四,青楼妓院业昌盛。从有关南宋临安的文献记载看,临安妓院不如《东京梦华录》对昔日开封记录的直白露骨,这除了理解为作者有意隐恶之外,也反映了南宋青楼更注意对外观感。这些妓院往往打出"歌馆"的招牌,分布于城内外,尤以城内平康诸坊集中,"皆群花所聚之地";④ 此外,还往往藏身于茶肆、酒店及瓦市之中,以遮人耳目。如所谓的"庵酒店",就是娼馆所在,"谓有娼妓在内可以就欢,而于酒阁内暗藏卧床也"。还有"水茶坊",也实为妓院,"乃娼家聊设桌凳,以茶为由,后生辈甘于费钱,谓之干茶钱"。⑤ 这些青楼等级高下有别,"莫不靓妆迎门,争妍卖笑,朝歌暮弦,摇荡心目"。其中"色艺冠一时"的名妓,如"赛观音""孟家蝉""唐安安"之流,"家甚华奢",器具多为金银,"帐幔茵褥,多用锦绮"。次等妓女,"亦竞鲜华",为此不惜租赁首饰、器物,以妆点打扮。⑥ 显而易见,这些场面的风光鲜华,皆为公子富豪付出嫖资所支撑的结果。至于下等的风尘女子,则只能在街头巷尾卖笑招客。

其五,酒肆茶楼中的乱象。临安的酒楼,往往以妓女陪酒的方式招揽生意,特别是每到晚间,大酒楼下都聚集数十位浓妆艳抹的妓女,"以待酒客呼唤","以待风流才子买笑追欢耳"。南宋人还模仿《东京梦华录》笔法,称这些妓女

① 《武林旧事》卷6《游手》,第444页。
② 《都城纪胜》"闲人",《东京梦华录(外四种)》,第100~101页。
③ 《宋会要辑稿》刑法二"禁约四",第335页。
④ 《武林旧事》卷6《歌馆》,第443页。
⑤ 《都城纪胜》"酒肆",第92页;"茶坊",第95页。
⑥ 《武林旧事》卷6《歌馆》,第443页。

"望之宛如神仙"。店家最下作的做法，是指使妓女哄骗食客，专点高价酒菜，牟取不义之财，只有熟悉者才不会上当，"惟经惯者不堕其计"。① 类似的记载还有："则此辈（妓女）多是虚驾娇贵，索唤高价细食，全要出著经惯，不被所侮也。"② 而临安的茶楼，有的也以妓女诱人，名曰"花茶坊"，最出名的有"俞七郎茶坊""朱骷髅茶坊"等多家，因有男女之间纠缠，难免发生吵闹，被评为"非君子驻足之地也"。一些酒家还有欺客行为，如有人花钱不多，就被打发在楼下散坐，人称"门床马道"；有外乡人不懂规矩，花钱还遭主人哂笑。与此同时，酒肆中还混迹许多帮闲男女，厕身其间混饭、讨钱。如有所谓的"闲汉"，专盯富家子弟，主动招呼，鼓动买物、召妓；有人称"厮波"者，或主动为食客斟酒换汤，或"歌唱献果"，或点"香药"；有贫贱女子不叫自到，上前侍奉，讨取赏钱，人称"打酒座"。还有卖果子、食药、燃香者，"不问要与不要，散于坐客"，索要钱财，其手法被称为"撒暂"。③

除了以上主要类别之外，在宋代士大夫看来，瓦子勾栏中的各种表演娱乐活动，以及被称为"打野呵"的街头游荡表演，也可归为伤风败俗、游手好闲及靡费钱财的行为。于是，瓦子勾栏也被视为藏污纳垢之地，亦属时人眼中的"乱象"之一。有人便不满地抨击道：昔日开封的瓦子勾栏，乃士庶"放荡不羁之所"，"亦为子弟流连破坏之门"，"今贵家子弟郎君因此荡游，破坏尤甚于汴都也"。④

从南宋临安市井乱象的形式来看，其种类虽大都早已存在，但无论是涉及面还是表现程度，都远远不能与其相提并论。如以往奢靡攀比活动，主要局限于上层，特别是在王公贵族及高官显宦之间，西晋时权贵石崇与王恺斗富、北魏时高阳王元雍与河间王元琛比富，即为其典型例证；以往的欺行霸市行为，也多为官府及贪官污吏所为，如《卖炭翁》揭露的唐代宫市便是代表；至于市场造假、青楼妓院以及街头骗局之类的现象，虽然自古就有，却都达不到集中泛滥的地步。南宋临安不仅集中了所有这些现象，并且在内容和程度上均呈现出前所未有的膨胀态势，还广泛波及市井及市民生活。而宋代酒肆茶楼中特有的各种现象、瓦子勾栏及街头中的娱乐活动，则为新生类型的社会现象，又以南宋临安最为突出，却非简单可以用"乱象"加以定义。

---

① 《梦粱录》卷16《酒肆》《分茶酒店》，第263~264页。
② 《都城纪胜》"酒肆"，第92~93页。
③ 《梦粱录》卷16《酒肆》《分茶酒店》，第262~264页。
④ 《梦粱录》卷19《瓦舍》，第298页。

二

任何社会现象的产生，皆有其历史的根源。南宋临安街市乱象的存在，无疑是多种因素交织下的产物，但当时商品经济与城市的发展、人口构成的复杂、统治政策的宽松、社会以及观念意识的变迁等因素，是主要的成因。

南宋临安市井乱象繁杂多样，发生又颇为频繁，究其根源，首先，与宋代商品经济的快速发展和城市的繁荣密不可分。如所周知，宋代商品经济出现了蓬勃的发展趋势，尤其是都市市场更为活跃，在北宋后期，京师开封以及众多城市经过持续发展，已呈现出前所未有的发达景象。宋室南渡后，临安得都城地利优势，工商、服务业进一步繁荣，如行会数量已超越以往，有多达414行。① 据记载，临安各类商铺、作坊、酒肆茶楼鳞次栉比，沿街叫卖的摊贩更比比皆是，"买卖昼夜不绝"。② 因此，临安街市空间相当拥挤，"自大街及诸坊巷，大小铺席，连门俱是，即无虚空之屋"。③ 以至于膨胀的市场，由城区延伸到周边城郊。此外，满足市民消遣需求的娱乐业也日益昌盛，成为新兴的文化经济行业，如瓦子勾栏四处可见，其中最大的北瓦子，可容纳上千观众，其他著名的不下二十多处。④ 临安居民的生活因此与市井发生紧密联系，也深受市场的影响。其中仅就粮食消费来说，数量就极为庞大。史称：临安"每日街市食米，除府第、官舍、舍宅、富室，及诸司有该俸人外，细民所食，每日城内外不下一两千余石，皆需之铺家"，这些米铺又依靠外地的粮商供应。故临安北关外的米市桥、黑桥一带，"俱是米行"。⑤ 临安城还有流传甚广的"四门谣"，即"东门菜，西门水，南门柴，北门米"⑥。这种形象的比喻，即说明其对周边地区商品的严重依赖。

---

① 《西湖老人繁盛录》"诸行市"，《东京梦华录（外四种）》，第125～126页。漆侠先生对此有专门的分析，参见漆侠《宋代经济史》下册，《漆侠全集》第4卷，河北大学出版社，2008，第705页。

② 《梦粱录》卷13《铺席》《夜市》，第240～242页。

③ 《梦粱录》卷13《铺席》，第241页。

④ 《西湖老人繁盛录》"瓦市"，第123～125页；《梦粱录》卷19《瓦舍》，第298页；《武林旧事》卷6《诸色伎艺人》，第453～466页。

⑤ 《梦粱录》卷16《米铺》，第269页。

⑥ 周必大：《二老堂杂志》卷4《临安四门所出》，《全宋笔记》第5编第8册，大象出版社，2012，第262页；《梦粱录》卷18《物产·菜之品》（第283页）记载相类。

同时，由于庞大人口有着多样性的消费需求，便带动了各种行业的发展。然而，这种空前勃兴的城市经济，在创造大量就业机会与支撑临安日趋繁盛之际，却因市场法则尚未成熟，市场秩序不健全，以及贪官污吏的插手，难免存在某种畸形生长和无序化状态，致使市场投机活动大行其道，也为许多乱象创造了适宜滋生的温床。如上述临安造假、生产销售违禁产品以及欺行霸市等非法牟利行为，就因此越发猖獗。与此同时，丰厚乃至爆发式的收入，则为奢侈攀比、消遣娱乐消费以及卖笑嫖娼等现象出现，提供了巨大的生长空间。

其次，临安市井乱象的频发，与宋代都市人口构成的复杂与流动性存在关联。由于宋廷放弃了对人口迁徙的严格限制，无地的客户摆脱了对地主的依附关系，因此包括下层贫民在内的不同阶层人员，可以较为自由地流动于城市内外。南宋时期，临安居民达一百二三十万之众，① 其构成便相当复杂，既有传统的皇亲国戚、官宦士人、驻军和各阶层工商业者，也有不计其数的各种雇工、小贩以及形形色色的无业游民，其中下层民众又大都为外来流动人口。在如此庞大的人口中，出身背景不同，贫富差距悬殊，势必造成生存方式的千差万别。一般而言，贵胄官僚可以凭借俸禄坐享富贵，富商大贾能够通过暴利享受优越生活，普通市民或以小本经营或以技艺谋生，下层贫民则只能靠出卖体力生存。如史载临安大户人家如有所需，便有各种人为之效力，所涉及的职业领域举不胜举，② 还包括其他地方少见的众多职业的"小经纪"。③ 但寻常的经营与体力付出，既辛劳又所获有限，一些无正当经济来源又不愿从事一般劳作的人，遂以各种方式寄生于街市，如酒肆茶楼中的帮闲男女、青楼娼妓等；某些不安分者则千方百计寻求致富之道，如奸商、走私贩及与官府勾结的牙侩之类，以此跻身暴发户的现象也并不罕见。至于混迹于市井的破落户、游民之类街痞，同样选择了另类谋生方式，其不择手段的各种行为，与前者一并构成临安街市乱象的重要来源。此外，贪官污吏的参与包庇，则进一步助长了乱象的发生，如有南宋判词反映：各色请托人出入衙门，通过包揽讼事谋取不义之财，"入金厅嘱托讼事，遂使金厅为市易关节之地"。④ 另据记载：宋理宗时，朝议指斥临安游学士子参与设局骗钱，

① 有关南宋临安人口数字，学界有不同的估算，在此采纳吴松弟的研究成果。参见葛剑雄主编，吴松弟著《中国人口史》第 3 卷，复旦大学出版社，2000，第 584 页。
② 《梦粱录》卷 13《诸色杂卖》、卷 19《雇觅人力》，第 244~245、301~302 页。
③ 《武林旧事》卷 6《小经纪》，第 450~453 页。
④ 《明公书判清明集》卷 1《官吏门·示幕属》，第 23 页。

"或设局骗胁民庶"。① 就连书生也厕身其间，可见行骗的"游手"构成相当复杂，并不限于无业游民。

复次，临安市井乱象的存在，与宋朝统治政策的变化也有关系。与前代相比，宋朝当政者具有明显的实用主义特点，不仅统治政策相对包容，也更多地以经济方式应对现实问题。② 因此，宋廷更加关注从市场中获取收益，尤其是从城市经济中攫取财富，于是在经济利益驱动下，虽沿袭重农抑商政策，但实际上放松了对商业的抑制，政府不仅倚重商税与禁榷专卖收入，并且直接参与市场经营活动。特别值得关注的是，宋朝取消了对城市坊市界线的限定与交易时间的约束，也就放松了对城市与居民的管制。由此遂带来两方面的影响：其一，在促进市场日趋活跃之时，也因为无力控制而加剧了市场的无序化状态，为各种投机活动提供了更多的机会；其二，在居民生活获得更多自由空间的同时，亦为诸多乱象创造了野蛮生长的环境。正因为如此，临安市井乱象频发，如街市中的造假、欺行霸市、骗局之类活动，就是在监管缺失的情况下发生。而当时社会上的其他乱象，也往往因宽松的政策获得更大的生存余地，如青楼妓院以及酒肆茶楼中寄生人群的活动，便是如此。饱受指责的奢靡攀比之风，则因官方与上层的直接参与而难以遏制，如南宋宫廷在节庆日举办的各种奢侈排场活动、壮观的游览西湖行为，以及官府经营的豪华酒楼，就助长了这一风气。这就难怪临安达官贵人、富商大贾以及民间的诸多奢靡攀比表现与日俱增。于是，有关禁令形同虚设，如销金珠翠衣饰的流行即是如此。南宋还曾对吏人在临安开设邸店、经营酒肆的行为一再查禁，③ 正反应此类现象屡禁不止的事实。至于瓦子勾栏中的各种活动，同样因为包容政策而兴盛。

再次，临安市井乱象的多发，与宋代社会分化的加剧有一定的联系。如所周知，宋朝顺应时代变化，实行"不抑兼并"的土地政策，使土地买卖趋于市场化，所谓"有钱则买，无钱则卖"。④ 农民固然常常破产，或沦为客户，或流入城镇，不过也有通过积累而上升的机会。同时，在世袭特权日渐沦丧、科举选官盛行的宋代，纵使官僚、地主之家，也不免走向破败的结局。如南宋人所说

---

① 周密：《齐东野语》卷6《杭学游士聚散》，中华书局，1983，第110页。
② 参见陈峰等《宋代治国理念及其实践研究》，人民出版社，2015，第108~109页。
③ 《宋会要辑稿》刑法二"禁约四"，第336页；刑法二"禁约三"，第315页。
④ 袁采：《袁氏世范》卷3《富家置产当存仁心》，《知不足斋丛书》本，第23页。

"贫富无定势""富儿更替做"。① 尤其是都市的奢靡消费具有强烈的腐蚀作用，加剧了上层群体的不稳定性，包括官宦、富商大贾在内的富裕之家都难免衰败为"破落户"。因而，宋代的社会分化及流动较以往明显加剧，如学者已指出宋代存在民户经济地位和社会身份流动频繁的常态。② 而"破落户"也成为宋代常见名词，如绍兴时期，临安府还专门收捕破落户并将其编管外地。③ 此事颇为典型，反映临安城破落户之多，已到了官府必须专门整治的地步。这些"破落户"是无业游民中的特殊群体，通常不事生产，又想获取收入，遂多混迹市井为生，世人常将其与游手好闲相联系。如临安的破落子弟，"专精陪侍涉富豪子弟郎君，游宴执役，甘为下流，及相伴外方官员财主，到都营干。又有猥下之徒，与妓馆家书写柬帖取送之类，更专以参随服役资生"，以及靠"教虫蚁、动音乐"、"调鹌鹑"、说白话、弄枪使棒等谋生。④ 更有甚者，则拉帮结伙为非作歹，带动更多的游民追随效仿，如横行街市的"拦街虎""九条龙"之类街痞，以及设计骗局的无赖，从而成为市井一害。由此，构成了临安市井中最恶劣的一种乱象。

最后，临安市井乱象的迭出，与宋代社会观念意识的变化亦有一定的关系。在宋代商品经济日益发展的背景下，民众不仅在生活方式上受到影响，其观念也随之发生潜移默化的变化，即逐利市场的意识有所增强。特别是在都市城镇中，居民生活与市场密不可分，经济收入的多寡直接关系到他们生计的水平，拜金意识自然日渐浓厚，如"钱足以使鬼神"⑤ 一类的民谣就相当流行。即使一些士大夫也对世人谋财取利的活动予以理解，南宋事功学派还对传统的义利观提出质疑。但在现实中，迅速致富常常与投机活动有关，所以"奸商"现象难以根绝，南宋人就激烈地指出："本富为上，末富次之，奸富为下。今之富者，大抵皆奸富也。"⑥ 当时还有富翁赤裸裸地表达道："大凡致富之道，当先去其五贼，五贼不除，富不可致。"所谓"五贼"，即"世之所谓仁、义、礼、智、信是也"。⑦ 因此，正统观念不断遭到金钱的腐蚀冲击，传统道德的约束力愈益松弛，于是宋

① 袁采：《袁氏世范》卷 3《富家置产当存仁心》《兼并用术非悠久计》，第 23、25 页。
② 张邦炜：《两宋时期的社会流动》，《四川师范大学学报》1989 年第 2 期。
③ 李心传：《建炎以来系年要录》卷 164，绍兴二十三年四月甲戌，中华书局，2013，第 3123 页；《宋会要辑稿》刑法二"禁约四"，第 345 页。
④ 《梦粱录》卷 19《闲人》，第 300~301 页。
⑤ 何薳：《春渚纪闻》卷 2《二富室疏财》，中华书局，1983，第 16 页。
⑥ 罗大经：《鹤林玉露》甲编卷 2《奸富》，中华书局，1983，第 23 页。
⑦ 岳珂：《桯史》卷 2《富翁五贼》，中华书局，1981，第 16~17 页。

人中急于牟利的现象日益明显。南宋临安聚集了丰饶的财富，也提供了更多获利的机会，一些人便唯利是图，无所顾忌地从事各种违法活动，或者不顾耻笑地寄生于市井之中。与此同时，一掷千金的奢侈表现虽然依旧受到公开指责，却可满足肉体享乐与虚荣之心，还往往被看作成功发达的标志，因而广受世人艳羡。由此，为追求奢靡生活而不择手段的活动颇有市场，所谓"笑贫不笑娼"，以至于乱象迭出。此外，临安流行的市井娱乐文化，被当时正统士大夫视为市侩、粗俗趣味的体现，遂多加嘲讽指责，其背后隐藏的则是对传统主流文化与自身优越感的捍卫，① 故不可简单将其归为"乱象"。但这种有着广泛市场的新型娱乐文化，因其具有典型的消费性特征，势必耗费钱财，同时内容又多反映商贾胥吏、市井小民的观念与生活，往往表露出赤裸裸的声色犬马的欲望，② 因此也从侧面对正统意识造成冲击，进而助长了享乐之风的盛行，也间接地助推了临安市井乱象的发生。

其实，早在先秦时期，管子已指出："国侈则用费，用费则民贫，民贫则奸智生，奸智生则邪巧作。故奸邪之所生，生于匮不足，匮不足之所生，生于侈，侈之所生，生于毋度。"③ 管子是从国家治理角度分析了贫困与奢侈的关系，但也道明了人性中因侈用而贫困，由贫困而生奸智、奸邪的转化过程。在封闭落后的经济环境下，由于致富的机会不多，纵然有"奸智"能力，施展的空间却相当狭窄。正因为如此，宋代以前的社会乱象，无论是涉及的类型还是表现程度都相对局限。当前所未有的宋代繁华都市敞开大门之后，滚滚而来的财富与市场发生关联，加上统治政策的宽松、人口流动与分化的加剧以及社会观念的变化等影响，自然为世人投身市场提供了源源不断的动力，也为许多人的"邪巧"行为提供了可乘之机，临安市井上的乱象仅仅是当时社会生态中的片段映射而已。

元人修《宋史》时，引用宋朝《国史》的话指出：两浙民风是"俗奢靡而无积聚，厚于滋味，善进取，急于图利，而奇技之巧出焉"，南宋人也有类似表述。④ 其实奢靡之风自古不绝，宋人追求享乐也非临安独有，如另一繁华都市苏

---

① 参见包伟民《宋代城市研究》，中华书局，2014，第333~334页。
② 有关宋代市民文化的特点，学界已有深入论述，参见王水照、熊海英《南宋文学史》，人民出版社，2009，第438~478页。
③ 黎翔凤：《管子校注》卷5《八观第十三》，梁运华整理，中华书局，2004，第259页。
④ 《宋史》卷88《地理志》，中华书局，1985，第2177页；《乾道临安志》卷1《风俗》，第18页。

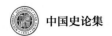

州的民风，即被称为"俗多奢少俭"，① 临安不过是更加过分而已。但"急于图利"下的临安诸多市井乱象，却超过了以往任何时候，则集中折射出宋代城市与社会的变迁，也成为反映当时社会生态的特殊标识之一。

原刊《中国史研究》2017 年第 2 期

---

① 范成大：《吴郡志》卷 2《风俗》，江苏古籍出版社，1999，第 13 页。

曹勋《北狩见闻录》质疑

——兼辨《四库提要》之误

景新强

摘　要：《北狩见闻录》以宋徽宗为主线，记载了金兵胁迫徽宗至军前，于靖康二年（建炎元年）三月二十七日裹挟北上，直到过真定府的时间段内的记事。此书是记述靖康之难最早的史料之一，但作者曹勋在书中杜撰了一些虚假的记事，长期受到征信，需要深入地加以辨析、订正，书中关于高宗继统的祯祥出于编造。

关键词：曹勋　《北狩见闻录》　宋徽宗

一

由于众所周知的原因，清代编修《四库全书》的时候，对宋金之际、明清之际的历史著作尤其"注意"，去取严格；实在无法回避的重要史籍，就大加删改。《四库全书》中收录宋代杂史不过 7 部，而存目不予收录的就有 39 部之多，宋人曹勋的《北狩见闻录》却位列 7 部之中。在寥寥可数的几部全文收录的宋代杂史中，这部 4000 余字的小史显得格外突兀，是什么原因让四库馆臣对此书颇有衷情，并收录于《四库全书》呢？《四库全书总目》提要云：

　　所记北行之事，皆与诸书相出入。惟述密赉衣领御书及双飞蛱蝶金环事，勋身自奉使，较他书得自传闻者节次最详……纪事大都近实，足以证《北狩日记》诸书之妄，且与高宗继统之事尤为有关。虽寥寥数页，实可资

> 史家之考证也。①

可见馆臣对其史料价值极为肯定，故而全书著录。② 然而，此书真如馆臣所言，对靖康之难以及高宗继位等史事具有独到的史料价值吗？本文试图加以分析。

曹勋其人，《宋史》本传说：

> 字公显，阳翟人……用恩补承信郎，特命赴进士廷试，赐甲科，为武吏如故。靖康初，为阁宣赞舍人，勾当龙德宫，除武义大夫，从徽宗北迁……自燕山遁归，③ 建炎元年七月，至南京，以御衣所书进入，高宗泣以示辅臣。勋建议募死士航海入金国东京，奉徽宗由海道归，执政难之，出勋于外，凡九年不得迁秩。绍兴五年，除江西兵马副都监。勋以远次为请，改浙东。言者论其不闲武艺，专事请求，竟夺新命。④

据履历，此人出身武职，是宋徽宗的亲随，靖康二帝蒙尘后逃归，带回了徽宗的"玉音"，算是立了大功，但由于仍唱"航海"进兵的老调，竟然一直不能显达。直到绍兴十一年宋金媾和，曹勋出使金国"力争"韦太后"回銮"，又立新功。最终得到了枢密副都承旨的位子，列身执政。绍兴"二十九年，拜昭信军节度使"，孝宗朝"加太尉提举皇城司、开府仪同三司"，⑤ 极尽荣宠。另外，曹勋还有《松隐文集》40 卷、《接送馆伴例册》，⑥ 后者没有传下来。

二

《北狩见闻录》中最引人注目的记载就是宋徽宗、韦皇后、王妃邢秉懿托字条、口信和信物给康王。这件事情因此书的记载而被诸多史书转引，影响较大，

---

① 纪昀等：《四库全书总目》卷51，中华书局，1997。

② 按，《北狩见闻录》最早被《遂初堂书目》著录，《三朝北盟会编》引作《北狩闻见录》，《直斋书录解题》同，盖传写异同而已。

③ 据《建炎以来系年要录》卷3（中华书局，1988，第135页），建炎元年五月丁未曹勋自燕山得间遁归，按此年五月庚寅朔，丁未是十八日。

④ 《宋史》卷379《曹勋传》，中华书局，1985。

⑤ 《宋史》卷379《曹勋传》，第11700页。

⑥ 《建炎以来系年要录》卷151，绍兴十四年四月戊戌，第2434页。

也是最受四库馆臣们肯定之处。但笔者对比若干文献后发现，离奇怪诞之处不少，很值得怀疑。且看书中如何记录：

> 徽庙出御衣三衬一领，拆领，写字于领中曰："可便即真来救父母。"并押，计九字，复缝如故，付臣勋。又索于懿节皇后得所戴金耳环子一只，俗呼背心（双飞小蛱蝶，俗名斗高飞），云是今上皇帝在藩邸时制，以为的验。及皇太后信，令臣勋见上奏之。诏谕丁宁，且泣且嘱曰："无忘吾北行之苦。"又以拭泪白纱手帕子付臣曰："见上，深致我思念泪下之痛，父子未期相见，惟早清中原，速救父母。此外吾不多致语，言气已哽吾颈矣，俟到燕山尔乃去。"懿节皇后初取环子与沈押班令付臣，曰："到时传诏语大王，愿早如此环，遂得相见，并见吾父，幸道无恙。"皇太后以下皆哭。徽庙圣训曰："如见上，奏有可清中原之谋，悉举行之，无以予为念，且保守宗庙，洗雪积愤。"又宣谕曰："艺祖有约，藏于太庙，誓不诛大臣、用宦官，违者不祥。故七圣相袭，未尝辄易。每念靖康中诛罚为甚，今日之祸，虽不止此，要知而戒焉。"徽庙又令奏上云："恐吾宋之德未泯，士众推戴，时宜速应天顺民，保守取，自家宗庙若不勉。顺记得光武未立事否。"又宣谕："曾密赐上马价珠犀合子等物。"又上曾说欲决河灌渡河蕃人等事，以为密验。臣在金寨，临行日，恭奉皇后宣谕令奏上曰：主上再使军前，欲就鞍时，时二后洎宫人送主上至厅，有幼女名招儿，见四金甲人状貌雄伟，各执弓剑拥卫上体，女指示众，众虽不见，然莫不畏肃。太后当时悟曰："我事四圣香火谨（谓京师四圣观），必有阴助，今陷塞北，愈更处事。"自后深夜必四十拜乃止。更令奏上，宜严崇奉，以答天贶。①

给康王赵构托信的除了徽宗，还有康王生母韦皇后和妻子邢秉懿，说明当时这些人都在一处，这反而是此处最大的疑点。王曾瑜先生曾经对此颇有怀疑，但没有深究，还是认为曹勋所述可能是韦皇后、邢秉懿等人与徽宗会合之后的事情。②

原来，靖康之难时，金人把宋皇室俘虏分作六队分别进发。"二起：昏德妻韦氏，相国、建安两子，郓、康两王妻妾，富金、嬛嬛两帝姬，郓、康两王女，共三

---

① 曹勋：《北狩见闻录》，文渊阁《四库全书》电子版，上海人民出版社，1999。
② 王曾瑜：《岳飞和南宋前期政治与军事研究》，河南大学出版社，2002，第615页。

十五人，真珠大王设野母（粘罕长子）、盖天大王赛里（名宗贤）、千户国禄、千户阿替计押解。"① "四起：昏德公，燕、越、郓、肃、景、济……十一王……诸皇孙、驸马、昏德妻妾、奴婢共一千九百四十余人，万户额鲁观（名宗隽）、左司萧庆、孛堇葛思美押解。"② 徽宗和韦皇后、邢秉懿等人不在一队，何来的共同托付呢？

据《青宫译语》载，韦皇后、邢秉懿队的路线是：四月初四渡黄河，五日到汤阴，七日到邯郸，八日到邢州，九日到柏乡，十日到栾城，十一日到真定，十四日过中山，入保州界，十五日到保州，十八日到达燕山府。③ 据《呻吟语》载，宋徽宗队的路线是：四月初五日渡黄河到滑州，七日到汤阴，八日到相州，十二日到邯郸，十五日到邢州，十六日到都城店，燕王饿死火化，十八日到柏乡，二十一日到栾城，二十三日到真定，"闻韦后等十一日过此"，二十五日在真定遇郭药师等，二十八日到中山，二十九日回真定，五月初五日再启程，十七日到达燕山府。④ 那么，宋徽宗和韦皇后等人只能在燕山会合，而且时间在五月十七日之后。我们已知，曹勋是建炎元年五月十八日逃走的，那是不是正好在此时徽宗等人给曹勋托付呢？

而事实上，韦皇后等人在燕山逗留时间不长，就于四月二十四日出发北行，五月二十三日到达金上京，⑤ 根本没有等宋徽宗一行的到来。宋徽宗队在燕山停留多日，七月初十日与从河东云中来的宋钦宗队会合，直到九月十三日才从燕京出发，十月十八日到达故辽中京，⑥ 最终于靖康二年八月二十一日到达上京。直到这时，韦皇后、邢秉懿等人才有与宋徽宗会面的可能，但这已经是曹勋逃归一年三个月之后了。所以，从曹勋不在场的证据来看，在《北狩见闻录》中记述的韦皇后、邢秉懿托口信、信物给康王的事情并不可信，这极有可能是曹勋的编造。

另一旁证，也可暗示曹勋有可能在做假。《宋史·高宗本纪》云："（建炎元年七月二十八日）丙辰，徽宗自燕山密遣阁门宣赞舍人曹勋至，赐帝绢半臂，书其领曰：'便可即真，来援父母。'帝泣以示辅臣。"显然，曹勋最初回到南宋，见到宋高宗的时候，只献上了徽宗的字条，并未提及韦皇后和邢秉懿的讯息。⑦ 正史中帝

---

① 确庵编《靖康稗史笺证》，崔文印点校，中华书局，1988，第245页。
② 《靖康稗史笺证》，第247页。
③ 《靖康稗史笺证》，第177～180页。
④ 《靖康稗史笺证》，第193～198页。
⑤ 即会宁府，今黑龙江省哈尔滨市阿城区。
⑥ 今内蒙古自治区宁城县。
⑦ 《宋史》卷24《高宗本纪》，第447页。熊克《中兴小纪》卷1同《高宗本纪》的记载。

王的本纪来自《国史》和《实录》，其素材原是史官的记录，如有这么重要的史实应该不会脱漏。而《宋史·曹勋传》中却多出了"并持韦贤妃、邢夫人信"等内容，显然是《曹勋传》的作者依据《北狩见闻录》加进去的，我们应该以出自史官实录的《高宗本纪》为依据。这也正说明曹勋当时并没有额外更多的"故事"讲给高宗，而且他当时不合时宜的航海进兵建议，并不受高宗赏识，所以没有因带回"玉音"而得什么明显的好处。可见宋徽宗衣领藏字倒是真有其事，也颇能感动国破家亡的赵构。

<h1 style="text-align:center">三</h1>

那么，曹勋为什么要编造这些事实呢？笔者认为，曹勋虽然没有见过韦皇后和邢秉懿，仍要在《北狩见闻录》中杜撰她们的故事，无非是想借重于这两个对高宗来说最亲近的人来抬高自己的身价，以沽取名位。为此，曹勋甚至杜撰出韦皇后为高宗占卜的祥瑞：

> 臣（勋）扈从时，太后未知主上即位，尝用象戏局棋子裹以黄罗，书康王字贴于将上，焚香祷曰："今三十子俱掷于局，若康王字入九宫者，主上必得天位。"一掷其将果入九宫，他子皆不近，太后手加额，喜甚。臣下拜，即奏徽庙，大喜，复令谓太后曰："瑞卜昭应异常，便可放心。卿等可贺我。"臣等皆再拜。

这段记事就是四库馆臣们颇为看重的关乎赵构继统的重要"史实"。我们有理由推测，曹勋写作《北狩见闻录》是在晚些时候的事情，并且已经决意在书中杜撰一些可以更加打动宋高宗的内容来增加筹码。这个时间要到多晚？《北狩见闻录》中的一个纰漏或许能给我们一些启示。《北狩见闻录》载宋徽宗一行路过洺州，偶遇"故人"郭药师：

> 过洺州，二太子请徽庙看围场，饭后遣马并紫伞来迎，同行于田野中看围猎，已而马皆负所得狐兔。忽有二人在徽庙马前立，太子指曰："此上皇故臣郭药师、张令徽参见。"二人皆再拜，令徽即退。药师独扣马跪奏曰："念臣昔与上皇为君臣，向在燕京死战数回，力不能胜，遂归金国，有负上

皇恩德。"言讫泪下，又再拜。徽庙宣谕曰："天时人事，理合如此。但当日欠一死节。"太子曰："药师煞忠于南朝。"徽庙曰："药师未尝抗御大兵，而收功过厚。姑养至此，卒贻大祸。"太子曰："此人不忠于天祚，则必不忠于南朝。"徽庙曰："是，是。"

据《靖康稗史·呻吟语》的记载，宋徽宗遇到郭药师是在这年四月二十五日，已经到了真定府。[①] 而真定府位于尧山县之北，离洺州已经很远了。《北狩见闻录》下文才说到尧山县，又到真定府云云，与《呻吟语》的记载不合。显然曹勋在写下上述文字的时候甚至已经淡忘了宋徽宗遇见郭药师的具体时间地点，那么他写书的时间就距离他在建炎元年四五月间的经历有些邈远了。书中不称宋徽宗为太上，而称徽庙，这是徽宗死后的措辞。按徽宗"绍兴五年四月甲子崩于五国城……七年九月甲子凶问至江南"[②]。那么曹勋作此书在绍兴七年九月之后，距离建炎元年至少已经 10 年，他有充分的时间去"遗忘"和"创造"。

如果我们把曹勋本人的仕宦经历加以梳理，似乎就更加清晰地看出他捏造事实的因果。《宋史》本传的记录过于简略，但查考其他史料，曹勋在绍兴十一年以前几乎默默无闻。绍兴十一年宋金媾和，宋高宗要接回自己的母亲韦太后，才用曹勋充任出使金国的使臣，[③] 由左武大夫、吉州刺史迁拱卫大夫、忠州防御使，正六品领遥郡防御使。[④] 冬十一月，又升迁遥郡观察使、正任观察使，尚是武官阶中第三等级。[⑤] 本传说曹氏是因为迎接韦太后回銮，"迁保信军承宣使、枢密副都承旨"，[⑥] 其实并非如此。勋迎接太后回銮，是在绍兴十二年夏五月，这时曹氏应是正任观察使。《系年要录》载："（绍兴十四年四月）戊戌……容州观察使、知阁门事曹勋……仍以尝将到先朝御笔及编修《接送馆伴例册》有劳，迁保信军承宣使。"[⑦] 李心传在前一年提到曹勋已有"容州观察使、知阁门事兼权枢密副使承旨"头衔，心传自注云："勋权密旨，《日历》不见，本院官属题

① 《靖康稗史笺证》，第 196 页。
② 《宋史》卷 22《徽宗纪》，第 417 页。
③ 《建炎以来系年要录》卷 141，绍兴十一年九月乙卯，第 2275 页。
④ 《建炎以来系年要录》卷 141，绍兴十一年十月戊戌，第 2287 页。
⑤ 《建炎以来系年要录》卷 142，绍兴十一年十一月丁巳，第 2291 页。
⑥ 《宋史》卷 379《曹勋传》，第 11701 页。
⑦ 《建炎以来系年要录》卷 151，绍兴十四年三月戊戌，第 2434 页。

名在十四年而无其月，恐误。"① 此《日历》就指《高宗日历》，权枢密副使承旨应为权枢密副都承旨。可见曹勋荣升当在绍兴十四年前后，那么，究竟是什么原因使得武职出身、在南宋初政坛上本无建树的曹勋得以在此时迅速升迁呢？

《四库全书总目》中《北狩见闻录》的提要还说："是编首题保信军承宣使、知阁门事兼客省四方馆事臣曹勋编次，盖建炎二年（应为元年——引者注）七月初至南京时所上。"国家图书馆藏清卢文弨抄本《北狩见闻录》题署同，该抄本文中遇有宋徽宗时都有空提，应是古本面貌。② 那么，曹勋著作并贡献此书是在任保信军承宣使、知阁门事兼客省四方馆事时期，时在绍兴十四年，并不是馆臣认为的建炎初年。到此，曹氏在绍兴十四年的迅速升迁就不难理解了：在韦太后回銮、南北媾和的一片虚假承平中，曹勋借靖康末年的那段经历，添油加醋地捏造出徽宗、韦后、邢秉懿传讯等事实，编造韦后为康王占卜等足以讨好宋高宗的情节，来为自己沽取名位，迅速位列执政。且前文引曹勋任权枢密副都承旨，李心传注"本院官属题名在十四年而无其月"，枢密院的档案记录应当确为绍兴十四年，心传疑之不当也。

又，曹勋善攀附之迹尚有旁证可循。孝宗初欲"恢复"，欲以武臣为枢密长官，以曹勋征询宰相虞允文的意见，但虞却说"勋人品卑凡，不可用"，事遂寝。③ 正史也有说他是由于"攀附"才得到节度使的高位。④ 这些都是时人之论，当不致空穴来风。

当然，书中曹勋对靖康二年蒙尘路上艰辛状况记忆犹新，也侧面反映了败亡之君的残酷遭际。但总的来说，《北狩见闻录》并不如四库馆臣评价的那般真实可信，而是多年后曹勋为自己仕途、名位而处心积虑写就的谄媚之书，那些被馆臣认为价值独到的文字偏偏就是曹勋的编造，特别是关于高宗继统的祯祥更不足为信。

原刊《西北大学学报》2010 年第 3 期

---

① 《建炎以来系年要录》卷 150，绍兴十三年十一月庚午，第 2417 页。
② 蒙国家图书馆王菡先生面告，特此致谢。
③ 《宋史》卷 383《虞允文传》，第 11799 页。
④ 《宋史》卷 166《职官六》（第 3847 页）："惟绍兴中曹勋、韩公裔，乾道中曾觌，嘉泰中姜特立、谯令雍，皆以攀附恩泽，亦累官至焉，非常制也。"

南宋初期延安失陷史事发微

王军营

摘　要：南宋初期，金人越过黄河进犯陕西。随其战略意图转移，鄜延路面临严重危机。在金军强势攻击下，延安府失陷。曲端救援与延安失陷间并无直接关联，王庶本人对敌情懵懂，不善军事，指挥失误，措置不当，欠缺组织和领导能力等，理应承担直接与主要责任。延安失陷反映了金军强大压力下南宋地方军政的一些突出问题，对随后陕西抗金事业亦产生了重要影响。

关键词：宋金战争　曲端　王庶　鄜延

延安是宋代西北军政重镇之一。杜甫诗云："延州秦北户，关防犹可倚。"[1] 唐末大乱，党项、回鹘、吐蕃相继而入，延绥从此岌岌多事。宋以西夏凭陵，常置重兵于此，与诸路相声援，以卫陕西。[2] 如所谓"延安，西夏之咽喉也"[3]。宋高宗建炎元年（1127）冬，金军越过黄河，开始进攻南宋关陕地区。次年十一月，鄜延路府治延安失陷。这是宋朝建立以来延安初陷于敌，对宋金双方而后陕西的战事产生了重要影响。

多种史载认为，曲端不服王庶调遣，坐拥泾原精兵，未援鄜延宋军，以致延安迅速失陷。后其又谋夺王庶兵权，拘禁甚欲杀王庶。目前，学界有关该问题的

---

① 彭定求等编《全唐诗》卷 217《杜甫〈塞芦子〉》，中华书局，1960，第 2276 页。

② "台湾三军大学"编著《中国历代战争史》第 11 册，军事译文出版社，1983，第 265 页。

③ 范仲淹：《范仲淹全集》卷 14《资政殿大学士礼部尚书赠太子太师谥忠献范公墓志铭》，李勇先、王蓉贵点校，四川大学出版社，2002，第 350 页。

研究尚不多见。少数涉及成果，大体集中在两方面，一是曲端与张浚人物个案研究，① 二是南宋初期陕西军政和战争问题论著，② 多据传统说法，或正评张浚而贬斥曲端，或肯定曲端而指责张浚。然而，对曲端命运产生重要影响的王庶，及其作为鄜延甚至陕西统帅，指挥和领导的军事战争，尤其延安战事，却明显关注较少。③

一　金军战略意图变化与延安失陷

1. 金军战略意图变化

娄室金军由韩城界内越过黄河，对陕西展开强大攻势。"洛索（娄室）既得长安，即鼓行而西，进陷凤翔府，陇右大震。"④ "金兵自入陕西，所过城邑辄下，未尝有迎敌者。"⑤ 金军一路征伐，所向克捷，仅用数月即驰骋渭水流域的关中平原。

---

① 主要史著如李蔚《略论曲端》(《兰州大学学报》1981 年第 1 期)、杨德泉《张浚事迹述评》(邓广铭、郦家驹等主编《宋史研究论文集》，河南人民出版社，1982)、阎邦本《对〈张浚事迹述评〉的几点商榷》(《四川师范学院学报》1989 年第 2 期)、蔡哲修《南宋中兴名相：张浚的政治生涯》(硕士学位论文，台湾东海大学历史学研究所，1989)、王德忠《张浚新论》(《东北师大学报》1992 年第 3 期)、梁天锡《张浚执政兼宣抚处置使考》(中国台湾《华冈文科学报》1993 年第 19 期)、方健《再论张浚——兼答阎邦本同志》(岳飞研究会编《岳飞研究》第 4 辑，中华书局，1996)、蔡哲修《张浚与川陕的经略 (1129～1133)——"南宋偏安局面的形成"研究之二》(《大陆杂志》第 99 卷第 1 期，1999 年)、王智勇《论曲端》(四川大学古籍整理研究所、四川大学宋代文化研究中心编《宋代文化研究》第 8 辑，巴蜀书社，1999)、胡海建《也论曲端——全祖望〈鲒埼亭集·曲端论〉读后》(《广西民族学院学报》2002 年第 6 期)、董春林《曲端之死与南宋初年的政治本位》(《北方论丛》2014 年第 4 期) 等。
② 如李贵录《"曲端冤狱"与南宋初年的陕西陷失》(《南开学报》2002 年第 6 期)、杨倩描《吴家将：吴玠、吴璘、吴挺、吴曦合传》(河北大学出版社，1996)、何玉红《南宋川陕边防行政运行体制研究》(上海古籍出版社，2012。该书第 95 页指出，南宋初期"地方武将势力强大难治，以曲端谋杀王庶事件最为突出") 等。
③ 孙继民《俄藏黑水城宋代文书所见宋高宗建炎二年 (一一二八年) 王庶被拘事件》(《宋史研究论丛》第 7 辑，河北大学出版社，2006) 主要以五页黑水城宋代文书为中心，翔实考证了王庶被拘后获释时间、被拘地点、官职称号、被释后去向及应对措施等问题；王军营《南宋初期陕西军政之危机——以"王庶被拘"事件为中心》(《甘肃社会科学》2016 年第 5 期) 旨在考究王庶于延安失陷后被曲端拘禁的事件过程、原因背景与造成影响等。
④ 李心传：《建炎以来系年要录》卷 12，建炎二年正月，中华书局，1988，279 页。
⑤ 《建炎以来系年要录》卷 14，建炎二年三月庚子，第 302 页。

然而，在熙河与泾原路，娄室却遭遇宋军顽强阻击。建炎二年三月，"娄宿（室）至秦州，熙河偏将刘惟辅杀其帅黑峰大王，娄宿遁走"。[①] 此时，泾原宋军也已加强守御，"张严兵败，金人势愈张，谋趋泾州。泾原将曲端拒守麻务镇，命第十二副将吴玠为先锋。玠进据青溪岭，逆击破之"。[②] 再者，金军后方阵线也显不稳。鄜延等路宋军蠢蠢欲动，义军不断起事。

> （建炎二年二月）壬午，洛索既陷同州，系桥以为归路，西陷陕、华、陇、秦诸州……鄜延经略使王庶檄召河南、北豪杰，共起义兵击敌，远近响应。旬日间以公状自达姓名者：孟迪、种潜、张勉、张渐、白保、李进、李彦仙等兵各以万数。胜捷卒张宗自称观察使，亦起兵于南山下……彦仙因以军法部勒之。于是，月中破敌五十余壁。[③]

娄室金军在陕西行动应具有预期战略目的。北宋亡后，金太宗天会六年（即南宋建炎二年），金军决定再次大规模南下攻伐。进兵前，东西两路军上层围绕是否又去征伐陕西曾激烈争论，完颜宗翰提出"宜先事陕西，略定五路，既弱西夏，然后取宋"方略，部分得到金太宗支持，"于是娄室、蒲察帅师，绳果、婆卢火监战，平陕西"。[④] 可见，金军随后行动，稍别于前次试探进攻，有占领陕西目的。"完颜娄室神道碑"曰："元帅府将平陕西，以王尝请之，使诣阙图上方略。还，率诸路军合万人以行。"以后降同、华，破潼关，攻占京兆，转降凤翔、陇州。之后回军，征战渭南，随后，"北趋鄜延，徇下诸郡。招降折可求，收□（麟）、府、丰三州及诸城堡。克晋宁军，杀其守徐徽言"。[⑤] 充分说明，娄室统军攻打陕西，并非随心所欲的流寇行动，而是具有预期的战略目的。"神道碑"就娄室战功虽有夸大之辞，但也对陕西攻战路线有所记述，正可与传世史料相佐证。

因此可说，金军在关中以西战败失利，加上后方宋军、义军频繁运动，前道

---

① 徐梦莘：《三朝北盟会编》卷116，建炎二年三月，上海古籍出版社，2008，第847页。

② 《三朝北盟会编》卷116，建炎二年三月，第848页。

③ 《建炎以来系年要录》卷13，建炎二年二月壬午，第293页。

④ 《金史》卷74《宗翰传》，中华书局，1975，第1698页。

⑤ 杨宾：《柳边纪略》卷4《大金故开府仪同三司左副元帅金源郡壮义王完颜公神道碑》，《丛书集成初编》本，商务印书馆，1936，第82页。

受阻，后路被堵，这些因素迫使娄室及时调整作战方略，迅速回师，稳固后防，转而进攻陕北鄜延、麟府路。

2.延安府失陷

自古以来，延安即为兵家形胜之处，"襟带关陕，控制灵夏"①，是关中平原防范北敌入侵的战略重地。宋代延安是陕北行政核心与军事重镇，鄜延路经略安抚司治所驻地。哲宗元祐四年（1089），延州升延安府。② 顾祖禹云："金人之窥关陕也，恒自山西渡河，亟犯延安，延安陷则南侵三辅，如建瓴而下矣。"③ 延安得失对宋金双方均有重要意义。

乐史《太平寰宇记》云"城据山，四面甚险，边陲之郡"④，大体符合延安地理形势。作为陕北军政重地，其城防设施必定非常坚固。北宋与西夏在西北较量多年，西夏人曾也数次兵临城下，然皆未能夺取延安。在金军强大攻势下，建炎二年十一月，延安失陷。这是宋朝建立以来延安初次落于敌手。

金军攻占延安府城大致经过两个阶段。宋代延安分东、西两城。东城在年初已先被攻占，"金人陷延安府东城。是时，鄜延路经略使王庶在鄜州，家属在延安府，奔走得达鄜州。权知延安府事刘洪（选）与军民共守西城"。⑤ 宋军坚守西城长达十月之久，"壬辰，金人陷延安府，中散大夫通判府事魏彦明死之。先是金人陷府之东城，而西城犹坚守（今年正月）"。⑥ 在付出惨烈牺牲后，通判魏彦明阵亡，西城最终亡于金人之手，延安全城彻底失陷了。

二　曲端援救与延安失陷之关系

有关金宋延安攻防战细节虽史载不多，但普遍指出，金人侦知曲端与王庶关系不睦，即合兵进攻延安，而曲端坐拥泾原精兵不救鄜延之急，致使延安失陷。

---

① （嘉庆）《延安府志》卷8《舆地考一》，《续修四库全书》史部地理类第693册，上海古籍出版社，2002，第337页。

② 《宋史》卷87《地理三》，中华书局，1985，第2146页。

③ 顾祖禹：《读史方舆纪要》卷57《陕西六》，中华书局，2005，第2720页。

④ 李贤等：《明一统志》卷36《延安府》，《景印文渊阁四库全书》第472册，台湾商务印书馆，1983，第917页。查阅现今传世《太平寰宇记》诸种版本，并无此语之记载，笔者怀疑"府志"或是参看不同版本，或是另有所据之讹记。

⑤ 《三朝北盟会编》卷114，建炎二年正月九日甲午，第837页。

⑥ 《建炎以来系年要录》卷18，建炎二年十一月壬辰，第355页。

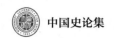

如《宋史·曲端传》曰："（建炎二年）十一月，金谍知端、庶不协，并兵攻鄜延。时端尽统泾原精兵，驻淳化。庶日移文趣其进，又遣使臣、进士十数辈往说端，端不听。庶知事急，又遣属官鱼涛督师，端阳许而实无行意。"①《三朝北盟会编》（以下简称《会编》）、《建炎以来系年要录》（以下简称《要录》）、《中兴小纪》、《宋史·王庶传》等大致与此相同。② 学界目前也基本认同此说法，但上述内容颇值得推敲。

首先，金军侦知"曲王矛盾"而合兵攻击延安，并不具备充分说服力。一则，现有传世金方资料，包括"娄室神道碑"，并未发现娄室曾侦知和利用"曲王矛盾"攻取延安之史料。二则，前文已论及，作战方略发生转移后，金人将鄜延已作为攻击陕西重点。三则，从军事战略角度分析，曲端要在短期内援助鄜延，出师同、耀之间，也是比较切合实际的。所谓："荡贼巢穴，攻其必救。"在鄜延危急时分，曲端并未畏敌避战，"乃遣吴玠攻华州，拔之。端自分蒲城而不攻，引兵趋耀之同官，复迂路由邠之三水与玠会襄乐"。③ 他指挥泾原兵在金军后路频繁运动，自然希望产生"围魏救赵"功效。但很遗憾金人没回师，而是一味强势攻击延安。

其次，史籍所谓"泾原精兵"不符事实。北宋末期，陕西宋军实力已遭极大削弱。自从宋夏议和罢兵后，童贯"选健将劲卒，刻日发命"④，南征方腊，北伐燕云，西军即多次被抽调至东南、河北、河东战场，剩余力量基本分散漫长的宋夏边境，维持一般治安而已。后来，金军迅猛进攻，在宋廷危亡之际，西军曾几度奉诏勤王。但种家将、折家将先后溃败，钱盖、范致虚屡次丧师，如此一来，陕西宋军实力丧失殆尽。自种师道统军勤王失败后，陕西军即因正规军损失惨重，开始大量补充乡兵保甲。靖康元年（1126 年）六月，枢密院都承旨折彦实上奏："西人（西夏）结连女真，为日甚久，岂无觊觎关中之志？即今诸路人马皆空，万一敌人长驱，何以枝梧？"建议陕西各路帅臣募兵填补。七月，陕西五路制置使钱盖又言："比来陕右正兵数少，全籍保甲守御，及运粮诸役差使

---

① 《宋史》卷 369《曲端传》，第 11490 页。
② 参见《三朝北盟会编》卷 119，建炎二年十一月十二日壬辰，第 869 页；《建炎以来系年要录》卷 18，建炎二年十一月壬辰，第 355 页；熊克《中兴小纪》卷 4，十月甲寅，《景印文渊阁四库全书》第 313 册，第 824 页；《宋史》卷 372《王庶传》，第 11546 页；等等。
③ 《宋史》卷 369《曲端传》，第 11490 ~ 11491 页。
④ 《宋史》卷 468《童贯传》，第 13659 页。

外，所余无几"① 再者，新招募的士兵未能有效整齐训练，军事素质尚不达标。如钱盖云："陕西募土人充军，多是市井乌合，不堪临敌。"② 请求朝廷批准再对其进行拣选。建炎初，陕西五路大部正兵被征调击溃后，新征集的军士战斗力非常薄弱，也亟待严格整训。稍后，张浚奔赴川陕战场前，宋高宗即曾对他说："陕西士马凋弊，势非五年之后，不可大举。"③ 在商讨"大举之策"时，王彦亦曰："陕西兵将上下之情，皆未相通，若少不利，则五路俱失。"④ 事实上，曲端对时任权转运判官张彬即指明所统淳化驻兵"不满万一"⑤。

三　王庶的责任

金军挥师陕北之际，王庶时任鄜延兼陕西宋军统帅。史载："高宗即位，（王庶）除直龙图阁、鄜延经略使兼知延安府……进集英殿修撰，升龙图阁待制，节制陕西六路军马。"⑥ 延安战前，他曾命鄜延或陕西宋军，数次攻击金人，但皆出师不利，损兵折将。可见，其军事才能的确不高。⑦ 仔细分析，对延安失陷王庶理应承担直接与主要责任。

其一，王庶对金情报信息侦察不够，没能洞悉敌人真实意图和动向，未及时指挥鄜延宋军做好迎敌准备。

"知己知彼，百战不殆。"兵家强调战前需对敌我双方实力深入认识，而一些迹象显示，王庶起初对敌方情况并不了解。《宋史·李显忠传》载："金人犯鄜延，经略王庶命永奇募间者……"⑧ 在金军已攻鄜延时，他才遣人探查敌情，对敌方动向懵懂不知。因此，当金人兵进陕西、攻陷长安后，"洛索自长安分兵犯延安府，会鄜延经略使王庶在鄜州寓治，于是敌陷府东城，权府事刘选率军民

① 《宋史》卷193《兵七》，第4809页。
② 《宋史》卷193《兵七》，第4810页。
③ 《中兴小纪》卷9，八月丁丑后引张浚《丁巳潇湘录》，《景印文渊阁四库全书》第313册，第878页。
④ 《宋史》卷368《王彦传》，第11452页。
⑤ 《建炎以来系年要录》卷18，建炎二年十一月壬辰，第366页。
⑥ 《宋史》卷372《王庶传》，第11545页。
⑦ 笔者在《南宋初期陕西军政之危机——以"王庶被拘"事件为中心》（《甘肃社会科学》2016年第5期）中曾对王庶本人军事才能不足有所论述，此处从略。
⑧ 《宋史》卷367《李显忠传》，第11427页。

据西城以守"。① 作为鄜延统帅，王庶对敌军分兵北攻竟未察觉，当其进犯延安时竟不在治所，致使延安东城陷落。

那么，这支攻陷东城的金军经由何处一路兵进延安城下呢？诸种资料缺载。此前，与陕西一河之隔的山西，几乎已被金军全部占领。黄河龙门以上陕北鄜延地区，山岭纵横，河谷险深，滩陡流急，从而形成宋金夹河相持的天然屏障。"建炎初年，诏公（王庶）治延……遂分遣兵将，自抚州而南，沿河至冯翊，据守要害。"② 因此，金军若想由此越河而攻袭延安，并非易事。而黄河中游同州地界，自古以来即为秦晋交通重要枢纽。唐代名将李晟曰："河中抵京师三百里，同州制其冲。"③ 严耕望也指出："同州当河中之冲途，为通太原之主线。"④因此，自黄河同州界渡河，有效控制关中东部即同、华、耀等州郡，攻有所据，进有退路，自此向北，挥师陕北，似乎也成为金军最佳选择途径。也许，正因统帅王庶对敌方动向不甚了解，判断失误，以致鄜延疏于防范，金军从长安一路潜师北进，铤而走险，扰其后路，最终他竟茫然无措。

其二，王庶在延安防御战中指挥失误。

金军进攻鄜延时，王庶强烈寄希望外援度过危机。曲端在淳化驻军，"庶日移文趣其进，又遣使臣、进士十数辈往说端，端不听。庶知事急，又遣属官鱼涛督师"。⑤

金军两次攻击鄜延路，王庶皆未能有效组织防守。延安东城攻陷时，"王庶在鄜州寓治"。对这支深入至鄜延后方的孤军，王庶似乎并未重视。从建炎二年正月东城丢失至十一月西城陷落，几乎 10 个月时间，他皆未分兵去专门围攻和消灭，而坐视其渐成大患。因为娄室金军主力在关中东部活动吸引了他的注意，鄜延宋军主力也被他压在雍、耀区域。他先把临时帅府设于鄜州（今陕西富县），后又在坊州（今陕西黄陵县东南）活动，寻求在关中东部与陕西金军主力决战。反之，金军或许也欲在此吸引、消灭陕西宋军主力。"八月乙卯，娄室败宋兵于华州，讹特剌破敌于渭水，遂取下邽。"建炎二年九月，王庶指挥宋军在

① 《建炎以来系年要录》卷 12，建炎二年正月癸卯，第 273 页。
② 李幼武：《宋名臣言行录·别集》（上）卷 3《王庶敏节公》，《景印文渊阁四库全书》第 449 册，第 387 页。
③ 《新唐书》卷 154《李晟传》，中华书局，1975，第 4869 页。
④ 严耕望：《唐代交通图考》第 1 卷，上海古籍出版社，2007，第 99 页。
⑤ 《宋史》卷 369《曲端传》，第 11490 页。

耀州八公原同金军激战，损兵折将，但金军却乘胜北趋鄜延。"九月辛丑，绳果等败宋兵于蒲城。甲申，又破敌于同州。乙丑，取丹州。"① "并兵寇鄜延。康定统制官王宗尹不能御。庶在防（坊）州，闻金人至康定，夜趋鄜延以遏其前。金诡道陷丹州，丹州界于鄜延之间，庶乃自当鄜延来路，遣统制官庞世才、郑恩当延安来路。"② 当金军来犯时，鄜延宋军并未做好充分迎敌准备，只能仓促应战，节节抵抗。"天大雪，寒甚。敌攻世才，世才与战，下不用命乃败。自此金兵专围西城，昼夜攻击不息。"金军很快摧毁延安周边抵抗，与东城敌军合兵一处，杀奔延安西城下。"初，庶闻围急，自收散亡往援……比庶至甘泉，而延安已陷。"③《中兴小纪》则曰："时敌骤至，延安正军才二万，庶召诸道兵未集，端不出兵为援，庶退屯龙坊，敌乘虚陷延安。"④ 与前者说法稍异，即当延安驻军激战金人时，王庶作为统帅又身处异地，谓之组织救援，实际上很可能因胆怯而"退屯龙坊"。

延安失陷后，曲端曾质问王庶："在耀州屡陈军事，不一见听，何也?"⑤ 究竟曲端向王庶"屡陈"何种方略? 能否解决延安困境和危机? 史书无载。但王庶最终毕竟未采纳曲端建议，而此也正成为曲端理直气壮责问他的口实。从战略形势上分析，娄室统率金军深入鄜延，征战陕北高原，本身即存在很大冒险性。若王庶能坚守延安，曲端得以阻断金军后路，娄室一军或正成瓮中之鳖。然而，由上可见，在金军向延安进攻时，王庶仅是消极防御，分兵抵抗。孙子云："小敌之坚，大敌之擒也。"王庶未能有效利用陕北高原有利的沟壑地势，灵活地备战歼敌，而企图决杀于一时一地，以致延安丧败。或许，也致使曲端合围的战略计划最终破产。

其三，在宋金陕西战争初期，王庶的组织和领导能力相对欠缺。

由上引史料可见，延安防御战时，王庶未能组织各支宋军进行较好防御，以致鄜延路缺乏协调一致的抗敌行动。在陕西危难之际，他也有发动"义军"抗金功劳，即宣传动员比较及时高效。娄室越河攻战，"鄜延经略使王庶檄召河南、北豪杰共起义兵击敌，远近响应。旬日间以公状自达姓名者：孟迪、种潜、

① 《金史》卷3《太宗纪》，第59页。
② 《建炎以来系年要录》卷18，建炎二年十一月壬辰，第355页。
③ 《建炎以来系年要录》卷18，建炎二年十一月壬辰，第366页。
④ 《中兴小纪》卷4，十月甲寅，《景印文渊阁四库全书》第313册，第824页。
⑤ 《宋史》卷369《曲端传》，第11491页。

张勉、张渐、白保、李进、李彦仙等兵各以万数。胜捷卒张宗自称观察使，亦起兵于南山下。"①《会编》所记与此相似。义军风起云涌，纷纷投效。然而，对这些激情高涨的义军，王庶并未采取或缺乏有效管理，以致他们各自为战，不能有计划地统一斗争，且配合宋军一致行动；甚至在金人退走后，却抢占城池，致使陕西部分州府重陷混乱和失控的危局。

四　影响

金军攻陷延安，南宋失去鄜延路大部领土，对此后宋金陕西战局产生了重要影响。

首先，金军战略意图快速实现；反之，南宋陕西抗金局势愈加艰难。娄室统率金兵攻取鄜延后，立即挥师北上麟府路。史载："金人既陷延安府，遂自绥德渡河抵晋宁军。守臣徐徽言遣使约知府州、威武军承宣使折可求，谋夹攻虏。洛索闻徽言与可求合，乃令人说可求，许封以关中地。可求遂降。金挟可求，招徽言于城下……"② 因此，金军延安之战的成功，对尚在南宋掌握下的麟府路又形成新的合围，阻断他们同宋廷的接触和联系。也为其后说服地方实力派折可求投降，在军事上孤立与合围徐彦辉晋宁军，奠定了战略和军事基础。最后，徐徽言经过艰苦卓绝的斗争，英勇牺牲，晋宁军也失陷了。正如"娄室神道碑"所谓："招降折可求，收麟、府、丰三州及诸城堡。克晋宁军，杀其守徐徽言。"③ 这样，金军几乎完全控制陕北，将陕西战场与山西地区连成一片。一定意义上说，金军彻底摧毁了南宋一处重要兵源地，此外也对西夏产生了一定战略震慑作用。总之，对以后陕西抗金局势产生了非常恶劣的影响。

其次，直接导致了南宋陕西领导上层内部矛盾激化，致使初次建立的陕西统一抗金体系崩溃，也促使其重建更加稳固的对金领导机制。鄜延宋军接连惨败后，大部被金军击溃，最终帅府驻地延安也陷落了。这些极大挫伤了宋军抗金信心，也给统帅王庶以沉重打击。"王庶既失延安，罔知所措，仓皇未有所归。"④ 在穷极惶惑中，他想起了相邻的泾原路曲端宋军。"庶无所归，乃以其军付

---

① 《建炎以来系年要录》卷13，建炎二年二月壬午，第293页。
② 《建炎以来系年要录》卷18，建炎二年十一月壬辰，第367页。
③ 《柳边纪略》卷4《大金故开府仪同三司左副元帅金源郡壮义王完颜公神道碑》，第82页。
④ 《三朝北盟会编》卷119，建炎二年十一月十二日壬辰，第869页。

（王）瓘，而自将百骑，与官属驰至襄乐劳军。庶犹以节制望端，欲倚端以自副，端弥不平。"① 新败之后，王庶并未立即着手收拾鄜延残局，而是沮丧地逃奔泾原军，以上级长官身份号称"劳军"，并试图取得泾原军指挥权，这引起统帅曲端不满，双方发生激烈争论。② 后来，"端乃拘縻其官属，又夺庶节制使印而遣之"。③ 节制司最高长官失印离去，南宋陕西节制司机构即名存实亡了，而整体的陕西抗金斗争也面临极大凶险。如此形势下，宋廷不得不另遣富有威望和才能的帅臣领导陕西抗金。此后，张浚被任命为川、陕宣抚处置使，付以便宜之权。经过精心筹备，由他领导的川陕宣抚司即成为西北抗金的新指挥机构，统一指挥南宋西北区域的对金战争。

结　语

综上所述，南宋初期，金军越过黄河进犯陕西地区。随着金人战略意图转移，陕北鄜延路面临严重外患危机。曲端救援与延安失陷间并无直接联系。在鄜延危急时，曲端曾统领有限兵力攻击金军后路，也旨在援助。作为陕西以及鄜延军事统帅，王庶理应对延安失陷负有直接和主要责任。他不善用兵，指挥失误，措置不当，直接导致鄜延战事失败，致使延安府城陷落。延安失陷反映了金军强大压力下南宋地方军政一些突出问题，也对随后陕西抗金事业产生了重要影响。

原刊《历史教学》2017 年第 2 期

---

① 《建炎以来系年要录》卷18，建炎二年十一月壬辰，第366页。
② 《建炎以来系年要录》卷18，建炎二年十一月壬辰，第366页。
③ 《建炎以来系年要录》卷18，建炎二年十一月壬辰，第367页。

宋代涉荐书启中的关系网

——以蔡戡《改官后谢福州陈丞相启》为线索

胡　坤

摘　要： 大量保存于文集及传世册页、法帖中的宋人书启中有一部分内容涉及宋代荐举制度，即求荐举书启与谢荐举书启。此类书启因内容单一、程式化严重，常为研究者所忽视，然经过比对，会发现程式化严重的背后和文字的细微差别，能反映书写者的心态及其与受书人之间关系的远近，并可由此构建书写者的人际关系网络。南宋蔡戡所书《改官后谢福州陈丞相启》就是一篇能够牵连出蔡戡人际关系网络的文献。以该书启为线索，并通过对相关史料的分析，不仅能够爬梳出对蔡戡成功受荐改官有直接影响的人物及其人际网络，也能观察到蔡戡的关系网的特点及对其日后仕进之路的影响。

关键词： 宋代　涉荐书启　人际网络　蔡戡

所谓书启，其实就是私人间的往还信函，宋代的书启主要保存在宋人文集及传世的册页、法帖中。目前学术界对宋代书启的研究主要集中在文学赏析、书启体式及文献整理等方面，① 对宋代书启进一步的开发利用，似有不足。本文所关注的"涉荐书启"，即涉及荐举内容的书启，具体而言，可分为两类，即荐举前

---

① 近年比较有代表性的成果，如曾枣庄《论宋启》，《文学遗产》2007 年第 1 期；金传道《北宋书信研究》，博士学位论文，复旦大学，2008；邹蓓蓓《〈宋人佚简〉若干书简的整理与研究》，硕士学位论文，河北师范大学，2010；等等。

的求荐举书启和荐举后的谢荐举书启。

由于书写目的、主题相同，致使宋代涉荐书启在内容上、辞令上以及格式上均有很大的趋同性，书启程式化倾向十分严重，其所能提供的史料价值也因此大为削弱，直接造成此类书启不为研究者所重视。但是，通过对大量此类书启的对比研究，还是能够发现众多程式化严重的涉荐书启之间一些细微的差别，颇能反映出书写者的心态及其与受书人之间关系的远近。书写者的人际关系及关系的深浅程度也可由此窥见。若在研究过程中，能够充分重视此点，以之作为探索书写者人际网络的线索，辅以披捡搜讨其他史料记载，可拼织出以书写者为中心的人际网络，为进一步研究与此相关的政治事件奠定基础。

本文拟从具体事例出发，实现上述研究设想，并期望以此为引玉之砖，促进学界对大量见载于文集之中的宋人荐举书启有所关注和讨论。

一 事例的选择：蔡戡其人与《改官后谢福州陈丞相启》所关涉的问题

蔡戡《定斋集》卷9《改官后谢福州陈丞相启》全文如下：

考绩铨曹，幸脱身于选调；修书敕局，复簉迹于名流。虽锡命之自天，盖归恩之有地。窃以筑层台者，必基于累土；为浮屠者，尤重于合尖。或资经始之功，或藉成终之力，物固有遇，事非偶然。亦犹冗琐之踪，屡费埏镕之赐，左提右挈，前挽后推。再三论而不忘，千百中而未见。

伏念某门墙下士，闾里晚生。素乏乡评，虽平平而无取；居怀祖烈，顾挺挺之未忘。窃尝妄意于古人，思少立功于当世。固欲学焉而后仕，盖亦时乎而为贫。十年读书，恨未酬于素志；一行作吏，嗟已负于初心。顷由试尉之卑，遂得托身之所，偶策名于桂籍，获备数于莲池。自怜碌碌以随群，何敢铮铮而示异。方真宰持衡而在上，故诸公推毂以争先。皆由门下之知，安得幕中之辩。文章甚宠，误形一字之襃；终更迍还，预下十行之诏。逮已书于六考，奈尚阙于一章，深惭末俗之幸求，已分前功之俱废。岂期特达，不惮提携，曲轸念于遗簪，俾增光于敝帚。昔年定价，一经韩子之品题；此日垂成，再辱狄公之论荐。既叨尘于京秩，因滥缀于朝行，始终受赐而不资，反复扪心而何事。遭逢若此，报称阙然。

兹盖恭遇某官，道大难名，功成不处。用汝作霖雨，见弥纶辅相之神；于我如浮云，尚消息盈虚之理。或出或处朝廷之轻重，一语一言人物之依归。虽云释位以倛藩，犹欲得贤而报国。何物小子，亦玷大钧。顾忝冒之实多，知夤缘之有自。某敢不力行幼学，勉企前修，臣所知者乡人，乃洊蒙于公举；我必报以国士，当益誓于私心。①

显然，这是一篇得荐改官后的谢启。从表面文字来看，这篇谢荐举改官启并没有什么特别之处，其内容、叙事形式均与宋人文集中大量保存的谢荐举改官启相同，文中"门墙下士""皆由门下知之"之语，亦合于获荐称门生之惯例。在这里，不妨将该文仔细分析，俾有所发现。

在分析文本之前，首先要明了此启是蔡戡写给谁的。在此可以根据蔡戡的经历并结合该启的标题予以判断。关于蔡戡其人，《宋史》无传，亦未见有墓志铭或神道碑传世，故对其身世的拼织要依靠零散的史料记载来实现，所幸钟振振先生通过蒐讨史料，基本复原出了蔡戡的仕宦履历，并订补了《全宋词》中蔡戡的小传。② 然而钟文并未提及蔡戡改官之事，不能不说是一大缺憾。现根据钟文将蔡戡的仕宦履历简述如下。

蔡戡，字定夫，原籍兴化军仙游人，蔡襄四世孙，自祖父蔡伸移居常州武进县，遂为常州人。绍兴末以门荫入仕，曾为建康府溧阳县尉。乾道二年（1166）登进士第十名，乾道六年时，已为左文林郎（选人）、江州观察推官。后任详定一司敕令所删定官。乾道七年七月，已为左宣教郎（京官）的蔡戡与吕祖谦同时召试馆职，同年九月除秘书省正字。自乾道八年七月知江阴军后，多历外任郡守、监司，其间曾以司农卿兼知临安府，亦曾权户部侍郎。宁宗开禧元年（1205），韩侂胄当国，蔡戡乃请老乞致仕，时蔡戡帖职已至宝谟阁直学士。其卒年当在开禧二年之后。

根据蔡戡的仕宦履历，可以确知其改官当在乾道六年至七年之间，结合此启标题中"福州陈丞相"及启文中"虽云释位以倛藩"，可知陈丞相是罢相后出守福州。《宋宰辅编年录》卷17载：乾道六年五月，陈俊卿罢左相，"除观文殿大

① 蔡戡：《定斋集》卷9《改官后谢福州陈丞相启》，《景印文渊阁四库全书》第1157册，台湾商务印书馆，1986，第658～659页。
② 见钟振振《南宋文学家蔡戡小传订补》（以下简称"钟文"），《江海学刊》2008年第6期。

学士知福州"。① 故此启乃是蔡戡写给陈俊卿的谢启。

在明了此点后，下文拟从蔡戡谢启之字句，厘清蔡戡与陈俊卿之间的关系。启文中有"闾里晚生"及"臣所知者乡人，乃洊蒙于公举"之句，据朱熹所作陈俊卿行状云，其"本贯兴化军莆田县"，② 蔡戡家虽居于常州已有三世，但其原籍乃兴化军仙游县人，故蔡戡于启文中有"闾里晚生"之称。从启文中所透露出的信息来看，蔡戡与陈俊卿之间不仅是简单的同乡关系。从"伏念某门墙下士"之句来看，则蔡戡于陈俊卿为门生。后文"方真宰持衡而在上，故诸公推毂以争先。皆由门下之知，安得幕中之辩。文章甚宠，误形一字之褒；终更亟还，预下十行之诏"。此句"幕中之辩"用韩愈《五箴·言箴》"幕中之辩，人反以汝为叛"之典，在此是相知甚深，不相猜疑之意。"终更亟还"系用西汉谷永与段会宗书中之句，汉制，边吏三岁一更，这里是指官满替代之意。此句叙述了陈俊卿任相时，蔡戡便受知于陈俊卿的一些细节，从中可以看到，蔡戡以文章受知于陈俊卿，仕途亦得陈俊卿之助。因为陈俊卿的赏识，蔡戡在改官之际，"诸公推毂以争先"。这些情况都表明，即使在此次荐举之前，陈蔡二人之间就已达到甚至超越了座主门生关系。

正因陈蔡二人之间非同一般的关系，在蔡戡"逮已书于六考，奈尚阙于一章"之际，首先想到的就是陈俊卿。最终陈俊卿的"合尖"之举，也给蔡戡的改官之路画上了一个完满的句号。

有关蔡戡改官的一些具体情况，这里再做一些说明。从蔡戡的仕宦履历中可以看到，蔡戡在乾道六年至七年之间，即与其改官约略相同的时间，曾任详定一司敕令所删定官，此是差遣名，蔡戡担任此差遣是在其改官前还是改官后，在此需要做出辨析。

从蔡戡给陈俊卿谢启的首句有"考绩铨曹，幸脱身于选调；修书敕局，复篦迹于名流"之语，前一句之意自不必多言，后一句显然是针对敕令所删定官而言。详定一司敕令所又称"敕局"，天圣编敕始有详定编敕所，其后随着政治上的需要，其名亦不断更换，诸如编修诸司敕式所、重修敕令所、详定重修敕令

① 徐自明：《宋宰辅编年录校补》，王瑞来校补，中华书局，1986，第1206页。
② 朱熹：《朱熹集》卷96《少师观文殿大学士致仕魏国公赠太师谥正献陈公行状》，四川教育出版社，1996，第4903页。

所、详定一司敕令所之类，详定一司敕令所是乾道六年十一月之后的名称。①

敕令所删定官主要职责是删修编纂本朝敕令格式及条法，因此蔡戡方有"修书敕局"之说。敕令所删定官属清要差遣，据《建炎以来朝野杂记》乙集卷5《炎兴以来敕局废置》载：

> 故例，删定官多以选人为之，往往未尝通练古今、明习法律、经历州县，一切受成吏手，书成抵牾，言论驳杂，辄复更定。间有至局旬月，未尝笔削一字，适遇进书，亦得改官者。遂为宰执周旋亲故之地，失当时建局命官之意矣。

从这段记载中可以看到，任敕令所删定官的选人，凡敕令删修编纂成书者，皆得以进书而改官。正因删定官进身速于其他差遣、位列清要，故常为"宰执周旋亲故之地"，这也是蔡戡所说"复篦迹于名流"的原因。

从蔡戡的谢启来看，"幸脱身于选调"一句透露出蔡戡任敕令所删定官的时候显然不是选人的身份，当是改秩后任此差遣。此种情况在南宋时亦有之，但不常见，更多的情况是以选人为敕令所删定官。陆九渊为岳父吴渐书写行状，文后的系衔是"承奉郎充详定一司敕令所删定官陆某"②，承奉郎即属京官阶次。这里需要关注的并非以京官或选人充任敕令所删定官的差遣，而是此差遣的选任多为宰执大臣或近臣所把持，即使以京官充任，亦须由朝廷大臣荐举方能得到此差遣。现就宰执大臣把持敕令所删定官除授之事，举例说明。

如北南宋之际的金安节"登宣和六年第，调洪州新建主簿，期岁而荐章七上，秩满，范丞相（宗尹）引为删定官"。③绍兴时，曹筠为台州录事参军，因宰相"（秦）桧与之有旧"，乃"引为敕令所删定官"。④

另，以陆游为例，《宋史》卷395其本传记，"以荐者除敕令所删定官"；《建炎以来系年要录》卷185绍兴三十年五月辛巳条记，"左从政郎、新绍兴府府学教授徐履，右从事郎陆游，并为敕令所删定官"。另陆游《渭南文集》卷6

---

① 参见李心传《建炎以来朝野杂记》乙集卷5《炎兴以来敕局废置》，徐规点校，中华书局，2000，第594页；又见王应麟《玉海》卷67《宋朝敕局》，江苏古籍出版社、上海书店影印清浙江书局重刻本，1987。

② 陆九渊：《陆九渊集》卷27《宋故吴公行状》，中华书局，1980，第319页

③ 罗愿：（淳熙）《新安志》卷7《金尚书》，《宋元方志丛刊》第8册，中华书局，1990。

④ 李心传：《道命录》卷4《曹筠论考官取专门之学者令御试弹劾》，《知不足斋丛书》本。

有《除删定官谢丞相启》，^① 绍兴三十年（1160）在相位者为左相汤思退、右相陈康伯。汤思退绍兴二十九年九月自右仆射进左仆射，陆游上贺启，在一番敬意殷殷、钦赞有加的文辞之后，陆游表白了自己的心意：

> 某猥以孤远，辱在记怜。如其少迨衣食之忧，犹能颂中兴之盛德；必也遂老江湖之外，亦自号太平之幸民。穷达皆出于恩私，生死不忘于报称。^②

这段话实际上是陆游求知于汤思退，希望得到提携，得以"少迨衣食之忧"。当然陆游也表示，即使不被提携，"遂老江湖之外"，亦绝无怨尤之情。综合以上情况，可推知陆游于绍兴三十年为左相汤思退所荐，以选人（右从事郎）为敕令所删定官。

即以蔡戡为论，《定斋集》卷9《除删定官谢宰执启》云：

> 方觐修门而俟命，适逢敕局之建官。岂期特达之知，俾预选抡之数。滥簉簪绅之末，为幸固多；密亲衮绣之光，其荣益甚。遭逢若此，报称谓何。兹盖恭遇平章仆射相公，社稷元勋，庙堂隽老。重华协帝已致主于唐虞，众美效君欲收功于房杜。广开至公之路，尽窒群枉之门。小成小以无遗，才不才而兼取。介七尺干将之利，焉用铅刀；求骅骝千里之姿，或先骏骨。遂令顽矿，冒处甄陶。

从这段话来看，该启是写给"平章仆射相公"的，自乾道六年五月陈俊卿罢左相后，虞允文以右仆射、同平章事兼枢密使独相，直至乾道八年二月，虞允文进左丞相，梁克家除右丞相。^③ 故此启系蔡戡写给虞允文的。从上引这段话中亦不难看出，蔡戡得以进入敕局为删定官，皆为虞允文汲引之力。

一般来说，选人改官后，差遣的除授多由吏部（铨司）拟定，宰相一般不加以干预，然而从蔡戡改官及改官后除授差遣的经过来看，显然得到了强有力的援引。改官之际，有前宰相出具"合尖"荐状，改官之后又有现任宰相，引之

---

① 《陆游集》，中华书局，1976，第 2024 页。
② 《渭南文集》卷 6 《贺汤丞相启》，《陆游集》，第 2023～2024 页。
③ 见《宋宰辅编年录校补》卷 17，乾道八年，第 1210 页。

入于清要之地。在蔡戡的人脉中，目前已凸显出的陈俊卿和虞允文两人又将成为新的线索，借此可以挖掘蔡戡更多的人际关系，拼织出一张人际网络，也得以据此观察此人际网络对于蔡戡个人及政治上的影响。

二　人际网络的拼织（上）：蔡戡改官前的政治背景分析

前文通过《改官后谢福州陈丞相启》对蔡戡改官的经历进行了介绍，可知陈俊卿是蔡戡得以改官的最主要因素。从蔡戡在谢启中的表述可以看到，蔡戡前四张举状的获得皆有陈俊卿的影响在其中，而最后一张举状又出自陈俊卿。改秩后，再获右相虞允文的荐举，得到常为宰执大臣所把持的敕令所删定官的差遣。蔡戡虽是进士高第，但在仕途起步阶段就能获得当时政坛之上两大核心人物的举荐，不可不谓之蹊跷。在此需对蔡戡的背景做进一步地挖掘。

传世史料中有关蔡戡的记载散见于各书，并无诸如史传、墓铭、行状之类系统记述蔡戡的史料传世，这就对于揭开蔡戡早期活动之谜造成了不小的困难。因此，想要了解蔡戡与陈俊卿、虞允文之间关系的因果，最为可行的方法便是从其家世入手加以探究。

蔡戡系北宋名臣蔡襄季子蔡旻这一支的后人。蔡旻先娶贾黯之女，育有佃、伷二子，贾氏病故后，蔡旻续娶文彦博之女，育有蔡戡的祖父蔡伸。蔡伸三岁时，其父亡故，遂居于文彦博家。后来兄弟三人相继中进士，并称"三蔡"。蔡伸娶商氏，共育四子：湍、洸、流、渶，蔡戡即蔡湍的长子。[①] 蔡戡的先辈中，值得注意的有两位，一位是蔡戡的祖父蔡伸，还有一位是蔡戡的叔父蔡洸。

蔡伸生于哲宗元祐三年（1088），卒于高宗绍兴二十六年，靖康变乱之时，投奔康王赵构，算是高宗的潜邸旧人。南宋时仕至左中大夫，做过几任地方府州长官，以名位论，并不算特别显贵，但是他的政治倾向值得注意。在《大父行状》中，蔡戡曾说：蔡伸为滁州知州时，会"秦丞相（桧）当国，公与赵丞相鼎、王副枢庶有旧，疑以为党，乃罢郡得祠"。其实蔡伸与秦桧之间也有一段渊源，据蔡戡说："初，公与秦丞相在上庠同舍，甚厚，又同年登进士第。公一时声名出秦右，秦颇忌之，且以细故忤秦意。"从这些记载来看，蔡伸是否属于"赵党"虽系存疑，但毕竟其与赵鼎、王庶等人"有旧"，且他与赵鼎集团的向

---

① 　参见《定斋集》卷14《大父行状》，《景印文渊阁四库全书》第1157册，第715～717页。

子諲过从甚密，两人之间屡有词作唱和，① 这些至少可以说明，其政治理念比较
倾向于赵鼎。孝宗乾道间任相的陈俊卿、虞允文等人多少和赵鼎集团有一定的渊
源，② 因此可以说，客观上蔡伸为其子孙积累了人脉。

蔡洸（1124～1180），蔡伸仲子，字子平，以荫补入仕，累官至吏部尚书，
《宋史》有传。③ 因蔡洸仕宦显贵，其父祖都被追赠很高的官阶，而其曾祖蔡襄
的谥号"忠惠"亦是蔡洸力请所得，蔡洸可称得上是蔡氏家族中的一位重要人
物。为了能够更好地探讨蔡洸对蔡戡改官的影响，下面对蔡洸于蔡戡改官前后这
一时期的仕宦行实进行一简要说明。

陆游《入蜀记》记载，乾道六年六月"十七日平旦，入镇江……见知府、
右朝散郎、直秘阁蔡洸子平"④，《嘉定镇江志》卷15《宋润州太守》对蔡洸知
镇江府的情况有如下记载：

> 蔡洸，端明殿学士襄之孙（误，当为曾孙）。乾道庚寅（六年）三月以
> 户部郎官总饷淮东，才数日，会复置大漕，总司之在京口者省之，就命为
> 守，寻加直秘阁。明年，总司复旧，兼摄。五月，除司农少卿。

这段记载和陆游所记可相印证，蔡洸知镇江府的时间大致与其侄蔡戡改官的时间
相当。这虽然不能说明蔡戡改官与蔡洸有直接的关联，但是当蔡戡改官之际，其
叔父已经步入中高级官僚的队伍，从情理推之，即使没有直接关系，间接关系或
许有之。当然，这仍需有充分的史料加以佐证。

在此或可通过对蔡洸在蔡戡改官之前所形成交游圈的追索与钩沉，观察蔡洸
与蔡戡改官之事的联系。

在蔡洸的交游圈中，以现有的记载来看，其与周必大的关系最为密切。据周
必大《乾道庚寅奏事录》记载：乾道六年五月"戊寅，早解，维巳时至镇江府。

---

① 见唐圭章编《全宋词》所收蔡伸相关词作，中华书局，1999，第1313、1316页。
② 孝宗隆兴元年（1163）十二月，张浚复出任右相，随即向孝宗荐虞允文、陈俊卿等人可备执
　政（见《宋宰辅编年录校补》卷17，隆兴元年，第1166～1167页）。而张浚与赵鼎之间虽有
　矛盾，但两人在绍兴初年的政治趋向大致相近，在择人选才方面亦有着较为一致的用人观
　（参见寺地尊《南宋初期政治史研究》第四章"赵鼎集团的形成与张浚路线的失败"，刘静
　贞、李今芸译，台北：稻禾出版社，1995，第109～134页）。
③ 见《宋史》卷390《蔡洸传》，第11955～11956页。
④ 《渭南文集》卷43《入蜀记第一》，《陆游集》，第2411页。

太守蔡子平直阁、通判章朝请汝、① 陶朝奉之真、总属史承奉弥正相候。晚乘潮方能入闸，未至第三闸，遇浅而止"。②《乾道庚寅奏事录》是周必大任权发遣南剑州军州事任满，赴阙觐见孝宗奏事，一路之上旅程经历的记录。从蔡洸迎候于道来看，两人之间的关系匪浅。周必大《文忠集》卷6中还记载了一首淳熙三年（1176）七月十九日所作，题为"六曹长贰观潮，予以入直不与。晡时大雷雨，走笔戏蔡子平"的诗，周必大幸灾乐祸的玩笑之语在这首诗中有充分表达，这亦是两人关系亲密的明证。淳熙四年，蔡洸的夫人居氏去世，周必大还专为其作了两首挽诗，③ 足见两人情谊之深。

除了周必大之外，现存史料中能看到，在蔡戡改官之前，与蔡洸有过接触的人还有陆游④和程大昌⑤。在乾道六、七年之际，蔡洸与周必大、陆游、程大昌年纪相仿、官位相若、志趣相投，这或者也是他们之间交往的基础。而周必大、陆游、程大昌之间也过从甚密，⑥ 这无疑也能反证蔡洸与此三人密切的关系。

---

① 陆游《入蜀记》所载镇江府通判为"右朝奉大夫章汝"（《陆游集》，第2411页）。周必大早于陆游两月（该年有闰五月）至镇江，官名有所不同或属正常，人名必误其一。《嘉定镇江志》卷16《北厅壁记》作"章汶"，当以章汶为是。

② 周必大：《文忠集》卷170《乾道庚寅奏事录》，《景印文渊阁四库全书》第1148册，台湾商务印书馆，1986，第859～860页。

③ 见《文忠集》卷6《宣州蔡子平尚书淑人居氏挽词》。此时蔡洸以徽猷阁学士知宁国府（即宣州），故有"宣州蔡子平"之称。

④ 见前引《入蜀记》所载。《入蜀记》系陆游由山阴赴任夔州通判一路之上所见所闻所感的记录，陆游将与蔡洸相见的情形记载下来，至少说明两人熟识。

⑤ 程大昌《演繁露》卷13《铁瓮城》（《全宋笔记》第4编第9册，许沛藻、刘宇整理，大象出版社，2008，第106～107页）载，"乾道辛卯（七年），予过润（镇江府），蔡子平置燕于江亭"，此亦可见两人的朋友关系。

⑥ 《渭南文集》卷41《祭周益公文》饱含深情地记录了与周必大之间的浓厚友情，特别是绍兴末年两人年轻时的纯真友谊（《陆游集》，第2395～2396页）；同书卷38《监丞周公墓志铭》是陆游给周必大堂兄周必正所书的墓志铭，在这篇墓铭中陆游曾说："某与益公定交五十年。"另外在周必大《文忠集》和陆游的《剑南诗稿》《渭南文集》中都保存着两人之间大量的唱和之作及书信往还。周必大在撰写程大昌神道碑的时候，曾饱含深情地写下如下一段话："予与公同年进士，数尝同僚，厚我莫如公，知公莫如我。"（《文忠集》卷62《龙图阁学士宣奉大夫赠特进程公大昌神道碑》）而周必大的文集中亦大量保存其与程大昌的唱和之作，其间戏谑之语比比皆是，更显两人关系的亲密，周必大文集中还保留不少与程大昌的书信、记叙与程大昌等人一同出游及相见时的点滴记载。相比而言，陆游与程大昌之间相互通问的记载较少，但两人之间也有着颇深的交往。陈思所撰《海棠谱》一书收录了一首程大昌所作《次韵陆务观海棠》诗，由此可见两人之间亦有唱和往来，而陆游《剑南诗稿》卷33《程泰之尚书挽词》其一有"早接游从末，常闻议论余"，其二则有"昔在绍兴末，同趋行殿门。方思寻宿好，忽已奉遗言"之句，亦可见两人交契之深（《陆游集》，第880～881页）。

从蔡洸的交游圈来看，并不能认为他们之间的交往一定就会反映到政治上的同进共退或党同伐异，从客观上来讲，以对蔡戡改官所能造成的影响而论，这个交游圈尚不足以构成势力并进而在政治上施加影响。但是也要看到，正是由于蔡伸之前的铺垫，加上蔡洸在仕途之上的坦荡，使得蔡氏与当时核心政治力量的距离大大缩短。如果以蔡洸交游圈为基础，再将其略微加以扩大，就会发现这个圈子至少还应该包括朱熹、杨万里等人。① 从他们之间相互交往的行实来看，这个圈子在绍兴末年至乾道初年就已经形成，他们相互交往的基础固然有政治因素在其间，但更多的则是基于友情和学术上的交往。这些人在乾道时期，声名已起，虽然并未进入最核心的权力圈，但俨然已经成为未来政治主导的后备群体。可以想见，这一群体也必然会受到乾道初年权力核心层的代表人物如陈俊卿、虞允文等人的侧目。而事实上，这些人确实也与陈俊卿、虞允文有着千丝万缕的联系，甚至还有着相当深厚的渊源，以下逐一述之。

从周必大一生的政治活动来看，其与陈俊卿在很多地方都有相合之处，他们与道学人士交好，思想上也受其渐染，反映在政治上则表现为政治理念比较接近，其行事亦多有契合之处，如孝宗初即位时，朝廷发生了一件因孝宗潜旧曾觌、龙大渊人事任命而起的一场反近习风波，周必大也置身其中，成为反曾、龙二人的核心人物，然而却未能改变孝宗的态度，最终因此奉祠回乡。② 乾道三

---

① 周必大与朱熹是世交，两人之父周利建和朱松同为政和八年进士（《文忠集》卷69《史馆吏部赠通议大夫朱公松神道碑》云："某先太师与公为同年进士。"），周必大与朱熹也一直保持着友谊，常有书信往来。周必大与杨万里之间的关系亦很密切，据《宋史》卷433《杨万里传》载："万里为人刚而褊，孝宗爱其才，以问周必大，必大无善语，由此不见用。"但这似乎并没有影响两人的友情，如周必大屡屡写下诸如"友人杨廷秀（万里字）"（《文忠集》卷19《题杨廷秀浩斋记》）、"友人杨公廷秀"（《文忠集》卷48《跋杨廷秀所作胡氏霜节堂记》）之语，两人仕途之道虽不同，却并未妨碍成为文坛之友。又有学者认为史籍所载周杨二人政见不合之语"有失实之处，并无太多根据"（见李光生《周必大与杨万里政治关系考辨》，《上饶师范学院学报》2010年第5期）。而陆游与朱熹、杨万里的关系也至为密切。杨万里的文集中大量载有与陆游相互唱和的诗句及相互往还的书信。朱熹在《跋曾裘父艇斋师友尺牍》中曾不无沉痛地写下："而卷中人亦往往逝去，独陆务观与予在耳，此又重可悲也！"朱熹殁后，陆游有《祭朱元晦侍讲文》："某有捐百身起九原之心，有倾长河注东海之泪。路修齿耄，神往形留。公殁不亡，尚其来飨。"由此足见二人交契之深。朱熹与程大昌之间经常交流思想，书信互答，这些在朱熹的文集中都有记录。程大昌故去后，杨万里曾写了两首名为《程泰之尚书龙学挽词》的诗，其二云："公弭江西节，依横南浦舟。相逢便金石，一别几春秋。问讯频黄耳，归休各白头。丰碑那忍读，未读泪先流。"回忆了两人之间的交往。

② 事见楼钥《攻媿集》卷94《少傅观文殿大学士致仕益国公谥文忠周公神道碑》，《四部丛刊初编》本。

年，曾、龙二人终因时任参知政事陈俊卿的弹劾而被逐出。[1] 这件事情实际上是孝宗初年近幸势力与道学之争的反映，[2] 从这里也能看出陈俊卿与周必大的政治理念及与道学的渊源，因此在他们各自当政的年代，也被时人目为道学势力在朝廷的代言者。从周必大《文忠集》卷38《祭陈应求俊卿丞相文》中可以看到两人之间的交往至少可以追溯到孝宗即位之初，其文曰：

> 念晚生叨附隽轨，大明初升，词掖乏使，尝代匠斫，汗颜血指，二十六年，言犹在耳。

此段话所指乃高宗退位、孝宗即位之际，周必大参与了一系列诏诰起草之事，[3]其间陈俊卿或对必大草诏有所帮助，故周必大才有此语。淳熙元年（1174）周必大在给陈俊卿的信中曾说：

> 某罪垢孤踪，得奉祠田野间，已为厚幸。忽蒙上恩寄名馆殿，大惧无以称塞。自非相公昔者甄陶于当轴之日，今兹荐进于均逸之时，则如秃翁宁望甄叙，荷戴鸿施笔舌有不能尽者矣。闲居难办笺启，辄以手书，少叙寸心，伏乞钧照。[4]

这封信虽然很朴素，表达的感情却很深厚，非交契深厚者必不能如此。该信的背景是周必大于淳熙元年被召为右文殿修撰，结束了之前因反对外戚张说、近幸王之奇除签书枢密院而奉祠出外的经历。在这封信中，周必大向陈俊卿陈述了此时此刻的心情，颇有心灰意冷之态。此信也提到"相公昔者甄陶于当轴之日"，显然是在说陈俊卿任相其间对周必大的拔擢与栽培，用"昔者"和"今兹"两相对比，更显今日之灰心，也反映了周陈二人的密切关系。隆兴、乾道之际，虞允文因与近幸势力关系较近，故被道学人士痛加抨击，或者因理念不同，周必大与

---

① 事见《建炎以来朝野杂记》乙集卷6《孝宗黜龙曾本末》。
② 参见张维玲《从南宋中期反近习政争看道学型士大夫对"恢复"态度的转变（1163～1207）》，台北：花木兰文化出版社，2010；沈松勤《南宋文人与党争》第三章第二节，人民出版社，2005，第85～98页。
③ 见周必大《玉堂杂记》卷上，文渊阁《四库全书》本。
④ 《文忠集》卷192《陈应求丞相》。

虞允文之间并无特殊的关系，然而虞为相期间也曾荐举过周必大，而周必大还是虞允文众多荐举之人中"尤章明者也"。① 这实际上也反映了当时的周必大已在政治上具有一定影响力，使得虞允文不得不对其加以注目的情况。

隆兴二年（1164），张浚以右丞相出督江淮，驻节镇江，时陆游为镇江通判，遂以世谊拜见张浚，张浚"顾遇甚厚"，"是时敬父（栻）从行，而陈应求（俊卿）参赞军事。冯圆仲（方）、查元章（籥）馆于予廨中，盖无日不相从"。② 这应当是陆游与陈俊卿最早的交往，也是两人关系最为深厚的一个时期。从现存史料记载来看，陆游与虞允文无甚交往，仅《渭南文集》卷13载有《上虞丞相书》一篇，当时是乾道八年，陆游夔州通判任满，贫不能归，乃上书虞允文，请禄一官以自活，或使能具装以归。

杨万里与陈俊卿和虞允文的渊源还应当从张浚说起。绍兴时，张浚谪永州，时杨万里为永州零陵县丞，遂与张浚结缘，杨万里服张浚之教，遂名书室曰"诚斋"。孝宗时，张浚入相，还曾荐举过杨万里。乾道二年，曾为张浚僚属的陈俊卿为同知枢密院事，杨万里遂因之于乾道三年投书陈俊卿求知并献《千虑策》30卷，因此得以谒见陈俊卿，得到陈的称赏，被推荐给了时任知枢密院事的虞允文，③ 亦因此得谒虞允文，后陈虞入相，交相推荐过杨万里。杨万里也因此对两人怀有深厚的感情，其于两人常以门生自处。④ 值得一提的是，陈俊卿的墓志铭和虞允文的神道碑皆为杨万里所撰，⑤ 于此亦可见杨对陈虞二人的感情。

朱熹与陈俊卿的交往，据朱熹《祭陈福公文》："我从公游，出入三纪。晚途间关，遂托知己。"⑥ 陈俊卿卒于淳熙十四年，上推三纪，则约在绍兴二十二年，两人从此保持了半生的友谊。朱熹与陈俊卿之间屡有书信往还，且陈俊卿当政之际也曾屡次推挽荐举过朱熹。陈俊卿之子陈宓还是朱熹的学生。陈俊卿去世

① 《宋史》卷383《虞允文传》，第11797页。
② 《渭南文集》卷31《跋张敬夫书后》，《陆游集》，第2286页。
③ 其事可见《杨万里集笺校》卷63《见陈应求枢密书》，辛更儒笺校，中华书局，2007，第2720～2722页；同卷《见虞彬甫枢密书》，第2728～2730页；同卷《上虞彬甫丞相书》，第2737～2738页；同卷《与左相陈应求书》，第2725～2727页。
④ 如杨万里在《与左相陈应求书》（《杨万里集笺校》，第2726页）中有"登门在人后，而受知在人先"之语；《杨万里集笺校》卷63《与虞彬甫右相书》（第2732）中有"某门下之士也"之语。
⑤ 见《杨万里集笺校》卷123《丞相太保魏国正献陈公墓志铭》，第4733～4748页；同书卷120《宋故左丞相节度使雍国公赠太师谥忠肃虞公神道碑》，第4603～4619页。
⑥ 《朱熹集》卷87《祭陈福公文》，郭齐、尹波点校，四川教育出版社，1996，第4487页。

后，朱熹不但千里往吊奉上祭文，还专门为陈俊卿书写行状，① 两人交契之深由此可见。对比朱熹与陈俊卿的亲善，朱熹同虞允文之间的关系可用冰冷来形容。虞允文同近幸势力关系密切，自然遭到朱熹的冷眼，但虞允文对朱熹还是很推重的。隆兴初年，孝宗令胡铨搜访诗人，乾道六年，胡铨以朱熹等人荐于上，② 孝宗因之问虞允文"识熹否？"虞允文称："熹不在程颢下。"③ 反观朱熹对虞允文的态度，据《建炎以来朝野杂记》乙集卷 8《晦庵先生非素隐》载，"（乾道）七年冬，虞雍公当国，复召先生，以素论不同，力辞者四"，一幅道不同不相谋的架势。

至于蔡洸和程大昌，则由于史料不足，无法断定他们是否与陈俊卿、虞允文有交往，但以常理推之，似应有之。

通过上文的考察，可知在乾道六、七年之际，蔡洸交游圈中的各个人物在当时社会上已经拥有了比较高的知名度，并且受到了政治核心人物陈俊卿、虞允文等人的注目。对于蔡洸之侄蔡戡来说，其叔父的人际网络虽然不一定能直接加以利用，但相对于无任何势力背景的"孤寒"而言，蔡戡显然站在了比较高的起点，他也拥有更多与高层士人直接交往的基础。从蔡戡《定斋集》所收录的一些序启来看，在其改官前，他至少与以下数人（仅姓名及写作年代可考者）有过联系。

陈俊卿，蔡集卷 13《送陈侍郎序》，乾道元年自提举太平兴国宫入除吏部侍郎同修国史，寻引疾丐外，知建康府，此即陈出知建康府时所作。蔡戡以"门墙下士"的身份表达了"公当为苍生而起"的意愿。

虞允文，蔡集卷 8《上虞枢密书》、卷 9《贺虞枢密》（同题两启），皆作于乾道五年。前一启蔡戡希望虞允文能够行王政而不汲汲于富国强兵之目前之利，由此也可见蔡戡思想是本于元祐诸公，其间或有其祖蔡伸的影响；后两启均是贺虞允文自资政殿大学士、知枢密院事、四川宣抚使召除枢密使所作。

汪应辰，蔡集卷 8《上汪制置书》、卷 9《迎汪制置启》，皆作于乾道三年，时应辰为四川制置使。前书述说自己向为仰慕司马光"诚一之学"，此学之传承自司马光而赵鼎而汪应辰，表达了愿受教于应辰的愿望；后启则是乾道三年冬应

① 《朱熹集》卷 96《少师观文殿大学士致仕魏国公赠太师谥正献陈公行状》，第 4903~4946 页。
② 见留正《皇宋中兴两朝圣政》卷 49，乾道六年十二月己未，北京图书馆出版社，2007；《道命录》卷 5《晦庵先生辞免进职状》。
③ 《宋史》卷 383《虞允文传》，第 11798 页。

辰入觐时，蔡戡所写的颂扬文字。

张孝祥，蔡集卷16《送张安国舍人》诗，当作于乾道元年，时张孝祥自建康留守出知靖江府，而蔡戡时为建康溧阳县尉，两人交契或自建康始。诗中有"微官拘缚如楚囚，虽欲从公嗟无由""他时东阁罗枚邹，贱子还许登门否"之句，另张孝祥有《浣溪沙·烟水亭蔡定夫置酒》词，[①] 烟水亭在江州，当是蔡戡任江州观察推官之际所作，由此可见两人之关系。

另有诸如梁克家，蔡集卷9《贺梁枢密启》；王炎，蔡集卷9《贺王参政启》（两启）。梁克家贺启和贺王炎的第一封启皆是乾道五年两人入为执政时蔡戡所写，而贺王炎的第二封启则是王炎以参政出为四川宣抚使所写，书启中蔡戡以把握机遇、建立功名相期。史正志，蔡集卷9《贺史发运启》，时史正志新除江浙荆湖两广福建等路都大发运使；龚茂良，蔡集卷9《贺龚运使启》，时龚茂良新授江南西路转运判官，而蔡戡正在江州观察推官任上，为史、龚部属，故以启贺之。

尚为选人的蔡戡所接触到的人物皆是在政治上有相当影响力的一时之俊，而这一点对于改官来说，则显得无比重要。而仅就蔡戡个人条件而言，蔡戡以门荫入仕，约在绍兴末年任建康府溧阳县尉，[②] 他在溧阳县尉任上"督捕应格"本应升迁，蔡戡不知何故"置弗言"。[③] 从这条记载中也约略可知蔡戡应该具备较强的行政能力。乾道二年，蔡戡以第十人中进士高第，这又证实了蔡戡具有出众的文学才能。蔡戡出众的才学、较强的行政能力，再辅以蔡襄之后，兼之其祖父蔡伸、叔父蔡洸在高宗孝宗朝积累的声名与人脉，蔡戡受到陈俊卿、虞允文等人的汲引也就再正常不过。虽然蔡戡在给陈俊卿的改官谢启中曾称自己自入仕至改官"为贫十年"，但须知在南宋时期能够十年改官，已不啻为飞速了。

三　人际网络的拼织（下）：蔡戡改官后的政治背景分析

改官之后的蔡戡在仕途上也是比较顺利的，这在很大程度上取决于蔡戡自己

① 张孝祥：《于湖居士文集》卷33，上海古籍出版社，2009，第332页。
② 参见钟振振《南宋文学家蔡戡小传订补》，《江海学刊》2008年第6期。
③ 史能之：《咸淳毗陵志》卷17《国朝人物》，《宋元方志丛刊》第3册，中华书局，1990。

的才干和政绩，如淳熙五年，蔡戡为提举广南东路常平茶盐公事，"所部十四郡岁以敷银为病，勘积盐羡代输，迄今便之"。① 其后蔡戡任提点荆湖南路刑狱公事时（淳熙七年至九年），衡州常宁县溪峒首领"李昂霄有异谋，传道汹汹，勘乘其未定，单车驰喻，其党相顾骇愕，叩首服"。② 淳熙九年，时为宰相的王淮"以用人为己任，以馆职及郎官多阙，欲召试及选治郡高第者为之"，蔡戡即为王淮之首荐，③ 由此亦可见蔡戡之才。尽管如此，人际网络对蔡戡仕途的影响仍是不容忽视的因素之一。下文则就此进行剖析。

值得注意的是，前文所列举与蔡戡叔父蔡洸交好的诸人，亦有与蔡戡交好者，其中周必大、杨万里与蔡戡的接触较多，而关系最密切者当属杨万里。如周必大、杨万里之辈均年长蔡戡十余岁，当是蔡戡的父辈，后来随着蔡戡地位的上升，他们同朝为官，在交往过程中亦以朋辈相论。

应该说蔡戡与周必大之间的交往，与其叔父蔡洸密不可分。淳熙三年正月，蔡戡父蔡湍去世，同年四月周必大曾经写过一首挽诗，其诗云：

> 计相声名久不磨，庆余丰报属君多。原鸰重遇非常主，君谟（蔡襄字）久任三司，使君弟今为户书。庭鲤仍收最上科。君谟第十人及第，君子戡亦然。但使家声常辉赫，不辞官路独蹉跎。仁人天岂惜眉寿，自要曾门同逝波。君谟享年五十六，湍亦五十六。④

蔡湍逝世之时，周必大为权兵部侍郎，与时任户部尚书的蔡洸同在朝廷为官。周必大向与蔡湍无甚交往，而此时的蔡戡不过是新知道州的晚辈，可以肯定，周必大挽蔡湍是基于与蔡洸的交情。从诗的内容及作者的注释来看，其立意投向蔡湍的家族背景，这无疑也从一个侧面说明周必大与蔡氏一门的联系是通过蔡洸建立起来的。庆元二年（1196）周必大为蔡戡的祖父蔡伸撰写神道碑，结尾部分提

---

① 《咸淳毗陵志》卷17《国朝人物》。此段记载前文为"乾道丙戌甲科，得节五年，所部十四郡岁以敷银为病"云云。考蔡戡以盐羡代输上供银事在其为提举广南东路常平茶盐公事任上所为，其文集《定斋集》卷1有《乞代纳上供银奏状》所请即此事，此状为淳熙六年所作，然据状云，蔡戡淳熙五年十二月到任后即发现此病。另据明人毛宪《毗陵人品记》蔡戡小传云"持节五羊"，则可知《咸淳毗陵志》"五年"乃"五羊"之误。

② 《咸淳毗陵志》卷17《国朝人物》。

③ 《攻媿集》卷87《少师观文殿大学士鲁国公致仕赠太师王公行状》。

④ 《文忠集》卷6《新镇江通判蔡湍挽词》。

到了神道碑撰写的缘起："公（蔡伸）既殁四十年，而墓道之碑未刻，右文君以予周行旧交，使来请铭。"① 右文君即指蔡戡，因其当时帖职为"右文殿修撰"，故有此称。所谓"周行旧交"，实际上指的是周与蔡洸、蔡戡叔侄两代人的交情。周必大与蔡洸交契甚深，但是与蔡戡之间的交情就要平淡许多。两人之间亦常有书信往还，见诸蔡戡《定斋集》卷9《贺周知院启》，淳熙九年六月周必大自参知政事除知枢密院事，蔡戡在道贺的同时，也提出："某将母穷边，栖踪大厦。千秋奉明主，欣逢有道之朝；一气转洪钧，愿遂便亲之请。"此时蔡戡任京西南路转运判官，因地处宋金边界，亦可称之为"穷边"。至于周必大看到此信后的反应则不得而知。不过从后来蔡戡的行实来看，他确于淳熙十年春召还，有过一段短暂供职于行在的经历。② 不过这缘于上述王淮之荐举还是周必大的推动，或两者兼而有之，则不得而知。周必大《文忠集》卷196载有题为《蔡定夫少卿》的三篇书启，其书写年代分别是淳熙十年秋、十一年和十二年夏，此时蔡戡正在湖广总领任上。淳熙十年秋之启暂不论，③ 后两幅启多谈及公事，所涉私人问候，则为客套之语，由此亦可见两人关系平平。此外，两人私下的交往多局限在蔡戡请周必大书写碑铭、题跋之类。如上述蔡戡请周必大书写其祖父的神道碑，另庆元二年"公（蔡襄）玄孙户部侍郎戡出帅豫章，复刻公遗墨，俾某记其岁月"。④ 同年又因"豫章牧、右文殿修撰蔡公戡状君（指方崧卿）遗事，且道其子之意，属予以铭"。⑤ 从这些情况来看，蔡戡与周必大之间大体保持着一种礼节性的交往，远不能和其叔与周必大之关系相比。

至如杨万里与蔡戡的关系就要亲密许多。杨万里与蔡戡最早见诸记载的交往当在淳熙四年，是年夏杨万里"来守毗陵，戡以户部尚书洸所状公（蔡湍）行实来请铭。某虽不及上堂拜公，而与戡同朝甚厚，义不得辞"。⑥ 杨万里与蔡洸

---

① 《文忠集》卷62《中大夫赠特进蔡公伸神道碑》。该文题后注"绍兴二年"，显误。蔡伸殁于绍兴二十六年（1156），下推四十年，当在庆元二年（1196）。

② 《定斋集》卷3《论屯田利害状》云："臣昨任京西漕臣……今春召还。"又同书卷10《除湖广总领谢宰执启》云："召从绝塞，入觐修门。暂为华省之游。"

③ 该启中有"举将大契公论，阎侯骤用，良由荐词独异之力也"及"某衰懦不才，误蒙恩擢，方此兢惧。长笺多幅，过勤盛礼。虽佩故人敦旧之意，如弗称何亟此？具谢不果，详谨赏惟矜亮"之语，似在感谢蔡戡荐举之意，与周必大此时之身份颇为不合，未知何故，系此存疑。

④ 《文忠集》卷47《题蔡忠惠公帖》。

⑤ 《文忠集》卷71《京西转运判官方君崧卿墓志铭》。

⑥ 《杨万里集笺校》卷128《故承事郎通判镇江府蔡公墓志铭》，第4953～4954页。

年纪相近，本当与蔡洸、蔡渊同辈，但这里显然将自己视为蔡戡之同辈人，这亦可看出杨万里与蔡戡关系之密切。杨万里妻偶染寒疾，"方妇病之将坏也，吾友蔡定夫过予，予因诹之，定夫曰：'莫叶君良也。'已而果然"。① 此时蔡戡为父守制在常州武进县家中，杨万里亦官于常州，两人于此时有了更多往来的机会，关系也就更加密切。是年秋，蔡戡提举广南东路常平茶盐公事，杨万里有《送蔡定夫提举正字使广东》之诗。② 淳熙七年春，蔡戡任广南东路转运判官，所遗提举广东常平之阙即由杨万里继任，于是两位好友又在广州谋面；"是时同列五人，而并居番禺者四，其有母者二人而已。盖余（杨万里）母年七十有九，蔡（戡）母年六十有五。二母生朝，两家交贺，同列罗拜，奉觞上千岁寿"，③ 为一时之盛事。不仅如此，蔡母生日之际，杨万里还特别写下了《水调歌头·贺广东漕蔡定夫母生》④ 以为庆贺。然而挚友相聚的欢乐时光总是显得很短暂，是年九月，蔡戡调任荆湖南路提点刑狱公事，杨万里满怀惆怅地写下了"四海几人怜我老，三年两作送君诗"送别蔡戡。⑤ 淳熙十二年五月，杨万里迁吏部郎中，"王季海（淮）为丞相。一日，丞相问诚斋云：'宰相何事最急先务？'诚斋答丞相云：'人才最急先务。'丞相云：'安得人才而用之？'诚斋取笔疏六十人以献，随所记忆者疏之。退而各述其长，上之丞相"。蔡戡也名列其中，杨万里对蔡戡的评价是"气度凝重，学问该洽"⑥。此后两人亦多有书信往来、礼物馈赠，保持了半生深厚的友谊。

蔡戡在改官后接触的人物除前述诸人外，至少还有如下一些当时的著名人物。

王之奇，蔡戡与王之奇的接触应当是在其召试馆阁、任秘书省正字期间。王之奇于乾道八年二月癸丑除签书枢密院事，⑦ 蔡戡有《代辞免签书枢密院表》与《贺王枢密启》。⑧ 次年正月王之奇罢政，以资政殿学士出知扬州、淮南路安

---

① 《杨万里集笺校》卷78《送叶伯文序》，第 3199 页。
② 《杨万里集笺校》卷10，第 551 页。
③ 《杨万里集笺校》卷129《太令人方氏墓志铭》，第 5002 页。
④ 《杨万里集笺校》卷97，第 3749 页。
⑤ 《杨万里集笺校》卷16《送蔡定夫赴湖南提刑》，第 792 页。
⑥ 《杨万里集笺校》卷113《淳熙荐士录》，第 4307 页。
⑦ 事见《宋宰辅编年录校补》卷17，乾道八年，第 1213 页。
⑧ 见《定斋集》卷7、卷9 所载。

抚使。① 此时已经出知江阴军的蔡戡仍然为王之奇写下了《代淮东安抚使谢表》《代淮东安抚使谢太上皇帝表》。② 王之奇向被目为近幸势力，其除签书枢密院之际，就遭到朝中许多与道学有瓜葛大臣的抵制，周必大就曾因此奉祠出外。乾道九年罢政的原因，据后来臣僚上奏称："淮南安抚使王之奇好为大言，备位（指为签书枢密院）无补，欲为脱身之计，遂请分阃之行。"③ 从《定斋集》所载蔡戡代王之奇所写诸奏表来看，显然蔡与王的关系非同一般。

吕祖谦，淳熙八年吕祖谦逝世，时为湖南提刑的蔡戡写下了一篇祭文，④ 文中说：

> 惟戡与公，情义胶漆。同时书林，独亲醇德。如蓬倚麻，不扶而直。出处参辰，死生契阔。闻讣之日，在天一涯。哭于寝门，涕泗咨嗟。有愧古人，经济其家。远奠一觞，宁无知耶！

吕祖谦与蔡戡同日召试馆职，⑤ 这就是祭文中提到的"同时书林，独亲醇德"之语，两人的友谊或始于此。从祭文来看，蔡氏用"情义胶漆"来形容两人的友谊，然而可怪的是在两人的文集中竟然均未有一语提及对方，这或许与两人文集所收不全有关。

李彦颖，淳熙二年除参知政事，蔡戡有贺启。⑥ 从李彦颖一生的行实来看，他的思想倾向于道学，亲善道学人士。其为参政，"实摄相事"，多以抑侥幸、反内降为务。⑦

刘清之，约在淳熙十一年、十二年，蔡戡为湖广总领之际，刘清之为鄂

---

① 事见《宋宰辅编年录校补》卷17，乾道九年，第1215页。
② 见《定斋集》卷7。淮南路本为一路，熙宁五年（1072）分为东西路，元祐元年（1086）并为一路，乾道九年三月复分为东西路（参见《宋史·地理志》《宋史·孝宗本纪》），东路治扬州，西路治寿春府。王之奇出知扬州时，淮南尚为一路，其到任后，已分为东西路，故前后有异。
③ 佚名：《宋史全文》卷26上，淳熙元年三月庚戌，文渊阁《四库全书》本。
④ 吕祖谦：《东莱集》附录卷2《祭文一·蔡提刑定夫》，文渊阁《四库全书》本。《定斋集》未收此文。
⑤ 见《宋会要辑稿》选举三之二三。
⑥ 《定斋集》卷10《贺李参政启》。
⑦ 《宋史》卷386《李彦颖传》，第11866页。

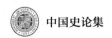

州通判，蔡戡曾荐举过刘清之，① 其在举状中说："欲望睿慈特赐旌擢，或且试以一郡，必能抚字疲民，假以一节，必能澄清属部。"后不久清之便"差权发遣常州，改衡州"②，当是蔡戡推荐之功。淳熙十四年，时知衡州的刘清之因被论"以道学自负"，且与监司不和，乞宫祠。③ 由此可见刘清之亦是道学人士。

叶适，淳熙中，叶适曾向执政荐士三十四人，蔡戡名列其中。④ 叶适当深知蔡戡，否则不会有此荐，然叶适文集中仅此一处提到蔡戡，而蔡戡文集中未见叶适之名。

以上对蔡戡人际网络的拼织，可以明显看到与蔡戡有所交往及友善的人群中，绝大部分与道学人士相关。先后担任过宰执大臣的陈俊卿、龚茂良、李彦颖、周必大等人，他们或与道学人士交往密切，被认为是道学在朝势力的代表，或同情道学人士，对道学人士多方提携引荐。而如张孝祥、杨万里、叶适、吕祖谦、刘清之等人或名在道学之列，或在学术思想上与道学有着深厚的渊源。但是还要看到在蔡戡比较早期的交往圈中还有诸如被认为阴附近幸势力的虞允文、梁克家，甚至还有本身即为近幸势力的王之奇，而且蔡戡和王之奇之间的关系还相当亲密。不仅如此，淳熙九年之际，蔡戡曾为宰相王淮所荐举，而淳熙十二年杨万里荐举蔡戡的背后，亦有王淮的身影，而王淮却是通常被认为的反道学势力代表人物。

在蔡戡所处的年代，政治上党争不断，朝堂之上的纷争、臣僚之间的交互攻击似无一日暂绝，但是纷争的各方势力，交互攻击各方人物之间的分野并非绝对的划一而严整。比如梁克家任相之际，"是时外戚张说用事，宰相虞允文、梁克家皆阴附之"，⑤ 可是另一方面，"（张）说怒士夫不附己，谋中伤之，克家悉力调护，善类赖之"。⑥ 又比如杨万里因采石一战终身服膺虞允文，同时虞允文对杨万里有赏识推荐之恩，故两人交契颇深，杨万里常以门生自处，而对于陈俊

---

① 《定斋集》卷1《荐鄂州通判刘清之状》。
② 《宋史》卷437《刘清之传》，第12955页。
③ 《宋会要辑稿》职官七二之四八。有关此事可参见余英时《朱熹的历史世界——宋代士大夫政治文化研究》第九章第三节"刘清之'以道学自负'案"，三联书店，2004，第473~483页。
④ 叶适：《水心文集》卷27《上执政荐士书》，《叶适集》，中华书局，2010，第555~556页。
⑤ 《宋史》卷434《蔡幼学传》，第12896页。
⑥ 《宋史》卷384《梁克家传》，第11813页。

卿，杨万里亦怀有这样的情感。陈虞二人因近幸、和战问题发生抵牾，杨万里也并未因此而厚此薄彼。王淮是公认的反道学领袖人物，而与朱熹友善的杨万里同样与王淮关系密切。即以王淮而论，其与朱熹交恶因淳熙八年唐仲友一事而起，从而也掀起了王淮打击道学势力的序幕，王淮与朱熹颇有势不两立的架势，但是在淳熙十二年杨万里所书《淳熙荐士录》中不但有朱熹的名字，而且列于首位。前文已经提到过，这是杨万里应王淮之请而写的，杨万里先是当面写下名单，后又经整理写下所荐之人的才能，正式献给王淮。当此之时，杨万里不可能不知道王淮与朱熹的关系，而王淮在第一次看到名单之时，也完全可以要求杨万里去掉朱熹的名字，但事实上王淮并未如此。当朱熹知道杨万里荐士一事后，曾在给廖俣的回信中说："诚斋荐语精当，真无愧词。第顾衰踪，不足为重，而恐或反为累耳。"① 不过朱熹的担忧却并未变成现实，杨万里与王淮的关系一直很好，王淮死后，其神道碑还是杨万里所撰。此次荐士的结果，据《宋史》杨万里本传载，"淮次第擢用之"，不过从朱熹此后仍在奉祠的情况来看，大约擢用的人员中是不包括朱熹的。不过，从这件事中可以看到王淮对朱熹虽有怨恶，但还是在一定程度上有所包容。同样，朱熹也并未因杨万里与王淮交好，而影响他们两人之间的友谊。

在对政治斗争的观察中，研究者很容易陷入"非此即彼"的先验观，但在现实世界中，这种划一而严整的区隔实际上是不存在的。政治理念和个人情感在很多情况下指向并非一致，有时两者之间的相互疏离恐怕才是正常状态。这样也就不难理解蔡戡交游圈中包含着各派人物的事实了。

蔡戡的人际网络对蔡戡的仕宦到底产生着怎样的影响呢？其实从现有的史料来看，很难说清蔡戡仕宦之路上都有哪些具体的人物起到了具体的作用。人际网络对于个人仕途，固然能起到直接推挽、提拔、相互扶持的效果，但更为重要的则是不经意间强化或改变个人的人际环境，例如个人的名望、口碑、影响力之类，都会在人际网络作用之下产生变化。从蔡戡一生的仕宦历程来看，改官、任敕令所删定官及为王淮、杨万里、叶适等人所荐举，不见得每个阶段都存在着奔竞、攀附之类的行为，但"名望"一定存在于其中。名望的获得不仅要靠才能来赢取，更需要人际网络对其加以传播和强化。

---

① 《朱熹集》卷49《答廖季硕》，第2402页。

小　结

荐举书启所连接的并不仅限于书启往还的双方，即举主与被举人，它也是联系制度与政治的媒介和桥梁，通过对荐举书启中所呈现出的人际关系的追索，进而拼织出以被举人为中心的人际网络，从而对政治中的人物在制度框架下的选择和反应进行剖析。

以本文所研究的对象蔡戡为例，如果以人际关系的角度去观察，蔡戡拥有天然优质的人际资源，名公之后、祖父和叔父皆为有一定影响力的官宦，这使得他在改官之前就能与当时政治上的核心人物、准核心人物及各色文化名流交往过从。改官之际，在尚阙一纸改官状的情况下，人际优势遽然显现，他不但如愿地获得了"合尖"之状，而且还是来自前宰相陈俊卿。而改官之后的蔡戡也是因为人际关系的优势，再度获得宰相虞允文的大力推挽，获得了被目为清要差遣的敕令所删定官。这两个关键的过程也为蔡戡未来的仕途铺平道路。对比笔者曾经考察过的强至的改官之路可以看到，① 孤寒出身的强至在改官之际，常常烦心于无知之者，不得不以一封封的求荐书启引起举主的注意，其内心的煎熬、彷徨、无奈尽显无遗，虽然最终成功改官，但与蔡戡相比，不啻天壤。

改官之后的蔡戡，从其人际交往的实际情况来看，明显带着陈俊卿、虞允文、蔡洸等人的影响，蔡戡也正是在此基础之上，进一步构建并形成一个较为固定的人际网络交游圈。在人际网络的传播功能作用之下，蔡戡的声名也借此而稳步上升，由此带来的则是蔡戡屡屡引起政治核心人物的注意（比如宰相王淮对蔡戡的推荐、杨万里和叶适向宰执推荐蔡戡），于是蔡戡在仕途上的顺遂也就是自然之事了。

本文虽以《改官后谢福州陈丞相启》为线索，讨论了蔡戡个人的人际关系网络，但从观察到的情况来看，其结论并不仅仅属于蔡戡个人。仅就宋代的情况而论，改官制度的成熟与固化，甚而为了追求制度运行中的可操作性所造成的僵化，迫使谋求进一步升迁的宋代选人们不得不直面改官难的现状。为了达到制度中所规定的标准，基于地缘、血缘、学问、文化等方面形成的日常性人际关系就

---

① 参见拙作《限考受荐：宋代选人改官的资格》，《中国史研究》2012 年第 1 期。

会被调动起来，以制度不许可的形式达成制度要求的条件。此时日常性的人际关系就不再限于"礼"，转而走向"利"，形成了政治性的人际网络。不过需要注意的是，日常性与政治性的人际关系，并非区隔严整、彼此分明，而是交互混融，共同对人、对事施加影响。

原刊《中国史研究》2017 年第 2 期

李光史事易学初探

续晓琼

摘　要：李光作为"南宋四名臣"之一，在政治上颇有建树，在文学上也久负盛名，但是作为"史事宗"易学代表，关于他的易学渊源以及易学思想却鲜有深入研究。本文以李光的《读易详说》为载体，结合南宋社会现实，探究他的易学渊源、易学思想以及对后世的影响，这样可以更加全面的了解李光并且深入把握易学史中"两派六宗"之一的"史事宗"易学。

关键词：易学　史事宗　正心诚意

李光，越州上虞（今浙江上虞）人，字泰发，一作泰定，号转物老人，又自号读易老人，生于宋神宗元丰元年（1078），卒于宋高宗绍兴二十九年（1159），谥号"庄简"。徽宗崇宁五年（1106）进士，官至参知政事，后因与秦桧不合，被贬藤州、琼州等地。今存《庄简集》，包括诗、词、文三部分，另有《读易详说》①存世。李光作为"南宋四名臣"之一，既有政治上的卓越建树，又有文学上的突出贡献，尤其在易学领域，他用历史事实阐释《周易》的方式成为易学史上"两派六宗"之"史事宗"的代表。

一

谈及李光的易学渊源，董真卿曰："先生之学本元城，元城学于司马公。"②

---

① 文中所出"李光注"皆出自文渊阁《四库全书》本《读易详说》，不再重复出注。
② 黄宗羲：《宋元学案》卷20《元城学案》，中华书局，1986，第836页。

元城即刘安世，"刘安世居南京，光以师礼见之。安世告以所闻于温公者曰：'学当自无妄中入。'光欣然领会"。① "无妄"即正心诚意，安世以其师司马光的教诲告知于李光，这在李光的《读易详说》中有明确记载，所以，看似简单的一句话实则标明了李光一生的学术旨趣。刘安世曾说："为学惟在力行。古人云：'说得一丈，不如行得一尺。说得一尺，不如行得一寸。'故以行为贵。"②重视实践，注重行动，一直是刘安世的行事准则，司马光评价："安世平生只是一个'诚'字，更扑不破。诚是天道，思诚是人道，天人无两个道理。"③ 他也认为："某之学，初无多言。旧所学习老先生者也，只云'由诚入'。某平生所受用处，但是不欺耳。今便有千百人来问，某只此一句。"④ 可知刘安世注重的是内圣外王之道，学以致用之理，而李光在其教导与熏陶下，继承了其师的学术追求与道德修养，李光曾说："汝辈居家，惟是尽一孝字；居官，惟是尽一廉字；他日立朝事君，惟是尽一忠字。但守得此一字，一生受用不尽。"⑤ 简短的话语蕴含着师辈教诲的精髓，所以当李光用史事阐释《周易》，实际也是遵循刘安世的教导，将经典运用到实际当中，发挥其治世功用。所以，刘安世对李光不仅在思想上而且在道德评判上都给他指明了学习的方向。

刘安世的老师为司马光，司马光的《温公易说》强调易道为天人之和，且引史证《易》，《四库全书总目》评价其："于古今事物之情状，无不贯彻疏通，推阐深至。"而他的《资治通鉴》更是总结历史经验以经世致用之典范。余敦康先生曾说："就学术思想而言，他的史学与易学却是彼此互通，结为一体，相得益彰，不可分割的。如果他的史学研究主要着眼于'通古今之变'，易学研究则主要着眼于'究天人之际'。'究天人'是为了使自己能够站在哲学的高度从整体上去更好的'通古今'，'通古今'是为了具体的考见'国家之兴衰'，'生民之休戚'，切实地把握天人之学的思想精髓和价值理想。"⑥ 经刘安世，李光继承司马光的治学方法，《易》史结合，以史解《易》，从而成为史事易学的代表之一。

---

① 《宋史》卷363《李光传》，中华书局，1977，第11335页。
② 黄宗羲：《宋元学案》卷20《元城学案》，第827页。
③ 黄宗羲：《宋元学案》卷20《元城学案》，第828页。
④ 黄宗羲：《宋元学案》卷20《元城学案》，第828页。
⑤ 黄宗羲：《宋元学案》卷20《元城学案》，第836页。
⑥ 余敦康：《汉宋易学解读》，华夏出版社，2006，第164页。

关于李光的易学渊源，还需要提到两个人，即赵元镇和胡铨。他们与李光亦师亦友，在易学上互相切磋，互相勉励。李光曾写信对好友赵元镇说：

> 自度岭海无所用心，实尝留意于此，昼度夜思，时有所见，到琼偶已终篇，正以无朋友琢磨之，益未尝敢以示人。《乾》《坤》二卦《易》之领袖，尝见前人解释不以类求，多断章取义。如《小象》《文言》所释不附之爻则，一篇之义都不贯穿，既稍出己见未敢轻出。须俟异日面呈以求笔削，余卦恐有补。于今日，处患难之道，如《困》《蹇》等。①

从内容看，这是李光被贬琼州后，感叹自己的处境以及对世事的忧虑，开始关注《周易》，但是苦于没有朋友共同琢磨，也未敢示人。于是，向远方的友人赵元镇写信，将自己的研究心得告诉他，希望得到指点。同时，我们在这封信中看到李光用《周易》中的《困卦》和《蹇卦》道出自己的处境和苦闷，可知当时李光在海南的心境以及他研究《周易》的出发点。

另一位与李光交往密切的友人是胡铨，他们两人赋诗唱和，书信往来密切。李光还曾为胡铨易书作序，共同的境遇与爱好，更促进了两人的友谊。在《庄简集》中收录《与胡邦衡书》的数量远超过与其他人的信件。在这些信件中，他们互相切磋易学认识，互相探讨易学难题。

> 处忧患之际，则当安之若命，胸中浩然之气，未尝不自若也。邦衡岂俟鄙言，仲尼作《易》亦专论此事。《困》，刚揜也，险以说，困而不失其所亨，其惟君子乎！《剥》必有《复》，《否》终则倾，邦衡素明此道。《需》之时，则当以饮食燕乐，仆之顽鄙，又垂尽之年，惟知生死事大，无常迅速，故汲汲耳。②

二人以《周易》为交流平台，抒发着对于忧患之际的愤懑，李光用《困卦》《剥卦》《否卦》说明道理，而这也是友人胡邦衡亦通晓的法则，惺惺相惜之情油然而生，互相珍重之情溢于言表。

---

① 李光：《庄简集》卷11《与赵元镇书》，文渊阁《四库全书》本。
② 李光：《庄简集》卷15《与胡邦衡书》。

四卦不知尝经览否？区区欲再见之意，诚有所未尽也。仆于左右亦尝效其狂言矣。公有所疑，亦望指摘，岂如世俗以谀言相媚悦哉！此书本不以示人，以公致力于斯文之久，必能洞见，此仆相求之意也。①

李光曾为胡铨《易解》作序，云："《易》之为书，凡以明人事。学者泥于象数，《易》几为无用之书。邦衡说《易》，真可与论天人之际。"又曰："自昔迁贬之士，率多怨怼感愤。邦衡流落瘴乡，而玩意三画，可谓困而不失其所亨，非闻道者能之乎？"② 这篇序看似是为胡铨所作，实则是自己所作《读易详说》的目的，就是要将几为无用之书的《周易》还原为明人事、有借鉴的《周易》。

李光之《周易》研究是在被贬琼州之后，在经历了政治上的重重险恶之后，这使其更加深了对事实的认识，于是他以历史解读《周易》，是希望在《周易》中寄托自己的治世抱负，寻找现实的出路，以便找到心灵的慰藉。从《读易详说》所引历史事实中，既可以清楚地窥探到李光刚正不阿、疾恶如仇的鲜明性格，又可以读出他对历史经验教训的重视，同时还有很多与友人的商量以及自己对生活经验的感悟与本身知识结构的重组，正如他所言："昼度夜思，时有所见。"③ 李光将历史事实加入《周易》，不仅增加了《周易》的现实感与历史感，而且使《周易》成功转型，成为一部指导现实的用世之书。

二

当李光远离政治中心，无法实现自己的理想时，他感慨万千，于是在通天人之道的《周易》中寻找寄托，终于在昼夜所思中有所创见。他在艰苦的外部环境下被动的"无所用心"，④ 其实反映了当时特殊的时代背景和凄凉的个人境遇，也只有借助史事参证《周易》，来完成其宏伟的人生理想和政治抱负，因此，《读易详说》中充满了治国和用人之道。

---

① 李光：《庄简集》卷15《与胡邦衡书》。
② 李光：《读易详说》，文渊阁《四库全书》本。
③ 李光：《庄简集》卷11《与赵元镇书》。
④ 李光：《庄简集》卷11《与赵元镇书》。

（一）引史事寓君臣之理

在《读易详说》中多次出现尧舜史事，而且多以君臣之理解释。尧舜为历史明君，李光反复引用，表达了对明君治国、忠臣辅国的渴望，使之与南宋社会现实形成鲜明的对比。

《乾卦》九五《象传》曰："飞龙在天，大人造也。"李光注："有尧舜之君则有皋夔稷契之臣，有汤武之师则有伊尹太公之佐，故二五两爻皆曰利见大人，以见上下之相须也。"皋夔稷契是舜时贤能之臣的合称，分别为皋陶、夔、后稷和契，传说中，他们辅助尧成功治理国家。伊尹为商初名臣，伊尹辅政一时传为佳话。太公则是帮助周武王伐纣的功臣。通过以上例子李光表达出国家的兴盛很大程度上在于有贤臣的辅佐，只有任用贤德的臣子，才能完成治国大业。翻检《读易详说》，君臣关系是作者探讨的一个重点，因此，相关例子俯拾皆是。

同样，《乾卦》九五《象传》曰："飞龙在天，大人造也。"李光注："张良、韩信之从汉王，耿弇、邓禹之从光武，房玄龄、杜如晦之辅唐太宗，皆心德之同，如水火之就燥湿，风云之从龙虎。"张良、韩信从刘邦，耿弇、邓禹从汉光武帝，房玄龄、杜如晦辅李世民，就像水火就燥湿，风云从龙虎一样，君臣同德同心，造就王朝的兴盛与辉煌，从而圆满地阐释贤臣辅助明君和君臣相依的现实意义。

《坤卦》卦辞："君子有攸往，先迷后得主。"李光注："君子有攸往，继之以先迷后得主，人臣之道，虽志在得君，又恶不由其道，如伊尹耕有莘之野，必待三聘而后行。诸葛亮卧草庐之中，必待三顾而后见。盖先则迷惑而失道，后则顺而得常，此人臣进退去就之大节也。"用三聘伊尹和三顾诸葛亮的史事来解释人臣之道在于得君，再一次肯定在治理国家的道路上，君臣互信才是坚实的基础。

《兑卦》九五曰："孚于剥有厉。"李光注："九五刚明之主也，圣人特于此致其戒慎之意，言信于小人则危道也。以唐太宗之明且不能去宇文士及之佞，然其所尊信者房杜王魏之流，故小人不得行其志耳。"以唐太宗与宇文士及、房、杜、王、魏之间的关系为例，说明君主在贤臣的帮助下，能使君子道长，小人道消，从而成就明君之业。

（二）引史事以明君子之贤德

李光在注解《周易》的过程中，一直强调君臣之间的互信与真诚，从另一个角度却可以看到他坚持为人臣所应有的贤能品质。他用历史人物的贤明表达君子应该秉承的仁义礼智，也期望给当时的社会以启示。

《贲卦》上九曰："白贲无咎。"李光注："贲之道，虽尚乎贲饰，然舜用漆器，群臣谏焉，盖漆器不已，必用犀象，犀象不已，必用金玉，观《贲》之六爻，虽本于贲饰，而常以质素为先。上九，贤人处尊位而众所视效者，故以质素为饰，则其所自奉者，无华侈之过，奢靡之失也，故曰白贲无咎。"贤人是众人效仿的对象，因此他们应该保持朴素，不应追逐华丽与奢侈。李光以此表达他所提倡的贤德之人的质朴与真实，以及返璞归真与洁白无瑕的品质。

《履卦》初九《象传》曰："素履之往，独行愿也。"李光注："君子居穷隐约，虽陋巷箪瓢而不悔者，守其素节也……天下攘攘，皆为利往，吾独守其志节而务行其道，固非众人之所测也。"以陋巷箪瓢而居的颜回为例，强调君子不为利往，不为名逐的气节，同时也清晰地表达了李光自己身居琼地的独立与坚韧及其追求与理想。

《坎卦》《象传》曰："水洊至，习坎；君子以常德行，习教事。"李光曰："君子体此象以常其德行，故处富贵贫贱死生祸福之际，未曾少易其节，如水之流行，虽万折而必东也。"强调君子不论是在富贵、贫贱抑或死生面前，都应该像流水一样，不变其节，坚持方向，体现君子的正直德行。

（三）引史事以求正心诚意

正心诚意是宋儒的理学规范，李光承其师的教诲，一生践行着内圣外王之道，他严格要求自身，即使身处险境，也不忘自己的身份与使命，因此，在引证史事时，也处处体现其对正心诚意的追求。

《否卦》《象传》曰："天地不交，否，君子以俭德辟难，不可荣以禄。"李光注："君子居否之时，当奉身而退，汉管宁之徒是已，宁见天下大乱，遂渡海至辽东，环堵筚门，偃息穷巷，晏然若将终焉，虽三公之位，有所不顾，岂以世之荣辱累其心哉！"管宁，汉末高士，饱读诗书，一生不贪图名利，高雅淡薄，在乱世中以此为生存之道。东汉末年，天下大乱，管宁放弃三公高位，避于辽东穷巷，绝口不提世间事，最后平安度过艰难时局。李光认为在混乱之世不应以荣禄为累，应该清洁自律，提高修养，等待否闭之道的颠覆。

《有孚卦》《象传》曰："有孚挛如，不独富也。"李光注："自古帝王未有独擅其富有而能成功者，武王伐纣之后，列爵惟五，分土惟三。汉祖既灭，项氏

亦遍封功臣，韩信王齐之初有三分之势，特眷恋不忍叛去者，怀其解衣推食之惠也。"历史中，武王伐纣之后将天下之土分封给诸侯，项羽封韩信为王，给予优厚的待遇，使韩信感恩而不背叛，不独占成果并诚心诚意与人分享，这是李光希望的诚信之义与正直之举，也是大公至正之人的典范。

《蛊卦》六五《象传》曰："干父用誉，承以德也。"李光注："九二有中正之德，奉承以德，不失子道而已。唐太宗、肃宗非不才之子也，即位之后，使其父惴惴然，常有意外之患，有德者固如是乎？"以唐太宗和唐肃宗为例，说明即使君王在为人子时，也不应使父辈有担忧之心，应该加强自身道德修养，只有正心诚意，才能不失子道，不失君道。

值得注意的是，在《读易详说》中，李光还引用了当朝史事，虽然只有一例，却弥足珍贵，既表达了自己的政治立场，又传达了靖康之难在南宋士人内心深处的愤怒。

《比卦》《象传》曰："地上有水，比，先王以建万国亲诸侯。"李光注：

> 靖康之祸，金人长驱如入无人之境，诸路守臣奔窜迎降之不暇，其间能仗节死难者，不过数人，何补于治乱哉？然则众建诸侯，或大封同姓，以复唐虞三代之制，岂非今日之先务哉！

李光以此解释《比卦》中的"建万国诸侯"，他认为，金人长驱直入时像进入无人之境，是因为没有出现誓死抵抗的将领，更深层次的原因是建国后没有分封同姓，建诸侯。面对侵犯，当务之急是恢复秦朝已建立的诸侯万国制，形成亲比、团聚、依附的强大力量来抵抗干扰。不管这种观点正确与否，但是可以提出如此自强的策略，可见他强烈的用世之心。靖康之难对于南渡士人来说是巨大的耻辱，敢于引用当朝的事例来证实，说明李光对这件事的深刻记忆，也反映了他立志收复故土的信念与执着。然而从另一角度考虑，一位有志之士只能在偏远之地，将自己执着的政治抱负暗含于注释一本经典之中，而不能亲自实施，这不能不说是时代的悲剧。

李光在《读易详说》中引用了大量历史事件，既引过去，又引当下，几乎卦卦有史，不论是论君臣关系还是论君子修养，都力图在史事中开辟出经世之道，以追求其学以致用的学术理念。正如《四库全书总目》对此书的评价："圣人作《易》以垂训，将使天下万世无不知所从违，非徒使上智数人矜谈妙悟，如佛家之传心印，道家之授丹诀。自好异者推阐性命，钩稽奇偶，其言愈精愈妙，而于圣人立教牗民之旨愈南辕北辙。转不若光作是书，切实近理，为有益于学者矣。"①

<h2 style="text-align:center">三</h2>

以史证《易》并不始于李光，但在解释《周易》时大量引用历史事件以及历史人物，几乎卦卦有史，李光是最为突出的。因此，李光的《读易详说》在易学史上占据着重要的地位。

偏安一隅的南宋，承受着失去国土与君王被掳的压力，生活于此的人们焦灼的内心无法忍受如此巨变，他们渴望收复失地，陆游曾作诗："北望中原泪满巾，黄旗空想渡河津。丈夫穷死由来事，要是江南有此人。"② 真实地刻画了时人急切返回中原故土的渴望，但现实却是如此无情，徒有满巾的泪水。南宋时期，朝廷内部始终纠结于主战和主和，由于政治上意见不同被贬谪的士人多存用世之心，他们也只有将热诚用于著述中，而李光也只有以史解《易》，来完成其为国效力的志愿。

在宋代，"许多理学家与易学有着某种不解之缘，有的本身就是易学大师。理学解《易》的目的不单是为了儒家经典文本的微言大义，其深层用意还在于依托《周易》构建自己的思想体系"。③ 他们纷纷将历史兴衰的规律，历史人物成功与失败的经验教训作为史料加入《周易》的解释中，从而构建自己的思想体系，完成对家国的责任，以此唤醒对现实迷茫与失望的士人们。环境变化要求学术跟进，就《周易》而言，自不能将它束之高阁，而是需要发挥它指导人事的功能，尤其在面对民族存亡之时，更需要治世的儒家经典挺身而出，李光的《读易详说》正是在此环境下应运而生，既肩负着自己的理想，又承担着治世的重任。

"纵观整个南宋除了权相秦桧执政时期，总的来说，文禁不密，士大夫熟识本朝政治和本朝故事，对国家和民族有很强的责任感，不少人希望借助于史学研

---

① 李光：《读易详说》，文渊阁《四库全书》本。
② 陆游：《剑南诗稿校注》，钱仲联校注，上海古籍出版社，1985，第1562页。
③ 张涛、任利伟：《疑经变古思潮中的宋代易学》，《古籍整理研究学刊》2009年第2期。

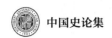

究，总结历史上的经验教训，以供统治集团作参考。另一方面，南宋重视文治，读书应举的人比以前任何时候都多，对史书的需要量极大，许多人通过著书立说来宣扬自己的政治主张。"① 史学在南宋同样承载着人们的迫切希望，承担着人们的政治主张。而李光尤好读史，"居琼州八年，仲子孟坚坐陆升之诬以私撰国史，狱成；吕愿中又告光与胡铨诗赋倡和，讥讪朝政，移昌化军。论文考史，怡然自适，年逾八十，笔力精健"。② 他以考史为乐，其仲子更以史为狱，一切都来自对史的执着与追求，史学对于李光来说，不管是在政治斗争的中心还是远离朝政，都是一种安慰与快乐。所以，李光选择将历史与《周易》结合，来完成他所肩负的儒者使命。

南宋疑古变经思潮的继续，史学的兴盛，偏安一隅的屈辱，主客观原因一起促成易学与史学的结合。李光的《读易详说》正是在这样的历史背景下写成的，看似出现了大量的以史论《易》，实则隐含了深刻的时代背景和学术发展规律。自李光之后的杨万里《诚斋易传》、李中正《泰轩易传》、李杞《用易详解》、胡宏《易外传》等都大量引用历史来解释《周易》，进一步完善了"史事宗"易学的"参史"特色，他们集中出现在南宋，成为独树一帜的易学现象。所以，李光的《读易详说》既继承了义理解《易》，又加快了史事解《易》，承前启后，在易学史上占据着极其重要的地位，对易学的发展影响深远。

原刊《东岳论丛》2014 年第 7 期

---

① 何俊、范立舟：《南宋思想史》，上海古籍出版社，2008，第 37 页。
② 《宋史》卷 363《李光传》，第 11342 页。

明代镇戍营兵中的基层武官

曹　循

摘　要： 明代镇戍营兵中数量庞大的基层武官，按职能可分为中军、千总、把总等管营官与操守、防守、守堡等守土官两类。官职由督抚等从宜设置，人选由督抚等自行委用，是这些武官的基本特征。这种管理体制使中央集权与地方分寄在武官管理层面取得一定的平衡，并可发挥搜罗、储备军事人才的积极作用。基层武官的选任被称为"镇巡会选"，其人选来源最初限于卫所世职，兼及武举，嘉靖中叶以后发展为多途并用，日渐冗杂。其中，行伍出身的基层武官不在军政考选的范围之内，成为武官管理的一大漏洞，产生诸多消极影响。镇戍营兵基层武官管理的积弊，是明季军事失败的重要因素。

关键词： 明代　镇戍营兵制　基层武官

镇戍营兵制是明中后期的主要兵制，也是有较多学者耕耘的研究领域。近年来，学者在诸镇建置、军队编制、营兵来源、领导体制等方面的研究成果颇丰，[①] 但对居于总督、巡抚、总兵等将帅与行伍兵士之间的基层武官还关注不多。镇戍营兵中的基层武官数量庞大、职衔繁多、来源复杂，《大明会典》《明

---

① 主要有方志远《明朝军队的编制与领导体制》，《明史研究》第 3 辑，黄山书社，1994；范中义《论明朝军制的演变》，《中国史研究》1998 年第 2 期；肖立军《明代省镇营兵制与地方秩序》，天津古籍出版社，2010；赵现海《明代九边长城军镇史——中国边疆假说视野下的长城制度史研究》，社会科学文献出版社，2012；等等。其他对镇戍营兵制某个环节或军镇的研究成果恕不胪列。

史》等史志均无专门记载，然其实际负责营兵的训练和作战，与明朝军力盛衰、战争胜败有直接关系，对清代绿营制度也有深远的影响，不应忽视。本文从这些武官的主要职能、基本特征、管理体制等方面，予以较系统的考述，进而探讨其对明代军政的影响。

一 基层武官的职能与基本特征

万历《大明会典》卷 126、卷 127 胪列各镇总兵以下"将领"531 员，① 这显然不是镇戍营兵武官的全部。数十万营兵和沿边堡垒墩台还有大批武官分领戍守。这些武官在明代没有统一的称谓，明末兵部尚书杨嗣昌谓之"行伍卑官"②，我们不妨称其为基层武官。基层武官以职能划分，可分为中军、坐营、千总、把总、管队等管营官和操守、守堡、防守等守土官两类。基层武官与《大明会典》所载将领的主要区别，在于管理体制不同。

先看管营官。明朝常设总兵官、副总兵、参将等镇戍边疆的制度，大抵始于永乐年间。总兵等要将卫所的精壮士卒集中起来，训练巡哨。如正统时，大同镇分兵三路，总兵朱冕领 7800 余骑守中路，右参将马义领 2500 余骑守东路，左参将石亨领 4800 余骑守西路。③ 将领麾下这数千士卒，组成一个营，营内又仿"五人为伍、十伍为队"的古兵制，细分为若干部、司、队、伍等组织。④ 其中，部、司、队等以率军入营的指挥、千户、百户等卫所武官管领；伍长常以总小旗充之。如景泰二年（1451），大同总兵郭登挑选精兵，"每五百骑委都指挥一员管领"，又选"一员把总管操"。⑤ 由于原来的卫所部伍被打散重编，指挥、千百户等卫所武职所表明的上下级关系已不起作用，于是，这些武官被冠以"千总"

---

① 申时行等修，赵用贤等纂（万历）《大明会典》卷 126《兵部九·镇戍一·将领上》、卷 127《兵部十·镇戍二·将领下》，《续修四库全书》第 791 册，上海古籍出版社，2002，第 270 ~ 296 页。

② 杨嗣昌：《杨文弱先生集》卷 5《请定鼓励行伍卑官之法疏》，《续修四库全书》第 1372 册，第 57 页。

③ 《明英宗实录》卷 146，正统十一年十月癸卯，中研院历史语言研究所校印本，1962，第 2872 ~ 2873 页。按，本文所引明代各朝实录，均为同一单位校印本。

④ 肖立军先生对明代营兵编制的发展演变有详细考述，见氏著《明代省镇营兵制与地方秩序》，第 271 ~ 299 页。

⑤ 《明英宗实录》卷 205，景泰二年六月癸酉，第 4395 页。

（或"掌千"）、"管司"（或"把总"）、"管队"等新职衔，以表明新的职掌与职级，逐渐形成一套营伍官制。随着营兵制在嘉靖年间趋于成熟，有关营伍官制的记载渐多。嘉靖三十一年（1552），蓟州总兵周益昌说："本营兵马三千，分为三哨，原设掌千三员、贴千三员。"① 隆庆元年（1567），宣大山西总督王之诰言："曩者，军中一坐营、三千总、六把总、六十管队。"② 万历十一年（1583），蓟辽总督周咏云："旧规，千人设一千总，五百人设一把总，五十人设管队一员。"③ 在南方，还有"协总""哨官"等。④ 戚继光的营制，"中军一员，千总三员，把总六员，神器把总一员，百总二十四名，旗总七十二名，队总二百一十六名"，合兵士共2699人，⑤ 与其他各镇颇有不同，尤其是专置"神器把总"统领鸟铳队，体现了戚继光集中使用火器的特点。总之，管营官的职衔名目相当繁杂，各镇并不划一，其职能均为分领营兵，平日负责训练，战时领兵陷阵，使该营主将如臂使指，便于统率。

营伍中还有一些协助主将管理营务的武官，主要有中军官、坐营官、旗鼓官、旗牌官、塘报官等。总兵负责全镇防务，不能事必躬亲，管理营中细务，约在成化以后，明廷就专门委派一员武官助其管理营务、传宣号令，谓之"中军"或"坐营"。弘治元年（1488），兵部尚书余子俊说："旧例，大同、宣府在城各立司分，每司官军五百，设把总一员，中军设总管官一员。"⑥ 可知中军官在弘治以前就已经有了。正德三年（1508），有以"都指挥佥事姜义于大同城坐营"⑦的任命。嘉靖九年，明廷于固原设守备，也是中军官，以免总兵"下侵细事"⑧。中军、坐营官的责任，据蓟辽总督杨博说："总兵在营则操练人马，承行军中一应戎政；总兵出征则慎固封守，经管城中大小事情。"⑨ 嘉靖以后，总督、巡抚、

---

① 刘效祖：《四镇三关志》卷7《总督侍郎杨博议处镇城坐营官员疏略》，《四库禁毁书丛刊》史部第10册，北京出版社，2000，第283页。

② 《明穆宗实录》卷11，隆庆元年八月丙戌，第297页。

③ 《明神宗实录》卷138，万历十一年六月戊午，第2573～2574页。

④ 俞大猷：《洗海近事》卷下《呈总督军门张》，《四库全书存目丛书》史部第49册，齐鲁书社，1997，第68～69页。

⑤ 戚继光撰，邱心田校释《练兵实纪》杂集卷6《步营解》，中华书局，2001，第339页。

⑥ 《明孝宗实录》卷21，弘治元年十二月丁巳，第499页。

⑦ 《明武宗实录》卷36，正德三年三月癸亥，第870页。

⑧ 《明世宗实录》卷120，嘉靖九年十二月辛巳，第2872页。

⑨ 刘效祖：《四镇三关志》卷7《总督侍郎杨博议处镇城坐营官员疏略》，《四库禁毁书丛刊》史部第10册，第283页。

兵备等文官也陆续建立标营作为直属的部队，相应设立中军官。这些文官除少数像谭纶能披坚陷阵、"刃血渍腕"① 外，大多是文弱书生，其中军官责任就与将领中军有所不同。嘉靖三十四年，直隶巡按李凤毛奏准："分守大同东路参将马芳骁健绝伦、谙晓虏情，宜于军门标下领兵。"② 督抚中军平日传宣号令、掌管营务，战时还要统领标营作战，所以要选骁勇战将。同时，行军作战以旗鼓为号，营兵中就有专司旗鼓的官员；以令旗、牌符传递军令，遂有旗牌官；走报紧急军情，又有塘报官。如《四镇三关志》载，辽东总兵标下"原设旗鼓官一员、旗牌官一十二员"。③ 万历三十六年，兵部奏疏中也提到"各镇旗鼓、塘报等官"④。

再看守土官。万历《大明会典》所载将领，守御的都是重要城池关隘。此外，明朝边疆，尤其是"九边"地区，修筑了大量堡垒墩台，负责守卫这些据点的武官，其职衔有操守、防守、守堡官等，也有名为千总、把总的，均"为小堡无将领处"⑤ 所设。

操守等通常负责守御较小的据点，统兵不多。嘉靖二十三年，宣大总督翟鹏奏准："大同……破虏、灭虏、威虏、宁虏、杀胡、拒胡、威胡、迎恩八堡，各设守备官一人，靖虏、破胡、残胡、败胡、阻胡、灭胡六小堡，各设操守官一人，各隶本路参将。"⑥ 前八堡规模较大，故设守备，六小堡则设操守官镇戍。嘉靖三十二年，因大同"松树、靖虏二堡极边，而操守官职卑军少"，兵部认为其"宜与山阴、聚落二城守备更调防御"。⑦ 万历十四年，陕西总督郜光先题称："再于河清堡添设防守官一员……听其暂于参将营摘拨一百名，每季轮番更换防御。"⑧ 这些史料都披露了操守等官统兵不多的情况。其他名为千总、把总的武官人数也很多。戚继光镇守蓟州，在长城一线修筑了大量敌台。万历十五年初，蓟辽总督王一鹗题称：蓟州沿边"管台千、把、百总，则中协七百一十四员名，东协六百一十四员名，西协五百五十三员名"。⑨ 可知当时蓟州一带有数以百计

---

① 《明史》卷222《谭纶传》，中华书局，1974，第5836页。
② 《明世宗实录》卷426，嘉靖三十四年九月庚子，第7367页。
③ 刘效祖：《四镇三关志》卷8《职官考》，《四库禁毁书丛刊》史部第10册，第487页。
④ 《明神宗实录》卷443，万历三十六年二月甲子，第8417页。
⑤ 《明熹宗实录》卷78，天启六年十一月庚寅，第3778页。
⑥ 《明世宗实录》卷288，嘉靖二十三年七月己酉，第5553~5554页。
⑦ 《明世宗实录》卷396，嘉靖三十二年闰三月庚申，第6966页。
⑧ 《明神宗实录》卷174，万历十四年五月甲辰，第3193页。
⑨ 《明神宗实录》卷182，万历十五年正月丙辰，第3401页。

的守台千把总。

最后看这些武官的基本特征。据《四镇三关志》载,蓟辽总督和四镇巡抚、总兵、副总兵、参将、游击、都司各营,以及额兵超过千人的守备等营,俱设有中军官,[1] 其他各镇亦当如是。然而,万历《大明会典》仅开列各镇总兵、总督及个别巡抚中军的设置情况,而副总兵以下各营的中军官及前述千总、把总、操守、防守、守堡等皆付之阙如。从所统兵力看,部分守备统兵仅数百,甚至百余人,与操守、把总等相差并不太大。从官阶看,中军、千总常有都指挥充任的,而都司、守备也不过都指挥,没有明显的区别。[2] 这些官职,万历《大明会典》为何阙而不载呢?我们根据以下三条例证加以辨析。

其一,万历《大明会典》载蓟州镇的把总仅有密云管河把总一员,设于万历元年。[3] 据该年蓟辽总督刘应节疏云:

> 密云,两镇漕粟三十余万石,水手、车夫数千余名,水陆督运及浚河防范,事体颇重,应设专官管理。但本镇相隔昌平路远,运道两分,一官难兼二镇,合候题设钦依把总各一员。[4]

蓟州、昌平两镇粮饷依赖密云一带的漕运,于是刘应节题请朝廷设立密云、昌平管河把总各一员分管。所谓“钦依”,是指人选由兵部推用,经皇帝批准任命。该镇其他把总未被万历《大明会典》著录,应是其非朝廷任命的缘故。

其二,万历《大明会典》载陕西三边总督标下中军官系“万历八年添设”[5],然据《明神宗实录》载,万历八年陕西三边总督郜光先奏准:

> 陕西三边军务重大,与蓟辽、宣大相同,二镇中军官俱系钦设,独该镇

---

① 刘效祖:《四镇三关志》卷3《军旅考》,《四库禁毁书丛刊》史部第10册,第89~99页。
② 明代镇戍营兵制的官职皆无品级,其武官以所带五府、都司、卫所的职衔表明身份等级。参见曹循《明代武职阶官化述论》,《史学集刊》2010年第5期。
③ (万历)《大明会典》卷126《兵部九·镇戍一·将领上》,《续修四库全书》第791册,第273页。
④ 刘效祖:《四镇三关志》卷7《总督侍郎刘应节请改昌密漕运疏略》,《四库禁毁书丛刊》史部第10册,第346页。
⑤ (万历)《大明会典》卷126《兵部九·镇戍一·将领上》,《续修四库全书》第791册,第287页。

于废闲将官中自行选委，事权甚轻，宜一体钦依升授。①

可见，陕西三边总督标下中军早已设置，原本是总督从当地废闲将领里自行选委的，经奏请改为钦设，人员由朝廷任命。

其三，隆庆时，陕西三边总督王崇古奏疏云：

> 三边大堡各设操守官一员，专司一堡兵马，防御虏患；坐堡官一员，管理地方或兼管仓场……历查各镇，除钦除守备、提调各司一路外，余操守等官俱系抚、镇选委。②

这段文字更直接地说明了操守、守堡等基层武官与守备、提调等将领的主要区别是选任规格不同。由督抚等自主设置、自行选委，是镇戍营兵基层武官的基本特征。其职衔名目繁杂，各镇并不划一的根本原因，也在于此。

总之，明代镇戍营兵中官职由朝廷钦设、人选由朝廷钦命的武官，著录于《大明会典》，谓之将领，明人奏疏也常称之为将官。基层武官，因是督抚随宜设置，自行委用，故不在将领之列，实际地位较低。至于两者的职能是管营抑或守土，统兵多寡，官阶高低，没有实质区别，甚至职衔名目都有雷同的。前文提到的总兵、总督标下中军及姜义、马芳等人，应属将领，但不妨用来说明其他中军官的职责。原本是基层武官的，只要明廷将其改为钦命，其在职责、兵数、官阶不变的情况下，就升格为将领。正德《大明会典》卷110《兵部五·镇戍》所载将领中没有备御一官，据嘉靖《辽东志》载："备御官一十五员，正德前镇巡会选，嘉靖丁亥（六年），巡按御史张问行奏改兵部推用。"③ 后来备御就被万历《大明会典》增入将领之列。又如万历《大明会典》载宁夏巡抚标下中军为"千总"，山西则有两员"操守"，④ 这三个官职也应是朝廷钦命，方著录于国家行政法典。

---

① 《明神宗实录》卷96，万历八年二月戊戌，第1939页。
② 王崇古：《陕西四镇军务事宜疏》，陈子龙等选辑《明经世文编》卷319，中华书局，1962，第4册，第3402页。
③ 任洛修、薛廷宠等纂（嘉靖）《辽东志》卷5《官师志》，《辽海丛书》第1册，辽沈书社，1985，第420页。
④ （万历）《大明会典》卷126《兵部九·镇戍一·将领上》，《续修四库全书》第791册，第284～285页。

二　基层武官的选任方法

镇戍营兵基层武官，起初是由总兵于该镇都司卫所武官中选拔的。明前期总兵官佩印出镇，职权内有都司兵马俱听节制一项，则当地都指挥以下武官都要听其调遣，分领兵士、戍守要地。当时，还出现了都司卫所精干武官被总兵差调而贻误军政的情况。① 宣德四年（1429），明廷下令："各处总兵及镇守官不许擅差离职，违者罪之。"② 为防止总兵等擅自用人，明廷开始规范镇戍武官的选任方式。正统六年（1441），大学士杨士奇等议准：

> 陕西甘肃、宁夏、延安、绥德系西北极边，其将领多老疾畏懦，平居苟延岁月，遇警一无所措。自今惟总兵、参将，请命裁择，其守备头目及各卫官，宜令总兵、镇守及参赞军务官从公廉察，不堪守备者退还原卫，选精壮历练、善抚军士者代之。③

一方面，明廷明确规定参将以上将领由中央任命，守备以下由总兵等自选（当时游击尚不常设）。另一方面，总兵自行选官的权力受到限制，需要与镇守内臣、镇守与参赞军务文臣公同选用。镇守文臣、参赞军务文臣不久演化合一为巡抚，这种选官方法就被称作"镇巡会选"。因是地方军政长官自行简选委任，明代官方文献也常将这种选官方法称为"委用"。

嗣后，镇巡会选的相关环节有所调整，在嘉靖年间才基本定型。《明实录》中的两条史料反映了这一调整过程。

> 镇守辽东太监朱秀奏："本镇守备、备御官员有缺，例该镇、巡等官选用。比来径自委任，多不协众论，遂致边务废弛。今后有缺，宜令都司推举堪任者，会镇、巡等官选试任用。"……兵部覆奏："各边守备，本部推举简用，其备御、把总，从镇、巡等官各举所知，会议任补。若所委不当，听

---

① 《明宣宗实录》卷58，宣德四年九月己酉，第1375页。
② 《明宣宗实录》卷52，宣德四年三月甲子，第1252页。
③ 《明英宗实录》卷86，正统六年闰十一月丙子，第1722~1723页。

巡按御史访黜或具奏……"从之。①

　　巡抚延绥都御史周金奏："本镇把总、坐堡、管司、贴司等官员缺，俱由巡抚衙门会内外镇守等官，令本城把总都指挥开具职名委用，事多苟简。乞令分巡边备官平时察访，临事呈报，会同各该衙委用。"下兵部议谓："金言切中边务，仍请通行各边腹地方一体施行。其参、游、守备等官亦要各举所知，送镇、巡官酌用，如各官举用非人，俱听巡按御史纠劾。"报可。②

　　正统六年廷议中，负责会选的官员，总兵居首，镇守内臣次之，文臣又次之。朱秀本应参与选官，或是受文臣排挤，遂向朝廷告状，兵部却趁机收回守备的选任权，而对朱秀的诉求仅重申旧制，敷衍了事。周金奏疏"俱由巡抚衙门会内外镇守等官"一语，说明到嘉靖初年，巡抚俨然已是会选的首席主持人。两条史料还揭示，候选人名单本应由都司提供，延绥镇无都司、行都司衙门，故由"本城把总"即镇城坐营官开具，到嘉靖初年，转归司道察访。候选人主要由司道推荐，则总兵、内臣即使参与会选，作用亦十分有限。会选官职方面，除守备外，前文提到辽东的备御也在嘉靖六年改为兵部推用，选官范围至此大致划定。此后，镇巡会选制度在实际运作中还有较大变化。

　　首先，总兵只能委用标下管领家丁的武官。嘉靖四十四年，大学士徐阶说："把总等官，兵部题奉钦依，许各将自行推用，而今则仍听于巡抚、兵备。"③隆庆时，朝廷颁赐昌平总兵杨四畏敕书云："其中军、千总等官系标下者，听尔公同该管参、游选取；系各区者，会同巡抚选用。巡按、巡关、兵备俱不许干预。"④"俱不许干预"一语，披露了当时都在干预的实情。总兵的委用权被文官侵夺，最终为明廷所认可。万历三十四年，辽东巡按熊廷弼奏准："镇臣内兵千把总三员，原不在三营之内，听镇臣自行委用。其各营小中军、千把总及杂流哨千把总，俱听臣等查选廉勇官委用。"⑤可见在明后期，总兵只能自主委用管领

①《明孝宗实录》卷195，弘治十六年正月辛卯，第3595~3596页。
②《明世宗实录》卷31，嘉靖二年九月丙戌，第824~825页。
③《明世宗实录》卷550，嘉靖四十四年九月己酉，第8861页。
④ 刘效祖：《四镇三关志》卷7《敕镇守居庸昌平等处地方总兵官后府署都督金事杨四畏》，《四库禁毁书丛刊》史部第10册，第256页。
⑤ 熊廷弼：《按辽疏稿》卷1《请并营伍疏》，《四库禁毁书丛刊》史部第9册，第377页。

家丁的官员，而巡按御史的权力则从过去的"访黜""纠劾"，扩大为直接负责部分营官的委用了。

其次，在总兵的委用权被侵夺、嘉靖朝撤回镇守内臣之后，镇巡会选的主持人是巡抚，但巡抚总辖一省一镇，难以兼顾，负责察访人选的司道就要发挥重要作用，厅官也有参与。万历初，福建巡抚庞尚鹏申明军政事宜言："把总、协总，该道亲行遴选。"① 天启三年（1623），给事中陈奇瑜奏准：各处操守、防守官要由"抚院、道、府细心咨访，果有弓马闲熟、膂力过人者，则补之；屡经战阵、晓畅兵机者，则补之"。② 这里的"府"就是厅官。基层武官经道、厅选定后，巡抚审核，发给札付上任。基层武官领取巡抚札付作为委任状，而将领授敕书或兵部札付，也是两者选任规格不同的标志。

最后，总督也要参与会选，但其作用小于巡抚。崇祯七年（1634），宣大山西总督杨嗣昌说：

> 各路操守、坐营、中、千、把总等官，原系札委，不属部推，而所委之人，应该镇、道会商妥确，抚臣考定用之，乃亦于臣照详。臣相去隔远，不知面目、技勇、材守何似，照详何为？今亦通行厘正，一切属之抚臣，唯臣标下营官，臣当自行选择。③

总督事务繁忙，与巡抚又常不同城，参加会选徒具形式，文书往返还耗费时间、贻误军情，实际只能自择标下营官。崇祯十年，总督卢象昇就说："标营千把总随时委用，向不具题。"④

三　基层武官的人选来源

最初，巡抚等委用镇戍营兵基层武官的人选，仅限于当地都司卫所世袭武

---

① 庞尚鹏：《军政事宜》，《北京图书馆古籍珍本丛刊》第 48 册，书目文献出版社，2000，第683 页。

② 《明熹宗实录》卷 40，天启三年闰十月甲寅，第 2105 页。

③ 杨嗣昌：《杨文弱先生集》卷 7《厘正职掌疏》，《续修四库全书》第 1372 册，第 85 页。

④ 卢象昇：《明大司马卢公奏议》卷 7《标兵如数募完并题营官疏》，《四库未收书辑刊》第 2 辑第 25 册，北京出版社，1998，第 152 页。

官。据前揭周金疏，把总等有缺，"令本城把总都指挥开具职名委用"。既是"开具职名"，则候选人都是有"职"的，即该镇都司卫所带俸的都指挥、指挥、千百户等。其他旗军，包括武举中式授冠带总旗的军民，"既非职官，不便委用"①，只有斩级立功，升为所镇抚、百户后，才有资格受到委用。换言之，卫所武官身份是镇戍营兵基层武官的选任资格。这种资格的限制存在一定弊端：其一，在世袭制度的保护下，卫所武官多纨绔子弟，素质普遍低下，不堪所用。其二，尽管世袭武官群体非常庞大，但主要集中在京畿地区，边镇卫所武官实际不多，甚至不能满足每个百户所有一人掌印的需要，时常要"每员兼管五百户印信"②。其三，募兵制兴起后，一般百姓应募为营兵的越来越多，卫所武官与他们素不相知，不易管束。总之，卫所武官的素质和数量都不能满足营兵制发展的需求，委用卫所武官也与募兵制格格不入。

为改善上述局面，明廷率先采取的措施是将武举人员发往各边以供委用。武举开设后，弘治六年，明廷令中者"分送各边，俱赞画，或把总，或守备城堡"；嘉靖元年，令"俱送各边总兵等官处赞画及守堡，听调杀贼"；嘉靖二十六年题准，武举中式人员"其在腹里，若有才堪边用、愿立边功者……分送九边，总兵、参将委领管军杀贼"。③中举的卫所武官，疆臣可直接委用。军民中式武举，原本授冠带总旗，在嘉靖二年以后也改授所镇抚，以便委用。④

然后是大批发送革职废闲的将领赴边立功，听疆臣委用，谓之"听用官"。成化十三年（1477），陕西巡抚余子俊奏准："今边将有过，终身不录，况其间或有被诬者。今边方用人之际，有能改过，许明白奏举，如再犯赃罪，终身不录。"⑤因失机偾事或犯赃罪革职的将领，以往是永不叙用的，但他们毕竟有战阵经验，就有发往边镇听用立功的情况，然当时人数还比较少。嘉靖年间，军情紧急，同时，家丁制兴起，边将多蓄养善战家丁，即使革任闲住，仍多有家丁跟

---

① 《明代档册》第8册《添设武举》，中国第一历史档案馆、辽宁省档案馆编《中国明朝档案总汇》第86册，广西师范大学出版社，2001，第287页。

② 《明代档册》第8册《保举军政官者犯贪淫等罪连坐举主》，中国第一历史档案馆、辽宁省档案馆编《中国明朝档案总汇》第86册，第294页。

③ （万历）《大明会典》卷135《兵部一八·武举》，《续修四库全书》第791册，第381～383页。

④ 《明代档册》第8册《添设武举》，中国第一历史档案馆、辽宁省档案馆编《中国明朝档案总汇》第86册，第287页。

⑤ 《明宪宗实录》卷170，成化十三年九月甲戌，第3078页。

随。于是，废闲将领愈发受到明廷重视，被大批送边听用。嘉靖二十二年，兵部集廷臣议准："海内废弃将官，除罪至殊死者勿议外"，不论充军立功或革职闲住的，"许自备鞍马，随带家丁"，赴边听督抚委用，"果策奇勋，不计前罪，如例升赏"。① 如前文所述，陕西督标中军原本是总督于"废闲将官中自行选委"的，嘉靖二十五年时有原任参将李珍充任总督曾铣的中军官。② 嘉靖三十六年山西巡抚闵煦奏准："防秋一应事宜，委难周备，欲预拟方面官及废弃将官分任责成。"③ 听用官俨然是委用人选的重要来源。

最后，明朝终于放开了镇戍营兵基层武官的资格限制，允许巡抚等于行伍白身人中拣择。早在弘治时，南京刑部主事胡世宁就提议："通行天下军卫有司，精加访察，凡军民中有膂力过人、武艺精熟者，悉选在官……军，则任以把总、管队。"④ 即允许军籍人员充任基层营官，但当时未能获准施行。直到嘉靖二十九年八月发生"庚戌之变"，十月，兵科给事中杨允绳奏准："请命总制、抚、镇等官于行伍中访有智勇出众，又临阵能冲锋突围者，即量署职名，俾部领众兵，有功量加擢用。"⑤ 明廷开始允许疆臣委用行伍兵士为基层武官。嘉靖三十一年"壬子之变"，大规模的御倭战争拉开序幕。"江南脆弱之兵、承平纨绔之将"⑥ 不堪所用，而募兵中技勇过人的，就被委用为官。嘉靖三十三年，漕运总督郑晓提议："各抚按等官于军民白衣人中，每岁查举素有膂力、胆略智谋者十数人，以义勇名色，月给食米一石，令其无事率人捕盗，有事领兵杀贼。"⑦ 万历二年，总督殷正茂提议在广东"招募土人，就中择出把总、哨官、哨队长，编成队伍，练成二十营"。⑧ 万历四十六年，蓟辽总督汪可受奏准："新募兵士技压五十人者为队长，技压百人者为百总，技压千人者为千总，千总试最为中军，中军积劳三年升守备，但取材勇，不拘资格，则人自操练，行

---

① 《明世宗实录》卷 270，嘉靖二十二年正月丙寅，第 5324～5325 页。
② 《明世宗实录》卷 316，嘉靖二十五年十月戊子，第 5901～5902 页。
③ 《明世宗实录》卷 447，嘉靖三十六年五月甲子，第 7618 页。
④ 胡世宁：《少保胡端敏公奏议》卷 1《陈言时政边备疏》，全国图书馆文献缩微复制中心，2009，第 47～48 页。
⑤ 《明世宗实录》卷 366，嘉靖二十九年十月丙子，第 6544 页。
⑥ 《明世宗实录》卷 399，嘉靖三十二年六月壬辰，第 7005 页。
⑦ 《明世宗实录》卷 411，嘉靖三十三年六月庚辰，第 7161 页。
⑧ 《明神宗实录》卷 28，万历二年八月癸亥，第 692 页。

伍必多豪杰矣。"① 行伍白丁不仅被大量委用，甚至在部分地区成为基层武官的主要来源。如浙江"自有倭患以来，官军一无所用，于是酌议募兵，率用土著，间收义乌、武义之民，分拨各总……而督兵诸官，类选民人稍知兵事者充为名色把总，世官指挥、千百户等，间一委用"。②

此外，军民纳级为卫所武官的，原本不许管事，明后期为鼓励捐纳以填补财政亏空，允许军民纳级者从兵部"咨送军门听用"，由督抚等委用为基层武官，"有功一体登荐"。③

总之，镇戍营兵基层武官的人选来源，大抵可以嘉靖中叶为分水岭，此前主要从当地卫所武官中选拔，兼及武举；此后发展为世职、武举、行伍、纳级多途并用，还有原任废闲将领，颇为冗杂。

四 基层武官的考核

明朝对武官的考核有多种方法。全国普遍施行军政考选与风宪官举劾两种；"九边"地区又有阅视与甄别练兵官员两种专门的考核。这些考核方法，文献常一概谓之"考察"，今人颇易混淆。我们有必要将几种考核方法逐一梳理，才能探究镇戍营兵基层武官管理存在的问题。

明代武官最先实行的考核方法是"军政考选"，始于宣德八年，成化二年开始五年一行，当时考选的对象是都司卫所武官，总兵等镇戍将领不在其内。④ 在嘉靖中叶以前，镇戍营兵基层武官都从当地卫所武官中选委，则其本身要接受所在卫所的军政考选。部分省镇为加强管理，对这类官员也有专门的考核。正德元年，给事中徐忱奏准，将辽东"备御、守所、守堡等官……如军政事例，五年通考，稽其功过，以定赏罚"。⑤ 隆庆二年，陕西三边总督王崇古奏请将延绥各堡操守官"以考选军政为期，必五年方为另考"，以使武官不能规避冲险之任，安于职守。⑥ 细绎史料，"如军政事例""以考选军政为期"，应是比照卫所五年一考

① 《明神宗实录》卷569，万历四十六年闰四月丙寅，第10708～10709页。
② 顾炎武：《天下郡国利病书》原编第12册《浙江下》，《四部丛刊三编》本，商务印书馆，1936，第136页。
③ 中国第一历史档案馆、辽宁省档案馆编《中国明朝档案总汇》第4册，第96页。
④ 参见曹循《明代卫所军政官述论》，《史学月刊》2012年第12期。
⑤ 《明武宗实录》卷15，正德元年七月庚子，第476～477页。
⑥ 王崇古：《陕西四镇军务事宜疏》，陈子龙等选辑《明经世文编》卷319，第4册，第3403页。

选的周期，由抚、按等自行对基层武官作专门考核，并非将其纳入军政考选范围。镇戍武官长期没有实行军政考选，① 直到万历七年，兵部议准：

> 武职每五年考选军政，两京五府掌印佥书等官、锦衣卫堂上官例各自陈，旨下本部覆议，去留请自上裁。其余锦衣卫并各卫所掌印佥书等官，俱由两京兵部考选，具奏。其两直隶及各省卫所掌印佥书等官，听各该抚按会同司道等官考选去留，造册奏缴。及查京营副、参等官三年阅视，与巡捕营官俱年终科道举劾；其九边将领等官亦有三年阅视，督抚升迁、巡按复命举劾，无容别议外，惟腹里省直总、副、参、游、都司、守备、操守等官止有抚按官复命举劾，中间不无挂漏，况屡经推择，渐致崇阶，本部纵有见闻，未得即便革处。今据科道具题前因，无非慎重将帅之意，合于五年考选之期，本部移文各省直抚按等官，行令总兵、副总兵比照前例，俱着自陈，听本部题覆，请自上裁；其参、游以下等官，先期各该抚按查访的确，预造贤否文册，依期开送部、科备照，本部仍会同兵科参详去留，上请定夺。②

兵部奏疏说得很清楚，万历七年以前只有五府、卫所武官实行军政考选，镇戍武官没有实行。经议准，以后腹里直省镇戍将领考选，"九边"仍旧。然而在次年十二月首次举行考选时，"九边"也被包括在内。据《明神宗实录》载："兵部考核军政，令总兵、副总兵自陈；参、游以下，照各省直，开注贤否，存留降革，俱如例。"③《明实录》这段记载的文字似有脱漏。"照各省直"，应指上年议准考选的腹里省直镇戍将领，则这里所令的总兵等官，应是"九边"将领。万历十一年，有言官对此提出异议，兵部坚持"九边将领仍与各直省一体考

---

① 张祥明《明代镇戍武官军政考选初探》（《史学月刊》2010 年第 12 期）一文认为："嘉靖年间，镇戍武官军政考选在'九边'全面展开，则是不争的事实。嘉靖十年（1531 年），为了遏制武官因循怠惰之风，经巡按御史李宗枢提议，明世宗下令对'九边'参将、游击等中级武官实行军政考选。"然查其引用的《明世宗实录》卷 122，嘉靖十年二月壬申条载李宗枢条陈边务六事，其一言："乞将总兵以至副、参、游击严加考察，五年一行。"兵部覆议："总兵系五府堂官，体貌不可不隆，副、参以下俱系武臣，原无可查事例。"将此事否决，"余俱可从"。（第 2920～2921 页）可见，明廷没有批准李宗枢的提议，"原无可查事例"一语，也披露了此前根本没有针对镇戍武官实行过军政考选的实情。
② 项笃寿：《小司马奏草》卷 6，《续修四库全书》第 478 册，第 675～676 页。按，该疏提到的"操守"应是指个别朝廷钦命的将领，而非督抚委用的基层武官。
③ 《明神宗实录》卷 107，万历八年十二月丙申，第 2059 页。

察"，得到皇帝的认可。① 必须注意的是，基层武官是不在考选范围内的。因其由巡抚等自行委用，若不称职，巡抚等即可自行革退，自然不需要兵部、兵科"参详去留，上请定夺"了。笔者所见有关镇戍武官军政考选的奏疏中，均无基层武官参加考选并被劾奏的记录。如万历三十八年辽东巡按熊廷弼《考选军政疏》，总兵、副总兵带都督衔者自陈，其余"副、参、游、守、备御原系都指挥使以下等官，从公询试，查访考核"，考选范围仅限于将领。该疏弹劾参将、备御各一人，其中引证参将傅元勋罪状言："中军程谦，一科武举，原无实职，先钻千总，在营贪迹种种，元勋索银五十两，呈委中军家人侯进功过送。"② 程谦贪迹种种，侯进功为傅元勋爪牙，熊廷弼可将其径行革罢，故其不在该疏弹劾的二人之内。清代绿营军政不考核千把总，③ 大抵也是因其为督抚校拔，而非兵部选除的缘故。

明代督抚升迁交代，巡按御史年终复命时，要将察访所得的辖区内优异官员向朝廷举荐，不称职官员予以纠劾，可谓之"风宪官举劾"，每年一行。风宪官举劾卫所武官，始于正统元年；举劾镇戍武官，则始于弘治元年。弘治元年五月，都御史边镛奏准："各处参将等官，其职任与布按二司文臣相等，文臣有考察之例而武臣不与，故贪暴日纵，欲令巡抚、巡按每于年终各开武臣贤否揭帖，从兵部奏请考察。"④ 当年底，兵部尚书余子俊奏准："大同、宣府两镇分守、守备等官，每一岁终令巡抚、巡按官遍行核实。如兵政修举、操守无失者，奏请旌异；其有废弛者，参奏革去。至于司、总、管队之类，亦因之贤否，为其惩劝。"⑤ 参将以下将领与"司、总、管队"等基层武官都被纳入举劾的范围。除实行周期不同外，风宪官举劾与军政考选的主要区别是前者重在举荐、弹劾，且以举荐为主。风宪官题本仅开列举劾的官员供朝廷参考黜陟，前揭兵部奏疏言"中间不无挂漏"就在于此。军政考选则要将考选过官员文册，全部"开送部、科备照""参详去留"，重在惩处、贬黜，与文官京察、外察相似。⑥ 因此，尽管基层武官也在风宪官举劾的范围内，但只有受荐者方能被朝廷所知；不职者抚按

---

① 《明神宗实录》卷 144，万历十一年十二月丙子，第 2696 页。
② 熊廷弼：《按辽疏稿》卷 5《考选军政疏》，《四库禁毁书丛刊》史部第 9 册，第 623、625 页。按，"实职"指实授指挥、千百户等卫所武职。
③ 参见罗尔纲《绿营兵志》，中华书局，1984，第 304～305、321 页。
④ 《明孝宗实录》卷 9，弘治元年正月己未，第 196 页。
⑤ 《明孝宗实录》卷 21，弘治元年十二月丁巳，第 498～499 页。
⑥ 参见王天有《明代国家机构研究》，北京大学出版社，1992，第 84～86 页。

可自行革去，不必上达"天听"。

明廷对"九边"的定期阅视，始于嘉靖元年，三年一行，①完备于隆庆五年。隆庆五年七月，大学士高拱等议上八事以课边臣，朝廷每三年钦差官员阅视"九边"，回奏各镇"某官八事修举，某官八事废弛，某官八事修废相半，某官八事全未修举"②，修举者纪录擢用，平庸者更调腹里，废弛者革职。如万历元年，以阅视纪录宣、大、山西副总兵麻贵、参将贾国忠等10员，参将徐行革职提问，参将、游击奚元等9员更调。③显然，基层武官职卑官小，且属疆臣委用，少数或能得到举荐，其他是不会出现在阅视官员的奏疏中的。

甄别练兵官员，指每年终由巡抚主持考核"九边"副总兵以下武官及文职司道等练兵、养马、修治器械三事之实效，将应举、应劾者上奏朝廷以供黜陟的制度，简称"甄别"。万历七年首行于辽东，④万历二十三年"九边"一体通行。⑤崇祯十年，经杨嗣昌奏准，明廷将阅视与甄别合并为一项考核。⑥万历十三年，辽东巡抚顾养谦主持甄别所拟的题本中，共举荐副总兵等将领26员，建议互调的将领4员，建议别用和革职的将领各2员；同时，也举荐了中军、旗鼓、千把总等21员。可知甄别是包括基层武官的。⑦顾养谦疏内没有基层武官遭到弹劾，也是因其黜退不必上报朝廷批准的缘故，并非个个称职。

总之，镇戍营兵基层武官在风宪官举劾、阅视、甄别等以举荐为主的考核中，仅受荐者才上报朝廷，由兵部备案，待将领有缺，可拔擢升用，其他人员的情况并不上报。在军政考选中，基层武官若是卫所世职，就要参加卫所军政考选，考选评语奏缴兵部，使朝廷掌握其基本情况，至于他们被疆臣委用与否、如

---

① 《明世宗实录》卷13，嘉靖元年四月壬辰，第461页。
② 《明穆宗实录》卷59，隆庆五年七月戊寅，第1444～1449页；《明神宗实录》卷3，隆庆六年七月壬子，第128页；中国第一历史档案馆、辽宁省档案馆编《中国明朝档案总汇》第21册，第240～244、262页。按，"八事"指积钱谷、修险隘、练兵马、整器械、开屯田、理盐法、收胡马、散逆党。
③ 《明神宗实录》卷14，万历元年六月己酉，第437页。
④ 顾养谦：《冲庵顾先生抚辽奏议》卷3《甄别练兵官员》，《续修四库全书》第478册，第226页。
⑤ 周永春辑《丝纶录》卷4，《四库禁毁书丛刊》史部第74册，第679～680页。
⑥ 杨嗣昌：《杨文弱先生集》卷20《甄别原有往例疏》，《续修四库全书》第1372册，第275～277页。
⑦ 顾养谦：《冲庵顾先生抚辽奏议》卷3《甄别练兵官员》，《续修四库全书》第478册，第227～230页。

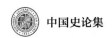

何委用，明廷就不再过问了。换言之，基层武官的考核也是由督抚等自主施行的。嘉靖中叶以后，大批行伍白丁被委用为官，他们既不铨注于卫所，就不在军政考选的范围之内。以至于这类人员不但"升除不由于朝廷"，而且"姓名不达于部司"，其籍贯、履历，兵部皆不掌握。① 这无疑是明后期武官管理的重大漏洞。

五　基层武官对军政的影响

罗尔纲先生从将领、兵额等方面总结明代镇戍制的特点是"非经制"②，诚为确论。镇戍营兵基层武官由督抚随宜设置，自行任免，员额不定，职衔不一，兵部也不能完全掌握，其"非经制"特点尤为显著。应当承认，基层武官"非经制"有一定积极意义。

一方面，使朝廷控驭与督抚自主、中央集权与地方分寄在武官管理层面取得一定的平衡。明朝边腹、南北布列百万大军，需要大量武官领兵守土、分管哨队。若彻底贯彻中央集权的原则，军职全由中央经划，武官皆归兵部铨选、皇帝钦命，不仅要消耗大量的时间和资源，还难免出现军队建制不符合实际需要，武官南北迁调、人地不宜等弊端。在长期的实践中，明朝采取了总兵等镇戍将领由朝廷钦设、钦命，基层武官归督抚等从宜设置、自行委用的办法。督抚等拥有一定的自主权，才能有效地行使代表中央分驭地方的使命。

另一方面，可以发挥广泛搜罗和历练军事人才，以备将领之选的积极作用。镇戍将领的选任资格要求较高。嘉靖以前，将领"类取于指挥"③，隆庆、万历时才"渐推广至千百户"④，万历以后兵部"推用将领，率取诸世职，次及武举"⑤。卫所低级世职、行伍白丁一般要先经疆臣委用为基层武官，"建有奇绩者，特疏荐

① 杨嗣昌：《杨文弱先生集》卷 5《请定鼓励行伍卑官之法疏》，《续修四库全书》第 1372 册，第 57 页。
② 罗尔纲：《绿营兵志》，第 25 页。
③ 《明世宗实录》卷 78，嘉靖六年七月丁丑，第 1731 页。
④ 宋仪望：《海防善后事宜疏》，陈子龙等选辑《明经世文编》卷 362，第 5 册，第 3903 页。
⑤ 石星：《覆枢管善后事宜疏》，吴亮辑《万历疏钞》卷 37《戎务类》，《续修四库全书》第 469 册，第 438 页。

扬"，举荐到兵部擢用为将。① 如嘉靖时，浙江人朱先"应募，以貌伟充队长，一日馘倭十三人，胡襄懋为督府，即以便宜拜守备，逾年至参将……终为福建大帅。廉勇善战，有惠爱，能抚士卒，得其死力，闽人爱之"。② 低级世职、行伍兵士因疆臣的委用，得以领兵作战，有了崭露头角、立功升职的机会。

然而，督抚从宜设置、自主委用也是一把双刃剑。嘉靖中叶以前，基层武官俱来自卫所世职或武举中式人员，皆有一定之数，而中央通过卫所武官世袭立黄、续黄和五年一行军政考选，可以掌握其基本情况，③ 委用就能被规范于中央的监控之内。嘉靖后期，行伍白身人开始受到委用，尽管有其积极意义，但委用渐滥，又不在军政考选的范围内，成为明朝武官管理体制的一大漏洞，渐成积弊。于是，镇戍营兵的基层武官制度开始造成较大的消极影响，成为明季军事失败的重要因素。

首先，军中滥设官职，营制混乱。由于明朝放开了选任基层武官的资格限制，不免有掌握委用权的"边方大吏苟以畀其仆役私人"的情况，也有"山人、游客、刀笔、倡优"等持朝中官员的荐书，"走边方，求听用管事"。④ 天启时，给事中陈奇瑜反映：兵部将群臣举荐的所谓"边才"，"滥咨各处抚院，抚院念部咨体面，咨行各道滥委操、防"。⑤ 各色人等手持兵部、廷臣的文书，赴军中求取一官半职，督抚碍于情面，就只能因人设官了。万历十一年，蓟辽总督周咏说："近来军官太滥，各营管事人员数万。"⑥ 蓟、辽、昌、保四镇就有基层武官数万，"九边"武官之滥足以想见。万历三十六年，辽东巡按熊廷弼反映："广宁兵马一万有余，而分作十营……各营将领尽用废闲，与中军、千把总至用八十二员。"⑦ 天启时，原辽东经略标下就有"加衔游、都、守备、答应、旗牌等官

① 刘效祖：《四镇三关志》卷7《总督侍郎杨兆议修沿边城垣永固金汤以保万世治安事》，《四库禁毁书丛刊》史部第10册，第353页。
② 沈德符：《万历野获编·补遗》卷3《兵部》，"倭患"条，中华书局，1959，第869~870页。
③ 有关卫所武官世袭的管理，参见梁志胜《明代卫所武官世袭制度研究》，中国社会科学出版社，2012，第325~400页。
④ 杨嗣昌：《杨文弱先生集》卷8《西阃大同情形第八事疏》，《续修四库全书》第1372册，第97页。
⑤ 《明熹宗实录》卷40，天启三年闰十月甲寅，第2105页。
⑥ 《明神宗实录》卷138，万历十一年六月戊午，第2573页。
⑦ 熊廷弼：《按辽疏稿》卷1《请并营伍疏》，《四库禁毁书丛刊》史部第9册，第374页。

二百余员"。① 营伍官职冗滥，必然产生遇事推诿、将帅指挥不灵等问题。

其次，冗员靡费军饷、占役军士。基层武官虽地位卑微，也要关支廪禄、安排差役，"每官有廪给，有家丁，管兵官有薪水，有马丁，有医书、旗健、杂役。有一官廪给兼二十名兵饷者，有兼十余名兵饷者，有兼五六名兵饷者，凡遇犒赏亦增数倍。支用盔甲、器械、鞍马，所费不资"。② 明末曾任兵部职方司主事的徐日久云："军中例，一坐营、三千总、六把总、（六）十管队，所役军卒，一营二百余人。今坐营之外，私设传事中军，分一把总为二，管队之外又有贴队，千把总又自立头目等官。夫一官之俸，数军之粮也，且有一官即有一官之差遣、跟伴，有一役即有一役之资费、科取，然则兵粮安得不削，军政安得不废乎！"③ 武官争相占役兵士、侵没军费，不仅严重削弱了军队战斗力，也使明朝严峻的财政问题雪上加霜。

最后，基层武官数量庞大，鱼龙混杂，仕途普遍暗淡，士气涣散。由于将领员缺有限，基层武官立功升迁为将者只是少数，其他大多没有升迁的机会。万历元年，延绥巡抚张守中反映："操守以下，其数愈多则迁转愈难，当设法疏通。本镇三十一营堡各操守官，多有才干技艺可取者，出身不易，甘为下流，无志向上。"④ 此外，才勇之士即使立了军功，也可能被人顶替。杨嗣昌指出：练兵巡哨、冲锋陷阵，"中、千、把总实肩其责而代其劳"，因其姓名未在兵部备案，"往往空劳空苦，一旦叙捷报功，将领私其子弟、亲戚、幕客、私人，动遭顶替，屈辱沉埋，不可胜数"。⑤ 基层武官有功的常被埋没，得不到及时升迁，士气必然涣散。王在晋认为：辽东的军事失败"不在兵而在官，不在文官而在武官，不在尊官而在小官，多官哄然先遁，而大众从之"。⑥ 虽有推卸责任之嫌，但也切中了问题的部分症结。

针对基层武官管理的问题，明廷也曾出台了一些整顿措施。万历三十八年，福建巡抚陈子贞奏准："中、千、总、哨领兵者，必世职及中式武举三科，非此者不

---

① 王在晋：《三朝辽事实录》卷9，《续修四库全书》第437册，第246页。按，加衔游击、都司、守备是指基层武官积功累劳而加授将领职衔的，并非实官。

② 王在晋：《三朝辽事实录》卷9，《续修四库全书》第437册，第246页。

③ 徐日久：《鹭言》卷12《措饷·裁冗滥》，《四库禁毁书丛刊》史部第23册，第160页。

④ 《明神宗实录》卷18，万历元年十月庚戌，第518页。

⑤ 杨嗣昌：《杨文弱先生集》卷5《请定鼓励行伍卑官之法疏》，《续修四库全书》第1372册，第57页。

⑥ 王在晋：《三朝辽事实录》卷9，《续修四库全书》第437册，第246页。

用，或真有奇才异能，则破格搜罗亦不为过。"① 就是要限制资格，弃用行伍白丁，恢复嘉靖以前的旧制。但委用权在疆臣手里，中央难于一一监控，天启元年，明廷竟下令将督抚标下旗鼓官、各道中军官，以及有守土之责的水陆把总、哨官等部分地方委用的官职"尽改钦依，不由部除授者不准"②。这些政策的实质是将督抚的权力收归中央，故推行的阻力颇大。天启三年，有御史对该政策提出质疑，兵部尚书赵彦覆奏云："臣部方欲遵旧制，请停止（委用行伍白丁），无容更议也。"③ 可知直到此时，前述政策才刚刚开始执行。天启五年，御史顾宗孟认为该政策"行之已经两年，在外抚臣人人苦其不便"，弹劾赵彦及职方郎中方孔炤"辟此一途，以便请托通贿赂"。旨下，赵彦勒令致仕，方孔炤削籍，已改钦设的营伍官职大多裁撤，复为委用。④ 赵、方二人遭此严惩，也与他们曾得罪魏忠贤及其党羽有直接关系。⑤ 崇祯时，竟有官员提议将"九边"所有中军、千总、把总等尽收归兵部铨选，遭到杨嗣昌等人的强烈反对，没有实行。⑥

崇祯年间，在毕自严、杨嗣昌等官员的推动下，明朝开始在宣府等镇厘定营兵，由督抚主持划一营制、裁定营官员额，上报朝廷定为经制。崇祯五年，杨嗣昌奏准将各营"行伍卑官"职名造册，"每季咨部"备案。⑦ 但在内外交困的局面下，这些措施收效有限。明亡清兴，继承明代镇戍制而来的清朝绿营，在保留督抚等自主拔补权力的同时，将繁杂的武官职衔划一为千总、把总，其中守土者谓之"专城千把"⑧ 以与管营者区别；中军则根据营的规模，由千把总等管其事，取消了专门职衔。清廷还规定千把总员缺皆有定额，不得滥设；人选要从绿营兵丁内拔补，不许选用无籍之徒；所选官员须由总督咨报兵部请札、备案。⑨清朝绿营的规制应是汲取了明朝教训的。

---

① 《明神宗实录》卷473，万历三十八年七月癸亥，第8943页。
② 《明熹宗实录》卷14，天启元年九月丁未，第701页。
③ 《明熹宗实录》卷37，天启三年八月丁亥，第1927~1929页。
④ 《明熹宗实录》卷58，天启五年四月乙巳，第2722页。
⑤ 《明史》卷257《赵彦传》，第6623页；卷260《郑崇俭传附方孔炤传》，第6744页。
⑥ 杨嗣昌：《杨文弱先生集》卷8《西阅大同情形第八事疏》，《续修四库全书》第1372册，第97页。
⑦ 杨嗣昌：《杨文弱先生集》卷5《请定鼓励行伍卑官之法疏》，《续修四库全书》第1372册，第57页。
⑧ （雍正）《大清会典》卷133《兵部·职方清吏司·铨选》，《近代中国史料丛刊三编》第78辑第777册，台北：文海出版社，1994，第8435页。
⑨ 罗尔纲：《绿营兵志》，第304页。

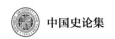

结 语

镇戍营兵基层军职自主设置、官员自主任免，是明代督抚等地方军政长官的重要权力。这种自主权使镇戍营兵制颇具建置灵活的特色，不仅可以因地制宜，还能体现将帅的战术意图。如何确保地方拥有较大军事权而又不能对抗中央，明朝也在不断探索与调整。基层武官的委用由总兵独掌，一变为总兵、内臣、巡抚会选，再变为巡抚主持。嘉靖以后，尽管巡抚在委用中的权责最重，但其上受总督节制，所委人选又要依据司道的推荐，不能自专。与此形成鲜明对比的是，清朝绿营武官的题补、拔补是总督专责，巡抚只对标营武官有选任权，[①] 与明朝的情形正好相反。这或许是清朝有驻防八旗监视绿营，且总督多用旗员，清廷才使其掌绿营军务之全权。相比元、清两代可以利用不同族群官僚互相牵制，[②] 明朝在依靠不同官僚系统分权制衡、不同官员大小相抗以确保地方权力大而不专方面，更为突出。

镇戍营兵原本是总兵、巡抚等挑选卫所官兵组建的军队，是故营兵与卫所之间相当于"行营"与"老家"的关系。在营兵中任职的卫所武官，指挥、千户、百户等为之"本官"，中军、千总、把总等乃其"差遣"；其官员身份由朝廷授予，所任职务由督抚委派。嘉靖中叶以后，基层武官的人选不限于卫所世官，越来越多的营兵头目在名义上没有官员身份，却在事实上承担官员职责，从而促使中军、千总、把总等差遣开始向正式官职演化，营兵制也可以脱离卫所，独立发展。就此而言，基层武官人选来源的变化，是营兵与卫所关系蜕变以及镇戍营兵制发展演进中的关键环节。军职不再被世袭武官这一相对固化的阶层所垄断，而向庶民开放，也可视作明初以降军、民定籍定役体制彻底瓦解的标志之一。

行伍白丁未经朝廷授予官员身份就被督抚任以军职，意味着用人权向地方的进一步下移，而兵部也不再掌握所有武官的信息。明季基层武官的种种乱象，是

---

① 参见杜家骥《清代督、抚职掌之区别问题考察》，《史学集刊》2009 年第 6 期。按，明代督抚等亦有题补将领的权力，且以巡抚的权责最重。参见曹循《题用与咨用：明代督抚监镇的选将权》，《历史档案》2014 年第 2 期。

② 李治安先生指出：元代"行省内部实行群官圆署和种族交参制，以成互相牵制、分权制衡之势"。参见氏著《元代行省制度》，中华书局，2010，第 936~937 页。

旧制度已被突破而新机制尚未建立，中央与地方权力分配失衡的表现之一。从万历后期到天启年间，基层武官制度反复调整，不仅关系"用人之权归之朝廷"①还是归之地方的重大问题，还牵涉兵部与督抚之间的权力争夺，以及东林与阉党的斗争，情势错综复杂。最终促使明廷还权于督抚的，或主要是财政因素。钦命官员所支廪禄远多于督抚委用之行伍白丁，仅福建20余员钦依官缺复为委用，每年就减支廪银2200余两，可"解助大工"②。基层武官数以万计，其俸给问题也是我们考察晚明财政时不应忽视的重要方面。

原刊《中国史研究》2018年第1期

---

① 《明熹宗实录》卷78，天启六年十一月丁丑，第3752页。
② 《明熹宗实录》卷71，天启六年五月丙午，第3416页。按，"大工"指复建万历二十五年焚毁的紫禁城前三殿、后三宫，以及营建庆陵的工程。

明末清初太兴山真武信仰探析

李利安　郭　储

摘　要： 西安太兴山现存民间宗教类庙宇40多座，是一处罕见的民间宗教信仰基地。这里从明代末期兴起真武信仰，清代初期获得迅速发展，并与关中很多村镇的民间香会组织形成互动，出现进一步的民间化转型，后来又与无生老母信仰相结合，大量混杂道儒佛思想，形成一种独特的民间宗教信仰存在样态。太兴山民间宗教无论从规模还是从信仰内涵抑或是宗教组织等方面看，都具有强烈的个性，值得引起学术界的高度重视。特别是对于太兴山民间宗教的兴起与早期发展情况的认识，学术界一直模糊不清。近年发现的山顶上帝宝洞内遗存的《重修上帝宝洞序》和2015年整理公布的《明藩门正少川冉公墓志铭》尚未引起学者的重视，而这两种碑刻资料正好为明末清初太兴山真武信仰的兴起与发展情况供了珍贵的信息。

关键词： 明末清初　太兴山　真武信仰　《明藩门正少川冉公墓志铭》　《重修上帝宝洞序》

太兴山位于陕西省西安市长安区杨庄乡库峪境内，这里属于秦岭北麓地区，是终南山的有机组成部分，山上现存庙宇40余座，半数以上的庙宇供奉真武大帝，当地俗称"无量祖师"，其寺庙多称真武殿、祖师殿、无量殿等。与此同时，真武在太兴山修真成道的传说为山中各庙宇所接受，因此，学界有人将此地称为"太兴山真武大帝信仰圈"。① 20年前的1999年夏季，笔者曾对太兴山民间

---

① 李继武：《陕西民间信仰的整体特征与区域特点》，任宗哲、石英、王长寿主编《陕西文化发展报告2013》，社会科学文献出版社，2013，第156页。

宗教现状进行过实地调研，①引起学界的关注。②但对太兴山真武信仰的兴起与发展始终不得其详，因此一直引以为憾。笔者指导研究生郭储承担了一个以太兴山民间宗教研究为题的研究生创新项目，③希望在 20 年后的今天对太兴山的最新发展变化再作跟踪调研。在实地调研过程中，我们在山顶侧边一人迹罕至的山洞内发现康熙十二年（1673）刻立的《重修上帝宝洞序》，④如获至宝。旋又获得 1974 年出土的《明藩门正少川冉公墓志铭》⑤全文，明末清初太兴山民间宗教兴起与初期发展情况基本得以清楚呈现。

一 明末太兴山真武信仰的兴起

关于太兴山真武信仰的起源，当地信众多云祖辈相传初兴于明代。但相关历史文献记录并不多见，传世文献中年代最早者当为成书于康熙年间的《古今图书集成》，其中称："太兴山，在库谷内。上有真武宫，每年七月，人多朝礼。"⑥因为《古今图书集成》所收方志多出于明代，基本上反映了明代情况，所以该则记载表明在清前期及明代太兴山地区已存在真武信仰，且民众在固定的日期内开展朝山进香活动。从全国的情况来看，学界已经基本公认，在明朝历代帝王的支持下真武成为全国性的神祇，真武信仰在有明一代达到了巅峰，具有地方性特色的真武信仰也在各地域得到了发展。但过去对明末清初太兴山真武信仰圈的形

---

① 李利安：《一处罕见的民间宗教"活化石"——太兴山民间宗教历史遗存调查》，《世界宗教研究》2003 年第 3 期。

② 方李莉在《从遗产到资源：西部人文资源研究报告》（学苑出版社，2010，第 132～134 页）一书中对笔者的太兴山民间宗教现状调研做过介绍。

③ 西北大学研究生自主创新项目"太兴山民间宗教历史遗存再调查"（YZZ17055）。

④ 遗存于太兴山岱顶之侧的上帝宝洞内，整体由两方碑刻构成。均为石质，圆首，额楷书"重建上帝宝洞""万缘同归"，正文亦楷书。碑文首题"重修上帝宝洞序"。落款为"康熙岁次癸丑孟夏之吉"，可见刻立之年代为康熙十二年（1673）。刻文尚未见有整理发表。

⑤ 《明藩门正少川冉公墓志铭》为明天启六年（1626）四月十三日刻，盖文篆书"明秦藩门正少川冉公墓志铭"，志文楷书题"明藩门正少川冉公墓志铭"。崔尔进撰，申廷对篆，郑镒书。据整理者云："志长六七、宽六六、厚一二厘米。盖文四行，满行三字。篆书。周边为直线回纹。志文三〇行，满行三四字。正书。周边亦为直线回纹。1974 年 7 月 2 日，西安东郊自行车厂出土。现藏西安市文物保护考古所。"[故宫博物院、陕西省古籍整理办公室编著《新中国出土墓志·陕西（叁）》（上），文物出版社，2015，第 281 页]

⑥ 陈梦雷编纂《古今图书集成·方舆汇编·职方典》卷 493《西安府部汇考三》，中华书局、巴蜀书社，1987，第 11 册，第 12149 页。

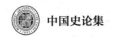

成与发展的具体情况一直不甚明了，《明藩门正少川冉公墓志铭》的出土为明末清初太兴山地区真武信仰的发展研究提供了关键线索。

天启六年（1626）刻立的《明藩门正少川冉公墓志铭》主要记载明秦藩门正冉少川的生平事迹，其中详细叙述了冉少川因真武显圣而于万历三十九年（1611）在太兴山大兴庙宇一事。墓志铭全文如下：

　　明藩门正少川冉公墓志铭

　　赐进士第　中议大夫　赞治尹　太仆寺少卿　前巡按浙江福建　掌北京畿　湖广陕西贵州等道事监察御史　京兆崔尔进撰

　　奉政大夫　秦府长史司右长史　前云南曲靖府通判　临安府建水州知州申廷对篆

　　西安府　长安邑庠生　眷外重孙郑镒书

　　终南山一曰太乙，一曰地肺，胜处有玉堂、石室之属。而午台峦壑秀绝，琼楼瑶榭，炫耀观览。相传为观音大士伏火龙处。岁时六月，善男信女持辦香呼拜而至者，不远千里。盖数百年有如一日。万历辛亥，太兴山之名忽振，其盛几与午台相甲乙。山在台东三十里而遥。始仅土人以祀玄天上帝，其后大兴工作，剪棘开道，增葺院宇，轮奂庄丽，则秦藩门正冉公朝用力也。初，公登山，见小龟蛇盘踞前途，耽耽可畏，瞿然有感，立捐金三百、粟二十石为鸠工费。四方闻者，辐凑捐助，指顾功成。春末秋初，来往顶礼，肩摩踵接。莫不洗心涤虑，忏罪吁福，步趋肃然，无敢出一高语，兴一妄念。异哉！神道设教之入人深也。夫人生而性善，发之为情，不能不有所寄。今天下声利之渐人久矣，熙熙攘攘，皆是也。公独驰域外之观，寄之泉石，含清味淡，视声利之场如野马尘埃，此其高旷，诅易及乎？至夫妇命玄真，为众人蒿矢，俾善者得所瞻视而志弥坚，不善者亦得所激发而心渐革。齐庆赏刑威之所不能齐，其有功于人也大矣。公号少川，西安前卫人。万历癸未，奉旨供事。癸丑，升今职。恪慎节俭，循循有礼。急公奉职，终始不怠，人称中贵人之贤，必首及公。父曰朝，母曹氏，生四子，公其季。初本朱氏，后改今姓。职官朱君进贤，其犹子也。公生于嘉靖戊申十二月十五日，卒于天启丙寅二月初三日，寿七十有九。卜于本年四月十三日，葬于景龙池左。余素有山水癖，客岁偕三二同志游午台，有谈及太兴山之胜而飘然神往，思一策杖其间而未之逮也。细问山之所以兴，因以知公。嗟夫！太兴之香火一日不绝，即公一日之名不泯灭矣。铭曰：

节彼南山，条梅屺堂。太兴崇崛，与午台分相将。冉公经始，琳宇辉煌。礼真向道，公为之倡。公则已矣，功德无疆。龙池丘陇，郁乎苍苍。此焉偃息，岁荐馨香。

孝侄朱进贤

孝嗣李朝相

孝孙赵仕廉　周成　张道　李受

孝重孙边增　李生芳

泣血上石①

我们先来看此碑的撰写者。墓志铭称"赐进士第中议大夫赞治尹太仆寺少卿前巡按浙江福建掌北京畿湖广陕西贵州等道事监察御史京兆崔尔进撰"。② 崔尔进生平散见于多处历史记载中。据明人吕维祺辑《四译馆增定馆则》记载："崔尔进，以可，陕西长安县人。万历甲辰进士，天启六年任。升南京太仆寺卿，历户部右侍郎，巡抚天津。"③ 崔尔进是长安县人士，万历三十二年进士，天启六年升任四译馆提督少卿。崔尔进职官变迁，详见于《明实录》与康熙《陕西通志》。据《明实录》，万历四十年闰十一月，称"御史崔尔进"；④ 万历四十三年五月，称"浙江巡盐御史崔尔进"；⑤ 万历四十六年四月，称"福建巡按崔尔进"；⑥ 天启元年六月，称"贵州道御史崔尔进"；⑦ 天启元年六月称"升御史田生金、崔尔进俱太仆寺少卿"；⑧ 天启六年闰六月，称"起原任太仆寺少

① 故宫博物院、陕西省古籍整理办公室编著《新中国出土墓志·陕西（叁）》（下），第239～240页。
② 故宫博物院、陕西省古籍整理办公室编著《新中国出土墓志·陕西（叁）》（下），第239页。这与崔尔进所撰天启四年《明诰授昭勇将军福建都指挥使司署都指挥金事存吾顾公暨元配淑人刘氏合葬墓志铭》，"进士第中议大夫赞治尹太仆寺少卿前巡按浙江福建京畿湖广陕西贵州等道监察御史"所称基本一致。
③ 吕维祺辑《四译馆增定馆则》卷6《本堂题名·提督少卿》，《续修四库全书》第749册，上海古籍出版社，2002，第553页。
④ 《明神宗实录》卷502，万历四十年闰十一月丙寅，中研院历史语言研究所校印本，1962，第9513页。
⑤ 《明神宗实录》卷532，万历四十三年五月癸丑，第10018页。
⑥ 《明神宗实录》卷568，万历四十六年四月丙辰，第10691页。
⑦ 《明熹宗实录》卷11，天启元年六月庚辰，第559页。
⑧ 《明熹宗实录》卷11，天启元年六月庚寅，第571页。

卿崔尔进为太常寺少卿,提督四夷馆";① 天启七年五月,称"以太常寺少卿崔尔进为南京太仆寺卿";② 至崇祯三年十一月,称"陕西朝绅户部添注右侍郎崔尔进"。③ 崇祯三年九月,廷臣六十余人于中军都督府议钱龙锡之案,户部崔尔进为与会人员之一,可知其人其时尚在职。④ 康熙《陕西通志》则记其"字抑庵,国裕子,万历甲辰进士,授长子令县……擢御史,巡盐两浙……按福建……后升太常少卿,历太仆卿,户部右侍郎,理饷归里,著有《溶墅偶存》六卷",⑤ 其官职变迁与《明实录》所记基本符合。崔尔进具体生卒年未详,然据《重修荐福寺地藏王殿碑》可知其在崇祯十一年(1638)二月尚有活动。⑥

总体来看,此墓志铭的撰者查有此人。崔尔进,字渐逵⑦,长安人士,万历三十二年进士,出任长子县县令。后升正七品都察院十三道监察御史,万历四十年至天启元年间在外巡盐浙江,巡按福建、贵州等地。天启元年任正四品太仆寺少卿,六年任正四品太常寺少卿、提督四夷馆(四译馆)少卿,七年任从三品南京太仆寺卿。崇祯元年任正三品户部侍郎,兼右金都御史,驻天津督饷部院,出督辽饷,以备辽东。三年十一月致仕时官至户部侍郎。具体卒年不详,但晚于十一年二月十五日。崔尔进自称:"余素有山水癖,客岁偕三二同志游午台,有

① 《明熹宗实录》卷73,天启六年闰六月辛亥,第3543页。
② 《明熹宗实录》卷84,天启七年五月壬辰,第4115页。
③ 《明实录附录四:崇祯长编》卷40,崇祯三年十一月癸未,中研院历史语言研究所校印本,1967,第2416页。
④ 《明实录附录四:崇祯长编》卷38,崇祯三年九月乙卯,第2295~2296页。
⑤ 康熙《陕西通志》卷20上《人物》,康熙六年刻本。
⑥ 《重修荐福寺地藏王殿》位于西安市西安博物院内,为崔尔进所撰。据碑文所书,该重修工作"鸠工于崇祯丙子年秋仲朔日,竣事于戊寅春仲望日",也就是说崇祯戊寅(崇祯十一年)农历二月十五日崔尔进尚在。碑中称崔尔进为"赐进士第正议大夫赞治尹户部右侍郎加二品服俸前总升辽东粮饷兼巡抚天津等处地方备兵防海赞理征东军务本部侍郎兼都察院右金都御史"。崔尔进巡抚天津等职务当于崇祯元年任。据《明史》,"四十六年,辽东用兵,议行登、莱海……明年二月特设户部侍郎一人,兼右金都御史,出督辽饷,驻天津"(《明史》卷265《李长庚传》,中华书局,1974,第6612页);另据乾隆《天津县志》,"明天津督饷部院。明万历四十七年,以三方犄角用兵,天津为咽喉重地,遂设督饷部院于此……崔尔进,陕西西安卫人,进士,崇祯元年任"[乾隆《天津县志》卷14《职官志上》,天津市地方志编修委员会编著《天津通志(旧志点校卷)》(中),南开大学出版社,2001,第133页]。
⑦ 关于崔尔进字的问题,历史记载中存在三种情况。第一,"崔尔进,字渐逵"(王圻撰《重修两浙盐志》卷17《职官表》,《四库全书存目丛书》史部第274册,齐鲁书社,1996,第706页)。第二,"崔尔进,以可"(吕维祺辑《四译馆增定馆则》卷6《本堂题名·提督少卿》,《续修四库全书》第749册,第553页)。第三,"崔尔进,字抑庵"(康熙《陕西通志》卷20上《人物》,康熙六年刻本)。

谈及太兴山之胜而飘然神往，思一策杖其间而未之逮也。细问山之所以兴，因以知公。"就是说，他向来爱好游山玩水，曾与两三位同好一起游览南五台，听人说太兴山很兴盛，于是向往游览，并询问太兴山兴盛的缘由，因而知道了墓志铭所记载的这位主人公——冉少川。可见墓志铭的作者是在对太兴山的实际考察过程中得知了冉少川，从此建立起了联系，想必二人的关系一定很密切，作者对墓志铭的主人很熟悉。

我们再回到对墓志铭主人的讨论上来。墓志铭的主人为冉少川，又名朝用，号少川，为西安人，原姓朱。父名朱朝，母为曹氏，有兄弟四人，他为老四。生于明嘉靖二十七年（1548），卒于天启六年（1626），年七十九，葬于景龙池左。其生前职位为"明秦藩门正"，万历四十一年时就职。所谓"明秦藩"，明朝建国，太祖分封建藩，其次子朱樉于西安就藩，即"朕封建诸子，以尔年长，首封于秦，期永绥禄位，以藩屏帝室"。① 朱樉被称为秦王，后代承袭，直至明末。冉少川时，在位秦王当为秦肃王朱谊漶（肃为谥号）。② 而"门正"，据《明史·职官志》，宫城、皇城、京城内外诸门"各门正一员，管事无定员。司晨昏启闭，关防出入"；后门正品秩多有变动，至洪武二十八年重定并确立，内宫七门各设门正一名，正四品，亲王府则为正六品。③ 也就是说，门正是"官名。明代皇宫诸门及各王府门皆置，以宦官充任。司晨昏启闭，关防出入。皇宫各门置一人，正四品；王府一人，正六品"④。而冉少川是宦官，则恰恰能对应冉少川墓志铭后亲属落款的不合常理之处。在落款中，居第一位的是冉少川的血缘亲人侄子朱进贤；孝嗣居第二位，在世俗观念中作为孝嗣的李朝相不与朱、冉二姓同，不显血缘关系；第三位的孝孙、第四位的孝重孙两列更是如此。也就是说，从官职属性来看冉少川是宦官，没有亲子，作为其血缘亲人的侄子自然就居于第一位。此人"恪慎节俭，循循有礼。急公奉职，终始不怠，人称中贵人之贤，必首及公"，可见崔尔进对他的尊重。

一个宦官为什么会突然助力于太兴山的真武信仰呢？据墓志铭所言，太兴山"始仅土人以祀玄天上帝"，所谓"玄天上帝"即是真武。这说明至少在万历三

① 张廷玉等撰《明史》卷116《诸王一·秦愍王樉》，第3560页。
② 参见梁志胜、王浩远《明末秦藩世系考》，《陕西师范大学学报》（哲学社会科学版）2010年第5期。
③ 《明史》卷74《志五十·职官三》，第1821、1825页。
④ 郑天挺、谭其骧主编《中国历史大辞典》，上海辞书出版社，2010，第193页。

十九年之前真武信仰已在太兴山地区出现了，正是在这种信仰的氛围下，冉少川在此地经历了一次神秘的宗教体验，并引发他大兴庙宇，力推真武信仰。墓志铭记载，冉少川登山时在山道遇小"龟蛇"盘道，由此心生敬畏之情，有所感应，遂出资献粮，鸠工庀材，欲大兴土木。"龟蛇"盘道与真武信仰有什么关系呢？目前学界普遍认为真武信仰起源于玄武，而在对玄武起源的讨论中则主要包括古代星辰崇拜、古代动物图腾崇拜、人神崇拜以及三种崇拜的混合。①尽管学者对于玄武起源的崇拜类型各有见解，但对玄武形象的发展与蜕变有一定程度的共识，即龟蛇合体的形象是玄武形象发展到一定历史阶段的产物。而对历史阶段的具体时代虽未达成共识，但早在汉代时"画像与民间的石雕艺术中，我们频繁地见到一'龟蛇合体'的怪物形象，世俗谓之曰'玄武'"②，故冉少川在此实际上是将龟蛇视为真武的显化，并从真武信仰的角度出发而发心兴建庙宇。

冉少川是怎么兴建太兴山真武庙宇的呢？墓志铭记载，他本人"捐金三百、粟二十石"兴建庙宇，然后"四方闻者，辐凑捐助，指顾功成"，于是"大兴工作，剪棘开道，增葺院宇"，形成"轮奂庄丽""琳宇辉煌"的景象。今太兴山岱顶遗留的铁狮子残首上刻有铭文"万历三十九年造狮子一对"，而通过辨析其残余部分及分离的底座，发现皆刻有善信者的名号。这说明，万历三十九年太兴山确实发生了兴造事件，且当时已有朝山进香者响应。关于建设的规模大小，清康熙十二年刻立的《重修上帝宝洞序》对此有明确的记载："明季时……浩兴工程，疏启秦世王，开榛辟芜，创建庙貌无量金殿一间，其曲廊回转，规模凌角与楚襄武当金顶争茂。八宫二观益增庄严。"③可见在山顶的上帝宝洞一带，除了有无量金殿外，另有八个宫两个观也以庄严的姿态矗立在山上。

随着庙宇建设的大规模进行，真武信仰也迅速兴盛起来。墓志铭记载当时的盛况是"春末秋初，来往顶礼，肩摩踵接"，即在春末和秋初两个时间段当中，民众往来于此，进行礼拜活动，人数之多，已成摩肩接踵之势，可与"善男信女持瓣香呼拜而至者，不远千里"的南五台相媲美。在信仰群体扩大的情况下，

---

① 参见梅莉《真武信仰研究综述》，《宗教学研究》2005年第3期。
② 刘毓庆：《玄武图的神话内涵及其文化意义》，《文艺研究》1995年第1期。
③ 《重修上帝宝洞序》，清康熙十二年刻立，现在太兴山上帝宝洞内（以下凡引用该碑文，不再注释）。

随着宗教活动的开展，太兴山的神圣性得到增强，并由此成为一处大规模群体性真武信仰的空间载体。

突然勃兴的太兴山真武信仰在当时发挥了重要的社会教化功能。墓志铭记载，民众来此朝山进香者"莫不洗心涤虑，忏罪吁福，步趋肃然，无敢出一高语，兴一妄念"。作者评价这种情况为"神道设教之入人深也"。墓志铭作者从当时人性流弊与转变提升的角度对兴建太兴山庙宇的冉少川作了很高的评价："夫人生而性善，发之为情，不能不有所寄。今天下声利之渐人久矣，熙熙攘攘，皆是也。公独驰域外之观，寄之泉石，含清味淡，视声利之场如野马尘埃，此其高旷，讵易及乎？至夫妇命玄真，为众人蒿矢，俾善者得所瞻视而志弥坚，不善者亦得所激发而心渐革齐，庆赏刑威之所不能齐，其有功于人也大矣。"从性之善，到情之发，再到情之寄，这是中国人信仰生发与实践的内在过程。与之相悖的则是熙熙攘攘的名利之争。崔尔进赞扬冉少川以超脱的视野和清净的心态兴建太兴山庙宇的功绩，尤其称赞此举可以达到"刑威之所不能齐"的教化效果。

二　清初太兴山的重修与香会组织的兴盛

自从万历三十九年冉少川在太兴山大兴庙宇以后，太兴山的真武信仰走向兴盛，并在清初获得进一步发展。今天太兴山山顶上帝宝洞内康熙十二年刻立的《重修上帝宝洞序》对此有明确的记载：

> 嗣后，烽燧荡顶，殿虽鲜陨越，不无有尘朦垢，毁矣。大清定鼎，咸邑丹阳宫纳子刘姓讳常泰者，纯志虚心，善募十方，重修铁殿三间，十有二载，厥亡始竣，殿后铁桥虹贯。旧有太清殿宇、上帝宝洞，咸时委摧损坏，不忍。有继志玄纳弟子孟姓讳高晶者，手额誓心，虚心募化，苦结善缘，重修太清宝殿一座，上帝宝洞复增辉煌。三载告竣，则太兴乃晏然如新，仙工道果能不勒石以铭？

据此，太兴山岱顶真武殿宇自万历三十九年建成后，曾经历过"烽燧荡顶"的险情，虽然大殿等建筑并没有崩塌，但烟灰弥漫，灰垢覆盖，对殿堂产生巨大破坏。于是，在清朝入主中原后，随着天下初定，太兴山的重修活动开始了。这次重修分两次进行，第一次重修的主持者是咸宁县人刘常泰，其人是丹阳宫的道士。此人"纯志虚心"，应为信仰虔诚、内心清虚之人，同时碑文也说他"善募十方"，可见其具有从十方募资的本领。此外，刘常泰其人在历史文献记载中也有迹可循。据雍正朝《敕修陕西通志》，"刘常泰，咸宁人，出家丹阳宫。后栖大兴山，蓬头赤脚，采草木食。尝于万仞壁间画真武像，人皆异之。有一鹿常随坐卧，人犯刘者，抵触之。问以世情，一咄而已。山中作铁桥毕，曰：可谢世矣。归故宫坐化"。① 关于其籍贯，碑文说"咸邑"，此处直言其为咸宁人。这里所说的大兴山即太兴山。② 刘常泰出家丹阳宫，应为全真道遇仙派道士，后入太兴山修道。碑文记载其形象为"蓬头赤脚"，生活方式为"采草木食"，并"有一鹿常随坐卧"，若有人侵犯刘道长，这个鹿就会用头抵触此人，以保护之，这种景象反映了刘道长不同俗人的出尘之象及其与自然的亲近。与此相应，当有人"问以世情"时，他的回应仅仅是"一咄而已"，寥寥四字，活脱脱地彰显了刘道长自在超脱的境界和对世俗社会的批判精神。最能体现此人真武信仰的事迹是其在万丈悬崖上画真武像，这事让人无不惊异。

关于刘常泰在太兴山的修建活动，碑文记载"重修铁殿三间"，《敕修陕西通志》记载其在"山中作铁桥"，碑文在记述其重修铁殿时也有"殿后铁桥虹贯"的记载。综合两种史料来看，此次重修主要包括复修铁殿三间，另建铁桥一座。③ 这位刘道长与历时十二年的工程相始终，在竣工之后，旋即坐化。碑文记载"十有二载，厥亡始竣"。《敕修陕西通志》的记载更加详细："山中作铁桥毕，曰：可谢世矣。归故宫坐化。"可见刘道长是在铁桥修建工作完成后，返丹阳宫而坐化的，因为他重修太兴山铁殿与铁桥之功，在其坐化之时，铁桥上出现"虹贯"的瑞祥之相。

此次重修殿宇开始的时间并不确切，但《重修上帝宝洞序》言"大清定鼎"，可见其时间的上限应该在清朝入主中原即 1644 年之后。其时间的下限，我

---

① 雍正《敕修陕西通志》卷 65《人物十一·释道》，《中国地方志集成：省志辑·陕西 1》，凤凰出版社，2011，第 429 页。

② 雍正《敕修陕西通志》卷 9《山川二·咸宁县》另称，"又有库谷，在义谷东，又谷之内有大兴山"。《中国地方志集成：省志辑·陕西 1》，第 271 页。

③ 此三间铁殿，或为今岱顶无量金殿与铁庙之间的圣父圣母殿、上帝宝洞、老君殿所在之处；而铁桥，或为今所见之通往铁庙前的铁桥。一方面，今太兴山确尚存三间铁殿与铁桥，其位置与《序》中所言基本能对应；另一方面，今三间铁殿虽无殿名，但第二间铁殿即为《序》所在之处，且三间铁殿确是"铁殿"，殿上盖有铁瓦，年代久远。

们也可以做个大概的推测。目前已知，重修完成后立碑时间为康熙十二年即
1673 年，两次重修共历十五年（刘常泰第一次重修"十有二载"，孟高晶第二次
重修"三载告竣"），因此，第一次太兴山真武庙宇的重修工作最迟也在顺治十
六年即 1659 年之前。两次重修之间可能存在一定的间隔，但具体多长时间尚不
得而知。碑文记载接着继续重修的是"继志"玄纳弟子，也就是继承刘道长重
修太兴山之志向的一位道长。可见二者之间有传承关系，两次重修也前后相连，
所以两次重修之事记载在一个碑文之上，也可算作一个完整的重修事件。这么
说，其开始时间的下限不会早于 1659 年之前太远，大体在顺治朝的晚期应该是
没有问题的。

第二次重修的主持者是道士孟高晶，落款称其为"玄门弟子徒化孟高晶"，
目前尚未见于历史文献记载中。本次重修历时三年，竣工于康熙十二年，所以开
始年代应该为康熙九年。为什么在刘道长重修之后紧接着又有修建？据《重修
上帝宝洞序》记载："旧有太清殿宇、上帝宝洞，咸时委摧损坏，不忍。"也就
是说，继承刘道长重修太兴山志向的孟道长不忍看见过去兴建的太清殿和上帝宝
洞的毁坏，故而决定重修。这里所说的"旧有"，应该是指该碑前文所说的"明
季时……浩兴工程……八宫二观益增庄严"。不到 50 年的时间，为何会损坏了
呢？该碑在前文记述刘道长那次重修时说原因是"烽燧荡顶"，估计太清殿和上
帝宝洞也是经历那次灾殃之后遭到损毁。碑文记载这位孟道长"手额誓心，虚
心募化，苦结善缘"，可见其誓愿之坚及募化之艰辛。经过孟道长的努力，仅用
三年时间便重修太清宝殿一座，也使上帝宝洞焕然一新，从此"太兴乃晏然如
新"。由此可见，真武信仰于太兴山的兴盛状态在清初仍旧得到了延续与发展。

作为孟高晶组织此次重修的直接产物，在第二次重修工作完成后，《重修上
帝宝洞序》勒石以铭，将"募化十方，檀越助缘，各府州县姓氏开铭于后"，较
为完整地记录了此次重修的过程以及参与人员，特别是记录了大量民间宗教组织
与太兴山真武信仰的关系，反映了太兴山不同于儒家孔庙、道教宫观、佛教寺院
的社会参与途径，体现了浓厚的民间化特征，不仅说明清朝初期太兴山真武信仰
仍然拥有广阔的信仰群体，而且显示了民间香会组织在太兴山真武信仰中的重要
地位。通过统计，现将《重修上帝宝洞序》中各府州县捐资者涉及的香会名称
列举如下。

1. 西华门一会；2. 东北关一会；3. 堍坩垜一会；4. 灞桥香会；5. 鄠县康
王二村一会；6. 姜仁村一会；7. 蓝田县贾家沟一会；8. 东县前一会；9. 城隍庙

一会；10. 大羊村一会；11. 陶家沟一会；12. 东祝村一会；13. 端礼门二会；14. 杨柳村一会；15. 泄湖镇香火会；16. 北石桥一会；17. 康河村一会；18. 白店一会；19. 十里铺一会；20. 木塔寨一会；21. 阿市堡一会；22. 咸阳县张村一会；23. 兴平县一会；24. 桥镇一会；25. 大王村一会；26. 红庙寨一会27. 西门外一会；28. 马跑泉一会；29. 蒲羊村一会；30. 南留村一会；31. 门家庄一会；32. 寺巷口一会；33. 周家庄一会；34. 党家桥一会；35. 相仁村一会；36. 省□一会；37. 水磨堡一会；38. 兴平县氏张弘一会；39. 南门外一会；40. 礼泉县张神村一会；41. 六村堡一会；42. 端礼门一会；43. 东莱园一会；44. 下塔坡一会；45. 甘家寨一会；46. 西莱园一会；47. 城南归义二坊一会；48. 土城上一会；49. 又一会；50. 城隍庙前一会；51. 城内二会；52. 训善村一会；53. 西关厢一会；54. 东县门前一会。

注册捐资重修太兴山庙宇的香会共计 54 个，它们基本以地名作为名称，主要来自西安城区、蓝田县、咸阳县、兴平县、礼泉县、鄠县等，分布的地域较为广泛。除了这些建立香会的地方之外，提到的捐资者所在地还有：贾里村、新庄村、孙家坡、三角坡、大寨、江尹村、库峪口、兴善村、小寨、临潼县□口等地。有些村名不知所在县，但笔者猜测应该都是太兴山下以西安为中心的周边各县。特别值得注意的是，这些香会组织，其命名采用"地名＋数字编号"命名法，也就是说在同一个地方可能因为信仰群体的分布与参与人数的规模等因素而划分为多个香会，因此同一个区域出现了诸如"端礼门一会""端礼门二会""城内二会"这样的情况。根据这种命名法，笔者有理由相信在当时的民众中有更多数量的香会存在，其数量当远超于《重修上帝宝洞序》中所记。而如此数量的香会在一定程度上反映出清初太兴山与西安周边地区民间宗教组织的关系，对我们认识太兴山民间宗教的社会基础具有重要意义。

笔者在 1999 年对太兴山的考察中发现，太兴山内的庙宇不同于终南山内正规的佛寺道观，它与山下的社会以及人群形成了广泛的对接，一个突出的表现就是，几乎所有历史上传承下来的庙宇都是山下西安周边地区某村的汤房。《大清国陕西西安府咸长等县重建磨针观碑序》①便称"有□□□（被挖掉）汤房"

---

① 《大清国陕西西安府咸长等县重建磨针观碑序》，乾隆十九年（1754）刻立，现在太兴山磨针观内。

"不建汤房，何以济善男信女之渴饥"。而"这种村庙所有制形式据说是自古以来就有的，所以，现在各个寺庙的归属基本上与过去完全相同。近年来这些寺庙的相继恢复也都是由原来所属的村庄负责建设，并承担所需钱粮"。"各寺庙由所属村庄的信教群众组成的小组管理。小组组长称为会首。会首一般是具有一定威望和宗教学识、善于组织管理的人员，由寺庙所属村的信教群众推选产生。各寺庙一般都供奉有历代会首的牌位"。"凡是寺庙所属村的村民，无论是来过宗教生活的，还是前来旅游观光的，该庙都要像对待自家人那样热情接待，供应食宿。而他们在其他寺庙里则会有客游他家的感觉。每当庙会期间，拥有寺庙村庄的村民和信教群众除一部分留在本村寺庙帮助会首处理各种寺务外，一般只夜宿于本村的寺庙，白天则巡礼其他寺庙"。① 太兴山现在的 40 多座庙宇，除了极个别改革开放以来新建寺庙外，自古以来全归山下村庄所有，这是一种规模巨大、体制独特的民间宗教存在形态。这种情况到底是从什么时候开始的，至今尚无翔实资料可考。但从康熙年间留存下来的《重修上帝宝洞序》所列捐资香会来看，至少在清初，太兴山与西安周边底层社会的香会组织已经建立起密切的联系。这种特殊的社会联系方式很可能与太兴山在明代万历年间勃兴时便是由一个社会人士主导有关，而清初两位主持重修的道长尽管为出家的宗教职业人员，但其一个是"纯志虚心，善募十方"，一个是"虚心募化，苦结善缘"，可见都是与社会发生链接，依赖社会力量来完成的。从"勒石以铭"的捐资者来看，也全是西安周边各个香会以及没有香会的很多村镇信众，这使我们有理由相信，太兴山从那个时候开始，其庙宇就与山下信众建立起密切的联系，这种联系因为香会组织的存在而得到持续加强，并最终形成延续至今的寺庙归属与组织形态。

余　论

明末清初太兴山真武信仰的兴起与发展为西安地区增添了一个重要的宗教文化类型，特别是在民间宗教领域形成一个大规模的活动基地，成为不同于佛教、道教的神圣空间，并以自己特有的社会联系方式，与民间保持密切的互动。这种宗教生存方式的形成应该经历了一个演变过程，从明末到清初，这一演变的趋势

---

① 李利安：《一处罕见的民间宗教"活化石"——太兴山民间宗教历史遗存调查》，《世界宗教研究》2003 年第 3 期。

其实已经非常明显。

我们先看一个令人疑惑的文献记载。前文在揭示明万历三十九年太兴山真武信仰兴起时，我们使用了 1974 年出土的明天启六年的《明藩门正少川冉公墓志铭》的记载，具体史实已如上所述。但我们从清康熙十二年刻立的《重修上帝宝洞序》中又看到不同的记载："明季时，有玄纳张姓者闲步盘洞，苍遇二蛇并首，出没于兹者数，而张纳觖然色喜，□谓此地非凡。纵目视之良久，但见形势穹隆，空峭赤壁，攘接青霄，居然炼气栖真之胜地也。乃善念源发，浩兴工程，疏启秦世王，开榛辟芜，创建庙貌。"这里是说有一位张姓的道长在山上遇到"二蛇并首"数次出没而喜形于色，发现此地山形与天相非同一般，为修道圣地，故上报秦藩王，开始创建庙宇。二蛇并首虽然不像龟蛇盘道那样更加明显地象征真武信仰，但也可作为真武显圣的一种意象，① 令人疑惑的是主人公与墓志铭记载不同，从墓志铭所记载的冉少川转变为张姓道长。这是历史记忆的差异，还是文献制作者的有意篡改，我们难下定论。从明末到清初，太兴山庙宇建设过程的变化，却为我们展现了不断民间化的历史进路。我们对这一进路进行分析后，可能对理解这一转变有所帮助。

明代墓志铭所说的创建者冉少川，其身份为"明秦藩门正"，正如前文所释，属于地方政府的一个官员。而清康熙时期的《重修上帝宝洞序》所说的创建者张姓道长则属于默默无闻的宗教人员，属于社会底层。换句话说，关于修建庙宇主角的记载发生了从官员到百姓的转变。我们再看庙宇兴建的支撑性力量，明代的时候，太兴山的建设是作为一个官宦的冉少川"捐金三百、粟二十石"，即使是与此不同的另外一条史料，其中也提到"疏启秦世王"，可见地方政府在其中的作用。而到了清初时期，两次重修，都是道长主持，不但未见政府的支持，也没有任何官员的捐资，全凭两位道长"善募十方""苦结善缘"，最后勒石以记的捐资者全是西安周边各村的信众。而且，这些信众绝大部分都归属于某个香会组织，这些香会组织与太兴山建立起密切的联系，形成山上与山下、出家与在家、庙宇与香会的互动格局，显示出强烈的民间性、底层性、世俗性、生活性等特征，太兴山真武信仰社会基础中原有的官方因素逐渐淡化乃至消除，民众

---

① 在宋时便"有蛇出天庆观真武殿中，一郡以为神，州将帅官属往拜奠之，欲上其事"。将蛇视为真武显圣的表现。李焘：《续资治通鉴长编》卷 101，天圣元年八月乙巳，中华书局，2004，第 2331 页。

在其中的力量迅速提升。太兴山真武信仰的这一特点一直延续至今，成为一种地方性极强的民间宗教现象。

据清初陈梦雷记载，太兴山上有真武宫，"每年七月人多朝礼"。① 从《重修上帝宝洞序》所记载的香会组织及其与太兴山的关系来看，太兴山的朝山进香活动是一种集体式的宗教活动，参与成员多来自乡村社会，也就是说，太兴山宗教活动的民间性在朝山进香的组织形式上得到了凸显。同时，值得一提的是这种从清初已经存在的具有固定时间的朝山活动，与现今太兴山内每年规模最大的宗教活动——庙会的时间是重合的。这一固定的时间也见于民国《咸宁长安两县续志》，"聚仙宫，在库谷台沟，俗名将军石。距城九十三里，上接三圣宫，下临观音洞。光绪三十四年杨家村李志春创建，每年七月朔日神会，四方云集，香火极盛"②。也就是说，太兴山内的朝山进香活动一直没有停止，这既是民众表达其真武信仰情感的重要途径，也是表达对太兴山这一神圣空间的认同与亲近，并一直延续至今。

在真武信仰的研究中，地域特色的真武信仰研究是一个重要的分支。③ 自宋逮明，因着皇家的认可、道士的经营、道典的渲染、民众的崇信等多方要素的影响，真武成为全国性的宗教信仰对象，并在地方区域内形成了各具地域特色的真武信仰。而在这一大的社会趋势之下，太兴山也是地域真武信仰的有机组成部分，同时它也应该是区域特色的真武研究的有机组成部分。但事实与之并不相符，太兴山真武信仰的研究并没有受到相应的重视，其宗教文化也未得到充分的挖掘和整理，甚至所谓的"南有武当，北有太兴"之说也流于表面，其中所蕴含的太兴山真武信仰的文化内涵与历史地位并未被清晰地呈现出来。实际上，不管是出于对太兴山真武信仰的历史讨论，还是完善陕西地区民间信仰整体结构的需要，《明藩门正少川冉公墓志铭》与《重修上帝宝洞序》的发现都为我们的研究提供了宝贵的线索。而基于对这二者的分析，明末清初太兴山地区真武信仰的发展状态以及现今太兴山真武信仰圈形成的历史基础这两大问题将会得到相应的解决。

---

① 陈梦雷编纂《古今图书集成·方舆汇编·职方典》卷493《西安府部汇考三》，第11册，第12149页。
② 民国《咸宁长安两县续志》卷7《祠祀考》，《中国地方志集成：县志辑·陕西3》，凤凰出版社，2007，第402页。
③ 参见梅莉《真武信仰研究综述》，《宗教学研究》2005年第3期。

当然，太兴山民间宗教信仰还遗留很多问题需要进一步研究。一方面，太兴山内留存的清中后期碑刻还未得到全面的整理与研究；另一方面，太兴山民间信仰的形态在清中后期又发生了新的变化，最突出的就是无生老母这一源于民间宗教的神灵开始介入太兴山，并试图统摄原有的真武信仰，以至于呈现出太兴山延续至今的无生老母－真武信仰体系。主尊真武的磨针观内现存有乾隆十九年《大清国陕西西安府咸长等县重建磨针观碑序》，从中可以看出，在乾隆十九年前太兴山内已出现"世音磨针渡世之处，玄武悟真升霞之地"的传说，并于磨针观立有世音磨针启悟真武的金针。太兴山真武神话体系里已出现了其他神灵元素，但太兴山的世音又不同于元代《玄天上帝启圣录》里武当山磨针故事原型里由紫元君所化的老媪。①世音的加入受到了武当山日益完善的真武神话体系中磨针故事的影响，然而"世音"这一具体人物却是太兴山真武信仰体系中的自我创造。无生老母作为民间宗教中最高神，在塑造过程中吸收了中国民间众多女神的特点，其中便包括观音。②太兴山内"世音"与观音、无生老母是否存在关联，该碑记是否能反映乾隆时期无生老母信仰对太兴山的介入，需进行更深入的研究。同时，在磨针观的重建工作完成后，"此往彼来进香之人，绵绵不绝，缕缕如线"，山下社会对太兴山真武信仰的宗教情绪依旧高涨。道光十一年（1831）《重修太兴山大顶碑记》则再次肯定明以来太兴山形成的并在清中后期得到发展的真武信仰，称"太兴山之名寔由于玄天上帝之钟灵焉"，重修在于"以继□人之旧志，以广帝德之浩荡"。除山内流传的碑记外，清中后期的地方志嘉庆《咸宁县志》明确记载库谷内有祖师殿。③笔者在20年前的考察和目前正在进行的考察中都强烈地感受到无生老母－真武信仰这一信仰特征："太兴山的寺庙和宗教活动具有明显的个性特征，它既不同于其他地区正规的佛教名山或道教名山，也不同于某些地区的三教合一、三教混杂，这里是以民间宗教为主

① 《玄天上帝启圣录》卷1《悟杵成针》，《道藏》第19册，文物出版社、上海书店、天津古籍出版社，1988，第573页中。成书早于《玄天上帝启圣录》的《武当福地总真集》是目前所见关于真武武当山磨杵成针故事的最早记录，只是"神女以铁杵磨之，即紫元君神化也"，并未点明紫元君所化的为"老媪"。参见元代林下洞阳道人刘道明《武当福地总真集》卷中《神仙灵迹·磨针石》，中国武当文化丛书编纂委员会编《武当山历代志书集注》，湖北科学技术出版社，2003，第29页。
② 参见孔庆茂《民间宗教的创世女神——无生老母》，《文史知识》2008年第3期。
③ 嘉庆《咸宁县志》卷12《祠祀志》，《中国地方志集成：县志辑·陕西3》，凤凰出版社，2007，第154页。

体，杂糅佛教、道教和儒教，所信奉的神灵是以无生老母和无量祖师为核心，旁及民间宗教中的各种大小神灵。"① 清朝中后期之后，太兴山真武信仰自身是如何发展的，特别是无生老母是如何介入真武信仰体系的，太兴山庙宇最终完全转向西安周边各村香会所有是如何实现的。所有这些问题均为太兴山民间宗教的后续研究提出了重要的学术任务。

原刊《世界宗教研究》2019 年第 3 期

---

① 李利安：《一处罕见的民间宗教活化石——太兴山民间宗教历史遗存调查》，《世界宗教研究》2003 年第 3 期。

清前期文乡试解额变迁研究

谭红艳

摘　要：乡试解额是清廷维护统治的重要工具和手段。基于统治形势的变迁，清代前期政府共实行过五个文乡试解额标准：顺治二年解额标准最高，旨在笼络士人，配合武力征服天下，但未在全国同时施行；顺治十七年解额标准最低，行用时间亦较长；康熙三十五年和五十年解额标准最不稳定，且有递增趋势；乾隆十二年解额标准行用时间最久也最稳定，总额亦与明中叶行用百余年的景泰解额大致相当。这些史实的厘清对探讨清代不同时期绅士阶层的构成有重要意义。

关键词：清代　科举　乡试　解额

在科举时代，乡试解额是国家利用和控制士人的重要手段，这不仅体现在乡试为朝廷选拔合格的统治人才，也不仅体现在通过调整各地区的乡试解额差以维持区域间的平衡。更重要的是，解额调整本身就是维护统治的重要工具和手段，在特殊的历史条件下，它甚至可取得武力攻伐亦难以达到的效果。

在清代，旗人（尤其是满人）人数虽少，但在国家统治中却居重要地位，其选拔渠道亦颇为多元，并非仅限科举一途；相反，民人（主要是汉人）数量虽多，但其获取功名和入仕的途径则较单一，主要通过文科举。而在科第功名体系中，举人阶衔又处于极重要地位。故研究清代乡试解额的变化，考察其在国家统治中的作用，不仅在中国科举史研究中，即在清代政治史研究中也具特殊的重要意义。

关于清代乡试解额的变化，《清实录》《钦定科场条例》《大清会典》等官书虽均有记载，但很难从中看出解额调整和变化背后的深层原因。在诸多清代科举的研究著作中，商衍鎏先生曾据官书记载做了扼要著录，但并未有清晰系统的梳理。① 王德昭列表统计过清代乡试解额的五次变化数额，但未深究个中因由，且表内亦有史实错误。如将道光元年（1821）恩科乡试中额误作嘉庆二十五年（1820）乡试中额，且称"自嘉庆二十五年后各省乡试中额连年增加"，是因各省捐输军饷增广乡试解额。② 实则捐输军饷增广解额，较王氏所说要晚三十余年（最早在咸丰三年，1853），且此三十余年间各省乡试解额仅福建加增一名，亦非王氏所说的连年增加。艾尔曼（B. A. Elman）亦对清代各省乡试中额的变化做过列表统计，但所选年份除顺治二年（1645）和十七年外，其他均非乡试解额发生重要变化的年份，难以从中窥见实际的变化情况。③ 此外，张仲礼研究 19世纪中国绅士的人数和构成时，曾对清代各省乡试解额加以讨论，并在此基础上推算全国的举人总数。但因其研究以 19 世纪为主，故对清代前期乡试解额的情况未加探究。④

有鉴于此，本文将系统梳理清前期文乡试解额发生的几次重要变化，并尝试探讨每次变化背后的原因。同时，还将清代乡试解额的变化与明代加以比较，并借已搜集的清代各省乡试的实际中额，讨论不同乡试解额标准在实际层面的具体运作，从而补充张仲礼《中国绅士》所未讨论的 19 世纪前清代乡试解额的变迁，为探讨清代不同时期中国绅士的构成和举人总数略做铺垫。

需要说明的是，本文所谓清前期的下限为咸丰二年，因清廷自咸丰三年始鼓励各省捐输乡试广额，实际中额已发生较大变化。此外，清代乡试解额虽有民籍与商籍、官卷与民卷之分，但官卷中额按民官九比一于各省中额取中，商籍则除广东单列一名外，其余亦于中额取中，故不影响对各省乡试解额的统计。⑤

一

顺治元年十月，清帝定鼎燕京，在所颁代明而兴的登极诏中，承认士子在前

---

① 商衍鎏：《清代科举考试述录及有关著作》，百花文艺出版社，2003，第 103～106 页。
② 王德昭：《清代科举制度研究》，中华书局，1984，第 62～63 页。
③ 艾尔曼（Benjamin A. Elman）：《中国帝制晚期科举文化史》（*A Cultural History of Civil Examinations in Late Imperial China*），台北：南天书局有限公司，2001，第 682 页。
④ 张仲礼：《中国绅士——关于其在 19 世纪中国社会中作用的研究》，李荣昌译，上海社会科学院出版社，1998，第 123～126 页。
⑤ 蔡銮扬等纂修（嘉庆）《钦定科场条例》卷 20，嘉庆二十一年武英殿序刻本，第 1～2、8 页。

朝所获科第功名，且定子、午、卯、酉年为本朝各省乡试之年。① 顺治二年因逢酉年（乙酉），为清朝首科例行乡试之年。其时因王朝鼎革战争正在进行，开科取士成为配合清廷武力夺取天下的重要手段。

顺治二年五月，礼科都给事中龚鼎孳条陈江北已复善后事宜，其中一款便是开科取士，称："请急遣学臣星趋考较，秋闱在即，朴椷大兴，既予以功名之门，即可得收得人之效。"② 七月，浙江总督张存仁亦以此上疏，云："近有借口薙发，反顺为逆者，若使反形既露，必处处劳大兵剿捕。窃思不劳兵之法，莫如速遣提学，开科取士，则读书者有出仕之望而从逆之念自息；行蠲免，薄税敛，则力农者少钱粮之苦而随逆之心自消。"清帝以张氏所奏"开科以取士，薄敛以劝农"，"诚安民急务"，通谕归顺各省一体遵行。③ 十月，清朝首科乡试在顺天、江南、河南、山东、山西和陕西六省举行。④

尽管清朝首科乡试仅在六省举行，然清廷已于是年定十五直省乡试解额，共1428名（见表1）。此解额当据崇祯十五年（1642）明代最后一次全国乡试的各省中额（共1415名）制定，并略有增加，共增13名（见表2）。值得注意的是，清廷择从的崇祯十五年解额是明代四种乡试解额体系中，额数最多者。⑤ 从中不难窥见清廷企图笼络天下士子之心。不仅如此，首科乡试的副榜录取人数亦大增，以陕西为例，该科取中举人79名，副榜竟达48名，为正额的60%之多！且各省副榜均经礼部议准作贡生，且免在国子监学习，"即与廷试"，原因就是"首科人文宜重"。⑥ 这种努力亦见于会试，三年丙戌为首科会试之年，礼部以"龙飞首科，正士类弹冠之日……宜增广其数，以收人才而襄盛治"为请，清帝即允以"开科之始，人文宜广。中式额数，准广至四百名……后不为例"。⑦

---

① 顺治皇帝登极诏，见张伟仁主编《明清档案》第2册，台北：联经出版事业有限公司，1986，第441页；《清世祖章皇帝实录》卷9，顺治元年十月甲子，中华书局，1985，第96页。

② 礼科都给事中龚鼎孳为江北已复揭陈善后事宜（顺治二年五月），见张伟仁主编《明清档案》第2册，第934页。

③ 《清世祖章皇帝实录》卷19，顺治二年七月丙辰，第168页。

④ 《清世祖章皇帝实录》卷17，顺治二年六月辛未；卷18，闰六月乙巳，第153、164页。

⑤ 汪维真：《明代乡试解额制度研究》，社会科学文献出版社，2009，第105、120、168、191页。

⑥ 陕西巡按黄昌胤题陈秦省副榜应援例准贡（顺治二年十二月二十三日），见张伟仁主编《明清档案》第3册，第1499～1500页。

⑦ 《清世祖章皇帝实录》卷23，顺治三年正月甲戌，第201～202页。

表1 顺治二年题准各省乡试解额

单位：名

省份	顺天	江南	浙江	江西	湖广	福建	山东	河南	山西	广东	四川	陕西	广西	贵州	云南	总计
解额	168	163	107	113	106	105	90	94	79	86	84	79	60	40	54	1428

说明：江南解额163名，后因裁撤南雍，减监生中额38，解额为125名。

资料来源：伊桑阿等纂修（康熙）《大清会典》卷53，第1页；德保、李翀等纂修（乾隆）《钦定科场条例》卷20，乾隆四十五年武英殿刻本，第3页。

表2 崇祯十五年两京十三省乡试中额与顺治二年解额比较

单位：名

省份	北直	南直	浙江	江西	湖广	福建	山东	河南	山西	广东	四川	陕西	广西	贵州	云南	总计
中额	170	163	107	110	105	105	88	93	78	86	83	78	60	40	49	1415
对比	减2	同	同	增3	增1	同	增2	增1	增1	同	增1	增1	同	同	增5	增13

资料来源：郭培贵《明史选举志考论》，中华书局，2006，第399页；汪维真《明代乡试解额制度研究》，社会科学文献出版社，2009，第191页。

　　除乡试解额标准从宽从高外，顺治二年十月，范文程还建议于三年、四年加科再行乡、会试。目的仍是"得民心"，范氏疏云："治天下在得民心，士为秀民，士心得则民心得矣，宜广其途以蒐之。请于丙戌会试后，八月再行乡试，丁亥二月再行会试。"[1] 三年四月，大学士刚林等亦以此疏请，且奏称"其未归地方，生员举人来投诚者，亦许一体应试"，清廷从之。[2]

　　顺治三年，朝廷借称上年科场初开，应试者因道阻未能如期到场，再举乡试，并增加归顺的浙江、江西、湖广三省。五年戊子科乡试，加福建、广东；八年辛卯科，加四川、广西；十七年庚子科，加云南、贵州，至是顺治二年所定15省乡闱方全部举行。[3] 不过十七年的各省乡试中额，已非顺治二年所定标准，而是在此基础上减半。故该标准仅行用至十四年丁酉科，共实施13年6科乡试（除上述各科外，尚有十一年甲午科。又八年、十一年两科且为恩诏各省广额）。其间由于很多省份陆续被清廷控制，故各科举试的省份也有所不同，即15省闱并未同时施行此标准。

---

[1] 《清史列传》卷5《范文程传》，王钟翰点校，中华书局，1987，第259页。

[2] 《清世祖章皇帝实录》卷25，顺治三年四月乙酉，第215页。

[3] 黄崇兰撰，赵学曾续撰《国朝贡举考略》卷1，《续修四库全书》影印《增补贡举考略》道光间双桂斋刻本，第1~11页；商衍鎏：《清代科举考试述录及有关著作》，第103页。又商书以十四年丁酉科加广西，误。八年辛卯科广西已举行乡试，十一年甲午科未行，十四年丁酉科复行，故有此误。

二

五朝会典及各种《科场条例》均载顺治十七年题准：乡试解额照旧额减半。① 实则减半之议，已于十五年议定，直接原因是选法壅滞。十五年五月，清廷因选法壅滞，议疏通选法，其中一款为"会试、乡试斟酌旧例，量减额数"，朝臣议奏"会试进士每科三百名，应酌减一百名，其乡试举人照各省额数减半"。② 七月，清廷更定乡、会试额数，准减其半。③

顺治一朝凡十八年，自二年开科取士，十七年间，七举乡试，八行会试，④ 仅七、十、十三年三年未举乡试或会试。由于连开科举加解额较高，导致有功名之人过多，出现仕途壅滞的困局。其后果在康熙初仍继续发酵，康熙三年（1664）闰六月，礼部等议选法壅滞，统计在簿候选推官、进士、举人268人；候选知县、进士、举人及旗下举人并贡监荫生1533人。为疏通铨政，朝臣甚至有暂停一科乡、会试之议。⑤ 考虑到康熙朝首科乡试在二年，会试在三年，且举人需会试三科或五科放准拣选，故数量如此多有科第功名的待选者，应为顺治间录取的。

顺治十六年底，乡试解额减半之谕颁行各省。这从十七年正月四川巡按张所志奏疏中"今奉有直省中额各减半之旨"及四月礼部议覆广西巡按李秀疏中"今全省俱复，适奉各省中额减半之旨"语，俱可推知。⑥ 这应是《会典》及各种《科场条例》等官书以此为十七年议定的重要原因，另一原因当是减半后的解额标准，在是年庚子科乡试施行，是年四川、广西二省俱照旧额减半取中，川取42名，桂取30名，便是明证。⑦ 而清廷所以决定在十六年底颁行减额之谕，恐应与当时的统治形势密切相关。

首先，此时主要的抗清势力已被扑灭，全国大部分地区已在清廷统治下。顺

---

① 参见伊桑阿等纂修（康熙）《大清会典》卷53，《近代中国史料丛刊三编》第72~73辑，影印康熙二十九年序刊本，第2页；允禄等监修（雍正）《大清会典》卷73，《近代中国史料丛刊三编》第77~78辑，影印雍正十年序刊本，第13页；德保、李翮等纂修（乾隆）《钦定科场条例》卷20，乾隆四十五年武英殿刻本，第5页。
② 《清世祖章皇帝实录》卷117，顺治十五年五月戊申、壬子，第910~911、913~914页。
③ 《清世祖章皇帝实录》卷119，顺治十五年七月戊午，第925页。
④ 江庆柏编著《清朝进士题名录》，中华书局，2007，第3~147页。
⑤ 《清圣祖仁皇帝实录》卷12，康熙三年闰六月乙酉，第190页。
⑥ 《清世祖章皇帝实录》卷131，顺治十七年正月己未，第1010页。
⑦ 《清世祖章皇帝实录》卷133，顺治十七年三月戊寅；卷134，四月己亥，第1031、1038页。

治五年、九年掀起的两次抗清高潮，已被扑灭。十六年正月，清兵攻入云南，永历帝奔走缅甸；是年，郑成功、张煌言等掀起的会师长江、收复江南的最后一次大规模抗清运动，亦于十月迅速失败。① 统治大局已定，以扩大乡、会试中额笼络士子之心的权宜之计，已无继续施行之必要。

其次，顺治十四年发生的"丁酉科场案"，使清帝深感亟须整肃明季以来关节交通、积弊丛生的科场秩序，同时打击、震慑汉族官僚士绅，摧残其抗清意志，维护长期稳定的统治。十四年丁酉科乡试，除尚未归附的云贵二省外，共13省闱举行，发生科场案的竟有顺天、江南、河南、山东、山西五省，其中又以北闱顺天、南闱江南为最。顺天乡试房考官李振邺等7人被斩，家属108人遭流放；江南两位主考官斩决，18名房考官除一人已死外，皆绞决，妻子家产籍没入官。② 南北两闱取中的举人，皆令来京参加清帝亲自主持的复试，且严命"不肯就试者，革去为民，永不许应考，仍提解来京，严究规避之由"。③ 此案到十六年方处理完毕。而乡试解额减半之议，所以在此间议定，无疑也是清廷借此澄清文治的重要手段。用熊赐履的话说是，"减额之半，减则其数简而其法益严。严其法所以慎其选，约其制所以谨其防，限其额益所以重其考核之权，而端其始进之路"，称清廷处理丁酉科场案是"赫然大创，顿祛夙弊"。④

最后，清廷减少科第中额，并非仅针对乡、会试，而是全方位调整。初级科名——生员的学额亦大幅减少。顺治十五年，清廷题准各直省府州县学额减半，大府取20名，大州县取15名，小学取4～5名。复停科试录取，以三年为率，只许岁试取中。而此前顺治四年题准各直省学额为大学40名，中学30名，小学12名，每三年行岁试、科试两次取中。⑤ 由于考取频率由原来的三年两次变为三年一次，实际上又将

---

① 顾诚：《顺治十一年——明清相争关键的一年》，《清史论丛》1993年号，辽宁古籍出版社，1993，第1～24页；何龄修：《清初争夺全国统治权的斗争过程和清廷获胜的原因》，《五库斋清史论丛》，学苑出版社，2004，第631～635页。

② 孟森：《科场案》，《心史丛刊》，中华书局，2006，第34～78页；商衍鎏：《清代科举考试述录及有关著作》，第301～306页；王戎笙：《清初科场案研究》，《清史论丛》1995年号，辽宁古籍出版社，1996，第167～181页。

③ 顺治朝朱谕（顺治十四年十一月十九日），故宫博物院明清档案部编《清代档案史料丛编》第9册，中华书局，1983，第8页。

④ 熊赐履：《顺天乡试录后序》，张廷玉编《皇清文颖》卷14，第8页，《景印文渊阁四库全书》第1449册，台湾商务印书馆，1986，第634页上。

⑤ 伊桑阿等纂修（康熙）《大清会典》卷51，第2页；《清世祖章皇帝实录》卷118，顺治十五年六月丁卯，第917页。

生员中额再次减半，即将学额减少 3/4。但值得注意的是，会试中额虽于十五年议定减少为每科 200 名，但十八年会试中额非但未少，且仍广额，取中 383 名。到康熙初的首科会试（三年甲辰科），方按中额 200 名取中。不仅如此，清廷还于顺治十六年行会试加科，取中 377 名。① 于此亦可见清廷施行减额之举的审慎。

减半后的全国乡试解额，共 720 名，较顺治二年解额减少 681 名（见表 3），与明中叶行用 12 年（1440～1452）的正统五年（1440）乡试解额大致持平（总额在 740～760 名间），② 且各省中额亦大致相同（见表 4）。这一标准行用至康熙三十二年癸酉科，共实施 34 年 13 科乡试（其中康熙八年己酉科、二十三年甲子科恩诏各省广额）。对比康熙三十五年增广各省乡试解额前的原额与顺治十七年各省解额可知（见表 5），除顺天（增 29 名），福建（增 1 名）有所调整外，其他各省均沿用未变。实施范围已遍及清廷所定 15 省闱。从康熙十一年壬子科乡试部分省闱的中额看（见表 3），该解额标准已得到切实执行。

表 3　顺治十七年各省乡试解额与康熙十一年中额比较

单位：名

省份	顺天	江南	浙江	江西	湖广	福建	山东	河南	山西	广东	四川	陕西	广西	贵州	云南	总计
解额	105	63	54	57	53	53	46	47	40	43	42	40	30	20	27	720
康熙十一年中额①	126	63		57			46				42	40			29	

说明：云南于康熙二年癸卯科(1663)减半，中额 27 名；顺治十七年仍取 54 名。

①康熙十一年壬子科乡试录：《四川乡试录》《云南乡试录》《江南乡试录》《陕西乡试录》《江西乡试录》《山东乡试题名录》（中国第一历史档案馆藏，下同）；徐乾学：《顺天乡试录（康熙十一年壬子科）后序》，《憺园文集》卷 19，康熙间冠山堂印本，第 15 页。

资料来源：伊桑阿等纂修（康熙）《大清会典》卷 53，第 2～3 页；德保、李翀等纂修（乾隆）《钦定科场条例》卷 20，第 19 页。

表 4　正统五年两京十三省乡试解额

单位：名

省份	北直	南直	浙江	江西	湖广	福建	山东	河南	山西	广东	四川	陕西	广西	云贵	总计
解额	80	100	60	65	55	60	45	50	40	50	45	40	30	20	740

资料来源：郭培贵《明史选举志考论》，第 396 页；汪维真《明代乡试解额制度研究》，第 105 页。

① 江庆柏编著《清朝进士题名录》，第 114～157 页。
② 参见汪维真《明代乡试解额制度研究》，第 105 页；郭培贵《明史选举志考论》，第 68～76 页。

由于乡试解额减半，与之相应，乡试资格考试的录遗人数——"额中举人一名，取应试生儒三十名"，[①] 亦应据此减少。这对各省乡试产生了相当影响，以山东为例，因录科人数减少，大量士子未能入闱，竟发生"拥舆号哭"之事。至于士林的反应，施闰章便是最典型的例子。施氏虽称乡试解额减半，"诚非草野所敢争"，但对减少录遗人数则直言是"裁已录之数，罢垂久之例，恐士皆嚣然丧气，非盛世所宜有"，可见其在丁酉科场案后较为紧张的言论环境下，仍持谨慎否定的态度。[②]

三

清廷第三次调整全国乡试解额，是在康熙三十五年。这时清廷在全国的统治已经稳固，顺康之际对士人的钳制高压，也变为怀柔右文。而且从帝国的统治形势看，也正是偃武修文的好时机：二十年，平定延续八年之久的三藩之乱；二十二年，统一台湾，彻底结束了明清鼎革以来南方数省和东南海疆的战事；二十四至二十六年，经两番苦战收复雅克萨，并于二十八年签订《尼布楚条约》，确定清俄东段边界，使东北边疆无战事；二十九年，挫败噶尔丹博硕克图。三十五年，康熙帝御驾亲征，败噶尔丹于昭莫多，取得决定性胜利，用康熙帝的话说是"从此荒漠永安，边民得以休养"。[③] 此时全国已没有再对清廷形成威胁的军事力量。六月，帝还京，各地方大员上贺表，恭贺康熙成此不朽鸿业。[④] 在此氛围下，七月颁谕增广各省乡试解额。[⑤]

此次增广乡试解额，共增244名，解额总数为994名（见表5），[⑥] 并于是年丙子科乡试施行。该科江西省中额为此解额标准下的75名，而非顺治十七年解额的57名，便是明证。[⑦] 该标准与顺治二年所定各省解额总数1428名，仍相差甚远（少434名，为增广后解额的43.66%）。此标准行用至五十年，共15年4

---

① 伊桑阿等纂修（康熙）《大清会典》卷52，第2页；德保、李翮等纂修（乾隆）《钦定科场条例》卷2，第2页。

② 施闰章：《与毛方伯论遗才》，《施愚山先生文集》卷28，《清代诗文集汇编》第67册，影印康熙四十七年刻本，第252页。

③ 康熙三十五年九月二十八日太子请安折朱批，见中国第一历史档案馆编《康熙朝汉文朱批奏折汇编》第1册，档案出版社，1984，第20~21页。

④ 参见《康熙朝汉文朱批奏折汇编》第1册，第15~25页；中国第一历史档案馆编《康熙朝满文朱批奏折全译》，中国社会科学出版社，1996，第92~94页。

⑤ 《清史稿》卷7《圣祖本纪二》，中华书局，1977，第244页。

⑥ 《清圣祖仁皇帝实录》卷174，康熙三十五年七月癸亥，第886页。

⑦ 参见郝士钧《江西乡试录序》，《江西乡试录（康熙三十五年）》卷首，康熙三十五年刻本。

科乡试（最后一科为四十七年戊子科，其中四十四年乙酉科恩诏各省广额）。其间，除四十一年增浙江乡试解额 12 名、湖广 13 名、顺天 24 名；四十七年，增云南解额 5 名，且各于增广之年施行外（共增 54 名），其他各省均未变。①

另外，康熙四十一年十月，清廷还废止顺治初所定禁止乡试作五经的禁令，议定嗣后乡、会试作五经文字者，各于中额外取中三名，"若佳卷果多，另行题明酌夺"。② 这应是四十七年戊子科尽管没有恩诏广额，但各省乡试中额比解额标准多三或四名的原因（见表5）。故康熙四十一年至四十七年的解额总数，若加 45 名五经中额，则为 1088 名（四十七年因云南增 5 名，为 1093 名）。

表5 康熙三十五年议准各省乡试广额与四十七年中额比较

单位：名

省份	顺天	江南	浙江	江西	湖广	福建	山东	河南	山西	广东	四川	陕西	广西	贵州	云南	总计
解额	171(195)	83	71	75	70	71	60	62	53	57	56	53	40	30	42	994
增额	37	20	17	18	17	17	14	15	13	14	14	13	10	10	15	244
原额	134	63	54	57	53	54	46	47	40	43	42	40	30	20	27	750
康熙四十七年中额①	199			78		74			56		59					

①康熙四十七年戊子科乡试录：《顺天乡试录》《四川乡试录》《福建乡试录》《江西乡试录》《山西乡试录》。

资料来源：允禄等监修（雍正）《大清会典》卷73，第 14～15 页；德保、李翮等纂修（乾隆）《钦定科场条例》卷20，第 7～8 页。

康熙五十年四月，帝以读书士子日盛，酌量增加各省乡试中额，议定增加各省解额五分之一，共增 203 名，总额 1252 名（见表6），并于当年施行。③ 五经中额额外取中，共 61 名，若加此额，共 1312 名。但因康熙五十四年至雍正元年停五经中式（详见下），故此解额标准总额仍取 1252 名。尽管此解额比顺治二

---

① 《清圣祖仁皇帝实录》卷208，康熙四十一年闰六月丁未；卷209，四十一年七月丙子、八月庚辰；卷233，四十七年五月乙未；第 120、123、327 页。并参傅作楫《浙江乡试录序》，《浙江乡试录（康熙四十一年）》卷首，该科浙江中额为 83 名。

② 《清圣祖仁皇帝实录》卷210，康熙四十一年十月乙酉，第 130 页；德保、李翮等纂修（乾隆）《钦定科场条例》卷21，第 7 页。

③ 《清圣祖仁皇帝实录》卷246，康熙五十年四月戊辰，第 438 页。

年标准仍少 176 名，但与明中后期行用约 160 年（1456～1614）的景泰七年（1456）乡试解额体系（总额 1145～1210 名）和行用 27 年（1615～1641）的万历四十三年（1615）解额体系（总额 1282～1293 名），已大致持平。①

表 6　康熙五十年各省乡试解额

单位：名

省份	顺天	江南	浙江	江西	湖广	福建	山东	河南	山西	广东	四川	陕西	广西	贵州	云南	总计
解额	233	99	99	90	99	85	72	74	63	68	67	63	48	36	56	1252
增额	37	16	16	15	16	14	12	12	10	11	11	10	8	6	9	203
原额	196	83	83	75	83	71	60	62	53	57	56	53	40	30	47	1049

资料来源：允禄等监修（雍正）《大清会典》卷 73，第 16～17 页；德保、李翀等纂修（乾隆）《钦定科场条例》卷 20，第 10～11 页。

这一标准名义上虽沿用至乾隆九年（1744），行用 34 年 15 科乡试（其中雍正元年癸卯科、十年壬子科、乾隆元年丙辰科恩诏各省广额），但实际上在此期间，尤其是雍正时对各省解额均有不同幅度调整。② 对比乾隆六年辛酉科各省乡试中额与康熙五十年解额标准可知。因该科各省乡试并无增广中额情况，故各省中额可视为调整后的标准解额（见表 8）。③ 对比结果竟共增 117 名，增幅达 9.3%！其中增加较多的是顺天（增 21）、江南（增 27）、江西（增 14）和广东（增 11）四省。

影响此次解额变化最大的是五经中额。清廷自康熙四十一年始议准各省额外取中五经三名，五十年五月又增各省五经中额一名，顺天二名，使各省五经中额达到四名（顺天五名），总额达至 61 名。④ 五十四年正月，帝以五经中式"甚属无益……不过手敏，多写字耳，殊无实学"，停止五经应试。⑤ 相应地，61 名五经中额亦被废止。雍正二年（1724），上谕增加乡试五经中额，议定各省每十九名加中五经一名，其零过十名者亦准加取，不及十名者不准加增，共增 63 名

① 参见汪维真《明代乡试解额制度研究》，第 25、258 页；郭培贵《明史选举志考论》，第 397～399 页。
② 参见德保、李翀等纂修（乾隆）《钦定科场条例》卷 20，第 12～15 页。
③ 清代各科乡试增广额情况，参见詹鸿谟等纂辑（光绪）《钦定科场条例》卷 23，第 1～19 页，《近代中国史料丛刊三编》第 471～480 册，影印光绪十三年武英殿刊本。
④ 《清圣祖仁皇帝实录》卷 246，康熙五十年五月丙辰，第 444 页。
⑤ 《清圣祖仁皇帝实录》卷 262，康熙五十四年正月甲子，第 579 页。

（见表7）。① 此后五经中额，虽规定"必满十五卷始取中一名……不足十五名者不准取中"，但已被视为各省乡试解额的正额。乾隆十八年十一月，清廷议准停止各省五经中额，亦命各省将所遗额数并入专经中额，便是明证。② 从下列雍正七年己酉科（1729）部分省闱乡试中额（无该科省份者，取时间临近之科，见表7）看，这一标准亦得到切实遵行。

表7　雍正二年增五经中额后各省乡试解额与七年中额比较

单位：名

省份	顺天	江南	浙江	江西	湖广	福建	山东	河南	山西	广东	四川	陕西	广西	贵州	云南	总计
解额	244	104	104	104	104	89	76	78	66	78	70	66	50	38	59	1330
增额	11	5	5	5	5	4	4	4	3	4	3	3	2	2	3	63
原额	233	99	99	99	99	85	72	74	63	74	67	63	48	36	56	1267
1729中额①	244	104	104	104			76		66		66		48		59	

①《顺天乡试录（雍正七年）》《江南乡试录（雍正己酉科）》《山西乡试录（雍正己酉科）》《四川乡试录（雍正七年）》《云南乡试录（雍正七年己酉科）》《浙江乡试录（雍正十三年）》《江西乡试录（雍正十三年）》《山西乡试录（雍正己酉科）》《山东乡试题名录（康熙五十二年）》。广西取雍正四年中额，见允禄等监修（雍正）《大清会典》卷73，第8页。

资料来源：允禄等监修（雍正）《大清会典》卷73，第24～25页；德保、李翮等纂修（乾隆）《钦定科场条例》卷21，第7～9页。

表8　乾隆六年各省乡试中额与康熙五十年解额比较

单位：名

省份	顺天	安徽	江苏	浙江	江西	湖南	湖北	福建	山东	河南	山西	广东	四川	陕西	广西	贵州	云南	总计
中额	254	50	76	104	104	49	53	94	76	78	66	79	66	67	50	44	59	1369
对比	增21	增27	增5	增14	增3	增9	增4	增4	增3	增11	减1	增4			增2	增8	增3	增117

说明：江苏称江南下江，安徽称江南上江，下同。

资料来源：据《清高宗纯皇帝实录》卷223，乾隆九年八月庚申，第873页；德保、李翮等纂修（乾隆）《钦定科场条例》卷20，第20～24页；又该科河南中额《实录》作76名，据《河南乡试录（乾隆六年）》中额为78名，又各种《钦定科场条例》亦作78名，故更正。

---

① 允禄等监修（雍正）《大清会典》卷73，第24～25页；德保、李翮等纂修（乾隆）《钦定科场条例》卷21，第7～9页。

② 德保、李翮等纂修（乾隆）《钦定科场条例》卷21，第9～10、14页；《清高宗纯皇帝实录》卷450，乾隆十八年十一月壬戌，中华书局，1986，第865页。

四

乾隆九年八月，因是年甲子科顺天乡试，钦拟四书题偏冷，交白卷者 68 人，不完卷者 329 人，文不对题者 276 人；且怀挟作弊严重，头场搜出夹带 21 人，二场又搜出 21 人。且二场点名时，见稽查严密，临时散去者竟至 2800 余人。帝震怒，令裁减乡试中额，整顿科场秩序，称："与其宽登选以启幸进之门，不如严俊造以收得人之实。"并颁谕："嗣后若有以加科广额为请者，必加以违制之处分，著为令。"最后议定以乾隆六年辛酉科各省乡试中额为准，酌减 1/10，共裁减 122 名，减额后各省解额总数为 1247 名（见表 9），自乾隆十二年丁卯科为始实行。①

此次减额虽起因于顺天乡试怀挟作弊，但更深层的原因则是康熙三十五年以来乡试解额递增后，因取用人数过多导致仕途壅滞。如四十一年增各省五经中式 3 名，五十年普增各省乡试解额 1/5，雍正间又渐增各省乡试解额，至乾隆六年全国乡试中额达到 1369 名，几乎是康熙三十五年前行用的顺治十七年乡试解额标准总额（720 名）的一倍！而康熙五十年至乾隆九年（1711～1741）的三十年间各科乡试比此前三十年间每科多取中 530～650 名，比原额增加 73.6%～90.3%！

不仅如此，康熙五十一年帝因届圣寿六十特开万寿恩科乡、会试，开清代加考万寿恩科之先例；雍正元年以新帝登极特开恩科乡、会试，又开清代登极恩科先例。此两科乡试各省中额一如正科，雍正元年恩科且恩诏各省广额——大省 30 名，中省 20 名，小省 10 名，而此前逢新帝亲政、帝后圣寿或国家大庆仅于正科年份恩诏各省广额，数额亦远少于此次，一般为大省增中 10 名，中省 7 名，小省 3 名（或 5 名）。乾隆元年，照雍正例开登极恩科且恩诏各省广额，广额数亦一如雍正元年。② 亦即此三十年间又比康熙朝前三十年多开三次乡、会试。

---

① 乾隆九年八月十六日上谕，见中国第一历史档案馆编《乾隆朝上谕档》第 1 册，档案出版社，1991，第 931～933 页；《清高宗纯皇帝实录》卷 223，乾隆九年八月庚申，第 870～873 页。

② 蔡銮扬等纂（嘉庆）《钦定科场条例》卷 23，第 1～4 页。此前恩诏广额最多的是顺治八年，大省增中 15 名，中省 10 名，小省 5 名。

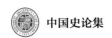

表9 乾隆十二年乡试解额与乾隆六年中额及康熙五十年解额比较

单位：名

省份	顺天	安徽	江苏	浙江	江西	湖南	湖北	福建	山东	河南	山西	广东	四川	陕西	广西	贵州	云南	总计
解额	235	45	69	94	94	45	48	85	69	71	60	72	60	61	45	40	54	1247
1741减额	19	5	7	10	10	4	5	9	7	7	6	7	6	6	5	4	5	减122
1711增减	增2	增15	减5	减4	增4		未变	减3	减3	减5	增4	减7	减2	减3	增4	减2	减5	减5
1759中额①	229	45	69	94	94	45	48	85	69	71	60	72	60	61	45	44	54	1245
1807中额②	237	45	69	94		46	47	85	69	71	60	71				40	54	1249
1831中额③	245	117		96	96	46	51	88	71	72	62	74	60	65	45	40	54	1282

①乾隆二十四年己卯科乡试录:《顺天乡试录》《江南乡试录》《浙江乡试录》《江西乡试录》《福建乡试录》《湖广湖北乡试录》《山东乡试题名录》《广东乡试录（乾隆己卯年）》《己卯科四川乡试录》《广西乡试录》《贵州乡试录》。其他:《云南乡试录（乾隆二十七年）》《河南乡试录（乾隆二十五年）》《特恩山西乡试录（乾隆庚辰科）》《陕西乡试录（乾隆二十五年）》；钱大昕:《湖南乡试录（乾隆二十七年壬午科）序》,《潜研堂文集》卷23,嘉庆十一年刻本,第4页。

②嘉庆十二年丁卯科乡试录:《顺天乡试录》《江南乡试录》《浙江乡试录》《福建乡试录》《湖广湖北文乡试录》《湖南乡试录》《山东乡试题名录》《河南乡试录》《山西乡试录》《广东乡试录》《陕西乡试题名录》《丁卯科四川乡试录》《贵州乡试录》《云南乡试录》。其他:《广西乡试（嘉庆庚午科）》《江西乡试（嘉庆十三年戊辰科）》。

③道光十一年辛卯科乡试录:《江南乡试录》《福建乡试录》《湖广湖北文乡试录》《湖南乡试录》《山东乡试题名录》《山西乡试录》《广东乡试录》《陕西乡试题名录》《云南乡试录》《贵州乡试录》。其他:《顺天乡试录（道光十二年）》《浙江乡试录（道光十四年）》《江西乡试录（道光十四年甲午科）》《河南乡试录（道光二年壬午）》《甲辰恩科四川乡试录（道光二十四年）》《广西乡试录（道光壬午科）》。

资料来源:《清高宗纯皇帝实录》卷223,乾隆九年八月庚申,第873页；德保、李翮等纂修（乾隆）《钦定科场条例》卷20,第20~24页。

此外,清代设官,旗民分缺,而旗人入仕升迁之途又远优于民人,① 这无疑加剧了民人尤其是汉人的仕途壅滞。故乾隆元年朝廷已因"举人选班壅积日久,现今犹需次至二十年,方可得缺",而谋疏通选法。② 乾隆九年八月,帝谕酌减

---

① 《清史稿》卷110,第3213~3214页；杜家骥:《八旗与清朝政治论稿》,人民出版社,2008,第419~421、425~428页。

② 乾隆元年五月初八日上谕,见《乾隆朝上谕档》第1册,第54页；《清高宗纯皇帝实录》卷18,乾隆元年五月辛丑,第459~460页。

各省乡试中额，亦称："现在解额已多，壅滞日甚，举人需次知县，约非三十年不可得。少年登科，及乎筮仕，已属衰迟，昏愦龙钟，难司民社。"强调若不减少解额，就是"以无用之人，塞有用之路"。①

乾隆十二年乡试解额标准，在解额总数上虽又恢复到康熙五十年的水平（1252 名，仅差 5 名），但对比各省解额，则除顺天（增 2）、江南（增 15）、湖广、广东、贵州（各增 4）有所增加，福建不变外，其他 9 省闱共减 36 名（见表 9）。另就总额而言，仍比顺治二年所定标准少 181 名，与明景泰七年乡试解额体系（总额 1145~1210 名）大致相当，行用时间亦长达百余年。

或因乾隆帝严禁此后请加广额，违者且以"违制"论，经此次调整，各省乡试解额固定下来。唯一的变化是嘉庆六年（1801），清廷开宗室乡试，上谕每 9 名取中 1 名，共取中 7 名，此后历科宗室乡试中额在 4~9 名。② 嘉庆十八年六月，议准各省驻防生员自二十一年丙子科始各于本省参加乡试，编旗字号，另额取中，每 10 名取中 1 名，零数过半者亦准取中，总不得过 3 名。③ 凡此皆于各省乡试解额外取中，故无影响。而对比嘉庆二十一年、道光十二年和咸丰二年修纂的三种《钦定科场条例》"各省乡试定额·现行事例"所载各省解额，便可发现已与乾隆十二年解额标准无大异，总额仅增 5 名，其中顺天承字号 2 名（嘉庆间增），福建 2 名（嘉庆间增 1 名，道光间增 1 名），陕西 1 名（嘉庆间增）。④

这一标准亦被切实执行，笔者设法搜集到乾隆二十四年、嘉庆十二年和道光十二年三科各省乡试的中额（无该科省份者，取时间相近之科，见表 9），此数科皆无恩诏各省广额，故能反映各省乡试中额的正常情况。其中道光十二年有些省份中额多出 1~4 名，应为八旗驻防中额（顺天多 8 名，当受中皿字号或宗室乡试中额影响）。

尽管光绪十三年纂《钦定科场条例》"各省乡试定额·现行事例"载各省解

① 乾隆九年八月十六日上谕，见《乾隆朝上谕档》第 1 册，第 933 页；《清高宗纯皇帝实录》卷 223，乾隆九年八月庚申，第 872 页。
② 《清仁宗睿皇帝实录》卷 87，嘉庆六年九月己卯，中华书局，1986，第 149 页；詹鸿谟等纂辑（光绪）《钦定科场条例》卷 2，第 21~26 页。
③ 《清仁宗睿皇帝实录》卷 270，嘉庆十八年六月癸亥，第 664~665 页。
④ 蔡銮扬等纂修（嘉庆）《钦定科场条例》卷 19，第 1~3、14 页；耆英、麟桂等纂修《钦定科场条例》卷 19，道光十二年刻本，第 1~3 页；英汇等纂修《钦定科场条例》卷 19，咸丰间武英殿刻本，第 1~3、16~17 页。

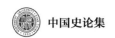

额，除顺天增 4 名，陕西因甘肃分闱，增 9 名（陕甘两省闱解额共 71 名），其他各省仍与乾隆十二年乡试解额无异，① 但因咸同间军兴，各省屡次捐输乡试广额，故实际解额已远超此数。因而就乾隆十二年乡试解额的有效施行而言，下限为咸丰二年，共行用 105 年 50 科乡试（其中乾隆二十一年丙子科、嘉庆三年戊午科、道光元年辛巳科、咸丰元年辛亥科恩诏各省广额）。

五

综上，清代自顺治元年至咸丰二年（1644～1852）共 200 余年间，共实行过顺治二年、顺治十七年、康熙三十五年、康熙五十年和乾隆十二年五个乡试解额标准，分别行用 13 年 6 科、34 年 13 科、15 年 4 科、34 年 15 科和 105 年 50 科乡试。根据这些标准的施行情况，亦恰好可为前后两个一百年：前一百年是顺治元年至乾隆九年（1644～1744），共施行过前四个标准；后一百年乾隆十二年至咸丰二年（1747～1852），行用乾隆十二年乡试解额标准。其中标准较为稳定且实行时间较长的，是顺治十七年和乾隆十二年乡试解额标准，分别行用 34 年 13 科和 105 年 50 科乡试，这两项标准约占总讨论时长的 2/3，乡试举行科次的 72%。标准最不稳定的是康熙五十年解额，此标准虽沿用至乾隆九年，行用 34 年 15 科乡试，但其间各省解额均有不同幅度的调整，行至乾隆六年全国总解额已增加 115 名，这些累加的变动，已与乾隆九年全国解额标准的调整幅度无异（此次共裁减 122 名）。

就清前期全国乡试解额总数而言，尽管额数最高者为顺治二年解额标准的 1428 名，但由于其时战事正在进行，有些省份因不在清廷控制下未行乡试，故此标准未在全国 15 省闱同时施行。故从实际中额论，最高者是乾隆初经雍正间调整后的康熙五十年解额标准，以乾隆六年为例，总额为 1369 名；最少者为行用顺治十七年标准的 13 科乡试（1660～1693），共 720 名。

从清前期乡试解额的调整和变化来看，乡试解额本身已为清廷维护统治的重要工具和手段。乡试解额的每次调整，都与当时统治形势密切相关。入关之初，清廷因根基未固，统治不稳，亟须笼络士人，故解额从宽从高，且加开乡、会试，以配合武力征服天下。此故，顺治二年解额标准所择从的崇祯十五年解额，

---

① 詹鸿谟等纂辑（光绪）《钦定科场条例》卷 20，第 1～3 页。

恰为明代多种乡试解额体系中额数最高者。迨天下初定，统治稍稳，一方面大兴科场案，以打击、震慑汉族官僚士绅，摧残其抗清意志；另一方面将乡试解额骤然减半，消解此前因解额过高、取士过多造成的仕途壅滞。顺治十七年减半后的乡试解额标准，也大致恢复到明代前中期正统乡试解额体系的水平。

康熙三十五年剿灭噶尔丹主力后，清廷终于消除了入关以来面临的种种内忧外患。这时增广乡试解额，成为"偃武修文"的最好方式，故继是年七月增广各省乡试解额后，又于四十一年增取五经中式，五十年普增八旗及天下各直省乡试解额 1/5。经雍正间渐增各省乡试解额，到乾隆初各省乡试中额已比康熙三十五年前的解额标准增长一倍。此外，清廷分别于康熙五十一年和雍正元年首开"万寿恩科"和"登极恩科"，增开乡、会试，开清代加考两种恩科先例。乾隆九年因顺天乡试怀挟作弊，酌减各省乡试中额 1/10，康熙三十五年以来乡试解额的递增趋势终于停止，清代各省乡试解额亦由此固定下来。但减额之举的更深层原因则是乡试解额递增导致取中士人过多，仕途壅滞愈加严重。这一固定下来的乾隆十二年乡试解额标准，与明代中期行用时间达百余年的景泰乡试解额体系大致相当。

张仲礼研究 19 世纪中国绅士的人数和构成，由于有清楚的时间界定，故对举人构成的研究采取近乎静态的结构主义方式，未能对影响举人或中国绅士构成的多种因素做动态考察。通过本文对 19 世纪前清代乡试解额变迁的通贯考察，不难发现清代举人乃至绅士阶层的构成，经过一复杂多变的动态过程，并与多种因素如朝廷统治术、政治大势或时势演变等密切相关。至于满人统治造成的影响及清代绅士由此可能呈现出与明代的差异，则更值得我们进一步探讨。

原刊《清华大学学报》（哲学社会科学版）2015 年第 2 期

晚清新疆与台湾建省之比较研究

陈 跃

摘 要: 晚清之际,新疆和台湾先后建省。一是西北陆疆边陲,一是东南海疆重地,二者建省的背景、过程、方式和结果既有很多相似之处,也有诸多不同。新疆和台湾建省的经验很多:因势变通,顺势而为,及时调整边疆治理策略;政界和学界协同,中央和地方协调,共同制定边疆治理政策;仔细规划,稳健推进,建省新政得以认真贯彻实施;边疆地区政治、经济、军事、文化和社会建设并举;良好政策的落实需要高素质官员群体的持续推进。这些经验对研究晚清时期中国边疆治理方略和模式有重要参考价值。

关键词: 新疆 台湾 建省 边疆治理 比较研究

晚清时,清政府对边疆地区采取强化治理举措,主要表现之一就是新疆和台湾建省。目前,学术界的相关研究已取得丰硕成果,① 然而鲜有学者把二者进行

---

① 相关著作主要有华企云编著《新疆问题》,大东书局,1931;洪涤尘编著《新疆史地大纲》,正中书局,1935;曾问吾《中国经营西域史》,商务印书馆,1936;秦翰才《左文襄公在西北》,商务印书馆,1945;费正清、刘广京编《剑桥中国晚清史(1800~1911)》下卷,中国社会科学院历史研究所编译室译,中国社会科学出版社,1985;孙占元《左宗棠评传》,南京大学出版社,1995;马大正、刘逖《二十世纪的中国边疆研究——一门发展中的边缘学科的演进历程》,黑龙江教育出版社,1997;钟兴麟《新疆建省述评》,新疆大学出版社,1993;余太山主编《西域通史》,中州古籍出版社,2003;马大正主编《中国边疆经略史》,中州古籍出版社,2003;张炜、方堃主编《中国海疆通史》,中州古籍出版社,2003;马大正《新疆史鉴》,新疆人民出版社,2006;连横《台湾通史》,台北:众文图书股份有限公司,1979。论文主要有许良国《台湾建省之议应始于乾隆二年》,《学术月刊》

比较研究。①新疆和台湾建省是清政府在面临边疆危机的大背景下而采取的积极
举措,目的是加强对边疆的管理,增强边防力量,维护国家主权和领土完整。然
而新疆地处西北内陆,受到沙俄和中亚诸多外国势力的干涉;而台湾身处东南海
疆,孤悬海中,受到日本和法国势力的侵扰,故此两地建省的背景、过程和结果
虽有类似之处,但又各具特点。

一 新疆与台湾建省的相同点

晚清时,中国西北边疆和东南海疆均面临着空前的边疆危机,西方列强对新
疆和台湾的觊觎已严重威胁到中国边疆安全。边疆危机的加剧,迫使清政府不得
不改变以往对新疆和台湾的治理模式。设置行省以强化统治,已是大势所趋。

(一)新疆、台湾建省是晚清政府在边疆危机情况下,为保疆固围做出的积极正确举措

1840 年后,西方列强不断鲸吞蚕食中国领土、领海,特别是中国的边疆地
区。在东北和西北边疆,沙俄先后通过一系列不平等条约迫使清政府割让 100 多
万平方公里的领土,其中新疆被割让 40 余万平方公里,使得原本位居新疆中央
的伊犁反而变成边陲城市。同治年间,新疆伊犁爆发起义,清政府在伊犁的统治
遭到重大挫折,内乱未退,外患接踵,浩罕军官阿古柏乘机入侵新疆,沙俄也趁
火打劫,出兵强占伊犁,新疆面临着空前危机。对西北边疆极为重视的左宗棠在
收复新疆的战役开始前,已经筹划新疆治理新方式。他认为新疆应改设行省,以
加强西北防御。

与新疆遥遥相对,作为我国东南海上门户的台湾,战略地位突出,成为列强

1982 年第 2 期;纪大椿《论清季新疆建省》,《新疆社会科学》1984 年第 4 期;牛济《左宗棠
与新疆改设行省》,《湖南师大学报》1985 年第 4 期;汪敬虞《建省前后的台湾经济》,《历史
研究》1987 年第 5 期;高永久《论刘锦棠与新疆建省》,《中国边疆史地研究》1995 年第 1
期;吴福环《我国边疆治理制度近代化的重要举措——论新疆建省》,《新疆大学学报》1995
年第 4 期;陈理《左宗棠与新疆建省》,《中央民族大学学报》2001 年第 3 期;苏德《试论晚
清边疆、内地一体化政策》,《中国边疆史地研究》2001 年第 3 期;邓孔昭《试论刘铭传的台
湾建省方案》,《台湾研究集刊》2005 年第 4 期。

① 杜继东:《清末新疆建省研究综述》,《西部历史环境与文明的演进——2004 年历史地理国际
学术讨论会论文集》,商务印书馆,2005。

窥伺的重要目标。同治十三年（1874），日本借口"牡丹社事件"，悍然出兵侵占台湾。清政府更加深刻认识到台湾的战略重要性，因此对台湾治理态度开始有所转变。处理"牡丹社事件"的福建船政大臣沈葆桢奏请将福建巡抚移驻台湾，加强台湾防护。中法战争期间，法军侵占台湾的基隆和澎湖，封锁台湾海面。这再次刺激了清政府官员的神经。在此背景下，左宗棠提议，设立台湾省已是迫在眉睫。

（二）两地建省是晚清"海防"与"塞防"并重的国防理念的具体体现

新疆和台湾建省，不能仅仅放在传统的行政管理层面考虑，更应从中国国防战略的高度深入观察。中国疆域在经过数千年的发展和演变后，最终在清朝前期稳定下来。一个西起巴尔喀什湖、北至外兴安岭、南至南沙群岛、东至库页岛的庞大清帝国屹立在太平洋西岸。从地势看，中国是一个负陆面海的国家，这就决定了中国的国防战略必须是"海防"与"塞防"并重。西北地区位于我国地势的第二阶梯，历来被史家和政治家视为地理上游，舍弃西北就会丧失地理上的高地。故此，秦、汉、隋、唐、元、明诸朝，均对西北边陲积极经营，以保东部安全。另外，唐代以前，以关中平原为核心的黄河中下游地区是当时的经济重心，且外部威胁也主要来自西北和北方。所以，无论是从军事地理，还是从经济地理角度看，加强"塞防"应是中国国防之重点所在。

同时，中国东部和南部海疆广袤，历来是联系东亚、南亚和西洋的重要通道。海洋联系海岛，毗联富饶的沿海平原，舍弃海疆就会把广袤的东部平原直接暴露在敌人兵锋下。另外，自唐中期以降，太湖流域经济发展迅猛，经济重心已转移到东南沿海地区。近代以来，上海、厦门等沿海城市被迫开埠，要保护中国沿海经济，势必要增强中国海疆的管理力度，扩大军事防御范围。增强海防已成为近代以来中国国防的核心内容之一。

总之，"海防"与"塞防"并重而不偏废，才是中国国防战略的正确抉择。为此，收复新疆，设立行省，强化陆疆边防，自然是应时之举。同理，台湾建省，加强海疆实力，也是应对海疆威胁的顺势之策。

（三）两地建省均经过长期的舆论和实践准备

"立国有疆，制置方略各有攸宜"。① 边疆建省，是古代中央政府边疆管理的

---

① 左宗棠：《复陈海防塞防及关外剿抚粮运情形折》，《左宗棠全集》第6册，岳麓书社，2009，第179页。

重要内容。不过，长期以来，古代中央政府多据边疆的特殊之情，采用"因俗而治"的治理方式。① 边疆设省，是清朝统治者面临的前所未有之重大课题。如清廷所言："新疆议设行省，事关始创，必须熟筹于事前，内能收效于日后。"② 虽然清廷对边疆设省较为谨慎，但新疆和台湾两地设省也有长期舆论准备和坚实的实践基础。

首先，舆论准备。舆论准备就是学界和政界对边疆地区建省的建议与呼吁。早在 1820 年，学者龚自珍就发表《西域置行省议》和《御试安边绥远疏》两文，呼吁在西域建省。此后，魏源也在《西北边域考》及《答友人问西北边事书》等著作中倡言新疆设省。这些均是新疆建省的舆论准备。目前，学界予以高度评价，认为这为新疆建省的酝酿阶段。③

台湾建省的舆论准备则更早。乾隆二年（1737），内阁学士兼礼部侍郎吴金就在《敬陈台湾利弊请设专员弹压以重海防事者》中明确提出："宜将治台（湾）另分一省，专设巡抚一员，带兵部侍郎衔，（抚戢）台湾地方，统辖文武，凡钱谷、刑名、考成、调遣、（荐）举、应劾，俱听其题奏办理。庶责任既专，就近稽查，则属员自不能掩饰废弛，于海防重地大有裨益。"④ 然而当时清廷坚持闽台合体治理，故没有同意。迨至同治年间，福建督抚多次因福建与台湾协饷分配而频生抵牾，台湾建省之议因之再起。光绪二年（1876），刑部侍郎袁保恒提议改福建巡抚为台湾巡抚。这引起李鸿章、沈葆桢、王凯泰、丁日昌等重臣的激烈辩论。该问题的争辩不休，对台湾海防建设带来严重影响。光绪十一年，左宗棠上奏《复陈海防应办事宜请专设海防全政大臣折》和《台防紧要请移福建巡抚驻台镇慑折》，从战略上论述了海防建设和台湾建省的重要性、必要性和可行性，为台湾建省提供了最重要的舆论准备。

其次，实践基础。行省制度是国家地方行政制度的重要内容，处于第一层

---

① 陈跃：《因俗而治与边疆内地一体化——古代中央王朝治边政策的双重变奏》，《云南师范大学学报》2012 年第 2 期。

② 左宗棠：《附录上谕：谕左宗棠开设新疆行省不为无见着将经理南北各城情形随时详悉具奏》，《左宗棠全集》第 7 册，第 178 页。

③ 马大正、刘逖：《二十世纪的中国边疆研究——一门发展中的边缘学科的演进历程》，第 211～212 页。梁绍杰：《龚自珍新疆建省计划论析》，《史学集刊》1997 第 4 期。马春燕：《龚自珍〈西域置行省议〉述评》，《西北民族学院学报》1988 年第 2 期。沈传经：《论新疆建省》，《新疆历史论文续集》，第 402 页。

④ 中研院历史语言研究所编《明清史料》戊编，中华书局，1987，第 40 页。

次。行省之下设立府、州、厅、县等若干行政层级。新疆和台湾地区设立府、州、厅、县等行政制度，为最终的行省建立奠定了实践基础，这正是清廷建省时所要求的"先实后名"。①

清政府在确立新疆军府制的同时，还针对新疆内部特点，分别建立起州县制、伯克制和扎萨克制。其中，州县制主要施行于乌鲁木齐以东的汉人移居较多地区。乾隆三十八年，清政府在巴里坤设置镇西府，附府建立宜禾县。改乌鲁木齐为迪化州，置昌吉县，隶属镇西府。此后，清廷又在乌鲁木齐设立镇迪道，升迪化为直隶州，领吉昌、阜康、绥来（即玛纳斯）三县以及呼图壁巡检、吉木萨县丞；镇西府则下辖宜禾、奇台二县，吐鲁番、哈密二厅；库尔喀喇乌苏、精河、喀喇巴尔噶逊粮员各一人。新疆上述地区府、州、厅、县的设立，为新疆建省奠定基础。

台湾在建省之前，隶属台湾府。康熙二十三年（1684），清政府在台湾置台湾府，治今台南，辖台湾、凤山、诸罗三县，隶属福建省管理。雍正初年，清廷又添设了彰化县、淡水厅和澎湖厅，共有一府四县二厅。乾隆年间，改诸罗县为嘉义县。嘉庆年间，增设噶玛兰厅。"牡丹社事件"后，福建船政大臣沈葆桢加快台湾行政建设步伐。台湾府增设恒春县和卑南、埔里社二厅；新建台北府，改淡水厅为淡水县，噶玛兰厅为宜兰县，新设新竹县和鸡笼厅。至此，建省前，台湾已经设立二府八县四厅，为台湾建省奠定坚实基础。

（四）清廷坚持"内外相维"原则，"分而不分，不合而合"，新疆隶属陕甘总督，台湾则隶属闽浙总督

行政区划就是国家为进行分级管理而实行的国土和政治、行政权力的划分。每个行政区划就是国土上一个个权力板块，每个行政区的长官手握地方大权。自古以来，中央政府一向害怕地方做大，尾大不掉。作为加强对地方控制的手段之一，中央政府往往在地方各行政区划之上，再设立跨越几个行政区的官员。自明中期以降至清朝，各省最高行政长官为巡抚，巡抚之上设总督，统辖一省或二三省。这就形成一个权力链，把各个行省串联起来，形成"内外相维"、互相掣制的管理体制。同样，对于新疆和台湾这两个重要边疆省份，清政府也不敢完全把权力放给新疆和台湾的巡抚，而是分别命名为"甘肃新疆巡抚"和"福建台湾

---

①　左宗棠：《复陈新疆宜开设行省请先简督抚臣以专责成折》，《左宗棠全集》第 7 册，第 473 页。

巡抚",分隶陕甘总督和闽浙总督。较之当时全国的其他行省巡抚名称,这两个行省巡抚名称尤为独特,然而这正是清廷匠心独运之处。

关于新疆建省,左宗棠和刘锦棠的不同在于,左宗棠建议新疆要另为一省,而刘锦棠则建议把新疆和甘肃合为一体。① 光绪八年,刘锦棠在《新疆各道厅州县请归甘肃为一省折》中明列三大理由。一是,新疆当时所设各厅州县,"总共不过二十余处,即将来地方日益富庶,所增亦必无多",难自成一省;二是,新疆和甘肃,地理毗连,形同唇齿,应一体考虑;三是,新疆孤悬西北,所需粮饷等皆来自陕甘,若把甘肃、新疆划分两省,则新疆不免孤悬绝域,难以自存,"故新疆甘肃势难分为二省"。② 刘锦棠的三个理由合理且充分,得到清廷的认可。光绪十年,清政府正式任命刘锦棠为"甘肃新疆巡抚",颁给其关防亦是如此。另,为统筹新疆甘肃两省事务,陕甘总督关防内有"兼管甘肃巡抚"字样。

自康熙朝始,台湾及其附属岛屿一向隶属于福建省,台湾与福建形成紧密联系。自乾隆朝以来,吴金、袁保恒等谏言台湾建省者,均强调台湾单独建省,设立台湾巡抚。左宗棠在《台防紧要请移福建巡抚驻台镇慑折》中也强调把福建巡抚改为台湾巡抚。清廷最初也同意左宗棠的建议。光绪十一年九月初五日的圣谕中就明训:"着将福建巡抚改为台湾巡抚,常川驻扎,福建巡抚事即着闽浙总督兼管,所有一切改设事宜,该督抚详细筹议奏明办理。"③ 很快,闽浙总督杨昌浚回奏:"台湾虽设行省,必须与福建联成一气,如甘肃、新疆之制。"刘铭传也在《遵议台湾建省事宜折》中认为:"台湾本隶福建,巡抚应照新疆名曰'福建台湾巡抚'。凡司道一下各官,考核大计闽省由总督主政,台湾由巡抚主政,照旧会衔。巡抚一切赏罚之权,仍巡抚自主,庶可联成一气,内外相维,不致名分畛域。"他建议清廷仿照陕甘总督关防之例,闽浙总督关防内添铸"兼管福建巡抚"字样,得到清廷采纳。

---

① 梁家贵也根据刘锦棠的奏议认为左、刘二人建省方案之间有不同,但未从"内外相维"角度深入分析。参见梁家贵《左宗棠与刘锦棠在新疆建省方案上的分歧》,《西域研究》2001年第4期,

② 刘锦棠:《刘襄勤公奏稿》卷3《新疆各道厅州县请归甘肃为一省折》,台北:成文出版社,据光绪廿四年刊本影印。

③ 刘铭传:《遵议台湾建省事宜折》(光绪十二年六月十三日),《刘壮肃公奏议》,《台湾文献丛刊》第九辑,台北:大通书局,1987,第279页。

（五）分省而治，培养中国边疆的战略支撑点，左宗棠对新疆、台湾建省做出重要贡献

新疆建省，左宗棠功绩卓越，他是新疆建省的倡导者、规划师和实践人。光绪元年，左宗棠在给友人刘克庵的书信中就坦言："近奉谕旨，以海防机括，视塞防之得手与否，督办新疆军务，重在防俄罗斯之与英勾结以谋我，不在讨回也。"他认为，此事应"须规画久远，如划分疆界，驻兵置守，立省设郡县，定钱粮，收榷税诸多大端，非二三年之久不能筹定"。① 这是左宗棠首次正式提出在新疆设省。他是新疆建省的重要倡导者。

此后，左宗棠在《遵旨统筹全局折》、《复陈新疆情形折》和《复陈新疆宜开设行省请先简督抚臣以专责成折》中从防止沙俄侵略，改革新疆的政治经济，加强新疆边防和节约国家开支立论，阐述新疆建省的重要性与必要性，把收复伊犁和改建行省统一考虑，并对新疆建省的内部行政区做了详细规划，他是新疆建省的重要规划师。

收复东疆后，左宗棠在政治、经济、文教和社会管理等方面，积极改制，为建省做好铺垫。政治上，他仿照西宁道、府官员任免之例，从满汉官员中选任镇迪道和迪化直隶州官员，限制伯克权力；建议设立新疆总督和新疆巡抚，提高新疆战略地位。经济上，招徕民众，奖励垦殖，修建水渠，恢复生产；广植桑棉，发展手工经济。财政上，规范货币，汉回两文同写，方便流通；改革赋役制度，按亩征收，轻徭薄赋，以纾民力。文教上，设立义塾，推广汉文化教育。社会建设方面，修建道路和驿站，便利交通。② 他是新疆建省的实践人。

台湾建省之议，始于乾隆二年的内阁学士兼礼部侍郎吴金。③ 迟至光绪二年刑部侍郎袁保恒提议改福建巡抚为台湾巡抚，④ 但遭到清廷反对。鉴于海防压力日增，台防日臻紧要，左宗棠于光绪十一年六月十八日上奏《复陈海防应办事宜请专设海防全政大臣折》和《台防紧要请移福建巡抚驻台镇慑折》。他对此前关于台湾是否设巡抚的诸多观点一一剖析，认为："王凯泰因该地瘴疠时行，心

---

① 左宗棠：《与刘克庵》，《左宗棠全集》第 11 册，第 486 页。
② 左宗棠：《办理新疆善后事宜折》《防营承修各工程请敕部备案折》，《左宗棠全集》第 7 册，第 464~473 页。
③ 许良国：《台湾建省之议应始于乾隆二年》，《学术月刊》1982 年第 2 期。
④ 朱寿鹏编纂《光绪朝东华录》，中华书局，1958，第 344 页。

怀畏却，故沈徇其意，而改为分驻之议；而丁日昌所请重臣督办，亦非久远之图；皆不如袁保恒事外旁观，识议较为切当。"他接着分析了台湾建省的重要性和可行性："夫台湾虽系岛屿，绵亘亦一千余里。旧制设官之地，只滨海三分之一。每年收榷关税，较之广西、贵州等省，有盈无绌。倘抚番之政果能切实推行，自然之利不为因循废弃，居然海外一大都会也。且以形势言，孤注大洋，为七省门户，关系全局，甚非浅鲜。"而在台推行新的政策，如训练军队、整顿吏治，培养风气和疏浚利源等项，"非有重臣以专驻之，则办理必有棘手之处"。故此，他认为："惟有如袁保恒所请，将福建巡抚改为台湾巡抚，所有台湾一切应办事宜，概归该抚一手经理。庶事有专责，于台防善后大有裨益。"至于台湾建省后的可能出现因分省而接济难通的问题，他认为不足为虑。因为一则台湾当地产米甚富，二是台湾与内地只有一水之隔，便于贩运。至于协济饷项，只要规划合理，亦可解决。接着，左宗棠又阐述了对台湾建省与福建省的协济和分权的解决方法："分省之后，饬下部臣，划定协饷数目，限期解济，由台抚臣督理支用，自行造报，不必与内地照商，致多牵掣。委用官员，请援江苏向例，于各官到闽后，量缺多少，签分发往。学政事宜，并归巡抚兼管。勘转命案，即归台湾道就近办理。其余一切建置分隶各部之政，从前已有成议，毋庸变更。"[①]

左宗棠对新疆塞防和台湾海防的认识，均是站在全局的高度审视，指出两地建省的重要性和必要性，并提出具体的建省方案，对建省后可能遇到的难题，也提出解决之法，这些建议既高屋建瓴，又切实可行，得到清廷高度重视。

特别值得注意的是，左宗棠的新疆和台湾建省方案，有一个非常明确的思想，就是新疆和台湾单独建省，在行政上分别与毗连的甘肃省和福建省划分界限，分省而治。这是为了突出和强调新疆与台湾两地的重要性，把新疆和台湾培养成中国在西北陆疆和东南海疆两大方向上自主性较大的战略支撑点，却没有考虑到新疆与甘肃、台湾与福建的紧密联系。另外，新疆地域辽阔且与甘肃有沙漠相隔，孤悬西北；台湾及其附属岛屿与福建有海峡相阻，孤悬海中。地理上的不便，可能会带来中央对两地控制力的减弱，这是清廷不愿看到的。因此，当刘锦棠提出新疆与甘肃合为一体，杨昌浚和刘铭传提出台湾与福建联成一气时，他们的建议很快得到清廷认可。左宗棠在新疆和台湾建省上更多强调两地的自主权，突出建成国防战略支撑点；而刘锦棠、杨昌浚和刘铭传则更多强调两地与毗邻省

① 左宗棠：《台防紧要请移福建巡抚驻台镇慑折》，《左宗棠全集》第8册，第547~548页。

份的联系，突出"内外相维"，"分而不分，不合而合"。这是他们在边疆建省思路上的最大不同。但无论怎样，左宗棠为两地建省做出了卓越贡献。

（六）新疆和台湾建省均促进当地社会经济文化发展

新疆建省，在很大程度上解决了同治年间新疆大动乱造成的社会动荡，使得社会逐渐恢复安定，经济复苏并有新发展，文教事业也有起色。刘锦棠于光绪十三年颁布招垦章程，当年便安插土、客1090户，新垦土地19000余亩。① 截至当年三月，新疆全省各族人口共计266959户，1238583口。南北两路三道所属共有荒、熟地11480194亩有余，共征本色粮276051石，本色草14902701斤，征银59148两有余。其中熟地每年应征本色粮203209石，应征本色草13958216斤，征银57952两。② 新疆建设在经济上取得显著成效。迨至宣统三年（1911），新疆仅熟地一项就增至10554705万亩，应征粮302407石。③ 除传统农业外，建省后新疆的棉花、蚕桑和葡萄等产业也获得迅猛发展。仅吐鲁番直隶厅一地，"岁产草棉三百余万斤，葡萄二百万斤"。④ 鄯善、温宿、莎车、疏勒、和阗等地也成为重要产棉地。左宗棠和刘锦棠特别重视新疆蚕桑业的发展，特在疏勒设立蚕桑局，从蚕桑业发达的吴越聘请桑工、织工40余人在新疆传授植桑和丝织技术。光绪三十三年，新疆布政使王树枏又聘请浙江绍兴人赵贵华在南疆巡讲蚕桑改良技术。经过努力，南疆丝织不仅质量获得大幅提升，产量也大增。和阗一地种桑300万株，织户1200余家，年外售英俄两国茧27万斤、丝8万斤、优质丝绸3万余匹。莎车年产蚕丝3万斤，叶城年产茧10万余斤、丝1万余斤。⑤

文教卫生建设是新疆建省的重要内容之一。推行新的文教建设，一方面为了"化彼殊俗同我华风"，另一方面也是让新疆普通百姓能直接领会政府政令精神，不致出现此前"汉回彼此扞格不入，官民隔阂，政令难通"的不利局面。左宗棠率军进疆平叛后，广设义塾，教授汉、回、维吾尔族儿童学习汉文。刊发讲授《千字文》《三字经》《百家姓》《孝经》《小学》《六经》《杂字》《四字韵语》

① 刘锦棠：《刘襄勤公奏稿》卷12《兴办屯垦并安插户口查报隐粮折》。
② 刘锦棠：《刘襄勤公奏稿》卷12《新疆田赋户籍造册咨部立案折》。
③ 袁大化：《新疆图志》卷30《赋税一》。
④ 中国社会科学院中国边疆史地研究中心：《新疆乡土志稿·吐鲁番直隶厅乡土志》，全国图书馆文献缩微复制中心，1990，第242页。
⑤ 袁大化：《新疆图志》卷28《实业一·蚕》。

《诗经》《论语》《孟子》等经典，教习幼童临摹汉字。张曜则出《圣谕十六条附律易解》一书，"中刊汉文，旁注回字刊发，缠民见者宝贵"。光绪六年，新疆已设立义塾37所。① 经过两年发展，义塾增至77所。② 刘锦棠又颁布奖赏措施，在每个义塾中选拔一二名优秀者，送往甘肃学堂深造。③ 此后，袁大化将义塾与维吾尔族乡绅所办学塾合并，实行汉语、维语的双语教学。④ "新政"期间，新疆开始兴办法政学堂、中俄学堂、实业教员讲习所、陆军学堂和师范学堂等一批新式学堂，培养新式人才；派遣优秀学生赴阿拉木图留学，学习先进技术。⑤ 总之，新疆建省后，文化教育事业有较大发展，培养了具有新思想新学识的人才。光绪九年，刘锦棠还从内地招募痘医，在新疆哈密、巴里坤、昌吉、喀喇沙尔、库车、阿克苏、乌什、喀什噶尔、叶尔羌等九处分别设立牛痘局，一面免费为天花患者提供治疗，一面选择少数民族儿童入局学习，大力培养当地医学人才。经过努力，终于遏制了长期在新疆肆虐的天花疾病，挽救众多生命。⑥

台湾建省后，刘铭传在"抚番"、清赋、交通和文教等方面展开工作。台湾山区居住着大量土著民族，被清廷称为"生番"。刘铭传入台后，即把"抚番"工作提上日程。光绪十二年四月，他在淡水东南的大嵙崁地方设立全台抚垦总局，下设大嵙崁、恒春、番薯寮等七个抚垦局，采取剿抚并用，"开山抚番"。一个月后，已招抚400余社，归化7万余人，成效巨大。⑦ 仅台北府地区，垦辟新旧荒地多达7万余亩，"沿山番地，种茶开田，已无旷土"。⑧ 刘铭传积极推广茶叶种植，在1871~1896年的26年间，台湾茶叶出口增长近12倍。另外，刘铭传还派人到江、浙、皖等省学习植桑技术，从上海和广州引进优良蚕种，大力扶植台湾蚕桑业的发展，取得显著成效。⑨ 刘铭传还尽力在煤矿开采、樟脑出口等方面促进台湾经济发展，虽限于时局等各方面因素，效果不佳，但这不能抹杀

---

① 左宗棠：《办理新疆善后事宜折》，《左宗棠全集》第7册，第466页。
② 刘锦棠：《刘襄勤公奏稿》卷6《关外营旗局站实在数目暨陆续裁并新收善单立案折》。
③ 刘锦棠：《刘襄勤公奏稿》卷11《拟将义塾学童另行酌奖备取俏生折》。
④ 袁大化：《新疆图志》卷106《奏议十六》。
⑤ 袁大化：《新疆图志》卷39《学校》。
⑥ 刘锦棠：《刘襄勤公奏稿》卷6《关外营旗局站实在数目暨陆续裁并新收善单立案折》。
⑦ 刘铭传：《剿抚生番归化请奖官绅折》（光绪十四年四月十八日），《刘壮肃公奏议》，第208页。
⑧ 刘铭传：《奏请林维源帮办全台抚垦事务片》（光绪十四年十二月），《刘壮肃公奏议》，第406页。
⑨ 汪敬虞：《建省前后的台湾经济》，《历史研究》1987年第5期。

他的功劳。

文教方面，刘铭传在"抚番"的同时，还在台北府设立番学，招纳当地土著头目弟子 20 人，聘请 3 名教员讲授汉文、算学、官话、台湾话和礼仪等内容，并且每三天出游一次，与汉人交流。他还时常亲临学堂，检验学徒功课，极力奖励。光绪十二年，刘铭传在大稻埕设电报学堂，培养电报人才。次年，他延请英国人布茂林为教习，教授西学；聘汉文教师教授中国经史文学。一年后，刘铭传又拟请教授图算、测量、制造之学。[①] 他在新设州县添设学堂，增加学生 150 名，并拟请把基隆厅、台湾和彰化三地学堂均改为大学；新竹、宜兰、云林等县学堂改为中学；苗栗县学堂改为小学。[②] 在刘铭传的领导下，台湾地方官员也多能关注文教建设。光绪十二年，台湾县知县沈受谦建立蓬壶书院。次年，苗栗县建立英才书院。光绪十九年，台湾布政使司沈应奎在台北府建立明道书院，基隆厅则建立崇基书院。[③] 由此可见，建省后的台湾文教事业有了较大发展。

二 新疆与台湾建省的不同点

新疆、台湾建省在建省背景、建省方式、建省内容和建省结果等方面有很大不同。

（一）新疆、台湾建省背景不同

19 世纪以降，新疆多次发生变乱，社会经济受到很大破坏。特别是经过同治年间的大动乱，清廷在新疆的统治秩序几乎"荡然无存，万难再图规复"。[④]伊犁将军所统辖的军政系统，伯克与扎萨克这两种民治制度，均受到严重的冲击和破坏，已无法满足当时政治需要。建省前，清朝在新疆旧的统治秩序已经出现很多弊端，新疆军事官员"民隐不能周知"；"治兵之官多，治民之官少，而望政教旁敷、远民被泽，不亦难哉"；伯克等头目人等"以官意传取，倚势作为，

---

① 刘铭传：《台设西学堂招选生徒延聘西师立案折》（光绪十四年六月初四日），《刘壮肃公奏议》，第 297 页。
② 刘铭传：《增设府县请定学额折》（光绪十六年闰二月初七日），《刘壮肃公奏议》，第 301~302 页。
③ 连横：《台湾通史》，第 316~317 页。
④ 刘锦棠：《刘襄勤公奏稿》卷 3《遵旨拟请设南路郡县折》。

民知怨官，不知怨所管头目"，① 诸如此等。官民隔阂，造成民情不能上达，政令不能下通，官民矛盾日渐加深，也在一定程度上引发同治年间的大动乱，这说明原来旧制已不能适用新疆新形势的发展。同时，沙俄趁火打劫，侵占伊犁，阿古柏侵略军占领南疆广大地区，均对新疆军府制度打击甚重。废旧制，立新制，已是时代需要。同治年间新疆大动乱，以暴力形式打破了原来旧制，在客观上为新疆建省扫清了障碍。

台湾建省背景主要是来自日本和法国的海上威胁。同治十三年，日本借口侵犯台湾，"牡丹社事件"爆发，造成东南沿海紧张局势。后虽经调解处理，但清政府开始意识到台湾对东南海防的重要性。光绪十年，中法战争爆发。法国海军进犯台湾的基隆和澎湖，并封锁台湾海峡。台湾再次面临着被列强侵占的危险，而东南海疆遭受的威胁进一步加剧。加强台湾管理力度，增强东南海疆防卫力量，已经刻不容缓。故此，左宗棠在光绪十一年上奏清廷，建议尽快建立台湾行省。

（二）以置巡抚为建省标准，新疆是自下而上的建省过程，台湾则是自上而下的建省过程

行省建立，学界一般以行省最高长官的任命为准。光绪十年十一月十一日，清政府颁发上谕，任命刘锦棠为新疆巡抚，魏光焘为新疆布政使，标志着新疆省的正式建立。② 新疆正式建立行省，实则经历6年的精心准备。新疆建省，可以说是先建地方州县，再最后确立行省，并进一步完善，是自下而上的建省过程。

如前文所述，新疆建省为边疆建省始创，清廷对此极为慎重。光绪四年十一月，清廷上谕明示左宗棠："总期先实后名，俟诸事办有眉目，然后设官分职，改设郡县，自可收一劳永逸之效。"光绪五年九月，清廷再次谕令左宗棠："新疆地方愚习未除，自应规划久远，移其风俗，俾其就范。"③ 正是在此指导思想下，左宗棠和刘锦棠大力经营，采取稳打稳扎的战术，收复一城，重建一城，改造一城。通过在各城设立善后局，把内地州县行政管理制度和相应的经济、文教、社会建设，在收复之地第次推广开来，真可谓"新栽杨柳三千里，引得春

---

① 左宗棠：《复陈新疆情形折》，《左宗棠全集》第7册，第173～174页。
② 刘锦棠：《刘襄勤公奏稿》卷8《授新疆巡抚沥陈下悃折》。
③ 左宗棠：《复陈新疆宜开设行省请先简督抚臣以专责成折》，《左宗棠全集》第7册，第473页。

风度玉关"。

左宗棠在新疆期间，行政上已经恢复了北疆和东疆的州县制度，设立镇迪道，下辖吐鲁番直隶厅。光绪九年四月，刘锦棠在提出新的建设方案后，即裁撤在南疆各城设立的善后局，改设道、厅、州、县，分官设治。在南疆设立阿克苏、喀什噶尔二道，下辖乌什直隶厅、喀喇沙尔直隶厅、库车直隶州、英吉沙尔直隶厅、和田直隶州以及拜城县和沙雅尔县等。① 光绪十年，刘锦棠在被授予"新疆甘肃巡抚"后，于次年开始实授南疆各州县官员。②

总体而言，新疆建省是先从州县办起，有州县之实效后，再建立行省。当然，在建立行省后，刘锦棠又进一步完善之。特别是在光绪十四年，刘锦堂奏请在新疆西北添设伊塔道，归巡抚节制。改伊犁抚民同知为知府，治绥定城。以绥定县为附县，管辖广仁、瞻德、拱宸、塔勒奇四城，③ 次年，获清廷允准。在新疆军府重镇伊犁地区设立州县，标志着行省制度在新疆全境内的确立。

与新疆建省的过程相反，台湾建省是清廷谕令建省，福建台湾巡抚刘铭传然后再开展具体的建省工作，这是自上而下的建省过程。

如前文所述，光绪十一年九月初五日，清廷谕令台湾建省，"所有一切改设事宜，该督抚详细筹议，奏明办理"。然而，已被任命为台湾巡抚的刘铭传却在十月二十七日呈上《台湾暂难改省折》。然而清廷认为"刘铭传所请从缓改设巡抚，著毋庸议"。④ 刘铭传只好与时任闽浙总督杨昌浚协商具体建省事宜。次年六月十三日，他与杨昌浚联衔上奏《遵议台湾建省事宜折》，提出包含16项内容的具体建省方案。台湾建省的大幕正式展开。

台湾与新疆不同，清朝在新疆各战略要地均建有相对完备的城防，此次新疆建省主要是修复城垣，而台湾建省则要迁移省垣至彰化（今台中市）。另造城垣衙署，耗费巨大，一时难以筹集，而台湾东部山区还有大量生番存在，所以刘铭传认为应以"办防、清赋、抚番为急务"。⑤ 这样一来，各地州县城垣衙署建设工作自然就需在边防、清赋和"抚番"工作完成后再进行。经过两年经营，"生番归化，狂獍之性，初就范围，尤需分道拊循，藉收实效"，添设改设州县工作

① 刘锦棠：《刘襄勤公奏稿》卷5《委员试署准设新疆南路道厅州县各官并筹办现情形折》。
② 刘锦棠：《刘襄勤公奏稿》卷8《试署直隶州州员缺请实授折》。
③ 刘锦棠：《刘襄勤公奏稿》卷10《折复陈伊犁屯务防务拟办大概情形》。
④ 刘铭传：《台湾暂难改省折》（光绪十一年十月二十七日），《刘壮肃公奏议》，第155、157页。
⑤ 刘铭传：《剿抚生番归化请奖官绅折》（光绪十二年四月十八日），《刘壮肃公奏议》，第206页。

正式提上日程。光绪十三年八月十七日，刘铭传上《台湾郡县添改裁撤折》，提出台湾州县建设方案。彰化，当全台适中之地，应建立省城。"分彰化东北之境，设首府曰台湾府，附郭首县曰台湾县。将原有之台湾府县改为台南府、安平县。嘉义之东，彰化之南……拟添设一县曰云林县……拟分新竹西南各境，添设一县曰苗栗县……拟添设……台东直隶州，左界宜兰，右界恒春"。① 经过此次划分，台湾由建省前的 2 府 8 县 4 厅，改为 3 府 1 直隶州 11 县 3 厅。光绪二十年，又添设南雅厅，至此，台湾建省的行政工作全部完成。

（三）新疆建省重视政治、经济、文化而忽视军事，台湾建省则政治、经济、军事三项并举

通观新疆建省期间左宗棠和刘锦棠的奏议不难看出，左、刘二人的治疆思想和举措多在政治、经济和文化方面，军事建设不足。新疆地处西北边陲，是中原内地的屏障，更是中原势力向中亚和西亚拓展的前哨，没有强大的边防力量，是相当危险的。为平定阿古柏之乱，收复新疆，左宗棠率大军入疆作战。当时入疆大军的刘锦棠、张曜、金顺等马步官弁约 5 万余人。庞大的军队，需要大量军饷。而此次入疆作战的军饷一直是困扰清廷的大难题。光绪七年七月，刘锦棠就奏请裁撤官弁，以节军饷。② 次年三月，他又奏请"顿兵绝域，本难久恃，故有随时裁撤各营之请"。③ 与此同时，刘锦棠开始裁撤卓胜军、湘军、楚军、左宗棠亲兵、旌善马队和自己所部马步弁勇。经过此番裁撤，新疆驻军当年仅有 25000 余人。④ 驻疆军力过少，而防护新疆辽阔疆域，实属拮据，又无关内调拨换防之军，新疆军力实属不足，以至于已经离开新疆的左宗棠不得不在当年九月上奏《新疆行省急宜议设关外防军难以遽裁折》，呼吁"拟请除业经裁撤各营外，以后暂缓裁撤"。⑤ 虽然刘锦棠陈奏新疆应额设兵力为 31000 人，⑥ 但实际上并没有达到该数。光绪十年三月，新疆总兵力不过 28000 余人。⑦ 另外，虽然左

① 刘铭传：《台湾郡县添改裁撤折》（光绪十三年八月十七日），《刘壮肃公奏议》，第 285～286 页。
② 刘锦棠：《刘襄勤公奏稿》卷 2《乌鲁木齐提标营制未复请饬部缓催造册折》。
③ 刘锦棠：《刘襄勤公奏稿》卷 3《遵旨复陈裁撤营勇并挑选标兵改坐粮折》。
④ 刘锦棠：《刘襄勤公奏稿》卷 3《遵旨复陈裁撤营勇并挑选标兵改坐粮折》。
⑤ 左宗棠：《新疆行省急宜议设关外防军难以遽裁折》，《左宗棠全集》第 8 册，第 138 页。
⑥ 刘锦棠：《刘襄勤公奏稿》卷 7《遵旨统筹新疆情形以规久远折》。
⑦ 刘锦棠：《刘襄勤公奏稿》卷 7《酌裁马步各营改并成旗并实存数目缮单立案折》。

宗棠和刘锦棠在平叛期间引进大炮等新式武器，并拟定在阿克苏设立制造局，在库车设立火药局，但均无果而终。这显然是个很大的遗憾。直到"新政"期间，新疆才开始编练新军，不免有点姗姗来迟。

反观台湾，可以发现刘铭传把防务列为台湾三大亟须筹办事宜之一。他一再强调"防务为治台要领"。① "惟办防一事，尤为台湾最重最急之需"。② 于是，刘铭传采取修建防御工事、建造军工厂、修建铁路和电报局、购买轮船等一系列举措，努力在较短时间内建成独立作战体系，增强台湾边防力量。刘铭传先后在台湾海防重地澎湖列岛、基隆、沪尾、安平、旗后等地修建新式炮台，增强海防。刘铭传在引进一万余杆新式后膛洋枪的同时，于光绪十一年在台北设立机器局厂，生产子弹火药。光绪十四年进行扩建，可以生产炮弹。另外，刘铭传鉴于"电报关系海防交涉重务"③，于光绪十二年在台北设立电报总局，架设沪尾至福州、安平至澎湖、基隆至台北至台南等通信路线。他还认为"修铁路既成，调兵极便，何处有警，瞬息长驱，不虑敌兵断我中路"。④ 光绪十三年六月，台湾铁路动工，虽几经挫折，但至光绪十九年十一月，基隆至新竹之间的铁路终于建成，全长180余里。此外，刘铭传还多次奏请购买新式轮船，便捷台湾与福建交通等。经过努力，台湾购得快船二艘，小轮船四艘，驳船和挖泥机器船各一艘。⑤ 另外，刘铭传还改编原来官兵，留强汰弱，加强训练；增设团练，发展民间军事力量。这些举措的实施大大增强了台湾的边防力量，为后来抵御日军入侵起到积极作用。这均体现出刘铭传杰出的军事才能和战略远见。

（四）新疆建省工作得到继任者的后续完善，而台湾建省事宜则因被日本割占而中断

经过左宗棠和刘锦棠的积极努力，新疆建省取得显著成效。继刘锦棠之后，魏光焘、陶模、饶应祺、潘效苏、吴引荪、联魁、何彦升、袁大化等新疆巡抚多能沿着左、刘开辟的道路，继续建设新疆。良好政策贯彻的持续性开始彰显巨大

---

① 刘铭传：《台湾郡县添改裁撤折》（光绪十三年八月十七日），《刘壮肃公奏议》，第285页。
② 刘铭传：《遵筹澎防请饬部拨款折》（光绪十一年十月十九日），《刘壮肃公奏议》，第245页。
③ 刘铭传：《台湾水路电线告成援案请奖折》（光绪十四年五月初五日），《刘壮肃公奏议》，第259页。
④ 刘铭传：《拟修铁路创办商务折》（光绪十三年三月二十日），《刘壮肃公奏议》，第269页。
⑤ 刘铭传：《购买轮船片》《添购轮船片》《请拨兵船并请同购鱼雷船专备台急片》《变售旧轮船以资新购折》《购小船片》，《刘壮肃公奏议》，第252～256页。

效能。随着新疆"生齿日众，边境安谧，岁事屡丰，关内汉、回携眷来新就食、承垦、佣工、经商者络绎不绝，土地开辟，户口日增"。① 清政府不得不对原设州县进行调整、补充，至光绪二十八年，新疆全省"设道四、府六、厅十一、直隶州二、州一、县二十一、分县二"。② 特别是在晚清"新政"期间，新疆也开始步履蹒跚地迈入近代化发展进程，这是非常可喜的。

反观台湾，虽经刘铭传竭力经营，然凭一人之力，终难力挽狂澜。刘铭传诸多创设只是开创新局面，更需后继者开拓发展，方能彰显建省成效。然而不幸的是，继刘铭传之后，邵友濂不仅未继承刘铭传的政策，反而多予废除。光绪十七年裁撤西学堂，次年又废除番学。③ 台湾建省进程大挫。台湾史家连横先生甚为惋惜，"此则台人之不幸"。④ 然更不幸之事则接踵而来。甲午战争中中国战败，被迫签订《马关条约》，台湾被迫割予日本，这就断送了台湾建省的进程。台湾的失去，不仅使得 10 余年建省的成果付之东流，更大危害则是造成中国东南海疆门户洞开，给中国海防造成巨大威胁。

结　语

晚清时，新疆和台湾建省，是近代中国历史的大事之一，对历史发展有重要意义。两者之间既有相同之处，又有迥异内容，更有着密切联系。

首先，两者均是当时中国政府面对内部和外部压力而做出的正确决策。两地建省，是中央政府治理边疆政策和模式的重大变革，其意义不仅是对传统行政管理的巨大革新，更是近代中国国防战略的重大变化。塞防和海防并重，已是大势所趋和亟待解决的大课题。左宗棠从建设中国边疆战略支撑点的大局出发，大力呼吁新疆、台湾建省，并亲身规划和践行新疆建省，为两地建省做出卓越贡献。虽然同意两地建省，但清政府和一些官员则从"内外相维"的原则考虑，对左的方案进行微调，更多强调新疆与甘肃、台湾与福建的联系，体现了中央加强对地方行政权力控制的传统，这虽有利于加强边疆与内地的政治联系，但也在一定程度上限制了新疆和台湾的发展。

---

① 袁大化：《新疆图志》卷 106《奏议十六》。
② 袁大化：《新疆图志》卷 1《建置一》。
③ 连横：《台湾通史》，第 166、317 页。
④ 连横：《台湾通史》，第 1024 页。

其次，两地建省仍存在很多不同地方。从建省背景看，新疆不仅有平定叛乱的使命，更有驱赶外敌、收复疆土的重大任务，任务多样。而台湾则主要是抵御外敌入侵，任务相对单一。从建省方式看，新疆建省是先实后名，自下而上，稳中求进，因为新疆建省是史无前例的，更需谨慎为上。而台湾建省则是自上而下进行的，因为已有新疆建省先例可以借鉴。从建省内容看，新疆建省偏重于政治、经济、文化等，军事建设色彩不浓；而台湾建省则政治、经济、文化和军事并举，但以军事建设为重。从建省结局看，新疆后继地方大员多能沿承左、刘政策，把建省事业不断推进，并基本维护了边疆稳固。而台湾的后继地方大员则不能延续刘铭传的正确举措，建省进程受挫。更为严重的是，清政府割让台湾予日本，不仅葬送了台湾建省的成果，更丧失国土海疆，对国防建设造成巨大危害。

再次，新疆与台湾建省之间存在密切联系。新疆建省在前，台湾建省在后。前者的经验教训为后者提供直接借鉴，发挥示范作用。前文已述，清廷和刘铭传在筹划台湾建省事宜时多次提及新疆建省，更在很大程度上模仿前者。另外，左宗棠、杨昌浚等封疆大吏均是先投身于新疆建省的过程中，后来则或直接或间接地参与了台湾建省工作。这对台湾建省的顺利推进作用重大。

最后，"察同察异求规律"。这既是史学研究的追求，也是史学研究的使命所在。通过前文比较研究，我们可以得出以下五点启示。

其一，因势而为，与时俱进，及时调整边疆治理策略。

进入近代，中国边疆地区面临着空前危机，既有外敌入侵，又有内部动荡。面对内外困局，清政府中的有识之士审时度势，大声呼吁要因势而为，与时俱进，及时调整边疆治理策略，加强对边疆地区的管理，维护国家主权和领土完整。正是在此背景下，清政府才最终同意调整边疆治理政策，改置建省。另外，新疆和台湾地区实行的州县管理模式，以及边疆与内地积极有效的政治、经济和文化联系，则在此时成为政策调整的内在驱动力。边疆地区建省改制，是清代边疆治理模式的质变，更是长期以来加强边疆管理的内在积累结果。而实现从量变到质变的飞跃，则需要清政府及时、准确抓住时机。诚如左宗棠所言："盖以地形无今昔之殊，而建置则有因创之异。穷变通久，因时制宜，事固有不容己者。"①

其二，边疆治理政策制定需要政界和学界联合协作，更需要中央和地方协调

---

① 左宗棠：《复陈新疆情形折》，《左宗棠全集》第7册，第174页。

处理。

"天下兴亡，匹夫有责"。边疆安危，关系天下兴亡。经世致用，学问报国，是学人的责任。龚自珍、魏源等学者关心边疆，研究边疆，提出边疆治理方案，正是履行学人的责任，其研究成果也为左宗棠等政府大员借鉴吸收。制定边疆治理政策，更需中央政府和具有治边经验的边疆大吏们的协调处理。由前文可知，无论是清廷京官还是边疆大吏，均能对边疆治理提出自己建议，通过协调斟酌，选优汰劣，最终制定既符合国家民族利益又切实可行的方案。这正是新疆和台湾建省决策的重心所在。

其三，仔细规划，稳健推进，认真贯彻新政策的实施。

虽然新疆和台湾建省均有前期舆论和实践准备，但要大规模、大范围调整边疆治理政策，仍需谨慎细致，仔细规划。左宗棠、刘锦棠和刘铭传，他们对建省均进行了详细规划。再者，清政府一再强调"刻下伊犁未经收还，一切建置事宜尚难遽定"。① 这也有一定合理性。收复失地后，善后措施跟进，尽快恢复社会秩序，让人民安居乐业。步步为营，稳健推进，认真贯彻新政策的实施，自然会收到实效。

其四，政治、经济、军事、文化和社会建设并举。

边疆建省改制，绝不仅仅是行政管理模式的转变，更是边疆地区经济、军事、文化和社会建设的新开始。从上文论述可见，新疆和台湾建省过程中，均不是简单的设立府州厅县，而是同时进行经济、军事、文化、社会甚至生态建设。虽然两地的建设内容有所偏重，但是上述逐项建设还是得到进行，特别是经济、文化和社会建设均得到很好实施。

其五，良好政策的落实需要高素质官员群体的持续推进。

良好政策能否发挥效能，关键在于是否得到良好执行，更在于是否得到连续良好执行，而执行之人则须是先后相继的高素质官员群体。左宗棠向来重视用人之道，他在同治二年就在奏折中阐述其用人思想："戡乱之道，在修军政，尤在饬吏事。军政者，弭乱之己形；吏事者，弭乱之末发也。用人之道重才具，尤重心术。才具者，政事所由济；心术者，习尚所由成也。"② 左宗棠在筹划新疆建

_____

① 左宗棠：《附录上谕：谕左宗棠开设新疆行省不为无见着将经理南北各城情形随时详悉具奏》，《左宗棠全集》第 7 册，第 178 页。

② 左宗棠：《甄别道员厅县折》，《左宗棠全集》第 1 册，第 143 页。

省过程中，尤为重视人才的选拔任用，大力整饬吏治。继左宗棠之后，刘锦棠也对此非常重视。正因如此，在左、刘之后的新疆主政者多能精心治理，沿着前任开辟的道路，开拓进取，新疆建省亦取得良好效果。反观台湾，刘铭传之后的主政者，不能有效执行前任开创的诸多举措，建省进程受到沉重打击。

原刊《中国边疆史地研究》2013 年第 3 期

政务处与辛丑回銮前的新政举措

赵　虎

摘　要：政务处是清末新政开始后，朝廷为领导新政而设立的专门机构。因其职能屡随时局变动，故历来对政务处重要与否说法不一。辛丑回銮之前，由于特殊的内外政情，使得政务处在本职而外又代行其他机构的相关职能，因而重要性凸显。本文在广泛收集史料和考订史实的基础上，呈现政务处在设立初期"近真"的历史面相。

关键词：政务处　清末新政　机构职能

清末特设"督办政务处"（以下简称"政务处"）作为领导新政的专门机构，以期"专责成而絜纲领"。历来研治晚清史者均知该处为清季新设重要机构，有关论著亦不乏辟章节论列。然而所论多限于政务处设立时的章程条文，于其实际运作则往往语焉不详。近年来虽有学者对政务处进行研究，惜囿于资料，未能深入。①

---

① 王立诚等考察了政务处从设立到裁撤的过程，认为其"在清末的政治制度中曾具有过重要地位"（《政务处与清末政局》，上海市历史学会编《中国史论集》，内部发行，1986，第169页）；吴宗国等认为政务处似乎"与军机处是一而二、二而一的关系"（《中国古代官僚政治制度研究》，北京大学出版社，2004，第528页）；张志军对政务处与整顿吏治以及变革科举两项新政事宜的关系进行了论述，但其以刘坤一、张之洞两位参预政务大臣的观点代表整个政务处，不免以偏概全（《从督办政务处看清末新政：以行政制度改革为中心》，硕士学位论文，南昌大学，2006）；杨娟娟认为政务处的"主要职能就是复核审议新政折件，制定新政章程"，"为新政推行提供切实的依据"，"其在清末新政和中国近代化上有着不可磨灭的作用"（《清末督办政务处研究》，硕士学位论文，暨南大学，2012）；黄煦明《清末督办政务处研

寻绎清末相关文献可发现，政务处自设立后虽然始终位列要津，但朝廷尠有明文对其职能与权限进行规定，[①] 且其职能还伴随政局变化和新政进程而不断调适。这就导致政务处在不同时期面相各异，使得研究者难以准确把握。如政务处在新政中到底作用如何这一关键问题，即便时人亦言人人殊。严复谓政务处在清末体制中与军机处、外务部"三者鼎峙"，[②] 而稍后的日本学者织田万、服部宇之吉等人则认为政务处不及军机处，有名无实。[③] 其实，截然相反的"历史意见"恰好反映时空的差异。因此，欲从整体上把握政务处，就必须厘清政务处在各时期的职能及其与新政的关系。本文在广泛搜集材料的基础上，选取辛丑回銮之前政务处与新政事宜的关系进行研究，试图重建政务处在设立初期的历史图景，进而管窥其在清末新政中的作用。

一　本职与地位

光绪廿七年三月初三日（1901 年 4 月 21 日），清廷颁发上谕设立政务处，作为"专责成而挈纲领"的新政"统汇之区"，并派"庆亲王奕劻、大学士李鸿章、荣禄、崑冈、王文韶、户部尚书鹿传霖，为督办政务大臣，刘坤一、张之洞亦著遥为参预"。上谕要求各政务大臣"于一切因革事宜，务当和衷商榷。悉心详议，次第奏闻。俟朕上禀慈谟，随时择定，俟回銮后切实颁行，示天下以必信必果无党无偏之意"。[④]

揆诸该上谕，政务处职能至少有二：第一，将京内外各大臣的新政复奏"抉择精当，分别可行不可行，并考察其行之力不力"；第二，"于一切因革事

究》一文认为政务处"对于清末新政的开展具有重要的意义，但因其自身的组织缺陷及办事效率，使其难以担负总领全国新政的重任"，不过该文囿于史料单一，对某些史事的解读与历史本相之间尚存在不小差距（《清末督办政务处研究》，博士学位论文，中国人民大学，2013）。

① 政务处设立后，清廷曾颁布《政务处开办条例》。但该条例并非就政务处职能与权限立论，相关规定在实际运作中也未见执行。

② 《致张元济书十三》（光绪廿七年十二月廿七日），王栻主编《严复集》第 3 册，中华书局，1986，第 549 页。

③ 织田万：《清国行政法》，中国政法大学出版社，2003，第 160 页；服部宇之吉：《清末北京志资料》，北京燕山出版社，1994，第 99 页。

④ 中国第一历史档案馆编《光绪宣统两朝上谕档》第 27 册，广西师范大学出版社，1996，第 49 ~ 50 页。

宜，务当和衷商榷，悉心详议，次第奏闻"，"俟回銮后切实颁行"。① 也就是说，在慈禧太后与光绪帝从西安返京前，政务处的职能主要是审议内外臣工关于新政的回奏，并分辨可行与否。故许同莘记，"是时京外官条陈变法者，皆交会议政务处，区为科举、兵事、财政、杂务四类，俟回京合议"。②

从现存材料看，至少有三份新政复奏得到慈禧太后的明确处理意见。其一，两广总督陶模所上《请遣散内监折》。据易顺鼎电告张之洞，"闽、浙、粤、滇、齐、豫奏到，浙主丁捐印税，豫主抬枪八股，齐有慎出令，粤有裁内监一条，粤独未交下"，③ 该折留中。其二，山东巡抚袁世凯所上《遵旨敬抒管见上备甄择折》，"光绪二十七年三月二十六日军机处知会，十四日奉旨：留中"。④ 其三，两江总督刘坤一与湖广总督张之洞联衔所上《江楚会奏变法三折》，于光绪廿七年八月廿日（1901 年 10 月 2 日）奉上谕，"随时设法，择要举办。各省疆吏亦应一律通筹，切实举行"。⑤

以上三条处理意见中，陶模与袁世凯之折虽均为"留中"，但实际情况却不同。"按清制奏疏留中有两种性质：一为重视其事。因办法未定，暂不发出。二为认为无价值，置之不理"，"留中办法亦有两种：一，留于宫中。二，留于军机处。如封奏之件而又留于宫中，则军机大臣亦无从寓目矣。盖清制凡封奏皆由奏事处径达御前，再发交各机关。故君权之专，迈于前代"。⑥ 所谓"粤独未交下"，即陶模之折直接留于宫中，为第一种留中办法；而袁世凯之折由军机处知会奉旨留中，则应是留于军机处，为第二种留中办法。此外，此两折并非"封奏"，军机大臣尚可寓目，故易顺鼎能探听大略，其后更传抄于报端。

从以往程序和制度上看，既然"留中"，陶、袁二折就不会从军机处抄交政务处，由政务处对其"抉择精当"与"分别可否"便无从谈起。然而从人事上看，身处行在的政务处大臣全部为军机大臣，⑦ 作为政务处大臣的荣禄等人又能

---

① 见中国第一历史档案馆编《光绪宣统两朝上谕档》第 27 册，第 50 页。
② 许同莘：《张文襄公年谱》，商务印书馆，1947，第 147 页。按，"会议政务处"应为"督办政务处"之误。
③ 《辛丑四月二十日西安易甫来电》，《张之洞存各处来电》第 48 函，所藏档甲 182～150。转引自李细珠《张之洞与清末新政研究》，上海书店，2003，第 93 页。
④ 廖一中、罗真容整理《袁世凯奏议》（上），天津古籍出版社，1987，第 277 页。
⑤ 中国第一历史档案馆编《光绪宣统两朝上谕档》第 27 册，第 188～189 页。
⑥ 凤冈及门弟子编《民国梁燕孙先生士诒年谱》，台湾商务印书馆，1978，第 71 页。
⑦ 此时身处西安行在的政务处大臣有荣禄、王文韶与鹿传霖，三人均为军机大臣。

以军机大臣的身份实际参与到针对新政回奏的讨论中。因此，政务处在设立初期，可能并未以该处名义审议新政回奏，而是由军机处代行其职。

这一情况至迟到光绪廿七年五月左右便发生变化。张之洞在与刘坤一就回奏事宜的函电往来中提到"顷又缮稿一份，今日专差送呈，以备咨政务处之用"，[①]并强调"咨政务处折稿须点句"。[②] 这表明，在《江楚会奏变法三折》出奏时，政务处已经开始运转，执行审议新政复奏的职能。

此外，政务处自设立后，在体制内地位崇高。八月廿日（10月2日）针对《江楚会奏变法三折》的明发上谕中就特地指出，"据政务处大臣荣禄等面奏，变法一事关系甚重，请申诫谕示天下以朝廷立意坚定，志在必行。并饬政务处随时督催，务使中外同心合力，期于必成。用是特颁懿旨，严加责成"，并再次强调"近者特设政务处，集思广益，博采群言，逐渐施行。择西法之善者，不难舍己从人；救中法之弊者，统归实事求是"。[③]

二 议设外务部

尽管有明发上谕一再向中外宣示政务处的地位，但回銮前如果仅司审议新政复奏与内外臣工的新政条奏，则很难让时人认为政务处在体制中已与军机处、外务部呈"三者鼎峙"之势。[④] 实际上，除设立时上谕中所提及的职能外，回銮之前政务处又被赋予其他工作。即在两宫西狩之际，人员流散、机构残缺以及"一切因陋就简，公事档案亦不完备"[⑤] 的情况下，代行其他机构职权，以填补板荡中所遗留的权力真空。[⑥]

爬梳已有材料可知，政务处设立后所办第一件新政事宜是四月初八日（5月

① 《致江宁刘制台》（光绪廿七年五月廿一日），苑书义主编《张之洞全集》第10册，河北人民出版社，1998，第8605页。
② 《致江宁刘制台》（光绪廿七年五月廿三日），《张之洞全集》第10册，第8609页。
③ 中国第一历史档案馆《光绪宣统两朝上谕档》第27册，第188页。
④ 《致张元济书十三》（光绪廿七年十二月十七日），王栻主编《严复集》第3册，第549页。
⑤ 瞿鸿禨：《瞿鸿禨集·儤直纪略》，湖南人民出版社，2010，第158页。
⑥ 如关晓红曾指出，"自1900年8月许景澄被戮，至1902年初张百熙继任，这一职位（管学大臣）出现了真空，其权限一度由礼部及政务处代行"（见《晚清学部研究》，广东教育出版社，2000，第40页）。

25 日）奉旨将外务部应设司员额缺事宜“会同吏部妥议具奏”。① 此事为因应条约的无奈之举，在体制内则肇因于三月廿六日（5 月 14 日）议和全权大臣奕劻与李鸿章奏请“将总理各国事务衙门改为外务部”。奕劻、李鸿章在奏折中引述各国公使要求，外务部须“冠于六部之首，管部大臣以近支王公充之，另设尚书二人、侍郎二人，尚书中必须有一人兼军机大臣，侍郎中必须有一人通西文西语，均作为额缺，予以厚禄”，并提出“其章京等亦应分设数司，仿照六部司员之例，即于总理衙门章京内选派，开去原衙门差缺，改为外务部司员，将来应如何考充升转并签分学习之处，应请旨敕下督办政务处大臣会同吏部妥议具奏”。②

已有研究显示，五月初七日（6 月 22 日）“总理衙门向政务处送达了外务部的组织构想”，而“制定外务部章程方案的是总理衙门的四名章京：瑞良、舒文、童德璋、顾肇新”。③ 该方案中，外务部之下设通商司、安平司、和会司、绥靖司及司务厅，“四司分别设满郎中二名、员外郎二名、主事一名，汉郎中二名、员外郎二名、主事二名”。④ 不过，这一构想遭到行在政务处大臣鹿传霖的反对。据报道，“外部额设司员，前有廷寄，著交政务处会同吏部议奏。今鹿尚书有电来京谓此项归行在政务处会同行在吏部核议，无庸在京核议矣”，⑤ “闻鹿尚书之意，额须少，俸须廉，王中堂之意须额多而俸厚”。⑥ 至六月初九日（7 月 24 日），清政府颁谕设立外务部，简派奕劻总理部务，王文韶为会办大臣，瞿鸿禨为外务部尚书，仍将“该部应设司员额缺选补章程并堂司各官应如何优给俸糈之处，著政务处大臣会同吏部妥速核议具奏”。⑦

往返函商中，政务处大臣之间对外务部司员额缺一事意见参差，事后传闻不一。有消息称，“此事现已由行在政务处议稿送京……其大致，署设四司，每司设郎中、员外、主事各一员，司务厅设郎中、员外各一员，主事二员，侍郎以下

① 中国第一历史档案馆编《光绪宣统两朝上谕档》第 27 册，第 76 页。
② 《拟改总理衙门为外务部折》（光绪廿七年三月廿六日），顾廷龙、戴逸主编《李鸿章全集》第 16 册，安徽教育出版社，2008，第 274 页。
③ 川岛真：《晚清外务的形成：外务部的成立过程》，薛轶群译，《中山大学学报》2011 年第 1 期。
④ 瑞良、舒文、童德璋、顾肇新：《拟外务部章程》（《行在政务处吏部文》），光绪二十七年五月初七日之附件，《辛丑议约第十二款专档》。转引自川岛真《晚清外务的形成：外务部的成立过程》，《中山大学学报》2011 年第 1 期。
⑤ 《议设司员志函》，《新闻报》1901 年 7 月 12 日。
⑥ 《额设司员志要》，《新闻报》1901 年 7 月 18 日。
⑦ 中国第一历史档案馆编《光绪宣统两朝上谕档》第 27 册，第 124 页。

又设三品左右丞各一员，四品左右参议各一员，以本署总办升补斯缺。其额设各员缺不分满汉，每月酌给薪水较出使参随各员减去五六成不等"。① 又称，"月前由行在政务处大臣议设额缺二十有四，其余作为候补司员。又于侍郎以下章京以上添设三四品参议二员，体制若京堂然。遇本署侍郎缺出，以次升补，即六部侍郎缺出，亦可权升。所有在署章京，除照常简放海关道外，向之每逾两年保举一次者，今尚未知是否仍照旧章。至章京既设专缺，从前所补部缺及别项差事，务须一例开除"。② 而北京方面的意见则是"议设郎中十二缺、员外郎十二缺、主事十二缺"，③ 后改为"自侍郎以下设左右丞二缺，系正三品，左右参议二缺，系正四品，及郎中、员外郎、主事共二十八缺"。④ 据说各大臣"均以升阶必须从优为主，惟鹿尚书靳之，极力阻挠。仁和相国遂请尚书将章程勘定咨达两全权斟酌可否。相国致书于全权，曰所有外部司员升阶从优一节，同僚中惟一人不以为然，故此次所定章程非鄙人之意"。⑤

至六月廿七日（8月11日），方由行在政务处主稿，会同吏部最终将外务部应设司员额缺一事上奏，并将养廉章程与总署旧有章京善后事宜同时奏闻。⑥ 事后，行在政务处还致电李鸿章，谓"外部议设和会、考工、榷算、庶务四司，每司郎、员、主各二缺，额外六员，丞参照办，本日具奏。奉旨依议。除备稿飞咨外，谨此电达"。⑦ 木已成舟，李鸿章只得提议"外务部丞参应在总办、帮办各员内，择其尤为勤能者，俟议设司缺文到，由本部奏请简派，以资熟手，未便以素不在署及离署已久之人滥竽其间，致滋贻误"。⑧

从此事来看，政务处之所以能够主持拟议外务部章程，实际上最早出自奕劻与李鸿章的动议，很难说两人此举没有其他考虑。议设官制历来为军机处职掌之一，⑨

---

① 《外部额缺述闻》，《申报》1901年7月26日。
② 《外部新章》，《申报》1901年8月6日。
③ 《外部设官》，《申报》1901年9月4日。
④ 《外部设官续记》，《申报》1901年9月5日。
⑤ 《西安近事述要》，《中外日报》1901年9月14日。按，仁和相国指王文韶。
⑥ 《政务处会同吏部奏复外务部应设司员额缺选补章程并堂司各官优给俸糈折》，《申报》1901年10月5日。按，该折上奏日期，据政务处致李鸿章电报所定。电报中有"本日具奏"，发电日期为"沁"，则应在六月廿七日。
⑦ 《盛宗丞转西安来电》（光绪廿七年七月初二日），《李鸿章全集》第28册，第397页。
⑧ 《寄西安行在军机处》（光绪廿七年七月初四日），《李鸿章全集》第28册，第399页。
⑨ 参见傅宗懋《清代军机处组织及职掌之研究》，台北嘉新水泥公司文化基金会研究论文，1967，第404~405页。

若外务部章程仍由军机大臣拟议，则至少在名义上李鸿章等无法置身其中；若由政务处拟议，作为政务处大臣的奕劻与李鸿章便可名正言顺地直接参与。这就说明，回銮之前的政务处在拟议外务部章程的问题上，分割或代行了军机处原有的部分职权。①

三　统汇新政

回銮之前外界较为瞩目的新政举措，如整顿部务、裁汰胥吏、更定兵制饷章、筹建学堂、开设经济特科、变通科举等，均与政务处息息相关。这些新政举措，有的出自特旨，有的则由政务处直接奏请，还有的看似出自特旨，实则出于政务处的建议，由于文献阙如，难以确切分辨。在回銮前的新政推行中，政务处的作用大致分为三类：第一，各部院、督抚将拟定章程咨送政务处覆核；第二，由政务处单独或会同其他机构拟定章程，奉旨依议后颁行；第三，直接上奏新政或变通事宜，依议后颁行。

整顿部务与裁汰胥吏是新政复行后较早举办的事宜之一，均由政务处经手办理。张之洞就曾表示，"去书吏，去差役，乃政务处得意之笔"。② 此事缘起，应为御史陈璧于正月初四（2 月 21 日）奏请"去积弊以立纪纲"，并"裁汰吏胥"。他认为朝廷大政多为胥吏把持，"欲吏杀其权，非官亲其事不可；欲官亲其事，非省例案不可"，劫后"各衙门文卷册籍荡然无存，吏胥之窟穴其中者，亦散之四方，或改他业以去"，正可趁势"去此积弊"。因此，陈璧请"特简通知古今公忠识大体之重臣，将京中大小各衙门所有重复抵牾不可猝了之例，一时权宜可左可右无所折衷之案，一切罢去，留其足为典要者，遇事比附其无可比附者，均恭候钦定遵行"。③ 该折到行在后，于二月初一（3 月 20 日）奉上谕"著京师行在六部各衙门堂官按照所陈办法，均责成司员亲自经理例案，不准再行假手书吏"，同时"妥定章程，遴派司员将现行各例删繁就简，弃案就例，悉心筹

① 织田万亦认为，军机处"一旦遇政务之多端，则涩滞不通，加之时势之变，日急一日，变法自强之道终不可不讲之。政府有感于此，特添设政务处，分割军机处之职权"（见织田万《清国行政法》，第 160 页）。

② 《致江宁刘制台》（光绪廿七年五月廿六日），《张之洞全集》第 10 册，第 8611 页。

③ 《敬陈内治之要宜及时先去积弊以立纪纲折》，《裁汰吏胥乃当前之急务片》，陈璧：《望喦堂奏稿》，沈云龙主编《近代中国史料丛刊》第 10 辑第 93 册，台北：文海出版社，1969，第 145～152 页。

度，详细核定，奏明办理"。①

据说陈璧此折曾"奉旨交六部九卿会议"，"经各堂官和衷商榷，均称不便施行"。② 但经过一番人事调整，③ 情况便发生变化。四月十一日（5月28日），上谕再次饬各部整顿部务，"尽去蠹吏，扫除案卷，专用司员办公"，将各部署案卷销毁，"并著堂司各官妥定简明无弊章程，通限两个月咨送政务处大臣覆核具奏，候旨颁行"。④

有报道称，"改定吏部章程及毁除各部例案两谕旨，由瞿子玖尚书拟稿进呈颁发"，⑤ "当定稿时，政府诸人皆无异言。讵知奉旨后忽又众议哗然，谓为不便，故又有第二次之谕"。⑥ 所谓"第二次之谕"，系指四月十五日（6月1日）饬六部各衙门将"有关考察及旧例所无，随时新增成案"，"由各部堂官派委司员逐一查明，分别开单咨送政务处覆覈。其应留者，一并纂入则例，以归画一而杜两歧"，⑦ 而不再要求各部署将案卷全部销毁。两日后，又谕令各省督抚"通饬所属将例行文籍一并清厘，妥定章程，仿照部章，删繁就简"，"由该督抚将整顿章程咨明政务处大臣汇核具奏"。⑧ 有评论谓，"盖政府诸臣亦知前旨之未可径行，故为此酌中办理之策也"。⑨

根据上谕要求，政务处在整顿部务与裁汰书吏事宜上，其职能本应为覆核各部院与督抚所定章程并汇核具奏。而实际上，政务处在裁汰书吏一事中曾拟定大致办法咨送各部院、督抚。有消息称，"各衙门裁汰书吏后，缮写无人。政务处现拟仿照军机处章程，改用供事，三年保举一次。庶人知进身有路，或不至作奸犯科"，⑩ 后"经政务处议定，各部院书吏繁缺准用四名，简缺及中缺准用三名。

---

① 中国第一历史档案馆编《清代军机处电报档汇编》第2册，中国人民大学出版社，2005，第361页。按，《光绪宣统两朝上谕档》中未收录该上谕。

② 《燕市近闻》，《申报》1901年5月4日。

③ 此番人事调整包括：三月廿七日（5月15日）调孙家鼐为吏部尚书；四月初九（5月26日）命工部尚书瞿鸿禨在军机大臣上学习行走，并于四月十二日（5月29日）充政务处大臣。

④ 中国第一历史档案馆编《光绪宣统两朝上谕档》第27册，第77~78页。

⑤ 《要事汇志》，《中外日报》1901年6月7日。

⑥ 《要事汇志》，《中外日报》1901年6月21日。

⑦ 中国第一历史档案馆编《光绪宣统两朝上谕档》第27册，第80页。

⑧ 中国第一历史档案馆编《光绪宣统两朝上谕档》第27册，第80页。

⑨ 《论裁撤书吏之法》，《中外日报》1901年6月24日。

⑩ 《西安要事述函》，《中外日报》1901年8月26日。

每名月给薪水银若干，扣足三年，准予奖叙"。① 又称，"政务处大臣通行各部院著速将现在有卯书吏若干名，造具卯册，分别咨送以凭查核"，② "及各部将名册送齐后复准政务处知会，此项名册业经本处存案，凡册中有姓名者，俱不准复充书吏，违干究办"。③ 另据报章披露，"行在政务处有咨行北京公文一道"，"大旨谓吏、户二部书吏为第□等舞弊之人，兵、工居次，礼、刑又次。饬令部院文武大小各衙门将书吏一律撤净。供事作弊与书吏无异，亦不准用。其书写公事由堂司各官择取通顺勤敏之生童，招致缮写。紧要公事折件仍由司官自主，并不准假手上项生童。其军务、河工、制造及各项报销、引见、验看、分发、注册、补缺、保举等项，向皆书吏资以诈财之事。应将此项化私为官，随文解款，以为生童等糈廪之费。所有斥退书吏，全作为已满吏员，酌给议叙，立即验看分发，不准在京逗留。统限三月内一律办妥，毋得玩延云云"。④ 江苏巡抚就曾接到"政务处六百里排单，闻系裁胥差事"。⑤

由此可见，在裁汰胥吏事宜上，政务处的职能再次逾越设立时上谕所规定的范围。在具体办理新政事宜时，可以由政务处就该事宜咨行各处，并提出大致办法以供参考。这一职能模式，在更定兵制饷章与筹建学堂等新政事宜中得到更加明显的体现。

更定兵制饷章出自特旨，但坊间传闻此事可能由刘坤一、张之洞"会衔奏请，饬下各省一律遵行"。⑥ 七月卅日（9 月 12 日）上谕称，"著各直省将军督抚"，将旧有各营严行裁汰，另组常备、续备、巡警等军，一律操习新式枪炮，"所有改练章程及应如何更定饷章，著政务处咨行各省，悉心核议，奏明办理"。⑦

政务处在就此事致各将军、督抚的咨文中指出，各省绿营防勇"其数不为不多，每年动支饷项为数亦复甚巨，而遇有战事兵勇多不得力者，实以营制、操章不合时用，将愚兵惰，器钝谋疏"，"今钦奉明诏，谆谆申儆，应举绿营、防

---

① 《神京述事》，《申报》1902 年 1 月 19 日。
② 《咨催卯册》，《申报》1901 年 7 月 16 日。
③ 《时事要闻》，《中外日报》1902 年 3 月 30 日。
④ 《节录政务处咨文》，《北京新闻汇报》1901 年 9 月 5 日。
⑤ 《裁吏述闻》，《申报》1901 年 10 月 18 日。
⑥ 《裁兵募勇》，《申报》1901 年 9 月 23 日。
⑦ 中国第一历史档案馆编《光绪宣统两朝上谕档》第 27 册，第 173 页。

勇通盘筹画，更定兵制，核实饷章，各省均归一律练习新操"。①同时，明确提出每省酌定兵勇额数，并"分为三等：一曰常备军，挑选年少精壮，朴勇敢战者，优给饷项，严加训练若干营。按省分大小酌定一二大枝，于省会及扼要处所屯驻，不得零星散扎。一曰续备军，分扎训练，饷数差减，亦使足以自给，亦按省分大小酌定若干营。考中国历代兵家之理，采德日陆军兵学之法，延聘教习实力训练，以成劲旅。一曰巡警军，应将旧有各营裁去老弱浮惰，饷或仍旧，或酌增，另定操章，酌量归并若干营，分拨各处，兼归州县钤束，专为巡防警察之用"。此外，又进一步要求"一律操习新式枪炮，所有旧日兵器，藤牌、长矛、土枪等类一概停止，不得掺杂练用"；"除步、炮、马各队须精练外，辎重、工程各队，随营医药为军中所必需，缺一不可，均应详慎筹备"；"凡将弁必使粗通文字，略知测算，相率留心考究一切行军窍要，各国操章战法"，"先就原有将弁择其朴实勤者，遴选擢用，仍随时严切考校"，"将旧日营哨各官严加甄别，择其可留者均令入学堂，随时讲习。凡巧猾浮惰固执己见及有嗜好者，一概革除，切勿瞻徇。其中如有立功宿将，准以原官回籍，酌予恩饷，以示体恤"。最后，政务处又咨请各将军、督抚将"各省营汛武员如何选用、叙补、升擢，应就各省情形详订章程，统归入兵制饷章，另行覈定"，其"更定兵制、饷章以及录用武员、训练规条各详细章程，并各该省原有兵数、饷数，若干裁革归并，一律改练新军，实有兵数若干，腾出节省饷项若干，新军应支各项饷项若干，一并详细分别声明"，"务于三个月内复奏，恭候钦定"。

袁世凯接到此咨文后，曾函告徐世昌，谓"政务处前来兵事一文，甚善甚佩，想出执事之手。京内向来无此内行话。如能请降严旨切责必行，则大局尚可为"。②可见，政务处在奉旨办理此类"一律遵行"的事宜时，可以自行提出大致办法，咨行各省照办。不过，政务处亦考虑到各省情形不同，希望各地将实情和盘托出，"详细分别声明"，以便制定"画一章程"，通行全国。

值得指出的是，筹建学堂尽管同样是奉旨"著政务处咨行各省悉心酌议"，但情况略有不同。八月初二日（9月14日），上谕饬各省筹建大、中、小学堂，"其所有礼延师长、妥定教规"及学生毕业选举等详细章程，均"著政务处咨行

---

① 《札北藩司等遵旨筹议更定兵制饷章录用武员训练条规章程并新军兵饷数目》（光绪廿七年八月廿九日），《张之洞全集》第6册，第4139~4141页。
② 《袁世凯为政务处事致徐世昌函》（1901年10月28日），《北洋军阀史料·袁世凯卷》（一），天津古籍出版社，1996，第327页。

各省悉心酌议，会同礼部覆核具奏"。① 然而两个月后，仅有署直隶总督袁世凯将山东改设学堂、酌拟教规与试办章程缮单奏闻。② 因此，十月十五日（11月25日）朝廷再次下旨，著政务处将袁世凯原奏并所拟试办章程"通行各省，立即仿照举办"，"其如何选举鼓励之处，著遵前旨由政务处会同礼部速行妥议具奏"。③ 此后，政务处直接将袁世凯所拟章程咨行各省，"与东省原定者，措词略有同异"。④

至于覆核各部院、将军、督抚所拟章程并具奏，则俟回銮之后方才办理。如整顿部务一事，从目前材料来看，仅见工部尚书松溎将该部删定则例与办事情形具折奏闻。但折中只述简要情形，声明俟回銮后再酌拟具体办法。故该折并未交政务处覆核，仅奉朱批，"仍著切实办理"⑤。而更定兵制饷章一事，各将军、督抚也大多于回銮之后奏闻，⑥ 并交由政务处议覆。究其原因，可能是回銮在即，各部将相关事宜暂缓办理。此外，翰林院亦曾于四月十九日（6月5日）奉旨整顿，"著掌院学士妥拟章程咨送政务处王大臣覆核，请旨办理"。⑦ 回銮后翰林院将拟订章程上奏，⑧ 其间是否交由政务处王大臣覆核，则不得而知。

回銮之前政务处的第二类职能，是奉旨单独或会同其他机构拟定有关章程，并于依议后颁行。其中，经济科特考试章程、变通科举章程以及学堂选举鼓励章程均由政务处主持或参与拟定。

"经济特科之议，发端于戊戌正月。其时，皇上允贵州学政严修之奏，饬总理衙门王大臣会同礼部详细核议"，⑨ 后因政局变化而搁浅。光绪廿七年四月十七日（1901年6月3日）上谕重提"照博学鸿词科例，开经济特科"，"并著政

---

① 中国第一历史档案馆编《光绪宣统两朝上谕档》第27册，第176页。

② 《遵旨改设学堂酌拟试办章程折》（光绪廿七年九月廿四日），《袁世凯奏议》（上），第317～340页。

③ 中国第一历史档案馆编《光绪宣统两朝上谕档》第27册，第213页。

④ 《政务处奉饬颁定各省大学堂章程》，《北京新闻汇报》1901年12月18日。

⑤ 《奏疏汇录》，《申报》1901年7月18日。

⑥ 据现有材料，只见闽浙总督许应骙于回銮之前的十月廿七日（12月7日）将"改练新军，酌拟常备军两枝，续备军、巡警军各一枝"事宜奏闻，"得旨，著政务处核议具奏"（《清德宗实录》卷488，光绪二十七年十月己未，第461页）。但政务处直到光绪廿八年七月廿三日（1902年8月26日）才将此事复奏（中国第一历史档案馆编《光绪宣统两朝上谕档》第28册，第193页）。

⑦ 中国第一历史档案馆编《光绪宣统两朝上谕档》第27册，第81页。

⑧ 《翰林院奏酌拟在院人员功课折》，《申报》1903年2月15日。

⑨ 《恭读四月十七日上谕谨注》，《申报》1901年6月7日。

务处大臣拟定考试章程，先期请旨办理"。① 据知情人士透露，此事"出自太后之意，盖因廷臣多言须保荐人才，皇太后恐太无限制，故特设此科，俾有所考察"。② 不过，也有消息称"此次重开经济特科，拔擢有才之士，所以皆颁懿旨者，实出荣相之谋。太后始意不允，荣力求谓非此不足以收拾人心，涣散党事，慈位亦恐难安。太后顿悟，遂命拟旨"。③ 然而，此项考试章程直至光绪廿八年三月初二日（1902年4月9日）方才拟定上奏，④ 实际开科考试更推至光绪廿九年闰五月廿六日（1903年7月10日）。

相比而言，变通科举章程与学堂选举鼓励章程则拟定较快。光绪廿七年七月十六日（1901年8月29日），有上谕命自明年始，乡、会试等"一切考试，凡四书五经义均不准用八股文程式，策论均应切实敷陈，不得仍前空衍剿窃"，"所有各试场详细章程及其余各项考试未尽事宜，著礼部会同政务处妥议具奏"。⑤ 事前，外界既已侦知政务处"有电致各督抚商议废除制艺办法"，⑥ 并将"奏请举行乡试之处，改试策论"。⑦

九月初十日（10月21日），《申报》率先将"政务处王大臣拟订新章八条"揭橥报端，并宣称"此项章程日前已有人辗转传抄，云系部臣所定订，今既得自政务处，当系庐山真面目，不同以讹传讹也"。⑧ 不过，此"新章八条"仍非定稿。九月卅日（11月10日），刘坤一、张之洞会衔电告行在军机处，谓"惟有分场发榜，则场场认真，互相维持，有实济而无流弊"，同时还可省略"誊录一项"。⑨ 张之洞还专门致电鹿传霖，"'分场发榜、免去誊录'各节，盼早降明旨，俾资鼓舞"。⑩

对此，政务处于十月十五日（11月25日）回应称，"分场去取，亦不免仍有偏重之弊。科举甫经改章，恐难遽得全才，应俟学校大兴，人才辈出后，

---

① 中国第一历史档案馆编《光绪宣统两朝上谕档》第27册，第81页。

② 《行在近事述要》，《中外日报》1901年8月7日。

③ 《收拾人心》，《香港华字日报》1901年7月31日。

④ 中国第一历史档案馆编《光绪宣统两朝上谕档》第28册，第71页。

⑤ 中国第一历史档案馆编《光绪宣统两朝上谕档》第27册，第151～152页。

⑥ 《要事汇志》，《中外日报》1901年8月28日。

⑦ 《改试策论述闻》，《申报》1901年8月10日。

⑧ 《照录京师政务处所拟考试章程》，《申报》1901年10月21日。

⑨ 《致郑州行在军机处》（光绪廿七年九月卅日），《张之洞全集》第3册，第2228页。

⑩ 《致开封鹿尚书》（光绪廿七年十月初六日），《张之洞全集》第10册，第8651页。

再行斟酌办理。目前仍宜三场分校，无庸更张。至删除誊录一节，尚可试办，自应照准。如蒙俞允，拟请饬下礼部，咨行各省一体遵照"。① 至十一月初一日（12月11日），始由"礼部主稿"，会同政务处将正式章程十二条具奏，并声明"如尚有未尽事宜，应行变通之处，即由各督抚、学政随时酌度，咨由礼部另行核议具奏"。②

在此之前，由政务处主稿会同礼部于十月廿五日（12月5日）又将学堂选举鼓励章程上奏，并奉旨此后"照此次所拟选举章程一律办理"。③ 正如张之洞所称，"学堂不说明给予举人、进士出身，天下不能鼓舞"，"关系人心人才，十分紧要"，④ 而"许以进士、举、贡、生员"，"则不筹官款而学堂自多、人才自众矣。不然，官断无许多之款也"。⑤ 因此，该选举鼓励章程不仅明确表示"以东西各国学堂章程而论，皆系由小学堂、中学堂、大学堂以次递升，毕业后始予出身，自可按照办理"，而且规定大学堂毕业生"考取合格，准发给凭照，作为优等学生，由该督抚、学政按其功课严密扃试，拔其尤者，分别拟取等第，咨送京师大学堂复试，候旨钦定，作为举人、贡生，仍留下届应考。愿应乡试者听。举人积有成数，由京师大学堂严加考试拔其尤者，拟取等第咨送礼部，奏请特派大臣考试，候旨钦定，作为进士一体殿试"。⑥

不难看出，曾经"饬总理衙门王大臣会同礼部详细核议"的经济特科考试章程，在新政复行后已交由新设的政务处单独拟定；被外界誉为"天下精神不得不一振，耳目不能不一新"⑦ 的废八股、改策论事宜，也交由"礼部会同政务处妥议具奏"。这就说明，原设总理衙门的部分工作已暂由政务处代行，甚至由各使臣查访并咨送回国的留学生，亦著"政务处奏请简派大臣，按其所学分门考试，交卷后带领引见，听候录取"。⑧ 而回銮前有关学务（科举与学堂）的新

① 《奏折录要》，《申报》1901年12月26日。按，该折具奏时间见中国第一历史档案馆编《光绪宣统两朝上谕档》第27册，第213页。
② 《政务处礼部会奏变通科举事宜折》，《选报》第6期，1901年12月31日。
③ 中国第一历史档案馆编《光绪宣统两朝上谕档》第27册，第222页。
④ 《辛丑八月十七日致西安梁星翁转鹿尚书》，《张之洞电稿乙编》第15函，所藏档甲182~76。转引自李细珠《张之洞与清末新政研究》，第134页。
⑤ 《致太原岑抚台》（光绪廿七年十月十四日），《张之洞全集》第10册，第8655页。
⑥ 《议陈兴学事宜折稿》，《申报》1902年1月17日。
⑦ 《论朝局已渐有转机》，《中外日报》1901年9月4日。
⑧ 中国第一历史档案馆编《光绪宣统两朝上谕档》第27册，第111页。

政事宜，亦需要政务处参与甚至主持。

由于文献不足征，政务处在回銮之前的第三类职能，即直接上奏新政或变通事宜，目前仅见"漕粮改折"与展缓壬寅年会试以及借闱河南等事。据上谕档记录，"政务处奏漕粮改收折色等片"，于"光绪廿七年七月初一日奉旨，依议行"。① 翌日（8月15日），又奉明谕"著自本年为始，各直省河运、海运一律改征折色，责成该督抚等认真清厘"。② 而展缓壬寅年会试以及借闱河南，则是据政务处于十月廿四日（12月4日）奏"若于明年（壬寅年，1902年——引者注）举行会试，未曾乡试各省士子不免向隅。且举行经济特科，前经奉旨定于本届会试以前，殊属办理不及。拟请展缓至癸卯年举行较为允协"，"至借闱考试一节，查明年补行顺天乡试即须借闱。拟借用河南贡院考试"，"请于八月间先考顺天，河南本省乡试展于十月间举行。如此变通办理，不至有所窒碍。乡试既借用豫闱，次年会试拟亦请仍就河南贡院办理"，并"请饬下礼部将顺天乡试内外场各事宜章程一并妥议，请旨定夺，再由该部知照河南巡抚遵办"。③

除以上事宜外，政务处还在一些与体制及政情密切相关的事务中发挥作用。

其一，政务处曾电询刘坤一、张之洞等人"银元或应铸一两重，或七钱二分"。④ 张之洞在与刘坤一、陶模等人商议后，回电谓"此事关系财政，尤要在抵制外国洋元"，⑤ "以七钱二分为妥"。此事应与朝廷试图开源以筹赔款有关，故七月十三日（8月26日）有上谕饬粤、鄂"两省多筹银款"，铸造银元，"仍以每元库平七钱二分为准，并兼铸小银元，以便民用而收赢余"。⑥ 可见，政务处在此期间还曾参与筹解赔款事宜。此后有消息称，"政务处前曾电令南北洋海军将各舰执事人裁去一半，以节省经费"。⑦ 又称，"安徽抚宪王芍棠中丞奉政务处公文，分筹偿款银一百万两"。⑧

其二，政务处曾致电各驻外大臣，谓"本处更定政要，择善而从"，西洋各国变通政治可资考镜，"应请贵大臣将该国现在政治、学校、财政、军政、商

① 中国第一历史档案馆编《光绪宣统两朝上谕档》第27册，第138页。
② 中国第一历史档案馆编《光绪宣统两朝上谕档》第27册，第139页。
③ 朱寿朋编纂《光绪朝东华录》，第4786页。
④ 《致江宁刘制台》（光绪廿七年五月廿四日），《张之洞全集》第10册，第8609页。
⑤ 《致西安政务处》（光绪廿七年五月卅日），《张之洞全集》第10册，第8612页。
⑥ 中国第一历史档案馆编《光绪宣统两朝上谕档》第27册，第149页。
⑦ 《要事汇志》，《中外日报》1901年9月27日。
⑧ 《筹款述闻》，《申报》1901年12月4日。

务、工艺诸大政章程、条例，分别择要译录，迅速咨送本处，以备采择"，[①] 且强调"日本变法遽臻富强，尤可取法"。[②] 盛宣怀在《呈进南洋公学新译各书并拟推广翻辑折》中亦提及"接政务处咨，取制造局南洋公学所译各书以备甄采"。[③] 不久，又由政务处遴选干员，"就中国现有六部及新设之外务部、商务部，广搜各国通行律例，择要译出，与各省现行之律参互考订，厘定妥章"。[④]

其三，"行在政务处电咨两江总督刘岘帅转饬江南提督李寿庭军门，统率所部自强合字全军由淮徐遵陆北上，以备回銮时护跸入京"。[⑤] 但此事明显与清代体制不符，即便是军机处亦不能直接电咨调兵，只能奉旨咨行或字寄上谕，故可能仍是由政务处代军机处办理。

其四，回銮途中，北京盛传将裁减冗官闲曹。据说，"政务处大臣以小九卿衙门最为闲散，无事尽可从删"，[⑥] "太常寺、鸿胪寺、光禄寺拟归并礼部，詹事府归并翰林院，通政司归并内阁，太仆寺归并兵部，大理寺归并刑部"，"闻政务处议定将可裁撤者即行裁撤。先拟停选数月，将京外各衙门所出之缺可裁者裁之，不能裁者可以对品拣员调补，将其所遗之缺即行裁撤"。[⑦] 事后虽证明裁撤一事纯属子虚，且庆亲王奕劻"谕令严拿造言生事之人"。[⑧] 但媒体分析认为，"此次虽系谣言，然将来通政、大理、光禄、太仆、鸿胪诸衙门，似在就删之列"。[⑨] 这也表明，在外界看来，议改官制、裁减冗官是政务处的职能之一。

综上所述，政务处在辛丑回銮之前不仅在体制内地位较高，与新政事宜关系紧密，而且职能广泛。这其中，既有其本职工作，如发挥最后复核与审议以及自行奏请新政，又有临时被赋予的其他职能，如代行有关机构甚至军机处之职权。故而在时人看来，回銮前后的政务处在权力结构中业已与军机处、外务部鼎足而三，确为新政枢纽。

---

① 《寄巴黎裕大臣并转杨吕罗伍各大臣》（光绪廿七年五月十一日），盛宣怀：《愚斋存稿》，《续修四库全书》本，上海古籍出版社，1995，第521页。

② 《寄东京李大臣》（光绪廿七年五月十一日），《愚斋存稿》，第521页。

③ 夏东元编著《盛宣怀年谱长编》下册，上海交通大学出版社，2004，第733页。

④ 《政务纷繁》，《申报》1901年8月28日。按，此时尚无商务部，应误。

⑤ 《署篆谰言》，《申报》1901年8月16日。

⑥ 《拟裁卿缺述闻》，《申报》1901年10月12日。

⑦ 《裁官新政述函》，《新闻报》1901年10月13日。

⑧ 《谣言宜究》，《申报》1901年11月9日。

⑨ 《并未裁并》，《申报》1901年11月2日。

　　然而不容忽视的是，政务处在回銮之前的种种表征有其特殊的历史因缘。八国联军入京后，慈禧太后携光绪帝仓皇西幸，辗转抵达陕西，政务处即设立于两宫驻跸西安之际。其时，各部堂官尚未及时随扈，文书档案均未带来，相关部院亦无法如常运转。由政务处代行其他机构的部分职权，正好弥补板荡中所出现的权力真空。更为重要的是，庚子谈判中各国力持严惩"祸首"、改组政府，意在清除朝中掌权的"拳党"诸人，防止嗣后再次排外。但颠沛中的慈禧对各国诚意有所怀疑，故而以复行新政为契机，特设政务处，并一再强调其为推行新政的"统汇之区"，既可借以搪塞各国改组政府的要求从速实现和议，又可向中外宣示朝廷力图自强的决心。基于此，政务处在设立初期的人事构成不同于以往任何机构。其中不仅包括军机大臣荣禄、王文韶、鹿传霖，议和全权大臣奕劻、李鸿章及留京办事大臣崑冈，还包括庚子谈判中与各国关系融洽的督抚刘坤一、张之洞。这一人事配置，显然是为满足各国坚持清除"拳党"的要求，并示人以改组政府之意，同时也为平衡与拉拢各方实力派，以便维持政权。所以，政务处在回銮之前的种种强势表现并非常态，而由当时的内外政情所决定。回銮之后，政局渐趋平稳，相关机构亦逐渐恢复，政务处是否还能左右逢源，则仍待时局而定。

原刊《清史研究》2017 年第 1 期

民初唐绍仪内阁与袁世凯关系新论[*]

罗 毅

摘 要： 南北议和后，唐绍仪内阁在南北合作的基础之上组建起来，唐氏本人也把调和南北作为自己的基本政策，在政治上表现出某种超然性。北洋派却视其政策有违本派利益，群起而攻之。参议院中的原立宪派势力亦因敌视同盟会而攻唐，致使唐内阁发生动摇。袁世凯从统治的全局出发，采取维护唐内阁的态度，居间斡旋，也显示出一定的超然性。然而，在王芝祥督直问题上，唐绍仪的调和政策与袁世凯的统一政策发生了矛盾，并最终导致袁、唐关系决裂。由于调和南北政策破产，唐绍仪终于弃职而去，唐内阁亦随之瓦解。唐内阁的解体，意味着统一政策压倒了调和政策，预示了西方式民主政治失败和大一统集权政治的复活。

关键词： 唐绍仪内阁 袁世凯 南北统一

唐绍仪内阁是南北统一后民国首届内阁，学界历来关注较多。但既有的研究多受革命话语的影响，表现出明显的"崇唐抑袁"倾向，异口同声地谴责袁世凯为实行独裁，肆意破坏临时约法和责任内阁制，处心积虑要搞垮唐内阁；对唐绍仪则大加称颂，把他说成是资产阶级民主革命果实的捍卫者，为了维护约法上

---

* 本文系陕西省教育厅科研计划项目"民国政坛上的'外交系'研究"(15JK1718)阶段成果。

的副署权，不惜同袁世凯决裂，脱离北洋集团。① 这种说法流传虽广，却忽视了不少重要的历史面相，尚有进一步探讨的必要。本文通过对若干基本史实的考察和梳理，认为袁世凯逼垮唐内阁之说不能成立；相反，在唐内阁受到多方冲击而动摇时，袁还曾设法予以维护。最后导致袁、唐关系破裂和唐内阁倒台的，亦非守法与违法、革命与反革命之争，而是调和南北与统一中国两种政策之间的冲突。

一　唐绍仪组阁的政策取向

还在南北议和期间，双方的代表就讨论过清帝退位以后，未来新政府的组成人选。1912 年 1 月 15 日，北方代表唐绍仪、杨士琦与南方代表王宠惠、汪精卫等人在上海唐绍仪寓所开会，拟由袁世凯出任南北统一后民国的大统领，孙中山副之，唐绍仪任内阁总理大臣，黎元洪、陈锦涛、张謇、汤寿潜分别担任海军、度支、农商、邮传各部大臣。② 由于未来官制尚不确定，对中央政府各部长官，仍以"大臣"相称。该方案囊括了当时中国政治舞台上的三大势力——北洋派、革命派和立宪派。这个名单清楚地显示，南北议和中的北方首席代表唐绍仪将成为民国的第一任总理。

唐绍仪膺选民国首任总理绝非偶然。他在辛亥南北议和中担任北方的首席谈判代表，表现出同情革命的态度，竭力推动共和在北方的实现。③ 对于结束 2000 余年的

---

① 民国时期历史学家李剑农所著《中国近百年政治史》一书即执此说，书中写道："唐的头脑比较清新，不若其他的北洋官僚，只知有私党，不知有公责；虽然与袁关系很深，要他作袁个人的走狗，袁就错认了他了。他虽然也不是同盟会的元老党员，但他既居在内阁总理负责任的地位，要他放弃责任以内的权力，也是决不肯的。"（李剑农：《中国近百年政治史》，商务印书馆，2011，第 352 页）李剑农的看法多采自谷钟秀撰写的《中华民国开国史》，因而具有浓厚的革命史叙事色彩。百年来的海内外研究，受此影响甚深，对唐绍仪内阁的叙述均不脱此窠臼。相关论文见苏苑《论唐绍仪在创建民国中的作用》，《暨南学报》1992 年第 1 期；姚琦《唐绍仪内阁述评》，《贵州大学学报》1995 年第 1 期；李吉奎《论民元唐绍仪内阁》，《学术研究》2013 年第 2 期；张玉法《民国初年的内阁》，张玉法主编《中国现代史论集第四辑·民初政局》，台北：联经出版事业公司，1980，第 131~168 页；等等。相关论著见朱宗震《民国初年政坛风云》，河南人民出版社，1990；张焕宗《唐绍仪与清末民国政府》，河北人民出版社，1998；杨凡逸《折冲内外：唐绍仪与近代中国的政治外交：1882~1938》，东方出版社，2016；等等。

② 《新政府组织案纪闻》，《申报》1912 年 1 月 26 日，第 3 版。

③ 关于唐绍仪在南北议和中的表现，参见丁贤俊、陈铮《唐绍仪与辛亥南北议和》，《历史研究》1990 年第 3 期。

君主制度，缔造南北统一的民国，唐的功绩是有目共睹的。中国能够以和平方式完成辛亥革命，舆论普遍目为奇迹，认为"此唐虞以来生民未有之光荣"①，"曾不数月，竟举数千年之君主国体一变而为民主国体"②。唐也因此而声望大增，跻身民国开国功臣之列。一方面，唐绍仪通过自己的行动把共和制度推向北方，帮助革命势力达到了政治目的；另一方面，此举也为袁世凯取得总统大位，登上民国的权力巅峰，铺就了道路。这使他获得了南北两方面的信任，从而成为组阁的不二人选。

从某种意义上讲，唐绍仪最大的政治资本，得自于调和南北政策的成功，正是这项成就使他当上了总理。袁世凯的属下唐在礼回忆，唐绍仪在担任总理之后，"对南方表现了继续接近"③。这并不能视为唐完全站到南方一边，而是说明他继续把调和南北作为自己的一项基本政策。同时，南北议和的成功也使得唐绍仪相信南北是可以合作"建国"的。蔡元培后来曾对人说，唐绍仪在南京时非常乐观，"大言炎炎，不可一世，觉天下事皆可任宜玩弄"④。清帝下诏逊位后，孙中山按照约定，向南京临时参议院辞去临时大总统职务，并推荐袁世凯接任，又提出临时政府地点设于南京、新总统到南京就任后现任总统始行解职、新总统必须遵守临时约法三项条件⑤。随后，南方派出蔡元培等人组成专使团北上，迎袁南下就职。唐绍仪与专使团同行，2月26日抵达北京，"当夜即入袁总统府中，与袁密商一切"⑥。此时南北双方正就国都地点展开争执。北方主张统一临时政府设在北京，袁世凯在复孙中山的电报中称："舍北而南，则实有无穷窒碍。北方军民意见尚多纷歧，隐患实繁，皇族受外人愚弄，根株潜长，北京外交团向以凯离此为虑，屡经言及，奉、江两省时有动摇，外蒙各盟迭来警告，内讧外患，递引互牵。"⑦南方则针锋相对，力主都城设在南京。黄兴表示，"袁公虽与清廷脱离关系，尚与清帝共处一城。民国政府移就北京，有民军投降之嫌，军队必大鼓噪"⑧。这反映

---

① 《勖哉新共和之国民》，《申报》1912年2月21日，第1版。

② 《释民主国民之地位》，《申报》1912年2月25日，第1版。

③ 唐在礼：《辛亥以后的袁世凯》，杜春和、林斌生、丘权政编《北洋军阀史料选辑》上册，中国社会科学出版社，1981，第84页。

④ 《总理出亡后之政海潮》，《申报》1912年6月25日，第2版。

⑤ 陈锡祺主编《孙中山年谱长编》上册，中华书局，1991，第656页。

⑥ 《纪南京代表行抵北京之盛况》，《申报》1912年2月28日，第2版。

⑦ 《袁世凯覆孙总统电》，《申报》1912年2月21日，第3版。

⑧ 《复庄蕴宽李书城书》（1912年2月24日），湖南省社会科学院编《黄兴集》，中华书局，2011，第130页。

出南北虽在形式上已告统一，但彼此缺乏信任，猜忌甚深，正如当时报上所言，"北则务欲保其固有之雄威，南则不忍坐失已成之大局"。① 唐绍仪在同袁世凯会谈时，"颇有允认北京建都之意"，但请袁"先赴南京，后再颁行北京建都布告"。② 汤觉顿在向梁启超报告京津政情的信中，也透露说"唐极主袁南行"。③ 袁世凯向唐绍仪和迎袁专使团表示，愿赴南京就任。④ 不难看出，唐绍仪在定都和袁就职地点问题上，周旋于南北之间。《顺天时报》曾发表一篇评论，称唐绍仪"随同江宁专使相携来燕，即劝总统南行，则唐代表之还京，恰似代表南省奉江宁欢迎之专使也"，"呜呼！唐代表往时代表北省，来时代表南省，一人之身，贤劳如此，然其使命何在？古今行人未尝有如此之变幻不测者也"。⑤ 这些文字对唐虽不无揶揄之意，却形象地表明，此时的唐正积极扮演着南北间政治掮客的角色。

由于北京兵变的发生，袁世凯南下就职计划中辍。⑥ 经南北协商，南方同意袁世凯在北京就职，但国务总理及各国务员须在南京接收政府交代事宜。⑦ 3月8日，袁世凯致电孙中山，正式提名唐绍仪为内阁总理。电文称："国基初定，万国具瞻，必须华洋信服、阅历中外者，始足膺斯艰巨，唐君此其选也。"⑧ 次日，孙中山电复袁世凯，对唐绍仪任国务总理表示"极赞成"，并代咨送参议院。⑨ 3月11日，南京临时参议院开会投票表决，以17票对4票的多数通过。⑩ 袁世凯随即发布命令，任命唐绍仪为国务总理。⑪

在组阁过程中，最具实权的陆军总长一职成为南北争夺的焦点。袁世凯提名段祺瑞为陆军总长，遭到南京临时参议院反对，"拟俟袁总统改用黄兴为陆军总长，然后承认云"。此举得到了南方军界的大力支持，粤籍军人刘毅、朱先怿联

① 《去争篇（续）》，《申报》1912年2月26日，第1版。
② 《袁总统与唐使之会谈》，《顺天时报》1912年2月28日，第7版。
③ 丁文江、赵丰田编《梁启超年谱长编》，上海人民出版社，1983，第624页。
④ 《再纪代表抵京后情形》，《申报》1912年2月29日，第2版。
⑤ 《唐专使之为南北代表》，《顺天时报》1912年3月1日，第2版。
⑥ 有关此事详情，参见尚小明《论袁世凯策划民元"北京兵变"说之不能成立》，《史学集刊》2013年第1期。
⑦ 《致黎元洪及各省都督电》（1912年3月8日），中国社会科学院近代史研究所中华民国史研究室等编《孙中山全集》第2卷，中华书局，1982，第197~198页。
⑧ 《咨参议院请议决袁世凯拟派唐绍仪为国务总理文》（1912年3月9日），中国社会科学院近代史研究所中华民国史研究室等编《孙中山全集》第2卷，第198页。
⑨ 《复袁世凯电》（1912年3月9日），《孙中山全集》第2卷，第201页。
⑩ 李强选编《北洋时期国会会议记录汇编》第5册，国家图书馆出版社，2011，第129~130页。
⑪ 《新总统之新令》，《申报》1912年3月16日，第2版。

合各军致书参议院，不承认段祺瑞为陆军总长，要求改任黄兴。① 唐绍仪在此问题上，是赞同南方主张的。孙中山在写给章太炎的一封信中披露："清帝未宣布退位之前，季新、少川曾私约克仍掌陆军或参谋。"② 季新、少川和克〈强〉分别是汪精卫、唐绍仪、黄兴的字。这表明，唐绍仪在南北议和期间，就已考虑由黄兴出任未来的陆军总长。不过，唐的这种态度并不能简单地解释为他站在南方一边，反对北方。就当时南北两方军事实力对比而言，无疑是北强于南。③ 因此，由南方革命派人士掌管南北统一后中央政府的陆军部，是平衡南北的一种手段。由于北方军界和社会各界强烈反对，唐绍仪后来放弃了这个想法，同意由段祺瑞出任陆军总长，但作为交换，他又支持南京临时参议院的提议，以南方阵营人物担任北方三省都督，即"以柏文蔚为山东都督，王芝祥为直隶都督，某某为河南都督，力求照此发表"。④

经南北双方商议，敲定阁员名单如下：外交总长陆征祥、内务总长赵秉钧、财政总长熊希龄、陆军总长段祺瑞、海军总长刘冠雄、教育总长蔡元培、司法总长王宠惠、工商总长陈其美、农林总长宋教仁、交通总长梁如浩。⑤ 该名单由唐绍仪携往南京，交临时参议院审批。3 月 29 日，经议员们投票表决，除梁如浩外，其余均获通过。议员中有人建议由唐绍仪本人暂兼交通总长。⑥ 次日，袁世凯即据此发布大总统令，予以正式任命。⑦ 就在同一天，唐绍仪在南京临时政府为其举行的宴会上，由孙中山主盟，黄兴、蔡元培做介绍人，起立宣誓加入同盟会。唐入同盟会，是孙、袁之间早已商量好的。⑧ 由于袁世凯和唐绍仪均属北洋派，此举显然是为了在总统、总理两巨头间制造某种南北平衡。而唐于内阁成立后才履行入会手续，这旨在表明唐并非以同盟会员的身份组阁。显而易见，唐内阁是一个南北各派与各界人士的混合内阁。唐绍仪出身北洋派而加入同盟会，象

① 《新内阁人员之纷议》，《申报》1912 年 3 月 17 日，第 2 版。
② 《复章太炎函》（1912 年 2 月 22 日），《孙中山全集》第 2 卷，第 121 页。
③ 据熊希龄武昌起义后的观察，南方军队"兵非久练，其力仍不及北方"［《有虑时局致赵凤昌函》（1911 年 11 月 11 日），周秋光编《熊希龄集》第 2 册，湖南人民出版社，2008，第 404 页］。
④ 《袁总统以去就争自举都督》，《申报》1912 年 4 月 13 日，第 2 版。
⑤ 《专电》，《申报》1912 年 3 月 31 日，第 1 版。
⑥ 《记参议院表决国务员》，《申报》1912 年 4 月 1 日，第 2 版。
⑦ 《大总统命令》，《申报》1912 年 4 月 1 日，第 1 版。唐绍仪在兼任交通总长后不久，由其侄婿、曾在京汉和京奉铁路局任职的职业外交官施肇基出任交通总长（施肇基：《施肇基早年回忆录》，中华书局，2016，第 58 页）。
⑧ 高平叔：《蔡元培年谱长编》上册，人民教育出版社，1996，第 431、458 页。

征着他调和南北的政治方针。当时的舆论将此称为"含宏主义",即"融各党于一炉而冶之"。① 在这个意义上讲,唐的政治立场有一定的超然性。

唐绍仪为了平息南方对让出陆军总长一职的不满,还同意阁员及参议员北上时"随带军队一万人,以为护卫"。此举引起北方军人的集体抗议,冯国璋、段祺瑞、姜桂题等数十位北军将领联名通电,称"国务员北来,北方军界力任保护之责,若必携带重兵,则是有心猜忌,北方军人万难忍受"。② 在此之前,北京兵变发生时,南京临时政府就曾准备派兵北上。孙中山为此解释道,"今日之事,当以平乱为第一义"。③ 黄兴致电袁世凯,提议南军北调:"移南方业已编成之军填扎北省。在南方可节饷需,在北方得资保卫。"④ 对此,北京各团体公开通电反对:"勿劳大军北来,恐秩序甫定之时,人心复生惊疑。"⑤ 不难看出,南方一再借"平乱""保卫"等名目,企图将革命派势力伸展到北方。南京临时政府陆军次长蒋作宾透露,同盟会领导人曾商定,"南京、武汉、北京三点,须由吾党确实占据,民国始有保障"。⑥ 唐绍仪支持阁员带兵北上,是为了推行融合南北的政策,与革命派单纯想扩张武力于北方有所不同。然而,唐绍仪此一做法极易被北洋派视为助南祸北之举,其调和南北的隐衷得不到谅解。唐内阁成立后迟迟不能北上,稽延达半个月之久,此事亦系一因。袁世凯对此极为焦虑,在京集议办法,表示"国家危急已至如此,而国务诸公尚多猜疑,必欲拥兵北上,外则贻笑友邦,内则徒生意见",并发电催促阁员尽快动身,其他方面电报也有数百通。⑦ 在袁世凯和北方各界一再电催之下,唐绍仪及各国务员只得表示,"准期二十一日可以抵京,并不带兵随护"。⑧

二 袁世凯对唐内阁的维护

1912 年 4 月 19 日,唐绍仪抵达天津,次日到京,随行的只有教育总长蔡元

---

① 《新内阁之内幕》,《申报》1912 年 4 月 12 日,第 2 版。
② 《北方各界力阻南军》,《申报》1912 年 4 月 13 日,第 2 版。
③ 陈锡祺主编《孙中山年谱长编》上册,第 671 页。
④ 《致袁世凯等电》(1912 年 3 月 11 日),湖南省社会科学院编《黄兴集》,第 140 页。
⑤ 《北京各团体电阻南军北上》,《申报》1912 年 3 月 14 日,第 2 版。
⑥ 蒋作宾:《蒋作宾回忆录》,台北:传记文学出版社,1985,第 34 页。
⑦ 《盼望国务员到京之迫切》,《申报》1912 年 4 月 16 日,第 3 版。
⑧ 《专电》,《申报》1912 年 4 月 16 日,第 1 版。

培和农林总长宋教仁及部员数十人。① 此时，外交总长陆征祥尚在驻俄公使任上，其职务由胡惟德暂署。② 加上此前就一直在京的内务总长赵秉钧和陆军总长段祺瑞，共有 6 位阁员在京。唐内阁遂于 4 月 21 日上午 10 时在总统府召开第一次内阁会议，所议重要事项为：宣布国务院成立命令，各部组织办法，任用各部司官办法。③ 自此，唐内阁正式投入运作。阁员定于每周二、四、六在国务院开会，每周一、三、五、日在总统府开会，每日下午则各治本部事务。④

唐内阁移京办事后，总理唐绍仪首先遭到来自同派——北洋派的攻击和排挤。由于唐绍仪此前加入了同盟会，并赞同阁员带兵北上，京城"最有权力之某员"指责唐"专事献媚同盟会，行动离奇"，还在军界统一会等军人团体中煽动反唐情绪。⑤ 同时，唐绍仪支持南方阵营人士担任直隶、河南、山东三省都督，也引起该三省现任都督的不满。他们发电弹劾唐绍仪，称其"依势附利，借同盟会为奥援，植党营私，扼交通部为利薮，不顾大局，但徇私情，遇事依违，因循误国"。⑥ 受此影响，竟有传闻唐氏总理之位将不保，继任者为孙宝琦或梁士诒。⑦ 这类传言并不表示唐真的要倒台，而是说明唐已失去北方军界的信任，其地位开始动摇。

接下来，更严重的冲突发生在唐绍仪和内务总长赵秉钧之间。民国成立后，北京政府改变治边政策，以"五族共和"和"内政统一"为名，试图消除内地和边疆在政治上的差异，加强对边疆地区的控制和管理，即"视蒙藏回疆与内地各省平等，将来各该地方一切政治俱属内务行政范围"，为此，裁撤理藩部，其事务划归内务部管辖。⑧ 赵秉钧调用旧理藩部司员数十人到内务部新设的蒙藏事务处任职，而唐绍仪却想多用南方人员，少用旧人。赵秉钧因久掌民政，内务部熟人颇多，感到左右为难。内务部旧司员闻此消息，全体辞职，以保全面子，导致内务部工作陷入瘫痪状态。⑨ 唐绍仪在这个问题上，并非有意偏袒南方，而

① 许宝蘅：《许宝蘅日记》第 2 册，许恪儒整理，中华书局，2010，第 405 页。
② 《大总统命令》，《申报》1912 年 4 月 1 日，第 1 版。
③ 《国务院成立之手续》，《申报》1912 年 4 月 27 日，第 2 版。
④ 《专电》，《申报》1912 年 4 月 30 日，第 2 版。
⑤ 《京华短柬》，《申报》1912 年 4 月 20 日，第 3 版。
⑥ 《专电》，《申报》1912 年 4 月 22 日，第 1、2 版。
⑦ 《唐总理与各公使会晤情形》，《申报》1912 年 4 月 25 日，第 2 版。
⑧ 《大总统命令》，《申报》1912 年 4 月 24 日，第 1 版。
⑨ 《新旧京官现形记》，《申报》1912 年 4 月 30 日，第 3 版。

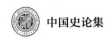

是秉持其一贯的融合南北政策行事。赵秉钧面对如此情形，遂向袁世凯提出辞职，受到袁的慰留。①

在 5 月 1 日举行的内阁会议上，袁世凯发言称："我国共和创造伊始，正同心协力、匡救时艰之日，岂可互生意见，致妨政治统一。"② 这话显然是针对唐、赵关系而发，意在调停。但袁的调停未能奏效，没过多久，赵秉钧又亲至总统府见袁，再次提出辞职，声称自己"于新政知识毫无所得，万勿以秉钧一人，遗误民国要政，情愿放归田里，作一民国公民"，袁仍极力慰留。③ 唐、赵冲突绝非孤立事件，它实际上是唐绍仪与整个北洋派关系的缩影。赵秉钧的态度，集中反映了北洋派对唐绍仪将南方势力引入北方的不满情绪。在唐、赵冲突中，袁世凯并非像过去的研究所认为的那样，支持赵秉钧同唐绍仪对抗，拆总理的台，④而是表现出一定的超然态度，对二人关系进行调解。袁之所以采取这种立场，是因为对身为大总统的袁来说，维持内阁的团结，符合他的利益。袁曾对人说，"总理易人，则国务院必须全体解散，方兹大局危迫，更张殊觉不妥，且将来新人物欲——得参议院之同意，于情势亦多窒碍"。⑤ 民国成立伊始，内外形势极为严峻：对内要遣散辛亥革命中产生的大量军队，消除地方上的军人跋扈现象，树立中央政府的统治权威；对外要同英、俄两国进行交涉，设法解决西藏、外蒙分离主义运动带来的严重边患。如果新内阁因阁员之间不能合作而走向解体，导致政府无法正常施政，就会影响内政外交的大局，从而连带影响总统的政治地位。

唐绍仪在失去同派的信任和支持后，又受到来自异党的猛烈攻击。中国的财政，自清末以来，就靠借外债以维持。经过辛亥年的战乱，军费激增，"光复未及百日，而军队满地，兵饷丘山"⑥，中央财政更是雪上加霜。据唐绍仪在南京临时参议院发表政见时所称，"今年岁出岁入比较，计短八千余万"。⑦ 面

---

① 《内务总长辞职不成》，《申报》1912 年 5 月 1 日，第 2 版。
② 《总统之调停忙》，《申报》1912 年 5 月 4 日，第 3 版。
③ 《内务总长又请辞职》，《申报》1912 年 5 月 16 日，第 3 版。
④ 如有学者认为"袁氏怂恿、支持赵秉钧、段祺瑞、熊希龄等人不配合唐绍仪的工作，架空内阁总理，且不断地对唐进行'摔打'，直至逼唐出走"（李吉奎：《论民元唐绍仪内阁》，《学术研究》2013 年第 2 期）。
⑤ 《京华零拾》，《申报》1912 年 5 月 25 日，第 3 版。
⑥ 《敬告今之就地练兵者》，《申报》1912 年 1 月 22 日，第 2 版。
⑦ 《记参议院表决国务员》，《申报》1912 年 4 月 1 日，第 2 版。

对此种困难情形，除了举借外债，别无救急之策。由于与银行团的谈判进展缓慢，唐绍仪不待新内阁成立，便于 3 月 16 日同华比银行单独签订借款 100 万英镑合同，以应急需。此举招致银行团的抗议，因前清度支部的主管官员早已承诺，在未来大宗政治借款上将优先考虑银行团。① 5 月初，六国公使提出借款条件：除退还续借比款外，还需监督借款用途。② 据说，此项要求肇因于唐绍仪此前赴南方"共用银五百万，并无簿记可凭"，失去外交信用，故银行团"以中国财政前途如此危险，坚持非监督财政，决不滥予巨款"。③ 唐绍仪拒绝了监督借款用途的要求，并表示，如果借款不成，将向国内绅富劝募公债。④ 借款谈判陷入僵局。5 月 5 日，唐主持召开内阁会议，"拟办公债，暂时发行不换纸币，以济眉急"。⑤ 随后，唐通告银行团，借款交涉一事由新到京的财政总长熊希龄接办。⑥

唐绍仪同银行团之间的冲突，给参议院攻击政府提供了一个绝好的机会。一些参议员以"借款滥用"为由，对唐绍仪进行声讨。⑦ 5 月 6 日，袁世凯在同新当选的参议院正、副议长吴景濂和汤化龙谈话时说："唐总理拟行勒捐及不换纸币，仆不谓然，苟行其说，全国骚然，危亡立见。"接着又委婉地为唐绍仪辩护道，"其实唐总理人极明达，前言亦一时愤激之谈，未必有实行之意"。对此，吴、汤二人表示，"唐总理于外交界夙有声誉，此次似于外交上颇露失败之象，至于勒捐及发行不换纸币，极其弊害，诚如大总统之论"。⑧ 可见，袁世凯在设法缓和参议院对唐绍仪的不满情绪。

熊希龄在接手大借款谈判后，形势有所改善，银行团方面的条件也有松动。根据熊的建议，银行团同意不再派员监督财政，改设借款管理员，"中外各派一员，会同监理用途"。⑨ 5 月 15 日，议妥第一批借款 1000 万英镑，后批借款约

---

① 颜惠庆：《颜惠庆自传：一位民国元老的历史记忆》，吴建雍、李宝臣、叶凤美译，商务印书馆，2002，第 105 页。
② 《大借款要求纪详》，《申报》1912 年 5 月 3 日，第 2 版。
③ 《五日前之借款消息》，《申报》1912 年 5 月 10 日，第 2 版。
④ 《专电》，《申报》1912 年 5 月 5 日，第 1 版。
⑤ 《专电》，《申报》1912 年 5 月 6 日，第 1 版。
⑥ 《大借款最近之消息》，《申报》1912 年 5 月 8 日，第 2 版。
⑦ 《专电》，《申报》1912 年 5 月 12 日，第 1 版。
⑧ 《参议院正副议长访谒大总统情形》，《申报》1912 年 5 月 14 日，第 2 版。
⑨ 《专电》，《申报》1912 年 5 月 16 日，第 1 版。

4000万英镑，允即交银300万两，"监理借款用途一节，依照前议，由华洋人员合办"。① 熊希龄于如此短的时间内，在借款交涉上取得进展，并达成协议，外交团盛赞其"为新政府大有希望之人物"②，这反过来印证唐绍仪确已失去外人的信任。

5月20日，参议院召开秘密会议，内阁总理及各部总长均到场。唐绍仪在会上受到众多议员的诘责，其中张伯烈"大声疾呼、诘问最力"，唐本人则"理曲词穷，无可答复"。财政总长熊希龄不忍坐视，甘冒越俎代庖之嫌，要求发言，为唐辩护。参议员李国珍"登台演说，侃侃而谈"，指责唐绍仪"实陷吾国外交上之地位于一败涂地，非徒唐总理一身之辱，实致吾民国将为埃及之恶因"。③ 在参议院的这番经历，对唐绍仪刺激极大。唐事后对人讲，"吾生平未经如此之蹭蹬，再到参议院者，必非人类"。④ 面对行政首脑同立法机构之间关系恶化，袁世凯致函各政党："参议院及外间人士对于唐总理为种种之论议，意欲参劾之。然今方国事多难，唐总理若辞职，内阁必将瓦解，大局立即糜烂，民国前途可危。予亦不堪重任，应即辞职。"⑤ 与过去扮演和事佬的角色相比，这一次袁世凯直接表明力挺唐绍仪的态度，甚至不惜以辞职相威胁，这也更加清楚地显示出总统与总理利害与共。

参议院中借外交问题攻唐的，多为共和党籍议员，张伯烈、李国珍均系共和党人。共和党是以原立宪派人士为中心组成的政党。立宪派因对清廷统治失望而成为革命派反清斗争的同路人，但双方的宗旨分歧并未因此消融。立宪派人物多出自士绅阶层，他们热爱秩序，害怕暴力蔓延，对政治激进主义怀有本能的恐惧，故在思想上更接近北洋派而不是革命派。早在武昌起义前，江浙立宪派领袖张謇就已转向拥袁。⑥ 南京临时政府成立后，张謇、汤寿潜等人虽被任命为内阁总长，但对政事表现消极，"仅一度就职，参列各部会议，即离宁住居上海租

---

① 《大借款成立确耗》，《申报》1912年5月17日，第2版。

② 《专电》，《申报》1912年5月18日，第1版。

③ 《共和党参议员李国珍质问唐绍仪发言词》（1912年5月20日），朱宗震、杨光辉编《民初政争与二次革命》上编，上海人民出版社，1983，第23~24页。

④ 《北京之八面观》，《申报》1912年6月17日，第3版。

⑤ 《致各政党函》（1912年5月29日刊载），骆宝善、刘路生主编《袁世凯全集》第20卷，河南大学出版社，2013，第71页。

⑥ 张朋园：《立宪派与辛亥革命》，吉林出版集团有限责任公司，2007，第176页。

界"。① 立宪派之所以如此，是因为在政治上另有他图。清帝退位后，尚在海外的梁启超致书袁世凯，替袁出谋划策，建议他"利用健全之大党，使为公正之党争，彼自归于劣败"，这里的"彼"指革命派，而"健全之大党，则必求之旧立宪党，与旧革命党中之有政治思想者"。② 立宪派对革命派的态度可见一斑。南京临时参议院主要由独立各省都督委派代表组成，基本上掌握在革命派手中。这种情况引起了原立宪派控制的各省议会的不满，在他们的压力下，临时参议院进行了改选和补选，后迁往北京。在北京临时参议院中，形成了同盟会、共和党和统一共和党三足鼎立之势，"共和党与同盟会相对待，而统一共和党则出入于二党之间，自成为第三党"。③ 改选后的参议院，原立宪派势力大增，开始挑战既有的权力格局。共和党先是与统一共和党联手，将同盟会籍的议长林森赶下台，由两党瓜分正、副议长席位，后又以借款失败为由，攻击唐绍仪。由于唐绍仪是同盟会籍，攻唐意在攻击同盟会。

同盟会方面亦不甘示弱。5 月 24 日，黄兴借外交问题发难，通电指责熊希龄与银行团签订的垫款合同"损失国权处极多"，且"违法专断，先行签约，悍然不顾"。④ 次日，熊希龄特复黄兴一电，为自己辩解："此种借款条件，实非龄所情愿，实逼处此，无可奈何！""至于事实原委，则国务员全体赞成，参议院亦先商及。"⑤ 平心而论，在借款条件方面，熊希龄已经尽力，而且确实也有所进步。黄兴攻击熊希龄，并非对熊个人有何意见，两人本是同乡，又系至交；民国财政极端困难，舍借款外另无他方，黄兴又岂能不知？就在此前不久，黄兴还曾有一电给熊希龄，"已悉借款为难情形。公艰苦卓绝，不辞劳怨，稍知大局者皆当曲谅，何恶名之有？"⑥ 前后不过一周时间，黄兴对熊希龄的态度就有了天壤之别，可见这完全是党派斗争的需要。熊是共和党员，黄所以攻熊，是为了打击共和党。然而，攻熊的借口是借款失败、丧权辱国，在这个问题上，却同样无法为唐绍仪辩护。因此，以黄兴为代表的同盟会方面只能消极地攻击敌党，无法积极地力挺唐绍仪。唐从同盟会方面获得的支持十分有限。

---

① 高平叔：《蔡元培年谱长编》上册，第 395～396 页。

② 丁文江、赵丰田编《梁启超年谱长编》，第 617 页。

③ 《参议院与政党》，《申报》1912 年 5 月 18 日，第 2 版。

④ 《致各省都督议会等电》（1912 年 5 月 24 日），湖南省社会科学院编《黄兴集》，第 197 页。

⑤ 《解释借款事复黄兴电》（1912 年 5 月 25 日），周秋光编《熊希龄集》第 2 册，第 646 页。

⑥ 《复熊希龄电》（1912 年 5 月 17 日），湖南省社会科学院编《黄兴集》，第 187 页。

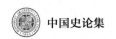

三　袁、唐决裂与内阁瓦解

　　北洋派的排挤，参议院的攻击，外交团的不信任，以及同盟会不能提供有力的支持，所有这些都严重地动摇着唐绍仪的总理地位，削弱了唐内阁的政治基础。以致外间传说纷纭，"内阁有朝不保暮之势"。① 恰逢此时，外交总长陆征祥从欧洲归国，"到津数日，尚未来京"。② 陆的这种态度，表明他对现任内阁没有信心，意存观望，这从一个侧面反映了唐内阁已岌岌可危。不过，上述这些因素还不足以使唐绍仪去职，因为他还拥有总统袁世凯的支持。无论是对于唐和北洋派的龃龉，还是唐与参议院的冲突，袁都从中调解，设法平息。当唐露出辞职意向时，袁还竭力慰留，劝唐"勿争意气""既处其地位，即不能不负其责任"。③ 这说明袁一直是想维持唐内阁的。然而，在直隶都督的任用问题上，袁、唐之间却产生了不可调和的矛盾。

　　早在3月15日，袁世凯就发布命令，将北方各省督抚一律改称都督，以示同南方一致。④ 并于同日任命张锡銮署直隶都督。⑤ 3月20日，孙中山致电袁世凯，转达南京临时参议院议员吴景濂、谷钟秀、彭占元、李肇、刘星南等人的意见，要求"都督必须由本省人民公举"，直隶谘议局已"公举"驻宁第三军军长、广西副都督王芝祥为直隶都督，请袁下令委任。⑥ 王芝祥是直隶通州人，清末在广西为官，辛亥革命时倒向革命阵营，出任广西副都督，属于革命派中的温和派。举王为直督，是南京临时参议院一些议员，由直隶籍参议员谷钟秀居中牵线，联络直隶谘议局所为。很显然，南方企图以"公举"都督的名义，剥夺袁世凯对北方各省都督的任命权，其目的是要将南方势力嵌入北方各省，首先是要伸进北京政府统治的核心地带——直隶地区。唐绍仪从维持南北实力均衡出发，赞同王芝祥督直的提议。他致电袁世凯，称："准参议院咨文及各处函电，皆谓

①　《京华零拾》，《申报》1912年5月25日，第3版。

②　《专电》，《申报》1912年5月27日，第2版。

③　《唐总理、熊总长之辞职》，《申报》1912年5月29日，第2版。

④　《东三省总督等河南巡抚等改为都督令》（1912年3月15日），骆宝善、刘路生主编《袁世凯全集》第19卷，第637页。

⑤　《委任张锡銮职务令》（1912年3月15日），骆宝善、刘路生主编《袁世凯全集》第19卷，第638页。

⑥　《致袁世凯电》（1912年3月20日），《孙中山全集》第2卷，第266页。

本省都督应先由人民公举，再由大总统委任。王芝祥既经直人举为都督，应请速予发表。"① 对此，袁世凯复电表示"万难承认"，还激动地说："兄老矣，生死不足计。倘使大局从此糜烂，谁执其咎。"② 这番话当然反映了袁的真实想法，不过，这只是袁私下对唐的表态；在公开场合，袁既未正式表示反对，也未发布王芝祥督直的命令，等于将此事搁置了下来。

4月19日，谷钟秀、王法勤、王观铭等直隶名流致电袁世凯，催促他迅速发表王芝祥督直命令："直隶都督事，据顺直谘议局议长阎凤阁称，已蒙面允委任王君芝祥……惟至今委任状未下，不知是何用意，岂大总统面允后忽有二三宵小荧惑，又欲中变耶?"③ 此电口气异常强硬，几乎是在质问袁。该电提到，袁曾向直隶谘议局议长阎凤阁"面允"过委任王芝祥。鉴于这是谷钟秀等人的一面之词，袁是否真的"面允"过此事，不得而知。但可以肯定的是，袁至少在这个问题上对阎凤阁表现出模棱两可的态度，致使阎误认为袁已"面允"，或者阎故意夸大其词，对外声称袁已"面允"。④ 不论是哪种情况，都反映了袁想用政治手段解决问题，避免就此事同南方及直隶地方派摊牌和决裂。

5月5日，唐绍仪就委任直督一事致电黄兴，称袁世凯对王芝祥"极意倚重"，之所以迟迟未予任命，是因为担心过早宣布会导致"旧任急于求去，地方无人镇慑，人心易致动摇"，并信誓旦旦地保证"铁老（王芝祥字铁珊——引者注）一到京，即行发表，望催促北来"。⑤ 以袁世凯在此事上的一贯态度来看，他不可能答应唐绍仪委任王芝祥为直督。据时任总统府和国务院英文秘书顾维钧回忆，大约在4月底5月初，袁、唐二人曾当着他的面谈论过委派直隶都督的

---

① 《国务总理唐绍仪来电》（1912年4月5日），骆宝善、刘路生主编《袁世凯全集》第19卷，第699页。

② 《致国务总理唐绍仪电》（1912年4月6日），骆宝善、刘路生主编《袁世凯全集》第19卷，第699页。

③ 《直人电催委任王芝祥为直隶都督》，《申报》1912年4月27日，第6版。

④ 6月20日，袁世凯曾对人谈及此事："当三月间，直隶谘议局议长阎凤阁来谒，曾以此为请。余当即告以都督专掌兵权，南方各都督亦多由军队拥戴，并非人民选举，直省先由人民选举，深恐军队或有猜嫌。至王芝祥君，不妨请其北来，此间徐与军队接洽之后，再行设法。"（《大总统直掬肺腑以相示矣》，《申报》1912年6月28日，第3版）根据袁的这段自述，其对阎凤阁的表态可谓相当圆滑，既流露了反对都督民选之意，又说可以让王芝祥来京，设法任命，但始终没有做出任何承诺。

⑤ 《唐绍仪为商任王芝祥为都督致黄兴电稿》（1912年5月5日），中国第二历史档案馆编《中华民国史档案资料汇编》第2辑，江苏人民出版社，1981，第151页。

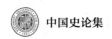

事，但"讨论显然没有取得结论"。① 因此，唐绍仪很可能是向黄兴佯称袁已承诺委任王，以使王早日来京，然后再设法迫袁任命。

至此可以看出，围绕直隶都督的选任问题，总统袁世凯、总理唐绍仪、南方革命势力、直隶地方势力四方之间，展开了激烈的角逐，形成了错综复杂的关系。直督问题的实质是：南方想将自己的势力扩展到直隶；直隶谘议局则想要扩大自身的政治权力和政治影响力；袁世凯想要确保其对直隶的控制权；而唐绍仪则想调和南北以维持政治平衡。在这里，直隶谘议局的态度最为微妙。这个以直隶当地立宪派人士为主体的机构，在政治上是拥袁的。袁在前清任直隶总督时，率先在直隶试办地方自治，赢得了立宪派的好感。清帝退位后，直隶谘议局曾通电拥戴袁世凯为大总统："共和诏下，中国再造，我公声色不惊，能措天下于泰山之安，丰功伟烈，方之中外，无有伦比。"② 但直隶谘议局在拥袁的同时，又想扩大自治权，不欲完全受制于袁，这在直督问题上表现得淋漓尽致。王芝祥虽曾附和革命，毕竟出身前清官僚，是直隶士绅可以接受的人物。不论是直隶谘议局还是南京参议院，都需要通过王芝祥督直，才能达到目的。而王芝祥督直这件事，则唯有假手唐绍仪去推动袁世凯，才能实现。这样一来，矛盾的焦点便集中到袁、唐两人的关系上了。

唐绍仪之所以极力促成王芝祥督直，乃是其一贯的调和南北政策使然。本来，调和南北也是为袁世凯所赞同的。1912 年 2 月 13 日，清帝刚一退位，袁世凯的亲信梁士诒就致电梁启超："项城急于融洽党派，曾电季直疏通，且亟申延揽兄，季深韪之。"③ 所谓"融洽党派"，其实就是调和南北的另一种说法。该电透露，袁世凯为了调和南北，曾经请立宪派首领张謇出力，还想笼络梁启超，张謇对此深以为然。但是，对袁世凯来说，相较于调和南北，更重要的是统一全国。反过来讲，唐绍仪也并非不赞成统一全国的政策。5 月 13 日，唐在参议院宣布政见时说："军民分治，黎副总统倡议于前，大总统赞成于后，绍仪等按之东西各国，皆持此法以为治，行之久远，因进于强盛之域，我民国自当引为导师。绍仪等拟本军民分治之意，期渐举行政统一之实，因时因势因地，施合宜之地方制度。"④ 唐绍仪在这里强调了要通过"军民分治"来实现"行政统一"。

---

① 顾维钧：《顾维钧回忆录》第 1 分册，中国社会科学院近代史研究所译，中华书局，2013，第 78 页。
② 《各省推戴袁总统电文》，《申报》1912 年 2 月 26 日，第 3 版。
③ 丁文江、赵丰田编《梁启超年谱长编》，第 614 页。
④ 《内外时报·各国务员之政见》，《东方杂志》第 9 卷第 1 号，1912 年 7 月。

不过，与袁世凯不同的是，唐绍仪把调和南北看得更重。调和南北与统一全国之间，也存在某种一致性：南北要是不和，势必会影响到国家的统一。但这二者并非在任何时候、任何情况下都是一致的：为了调和南北，可能会牺牲中央对地方的控制权。这一点恰好在直督选任问题上集中地体现了出来。

就当时的形势而言，中国远远没有达到统一。美国驻华公使嘉乐恒注意到，北京政府"名义上控制着 20 个省份，这些省份由都督们统治，他们对中央政府的服从程度是大有疑问的"。① 事实上，当时的国家权力处于碎片化状态。民初中国面临严重的内忧外患，为此，需要建立强有力的中央政府，首先是要建立北京政府对全国的有效统治。袁世凯之所以想要确保对直隶省的控制，正是从统一全国的政治高度出发，并非单从直隶一省着眼。此时，北方其他省份也出现了和直隶类似的情况，"袁总统所委任北省各都督，已到任者既为绅民所反对，未到任者又为绅民不承认，均欲自举都督，请总统另加委任"。② 在这种情况下，袁如果在直督问题上松口，就会失去对整个北方的控制。反过来讲，只有确保对直隶省的控制权，才能确保对其他北方各省的控制权，进而才能够建立起中央对地方的全面控制。直督问题因而具有了全局意义。

武昌起义发生后，南方各省大都经历了程度不同的"革命"行动，推翻了清王朝委任的督抚，由各省谘议局或地方团体推举出新的军政府都督。北方各省则与此不同，受到革命的冲击较小，是以"和议"方式被纳入共和轨道的，因此，北方各省都督是由前清督抚更名而来，在产生方式上则一仍其旧，由中央政府任命。袁世凯正是据此任命了数位北方省份的都督。除直隶外，尚有甘肃、山西、河南、山东等省。袁在答复国民共进会的信函中表示，都督一职本属临时性质，"今南之听其地方公举，与北之仍由中央委任，皆为维持现状，不欲以纷更而生枝节。各守旧规，以待新制，未尝有成见于其间"，况都督为军职，"世界通例，未有以军官而从民选者。今之都督既非民政长官，若听由民选，军人能否服从？"③ 委婉地表达了不赞成都督民选的意思。袁还断然否决

---

① 嘉乐恒：《美国公使致国务卿电（1912 年 5 月 7 日）》（Calhoun, "The American Minister to the Secretary of State, May 7, 1912"），《美国对外关系文件集（1912 年）》（*Papers Relating to the Foreign Relations of the United States, 1912*），华盛顿：政府出版局，1919，第 78 页。

② 《公举都督问题续志》，《申报》1912 年 4 月 3 日，第 2 版。

③ 《复国民共进会函》（1912 年 3 月 25 日），骆宝善、刘路生主编《袁世凯全集》第 19 卷，第 666 页。

了河南一些当地人士推举他的六弟袁世彤为河南都督的提议，并严斥之为"少数人民自称代表，擅举都督"。① 作为李鸿章死后中国最大的洋务派，袁世凯始终追求富国强兵，而要达此目的，必须建立强大有力的中央政府。因此，袁在政治体制的选择上是倾向集权的。但是他也认识到要实现富国强兵，某种程度和形式的宪政也为中国所必需。还在清帝退位前，时任清廷内阁总理大臣的袁世凯在接受英国《泰晤士报》驻京记者采访时就表示，"欲竭其全力，建设一文明强健之中央政府，以救正各省分裂之祸"。② 这里的"文明"可以理解为在政治上学习西方，而"强健"即指中央集权，反映了他融宪政主义与集权主义于一体的统治思路。但总的说来，在袁心中，集权主义是第一位的，宪政主义是第二位的。

5 月底，王芝祥抵达北京。③ 因有唐绍仪承诺在先，王氏此来，是准备接受直隶都督一职的。然而，此事立即遭到直隶各军公开通电反对。袁世凯令国务院严电申斥军人干政，称"该镇等所陈王芝祥不宜督直之理由，殊越军人之分际。本大总统迭经通令，不许军人干涉政治"等。但与此同时，袁又对直隶地方舆论采取压制措施。王芝祥来京后，天津各团体和保定绅商学界加紧了拥戴王为直督的活动，袁世凯通令声明"都督统辖文武，责任重大，任免之权，理宜操自中央"，不能"听本省人民随意迎拒"，要求直隶地方当局"剀切劝导，俾喻此意"。④ 在答复部分参议员质询时，袁世凯更援引临时约法支持自己的观点："大总统除国务员须参议院同意外，有任命文武官吏之权……则都督自应由大总统任命，无论何人不得干预。"⑤ 不难看出，在直督问题上，直隶士绅所争，为自治权，袁世凯所争，为统治权。此电实际上等于袁世凯公开表态拒绝委任王芝祥为直隶都督。同时，开始传出袁"拟令王芝祥为督办整理南京军队事务"的消息。⑥ 鉴于袁世凯的态度骤然变得强硬，唐绍仪试图退让，提出用吉林都督交

① 《大总统批王赓彤等呈请委任袁世彤为河南都督文》（1912 年 5 月 14 日），《政府公报》第 16 号，1912 年 5 月 16 日。

② 《西访员述袁世凯之君主谈》，《申报》1912 年 2 月 2 日，第 3 版。

③ 《专电》，《申报》1912 年 5 月 30 日，第 2 版。

④ 《国务院致张锡銮不准各界迎拒都督电（二件）》（1912 年 6 月 2 日），朱宗震、杨光辉编《民初政争与二次革命》上编，第 33～34 页。

⑤ 《答参议院议员质问不任命王芝祥为直隶都督事》（1912 年 6 月 12 日），骆宝善、刘路生主编《袁世凯全集》第 20 卷，第 100 页。

⑥ 《专电》，《申报》1912 年 6 月 3 日，第 1 版。

换直隶都督的变通办法，派王芝祥去东北担任吉督。[①] 但袁依旧不肯赞成。袁的这种态度恰好说明他考虑的并非一省一地之利害关系，而是中央政府对地方长官的任命权。财政总长熊希龄见袁、唐关系行将决裂，企图进行调解，在 6 月 14 日的内阁会议上建议，让王芝祥入阁担任交通总长。[②] 熊的方案与唐不同，是用中央官交换地方官，但唐"坚执不肯通融"。[③] 唐之所以不同意熊的方案，是因为内阁中已有数名革命派阁员，让王入阁，起不到平衡南北的作用。袁世凯也和唐绍仪一样固执己见，坚持要让王芝祥返回南方去任职。由于唐绍仪拒绝在委派王芝祥为"督办南京军队整理事宜"的命令上副署，该命令没有正式公布，[④] 我们只能从王氏离京的时间去推断袁世凯下令的时间。6 月 20 日，袁世凯与人谈及王芝祥"原定十四日起程，后予留其多延一日，及十五日，余饬人前往接洽事件，则王君已出京矣"。[⑤] 由此可知，派遣王南下的命令不迟于 6 月 14 日下达。次日清晨，唐绍仪即不辞而别，离开北京，乘火车前往天津。[⑥]

唐绍仪弃职后，袁世凯立刻派总统府秘书长梁士诒赶赴天津，劝唐回京。[⑦] 但唐"不允返京"。[⑧] 袁之所以派梁前去，是因为梁、唐二人不仅系广东同乡，而且梁也是通过唐的介绍，才加入北洋集团的。可以说，两人论公谊私交，关系都非比寻常。因此，唐绍仪对前来劝驾的梁士诒讲了一通肺腑之言："我与项城交谊，君所深知。但观察今日国家大势，统一中国，非项城莫办；而欲治理中国，非项城诚心与国民党合作不可。然三月以来，审机度势，恐将来终于事与愿违，故不如及早为计也。国家大事，我又何能以私交徇公义哉！"[⑨] 这番话点明

---

① 《专电》，《申报》1912 年 6 月 11 日，第 1 版。

② 《专电》，《申报》1912 年 6 月 18 日，第 1 版。

③ 《致赵凤昌暨各报馆各省都督电》（1912 年 6 月 22 日），章伯锋、李宗一主编《北洋军阀（1912~1928）》第 2 卷，武汉出版社，1990，第 52 页。

④ 严泉：《民国初年王芝祥"督直改委"事件考》，《民国档案》2013 年第 2 期。该文认为正是由于唐绍仪没有副署该命令，致使该命令无法正式公布，这表明《临时约法》在当时还是起了一定的约束作用。

⑤ 《大总统直掬肺腑以相示矣》，《申报》1912 年 6 月 28 日，第 3 版。

⑥ 《特约路透电》，《申报》1912 年 6 月 16 日，第 2 版。

⑦ 《特约路透电》，《申报》1912 年 6 月 18 日，第 2 版。

⑧ 《专电》，《申报》1912 年 6 月 19 日，第 1 版。

⑨ 凤冈及门弟子编《三水梁燕孙先生年谱》上册，《近代中国史料丛刊》第 75 辑第 743 册，台北：文海出版社，1966，第 122 页。

了唐绍仪调和南北与袁世凯统一全国的政策冲突，也道出了唐突然弃职的真实原因，即他希望袁"诚心与国民党合作"，然而却"事与愿违"，实际上就是指调和南北政策的破产。唐在直督问题上未能贯彻自己的意志，意味着这项政策遭到挫败，他作为内阁总理的政治生命也就结束了。

唐绍仪离京之后，同盟会本部发表声明，称赞"唐之此举，不徒拥护共和、尊重信义、服从党见之点"，其"态度之严正果决，方之东西大政治家实无愧色"。① 但除同盟会外，其他方面多无好评。共和党通电指斥唐"蔑视职守，自无回任之理"。② 外交团在获悉此事后，"无何等之骇怪，其神情甚为淡漠"。③ 某英国要人与袁世凯晤面时，更直截了当指出："中华民国成立伊始，第一次总理如此不负责任，大失外交界之信用，唐氏不去，信用不易恢复。"④ 鉴于共和党是同盟会的敌党，而唐又早已失去外人信任，他们采取这种态度是不足为怪的。不过，由于唐绍仪是以一种非正常方式离职的，这就给舆论的攻击留下了把柄。唐离京的头一天晚上，内阁会议结束后，国务院附近忽然响起枪声，绵延至午夜，国务院内也有卫兵在酒醉后误放枪。次日一大早，唐即匆匆赶往天津。事后查明，国务院附近枪声系麦田守护者鸣枪驱贼。⑤ 坊间因而盛传唐绍仪弃职原因是为枪声所惊吓，惧怕遭到谋杀。故唐氏此举，在当时恶评如潮，被视为潜逃行为。《泰晤士报》驻京记者莫理循称唐"正在受精神崩溃的折磨"，患上了"迫害妄想症"。⑥ 国内报纸也对唐极尽嘲讽之能事："唐总理之潜逃，乃诚前无古人，后无来者矣。"⑦ 甚至还有消息说，唐在六国饭店勾搭上一西妇，系德国某医生之遗孀，"近有外人知其事者，将与唐寻衅，唐大惧乃逃"。⑧ 真是令人啼笑皆非。此时还远未形成后来那种"扬唐

① 《中国同盟会本部通告各支部唐绍仪出京原因电》，章伯锋、李宗一主编《北洋军阀（1912～1928）》第2卷，第39页。
② 《共和党为唐绍仪离职致各省都督电》（1912年6月20日），章伯锋、李宗一主编《北洋军阀（1912～1928）》第2卷，第47页。
③ 《总理出亡后之政海潮》，《申报》1912年6月25日，第3版。
④ 《总理出京之政海潮》，《申报》1912年6月30日，第3版。
⑤ 《咄咄民国竟有出亡之总理》，《申报》1912年6月22日，第2版。
⑥ 《致达·狄·布拉姆函》（1912年6月22日），骆惠敏编《清末民初政情内幕——〈泰晤士报〉驻北京记者、袁世凯政治顾问乔·厄·莫理循书信集》上卷，刘桂梁等译，知识出版社，1986，第968页。
⑦ 《如火如荼之北京政界》，《申报》1912年6月26日，第2版。
⑧ 《唐少川有桑中之喜》，《申报》1912年6月27日，第2版。

· 582 ·

抑袁"的话语。潜逃者形象的形成，与枪声事件的发生和唐氏离京的方式有直接关系。其实，与其说国务院的枪声导致了唐的出走，还不如说给了唐一个脱身的机会。

袁世凯在得知唐绍仪去意已决后，于 6 月 17 日发布命令，以唐绍仪请病假名义，"着给假五日"，由外交总长陆征祥暂代国务总理职务。① 病假之说，是为了缓冲唐弃职在政治上带来的冲击。随后，同盟会籍阁员蔡元培、王宠惠、宋教仁、王正廷②四人商定，在唐绍仪假满辞职之日，即联袂辞职出阁。对此，袁世凯竭力予以挽留，由梁士诒居间奔走，做说服工作。而后又通过刘冠雄、陆征祥、章太炎、赵秉钧等人代为劝说，但四总长仍不肯留任。③ 可见，袁虽然准了唐的辞职，却仍想把同盟会阁员留在新内阁中。由于直督问题已表明了调和南北政策的失败，故而袁氏此举，就仅仅是为了笼络南方以支撑门面，维持南北合作的表象罢了。革命派曾企图借唐绍仪的调和南北政策，扩张势力于北方，然而却在直督问题上受阻。同盟会内部在经过一番争论后，决定"以政党内阁为号召，在选举时争胜"。④ 意即采取以退为进的策略，暂时不过问北京政治，专心于党的组织建设，通过不久之后的正式国会选举，来问鼎中央政权。这便是同盟会籍阁员在唐绍仪解职之后，坚决要退出内阁的原因。7 月 14 日，袁世凯"令准"四人辞去总长之职，并于两日后宣布"所有各该部部务，着各该部次长暂行代理"。⑤ 唐内阁至此瓦解。

结　语

唐绍仪内阁作为民国第一届内阁，其政治生命如昙花一现，甚为短暂，总共存在时间不超过 4 个月，实际运作时间更短，从 1912 年 4 月 21 日召开第一次内阁会议，到 6 月 15 日唐绍仪弃职而去，共计不到两个月。南北统一后的民国首届内阁在如此短的时间内走向瓦解，给民国历史罩上了一层挥之不去的

① 《命令》，《申报》1912 年 6 月 21 日，第 2 版。
② 由于工商总长陈其美未北上就职，袁世凯下令由王正廷署理工商总长［《临时大总统令》(1912 年 5 月 7 日)，《政府公报》第 8 号，1912 年 5 月 8 日］。
③ 高平叔：《蔡元培年谱长编》上册，第 459、465 页。
④ 张国淦：《孙中山与袁世凯的斗争》，中国科学院历史研究所第三所编《近代史资料》总 7 号，科学出版社，1955，第 144 页。
⑤ 高平叔：《蔡元培年谱长编》上册，第 470 页。

阴影。

　　唐内阁是南北议和的产物，而南北议和在当时被看作政治成功的典范，唐绍仪本人也踌躇满志，以调和南北自任。然而从一开始，唐内阁的运行就步履维艰。南北通过和谈方式完成统一、实现共和，并不代表南北间的政治对立和分歧已经消除。南北对立不是地域意义上的对立，而是北洋派与革命派两种异质政治力量的对立。就历史渊源而言，北洋派是从前清体制中分化出来的，这个政治集团一方面同中国的现代化事业有着非常密切的关系，甚至可以说是清末民初中国现代化进程的中坚；另一方面它同旧的制度、思想和习惯又有着千丝万缕的联系，因而又具有保守性，是保守的改革主义者。革命派则起源于海外华人社会，以青年知识分子和会党势力为中心，以推翻清廷统治为职志，具有明显的反体制取向，激进主义色彩浓厚。因此，二者之间缺乏最起码的信任感和亲和性，难以凝聚政治共识，实现有效的合作。立宪派则介乎其中，兼具体制内和反体制两种特点，既有政治改革的诉求，又有对政治秩序的渴望，很自然地与北洋派相结合，共同排斥革命派。在这样的政治格局当中，唐绍仪调和南北的政策既受到北洋派的敌视，也得不到立宪派的支持。唐绍仪与赵秉钧的不和，以及同参议院的冲突，均是其具体表现。

　　对唐内阁的致命打击来自袁世凯和唐绍仪之间的冲突。袁、唐二人在王芝祥督直问题上发生了正面碰撞，并无法妥协。袁、唐之争，究其实质，并非破坏约法与维护约法之争，而是统一全国与调和南北之争。唐绍仪出身北洋派，是袁世凯多年的亲信和好友，他能够超越狭隘的北洋利益，把调和南北作为自己的基本政策，与他辛亥南北议和这段经历是分不开的。袁世凯是北洋派的领袖，同时也是民国的总统，因此他在考虑和处理问题的时候，亦有从全国大局出发，超越北洋派系利益的一面。当唐绍仪同赵秉钧发生冲突并受到参议院攻击时，袁设法从中调解，维持唐内阁，正有力地说明了这一点。这样，唐与袁在政治上就具有了某种一致性，即都有超越党派利益的超然性。不过，唐之注意力专在融合南北，热衷于在南北之间搞平衡，袁则高屋建瓴，着眼于建立中央政府对全国的统治，两者之间难免发生矛盾。表现在直督问题上，即袁要确保他对地方长官的任免权，而唐则要兑现他对南方的承诺，维持南北均势。唐之所以决然去职，根本原因不在于维护约法上的副署权，而是调和南北政策破产，导致其政治资本丧失殆尽，不得不一走了之。在这种情况下，唐若选择继续留在总理任上，只能成为袁推行统一政策的工具，即不啻沦为总统的政治傀儡，这是个性强烈的唐绍仪无论如何不愿为之的。

　　质而言之，唐绍仪内阁的解体，意味着调和南北政策的顿挫，统一政策压倒了调和政策，埋下了"二次革命"的伏线，预示了西方式民主政治失败和大一统集权政治的复活。

原刊《史学月刊》2019 年第 1 期

北京政府筹备参加欧战和会考析[*]

——以外交界为中心

罗 毅 金光耀

　　关于第一次世界大战与中国，学界过去讨论最多的是中国对巴黎和会的参与，特别是中国代表团成员在巴黎和会上的表现。[①] 近年来，亦有学者关注中国参战问题。[②] 然而，中国如何筹备参加战后和会这一重要问题，迄今却鲜有专题研究。[③] 事实上，北京政府很早就开始为参加和会做准备，且未曾间断，并随战局和国际形势的变化有过各种应对方案。这些筹备工作折射出民初外交的一些特征，并对此后民国对外关系的走向产生了重大影响。本文以藏于台北中研院近代

---

* 本文曾先后在2014年7月"第一次世界大战对中国当代历史进程的影响研讨会"、2014年11月"战争与外交：第五届近代中外关系史国际学术研讨会"上宣读，得到与会专家的指正，外审专家提出宝贵的修改意见，在此一并致谢。

① 相关研究有俞辛焞《巴黎和会与五四运动》，《历史研究》1979 年第 5 期；邓野《巴黎和会中国拒约问题研究》，《中国社会科学》1986 年第 2 期；张春兰《顾维钧的和会外交——以收回山东主权问题为中心》，《中央研究院近代史研究所集刊》第 23 期下册，1994 年 6 月；周建超《顾维钧与巴黎和会》，《民国档案》1997 年第 1 期；廖敏淑《顾维钧与巴黎和会中国代表团》，金光耀主编《顾维钧与中国外交》，上海古籍出版社，2001；石建国《陆征祥与巴黎和会》，《历史档案》2003 年第 1 期；等等。

② 如王建朗《北京政府参战问题再考察》，《近代史研究》2005 年第 4 期；徐国琦《中国与大战：寻求新的国家认同与国际化》，马建标译，上海三联书店，2008；Guoqi Xu, *Strangers on the Western Front: Chinese Workers in the Great War*, Cambridge, Mass.: Harvard University Press, 2011.

③ 李新、李宗一主编的《中华民国史》第 3 卷（1916～1920）有一小节"中国参加巴黎和会的准备"，其叙述始于一战停战后的 1918 年 12 月［参见李新、李宗一主编《中华民国史》第 3 卷（1916～1920），中华书局，2011，第 347 页］。就笔者所见，只有廖敏淑的论文《巴黎和会与中国外交》较多地谈到这个问题，但仍有许多重要的面相有待揭示（参见廖敏淑《巴黎和会与中国外交》，硕士学位论文，台湾中兴大学，1998）。

史研究所档案馆的《外交档案》为基本史料，以外交部和驻外使节为主要对象，考察北京政府筹备参加欧战和会的进程，以期对民国外交尤其是外交政策的形成过程有进一步的认识。

一　争取以中立国身份加入和会

1914 年 7 月 28 日，第一次世界大战在欧洲爆发。对于时人称之为 "欧战" 的这场战争，北京政府一开始采取了避而远之的态度。8 月 6 日，袁世凯发布命令，称 "本大总统欲维持远东之平和，与我国人民所享受之安宁幸福，对于此次欧洲各国战事，决意严守中立"。① 表达了拒战祸于国门之外的意愿。然而，对中国的东邻日本来说，这场战争是它在远东扩张势力的大好机会。8 月 23 日，日本借日英同盟的名义对德国宣战，随即向山东境内的德军发起进攻，欧战的硝烟由此波及中国。至 11 月初，日军攻占青岛，控制了胶济铁路，攫取了德国在中国的势力范围。

日本在山东的军事行动不但严重损害了中国主权，而且造成日本势力在中国的上升。在日军进攻青岛前夕，北京政府参谋部就曾提出一份说帖，一针见血地指出："彼一占领青岛，则可以满洲及青岛两地为根据，以封锁中国北部而夹击京师，故占青岛可为占据中国北部势力之起端。"② 这实际上意味着清末形成的列强在华 "均势" 受到冲击，而积弱之中国向来凭借此种均势以自保。因此，可以说日本出兵山东事关中国的国家安全和核心利益。北京政府交通总长梁敦彦告诉美国驻华使馆临时代办马慕瑞（J. V. A. MacMurray），中国人把日本占领青岛视为对国家独立的威胁。③ 袁世凯也对美国驻华公使芮恩施（P. S. Reinsch）表示，日本人 "企图通过对港口和铁路的占领而控制山东，作为控制中国的基石"。④

---

① 《大总统袁世凯关于严守中立令》（1914 年 8 月 6 日），中国第二历史档案馆编《中华民国史档案资料汇编》第 3 辑 "外交"，江苏古籍出版社，1991，第 383 页。

② 《参谋部报告日本对华方策及结局说帖》（1914 年 8 月 19 日），张黎辉等编《天津市历史博物馆馆藏北洋军阀史料·黎元洪卷》，天津古籍出版社，1996，第 2～3 页。

③ The Chargé d'Affaires in China (MacMurray) to the Secretary of State, August 20, 1914, *Papers Relating to the Foreign Relations of the United States, 1914, Supplement: The World War*, Washington: United States Government Printing Office, 1928, p. 174.

④ 保罗·S. 芮恩施：《一个美国外交官使华记——1913～1919 年美国驻华公使回忆录》，李抱宏、盛震溯译，商务印书馆，1982，第 99 页。

这些话表明北京政府对山东问题的利害有着清醒的认识。

有鉴于此,北京政府在日本攻占山东后即开始筹划解决山东问题的办法。10月7日,外交总长孙宝琦在会见芮恩施时,对日军侵占胶济铁路一事,表示"本政府因免起衅端,只好默允,然始终抗议违犯中立,俟战事平息,再为提议,以凭公断"。芮恩施认为中国此举"颇为得计",并推测"大战后凡与有关系之国,必有大会议,于彼时必有公断,中国不致吃亏,若现与日本决断,会议时恐无挽回机会"。① 11月18日,外交部致电中国驻巴西公使刘式训,更明确表示:"现青岛虽下,所有关于我国各项问题,须俟议和大会解决,政府亦拟派专使前往与会。"② 北京政府的理解是,山东问题系由欧战所引起,不能仅仅当作中日两国之间的问题来处理,其最终结局应由战后召开的和平会议决定。因此,谋求加入战后和会便成为北京政府解决山东问题的首选途径。

不过,由于中国此时是中立国而非交战国,能否出席和会尚难确定。12月12日,北京政府外交部收到政事堂参事伍朝枢撰写的一份说帖。说帖指出,"欧洲战事告终,各种问题待决者甚多,而与我国最有密切关系者,则为青岛、胶济铁路及日人在鲁破坏中立诸问题是也。此项问题之解决,最忌由中日两国单独交涉,最好由国际议和大会公共解决"。这里点出了中国借和会解决山东问题的真实意图,即借助他国力量制衡日本。伍朝枢预料日本必百般阻挠中国参加和会,为此提出:"我国若更加以和解或调处者之资格以入会,则反对者亦无所施其术矣。"他还断言,"将来倡议讲和,出而调停者,当可推定其为美国"。因此,中国应该"联合美国同出调停",这样"不惟可达到加入大会之目的,且能调停世界亘古未有之战争,亦为千载奇遇,于国体最有光辉,会议时我代表发言当更有力量也"。③ 该说帖的主旨是,建议中国与同为中立国的美国联袂调停欧战,以积极的姿态争取加入和会。

这份说帖深谋远虑,极具战略眼光,对北京政府的决策者产生了触动。12月14日,外交部致电驻美公使夏偕复:"执事前此本有联美调停战局之言,后因时机未至,暂行取消。此后晤美外部,似应便中不时提及,以为将来中美联合调

---

① 《总长会晤美公使芮恩施问答》(1914年10月7日),章伯锋、李宗一主编《北洋军阀(1912~1928)》第2卷,武汉出版社,1990,第720页。

② 《发驻巴西刘公使电》(1914年11月18日),《外交档案》,03-37-001-01-001,中研院近代史研究所档案馆藏,下同。

③ 《收政事堂交说帖》(1914年12月12日),《外交档案》,03-37-001-01-008。

处地步。"① 但美方对此态度消极，对夏偕复表示"调停尚非机会，至加入议和会，中国有密切关系，即不正式忝列，亦当派代表到会陈说"。② 由于美国此时尚不欲调停欧战，伍朝枢的想法立意虽好，却无付诸实施的条件。

为了估测以中立国身份加入战后和会的可能性，北京政府外交部致函中国驻欧美各公使，要他们设法调查历史上中立国参加和会的先例："查欧洲媾和会议，以维也纳、巴黎、柏林三大会议为最著。此三大会议时，柏林会议曾因革雷岛为土尔其领土一节，与希腊有利害关系，曾许希腊参与会议，不知关于当时希腊加入柏林大会各国外交来往文件，此时能否设法搜觅，其维也纳、巴黎两会有无相同事实。"③ 由于事涉外国政府档案，这项工作进行起来十分困难，只能探寻到大致情形。驻荷兰公使唐在复函复外交部称："闻柏林大会许希腊之参与会议，系由英国介绍。若援用此项先例，在我似应先与一强有力之国接洽在前，则临时方有门径。"④ 北京政府还注意了解其他中立国家筹备议和的情况，以资借鉴。外交部为此专门发函给驻俄公使刘镜人、驻奥公使沈瑞麟："此次巴尔干中立各国如希腊、罗马尼亚、保加利亚等受欧战影响为最巨，其各该国对于战事媾和公会如何办法，有无筹备，希就近密为探询，随时报部为荷。"⑤ 沈瑞麟调查所得结果是，巴尔干各国"对于媾和办法，就麟见闻所及，尚无明了之筹备"。⑥

1915 年夏，欧战爆发一年之际，传来罗马教廷和永久中立国瑞士将居间调解战事的消息。⑦ 8 月 25 日，驻奥公使沈瑞麟致电北京外交部："近日各界议论，咸谓日后和会主动不外教皇，地点当在瑞士……我国期在参预和议，而与教廷、瑞士均少往来，似宜从事联络，以达加入之目的。"⑧ 沈的意见引起北京政府的高度重视。8 月 30 日，外交部复电表示赞同，计划以沈瑞麟兼任驻瑞士公使，驻法公使胡惟德兼任驻教廷公使。⑨ 北京政府对此事虽积极性甚高，但中国同瑞

① 《发驻美夏公使电》（1914 年 12 月 14 日），《外交档案》，03 - 37 - 001 - 01 - 009。
② 《收驻美夏公使电》（1914 年 12 月 19 日），《外交档案》，03 - 37 - 001 - 01 - 014。
③ 《发驻英、法、德、俄、奥、义、美、和各公使函》（1915 年 7 月 3 日），《外交档案》，03 - 37 - 001 - 03 - 001。
④ 《收驻和国唐公使函》（1915 年 10 月 6 日），《外交档案》，03 - 37 - 001 - 03 - 014。
⑤ 《发驻俄刘、奥沈公使函》（1915 年 9 月 21 日），《外交档案》，03 - 37 - 001 - 03 - 011。
⑥ 《收驻奥沈公使函》（1915 年 12 月 25 日），《外交档案》，03 - 37 - 001 - 03 - 031。
⑦ 《发驻义高公使电》（1915 年 6 月 28 日），《外交档案》，03 - 37 - 001 - 02 - 026。
⑧ 《收驻奥沈公使电》（1915 年 8 月 27 日），《外交档案》，03 - 37 - 001 - 03 - 004。
⑨ 《发驻奥沈公使电》（1915 年 8 月 30 日），《外交档案》，03 - 37 - 001 - 03 - 005。

士和教廷之间的邦交问题一时却并无进展,两者的调停更无踪影。①

至 1916 年,国际上再次出现调停活动。3 月 23 日,驻美公使顾维钧致电外交部:"昨见各报纷载德首相与驻德美使晤谈,有议和意,拟请美国出为调停等语。"② 顾维钧对美国的外交动向始终高度关注,视美国为中国在外交上最为重要的依靠对象。上年中日"二十一条"交涉期间,时任外交部参事的顾维钧就曾向袁世凯建议实行"联美制日"之策。③ 12 月 12 日,顾氏在给外交部的电报中,通报了德国政府正式请求美国、西班牙、瑞士三中立国居间斡旋的消息。④

这时,袁世凯已因洪宪帝制而败亡,由黎元洪继任总统,段祺瑞出任国务总理。12 月 19 日,美国总统威尔逊(T. W. Wilson)提议和平调解欧洲战局并将此正式通知北京政府时,段祺瑞内阁表示愿与美国合作,并声明中国受欧战影响较任何中立国为烈,中国深知山东问题若欲获圆满解决,必须参与战后和会。⑤ 12 月 22 日,外交总长伍廷芳与美国驻华公使芮恩施晤面,询问美国是否有出席未来和会的打算,芮恩施答称:"和议时,其所议者,当为赔款、划分国境等问题,各战争国所自行会议者也。和议之后,当再有国际会议,以议决海上行用权、世界和平之保证等问题,美国拟于此时方行与会也,中国亦可加入。"伍廷芳当即表示中国将"步贵国之后尘"。⑥ 流露出追随美国参加和会的强烈愿望。稍后,芮恩施在给美国国务卿的电报中谈到,北京政府多数官员都认为中国应派代表出席和会,虽然他们担心交战国在和会上拿中国做交易,但他们更忧虑若中国缺席和会,结局将对中国更加不利;此外,日本早已暗示,它乐于在和会上充当中国利益的代言人,甚至可以接纳中国派随员加入日本代表团,这自然是中方

① 中国和瑞士直至 1918 年才正式订约建交。而中、梵通使遭遇的难题更多,一直到 1943 年,中国才向梵蒂冈派出第一位常任使节 [参见唐启华《被"废除不平等条约"遮蔽的北洋修约史(1912~1928)》,社会科学文献出版社,2010,第 61 页;顾卫民《中国与罗马教廷关系史略》,东方出版社,2000,第 171 页]。

② 《收驻美顾公使电》(1916 年 3 月 25 日),《外交档案》,03 - 37 - 001 - 04 - 003。

③ 参见金光耀《顾维钧与中美关于"二十一条"的外交活动》,《复旦学报》1996 年第 5 期。

④ 《收驻美顾公使电》(1916 年 12 月 14 日),《外交档案》,03 - 37 - 001 - 04 - 012。

⑤ 张忠绂编著《中华民国外交史》,正中书局,1945(上海书店《民国丛书》重印本),第 207 页。

⑥ 《伍总长会晤美芮使问答》(1916 年 12 月 22 日),《外交档案》,03 - 37 - 001 - 04 - 024。

最不希望见到的一种前景。① 自欧战发生以来，美国一直没有参战，与中国同属中立国阵营。以伍廷芳、伍朝枢父子和顾维钧为代表的部分外交官认为，联美是中国加入和会的最佳途径，并为此积极努力。然而，美国主导的调停无果而终。欧战爆发已逾两年，和会对中国来说仍遥不可及。

二 参战后驻外使节提出各种方案

1917 年 8 月 14 日，在经过长时间激烈争论之后，北京政府对德国宣战，以协约国成员的身份加入欧战。② 从中立国到参战国的转变，为中国参加战后和会提供了重要保障，北京政府的议和筹备由是进入新的阶段。1918 年 1 月 4 日，外交部致电中国驻外各公使："探闻各国均有委员在瑞士讨论和议，希密探如何进行，随时电部。又执事对于中国将来在和会应发表何种意见，提何种条款，并希详切直陈，以备研究。"③ 恰在此时，美国总统威尔逊公布了著名的"十四点计划"。

1 月 8 日，威尔逊在美国国会发表演讲，宣布了美政府拟定的议和条件十四款，主要涉及和平、贸易、领土三项议题，并规划了战后国际政治经济新秩序的蓝图，即国际联盟、贸易自由和民族自决。④ "十四点计划"立即引起中国外交界的关注。驻美公使顾维钧首先做出反应，致电外交部，就其内容分析道："与我国相关最切者即第五款，谓解决各属地问题，须以开诚公道为重，使属地人民之利益与要索政府之权利相提并重，及第十四条，谓组织万国公团，各国彼此担保政治独立与领土完全，不分大小，一体待遇云云。"⑤ 第五条显然与外国在华

---

① The Minister in China（Reinsch）to the Secretary of State, January 10, 1917, *Papers Relating to the Foreign Relations of the United States*, *1917*, *Supplement 1*: *The World War*, Washington: United States Government Printing Office, 1931, p. 405.

② 关于中国参战决策的详细经过，参见王建朗《北京政府参战问题再考察》，《近代史研究》2005 年第 4 期。

③ 《发驻英、法、日本、比、俄、和、美、丹、日各使电》（1918 年 1 月 4 日），《外交档案》，03 - 37 - 002 - 01 - 003。

④ 威尔逊讲话内容，参见 Address of the President of the United States Delivered at a Joint Session of the Two Houses of Congress, January 8, 1918, *Papers Relating to the Foreign Relations of the United States*, *1918*, *Supplement 1*: *The World War*, Volume I, Washington: United States Government Printing Office, 1933, pp. 12 - 17.

⑤ 《收驻美顾公使电》（1918 年 1 月 11 日），《外交档案》，03 - 37 - 002 - 01 - 007。

各租借地有关，其中当然包括前属德国、现为日本所占的胶州湾租借地。第十四条即关于建立国际联盟的构想，更是勾起顾氏极大兴趣，他专门为此在驻美使馆内成立一研究小组。①

1月16日，驻英公使施肇基也致电外交部，建议中国将来在和会提案"应根据美十四条，其中一、四、五、六、十四诸条，皆与我有关，尤以五、六、十四三条为甚"。除与顾维钧同样提到第五和第十四条外，施肇基还注意到第一、四、六条，这三条分别是关于杜绝秘密外交、裁减各国军备和外国军队撤出俄国领土的提议。第一、四两条均对中国有利，容易理解，至于第六条与中国的关系，施肇基解释说："俄失之地，英相宣布听俄自理，美则主持归还，我当与美一致，盖俄地不返，必谋东渐。"主张对美国应该"益加欢联"，特别是要"怂恿美国并主张推及亚洲，于我日后振新有裨"。②其将威尔逊"十四点计划"应用于中国的意图至为明显。

1月25日，驻法公使胡惟德致电外交部，就中国将来议和方案提出四点意见："一、修改商约，废除片务条款，③应先加入巴黎经济同盟，冀得协约国相助。二、领事裁判权，土耳其业于加入战局后撤去，我应照约改良司法，公布新律，实行废去。三、旅、大、威、胶、广等租地应商议收回，以杜远东争端，而符联军希望永远平和之宗旨。四、请联军各国减让辛丑赔款，仿美成案，专为派遣游学经费，不作他用。"并建议"以上似宜密商美总统主持公道，从中相助"。④这四点意见涵盖了取消协定关税和片面最惠国待遇、撤销领事裁判权、收回租借地、减免战争赔款等内容，可视为全面修改不平等条约的主张。从这封电报拍发的时间及其力主寻求美国支持以达修约目的来看，受到威尔逊"十四点计划"的影响是不言而喻的。

4月下旬，北京政府外交部成立议和筹备处。这是自欧战爆发以来，北京政府设立的第一个专司研究和会问题的机构。参与讨论议事的有外交总长陆征祥、次长陈箓等十余人。从4月下旬到7月中旬，议和筹备处共开会15次，涉及中国应向和会提出的要求有胶州问题、关税自主、废除领事裁判权和辛丑条约等。

---

① 《顾维钧回忆录》第1分册，中国社会科学院近代史研究所译，中华书局，2013，第153~154页。

② 《收驻英施公使电》（1918年1月18日），《外交档案》，03-37-002-01-023。

③ 片务即片面义务之意，如协定关税、片面最惠国待遇即属此类。

④ 《收驻法胡公使电》（1918年1月27日），《外交档案》，03-37-002-01-029。

显然，山东问题不是受到重视的唯一议题。这反映出在威尔逊"十四点计划"的刺激下，北京政府对议和筹备事项的关注面有所扩大。当然，讨论中也有人提出："此次战事直接与我国发生关系者，惟胶州问题最为重要也。"仍视山东问题为重中之重。①

与此同时，5月4日，北京外交部再次致电驻外各公使，进一步征求他们对议和筹备工作的意见。电文称："研究和议事，已详一月支电。现距和局虽远，亦应及早筹备。如各国对华政治倾向及政治中心人物对华态度及议论，并我国应与何国提携，从何入手等事，均与我国参预和会有密切关系，希派员专司调查，随时电部，并望发表卓见，以备参考。"②

这封电报明确提出了中国外交"应与何国提携"的问题。对此，驻外公使中可分为亲英美派（其中又有倾向英与倾向美之分）和亲日派。驻荷兰公使唐在复认为，战后中国在国际商贸中的地位将益形重要，中国正可借此联络向来重视商务的英国，"先与协定战后商务方针，予以切实表示，同时与之密商政务方肴，③ 应提事项预得彼中同意，则大会时方有把握"。④ 唐在复把英国视为对中国头等重要的国家，主张以商业利益为饵，实行联英外交。驻西班牙公使戴陈霖提出，中国应同时联合英、美两国以对抗日本："英欲保持远东势力，美则最忌日本，乘机结纳，堪以利用。"⑤ 驻丹麦公使颜惠庆较为老成持重，认为世界局势险恶，"国际提携不易言也"，不过他仍主张联络英、美，因"其政治、道德程度较高，且与我关系密切，藉以牵制日本国"，但对日本应该"敷衍"，以维持协约国统一战线。⑥ 颜惠庆可谓是亲英美派中的稳健派。驻美公使顾维钧则一如既往地持联美立场，认为"欧战发生，均势破坏，其方有余力且素主开放门户等主义足为我助者，厥惟美国"。⑦ 在驻外公使当中，也有主张"中日提携"的。

---

① 《议和筹备处会议录》，1039－373，中国第二历史档案馆藏。该《会议录》无第一次会议记录，第二次会议于4月26日上午召开，所存最后一次会议记录为7月15日召开的第十五次会议。引文中内容为6月14日第十次会议中提出。

② 《发驻英、法、日本、义、日、比、美、丹、和各使电》（1918年5月4日），《外交档案》，03－37－002－01－044。

③ "肴"疑为"略"之误。

④ 《收驻和唐公使电》（1918年5月10日），《外交档案》，03－37－002－01－050。

⑤ 《收驻日戴公使电》（1918年8月10日）《外交档案》，03－37－002－01－066。

⑥ 《收驻丹颜公使电》（1918年5月12日），《外交档案》，03－37－002－01－051。

⑦ 《函外交部》（1918年5月21日），《外交档案》，03－12－008－02－012。

驻比利时公使汪荣宝认为："欧战延长，两方疲敝已极，即和局告成，必无余力东顾，英美援击，均不可恃。将来中国命运，全视对日外交，此时惟有力谋中日提携，尚可稍减危险。"① 汪荣宝的亲日态度乃是基于对欧美各国"不可恃"的判断，其出发点是实用主义的。从事后的发展来看，这一判断无疑是过于悲观了。

关于中国在和会提案，驻美公使顾维钧主张应包括"我国由欧战直接发生各问题"和"我国所希望解决各问题"两大类，前者如山东问题、中德关系问题，后者即修改不平等条约、取消外国在华种种特权。对于前者，顾氏断定"日、德调查必详，研究必细，事论驳诘，必以我国为鹄的"，提醒北京政府应对此做好充分准备。对于后者，顾氏明白表示应将其作为一种希望条件："能办到一分，即是挽回权利一分，若有预备，届时可相机提议。"② 这样，继胡惟德之后，顾维钧又提出了全面修约的建议。顾氏早年在美求学时，就在这方面倾注了极大的心力。③ 欧战和会被顾氏视为解决此问题的一次良机，正如其在回忆录中所说，"中国可以借此谋求某种程度的公正待遇，并对过去半个世纪以来所遭到的惨痛后果加以改正"。④

但并不是所有驻外使节都主张将修约问题纳入和会提案。驻日本公使章宗祥就向外交部建议："纯属中国问题，如各国在华利权关系，与此次战争无直接关系者，中国当认为不应在此会提议，以杜各国共同处分中国问题之渐。"⑤ 在章宗祥看来，取消外国在华特权不属于和会讨论范围，贸然提出恐无结果，反会促成列强对华统一阵线，毕竟它们在这个问题上有着共同的利害关系。平心而论，章宗祥的顾虑并非全无道理，但未免过于保守。而顾维钧的见解既体现出进取的精神，又不失审慎的态度：他主张就修约问题预先进行准备，时机到来时不妨一试，但并不期其必成，更不期毕其功于一役。

山东问题本是北京政府最初考虑和会时的主要关注点，但此时已变得甚为棘

---

① 《收驻比汪公使电》（1918 年 6 月 2 日），《外交档案》，03 - 37 - 002 - 01 - 056。

② 《致外交部报告研究议和情形函》，原档未写时间，根据内容应写于 1918 年 5 月 4 日以后，《外交档案》，03 - 12 - 008 - 02 - 011。

③ 顾氏的博士学位论文堪称近代中国人撰写的首部关于中外不平等条约问题的论著，参见 Vi Kyuin Wellington Koo, Ph. D. , *The Status of Aliens in China*, New York: Columbia University, 1912。

④ 《顾维钧回忆录》第 1 分册，第 155 页。

⑤ 《收驻日本章公使电》（1918 年 10 月 31 日），《外交档案》，03 - 37 - 002 - 02 - 067。

手。1915 年 5 月，在日本的武力威逼下，北京政府与日本签订了《中日民四条约》，为日本战后继承德国在山东的权益提供了某种形式的条约依据。① 在欧战接近尾声时，中国驻日公使章宗祥又与日本外相后藤新平就山东问题换文，在日方做出一定让步的情况下，确定了胶济铁路将来由中日两国合办。② 该换文是皖系政权亲日外交的产物。段祺瑞内阁本来主张联美，后因受到美国对日 "绥靖" 政策和日本对华 "怀柔" 政策的双重影响，转向亲日。③ 章宗祥后来辩解过，"换文用意，中国当局认为有利于国家"，因当时 "欧战未停"，山东问题 "将来中国亦无十分把握"，"则合办预约在先，亦可收回一半权利"。④ 不管怎样看待这一妥协，它已经背离了欧战之初北京政府对待山东问题的初衷。

《中日民四条约》和山东问题换文无异于中日两国就山东问题的战后解决提前做了安排。在这种情况下，究应如何处理山东问题，在驻外公使中出现了分歧。驻美公使顾维钧极力主张将山东问题提交和会。从日本出兵青岛到 "二十一条" 交涉，顾氏一直身亲其事；从这些经历当中，他逐渐形成了一种认知：中国的最大威胁来自日本，只有收回山东主权，才能遏制日本侵华的势头。⑤ 因此，他敦劝北京政府在和会上理直气壮地提出山东问题，不必顾虑被迫签订的中日条约。⑥ 顾维钧坚持认为，中日间围绕山东问题的一切条约、换文都是欧战的

---

① 该约规定，"中国政府允诺，日后日本国政府向德国政府协定之所有德国关于山东省依据条约或其他关系对于中国享有一切权利、利益让与等项处分，概行承认"（王铁崖编《中外旧约章汇编》第 2 册，三联书店，1959，第 1112 页）。

② 日方做出的让步包括：从胶济铁路沿线撤走大部日军；胶济铁路由中国负责警备；胶济铁路从业员中应采用中国人；撤销日本在当地建立的民政署；等等（王芸生编著《六十年来中国与日本》第 7 卷，三联书店，1981，第 165~167 页）。

③ 美国参战后，在远东对日本退让，《蓝辛-石井协定》承认日本在华拥有 "特殊利益"，中国官员普遍认为这不啻给予日本干涉中国事务的自由。与此同时，日本寺内内阁却大举推行新的对华政策，通过 "怀柔" 手段和输出资本来扩大在华利权 [The Minister in China (Reinsch) to the Secretary of State, April 30, 1918, *Papers Relating to the Foreign Relations of the United States*, *1918*, Washington: United States Government Printing Office, 1930, p. 93；信夫清三郎编《日本外交史》上册，天津社会科学院日本问题研究所译，商务印书馆，1980，第 419 页]。

④ 章宗祥：《东京之三年》，中国社会科学院近代史研究所近代史资料编辑组编《近代史资料》总 38 号，中华书局，1979，第 50、52 页。

⑤ 顾氏极不信任日本的对华政策，曾在 1917 年致电北京政府，表示："日本经国大政，在谋操纵中国，欧战实其千载良机。大隈迫胁于先，寺内甘诱以继，凡我有所主张，无论其先反对或即赞成，而均有利用之手续在。"[《1917 年驻美公使顾维钧电》（1917 年 4 月 12 日到），章伯锋主编《北洋军阀（1912~1928）》第 3 卷，武汉出版社，1990，第 155 页]

⑥ 《顾维钧回忆录》第 1 分册，第 156 页。

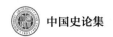

产物，理应交由和会来作最终裁决。这与驻日公使章宗祥的观点适成鲜明对比。作为中日山东问题换文的经手人，章宗祥给外交部的建议是："青岛问题，与日本之关系最切，应事先径与接洽。"① 与顾维钧主张将山东问题诉诸和会不同，章宗祥是赞成与日本直接交涉的。

三　北京政府确定参会方针

1918 年 10 月 10 日，徐世昌就任北京政府大总统，并任命其亲信钱能训为国务总理。这是欧战结束前夕北京政局发生的一大变化，是皖、直矛盾日趋尖锐化的结果。身为北洋元老的徐世昌极具政治声望，时人评论道："其在北派，实兼为官僚、军人两派之领袖。世凯死，足统辖北洋文武者，徐氏一人而已。"② 然而他毕竟是手无一兵一卒的文人总统，缺乏实力基础；段祺瑞虽已下台，但皖系在京中的势力仍不容小觑。徐世昌欲巩固和加强自身地位，避免受人摆布，欧战和会无疑是一个可资利用的极好机会。就职当天，他就通电全国，称："内政之设施，尚可视国内之能力以为缓急之序，其最有重要关系而为世界所注目者，则为欧战后国际上之问题。"③ 显示出对外交问题的强烈兴趣和高度关注。徐的故旧、北洋派谋士杨士骢也在此时写信给他，指出"此后外交实力全在美国"④，鼓动他采取联美政策。这些因素对于北京政府参会方针的最终形成产生了不可低估的影响。

北京政府首先训令驻美公使顾维钧，要他全力争取美国支持。10 月 23 日，顾维钧拜访美国国务卿蓝辛（R. Lansing），奉命将北京政府加入和会的宗旨相告，请美方在和会上协助中国，并称"我国拟提各问题，容于开会前随时密告接洽"。蓝辛表示"美政府政策素主助华，此次和会贵国既定以威总统历次演说要旨为根据，尤愿力助"。⑤ 11 月 2 日，外交总长陆征祥电告顾维钧，中国愿提问题可分三类，"一关于土地之完全，二关于主权之恢复，三关于经济之自由；

---

① 《收驻日本章公使电》（1918 年 10 月 31 日），《外交档案》，03 - 37 - 002 - 02 - 067。

② 沃丘仲子：《徐世昌》，崇文书局，1918，第 107～108 页。

③ 贺培新辑《徐世昌年谱·卷下》，中国社会科学院近代史研究所近代史资料编辑室编《近代史资料》总 70 号，中国社会科学出版社，1988，第 31 页。

④ 《杨士骢陈述对外重交美国对内先谋北系统一致徐世昌函》（1918 年 9 月），林开明等编《天津市历史博物馆馆藏北洋军阀史料·徐世昌卷》，天津古籍出版社，1996，第 364 页。

⑤ 《电陆总长》（1918 年 10 月 23 日），《外交档案》，03 - 12 - 008 - 02 - 014。

三者缺一则政治之自由与国家之独立皆属空言，即威总统所说以政治独立与领土完全之保证给予世界大小各国之目的亦不能达"，要顾氏据此同美方秘密接洽。① 此三点不仅表达了全面修约的意愿，且主动与威尔逊"十四点计划"挂起钩来。北京政府还拟聘请美国政治学家韦罗璧（W. W. Willoughby）为大总统顾问，协助中国准备和会提案。② 上述种种情况表明，对美外交已成为北京政府考虑中国参会方针及提案的重要因素。

11 月 11 日，持续四年的欧战终于结束，中国期待已久的和会召开在即。驻美公使顾维钧电告外交部："风闻和会地点大约在巴黎，计年内、年初可开会。"③ 这样，中国议和代表的选派就被迅速提上日程。还在 5 月间，驻法公使胡惟德就曾致电北京政府，建议组成一个以国务总理段祺瑞和外交总长陆征祥为首，包括曹汝霖、刘式训、沈瑞麟、章宗祥、颜惠庆、顾维钧等在内的代表团，出席战后和会。④ 10 月 13 日，他再次致电北京，强调刘式训、顾维钧、章宗祥三人"必须莅席，以应时宜"。⑤ 很明显，胡惟德是希望中国的和会外交在美、日之间保持某种平衡；同时鉴于和会将讨论山东问题，让曹汝霖或章宗祥这样的"日本通"充任代表是很有必要的。

但北京政府最终没有采纳胡惟德的意见。11 月 27 日，外交总长陆征祥致电顾维钧，告诉他"政府业经决定，派祥与施、胡二使为大使，另派执事与魏注使为大使兼专门委员，参列议席"。⑥ 即由外交总长陆征祥、驻英公使施肇基、驻法公使胡惟德、驻美公使顾维钧、驻比公使魏宸组五人出任议和全权代表。除陆征祥外，其余四人均系驻欧美国家的外交使节，而驻日公使章宗祥却被排除在外。这表明在即将开幕的和会上，北京政府不愿与日本进行直接的沟通或采取妥协的立场。为了在巴黎和会上显示南北一致对外，稍后北京政府又将驻法公使胡惟德换成来自南方护法军政府的王正廷。这样，在五位代表中，留美学生出身的占

① 《陆总长来电》（1918 年 11 月 3 日），《外交档案》，03 - 12 - 008 - 02 - 016。

② The Minister in China（Reinsch）to the Secretary of State，November 16，1918，*Papers Relating to the Foreign Relations of the United States*，*1919*，*The Paris Peace Conference*，Volume I，Washington：United States Government Printing Office，1942，p. 241.

③ 《驻美顾公使电》（1918 年 11 月 14 日），天津市历史博物馆编《秘笈录存》，中国社会科学出版社，1984，第 59 页。

④ 《收驻法胡公使电》（1918 年 5 月 23 日），《外交档案》，03 - 37 - 002 - 01 - 055。

⑤ 《收驻法胡公使电》（1918 年 10 月 15 日），《外交档案》，03 - 37 - 002 - 02 - 031。

⑥ 《陆总长来电》（1918 年 11 月 28 日），《外交档案》，03 - 12 - 008 - 02 - 081。

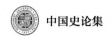

到了三位之多（施、顾、王），可以说这是一个具有浓厚亲美色彩的议和代表团。

驻美公使顾维钧尤受西方在华舆论界人士关注。欧战刚结束，《大陆报》创办人密勒（T. F. Millard）就断言，"顾在华盛顿有名望，很受重视"，一旦被任命为全权代表，"必定能以这种身份发挥重要作用"。① 北京政府也格外看重顾维钧。在正式决定与会代表前，陆征祥就电告顾维钧，要他"先赴欧洲，与协商各国政府接洽，并布置一切报界舆论"，并称这是阁议一致通过的决定。② 11 月 25 日，在赴欧之前，顾维钧向美国国务卿蓝辛递交了一份非正式的备忘录，依据陆征祥 11 月 3 日来电，阐述了中国准备向和会提出的基本要求将基于三大原则，即领土完整、维护中国主权和经济财政独立。③ 次日，顾维钧前往白宫向威尔逊总统辞行。顾氏表示"我国人民深望十四条大纲施诸全球，庶远东亦受其益"，威尔逊答道"施诸远东，不免较难，但本总统决不以难而置之"，④ 表明美国将在和会上尽力帮助中国。

巴黎和会的首要任务是处置战败国。12 月 3 日，驻丹麦公使颜惠庆致电外交部，认为德国在军事上已被彻底击败，"易于就范"，但中国对德条件不宜过苛，应与德国订立平等新约，这样"不但得以收回已失利权，即将来与各国修改条约，有此先例，亦易着手"。⑤ 北京政府同意此建议。12 月 13 日，外交部复电颜惠庆，表示："此次陆专使赴欧，政府颁给训条中，关于恢复德、奥国交，开有三项：一、旧约一律撤废；二、损失补偿当与各国一律办理；三、此后订约立于平等地位。"⑥ 北京政府欲与德、奥建立平等的国家关系无疑是明智的。废除中德、中奥间旧约，代之以平等新约，就在整个不平等条约体系上打开了一个口子。正如颜惠庆所分析的那样，如果中国能够成功地清理战败国在华旧的条约权益，并与之建立和发展一种新型的国家关系，那么对于中国与其他列强的条约关系势必产生积极影响。可见，北京政府考虑德、奥问题的出发点不止于德、奥

---

① 《汤·弗·密勒来函》（1918 年 11 月 11 日），骆惠敏编《清末民初政情内幕——〈泰晤士报〉驻北京记者、袁世凯政治顾问乔·厄·莫理循书信集》下卷，陈泽宪等译，知识出版社，1986，第 769 页。

② 《陆总长来电》（1918 年 11 月 16 日），《外交档案》，03 - 12 - 008 - 02 - 040。

③ Informal Memorandum by Koo, November 25, 1918, *Wellington Koo Papers*, Columbia University, Box 1.

④ 《电外交部》（1918 年 11 月 26 日），《外交档案》，03 - 12 - 008 - 02 - 074。

⑤ 《收驻丹、瑞颜公使电》（1918 年 12 月 5 日），《外交档案》，03 - 37 - 002 - 04 - 008。

⑥ 《发驻丹颜公使电》（1918 年 12 月 13 日），《外交档案》，03 - 37 - 002 - 04 - 023。

问题本身，而是要借此改善整个中外关系的状况。

关于全面修改不平等条约、取消外国在华特权的问题，北京政府最终决定将其列入中国的和会提案。1919 年 1 月 8 日，国务院致电在巴黎的中国代表团，列出五项内容：第一，修改中外条约中涉及排他性独占利益的条款；第二，在中国司法改革取得显著进步的情况下，撤销各国在华领事裁判权；第三，承认中国关税自主权，并在恢复关税自主之前，提高洋货进口税税率；第四，取消《辛丑条约》规定的外国在华驻兵权，分期撤军，其余外国在华军、警部队即行撤去；第五，取消庚子赔款，改为教育和实业专款，由海关存储。"以上五项，皆举国国民所切望，并期解除远东将来国际和平之障碍，应即与各国代表切实接洽，提出大会"。①

如前所述，对于究竟应否在和会上提出修约问题，在驻外公使中间是存在分歧的。表面看来，修约问题并非欧战所引起，似乎不应提出和会讨论。但不容忽视的是，欧战已经造成世界格局的大变动：德、奥在战争中被击败，英、法也遭到削弱，要像战前那样肆行其炮舰政策已力有不逮；与此同时，俄国爆发十月革命，对外标榜反帝论，这是对传统帝国主义势力的又一打击；在此情况下，威尔逊抛出"十四点计划"，欲建立美国主导的自由主义世界秩序，从另一个方向动摇着旧式的帝国主义统治。由此可见，欧战后的国际形势对中国摆脱不平等条约束缚是有利的。修约问题虽说与和会无直接关系，但和会本身却是欧战结束后规模空前的国际盛会，选择在这样一个场合正式、公开地表达中国的国家意志，是切合时宜的。

仔细分析这五项内容，可以看出，北京政府在这个问题上是经过了深思熟虑的。第一项显然是为了利用各国在华利益的相互竞争以达修约目的，防止列强联合起来对付中国。第二、三、四、五项均为有条件、渐进的修约，这是为了减少修约的阻力。诚然，全面修约仍是一种改良主义的主张，并不具有革命性。不过，若把这一主张放在当时的历史条件下来审视，它却是一个激进而非保守的提议，超越了清末枝枝节节的修约，② 转而要求国际社会对不平等条约问题做一揽子解决，这相当于要列强集体承认中国享有完全独立国家的资格。

---

① 《收国务院函》（1919 年 2 月 18 日），《外交档案》，03 - 37 - 003 - 02 - 013。
② 清末修约状况，参见唐启华《被"废除不平等条约"遮蔽的北洋修约史（1912～1928）》，第 17～48 页；川岛真《中国近代外交的形成》，田建国译，北京大学出版社，2012，第 198～216 页。

山东问题在北京政府的和会外交中占据着特殊的位置。本来，北京政府筹备加入欧战和会的初衷，就是为了要将山东问题交付和会审议，避免中日直接交涉。但由于日本的威逼利诱，在欧战结束之前，中国已与日本就山东问题达成了预先安排。12 月 3 日，驻丹麦公使颜惠庆致电外交部，建议由德国在和会上"承认日本国将胶州湾交还中国之宣言为正当，特对中国剀切声明，愿听日本国折衷处置，俾日本国得践其交还之约"，同时"山东路矿由中国备价收回"。① 颜惠庆的这一建议有在山东问题上与日本妥协之意，反映出他一贯谨小慎微的作风。12 月 13 日，外交部复电颜惠庆，称他的意见"与政府宗旨稍有出入，盖我国此次加入和会，对于远东问题，当以免去一二国之独断为第一要义"，如果"由德国承认日本宣言为正当，适足杜各国执言而启日本独断之渐，其山东路矿现归日人占据，若不将主权先行确定，即备价收回，仍不能打消日人势力，恐徒糜巨款，是此节尚待研究"。② 外交部的复电清楚无误地表明，北京政府并不打算遵守中日之间围绕山东问题已经达成的安排，而是希望借巴黎和会将日本势力驱逐出山东，恢复远东均势。

虽然北京政府对山东问题已有决断，但在给驻外使节的电报中却是相当谨慎，步步为营。12 月 27 日，驻美公使顾维钧在巴黎与美国代表团某成员会晤时，被问及中国对山东等问题所持宗旨，顾氏答道"此次和会，我国首重保障领土完全之原则，所询各端正在筹商之中，陆总长抵法后，可望商定"。次日，顾维钧致电外交部，询问北京政府对山东等问题"抱何方针"。③ 希望北京政府在山东问题上有更明确的指示。1919 年 1 月 5 日，国务院和外交部回电称，"山东系中国腹地，尤不愿他国有特殊势力"，对于山东等问题"自以保障领土完全为原则，已与陆专使详洽，陆到时，请与商定"，④ 仍是吞吞吐吐，欲言又止。这是鉴于山东问题本身的复杂性而有意运用的策略。山东问题对外牵涉到与日本的关系，对内影响及于皖系的政治地位；在即将召开的巴黎和会上，山东问题的前景如何尚难预料，而皖系在北京仍然拥有相当的政治影响力。面对此种复杂情

① 《收驻丹、瑞颜公使电》（1918 年 12 月 5 日），《外交档案》，03 - 37 - 002 - 04 - 008。
② 《发驻丹颜公使电》（1918 年 12 月 13 日），《外交档案》，03 - 37 - 002 - 04 - 023。
③ 《收驻美顾公使由法京来电》（1918 年 12 月 30 日），中研院近代史研究所编《中日关系史料·巴黎和会与山东问题》，中研院近代史研究所，2000，第 24 - 25 页。
④ 《发驻美顾公使电》（1919 年 1 月 5 日），中研院近代史研究所编《中日关系史料·巴黎和会与山东问题》，第 25 页。

形，北京政府有意使用迂回战术，避免公开宣示联美制日的外交方略。因此，北京政府不予明确指示，而是用暗示的手法，为中国代表团在和会应对山东问题留出了很大的空间，也给自己依形势变化而调整对策留下了余地。

结 论

由上可知，北京政府对欧战和会的关注不但为时甚早，而且为此持续不断地做了大量工作。由于前期准备充分，北京政府在欧战结束之际迅即敲定参会方针。北洋集团的领袖们，从袁世凯到徐世昌，无不深谙外交事务的重要性；而受过良好职业训练的北洋外交官群体，亦对国际法和国际情势有相当充分的理解。在筹备参加欧战和会的过程中，北京政府的决策者和外交官们所考虑的一个核心问题是：如何利用和会以使中国摆脱困境——包括这次战争给中国造成的特殊困境，以及19世纪中叶以来中国长期面临的国际困境。正因为如此，北京政府的议和筹备工作对民国外交产生了若干具有全局意义的影响。

近代以来，中国由于国力衰弱，"以夷制夷"是一种惯用的外交手法。如甲午战争后，李鸿章利用俄、日两国在远东的矛盾，寻求同俄国结盟以制衡日本。但这只是一时的权宜之计，在外交上中国并无一定的依靠对象。自欧战爆发以来，北京政府在筹备和议时，将美国放到一个特殊的位置上，特别是以威尔逊"十四点计划"为纽带，把中国的长远国家目标与美国的对外政策相挂钩。这样，联美外交就具有了战略上的意义，并在北京政府垮台之后，为国民政府所继承而形成国策。当然，对大国的过分依赖，是民国外交的一种局限，这是由时代本身造成的。

北京政府的议和筹备工作对于此后中日关系的走向也产生了深远影响。中国谋求加入欧战和会的最初目的，是想借和会来解决山东问题。这主要是考虑到中日之间实力悬殊，如由两国直接交涉，中国难免吃亏。虽然在巴黎和会上，山东问题没能按中国的意愿获得解决，但国内舆论仍反对中日直接交涉，主张将山东问题提交国际联盟寻求公断。最终是在华盛顿会议上，以"边缘会谈"的方式，达致有利于中国的结果。这就强化了政府和民间依赖国际多边会议来处理中日争端的思路。九一八事变后国民政府拒绝同日本交涉，将东北问题诉诸国联，七七事变后又企图通过九国公约会议遏制日本侵略，凡此皆是这种做法的延续。

在近代中国废除不平等条约的历史进程中，北京政府的议和筹备工作是一个重要的环节。修约思想发端于晚清，为北京政府所承续。欧战是帝国主义国家为争夺殖民霸权、重新分配世界资源，相互之间矛盾变得不可调和直至激化的产物，它深深地动摇了旧的世界秩序。北京政府利用这一形势，不失时机地提出一揽子修约方针，力图以欧战和会为契机，使中国成为以西方国际法为基础的国际社会的平等一员。从此以后，全面消除外国在华特权一直是民国外交的坚定目标。

在北京政府的议和筹备工作中，驻外使节尤其是主张联美的外交官发挥了巨大作用。他们虽然不是最终决策者，却是北京政府外交决策的主要"智库"，其所提建议成为北京政府制订参会方针的基本依据。欧战和会是近代中国参与的一次极为重要的外交活动，因此，这项筹备工作为顾维钧、颜惠庆、施肇基等一批具有美国教育背景的职业外交官发挥他们的专长提供了机会，并为其在国际舞台上崭露头角创造了条件。此后多年，这批人在民国外交中扮演着举足轻重的角色，其基础正是在此时奠定的。

原刊《历史研究》2015 年第 6 期

中国近代城市大气污染及其治理

胡 勇

摘 要：近代中国大气污染对国人健康、城市生活和经济发展都造成严重影响，其中影响最大的当属煤炭等工业燃料释放的有害气体和烟尘。近代工业化较早的城市对煤炭的需求相当大，同时也带来严重的工业污染。随着城市人口增加、居住愈加密集，生活上煤炭等燃料的大量使用不断增加，也加剧了城市大气污染。近代以来大气污染问题的凸显也与中国新式工业布局不合理以及城市化的畸形发展密切相关。对于城市空气污染问题，明清时期尚缺乏有效应对，而近代以来政府和民间均采取了一定的措施，如政府颁布一些条例、实施工厂检查、开展工厂安全运动、平民新村运动、改善城市基础设施等，取得一定效果，尽管这些认识并不完全科学，有些措施也未能真正实行，不过仍间接对缓解城市污染有所帮助，对我们今天正确认识和应对空气污染与雾霾问题亦有一定借鉴意义。

关键词：中国近代城市 大气污染 治理措施

大气污染已成为全球的一个严重社会问题。考察我国历史，明清时期在一些大城市中空气污染问题已经很严重，但主要属于生活废气产生的污染，到近代又加上工业生产的废气排放和交通工具的尾气排放，大气污染日益严重。近数十年来的各种化学物质如重金属颗粒以及氮气在空气中大量出现和私人汽车的普及，废气排放骤然增加，更严重影响了人们的身体健康。对这一问题以往国内学术界研究不多，只有少数学者如邱仲麟对明清时期北京煤烟污染、王扬宗对近代工业化与环境保护问题、王伟杰对古代北京大气污染有所论及，但尚需要对近代工业化及城市化以来大气污染的概况、特点及防治措施、观念做全面深入研究。本文

仅从燃料需求转变、工业布局及城市化与大气污染的关系切入，对近代以来社会各界对这一问题的治理措施及思想等方面做简略探讨，以作引玉之砖。

一 近代燃料需求的转变与城市大气污染的出现

燃料的使用随人类文明进步而不断变化，如近代学者指出："工商业之发达恃有大量之机器，而充分之燃料又为机器生产与运用之原动力。原始的工商业多仰赖人力与畜力，两者之运用，皆有其最大限度，不适于近代大规模的生产与分配，故视燃料使用之情形如何，即可断定其工商业发达之程度。"① 由人力、畜力发展到石油、煤炭、天然气等化石能源，这种变化在一定程度上推动了社会进步。不过，明清以来煤炭的广泛使用，却带来一系列生态环境问题，极大影响了社会变迁的进程。其中很严重的一点就是大气污染。明清以来，大气污染的主要来源有三：一是煤炭燃烧产生的烟雾，包括生活用煤和工业用煤所产生的烟雾；二是交通工具排放的尾气；三是工业生产产生的工业废气和粉尘，随着近代大型工厂的建立和工业分工而发生，其特点是污染物种类多和区域性分布，集中在排放工厂附近。在近代，影响最大者莫过于燃烧煤炭造成的煤烟污染。

首先我们来考察数百年来煤炭燃烧对大气造成污染的情况。元代以前，生活及手工业主要使用木材作为燃料，木材燃烧后产生的青烟对空气造成的污染相对较为轻微。明清以来使用煤炭作主要燃料后，煤炭燃烧产生的硫化物对大气污染较重，硫化物对人的身体危害较为严重。明清时期燃料的变化对一些大城市大气污染的影响已经很大。据台湾学者邱仲麟研究，明代初期北京军队和市民主要以木材为燃料，大量使用木材，到明代中期，导致北京周围山区树木被砍伐殆尽，不得不转而依靠煤炭作为取暖、做饭及手工业的燃料。煤炭的大量使用，产生了严重的生态环境问题，如房屋熏黑、室内烟尘、煤气中毒等。到了民国时期，我国家庭用电能者仅限于少数特殊家庭。将煤气作为燃料亦仅见于二三大都市，大部分尚停滞于柴草与煤炭之间。故此，城市居民生活用煤的需求量仍很大。如在北京，人们主要用煤炉做饭，火炕取暖也用煤作为燃料。储存冬煤成为市民每年必做的功课。每个家庭的主妇，除了忙制御寒的棉衣外，还要设法存储煤炭，准备度过无情的严冬。② 在

---

① 史维新：《我国燃料问题》，《科学的中国》第 2 卷第 1 期，1933。
② 乐民：《北平的燃煤》，杨宝玉主编《煤炭流通文史资料》，煤炭工业出版社，1993，第 33 页。

上海，市民的生活同样一天也离不开煤炭，一旦煤炭供应中断，生活便难以为继。据时人描述，1945 年上海一度出现煤炭来路不畅的情况，家里没有煤球，就烧不熟饭。煤与人们生活依靠的米一样成为生活必需品，[①] 以至于有人指出："食粮燃料，皆为民生日用必需之品，二者之盈虚调剂，与一地或一城镇之治安，皆有密切之关系。"[②] 民国以后，城市人口增加、居住密集，煤炭等重污染燃料在市民生活中的大量使用，对城市大气造成的污染远远超过明清时期。根据王伟杰研究，明北平城有人口 33 万，每年烧煤 8.25 万吨；清乾隆时有人口 62 万，每年烧煤 15.5 万吨；宣统时有 78 万人，每年烧煤 19.5 万吨；1941 年每年烧煤 64.1 万吨；1949 年用煤量是 103.5 万吨。这些煤燃烧后产生大量烟尘颗粒物和二氧化硫，不仅对人体健康有影响，还飘浮在大气中，降低能见度，影响交通安全。

近代以来，对大气污染影响最大者要数工业燃料释放的有害气体和烟尘。工业化对煤炭的需求量骤然增加。近代化工厂消耗大量煤炭，同时产生的煤烟使环境受到破坏。近代工业化较早的城市对煤炭的需求量相当大。上海为全国工商业中心，故舟车辐辏，人口繁盛，亦为全国各埠之冠。工厂机器的发动，交通工具的推进，均以煤炭是赖；数百万人口，日常赖以举火以炊者，亦以煤炭为主。上海为全国最大之销煤区域，亦为最大煤炭市场。1935 年，有人统计全国每年用煤约 2500 万吨，上海每年销煤 300 万吨。[③] 无锡纺织厂中的动力，缫丝工业需用的热水，锅炉燃料，都离不开煤炭，故无锡每年销煤 16 万吨至 20 万吨。[④] 因而民国时期，上海、无锡、汉口等工厂稍多的地方，人们已经感觉到煤烟的厉害。

除了上海、广州、汉口等沿海通商口岸新兴工业城市对煤炭的需求量较大外，近代一些新兴资源型城市如唐山、鞍山同时是钢铁、水泥等大型工业的基地，对煤炭的消耗量也相当大。燃料使用多元化的城市，煤炭使用量占相当大的比重。如南京使用煤炭、煤油、薪炭、柴草等为燃料，其中煤炭占比最大。再如成都的工业燃料也以煤炭为主，但直到 20 世纪上半叶，由于近代工业规模小，主要是政府机关和军队用煤，木材作为燃料在整个燃料消费构成中仍占相当大的比重，因而煤烟污染的程度较轻。

① 春生：《煤》《米和煤》，人人社编印，1945，第 2 页。
② 实业部中央农业实验所、南京技术合作社给养组编《南京之食粮与燃料》，1932，第 1 页。
③ 汪警石：《近年来上海煤炭之概况》，《工商半月刊》第 7 卷第 11 号，1935。
④ 刘大钧：《中国工业调查报告》，李文海主编《民国时期社会调查丛编》二编近代工业卷上册，福建教育出版社，2014，第 109 页。

煤炭的大量使用，资源性工业城市首当其冲，污染尤为严重。唐山市是一个能源型的工业城市。1881 年，开滦唐山矿建成出煤，以及后来唐山细棉土厂（启新水泥厂前身）、唐山制钢株式会社（唐山钢铁公司前身）、唐山发电所（唐山发电厂前身）相继建成投产，城子庄一带开始形成水泥、炼钢、发电粉尘污染区域，粉煤灰池、铁矿渣堆也开始在这一带出现。近100多年来近代工业的发展对唐山的环境构成严重威胁。① 20 世纪前期有人描述鞍山的情况："以工业区的巨人那样姿态而出现的鞍山，在东三省占据着骄傲的最高的宝座？既看不见蓝天，也从没有飞鸟，地上更不生一些紫花碧草，在附近，只有那疯狂似的铁厂。那钢铁铸成的雄壮的躯干，展长着，展长着，好像要把它的头尖突破苍空，看那样子像是永不会崩溃的冶铁炉，老是冒着浓烟。烟，烟——烟遮盖了一切，它用那冷酷、窒塞的可憎的黑色浓汁，涂抹一切的东西，全部成了极丑恶的图画。"② 20 世纪二三十年代的重庆，城市逐渐繁荣，近代工业如丝织、面粉、制革也有了相当的发展，近代煤矿、石油工业也已初创。抗战后，随着沿海工业的内迁，重庆迅速成为工业中心，钢铁、兵器、机器等重工业和化学、煤炭、石油工业等集中于重庆，使其成为西南地区乃至大后方的工业中心，同时也带来了严重的工业污染使其成为著名的雾都。虽然重庆多雾有自然地理环境的原因，如河谷地形，水汽不容易散开，但近代工业污染，尤其是工业和生活用煤多，空气中悬浮小颗粒多，加重了重庆的雾霾。时人生动描述了雾霾之中生活的苦闷："早上，只要我刚一打开窗子，第一个来拜访我的，便是那些游离在太空中的，和弥漫在宇宙里的雾霾；而雾霾，那些无数灰白色的小东西，更像无数个飘渺的幽灵一样，一个个，一阵阵，一层层，像浪潮一样的，向我的脸上扑来，向我的身上袭来，向我这一座寂寞的小楼内闯来，呵呵，不一会，它便充满了我整个的房间。而随那些雾霾而来，便是一股股的冷气，和一道道的寒流，它更来像一支支的利箭一样，拼命的，潜入的，向我底肺里，向我底心脏内刺来；于是，我感到一阵战栗，更感到无限窒息，唉唉，我真诅咒这些雾霭呀！""……生活在雾霾的海里，桎梏在雾霾的笼里，看不到一丝阳光，呼吸不到一口新鲜空气。"③

近代沿海工业城市也不能幸免，煤烟污染相当严重。如上海，19 世纪后半

① 唐山城市建设志编纂委员会编《唐山城市建设志》，天津人民出版社，1992，第253页。

② 成聚：《黑烟笼罩下的鞍山》，《广播周报》1936年第100期。

③ 秋田：《雾霾》，《宇宙风》1942年第140期。

期租界已经形成最早的工业区，呈现工厂烟囱林立的景观。在19世纪80年代初，英商怡和洋行开办了一家机器制糖厂和豆饼厂，英国领事的商务报告说："当一个陌生人来到汕头，就看见从高耸的烟囱里冒出的烟云……"该报告还说："糖厂经理已经答应改装一座自行消减煤烟的锅炉，可使煤烟的污秽减少一点。"看来这家糖厂附近的居民曾就煤烟问题同糖厂交涉过，并有了一定的结果。这是目前所知关于近代工业污染环境的较早的一例。① 上海作为工业化最早的城市，19世纪后半期已经出现大气污染的记载。如1889年2月18日，上海城边的嘉定"晨降微雪，色黑，按之即消"，黑雪的出现，当是上海工业废气污染的结果。当时，上海疫喉连年爆发，显然与此有关。② 到民国时期，情况更加严重，有位作者描述上海的情形："我不幸住在上海煤烟缭绕的区域内，两个鼻孔终日充塞着乌黑的煤灰，家中的门窗大开时，不消片刻功夫，桌上榻上就薄薄的铺着一层煤灰，如向室内空中仔细一望，还可见不少的煤灰，正在飘飘荡荡的继续光临呢！我想象我住在这种煤灰丰富的环境中，我的肺脏早已染成灰黑色，变成所谓炭肺了。"③

上述煤烟污染对社会产生了恶劣影响。第一，天空充满煤烟的时候，日光被遮掩，缺少日光照射，人们会感冒，骨骼会发育不良。煤烟中所含二氧化硫如遇湿气合成硫酸，对人的眼睛和呼吸器官有害。煤烟中还有灰烬，飞散空中呈现碳粉状颗粒也对人体及环境造成严重危害。第二，从市民生活环境来看，在都市中，雾与烟混合，雾的白色渐渐变为褐色，甚至变成黑色。煤灰从雾里吸收了水分，分量变重，以一种似油非油似胶非胶的状态黏附于建筑物及物体的表面。煤灰粉末附着于建筑物上，影响建筑物的美观和城市景观。第三，从经济方面来看，煤烟里面含有许多未经燃烧的煤渣，四处飞散，是经济上的重大损失。煤烟侵入住宅以后，门窗家具等都得经常洗涤。此外，煤烟还妨害都市绿化。可见，近代工业发展史，与煤烟危害社会的历史，构成两条平行的主线。

二 民国工业布局、城市化与空气质量的变化

大气污染问题的凸显还与近代中国新式工业布局不合理以及城市化的畸形发

---

① 罗桂环等编《中国环境保护史稿》，中国环境科学出版社，1995，第302页。
② 民国《嘉定县续志》卷3《赋役志·灾异》，第1册，第224页。转引自余新忠《清代江南的瘟疫与社会——一项医疗社会史的研究》，中国人民大学出版社，2003，第173页。
③ 无尘：《都市的煤烟问题》，《新中华》第4卷第5期，1936。

展密切相关。

近代中国新式工业布局存在两方面不合理之处。首先，全国范围内的工业布局不合理。据调查，1927 年，上海、武汉、天津、无锡、北京、广州、奉天、重庆几大城市集中了全国近 40% 的新式工厂，其生产能力相当可观。据 1933 年调查，上海、天津、武汉、无锡、广州、青岛六城市的工业生产值占全国工业生产总值的 69%。抗战前，新式工业集中在苏、鲁、冀三省，湖北与河南两省也有相当数量。全国华商纱厂 60% 以上在江苏。江苏、广东两省的丝织业占全国的 3/4。其次，近代城市内工业空间布局也不合理。从开始出现近代工业至第一次世界大战期间，上海外商及华商企业大多设在黄浦江、苏州河沿江地区，形成杨树浦、南市、曹家渡、闸北 4 个工业地区。1930 年，上述 4 个地区集中工厂 1781 家。1934 年，上海市颁布《上海市工厂设厂地址暂行通则》，规定吴淞、闸北、南市、浦东等地段为设厂区域。1937 年八一三事变后，大量工厂迁入租界，和居民住宅区混杂。1949 年 5 月上海解放前夕，全市工厂共 10079 家，分布在工业区的工厂 2263 家，占全市工厂总数的 22.5%；分布在非工业区的工厂 7816 家，占 77.5%，其中 5886 家工厂与居民住宅交错在一起。20 世纪二三十年代，重庆近代化工业有了初步发展，但规模较小。抗日战争时期，沿海及长江中下游的工业企业有 400 多家迁至重庆。这些工厂的分布点，由原来两江汇合处的三岸江边一带，转向在两江重庆段的上下游沿岸展开。绝大部分内迁工厂在对重庆地区的地理环境、气候、生产资源、市场等都不十分清楚的情况下，漫无系统，仓促兴建，工业区和居民区犬牙交错，布局极不合理；生产分布也不均衡，产地与原料、燃料、销售等严重脱节。许多工厂畸形集中于旧城区四周的南岸、江北、大渡口等地，不到 100 平方公里的土地内，集中了占全市工业总产值 80% 以上的企业。①

近代中国城市化一方面由近代工业拉动，另一方面由于农村经济的破产，大量农民离村，流入城市。另外，由于难民涌入造成战时一些后方大城市的畸形膨胀。农民往往在城市自行搭建草棚居住。近代许多城市都有棚户区，如 1934 年 5 月上海市社会局统计，仅上海华界内的无业游民就有 29 万人之多。这些流入城市者大多成为城市贫民，或勉强糊口，或依旧衣食无着、流落街头，其中很多

---

① 重庆市地方志编纂委员会总编辑室编《重庆市志》第 1 卷《总述 大事记 地理志 人口志》，四川大学出版社，1992，第 774 ~ 775 页。

人在城市边缘地带搭建了成片的窝棚栖身。1949 年的上海棚户区分布图显示，上海城市建成区几乎完全被棚户区所包围，这时的棚户区人口超过 100 万，占城市总人口的 1/4。棚户区状况极为恶劣："房屋开间则愈造愈窄，天井小如一线，灶披窄仅数尺，喻以鸽笼。非过也。租昂不克担负，往往居有数家，丛积之物为残余，为排泄，炭气之充寨、火灾之危险、疾病之传染，沪居皆然……"① 即便当时的首都南京也存在相当多的棚户区。那些棚户居民："大都住在低洼卑湿之地，建筑简陋，互相毗连，各处污秽不堪；道路水沟，都失修治，一遇雨天，即泥泞载道，秽物冲流；厕所水井，多付缺如；垃圾满地，无人理管；公共卫生之恶劣，真是无有过此者。家中则窗户小而常闭，且一半以上的家庭根本没有窗户，室内秽气四溢而不自觉，每间卧室住三、四人以至五、六人之多，且竟有住九人者，地面污秽，不知整洁，个人卫生，毫不重视。棚户既是如此忽视卫生，故死亡者多。"② 抗日战争时期，大量政府机关、工厂、学校内迁至重庆。旧城区、新市区的旧有空地上建起了各种简易房屋和厂房、工棚，繁华市区迅速扩展至两路口、上清寺一带。1945 年重庆市区（今市中区两江半岛）7.66 平方公里地区，居住人口高达 41.8 万人，人口密度高达每平方公里 5.46 万人，居住于此的人们已丧失了生存的基本条件，各种建筑占地和道路占地已达 71.16%，东部地区更高达 99.99%；道路严重不足，人均道路不过 2 平方米。③ 沿江许多难民搭建草棚，形成棚户区，一旦江水上涨，沿江棚户逐渐迁至市街，不仅妨碍市民生活，还使得市区内人口更加密集。④

不合理的工业布局和城市化病态发展造成很多不良社会影响。首先，工厂集中造成工业废气、粉尘的危害。除了煤尘以外，工厂中的矿石尘埃、炭尘、烟尘、石灰尘，化学毒性尘埃，如铅尘、磷尘、烟草尘、刺激性的化学尘、病毒性尘埃都对周围人的健康产生有害影响。工业的高度集中，势必对这些工业集中的地区和城市的环境产生不良影响。这些工厂排出的工业废气、废水量都很大。上海、天津、广州等地随着工商业的发达、人口的增加、交通工具的激增，煤烟及有毒气体等亦不绝地增加，城市的空气逐渐污浊起来。上海的粉尘、废气污染与

① 胡祥翰：《上海小志》，上海古籍出版社，1989，第 25~26 页。
② 吴文晖：《南京棚户家庭调查》，国立中央大学，1935，第 100 页。
③ 重庆市地方志编纂委员会总编辑室编《重庆市志》第 1 卷《总述 大事记 地理志 人口志》，第 779 页。
④ 《处理沿江棚户水涨迁居案》，《重庆市政府公报》第 8、9 期合刊，1940 年 6 月。

烟尘污染于19世纪末在租界出现,如吴蕴初的味精厂初创时,设在上海的一条弄堂内,由于工业的废水、废气扰民,曾引起附近居民与吴蕴初的矛盾。

这些城市面积较大的工业区,情况更为严重,例如民国时期北平地毯业大多数厂坊,"占房屋仅数间,皆挤集一处,光线暗淡,空气恶劣,又乏卫生上之设备,其工作房中唯一之光线,即来自其门……一离天井,即为露天厕所,臭气几遍全室。地上满布渣滓、碎屑、羊毛、垃圾、灰土等等,齷齪不堪"。①

其次,人口及集中生活污物、污水造成臭气严重,空气质量下降。布局不合理、人口过分集中造成的后果之一是空气质量下降。污秽散乱堆积或污水停滞其中,有机物腐败发酵容易引起恶臭气味。都市工厂林立,其废弃物也散发恶臭。还有中国旧式厕坑,其中有大量污物存放,成为病毒传播的媒介,也为恶臭传播的一大来源。上海棚户区居住环境恶劣、疾病易发,如著名棚户区之一的药水弄,触目皆是垃圾堆、臭水沟,一年到头散发出刺鼻的臭气。恶劣的居住条件使药水弄居民与流行的各种疫病结下了不解之缘。棚户区没有下水道、自来水龙头和垃圾箱,只有60多条臭水沟。春季刚过,沟水就奇臭无比,蚊蝇扑面,下雨则臭水横溢,10多天才会退尽。②

再次,近代城市集中大量现代化交通工具,例如20世纪40年代汽车废气排放污染空气的情况在一些大城市已经出现。20世纪40年代,随着城市汽车的增加和人力车逐渐被抛弃,汽车"毒气伤人""撞人肇祸"之事,势所难免。旧式汽车大部分在车后方泄露气体,也有少部分在前方泄出,不光路人受害,司机长期驾驶也会造成慢性中毒。如在上海公共租界,1940年7月就出现了公共汽车烟尘污染问题,工部局多次警告过公共汽车公司,但一直未能改善这种情况。一方面公众有增加公共汽车的需求,另一方面存在这样的事实,为了满足这个需要,公司投入一些老式公共汽车,从而造成烟尘污染,要解决需要与相抵触的事实之间的矛盾是很困难的。工部局为此要求公司投入更多的资金,购进新式不冒烟的公共汽车。③ 此外,广州当时也出现类似情况,广州市内长途汽车或公共汽车,仍多自便私图,购用不纯燃料沿途泄放臭气,触人欲呕,以致市民多感不宁。

---

① 《民国时期社会调查丛编》二编近代工业卷中册,第271页。
② 《20世纪上海文史资料文库》第9辑,上海书店出版社,1999,第338、342、344页。
③ 上海市档案馆编《上海公共租界董事会会议录》第28册,上海古籍出版社,2001,第572页。

最后，城市环境污染造成最严重后果者莫过于影响人们的身体健康。我们可以从近代工业调查资料中略见其一斑，如 1927～1932 年北平某地毯工厂内呼吸系统疾病在工人疾病数量中居于第三位。咳嗽流涕、喉部充血等呼吸道传染病占总数的 78%。尘土飞扬区的弹毛工人之疾病多由于空气中的灰尘及绒屑刺激所致。尘土充溢于空气造成结核病者亦不少。① 纱厂及其他普通工厂已经去除刺激性化学气味的情况下，肺病与其他呼吸系统疾病占比较高的原因是厂中热而且湿，加上长时间工作与恶劣的生活状况，工人所患肺病，皆极严重，大多已有甚久之发展。如将工业中之妇女与儿童，详细检验，其中肺疾蔓延之范围，极惊人。火柴工厂工人身体受到黄磷毒气伤害较大。因黄磷毒气而死者不在少数，也有不少患磷度毒牙症的。北平青年会 1924 年对北京地毯业进行调查，工人患肺病和沙眼者甚多，1926 年到 1927 年地毯厂工人体检结果显示，患沙眼者人数排在首位，多由光线不足与空气恶劣造成。② 由上可知，近代中国不合理的工业布局和畸形的城市化进程，使得国人饱受煤烟工业废气及粉尘、生活污物气味的折磨，付出了沉重的代价，其程度并不亚于西方工业革命时期的伦敦和匹兹堡等地。可见，烟雾不只是一个工业化和城市化的问题，而是这种社会变迁模式的"副产品"。

三 近代以来的治理措施及思想

明代和清代前期，政府及民间很少对城市空气污染问题采取有效措施，即便作为首都的北京，街道也秽气冲天、尘土飞扬，连皇帝经过亦奈何不得。上海在城市发展早期也存在类似的情形。近代以后政府和民间采取了一定的措施，纵观近代以来对大气污染的治理措施，分为直接治理和间接治理两种类型。直接治理，近代政府采取的措施也很有限。如北平虽然没有上海、汉口等地那样的工厂，但每户人家所用的燃料差不多都是煤炭，因煤毒致死的惨剧，时有所闻，政府除了出几张布告，告诉人民安设煤筒，打开窗户，或把炉子拿到院子去燃烧以后再拿进屋里外，没有更积极的办法。假令每户人家都照布告去做，结果不过是

---

① 李廷安：《地毯工业中职业性疾病之研究》，《工业安全》第 2 卷第 5 期，1934。
② 参见王清彬等编《中国第一次劳动年鉴》，北平社会调查部，1928，第 339、341、344、352 页。

把室内的煤气弄到室外而已。1887 年，上海石印社的煤烟被确定为城市公害。龙飞马房所饲马匹主人证明，煤烟对马匹健康有害。工部局要求采取措施减轻这种危害，向石印社经理提出警告，让其设法减轻污染。大同石印社经理来信表示对迟迟未将烟囱接高使煤烟越过飞龙马房一事甚为抱歉，并保证马上照办。后该经理把烟囱增高了。①

国民政府采取了一定措施，如颁布一些条例、对工厂进行检查、开展工厂安全运动、开展平民新村运动、兴建平民住宅、改善城市基础设施，取得一定效果，但仅在南京、上海等地实施，其范围、影响、效果都很有限。政府甚至对汽车尾气的排放也颁布过法规，如 1934 年 12 月行政院公布陆上交通管理规则第 14 条，内载："汽车行驶时，不得泻放发出巨响或含有烟雾恶臭气体。"② 广州市政府指出，"此种汽车恶臭烟气，益必妨碍市民健康，亟应从速禁止，以重卫生"，制定车辆肩舆交通规则第四十二条，内载"车夫须常注意车机洁净。勿许机油飞烬，及放出秽气等弊"③，并将此规则印刷颁行。再如上海市内桐油熬炼产生极为刺激的臭味飘散于空中，上海市商会曾提案在人烟稠密的市区取缔桐油业，并令其改用密闭式烟囱，以稍减其臭味，④ 济南市政府也颁布过取缔市区桐油煎熬的法规。⑤ 此外，研究如何从废气中利用回收硫的文章已经见诸报端。20 世纪二三十年代的工厂检查运动和工业安全运动中也有一些防治空气污染的措施。

近代中国知识界很早就关注这一问题。揆诸当时报刊，可见以下观点、建议。首先，知识界对近代西方工业化过程中所发生的大气污染现象多有报道评论，解释煤烟的危害，让国人警醒。如有刊物报道，1947 年 10 月 12 日英国由于浓雾，发生严重的火车相碰事件，乘客 25 人死亡，百余人受伤；公共汽车互撞中有 22 人受伤；有飞机一架损毁。⑥ 还有以亲身经历介绍伦敦这一世界闻名雾都体会者。有位作者说，从前年十月起，到次年三月，是雾神猖獗的时期。这时的伦敦，真堕入五里雾中。早上推开窗子，或者白天跑出图书馆大门，你会觉得忽然走入黑暗世界。因为室内有电灯光，室外只是浓雾一团。有时在街上散步，

---

① 《上海公共租界董事会会议录》第 9 册，第 592、594 页。
② 《陆上交通管理规则》，《道路月刊》第 46 卷第 2 期，1935。
③ 《公用局取缔汽车泄放臭气》，《广州市政府公报》第 497 期，1934。
④ 《取缔煎熬桐油发散臭味》，《工商半月刊》第 2 卷第 13 期，1930。
⑤ 《取缔煎熬桐油》，《济南市市政月刊》第 3 卷第 2 期，1930。
⑥ 《伦敦大雾，纽约骤寒》，《气象汇报》1947 年第 11 期。

会遇到黑云四布，顷刻雾惨云愁，你的爱人若是跑慢了几步，定会忽然失踪。①
这些作者希望以西方为镜鉴，使将来中国不重蹈覆辙，走西方的老路。诚如时人
所指出：各国人士，渐渐对这个问题加以关注。东京警察当局且已于最近举行煤
烟防治宣传，开始"都市净化运动"了。欧美各国，也不在东京警察之下。现
在，对于这个问题，还是昏昏沉沉、麻木无知的，恐怕只有我们中国了！② 此外
还有一些介绍欧美和日本煤烟防治技术的文章。

其次，近代知识界人士主张采取以下政策性和技术性举措来减轻大气污染的
程度。限制煤炭的使用量和范围、增加工厂烟囱的高度、纺纱厂设立防尘塔、对
汽车进行更新换代等；改善燃烧装置，制定煤烟取缔规则，培养干练伙夫；对工
人采取一些基本防护措施，如建立通风、除尘、排烟设施；对城市环境卫生进行
改造，如改造厕所，将老式厕坑改为新式水洗厕所；净化河川；禁止有毒物品进
入河流或有机物在河流中腐烂，因其极易散发到空气中，形成臭味；对河流进行
保护，禁止物品投入或做洗濯之用；设立完备的污物处理厂；对化学工业进行限
制，散出气味的工厂应搬到郊外，使阴沟完备畅通，防止污秽堆积在沟内；等
等。

近代知识界还提出一些有见地的思想，间接对缓解城市污染问题有所帮助。
间接措施主要是通过战略性手段，如疏散人口、对污染性工业进行分散布局、实
施分散主义的城市建设思想、建设田园都市等，达到减少或消除大气污染对人身
体健康的影响。

要通盘考虑交通、城市与乡村、农业与工业的协调发展，把都市工业迁移到
乡村，建立田园工厂，使得工业"化整为零、化零为散，把都市工业迁移到乡
村中，在生产原料丰饶的乡村中举办工厂，用工业生产合作社把乡村零散的力量
集合起来，至少足以抵抗外来商品破坏乡村的恶势"，"中国到底由千千万万小
的村与镇组合成的，专重表面，设立几个大工厂在都市来发展生产，未免轻重倒
置"，"分散化的小工厂能够使我们享受最大的自由与高度的标准"。③ 市政专家
董修甲在分析都市建设集中主义与分散主义之利弊后，认为小都市对于交通管
理、治安、卫生都有极大好处。他指出，集中的都市建设主义弊多而利少，分散

---

① 兆雄：《伦敦的雾》，《宇宙风》1935 年第 1 期。

② 胡渭桥：《都市煤烟防止问题》，《科学时报》1935 年第 3 期。

③ 高矜细：《都市工业迁乡之趋势及乡村工业合作之组织》，《浙江省建设月刊》1934 年第 5 期。

的都市建设主义利多而弊少。我国应积极建设小都市、花园城市、卫星城市。[①]
简言之，将工厂迁移到乡村，可以间接减少城市人口过分集中、工业过分集中所
带来的环境污染及其他诸多弊端。

近代工业集聚造成沿海都市经济的畸形繁荣，同时也造成农村的日趋衰落，
还造成严重的工业污染问题。因此还有学者提出改善工业布局、改善交通运输，
在内地建设工业基地，促进工业分散区域的扩大等建议和计划。此外，时人还认
为提倡工业合理化，开展工厂安全检查运动也有利于减少工业污染。

上述认识是近代知识分子对欧美工业化弊病及中国工业发展道路深刻认识的
结果，是值得注意的。由此我们还可以认识到，城市大气污染问题及其治理的历
史表明中国城市大气污染问题由来已久，但是限于当时社会科技发展水平，治理
效果有限。历史上，英国、日本等很多发达国家，都曾经遭遇过严重的环境问
题。中国的主要燃料包括煤、石油、天然气，农村还有木柴和秸秆，这些复杂的
原料带来了更为复杂的污染物，给治理带来了更大的挑战。取消或减少煤炭、石
油、天然气等化石类能源的使用，建立多元化能源格局，广植薪炭林，建立薪炭

图 1　近代中国某工厂地带远望

资料来源：邓远澄《大都会的煤烟防止问题》，《科学的中国》1935 年
第 10 期。

---

① 董修甲：《都市建设的集中主义与分散主义》，《国民经济月刊》第 1 卷第 1 期，1937。

林基地，在有条件的地方推广使用薪炭做燃料，巧妙利用过剩人力大力开发太阳能、风能等新型清洁能源，改变不合理、过分集中的城市布局和工业布局，建设分散化、小型化的田园都市和生态工厂成为当务之急。近代城市与工业布局的畸形状态是外国侵略、半殖民地化以及战时状态造成的结果。改变这些近代以来形成的不合理城市格局，走健康有序的城市化、工业化道路，不是一蹴而就的，短平快措施是难以奏效的，与雾霾的斗争需要长期不懈的努力。

图 2　烟囱冒烟已经成为近代中国工业生产的标志

资料来源:《机联会刊》1930 年第 1 期封面。

原刊《光明日报·理论版》2013 年 3 月 8 日，发表时有删节

论侯外庐的"早期启蒙说"

——兼论早期启蒙思潮中的自由思想因素

兰梁斌

摘 要： 侯外庐依据社会史与思想史相结合、启蒙运动的普遍规律和中国的特殊情况相结合等马克思主义理论和方法，论证了明末清初中国社会具备资本主义萌芽因素，思想上产生了早期启蒙思潮。"早期启蒙说"的提出超越了中国的现代化完全来自外部刺激的学术偏见，发掘了中国社会内部要求变迁的因素。早期启蒙思想家批判了封建等级制、科举制等，其思想意识中有颇多对自由等现代性价值的向往。由于不充分的社会条件，他们的自由思想虽具有现代意义，但局限性也十分明显。

关键词： 侯外庐 明末清初 早期启蒙说 自由

16 世纪西方文艺复兴的核心是人文主义，即高扬人性，反对神性，强调人生目的就是追求现实幸福。此后欧洲爆发影响更大的思想解放运动——启蒙运动。启蒙运动高扬人的理性，猛烈批判封建专制，自由成为口号："我愿自由而生，自由而死。"① 每个人都有权利拥有光明和智慧。② 康德指出，启蒙运动除了

---

① 卢梭：《论人类不平等的起源》，高修娟译，上海三联书店，2009，第 2 页。
② 彼得·赖尔·艾伦·威尔逊：《启蒙运动百科全书》，刘北成、王皖强编译，上海人民出版社，2004，第 11 页。

在所有事情上具有"公开运用自己理性的自由"而外无须别的东西，① 启蒙运动确立了人的自由权利的价值，"人是生而自由的"，② 并在政治、经济、法治等方面兴起了改革运动。启蒙运动宣扬的自由、理性等思想原则有力地打击了封建专制思想，推动了社会进步。

西方经历文艺复兴、启蒙运动等思想和社会运动，实现了资本主义的发展和观念的革新，而同时期的中国处于一个什么样的发展阶段？是否有社会变迁因素？中国的现代化是否仅仅是外部冲击的结果，其自身内部是否有直接渊源？侯外庐依据马克思主义经典作家关于启蒙运动的一般论述，在总结中国历史特点的基础上，提出明末清初"早期启蒙说"的学术观点，用以概括 16～19 世纪中国社会历史及思想观念变化的实质。

一 侯外庐的"早期启蒙说"

侯外庐有关明末清初"早期启蒙说"的提出和论证，主要包括以下三个层面。

第一是理论根据。一是始终贯穿社会史与思想史相结合的研究方法。侯外庐依据马克思主义政治经济学的理论和方法，先解释"历史上不同社会经济形态发生、发展和衰落的过程"，③ 因为物质资料的生产方式决定社会精神生活过程，但意识形态与经济基础还相互影响。注重社会与思想互动关系的研究是侯外庐思想史研究的基本特点，他强调准确理解中国社会史的特点是思想史研究的基本前提。"早期启蒙说"的提出就是以明清之际社会历史的变化为基础的，通过研究他发现明清之际产生了资本主义萌芽。社会历史的变化在明清之际的思想中有明确反映，产生了早期启蒙思潮，出现了对自由、民主等启蒙主题的追求。二是结合启蒙运动的普遍规律和中国的特殊情况。列宁认为启蒙运动主要有三个特点：人们对于农奴制度、封建专制制度的否定，追求民主；拥护教育、自治和自由；愿意促进农奴制度的废除。侯外庐认为中国早期启蒙也不例外，但他并未简单将其套用于中国历史的某个阶段，而是将社会历史的分析与思想的变化结合起来，

---

① 康德：《道德形而上学基础》，孙少伟译，九州出版社，2007，第 169 页。

② 卢梭：《社会契约论》，何兆武译，商务印书馆，2005，第 4 页。

③ 中国社会科学院历史研究所中国思想史研究室编《侯外庐史学论文选集》上册，人民出版社，1987，自序。

尤其注重挖掘中国早期启蒙的独特特点。他通过理论与历史资料结合，论证了明清之际思想与社会变迁的实质即是中国早期启蒙时期，即中国在16～17世纪之交，"出现了资本主义萌芽"，在思想意识上"也产生了个人自觉的近代人文主义"。① 早期启蒙思想是明清之际资本主义萌芽的反映。

第二是中国资本主义萌芽的特点。中国的现代化确与西方刺激有很大关系，但侯外庐认为并不完全是西方的影响，也有内在动因，中国传统社会中也有现代因素，也有资本主义的萌芽。从16世纪以来，中国虽"没有如欧洲那样走向资本主义社会"，但不能就断定中国封建社会没有资本主义萌芽因素。中国历史的特点是既在封建社会内部"产生了资本主义的萌芽"，但又无法产生"近代的资本主义世界"。② 在明代嘉靖到万历年间出现了"中国历史上资本主义萌芽最显著的阶段"。③ 主要体现在三个方面：一是东南沿海等地区商品经济有了很大发展，嘉靖年间形成了很多人口集中的江南市镇，商业货币关系、土地私有制获得很大发展。为了适应土地商品化趋势，明代实行新赋税制度"一条鞭法"，清代实行"摊丁入亩"。但是土地商业化的程度还无法改变整个封建土地所有制。二是东南沿海等地自然经济逐渐解体，城市手工业、商业和都市有一定程度的发展。三是沿海、内地各省的商人参与海外贸易的越来越多，嘉靖到隆庆年间，不仅沿海地区的商业资本获得较大发展，而且内地川、陕等地商业资本也参与贸易活动。④ 这都是资本主义萌芽的关键因素。但由于多种因素制约，这种萌芽并没有冲破旧的生产方式，因此中国虽然在16世纪中叶以来出现了资本主义萌芽，但是封建自然经济仍占支配地位，导致中国社会的变化明显"落在世界风暴之后"⑤，并没有如西方那样成为高速发展的资本主义社会。

第三是中国资本主义萌芽在思想家思想中有明确反映，产生了早期启蒙思潮。"中国启蒙思想开始于16至17世纪之间，这正是'天崩地解'的时代。思想家们在这个时代富有'别开生面'的批判思想。"⑥ 首先，王夫之、顾炎武、黄宗羲等人抨击封建制度，反对封建土地国有制，传播"土地平均"的要求和

---

① 侯外庐：《中国思想通史》第五卷，人民出版社，1956，第38页。
② 侯外庐：《中国思想通史》第五卷，第16页。
③ 侯外庐：《中国思想通史》第五卷，第3页。
④ 侯外庐：《中国思想通史》第五卷，第9～19页。
⑤ 侯外庐：《中国思想通史》第五卷，第623页。
⑥ 侯外庐：《中国思想通史》第五卷，第3页。

"自由私产"的主张，反对地主特权和等级制度，反对政治法律上的束缚与科举制度。其次，他们重视教育、自治和自由，如顾炎武等人主张地方自治，黄宗羲等人提出自己的教育主张，东林党提出自由结社、讲学的主张。他们许多人已开始向西方寻找真理，如李贽就与1600年到北京的利玛窦有很多交往。最后，他们同情农民的利益，如黄宗羲主张工商皆本，提出"向使无君……人各得自利也"① 及"平均授田"等主张，展现出一定的初期民主思想。

侯外庐指出，这些早期启蒙思想家"是历史的觉醒者"，按"自己的方式表现出对资本主义世界的绝对要求"。《天下郡国利病书》《明夷待访录》《潜书》等体现了他们对理想社会的追求，但在他们"真挚的理想背后，也包含着叛变的不彻底性"。在他们的思想中常保留着新旧矛盾的内容。② 戴震等18世纪的思想家延续了启蒙思想，③ 主要表现为对理学的批判。自19世纪初叶开始，中国学术思潮发生剧烈变化，尤其在鸦片战争之后，西方思想大规模输入，中国思想开始加剧现代转化，向西方寻求真理逐渐成为主流。

二 早期启蒙思想家的自由思想因素

对自由等现代价值的追求是启蒙运动的突出特点，对早期启蒙思想家自由思想的深入挖掘，可以丰富、拓展侯外庐"早期启蒙说"的论述。早期启蒙思想家的自由思想有以下特点。

第一，对封建专制制度的怀疑和批判，展现出一定的政治自由思想。王夫之怀疑君臣之义，指出"为天子防其篡夺，情系于此，则天下胥以为当然，后世因之以无异议"。④ 他的《噩梦》等著作，含有丰富的反抗封建制度的精神。他认为封建经济剥削，完全是立于"民之有生理"的反面。他要求"惩墨吏，纾富民"，认为"大贾富民，国之司命"，应当允许人们自由参加商业活动，"故家大族"应变作商人阶级，"墨吏猾胥"的经济剥削是违反自然的："率天下养百官而不足，纵百官食天下而有余，此何异饥鹰以攫雉兔乎！"从而主张厚民生，

---

① 黄宗羲：《明夷待访录·原君》，沈善洪主编《黄宗羲全集》第1册，浙江古籍出版社，1985，第3页。
② 侯外庐：《中国思想通史》第五卷，第30页。
③ 侯外庐：《中国思想通史》第五卷，第403页。
④ 王夫之：《读通鉴论》卷13，中华书局，1975，第416页。

反对操细民之生命。黄宗羲受东林党自由集会和泰州学派的思想影响很大。《明夷待访录》中,他对封建君主猛烈批判:"为天下之大害者,君而已矣!向使无君,人各得自私也……使兆人万姓崩溃之血肉曾不异夫腐鼠,岂天地之大,于兆人万姓之中,独私其一人一姓乎?"① 明确表明君主的危害:"视天下人民为人君囊中之私物。"② 整个官僚制度的作用不过是镇压、统治人民。《原君》《原臣》《原法》等篇的民主主义色彩尤其浓厚。侯外庐称赞《明夷待访录》类似《人权宣言》。③

第二,通过对人性中私欲合理性的承认,展现出追求个性自由思想的萌芽。人性上,王夫之提出"理欲合性"说,主张"有欲斯有理""理欲皆自然""理寓于欲中"等,充分肯定人欲。"天理充周,原不与人欲相为对垒",④ 天理与人欲本质上并不是互相冲突的关系。因此,"惩忿""窒欲"、抑制欲望是对人类个性发展之妨碍。他主张"养其生理自然之文,而修饰之以成用",导欲于理,由不合理至于合理。他还指出"吾惧夫薄于欲者之亦薄于理,薄于以身受天下者之薄于以身任天下也"。⑤ 理、欲是相辅相成的关系,要使私欲得到承认,也必须谨守天理。这类似西方自由观中的"群己权界",即自由须以不侵犯他人的自由为前提。王夫之力图采用"均平方正之矩"的平均主义原则来满足人类的欲望,具备初步的"人权平等"的思想。黄宗羲认为"有生之初,人各自私也,人各自利也,天下有公利而莫或兴之,有公害而莫或除之"⑥,人的本性就是自私自利的。顾炎武认为自私心是人之常情,"天下之人各怀其家,各私其子,其常情也。为天子为百姓之心,必不如其自为……圣人者,因而用之,用天下之私,以成一人之公"。⑦ 在某种程度上肯定了欲望的合理性,具有个人解放意义。

对于八股取士制度对读书人人性的侵害,清初启蒙思想家有共同认识。如黄宗羲指出科举制把人枷锁于"一定之说",不许学者"取证于心",⑧ 做独立是非

---

① 黄宗羲:《明夷待访录·原君》,沈善洪主编《黄宗羲全集》第1册,第3页。
② 黄宗羲:《明夷待访录·原臣》,沈善洪主编《黄宗羲全集》第1册,第4页。
③ 侯外庐:《中国思想通史》第五卷,第155页。
④ 王夫之:《读四书大全说》卷6,中华书局,1975,第407页。
⑤ 王夫之:《诗广传》卷2,王孝鱼点校,中华书局,1964,第60页。
⑥ 黄宗羲:《明夷待访录·原君》,沈善洪主编《黄宗羲全集》第1册,第2页。
⑦ 顾炎武:《顾亭林诗文集》卷1《郡县论五》,华忱之点校,中华书局,1959,第14页。
⑧ 黄宗羲:《恽仲升文集序》,沈善洪主编《黄宗羲全集》第10册。

判断，导致"科举抄撮之学，陷溺人心"。① 他还指出盲从与模仿的时文近似一种奴性，只有"胸中流出"自己要说的话，才是至文，盖"文章之传世，以其信也……鼓其矫诬之言，荡我秽疾，是不信也"。② 黄宗羲还基于个人的"灵性"，来说明"诗"产生于自然性情，而不专在雕绘诗句。这都充分展现了对个性的肯定，具有个性解放的意义。顾炎武认为八股取士的危害同于秦始皇焚书坑儒，但对人才的扼杀则"有甚于咸阳之郊所坑者"。③ 这种因袭独断学风严重束缚了人的创造精神。他主张"其必古人之所未及就，后世之所不可无，而后为之"，④ 要求打破这种学风，发挥创造精神。李颙主张"立人达人，全在讲学；移风易俗，全在讲学；拨乱反正，全在讲学；旋乾转坤，全在讲学"⑤，疾呼自由讲学。傅山对宋儒的奴性大加批判："博杀宏杀，在渠肚里，先令我看不得听不得。"⑥ "不知人有实济，乱言之以沮其用，奴才往往然。而奴才者多又更相推激，以争胜负，天下事难言矣！偶读'宋史'，暗痛当时之不可为，而一二有廉耻之士又未必中用……所谓奴才者，小人之党也，不幸而君子有一种奴君子，教人指摘不得！"⑦ 要求走出经注的拘泥："看书洒脱一番，长进一番，若只在注脚中讨分晓，此之谓钻故纸，此之谓蠹鱼。"⑧ 体现出要求个性解放的色彩。

第三，启蒙思想家具备初步的经济自由、私有财产权利思想的萌芽。启蒙思想家重视商业活动。王夫之认为"贤廉得意，亦移风振俗之一道"⑨，并在告诫子孙的戒条中要求"勿做胥吏"，并指出"能士者士，其次医，次则农工商贾，各惟其力"，冲击了"学而优则仕"的传统思想，是对封建社会桎梏个性的一种反抗。黄宗羲主张人民"自利自私"，人人能遂其自利自私之心，而批判君主独自一人私占天下的"产业"，这与资本主义初期自由放任的市场经济观念有相通性。黄宗羲从"通都之市肆"出发，反对以商为末："今夫通都之市肆，十室而

---

① 黄宗羲：《姚江逸诗序》，沈善洪主编《黄宗羲全集》第 10 册。

② 黄宗羲：《辞祝年书》，沈善洪主编《黄宗羲全集》第 10 册。

③ 顾炎武：《日知录集释》中册卷 16，"拟题"条，黄汝成集释，上海古籍出版社，2006，第 946 页。

④ 顾炎武：《日知录集释》中册卷 19，"著书之难"条，第 1084 页。

⑤ 李颙：《二曲集》卷 12《匡时要务》，陈俊民点校，中华书局，1996。

⑥ 傅山：《霜红龛集》卷 37《杂记二》，山西人民出版社，1985。

⑦ 傅山：《霜红龛集》卷 31《书宋史内》。

⑧ 傅山：《霜红龛集》卷 36《杂记一》。

⑨ 王夫之：《黄书·大正第六》，王伯祥点校，中华书局，2009。

九，有为佛而货者，有为巫而货者，有为优倡而货者，有为奇技淫巧而货者，皆不切于民用。一概痛绝之，亦庶乎救弊之一端也。此古圣王崇本抑末之道。世儒不察，以工商为末，妄议抑之。夫工固圣王之所欲来，商又使其愿出于途者，盖皆本也。"① 从而提出了工商皆本的观点，反映了工商业发展的要求，而工商业的发展正是资本主义萌芽的关键因素。顾炎武指出："夫使县令得私其百里之地，则县之人民皆其子姓，县之土地皆其田畴，县之城郭皆其藩垣，县之仓廪皆其囷窌。为子姓，则必爱之而勿伤；为田畴，则必治之而勿弃；为藩垣囷窌，则必缮之而勿损。自令言之，私也，自天子言之，所求乎治天下者，如是焉止矣。一旦有不虞之变，必不如刘渊、石勒、王仙芝、黄巢之辈，横行千里，如入无人之境也。于是有效死勿去之守，于是有合从缔交之拒，非为天子也，为其私也。为其私，所以为天子也。故天下之私，天子之公也。"② 主张以县为单位，把县令当做家主，财产为百姓私有，人民爱自己的财产而没有忧虑。这在一定程度上展现了对私有财产权利的憧憬，与西方现代私有财产权的萌芽有相通性。

第四，对法律的公平性有一定期待，体现出一定的法治自由思想的萌芽。黄宗羲批评封建无公法，"所谓法者一家之法，而非天下之法也"，明确否定"一家之法"，主张"天下之法"，提出有"治法"然后才有"治人"："吾以谓有治法而后有治人。自非法之法桎梏天下人之手足，即有能治之人，终不胜其牵挽嫌疑之雇盼，有所设施，亦就其分之所得，安于苟简，而不能有度外之功名。使先王之法而在，莫不有法外之意存乎其间。其人是也，则可以无不行之意；其人非也，亦不至深刻罗网，反害天下。"他还指出封建社会公私不分，权利义务不平等："天下之人共知其筐箧之所在，吾亦鳃鳃然日唯筐箧之是虞，故其法不得不密。法愈密而天下之乱即生于法之中，所谓非法之法也。论者谓一代有一代之法，子孙以法祖为孝。夫非法之法，前王不胜其利欲之私以创之，后王或不胜其利欲之私以坏之。坏之者固足以害天下，其创之者亦未始非害天下者也。"③ 封建社会的君主之法，权利义务没有平等界限，统治者可以为所欲为。黄宗羲的论述中，显示了法治平等思想的萌芽。顾炎武指出："宋叶适言：法令日繁，治具日密，禁防束缚至不可动，而人之智虑自不能出于绳约之内，故人材亦以不

---

① 黄宗羲：《明夷待访录·财计三》，沈善洪主编《黄宗羲全集》第1册，第2页。
② 顾炎武：《顾亭林诗文集》卷1《郡县论五》，第15页。
③ 黄宗羲：《明夷待访录·原法》，沈善洪主编《黄宗羲全集》第1册，第7页。

振。"① 认为越来越多的法令不仅无助社会发展，而且弊病越来越多。这不仅是对封建制度束缚个性的有力攻击，也是对专制法律对人们的束缚的强烈不满的表达，指出这种法律过多限制人们的自由，使社会失去应有活力。

第五，启蒙思想家十分重视民众对政府的批评，具备言论自由思想的萌芽。黄宗羲的政治理想之一，是在中央政府，天子以至公卿都要在太学祭酒的面前就弟子之列，祭酒有权批评政治得失；在地方政府，郡县官都要在地方学官的面前就弟子之列，学官对于地方政事缺失，"小则纠绳，大则伐鼓号于众"。他对清议十分重视："天下之议论不可专一，而天下之流品不可不专一也。""子言之，君子之道，辟则坊与，清议者天下之坊也……清议息，而后有美新之上言、媚阉之红本。故小人之恶清议，犹黄河之碍砥柱也。"② 这些见解正如顾炎武认清议为"王治之不可阙"一样，"天下风俗最坏之地，清议尚存，犹足从维持一二，至于清议亡，而干戈至矣"。③ 所谓清议就是应当允许人们自由议论批评政治，这与现代言论自由类似。清议以家国天下人民生活为评骘对象，而不是魏晋的玄风清谈。

明末清初早期启蒙时期的自由思想还未形成一种系统的哲学概念和核心价值，而是通过一定批判形式表达的认识和愿望，具有不成熟性和时代局限性。正如侯外庐在评价李颙思想时指出的："它之所以有一定的时代的进步价值，是因为它企图从中世教条中解放，并追求个性的解放与社会的变革，但它也有历史的局限性，因为所谓实践的内容是依存于个性的道德律。李颙应作如此评价，其他清初学者也应作如此评价。"④ 早期启蒙思想家丰富的自由思想因素既印证了侯外庐"早期启蒙说"的论断，又是我国近现代自由思想的直接渊源，具有重要价值。

三 "早期启蒙说"的学术反响

侯外庐的"早期启蒙说"最早见于 20 世纪 40 年代的两卷本著作《中国近世思想学说史》（1945 年由重庆三友书店出版，1947 年改名为《近代中国思想学说史》），后将其中研究明末至鸦片战争前的思想部分单独成书，定名为《中

---

① 顾炎武：《日知录集释》上册卷 9，"人材"条，第 518 页。
② 黄宗羲：《东林学案总论》，《明儒学案》，沈芝盈点校，中华书局，2008。
③ 顾炎武：《日知录集释》中册卷 13，"清议"条，第 766 页。
④ 侯外庐：《中国思想通史》第五卷，第 300 页。

国早期启蒙思想史》，1956 年作为《中国思想通史》的第 5 卷出版。"早期启蒙说"主要用于研究明末至鸦片战争前中国社会思潮的性质与特点，主要涉及 17 世纪的启蒙思想代表人物王夫之、顾炎武、黄宗羲、朱之瑜、颜元、李塨等，18 世纪的启蒙思想代表人物戴震、汪中、章学诚、焦循、阮元等，18 世纪末 19 世纪初叶的启蒙思想代表人物龚自珍。但中国的启蒙思想开始于 16～17 世纪之交，此时的思想家已经具有丰富的批判思想。

侯外庐"早期启蒙说"提出后，在学术界引起强烈反响，得到不少学者的赞同和发展。萧萐父等学者认为此说"突破西方学者对中国社会和思想文化的传统偏见，超越普遍主义与特殊主义的对立，论证了中国有其内发原生的现代性思想文化的历史性根芽，以此丰富了马克思主义的世界历史理论"。[①] 他们继承侯外庐的观点并予以丰富，成为 20 世纪 80 年代以来"早期启蒙说"的主要代表人物。[②] 有学者认为"早期启蒙说""是清学史研究范式的一大发现。它不仅扬弃了封建社会学案派的研究范式，而且也超越了章、梁、胡、钱等人以学术传承为特征的研究范式，开创了以马克思主义唯物史观创造性地运用于清学史研究的新范式"。[③] 有关清代学史的研究中，代表性的理论观点有章太炎的"文字狱说"，梁启超、胡适的"理学反动说"，钱穆的"每转益进说"，余英时的"内在理路说"等，侯外庐是运用马克思主义解释清代学史的代表，其论说超越了中国的现代化完全来自外部刺激的观点，挖掘了中国社会内部要求现代化的因素，打破了不少学者对中国传统社会的偏见。

也有一些学者对侯外庐的观点提出质疑，认为明末清初中国并不存在早期启蒙运动，当时的社会即使沿海地区有商业经济的因素，但总体上仍不足以构成资本主义萌芽因素，早期启蒙思想家也并未真正走出传统文化的窠臼。这种观点大多过于强调传统思想的束缚。

不同的学术反响反映了侯外庐"早期启蒙说"的可贵：跳出了简单以学术传承解释思想发展的模式，注重从政治、经济、思想文化的总体来全面探讨明清社会和思想的性质与变化，在运用马克思主义理论的同时，注重以史料和历史事

---

① 萧萐父、许苏民：《"早期启蒙说"与中国现代化——纪念侯外庐先生百年诞辰》，《江海学刊》2003 年第 1 期。

② 李维武：《早期启蒙说的历史演变与萧萐父先生的思想贡献》，《武汉大学学报》（人文科学版）2010 年第 1 期。

③ 陈居渊：《20 世纪清代学术史研究范式的历史考察》，《史学理论研究》2007 年第 1 期。

实为依据，与西化派学者完全用西方某种哲学诠释中国思想的理路不同。侯外庐将明末清初作为中国传统向近代转化的历史节点，是理论和历史事实结合的典范，体现了马克思主义史学理论性和实践性结合的追求，反映了马克思主义史学家注重从不断变化的社会存在中揭示反映人们新追求的思想文化因素，把进步的历史潮流作为社会发展主流的特点，具有重要的学术意义和理论价值。

原刊《西北大学学报》（哲学社会科学版）2014 年第 5 期

张政烺的学术道路与治史风格

张 峰

摘 要: 张政烺是我国现当代著名的史学家。他在中国古代史、古文字学等众多学术领域均有重要创获。他的考证文章,尤其是在古文字方面所做的考释与训诂,看似研究一些具体的小问题,实则能够以小见大,寓含着探索中国古代社会历史面貌的用意。新中国成立后,他接受唯物史观,自觉地将理论指导、历史考证与社会发展进程相结合,从而推动其历史研究达到新的境界。张氏毕生治学精益求精,不断探索学术的未知领域,始终把创新作为学术研究的灵魂与目标,而对后学的提携则不遗余力。他的学术业绩与治史精神,是留给后人的一笔宝贵遗产。

关键词: 张政烺 学术道路 唯物史观指导 探索创新精神

张政烺(1912~2005)是我国现当代著名的史学家。他在中国古代史、古文字学、考古学、古典文献学、版本目录学、通俗小说史等多个学术领域均有重要创获。中华书局相继出版的《张政烺文史论集》《马王堆帛书〈周易〉经传校读》《张政烺批注〈两周金文辞大系考释〉》《张政烺文集》等论著,是其一生治学的精华所在,反映了他20世纪30~90年代的著述成就,集中体现了他治学领域之广阔、见解之深刻、成就之巨大。对于这样一位卓有成就的史学家,学界已有一些研究成果对其学术成就予以评价,① 但探讨的广度、深度似与这位学术

---

① 相关研究可参考朱凤瀚《张政烺先生在甲骨文、金文考释方面的成就》、王曾瑜《我所认识的张政烺师》、谢桂华《张政烺先生传略》,均载吴荣曾主编《尽心集:张政烺先生八十庆寿论文

名家的地位尚不相称。尤其是对其取得巨大史学成就的深层次原因、治史之道路、学术之创造，以及由此形成的治史风格等相关问题探讨不多，有继续深入研究之必要。

一 因良好学术环境的造就脱颖而出

青年时代的张政烺，即突出地显示出他具有从事史学研究的良好素质：天资聪慧，经史基础扎实宽厚，过人的勤奋和进取精神。然而，他何以 30 岁刚出头就在学术界获得声誉，则应归功于良好的学术环境。在北大求学的四年和其后在史语所工作的十年，都是他成长的关键时期，剖析他在这两段时间所受到的培养、陶铸，不但对于认识其治史道路、学术风格至关重要，同时对于进一步了解20 世纪 30 ~ 40 年代史学界的风貌大有裨益。

当 1932 年张政烺跨入北京大学史学系大门的时候，这里迎接他的是堪称在当时中国高等学校历史专业中最为佳良的学习环境。人们熟知，与张政烺在史学系同届或上下届同学中，除了他本人以外，还有如杨向奎、胡厚宣、邓广铭、全汉昇、何兹全、王毓铨、高去寻、杨志玖、王崇武、傅乐焕等，后来都成为海内外知名的学者。当时的北大，当之无愧是"历史学家的摇篮"。张政烺在此求学期间，名师云集，他们都学养深厚，成就卓著，同时治学观念和方法又各具特色，呈现出不同学派的色彩。因而这批学生既受到中国素称发达的历史考证学的

集》，中国社会科学出版社，1996；吴荣曾《张政烺先生与古史研究》、孙言诚《他把一生献给了学术——记张政烺先生的学术生涯》、刘桓《张政烺先生对甲骨学的重要贡献——师从先生问学忆往》，均载《揖芬集：张政烺先生九十华诞纪念文集》，社会科学文献出版社，2002。2004 年，《张政烺文史论集》出版后，相关学者曾在《书品》开辟专栏，介绍张氏在各领域的学术成就，发表的主要成果有裘锡圭《张政烺先生与古文字学》、萧良琼《〈六书古义〉读后》、徐宝贵《〈猎碣考释初稿〉读后》、刘一曼《张政烺先生对甲骨学的贡献》、刘源《张政烺先生的金文研究》，均刊于《书品》2004 年第 6 辑；吴荣曾《读〈张政烺文史论集〉（史学篇）》、李零《赶紧读书——读〈张政烺文史论集〉》、张永山《化繁为简 攻克难点——读〈张政烺文史论集〉（简帛篇）》、赵超《厚积薄发，开风气之先——读张政烺先生的石刻论著》、王曾瑜《博大精深 正风楷模》、何龄修《读〈张政烺文史论集〉明清史论著》，均刊于《书品》2005 年第 1 辑；汪桂海《浅谈张政烺先生的版本目录学研究》、罗琨《中国考古学寻根——读张政烺先生〈中国考古学史讲义〉》等，均刊于《书品》2005 年第 2 辑。2010年，张永山将目前研究张政烺的已刊文章和一些学者回忆与张氏交往的纪念性文章集录成册，名为《张政烺先生学行录》。因此类文章的作者多与张氏交往过密，对于我们全面了解张氏的学术思想，提供了诸多宝贵的素材。

良好训练，同时又时时密切接触国内学术的前沿，不断拓宽学术视野。而且因为置身于不同史学流派的交流和碰撞中，这批学生受到了更深层次的教育和启迪。时任中央研究院历史语言研究所所长的傅斯年在这里担任名誉教授（当时称为"讲师"），而实际上主持全系工作，[1] 因此他在史语所贯彻的一套治史旨趣和方法，对学生产生了极为深刻的影响。教授队伍中还有胡适、陈垣、顾颉刚、陶希圣、钱穆、马衡、唐兰、孟森、李济等，他们都各有专长，而且形成各具特色的风格。根据何兹全的回忆，这些教授的治学风格代表了三个不同的学派：一个是以乾嘉为主导的学派，以钱穆、孟森、蒙文通等为代表；一个是兼具乾嘉与西方新史学的学派，以胡适、傅斯年等为代表；一个是以乾嘉加点辩证唯物论的学派，以陶希圣为代表。[2] 张政烺在北大学习四年时间，时刻得到这些名师的教育和熏陶，获得多方面的启示，当然学问大进。

再者，当时在读的学生们学识优异，英姿勃发，他们在老师培养下，处于北大"兼容并包"的学术风气中，得到自由发展，表现出难能可贵的进取精神和创造活力。张政烺和同学们自己成立学社，自己创办学术刊物，并在刊物上发表文章。1932 年，他与胡厚宣、杨向奎、孙以悌、王树民、高去寻等友朋成立了一个读书团体，名曰"潜社"。[3] 该社创办《史学论丛》，并聘请胡适、马衡、孟森、钱穆、顾颉刚、唐兰、蒙文通、陈受颐、傅斯年、徐中舒、董作宾等著名学者担任导师。[4] 张氏不仅邀请"潜社"导师为刊物撰稿，而且凭其学术积累，撰成《猎碣考释初稿》[5]与《"平陵陈导立事岁"陶考证》两篇功底扎实的考证之作。前者主要对石鼓文的文字进行考释；后者则"开拓了用陶文结合铜器铭文

---

[1] 有学者指出："傅斯年则以史语所所长的身份，从 1929 年秋到 1936 年春一直担任史学系讲师（名誉教授），史学系的工作实际上就由他来主持。不惟蒋梦麟暂代系主任时如此，陈受颐担任系主任之后，仍然如此。"参见郭卫东、牛大勇主编《北京大学历史学系简史（初稿）》，北京大学历史学系，2004，第 68 页。

[2] 参见何兹全《爱国一书生——八十五自述》，华东师范大学出版社，1997，第 54~55 页。

[3] 张政烺回忆说，"潜社"是在他大学三年级时成立的，当时社员有胡厚宣、杨向奎等（《我与古文字学》，《张政烺文史论集》，中华书局，2004，第 852 页）。按，张氏 1932 年入北大，按其所说时间推算，"潜社"当成立于 1934 年下半年或 1935 年上半年，而胡厚宣 1934 年 6 月即已从北大毕业，当无法参与组织"潜社"，所以张氏的回忆有误。今据郭卫东、牛大勇主编《北京大学历史学系简史（初稿）》（第 83 页）的说法，认为"潜社"成立于"1932 年冬"。

[4] 参见北京大学潜社编辑《史学论丛》第 1 册"国立北京大学潜社导师"，国立北京大学出版组，1934。

[5] 此文发表在《史学论丛》第 1 册，原名《猎碣考释》，收入《张政烺文史论集》时易名《猎碣考释初稿》。

来考证历史的途径"，在当时学界产生了不小的影响。① 著名石鼓文研究专家徐宝贵评论说："《猎碣考释初稿》在当今的石鼓文研究中仍然是出乎其类拔乎其萃者，对学术界的影响仍然是很大的，凡是治石鼓文者和治古文字者都应该认真地学习和参考。"② 由此可见，张氏在大学时期撰写的学术论文，已具有经得起时间考验的重要价值。

张政烺在学期间，便与郭沫若、胡适、傅斯年等名家有了初步的学术交往。《猎碣考释初稿》一文刊出后，郭沫若"曾致函讨论"。③ 嗣后，张氏写成《"平陵陈导立事岁"陶考证》，就子禾子釜、陈骍壶的年代问题，对郭氏的观点提出商榷。郭沫若阅后称赞道：

> 子禾子釜、陈骍壶年代之推考，确较余说为胜。陈导之为惠子得尤属创获，可贺之至。子禾子之称与壶铭子陈骍相同，疑釜乃禾子父庄子未卒时器，若然，则壶之王五年盖是周定王五年，于时惠子自尚在，尊说确不可易，快慰之至。④

张政烺的学识还曾引起胡适的重视。胡适在北大讲授文学史课程，无暇考证《封神演义》的作者问题。课下张政烺从文学系学生李光璧处得知后，仅用一天时间便考证出《封神演义》的作者为陆西星。此文呈于胡适后，深得赞赏。胡适在回复张政烺的信中尤其强调："现在得你的考证，此书的作者是陆长庚，大概很可信了。"⑤ 后来，张氏此文与胡适回信一同被刊登在 1936 年 7 月 12 日《独立评论》第 209 号上，在当时学界传为美谈。在大学时期能与学界名流书信往返、交流切磋，说明张政烺已在学术界崭露头角，并受到史学名家的青睐。

张政烺在学术上的出色成绩，也博得了傅斯年的赏识。有一次傅斯年需要查找金文中的某一材料而无暇寻觅，直接找张政烺去查，足见他对张政烺的学术功

---

① 参见谢桂华《张政烺先生传略》，吴荣曾主编《尽心集：张政烺先生八十庆寿论文集》，第406 页。

② 徐宝贵：《〈猎碣考释初稿〉读后》，《书品》2004 年第 6 辑。

③ 张政烺：《我与古文字学》，《张政烺文史论集》，第 853 页。

④ 黄淳浩编《郭沫若书信集》，中国社会科学出版社，1992，第 402 页。

⑤ 参见张政烺《〈封神演义〉的作者》所附《胡适复信》，《张政烺文史论集》，第 64 页。

底相当熟悉。① 职是之故，张政烺之毕业论文《汤盘孔鼎真伪考》亦由傅斯年指导。② 傅斯年在北大兼课的一个重要原因，是为史语所选拔优秀的人才。钱穆曾言："凡北大历史系毕业成绩较优者，彼必网罗以去。"③ 由于张政烺考证功力深厚，博闻强识，又善于将传世典籍与出土文献相互印证，遂在未出校门之前，便与邓广铭、傅乐焕、王崇武共同被冠以北大史学系"四大金刚"之雅号，④ 而声望甚高的傅斯年更是称其为"小王国维"。⑤ 北大毕业后，张政烺遂以出类拔萃的成绩，被傅斯年聘至由他主持的史语所工作。

张政烺在史语所一共工作了十年，这是他学术成长上非常重要的时期。

当时，史语所因殷墟发掘、明清内阁大库档案整理等学术活动而闻名海内外，实为全国史学研究之重要阵地。史语所丰富的文献资料与考古材料、先进的治史理念与方法、众多新历史考证学名家的汇聚，以及由此而形成的严谨、求实学风，为张政烺的学术成长提供了极为有益的滋养，对其以后的治学思想与方法产生了重大而深远的影响。

首先，在文献学方面奠定了宽广厚重的基础。初进史语所，张政烺担任图书管理员。这一职务看似很不起眼，实际上对其学识的积累起到重要的作用。所长傅斯年对本所图书室的建设特别重视，甚至每购置一本书都要亲自过问，因为"他认为管理这些东西，不仅是长于管理'技术'方面而已，至少要对版本学、目录学、年代学以及校雠学等有丰富的知识"⑥，所以安排张政烺担当此职，既是对他学术功底深厚的赞赏，也是对他的倚重。⑦ 张政烺为了对史语所所藏 12 万余册中文图书做到深入、系统地了解和掌握，于是博览苦读，"从历史典籍、各家文集、笔记、天文历算、农业、气象、方志到古代戏曲、小说、俗文学等，

① 参见杨志玖《我在史语所的三年》，杜正胜、王汎森编《新学术之路：中央研究院历史语言研究所七十周年纪念文集》，中研院历史语言研究所，1998，第 784 页。

② "史语所档案"，元 121 - 1，中研院历史语言研究所藏。

③ 钱穆：《八十忆双亲·师友杂忆》，三联书店，1998，第 168 页。

④ 参见宁可《回忆在北大受业时的四位老师》，《光明日报》2008 年 5 月 4 日，第 7 版。又，张德信也指出，张政烺与同班的邓广铭、傅乐焕、王崇武并称为北大"四大傲人"（参见张德信《王崇武的明史研究》，《大陆杂志》第 80 卷第 5 期，1990 年 5 月）。

⑤ 何兹全：《祝贺〈张政烺文史论集〉出版》，《中国史研究动态》2004 年第 7 期。

⑥ 那廉君：《追忆傅孟真先生的几件事》，王为松编《傅斯年印象》，学林出版社，1997，第 44 ~ 45 页。

⑦ 按，即便抗战胜利后，张政烺已入北京大学史学系担任教授，傅斯年仍然常常托他为史语所购买图书档案。参见"傅斯年档案"，Ⅰ - 111，中研院历史语言研究所藏。

从传统小学到甲骨、金文、碑刻、陶文、玺印、封泥、古文字、古器物图录及各家论著等，无所不读……重点图书的内容几乎能背诵出来"。① 这一勤苦读书的机会，使他涉足众多学术领域，为其以后融会贯通地研究古史奠定了更雄厚的基础。受益于这一学术训练，张政烺在史语所任职内和新中国成立后所撰写的一系列考证之作，大都贯通经史子集，将各类文献参核互勘研究，又能深入发掘出土文献的真实材料，探赜索隐，从而得出学术研究的新见解。

其次，在治史旨趣和方法上深受启迪。进入史语所，张政烺对史语所的工作旨趣与傅斯年所倡导的治史主张、方法有了更加深刻的理解与领悟。傅氏在 20 世纪 20 年代曾留学英、德两国，研习心理学、统计学、数学、物理、化学等自然科学知识，同时博览西方历史、语言、考古等人文科学。回国后，他决心运用西方自然科学方法研治中国历史，于 1928 年创办历史语言研究所；同年，发表《历史语言研究所工作之旨趣》，成为史语所工作的指导思想和学术宗旨。傅氏强调："扩充材料，扩充工具，以工具之施用，成材料之整理，乃得问题之解决，并因问题之解决引出新问题，更要求材料与工具之扩充。如是伸张，乃向科学成就之路。"② 正是这一学术主张，深深影响了张政烺此一时期的治史观念和方法，他在回忆文章中曾讲出自己的深刻体会：

> 我在完成本职工作的同时，进一步充实和完善自己的知识结构，深刻体会到博与精的结合、旧文献与新史料的结合，是新时代治史者成长的最佳途径。只有这样前进才能接近傅先生提出的扩张史料来源、研究新问题的主张。这一时期我发表在《中央研究院历史语言研究所集刊》和《六同别录》上的文章，如《〈说文〉燕召公〈史篇〉名丑解》《"奭"字说》《六书古义》《邵王之謜鼎及篹铭考证》《讲史与咏史诗》《〈问答录〉与〈说参请〉》《一枝花话》等，都是在这样的治史思想影响下写成的。③

张政烺受傅斯年治学的深远影响，从其帮助傅氏抄写《性命古训辨证》书稿所引发的思想震动上，表现得尤为突出。抗战初年，张政烺因负责史语所图书

① 张政烺：《我在史语所的十年》，《张政烺文史论集》，第 847 页。
② 傅斯年：《国立中央研究院历史语言研究所十七年度报告》，《傅斯年全集》第六卷，湖南教育出版社，2003，第 9 页。
③ 张政烺：《我在史语所的十年》，《张政烺文史论集》，第 847 页。

运送入川，曾在宜昌中转换船停留两月。在这期间，他曾主动要求为傅斯年抄写
《性命古训辨证》。后来傅氏在此书序言中感激地说道："张苑峰先生（政烺）送
古籍入川，慨然愿为我抄之，携稿西行，在停宜昌屡睹空袭中为我抄成，至可感
矣。"由于张政烺在抄写时一并核对文中金文史料，又为之增补新材料，所以傅
斯年在重庆见到此书后，"深感苑峰贶我之深"。① 傅氏将这些增补的新材料融入
文中，增强了结论的科学性。例如，他运用归纳考证，指出周代钟鼎彝器款识中
"生"字在人名中较为常见且属于下一字时，征引张政烺所作考证："张苑峰曰：
《西清古鉴》八四·三，生辨尊'佳王南征，在序，王令生辨事厥公宗小子。生
锡金。'疑生字上有笔画缺落因而脱摹，不能据以为生字可用作人名之上一字
也。"② 与此同时，张政烺因受傅斯年观点的启发，撰成《试从"感生""受命"
说到"性""命"之原始义》，论证了"'姓''命'意义之重大，实为后来'性
命'说之渊源"，实为傅斯年的论点提供了重要的理论基础。③ 值得注意的是，
傅斯年广收新史料，结合文献研究思想史的实践深深启迪了张政烺此后的学术
研究。他说："在此种治学思想方法的激励下，我的治史道路更为宽广了，深
挖甲骨文、金文及其他形式的出土文献隐含的真实史料，与传世文献相互发
明，探索中国古代社会的历史面貌，成为我研究上古史始终遵循的一条原
则。"④

　　最后，在树立严谨学风方面受到进一步的训练。史语所在傅斯年的领导下，
希望把历史学"建设得和生物学地质学等同样"⑤，所以极为重视考证方法的严
密与学风的严谨。在当时，史语所不仅有傅斯年、陈寅恪、赵元任、李济、董作
宾、岑仲勉、劳榦、陈槃、郭宝钧等专任研究员，而且有汤用彤、韩儒林等兼职
研究员，还有胡适、陈垣、顾颉刚、马衡、徐炳昶、陈受颐、徐中舒、赵万里等
通信研究员，囊括了众多新历史考证学名家。这些学者都以考证精良、论证严
密、学风谨严，名闻学林。张政烺身处这种学术氛围之中，在树立严谨学风方面
自然受到严格训练。

---

① 参见傅斯年《性命古训辨证·序》，《傅斯年全集》第二卷，第 502~503 页。
② 傅斯年：《性命古训辨证》，《傅斯年全集》第二卷，第 512 页。
③ "傅斯年档案"，Ⅰ-1537-2，中研院历史语言研究所藏。
④ 参见张政烺《我在史语所的十年》，《张政烺文史论集》，第 848 页。
⑤ 傅斯年：《历史语言研究所工作之旨趣》，《中央研究院历史语言研究所集刊》第 1 本第 1 分，1928。

历经北大与史语所两个阶段的陶铸，张政烺在研治古史上已经成绩斐然，刚过而立之年，即在同辈人中脱颖而出，受到学界的重视。山东省图书馆馆长王献唐与史语所所长傅斯年一致称许他"于古学尤为精湛"。① 抗战刚胜利，北京大学与清华大学延揽人才，张氏即成为两校争相聘用的对象。他被破格聘为北大教授，同时在清华大学兼授文字学课程。史语所迁台后，傅斯年为建设台湾大学，还曾点名要他到台大任教。② 以后，张政烺在学术上辛勤耕耘，成为闻名海内外的学者，在甲骨文金文考释、简帛学研究、易学研究等领域均获得了重要的建树，正是他前期学术道路的发展。

二 旨在"探索中国古代社会历史面貌"的考证特色

20 世纪上半叶，中国史坛的一个显著特点是新历史考证学蔚成风气。乾嘉考史名家的出色成就和精良方法的影响，世纪之初大批新史料出现的刺激，西方学者的进化史观、审查史料方法、重视考古材料的观念、实证方法等新学理的传入，共同构成新历史考证学兴起的条件。陈寅恪、陈垣、胡适、顾颉刚、傅斯年等人都是这一史学流派的知名学者。张政烺和其同辈的青年学人正是在这样的学术环境中成长起来的，由于时代学术风气的浸染和师承的传授，这批青年学者都以熟悉文献、擅长考证和功力深厚为共同特色。而共性之中又有个性。张政烺的治史特色，就是他本人所概括的，自觉地把对具体历史问题的考证与"探索中国古代社会历史面貌"的目标结合起来。他在另一个场合又讲过："研究具体问题、比较小的问题，这样做可以做得深一些，好一些，一个问题、一个问题地加以研究解决，集少成多，积小成大，以求对历史的某个方面和大的历史事件有所说明。"③ 这同样揭示出他从事考证的旨趣乃在于认识历史进程的某一方面和大的历史事件。此项正是张政烺治史主要特色所在，也是他的学术成就受到广泛推崇的深刻原因。

张政烺始终重视通过古文字的考释来说明古史问题，努力在古文字学与古史学之间架起一座桥梁。史语所藏有的拓片中有一鼎文和二簋文，其内容各有七

---

① 傅斯年：《致王献唐》，《傅斯年全集》第七卷，第 110 页。
② 参见邓广铭《回忆我的老师傅斯年先生》，聊城师范学院历史系等编《傅斯年》，山东人民出版社，1991，第 6 页。
③ 张政烺：《忠厚诚笃 诲人不倦——悼郑天挺先生》，《张政烺文史论集》，第 617 页。

字，且前四字均为"卲王之諻"。张政烺通过大量金文记载与《左传》《史记》《说文》《方言》《尔雅》等文献记载的互证，运用归纳考证与比较考证的方法，考出"卲王之諻"的卲王为楚昭王，"諻"与"媓"同义，据《方言·六》记载："南楚瀑洭之间母谓之媓"；《广雅·释亲》又谓："媓，母也。"故他指出，"昭王之諻"即为楚昭王之母。此鼎、簋何以昭王之名为主？此器又是何人所做？为何关于其事迹却未有着笔？由此又引申出新的问题，即《公羊传》《春秋繁露》《越绝书》等文献所记的吴人妻楚昭王之母。经张政烺细致考察，发现昭王之母为秦女，名伯嬴。吴人入楚郢都，昭王出逃，吴王阖闾尽娶昭王后宫，唯伯嬴持刀以死相威胁，并以义理拒绝吴王，得以自保。待到秦人救援，楚昭王才得以复国。古代女子有三从，其中之一便是"夫死从子"，所以制器亦不嫌以子名为主名。又据《左传》昭公二十六年和《史记·楚世家》记载，昭王之母在昭王卒时，年龄不过五十余岁，"昭王"之号无论为生称还是死谥，"此一鼎二簋其为楚昭王之母所作器可无疑矣"。[①] 张政烺通过严密考证，不仅钩沉出昭王之母的事迹，揭示了淹没数千年的史实，而且意识到"吴楚之间无数可歌可泣之事无不由楚平王自娶其为太子建迎娶之秦女伯嬴启之，此影响竟至于国之兴亡盛衰"。[②] 他根据一鼎二簋文字内容的记载，把各类文献相互贯通，考证深入，寓含着"探索中国社会的历史面貌"的用意，其治史路数和见识确实超过传统考证学者。

张氏将这一研究旨趣付诸学术实践，在许多重要历史问题的研究上提出了新鲜见解。《〈说文〉燕召公〈史篇〉名丑解》一文考证《史篇》记载燕召公名为丑有误，召公丑当为召公寿，因为召公寿在《论衡》《风俗通》等文献中都曾出现，者减钟铭文中亦有记载；由于丑、寿二字同声，且古文假 𢇃 为"丑"，易将召公寿误为召公丑，故召公之名仍为奭，而非丑。《〈说文解字序〉引〈尉律〉解》考释了刘歆为托古改制之需，曾改《尉律》之"九章"为"九千字"，"六曹"为"六体"，而班固《汉书·艺文志》和许慎《说文解字序》祖述刘歆《七略》说法，不察《尉律》，以致造成"学者安其所习，终以自蔽，虽有《尉律》，盖莫达其说久矣"的局面。《六书古义》一文则指出《流沙坠简》中记载的"六甲"为"汉代学童学书之《六甲》"，《周官》之"六书"实际上为《六

---

① 参见张政烺《卲王之諻鼎及簋铭考证》，《张政烺文史论集》，第 66~74 页。
② 张政烺：《我与古文字学》，《张政烺文史论集》，第 855 页。

甲》，也即是六旬的干支名称。每旬首日的天干为甲，学习所用的课本以每甲为一篇，故有《周官》"六书"之名；而刘歆为托古改制，抽换《周官》中《六甲》之实而冠以"六书"之名，目的是要抬高小学课程的地位。这些研究表明，张政烺希冀打通各类文献与实物资料记载，剔除古文字在演变过程中被人为赋予的外在含义，以起到正本清源、还原历史本来面目的作用。

20世纪50年代以后，甲骨、青铜器与简帛等新的考古材料相继发现，使张政烺更加焕发其学术研究的活力。依靠新史料的发现，他撰写了不少关于甲骨文、青铜器铭文、简帛文字释读与考证之作，借此研究中国的古史问题。他发表的有关甲骨文考证与释读的文章主要有《释"它示"——论卜辞中没有蚕神》《殷契"叀田"解》《释甲骨文"尊田"及"土田"》《帚好略说》《殷墟甲骨文中所见的一种筮卦》等；有关青铜器铭文研究的文章主要有《满城汉墓出土的错金银鸟虫书铜壶》《利簋释文》《试释周初青铜器铭文中的易卦》《王臣簋释文》《矢王簋盖跋——评王国维〈古诸侯称王说〉》《"十又二公"及其相关问题》《武王克殷之年》等；有关简帛研究的文章主要有《〈春秋事语〉解题》《秦律"葆子"释义》《秦律"集人"音义》《帛书〈六十四卦〉跋》等。这些著述虽然涉及众多学术门类，但大多具有以实证研究为基础，注重从纵深角度解决历史问题的特征。举例而言，《矢王簋盖跋——评王国维〈古诸侯称王说〉》是他通过释读新出土铜器铭文进而探索古代民族关系与政治制度史的成功之作。1974年陕西宝鸡出土了矢王簋盖等青铜器，其铭文为："矢王作奠（郑）姜尊簋，子子孙孙其万年永宝用。""奠"字在铜器铭文中较为常见，此处作地名、氏名"郑"。因为典籍中不见郑为姜姓的记载，所以张政烺认为："奠姜不是郑之姜女，而是姜姓女子之嫁于郑者。姜姓之女嫁于郑而称郑姜，这样称呼起源甚古，在西周、春秋时极为习惯。"他通过对"蔡姞簋""虢姜簋""晋姜鼎"等铭文的归纳考证，又参以郭沫若之说，得出蔡姞之称为姞姓之女嫁于蔡国、虢姜与晋姜之称为姜姓之女嫁于虢国与晋国，而郑姜之称与此同类。那么矢王与郑姜是何关系？他进一步对大量铜器铭文进行归纳考证，得出"（这些铜器）铭文皆是媵器，即陪嫁之物，作器者大抵是出嫁女子之父兄，即家长，其出嫁女子皆用本姓而冠以所适国或氏名"的结论。由是可知，矢王簋盖为矢王所作以媵矢女适于郑国，故"矢王姓姜当无问题"。由于矢为诸侯而称王，所以王国维在《散氏盘考释》中认为"宗周中叶，边裔大国往往称王"。之后，王氏在此基础上撰成颇具理论高度的《古诸侯称王说》。这样就由"边裔大国往往称王"的特殊性结论演绎成了"古诸侯称王"的普遍性结论。由于王国维学术影响大，以致此种观点在史学界曾一度流行。张政烺对金文中记载诸王一一考释，指出古代民族关系较为复杂，各民族与周王朝关系也较为复杂，以矢国为例可以看出："当周人压力大时则降称伯，及周人势力向东方转移，旧的思想不忘复辟，则又称王。"如果按照王国维"古时天泽之分未严，诸侯在其国自有称王之俗，即徐楚吴（楚）〔越〕之称王者亦沿周初旧习，不得尽以僭窃目之"的学说来看待周初古诸侯称王问题，似有不妥。所以张政烺尤为强调："周时称王者皆异姓之国，处边远之地，其与周之关系若即若离，时亲时叛，而非周室封建之诸侯。"① 对王国维结论的不当之处起到了辨正的作用。

大凡张政烺的考证之作，常把古文字学与古史研究融为一体，古文字考释是手段，为的是解决古史研究中存在的问题。正如他所说："我致力于以古文字学的理论和方法考释甲骨文、金文、陶文（包括砖瓦文）、简帛、石刻与玺印文字，辅之以各类古代字书，追求中国文字的形、音、义发展演变的真迹，为的是解决一些历史上的问题。"② 所以他的史学研究，并非局限于字词的考释，而是通过对微观历史问题的研究以期达到对宏观历史的深层次认识，具有重要的学术价值。

上述张政烺在青年时期确立的治史宗旨，使他很容易接受马克思主义的指导。新中国成立后，张氏学习了唯物史观的基本原理并深有体会，治史能够自觉地将理论指导、历史考证与社会发展进程相结合，从而推动其历史研究达到了新的境界。早在20世纪30年代，张氏便与郭沫若有着学术上的交往，40年代，他又受到郭沫若关于古代社会研究的影响，对先秦社会经济到政治下了不少功夫。③ 尤其是，他在1936年托好友傅乐焕从来薰阁购得郭著《两周金文辞大系考释》，倾注近半个世纪的时间精研此书。④ 2011年中华书局出版的三厚册《张政烺批注〈两周金文辞大系考释〉》，为我们展示了张氏一生研究此书的心得体会与真知灼见，可以看作他在金文研究领域与郭沫若的交流与对话。张政烺对郭

① 参见张政烺《矢王簋盖跋——评王国维〈古诸侯称王说〉》，《张政烺文史论集》，第706～713页。
② 张政烺：《我与古文字学》，《张政烺文史论集》，第852页。
③ 吴荣曾：《读〈张政烺文史论集〉（史学篇）》，《书品》2005年第1辑。
④ 朱凤瀚：《读〈张政烺批注《两周金文辞大系考释》〉》，《张政烺批注〈两周金文辞大系考释〉》下册，中华书局，2011。

沫若的金文研究推崇备至，在多篇文献中均征引郭说，并认为郭氏之"从事金文研究比起新旧专家都高一筹"。他敏锐地指出，郭沫若之所以能够取得研究金文的重大成就，主要原因在于"学习马列主义，有辩证唯物主义和历史唯物主义的立场、观点和方法"①。再者，"新历史考证学家实事求是的治学态度，以联系的观点分析史实、以'通识'眼光考辨史料的方法，都与马克思主义史学的基本方法相沟通"②，所以新中国成立后，张政烺很容易便接受了唯物史观。这一时期，他撰写了一系列运用唯物史观为指导的历史考证名作，旨在探讨中国古代社会的性质问题。

20世纪50年代初期，对古史分期的讨论成为当时史学界最为关注的问题之一，张政烺因学习了唯物史观，也积极参与讨论。他对中国古史分期的看法，体现了他努力将经典作家的见解与中国历史发展特点自觉结合加以研究的尝试。经典作家指出："生产关系总和起来就构成所谓社会关系，构成所谓社会，并且是构成一个处于一定历史发展阶段上的社会，具有独特的特征的社会。"③ 张政烺正是根据这一论述，通过对甲骨文中反映商代生产关系状况之材料的考察，从而探索商代社会的性质。1951年，他发表了运用唯物史观指导进行理论探索的初步成果《古代中国的十进制氏族组织》。此文一方面承袭了他由具体考证探讨中国古代历史面貌的作文风格，另一方面又具有以实证研究为基础、以唯物史观为指导研究商周社会结构问题的特点。在当时的学界，一些研究中国古代早期社会形态的学者根据恩格斯的说法，认为国家建立后地域组织代替了血缘组织，而对以血缘为纽带的氏族社会残留的事实注意不够。张氏则根据恩格斯的说法及古代世界上其他民族历史演进的路径，强调古代中国从氏族社会演进到政治的社会、建立国家组织，其间经历了十进制氏族组织的过渡期。他通过对甲骨文材料与《诗》《书》等先秦文献中关于"百人"、"三百"、"八百"、"九百"、"千人"、"三千"、"五千"、"八千"、"万人"以及"三族"或"五族"出征史料的一一搜求胪列，指出在商和西周的"氏族组织和军队编制中亦有一种百人团体和千人团体存在"。在文中，他进一步指出甲骨文中的"众"字既是当时军队的来源，也是直接的生产者，他们被编制在百人或千人的团体中，春夏秋三季从事农

---

① 张政烺：《郭沫若同志对金文研究的贡献》，《张政烺文史论集》，第637页。
② 陈其泰主编《中国马克思主义史学的理论成就》，国家图书馆出版社，2008，第371页。
③ 《马克思恩格斯选集》第1卷，人民出版社，1995，第345页。

业劳动，冬季习武，所以在农业生产上也和军事编制中一样存在着十进制的氏族组织。① 几十年过去，有关商周社会的研究成果更有大量发表，而张政烺论文中关于商周时期仍然存在氏族组织、国家尚处于它的早期形态的论点，可以说随着时间的推移而更显出其重要价值。因而现在研究上古时期社会组织、生产组织和商代军事编制的学者无不征引此文。②

张政烺根据他对马克思主义关于社会形态的理解和对中国历史发展特点的思考，结合秦汉时期铜戈铭文及刑徒砖志等考古材料，还曾撰成《秦汉刑徒的考古资料》和《汉代的铁官徒》等文。他认为，秦汉时期仍有大量奴隶存在并从事生产劳动，因此秦汉时期依然为奴隶制社会，到东汉时期，"汉光武是大地主出身，看见了王莽失败的原因，意识到封建主义在适合生产力上的必要，即位之后就接二连三地释放奴隶。从此奴隶制度开始衰落，封建主义逐渐抬头，到魏晋时中国便步入了封建社会"。③ 显然，张政烺是主张魏晋之际封建说的，在中国奴隶制与封建制的分界问题上提出了一家之言。尽管长期以来学术界有关中国古代社会分期的探讨未能达成一致意见，但就张政烺的研究来说，他是以唯物史观为指导，根据中国社会历史进程的特点，从考古资料与文献记载的实际出发而得出的认识，对于我们深入研究中国古代社会的性质是有所启迪的。

唯物史观的指导，使张政烺还极为重视从经济角度探讨殷代的农业生产形式。他大量搜集甲骨文中有关农业生产的卜辞并集中考证，以求阐明古代农业生产的程序与方式。《卜辞"裒田"及其相关诸问题》一文考释裒田为开荒、造新田之义；《甲骨文"肖"与"肖田"》一文将"肖田"考释为耕休田，以备耕种之义；又作《释甲骨文"尊田"及"土田"》一文，认为"尊田"是在开荒造出的土田上做田垄。将张氏此类考证文章联系起来考察，就可以看出他对甲骨卜辞所做的考释，并非仅为训释字义，而是要说清"殷代农业生产从开荒到治理耕田的过程"。④ 这些考证文章的背后蕴涵了唯物史观的指导，故能对殷代农业生产形成有体系的见解。这种层层深入对殷代农业生产形式所做的考察，深化了人们对殷代生产力发展水平的认识，创造了通过考证去解决历史发展深层次问题

① 张政烺：《古代中国的十进制氏族组织》，《张政烺文史论集》，第 277~313 页。
② 张永山：《传道、授业、解惑——忆张政烺师》，载《张政烺先生学行录》，中华书局，2010，第 94 页。
③ 张政烺：《汉代的铁官徒》，《张政烺文史论集》，第 270~271 页。
④ 张政烺：《我与古文字学》，《张政烺文史论集》，第 860 页。

的成功例证。

对商代生产关系与社会形态的探索，贯穿了张政烺学术研究的后半生。在他已经公开发表的文章中，还谈到要写一本《中国奴隶社会》① 的著作，以及《古代中国的家族形态》② 和《殷奴隶制国家的阶级结构》③ 等文章；直到晚年他仍然说："这个问题我很有兴趣，也一直注意这个方面的进展，今后我还是想多听听各种意见，将我的看法写出来。"④ 可见张政烺学习唯物史观，并用以指导其对中国古代社会性质所做的探索，具有高度自觉的意识。诚如林甘泉所言："张先生是主张从史料的实证入手的，但他从不排斥马克思主义社会经济形态理论对历史研究的指导意义。"⑤ 时至今日，仍有一些学者把关于社会经济形态的探讨斥之为"假问题"或"伪问题"，认为只有实证研究才是真学问，而张政烺运用唯物史观研究中国古代史取得的成就及思想认识的飞跃，对于我们正确认识运用唯物史观指导使历史考证学提升到新境界之重要作用，具有深刻的启发意义。

三　不断探索与勇于创新的治史风格

仔细审视张政烺的为学，不难发现：他毕生治学精益求精，对学术的未知领域充满了探索与创新的精神，即使到了晚年，他仍然以惊人的毅力开拓出新的学术研究领域，始终把创新作为学术研究的灵魂与目标。这种可贵的治学精神在他的学术生涯中是贯穿始终的，他对以下几个问题的探讨尤能显示这一治史风格。

一是关于"六书"古义的不断考索。张政烺自称在大学时期即留意"六书"问题，至史语所时期仍不断对文献及考古资料的相关记载加以考察，但迟迟未有著文，直到史语所迁至四川南溪县李庄时期才将这一认识加以系统化，撰成《六书古义》。文章撰成后，他并未急于发表，而是拿去向史语所的劳榦、丁声树两位先生求教，在进一步获得教正后，方发表于《中央研究院历史语言研究所集刊》第10本。一篇文章的撰著历经一二十年的探索，在学界是不多见的现

① 见《汉代的铁官徒》，《张政烺文史论集》，第 255 页。
② 见《古代中国的十进制氏族组织》，《张政烺文史论集》，第 304、308 页。
③ 见《卜辞"裒田"及其相关诸问题》，《张政烺文史论集》，第 424 页。
④ 赖长扬、谢保成：《张政烺先生谈治史》，《史学史研究》1994 年第 1 期。
⑤ 林甘泉：《五十年的回忆和思考》，中国社会科学院历史研究所编《求真务实五十载：历史研究所同仁述往》，中国社会科学出版社，2004，第 7 页。

象。所以他对"六书"古义的考证，以及对汉代小学教学内容的阐述，不仅受到考古学专家胡厚宣的肯定，而且"为越来越多的考古资料所印证"。①

二是对甲骨文"众"字的持续探究。张政烺颇为重视对商代生产者身份的考察，他用30余年的时间持续对甲骨文中的"众"做了探讨。在他看来，"众"是当时社会的主要生产者，对其政治地位、经济地位、所处社会关系等方面做深入考察，可以深化对当时社会结构与社会形态特征的认识。在《古代中国的十进制氏族组织》一文中，他已经提出"众"既是商代的直接生产者又是兵源的看法，在随后撰写的《卜辞"裒田"及其相关诸问题》一文中，又对"众"与"众人"的史料做了细致爬梳，指出众人兼有农夫与战士的双重身份，"被牢固地束缚在农业共同体，个人对土地没有所有权，车辇六畜可以随时征用，要服兵役徭役，征集调拨毫无限制，也就是说生命财产都操在奴隶主统治阶级的手里"。② 尽管"众"的政治地位和经济地位非常低下，但是他们并不等于奴隶。关于此点，他在《殷契"𪔝田"解》一文中对"众人"的概念做了进一步阐释："'众人'是族众，包括平民和家长制下的奴隶，是殷代的农业生产者，也是当兵打仗的人。"③ 这种层层深入，对"众"的政治地位、经济地位、家族组织、阶级身份等问题的厘清，无疑为我们认识商代的社会性质提供了一把钥匙。

三是关于满城汉墓出土错金银鸟虫书铜壶铭文的释读。1968年，河北满城汉墓发掘，其间出土有两件精美的错金银鸟虫书铜壶。中国社会科学院考古研究所的卢兆荫同志把两件精美的错金银鸟虫书铜壶铭文的拓本送请张政烺考释、研究。张氏于1972年以"肖蕴"的笔名在《考古》杂志刊发了对铜壶铭文的释读文章，即《满城汉墓出土的错金银鸟虫书铜壶》。但他对铜壶铭文的考索并未因文章的发表而止步。1979年，他又在《中华文史论丛》第3辑刊发了《满城汉墓出土错金银鸟虫书铜壶（甲）释文》，并说前文"不免有个别错误的地方，至于句读则更成问题"④，于是在前文研究的基础上，根据盖钮的摆放位置对壶盖铭文的起止顺序和句读做了重新调整，同时对一些铭文又做了进一步的释解。

① 萧良琼：《〈六书古义〉读后》，《书品》2004年第6辑。
② 张政烺：《卜辞"裒田"及其相关诸问题》，《张政烺文史论集》，第429页。
③ 张政烺：《殷契"𪔝田"解》，《张政烺文史论集》，第587页。
④ 张政烺：《满城汉墓出土错金银鸟虫书铜壶（甲）释文》，《张政烺文史论集》，第546页。

　　四是关于武王克殷之年的考证。1976 年，陕西临潼出土了铜器利簋，张政烺根据其铭文撰成《利簋释文》。考释铭文的关键在于释解"岁鼎"二字之义，过去不少学者将"鼎"释为"贞卜"，而他认为"周武王面对强大敌人，只能决战，不容迟疑，当无再卜问鬼神的余地"，从而指出"岁"为岁星，"鼎"读为"丁"，有"当"之义，也即岁星正当其位的意思，这与《国语·周语下》"昔武王伐殷，岁在鹑火"所提供的天象依据正相吻合，是说"武王征商的时间和岁星的位置相合"，由此可知"'岁鼎'是武王征商的条件和精神力量"。① 之后，他又在此基础上撰成《武王克殷之年》，参以《史记》《毛诗正义》《国语·周语》《逸周书》等古文献与利簋铭文记载，通过严密考证，在武王克殷之年问题上提出了新见解，认为定在公元前 1070 年最为合适。武王克殷之年是"中国古代史的一个重要问题，因为它关系到夏、商、周三个朝代的年代问题"②，从1978 年发表《利簋释文》到 1992 年《武王克殷之年》的脱稿，时隔 14 年，显然对这一重大历史问题张政烺是在不断探索之后得出的重要见解。

　　学术探索的目的是要提出具有创新价值的见解，这正是张政烺学术研究的生命力所在。张氏的论著致力于辨疑解惑，许多长久以来积累的疑难问题，在他手里常常能够涣然冰释，其见解往往"别识心裁"，给人耳目一新之感。例如，甲骨材料的大量发掘为商周史的深入研究提供了新史料，尤其是王国维成功运用殷墟卜辞与文献记载考证取得巨大成就后，甲骨文的史料价值更是备受当时学人的重视。但是在运用甲骨文的过程中，有些字因时代久远难以辨认或难释其义，从而又限制了对甲骨文材料的使用和对商周史研究的深入。较为突出的一例便是，甲骨文及殷周金文中有"夒"字，此字金文中尚不多见，而在甲骨文中则"数累千百"，如不能考释此字之义，大量的甲骨文材料均很难利用。为考释"夒"字之义以推进商周史研究的深入，张政烺撰写了《"夒"字说》③ 一文。此文由甲骨文、金文中常见之"夒"字发端，训释为《说文》之"夒"，而"夒"的古音又同于《说文》之"魗"字，音为"仇"，即"夒"字后起形声字。由此

――――――――――

　　① 张政烺：《利簋释文》，《张政烺文史论集》，第 465 页。
　　② 张政烺：《武王克殷之年》，《张政烺文史论集》，第 840 页。
　　③ 参见张政烺《"夒"字说》，《张政烺文史论集》，第 111～118 页。

又引出新问题，即"奭"在甲骨文、金文中的数种用法。通过对甲骨文及金文中"奭"字用法的归纳考证，又参以《诗毛氏传疏》、《尚书大传》、《史记》、《汉书》、《后汉书》、《文选》及《太平御览》等大量文献的记载，张氏得出"奭"字如下三种用法：一是"用以区别妣某之同号者使不混淆"，是先妣之专称，读为"仇"而解释为"匹"，即妃匹之义；二是指"国之重臣与王为匹耦也"，如卜辞中黄尹亦称黄奭，伊尹亦称为伊奭，可以读为《诗·周南》中"君子好仇"之"仇"，亦可解释为"匹"；三是"古者士大夫既各与僚友为仇"，此处"仇"字有朋友之义。此文学术影响之大，以致长期在学界备受关注。例如，1957 年，胡厚宣撰写《说贵田》时就采纳了张政烺"奭读为仇，有妃偶之意，其义同妣"的学术观点。[1] 1986 年北京房山县考古发掘出两件有燕太保铭文的铜器，事关"西周初年周王册封燕侯的史实"，但同一墓出土的器物中尚有"燕侯舞戈""燕侯舞易"铭文的铜器，于是研究者在墓主人是燕太保还是燕侯舞这一重要问题上难以断定。"舞"字在铭文中的写法与"奭"字十分接近，都写成"一人挟二物于腋下"，只是舞字中挟物之人的下肢都有脚的形状，而奭字不见。然张政烺在《'奭'字说》一文中提出的甲骨文中奭字形体诡变，主要为所挟之物不同以及奭有"国之重臣与王为匹耦"的观点，却为研究者"解决此墓中'燕侯舞'铜器与太保之器同出的原因，提供了一把钥匙"，也就是说"舞"与"奭"同，燕舞侯即燕召公奭，亦即铜器铭文中所说的"太保"。[2] 直到 2004 年，裘锡圭仍然特别指出："在关于这个字的各种说法中，张先生的说法最为合理，应该是符合实际的。"[3] 由此可见，经过严密而科学的考证方法得出的具有创新价值的见解，是有旺盛的学术生命力的。[4]

张政烺学术创新的风范，还体现在他对古文字研究中所谓"奇字"的破解上。他因参与了马王堆汉墓出土帛书《周易》的整理工作，因此接触了许多与《周易》相关的书籍。1978 年底，在吉林大学召开的古文字学讨论会上，徐锡台

---

① 胡厚宣：《说贵田》，《历史研究》1957 年第 7 期。

② 参见殷玮璋《新出土的太保铜器及其有关问题》，《考古》1990 年第 1 期。

③ 裘锡圭：《张政烺先生与古文字学》，《书品》2004 年第 6 辑。

④ 尽管张政烺于 1979 年对上述说法略做修改，指出："我在《'奭'字说》中把'奭'读为'仇'，以为伊奭是伊尹相当于宰相地位的称呼，现在想来应当修正。'奭'或'仇'的古音和'舅'字相同，没有区别，'伊奭'大约就是'伊舅'。"但这丝毫没有影响他历史考证的价值。参见张政烺《释"它示"——论卜辞中没有蚕神》，《张政烺文史论集》，第 519 页。

做《周原出土甲骨文字》的报告，最后一节是"奇字问题"。与会学者对此兴趣浓厚，询问张政烺的看法，于是第二天会议组为张政烺安排了一次临时报告，题为《古代筮法与文王演周易》。他认为这些奇字都是筮数，提出了"铜器文中三个数字的是单卦（八卦），周原卜甲六个数字是重卦（六十四卦），《周易》中老阴、少阴都是阴，老阳、少阳都是阳，数字虽繁，只是阴、阳二爻"[①] 的看法，其精彩见解，博得与会学者的广泛赞同。之后他在此基础上相继撰成《试释周初青铜器铭文中的易卦》《帛书〈六十四卦〉跋》《易辨——近几年根据考古资料探讨〈周易〉问题的综述》《殷墟甲骨文中所见的一种筮卦》等文章，集中探讨了甲骨卜辞与金文中的数字卦问题。[②]

在《试释周初青铜器铭文中的易卦》一文中，张政烺广搜 32 条涉及此类奇字的考古资料，指出这些材料除其中 2 条残缺外，有 7 条材料为三个数字，23 条材料为六个数字。他由此推测三个数字的是三爻，六个数字的是六爻。值得注意的是，这 32 条材料中只有一、五、六、七、八五个数字出现，出现次数如下：

出现的数字： 一　二　三　四　五　六　七　八
出现的次数：36　0　0　0　11　64　33　24

张政烺指出，二、三、四出现的次数为零，其他五个数字中，三个奇数，两个偶数，奇偶不平衡。原因何在？他认为二、三、四三个数字虽不见，实质上是存在的，只是把它们寄存在了其他数字之中，即二、四并入六，三并入一，作此解释的缘由是："古汉字的数字，从一到四都是积横画为之，一、二、三、三自上而下书写起来容易彼此掺合，极难区分，因此把二、三、四从字面上去掉，归并到相邻的偶数或奇数之中，所以我们看到六字和一字出现偏多，而六字尤占绝

---

① 张政烺：《试释周初青铜器铭文中的易卦》，《张政烺文史论集》，第 561~562 页。

② 在张政烺研究之前，也有学者注意到此问题，郭沫若在 20 世纪 30 年代即提出这些奇字是"族徽"的看法（《两周金文辞大系图录考释》，科学出版社，1957 年，考释第 16 页）。1956 年，李学勤曾在《谈安阳小屯以外出土的有字甲骨》中提及："这种纪数的辞和殷代卜辞显然不同，而使我们想到《周易》的'九'、'六'。"（《文物参考资料》1956 年第 11 期）1957 年，唐兰在《在甲骨金文中所见的一种已经遗失的中国古代文字》中也指出这些奇字是"用数字当作字母来组成的"一种文字（《考古学报》1957 年第 2 期）。但郭、李、唐三人均未能对这些奇字做出破解，所以此问题在当时的学界实质上仍未得到解决。

对多数的现象。"① 此后，他在《帛书〈六十四卦〉跋》中针对一和六出现频繁的现象进一步解释说："一是奇数也是阳数，六是偶数也是阴数，使人很自然地感觉到一、六就是阳爻（—）、阴爻（——）的前身。"② 随着考古资料的增益，张政烺又搜集"百十来个卦例，全无二、三、四这三个数字"，增强了信心。他意识到："这一点果然能成立，则殷周易卦中一的内涵有三，六的内涵有二、四，已经带有符号的性质，表明一种抽象的概念，可以看做阴阳爻的萌芽了。"③张政烺的考释说明，周初占卦、观象并不重视数目，而重视阴阳爻，在当时还未出现阴爻、阳爻符号，但"一"和"六"已经具有阴、阳符号的意义了。

在《殷墟甲骨文中所见的一种筮卦》一文中，张政烺又对四个数目字的四爻做了补充解释。此前他只注意三个数目字的三爻和六个数目字的六爻，而以为没有四个数目字的四爻是由于铭文遭到毁坏所致，但后来他注意到殷墟卜辞、小屯南地出土的甲骨中以及《续殷文存》中都曾记载四个数目字的卦，于是他运用"互体"说对四画卦做了阐释："初爻、上爻置之不论，专从二、三、四、五爻下工夫，把四个爻当作一个卦。"④

张政烺运用古文字研究《周易》的精湛见解，曾深深影响美国古文字学专家吉德炜的学术研究。吉德炜在 2000 年致张氏的信中说："我还记得，在那次飞行中，我的兴奋却是来自对原文（指《试释周初青铜器铭文中的易卦》）的阅读，因为从 1969 年写博士论文起，我就对这些数字符号大伤脑筋，而您却把它们讲了个水落石出。"⑤ 从今天的认识来看，尽管后来一些学者对张氏的研究有补充、有修正，⑥ 但他的基本结论是正确的。正如有的学者所言："古往今来研究《周易》者代不乏人，但用古文字资料研究，张政烺是第一位。"⑦ 他的研究解决了自宋代以来一直困扰着古文字界的"奇字"问题，对易学研究做出了极为重要的贡献。故姜广辉指出："现代关于《易》学研究最

---

① 张政烺：《试释周初青铜器铭文中的易卦》，《张政烺文史论集》，第 567 页。

② 张政烺：《帛书〈六十四卦〉跋》，《张政烺文史论集》，第 682 页。

③ 张政烺：《易辨——近几年根据考古资料探讨〈周易〉问题的综述》，《张政烺文史论集》，第 695 页。

④ 张政烺：《殷墟甲骨文中所见的一种筮卦》，《张政烺文史论集》，第 719 页。

⑤ 吉德炜：《我和张政烺先生的五次会面》，《揖芬集：张政烺先生九十华诞纪念文集》，第 25 页。

⑥ 关于这一点，可参见李零《中国方术考》（东方出版社，2001）第四章第二目"'奇字'之谜：中国古代的数字卦"相关内容。

⑦ 孙言诚：《我的导师张政烺》，《文史哲》2007 年第 6 期。

重大的突破，是张政烺对甲骨、金文中'奇字'的破译——数字卦的发现。"①
张永山也认为，张政烺对《易卦》的开创性研究，"在海内外掀起研究《易
卦》的热潮，必将载入学术史册"。② 这些学者的评价，充分说明张政烺直至
晚年，仍不保守停步，而是保持着旺盛的创新和进取精神，因而不断开辟新的
境界。

余　论

在学术界，张政烺向来有"小王国维"和"活字典"的美誉，了解他的学
者都佩服其学识渊博，以及研究问题中的钩稽贯串，抉幽阐微，所以有的学者评
论说："社科院有两个学问最渊博的学者，一个是文学所的钱钟书，另一个就是
历史所的张政烺。"③ 张政烺的著述不以量多取胜，这当然不是因为他不勤奋，
而是他对学术论著立有很高的标准，故不轻易下笔。他认为，除非是某些甲骨文
或金文材料难以释读，影响学术研究的进展，才有加以阐释的必要；或者是对长
期以来因史料不足而未撰之文，对史料的搜集、研究已经"竭泽而渔"时方才
下笔。他于新中国成立前后撰著的有关甲骨文、金文考释的篇章，均是为解决某
一学术难题而发，所以其结论能够历久弥新，长期受到学界的普遍重视。仅拿他
在新中国成立前所撰写的两篇小说史《〈封神演义〉的作者》和《讲史与咏史
诗》而言，顾颉刚即称"其见解均精确不易"④。史学界同行并不以论著数量衡
量他，而是重视他撰写的每一篇文章的分量，服膺其才学与见识。20 世纪 50 年
代，童书业曾将张政烺与顾颉刚、吕思勉、陈寅恪、杨宽四位考证名家的学术风
格做一比较，其见解值得我们珍视："现在人所作历史研究文字，大都经不起复
案，一复便不是这回事。其经得起复案者只五人：先生（指顾颉刚）、吕诚之、
陈寅恪、杨宽、张政烺也。然吕先生有时只凭记忆，因以致误。陈先生集材，大
抵只凭主要部分而忽其余，如正史中，只从《志》中搜集制度材料，而忘记
《列传》中尚有许多零星材料，先生亦然，不能将细微资料搜罗净尽，以是结论
有不正确者。杨宽所作，巨细无遗矣，而结论却下得粗。其无病者，仅张政烺一

---

① 姜广辉：《"文王演〈周易〉"新说》，《哲学研究》1997 年第 3 期。
② 张永山：《化繁为简　攻克难点——读〈张政烺文史论集〉（简帛篇）》，《书品》2005 年第 1 辑。
③ 蔡美彪语。参见周清澍《张政烺先生教学和育人》，张永山编《张政烺先生学行录》，第 16 页。
④ 顾颉刚：《当代中国史学》，辽宁教育出版社，1998，第 110 页。

人而已。"① 顾颉刚听完童书业所言后，也说："予之文字做得太快，故有此病，不若苑峰之谨慎与细密也。" 当然，顾氏虚怀若谷不免谦辞，但二位先生对张政烺治学态度、方法与严谨求实学风的高度评价，对我们深刻认识张氏的严谨学风及对其治学的影响，实有重要意义。张政烺的文献学、目录学造诣也一向备受称赞。他曾在北京大学和中国社会科学院历史研究所讲授文献学课程，甚获好评。杨向奎曾对其研究生说："在中国，听过张政烺的古文献课，别人的文献课就不必听了。"② 他的目录学名作《读〈相台书塾刊正九经三传沿革例〉》对《相台书塾刊正九经三传沿革例》的作者及相台本群经刊刻者进行了深入研究，长期以来为学界称道。此稿初撰于1943年，至1991年臻于完善之后才与读者见面。在这期间，他的学术观点早在学界得到普遍认可，并被赵万里编辑的《中国版刻图录》所采纳。他的广博学识与严谨学风在《宋江考》一文中同样得到充分的体现。此文撰于1953年，但几十年过去了，后人仅仅能为之增补一条史料。③ 可见科学严谨的治史态度要求他"竭泽而渔"地搜集史料，对材料占有的充分、翔实恰恰体现了他严谨的学风。

张政烺一生淡泊名利，对提携后学不遗余力。据张氏的同事或学生介绍，张政烺因博闻强识，所以上门求教的人络绎不绝，以致严重影响到他的学术研究工作，但他从来都是来者不拒，细心地解答别人的提问。然而有的青年学者，向他请教问题尚且不够，还要讨材料、讨观点，常常将张氏对问题的阐发加以整理发表。于是便有人告诉张政烺的夫人，让她加以劝告与阻止。对此，张政烺说："学问是天下公器，谁发表不一样？"现在做学问的人太少，"有的人，写出一篇文章、写成一本书，可能就走上治学的路。不然，也许一辈子都和学术无缘"。④ 张政烺就是这样把学问当作天下公器，不计较个人名利，不在乎某个问题的发明权是谁，只要能够吸引后学走上史学研究之路，他就感到很欣慰。正如他所

① 顾颉刚：《顾颉刚日记》第8卷（1956～1959年），此条系于"一九五七年九月三十号星期一（闰八月初七）"之下，台北：联经出版事业股份有限公司，2007，第316页。
② 孟祥才：《忆张政烺先生》，《历史学家茶座》总第三辑，山东人民出版社，2006，第25页。
③ 王曾瑜曾指出："讨论宋江的文章虽多，其实从未超越张先生提供的史料范围。最后一位台湾学者使用了《四库全书》本李若水《忠愍集》的一首诗，算是对《宋江考》作了唯一的一条史料补充。"参见王曾瑜《我所认识的张政烺师》，吴荣曾主编《尽心集：张政烺先生八十庆寿论文集》，第403页。
④ 参见孙言诚《他把一生献给了学术——记张政烺先生的学术生涯》，《揖芬集：张政烺先生九十华诞纪念文集》，第33～34页。

自述的："几十年来登门讨论学术的人不断，我都尽其所能给予帮助，即使来讨要材料的，也尽量满足其要求。一时不能作答的，事后为来访者寻找一条材料，有时需要翻阅许多种书刊方能作答。我这样做，是希望能有更多的人切实地研究学问。"① 他对后学的提携与帮助，是要带动更多的人从事学术研究事业，以期形成一支精良的学术队伍，形成一种严谨求实的学术风气，这种精神同样令人景仰。

原刊《中国史研究》2015 年第 2 期

---

① 张政烺：《我与古文字学》，《张政烺文史论集》，第 866 页。

从习近平主席系列重要讲话看中国特色佛教文化的形成、特性与精神底蕴

李永斌 李利安

摘　要： 习近平主席在联合国教科文组织总部的演讲中提出"中国特色的佛教文化"，使中国学术界和宗教界一直探讨的佛教中国化进程与中国化成果有了一个清晰准确的结论，消除了"中国佛教"这一概念中可能存在的"佛教在中国"的含义，彰显了"中国的佛教"或"中国化了的佛教"这一明确含义。通过学习习近平主席在联合国教科文组织总部的演讲及其他系列重要讲话，有助于我们深刻理解"中国特色的佛教文化"的形成、特性和精神底蕴，并在认识外来宗教中国化的同时，认识中外文明交往的理论意义和现实价值。

关键词： 习近平　中国特色　佛教文化

中国特色社会主义是当代中国全部理论与实践的总纲。表现在宗教领域，习近平主席在全国宗教工作会议中提出要发展"中国特色社会主义宗教理论"，而中国特色社会主义宗教理论首先必须要求我国宗教坚持中国化方向。习近平主席于 2015 年 5 月在中央统战工作会议上强调，"积极引导宗教与社会主义社会相适应，必须坚持中国化方向"。[①] 于 2016 年 4 月全国宗教工作会议的讲话中，他再次强调，"积极引导宗教与社会主义社会相适应，一个重要的任务就是支持我国

[①] 《巩固发展最广泛的爱国统一战线　为实现中国梦提供广泛力量支持》，《人民日报》2015 年 5 月 21 日。

宗教坚持中国化方向"，要求宗教界人士和信教群众"努力把宗教教义同中华文化相融合"，"对教规教义作出符合当代中国发展进步要求、符合中华优秀传统文化的阐释"。① 2016 年 7 月，习主席在宁夏考察时说，"我国的各民族和宗教是在 5000 多年的文明史中孕育发展起来的，只有落地生根才能生生不息"。② 2017 年 10 月，习近平总书记在中共十九大报告中说，十八大以来，中国共产党根据新的实践对包括宗教在内的经济、政治等十多个方面做出理论分析和政策指导，以利于更好坚持和发展中国特色社会主义，同时指出，"全面贯彻党的宗教工作基本方针，坚持我国宗教的中国化方向，积极引导宗教与社会主义社会相适应"。③ 然而，近年来，"去中国化"倾向在个别地区的某些宗教信仰者当中暗流涌动，宗教极端主义在一些地方兴风作浪。与此同时，中外文明交往尤其是中西文明交往不断遭遇盲目排外和全盘西化两种极端思潮的干扰。在此背景下，重温外来宗教中国化的历史便具有重要的现实意义。中国化就是外来文化与中国本土文化相融合，只有实现这种相互的融合，才能真正地落地生根，这是处理中外文明交往的一个重要原则，也是确保宗教与中国社会相适应的必由之路。在这方面，外来佛教如何成为"中国特色的佛教文化"的历史为我们提供了成功的经验。

习近平主席于 2014 年 3 月 27 日在联合国教科文组织总部的演讲中指出："佛教产生于古代印度，但传入中国后，经过长期演化，佛教同中国儒家文化和道家文化融合发展，最终形成了具有中国特色的佛教文化。"④ 这是对中国佛教文化渊源的揭示，也是对中国佛教文化身份的明确认定，它告诉我们，佛教虽然产生于印度，但中国佛教却是在印度佛教传入中华大地之后同中国儒家和道家文化发生融合而逐渐形成的一种独具特色的文化形态。作为中国化了的佛教文化，她是多彩文明之间交流互鉴的结果，是中华文化的有机组成部分。习主席的这一观点具有重要的理论意义与现实意义，值得我们认真领会。本文主要根据习主席的这篇讲演，⑤ 并参照他在其他场合的部分讲话，谈谈对习主席所说的中国特色的佛教文化的初步认识。

---

① 《发展中国特色社会主义宗教理论　全面提高新形势下宗教工作水平》，《人民日报》2016 年 4 月 24 日。
② 杜尚泽、朱磊：《"社会主义是干出来的"》，《人民日报》2016 年 7 月 23 日。
③ 习近平：《决胜全面建成小康社会　夺取新时代中国特色社会主义伟大胜利——在中国共产党第十九次全国代表大会上的报告》，《人民日报》2017 年 10 月 28 日。
④ 习近平：《在联合国教科文组织总部的演讲》，《人民日报》2014 年 3 月 28 日，第 3 版。
⑤ 下文凡未特别说明者，均出自本次讲演。

一　中国特色的佛教文化的形成是中外
多彩文明交流互鉴的结果

　　习近平主席在联合国教科文组织总部的讲演中说，"人类在漫长的历史长河中，创造和发展了多姿多彩的文明"，① "不论是中华文明，还是世界上存在的其他文明，都是人类文明创造的成果"。② 印度创造的佛教文明，中国创造的儒家文明和道家文明，正代表了东方世界三种著名的文明形态，为多姿多彩的人类文明园地增添了靓丽的色彩。习主席同时指出，"人类文明因多样才有交流互鉴的价值"，③ 因为人类的所有文明，即使流传地域不同，思想情趣有别，都是人类应对这个世界的一种方式，都是为人类的生存和发展提供支撑的，所以，任何一种文明从横向来看都不是孤立的，从纵向来看都不是单向发展的。尤其是丝绸之路开辟以后，人类文明之间开始了大规模、深层次的相互交流。对于这种交流，习主席也给予高度的评价，就是他所说的，一方面"推动文明交流互鉴，可以丰富人类文明的色彩"，④ 另一方面，"只有交流互鉴，一种文明才能充满生命力"。⑤

　　中国特色的佛教文化就是在中外尤其是中印之间的文明交流互鉴中形成的。习主席说："中华文明是在中国大地上产生的文明，也是同其他文明不断交流互鉴而形成的文明。"⑥ 纵观中华文明的历史进程，从黄河流域文明与长江流域文明的融合，到中原农耕文明与北方游牧文明的交往，中华文明在交流互鉴中，内涵不断丰富，外延不断扩展。中国历史上最大规模的两次文明交流互鉴，一是发生在古代的中印文明之间，二是发生在近代以来的中西文明之间。习主席在讲演中说："公元前 100 多年，中国就开始开辟通往西域的丝绸之路。"⑦ 此后，佛教从印度传入中国，来自印度的佛教文明与中国固有的儒道文明在中华大地上直接相遇。2014 年 9 月 18 日，习主席在印度世界事务委员会发表题为《携手追寻民

---

① 习近平：《在联合国教科文组织总部的演讲》，《人民日报》2014 年 3 月 28 日，第 3 版。
② 习近平：《在联合国教科文组织总部的演讲》，《人民日报》2014 年 3 月 28 日，第 3 版。
③ 习近平：《在联合国教科文组织总部的演讲》，《人民日报》2014 年 3 月 28 日，第 3 版。
④ 习近平：《在联合国教科文组织总部的演讲》，《人民日报》2014 年 3 月 28 日，第 3 版。
⑤ 习近平：《在联合国教科文组织总部的演讲》，《人民日报》2014 年 3 月 28 日，第 3 版。
⑥ 习近平：《在联合国教科文组织总部的演讲》，《人民日报》2014 年 3 月 28 日，第 3 版。
⑦ 习近平：《在联合国教科文组织总部的演讲》，《人民日报》2014 年 3 月 28 日，第 3 版。

族复兴之梦》的重要演讲中说:"佛兴西方,法流东国,讲的是中印两国人民交往史上浓墨重彩的佛教交流。公元 67 年,天竺高僧迦叶摩腾、竺法兰来到中国洛阳,译经著说,译出的四十二章经成为中国佛教史上最早的佛经翻译。白马驮经,玄奘西行,将印度文化带回中国。"① 2017 年 5 月 14 日,习主席在"一带一路"国际合作高峰论坛开幕式上的演讲中说,古丝绸之路"跨越佛教、基督教、伊斯兰教信众的汇集地","不同文明、宗教、种族求同存异、开放包容,并肩书写相互尊重的壮丽诗篇,携手绘就共同发展的美好画卷"。"沿着古丝绸之路,佛教、伊斯兰教及阿拉伯的天文、历法、医药传入中国,中国的四大发明、养蚕技术也由此传向世界。更为重要的是,商品和知识交流带来了观念创新。比如,佛教源自印度,在中国发扬光大,在东南亚得到传承。儒家文化起源中国,受到欧洲莱布尼茨、伏尔泰等思想家的推崇。这是交流的魅力、互鉴的成果。"②

学术界一般认为,从两汉到两宋之间,来自印度的佛教文化与中国本土的儒道文化相互争锋,在彼此冲突与互补中实现了本土化转型,中国特色的佛教文化最终形成,也就是习主席所说的,"中国人根据中华文化发展了佛教思想,形成了独特的佛教理论";③ 而在两宋以后,已经实现中国化转型的佛教与儒道之间则以相互融合与彼此呼应为主,并最终塑成了三教合一的中华文化结构。

中印文明的交流互鉴既是南亚、西亚、中亚和中国人共同努力的历史进程,也是文明发展内在逻辑所决定的必然趋势。来自印度和西域各国的僧人对中国佛教的本土化转型基本处于默认、宽容乃至支持的态度,这与其他一些宗教,尤其是一些一神宗教在向世界各地传播过程中对待本土化的毫不让步或缺乏灵活宽容的情况形成鲜明对照。除了外来僧人的宽容与默许之外,中国的佛教信仰者从一开始就主动对西域和印度传来的佛教采取圆融的态度,避免了死搬硬套,也就避免了停滞不前。同时中国人创造性地发展出判教的理论,协调从西域和印度传来的不同佛教派系之间的关系,使不同时间、不同地域产生的不同类型的佛教思想处于协调状态,避免了前后的冲突与正邪的对立,因为发展而产生的变化与矛盾均被化解,从而为佛教在中国的本土化发展创造了更加宽松的环境。所以,佛教

① 习近平:《携手追寻民族复兴之梦——在印度世界事务委员会的演讲》,《人民日报》2014 年 9 月 19 日,第 3 版。

② 习近平:《携手推进"一带一路"建设——在"一带一路"国际合作高峰论坛开幕式上的演讲》,《人民日报》2017 年 5 月 15 日,第 3 版。

③ 习近平:《在联合国教科文组织总部的演讲》,《人民日报》2014 年 3 月 28 日,第 3 版。

从西域、印度到中国，无论在理论方面，还是在实践方面，均发生了巨大的转变和发展，中国特色的佛教文化从里到外都成为中国自己的文化。

中印文明交流互鉴的历史，印证了习主席在讲演中所阐述的文明交往观。佛教与儒道文化的融合发展既丰富了中华文明的内涵，更增强了中华文明的生命力，不但使传入中国的佛教逐渐演变成中国特色的佛教文化，而且塑成儒释道三家圆融会通的中华文化内在发展机制。经过这次文明交流互鉴，佛教不但实现了身份转换，成为中华文化的代表之一，而且实现了价值扩充，成为中华文化体系的主要支柱。

二　中国特色的佛教文化印证了中外多彩文明交流互鉴的平等性

习主席在联合国教科文组织总部的讲演中说，"人类文明因平等才有交流互鉴的前提"。① 所谓平等，就是"各种人类文明在价值上是平等的，都各有千秋，也各有不足"。② 他说，"人类创造的各种文明都是劳动和智慧的结晶。每一种文明都是独特的"。③ 他还举例说他每到世界上的一个地方，"最喜欢做的一件事情就是了解五大洲的不同文明，了解这些文明与其他文明的不同之处、独到之处，了解在这些文明中生活的人们的世界观、人生观、价值观"。④ 他的体会是，"要了解各种文明的真谛，必须秉持平等、谦虚的态度。如果居高临下对待一种文明，不仅不能参透这种文明的奥妙，而且会与之格格不入。历史和现实都表明，傲慢和偏见是文明交流互鉴的最大障碍"。⑤ 所以他认为，"一切文明成果都值得尊重，一切文明成果都要珍惜"，⑥ "文明交流互鉴不应该以独尊某一种文明或者贬损某一种文明为前提"。⑦

2014 年 9 月，习主席在印度世界事务委员会的讲演中就明确表达了自己对印度文明的尊重。他说："对印度文明，我从小就有着浓厚兴趣。印度跌宕起伏

---

① 习近平：《在联合国教科文组织总部的演讲》，《人民日报》2014 年 3 月 28 日，第 3 版。
② 习近平：《在联合国教科文组织总部的演讲》，《人民日报》2014 年 3 月 28 日，第 3 版。
③ 习近平：《在联合国教科文组织总部的演讲》，《人民日报》2014 年 3 月 28 日，第 3 版。
④ 习近平：《在联合国教科文组织总部的演讲》，《人民日报》2014 年 3 月 28 日，第 3 版。
⑤ 习近平：《在联合国教科文组织总部的演讲》，《人民日报》2014 年 3 月 28 日，第 3 版。
⑥ 习近平：《在联合国教科文组织总部的演讲》，《人民日报》2014 年 3 月 28 日，第 3 版。
⑦ 习近平：《在联合国教科文组织总部的演讲》，《人民日报》2014 年 3 月 28 日，第 3 版。

的历史深深吸引了我，我对有关恒河文明、对有关吠陀文化、对有关孔雀王朝、贵霜王朝、笈多王朝、莫卧儿帝国等的历史书籍都有涉猎。"① 孔雀帝国以佛法治世，贵霜帝国和笈多帝国时期佛教也极为兴盛。习主席对待印度文明的态度体现了中国自古以来平等对待其他文明的心胸。

中国特色的佛教文化是古代中国同西亚、南亚、中亚各国之间文明交流互鉴的结果，这一文明交流互鉴之所以取得如此成功，首先是因为中国同这些国家尤其是印度文明之间的平等相待。从中华文明一方来看，中国尽管自古就有所谓夷夏之辩，对周边文化存在着一定的偏见，但这种辨别却同时增强了中国人对不同文化的认识与吸收，从而促进了中华文化的不断丰富。在对待外来的佛教文化方面，中国人更是以一种前所未有的尊重与欣赏的姿态热情地拥抱，虽然在早期也出现了个别儒道学者对佛教的偏见与批判，但这种偏见所激发出来的批判思维毋宁说也是一种交流互鉴的必要途径。而从绝大多数中国人的态度以及总体的发展趋势来看，中国文化在对待外来的佛教文化方面，既没有居高临下，也没有自卑自弃。正是习主席所说的那种平等、谦虚的态度，才使中国人避免了与佛教文化之间的格格不入，才得以了解佛教文明的真谛，并参透这种文明的奥妙。

从外来佛教一方来看，作为一种哲学理论精微、信仰体系完整的宗教文明形态，佛教始终保持着足够的文化自信，但作为一种外来的宗教，在异地他乡的文化土壤里要求得生存与发展，又必然要面对源远流长、实力雄厚的中国固有文化，尤其是占据中国主流地位的儒家文化和普及民间的道家文化。在这两种强大的文化面前，外来的佛教文化也只能放下任何可能存在的傲慢，真诚地面对，平等地交流。佛教在中国特别强调要破除"我慢"与"法执"，其中也包括自我的傲慢及对佛法的过分执着。历史上，无论是西亚、中亚、东南亚、印度来华的传法僧，还是中国求法僧或弘法僧，对中国固有文化都采取了尊重、吸收甚至妥协的态度，而对自己信奉的佛教文化则采取适当的取舍和改变，中国化的趋势也就是在这种态度下得以顺利推进。进入中国的佛教文化发生了全面而彻底的本土化转型，由此形成中国特色的佛教文化，这一文明交流互鉴的历史长达一千多年，影响了亿万民众，堪称人类文明史上的奇观。

以佛教为纽带的中外文化交流也印证了习主席所说的，"世界上不存在十全

---

① 习近平：《携手追寻民族复兴之梦——在印度世界事务委员会的演讲》，《人民日报》2014 年 9 月 19 日，第 3 版。

十美的文明，也不存在一无是处的文明，文明没有高低、优劣之分。"① 道家文化崇尚自然，并将自然的法则运用于生命与生活的一切领域，主张尊重自然，顺应自然，效法自然，所以，在面对生命时，主张生命也应该像自然一样长久，所以追求长生久视；在面对生活时，主张像自然一样自在沉静，所以倡导清心寡欲，回归自然。道家文化在治身方面体现了自己的独到之处。儒家文化以调节人伦为主，主张修身、齐家、治国、平天下，注重人的道德教化和礼仪规范，确定并完成每个人的社会角色和社会定位，其文化的突出特色在于治世。佛教文化主张万法唯心造，目标是明心见性，实现精神生命的升华，所以一般认为佛教以治心为主。三家文化分别在调节人与自然关系、人与人的关系以及人的身心关系方面显示自己的特长，而这三种关系正好体现了人的三种不同人性，即人生物性、社会性和精神性。可见，说到底，这三种文化不过是三种人性的分别应对而已。

三　中国特色的佛教文化印证了中外文明交流互鉴的包容性

习主席在联合国教科文组织总部的讲演中说，"人类文明因包容才有交流互鉴的动力"。② 他借用中国的一句谚语，即"海纳百川，有容乃大"，对文明的包容性及其价值进行说明，并总结出两条历史经验，其一是，"只有交流互鉴，一种文明才能充满生命力"；③ 其二是"只要秉持包容精神，就不存在什么'文明冲突'，就可以实现文明和谐"，④ 并将此形象地比喻为中国人常说的"萝卜青菜，各有所爱"。

中国特色的佛教文化印证了习主席所说的文明包容性。从外来的佛教一方来看，佛教一旦进入中国，就开始了与中国儒家道家文化相互融合的历史，佛教根据中华文化来改变自己，不但主动取舍，而且积极靠拢，更能够大量吸收，弥补自己的不足，从而实现了本土化转型。从中华文化一方来看，一方面为外来的佛教文化提供了生根发芽的肥沃土壤，另一方面又为其不但发展壮大供给充足的营养，并在基本体系方面实现了包容式互补与相依性呼应，形成儒释道三教圆融一

---

① 习近平：《在联合国教科文组织总部的演讲》，《人民日报》2014 年 3 月 28 日，第 3 版。
② 习近平：《在联合国教科文组织总部的演讲》，《人民日报》2014 年 3 月 28 日，第 3 版。
③ 习近平：《在联合国教科文组织总部的演讲》，《人民日报》2014 年 3 月 28 日，第 3 版。
④ 习近平：《在联合国教科文组织总部的演讲》，《人民日报》2014 年 3 月 28 日，第 3 版。

体的文化格局。补充了中国文化元素的佛教文化成为更加具有生命力的一种宗教文化，享受到了文明包容的丰厚馈赠，而包容了外来佛教文化的中华文化，正像习主席所说的，"文明因交流而多彩，文明因互鉴而丰富"。① 佛教的传入，使中国文化告别了自秦以来长达四百多年的一家独尊的文化格局，开始了三教并立会通的历史，中华文明呈现出多彩画卷；与此同时，佛教的世界观、人生观、认识论、方法论等又对中国儒道两家以深刻的影响，极大丰富了中华文化的内涵，中华文化也从文明包容那里获得巨大的回报。

外来佛教文化与中华文化之间的这种相互包容的历史正是佛教中国化历史的主线。这一历史的基本轨迹，正如习主席所描述的中外文明交流互鉴的基本轨迹一样，"其中有冲突、矛盾、疑惑、拒绝，但更多是学习、消化、融合、创新"。② 外来佛教进入中国之后，与中国固有的文化也存在着冲突和矛盾，引起中国人的疑惑乃至拒绝，但总体上看，尤其是从隋唐以后，中国人虚心学习，并努力消化吸收，并在此基础上不断融合和创新，终于实现了佛教的本土化转型，一种全新的中国特色的佛教文化形成了。在中国特色的佛教文化的形成过程中，既没有出现习主席所批评的"生搬硬套"，机械而呆板地引进外来佛教，也没有出现习主席所批评的"削足适履"，排斥和损伤中华固有的文化。正像习主席所说的，这"不仅是不可能的，而且是十分有害的"。③

对于这种包容的精神，习主席还以玄奘为例进行了说明。他说："中国唐代玄奘西行取经，历尽磨难，体现的是中国人学习域外文化的坚韧精神。"④ 2014年9月，在印度世界事务委员会的演讲中再次阐释了中华文明的这种虚心学习的精神。他说："中华民族历来注重学习，强调'博观而约取，厚积而薄发'，强调'三人行，必有我师焉。择其善者而从之，其不善者而改之'，提倡'博学之，审问之，慎思之，明辨之，笃行之'。中华民族之所以历经数千年而生生不息，正是得益于这种见贤思齐、海纳百川的学习精神。"⑤ 2015年5月，习主席陪同来访的印度总理莫迪一起参访玄奘当年译经的大慈恩寺，在"玄奘西行路

---

① 习近平：《在联合国教科文组织总部的演讲》，《人民日报》2014年3月28日，第3版。
② 习近平：《在联合国教科文组织总部的演讲》，《人民日报》2014年3月28日，第3版。
③ 习近平：《在联合国教科文组织总部的演讲》，《人民日报》2014年3月28日，第3版。
④ 习近平：《在联合国教科文组织总部的演讲》，《人民日报》2014年3月28日，第3版。
⑤ 习近平：《携手追寻民族复兴之梦——在印度世界事务委员会的演讲》，《人民日报》2014年9月19日，第3版。

线图"前，拿起玄奘的《大唐西域记》，向莫迪总理讲述玄奘在古吉拉特邦游历求学的有关记载，表达了对玄奘孤身海外、求学佛法的赞赏。习主席希望将这种精神一直保持到现在，2014 年 9 月他在印度的讲演中说："我一直强调中国要做学习大国，不要骄傲自满，不要妄自尊大，而是要谦虚谨慎、勤奋学习，不断增益其所不能。"①

四　中国特色的佛教文化的精神底蕴

习主席在联合国教科文组织总部的讲演中说，"一个国家和民族的文明是一个国家和民族的集体记忆。"② "每一种文明都延续着一个国家和民族的精神血脉"，③ "我们应该从不同文明中寻求智慧、汲取营养，为人们提供精神支撑和心灵慰藉，携手解决人类共同面临的各种挑战。"④ 他还说："中华文明经历了 5000 多年的历史变迁，但始终一脉相承，积淀着中华民族最深层的精神追求，代表着中华民族独特的精神标识，为中华民族生生不息、发展壮大提供了丰厚滋养。"⑤ 习主席提出 "精神血脉" "精神支撑" "精神追求" "精神标识" 等与精神相关的概念，足见他对精神的关注。

中国特色的佛教文化是中华文明的有机组成部分，其中也必然蕴含着十分丰富的精神底蕴。习主席讲演以及其他场合的文章或讲话中提到的有如下几点。

第一，虚心学习的精神。习主席认为，玄奘的西行取经，就体现了 "中国人学习域外文化的坚韧精神"。⑥ 第二，本土为基的精神。习主席说，"中国人根据中华文化发展了佛教思想"，⑦ 可见佛教一旦进入中土，其发展演变的根基和依据都是中国固有的文化。第三，创新发展的精神。习主席说，中国特色的佛教已经在印度佛教的基础上有了新的发展，"形成了独特的佛教理论"，这与他所

① 习近平：《携手追寻民族复兴之梦——在印度世界事务委员会的演讲》，《人民日报》2014 年 9 月 19 日，第 3 版。
② 习近平：《在联合国教科文组织总部的演讲》，《人民日报》2014 年 3 月 28 日，第 3 版。
③ 习近平：《在联合国教科文组织总部的演讲》，《人民日报》2014 年 3 月 28 日，第 3 版。
④ 习近平：《在联合国教科文组织总部的演讲》，《人民日报》2014 年 3 月 28 日，第 3 版。
⑤ 习近平：《在联合国教科文组织总部的演讲》，《人民日报》2014 年 3 月 28 日，第 3 版。
⑥ 习近平：《在联合国教科文组织总部的演讲》，《人民日报》2014 年 3 月 28 日，第 3 版。
⑦ 习近平：《在联合国教科文组织总部的演讲》，《人民日报》2014 年 3 月 28 日，第 3 版。

认为的文明"既需要薪火相传、代代守护,更需要与时俱进、勇于创新"① 是完全一致的。第四,融合会通的精神。习主席认为,中国特色的佛教文化是印度佛教"同中国儒家文化和道家文化融合发展"② 的结果,并成为中华文化的重要组成部分之一,在相互尊重中共存共荣。第五,和平友善的精神。习主席在联合国教科文组织总部的讲演中以中国特色的佛教文化为例说明人类文明的交流互鉴,同时认为"文明交流互鉴,是推动人类文明进步和世界和平发展的重要动力"。③ 2014 年 4 月 30 日习近平主席在与新疆宗教人士代表座谈时表示:"作为一种文化,我很注意看宗教方面的著作,宗教在劝人向善方面有很多智慧,有很多有益的阐述。"④ 这里所说的宗教当然也包括佛教。2014 年 9 月习主席在印度世界事务委员会的演讲引用莫迪总理曾经对他说的"两个身体,一种精神",认为这话"道出了中印两大文明和平向善的共同本质和心灵相通的内在联系"。⑤ 2015 年 5 月 14 日,习近平主席同印度总理莫迪在西安参观大慈恩寺时说:"玄奘法师回国后,就在这座大慈恩寺翻译佛经。大慈恩寺是中印悠久友好交往的历史见证。今天,我们共同参观大慈恩寺,回顾中印两大文明交流互鉴、两国人民友好交往的历史,就是要推动两国友好交流,为中印关系发展增添新的活力。"⑥ 第六,广泛渗透的精神。习主席认为,"文明如水,润物无声",中国特色的佛教文化也是如此,它"给中国人的宗教信仰、哲学观念、文学艺术、礼仪习俗等留下了深刻影响"。⑦ 第七,传播分享的精神。习主席在联合国教科文组织总部的演讲中说,中国特色的佛教文化不但发展了印度的佛教,"而且使佛教从中国传播到了日本、韩国、东南亚等地"。⑧ 第八,时刻摄念的精神。2013 年 3 月 8 日上午,习近平参加江苏代表团一起审议政府工作报告时说:"公务人员和领导干部,要守住底线,要像出家人天天念阿弥陀佛一样,天天念我们是人民的勤务员,你手

---

① 习近平:《在联合国教科文组织总部的演讲》,《人民日报》2014 年 3 月 28 日,第 3 版。
② 习近平:《在联合国教科文组织总部的演讲》,《人民日报》2014 年 3 月 28 日,第 3 版。
③ 习近平:《在联合国教科文组织总部的演讲》,《人民日报》2014 年 3 月 28 日,第 3 版。
④ 《习近平总书记在新疆考察期间到乌鲁木齐洋行清真寺调研》,《中国穆斯林》2014 年第 3 期。
⑤ 习近平:《携手追寻民族复兴之梦——在印度世界事务委员会的演讲》,《人民日报》2014 年 9 月 19 日,第 3 版。
⑥ 杜尚泽:《习近平同印度总理莫迪在西安参观》,《人民日报》2015 年 5 月 15 日,第 1 版。
⑦ 习近平:《在联合国教科文组织总部的演讲》,《人民日报》2014 年 3 月 28 日,第 3 版。
⑧ 习近平:《在联合国教科文组织总部的演讲》,《人民日报》2014 年 3 月 28 日,第 3 版。

中的权力来自人民，伸手必被捉。"① "时时警戒自己，方能'面壁成佛'"。② 第九，愿力成就的精神。2014 年 9 月 16 日，习主席在斯里兰卡《每日新闻》报发表题为《做同舟共济的逐梦伙伴》的署名文章中说："佛学里常说，凡事基于'心愿'，'心愿'越大，力量就越大。"③ 第十，广结善缘的精神。习主席在谈及中国与韩国、日本、巴基斯坦、斯里兰卡等国的关系时，都追溯到佛教的缘分。如 2014 年 7 月 4 日在韩国国立首尔大学发表演讲时说："回顾历史，中韩友好佳话俯拾即是。从东渡求仙来到济州岛的徐福，到金身坐化九华山的新罗王子金乔觉……两国人民友好交往、相扶相济的传统源远流长。"④ 在斯里兰卡发表的文章中说，"中国和斯里兰卡有高僧法显开启的千年佛缘"。⑤ 2015 年 4 月 21 日在巴基斯坦议会演讲时说："早在 2000 多年前，丝绸之路就在我们两个古老文明之间架起了友谊的桥梁。中国汉代使节张骞、东晋高僧法显、唐代高僧玄奘的足迹都曾经到过这里。"⑥ 2015 年 5 月 23 日，在中日友好交流大会上的讲话中说："我在福建省工作时，就知道 17 世纪中国名僧隐元大师东渡日本的故事。在日本期间，隐元大师不仅传播了佛学经义，还带去了先进文化和科学技术，对日本江户时期经济社会发展产生了重要影响。"⑦

习主席在联合国教科文组织总部的演讲中还特别强调，要让中国特色的佛教文化的精神底蕴鲜活起来。他举例说："1987 年，在中国陕西的法门寺，地宫中出土了 20 件美轮美奂的琉璃器，这是唐代传入中国的东罗马和伊斯兰的琉璃器。我在欣赏这些域外文物时，一直在思考一个问题，就是对待不同文明，不能只满足于欣赏它们产生的精美物件，更应该去领略其中包含的人文精神；不能只满足于领略它们对以往人们生活的艺术表现，更应该让其中蕴藏的精神鲜活起来。"⑧

① 顾雷鸣、王晓映：《习近平总书记参加江苏代表团审议侧记》，新华网，2013 年 3 月 9 日。http：//www. js. xinhuanet. com/2013 - 03/09/c_ 114960099. htm
② 兰芳：《总书记开的为官'良方'》，新华网，2013 年 3 月 11 日，http://news. xinhuanet. com/politics/2013 - 03/11/c_ 124442759. htm
③ 习近平：《做同舟共济的逐梦伙伴》，《人民日报》2014 年 9 月 17 日，第 2 版。
④ 习近平：《共创中韩合作未来　同襄亚洲振兴繁荣——在韩国国立首尔大学的演讲》，《人民日报》2014 年 7 月 5 日，第 2 版。
⑤ 习近平：《做同舟共济的逐梦伙伴》，《人民日报》2014 年 9 月 17 日，第 2 版。
⑥ 习近平：《构建中巴命运共同体　开辟合作共赢新征程——在巴基斯坦议会的演讲》，《人民日报》2015 年 4 月 22 日，第 2 版。
⑦ 习近平：《在中日友好交流大会上的讲话》，《人民日报》2015 年 5 月 24 日，第 2 版。
⑧ 习近平：《在联合国教科文组织总部的演讲》，《人民日报》2014 年 3 月 28 日，第 3 版。

进一步讲，在"中国人民在实现中国梦的进程中，将按照时代的新进步，推动中华文明创造性转化和创新性发展，激活其生命力，把跨越时空、超越国度、富有永恒魅力、具有当代价值的文化精神弘扬起来，让收藏在博物馆里的文物、陈列在广阔大地上的遗产、书写在古籍里的文字都活起来，让中华文明同世界各国人民创造的丰富多彩的文明一道，为人类提供正确的精神指引和强大的精神动力。"①

原刊《世界宗教研究》2018 年第 1 期

---

① 习近平：《在联合国教科文组织总部的演讲》，《人民日报》2014 年 3 月 28 日，第 3 版。

图书在版编目（CIP）数据

中国史论集／陈峰主编. -- 北京：社会科学文献
出版社，2019.12

（西北大学史学丛刊）

ISBN 978 - 7 - 5201 - 5817 - 6

Ⅰ.①中…　Ⅱ.①陈…　Ⅲ.①中国历史 - 文集　Ⅳ.
①K207 - 53

中国版本图书馆 CIP 数据核字（2019）第 256864 号

西北大学史学丛刊
中国史论集

主　　编／陈　峰

出 版 人／谢寿光

责任编辑／赵　晨

出　　版／社会科学文献出版社·历史学分社（010）59367256
　　　　　地址：北京市北三环中路甲29号院华龙大厦　邮编：100029
　　　　　网址：www. ssap. com. cn

发　　行／市场营销中心（010）59367081　59367083

印　　装／北京盛通印刷股份有限公司

规　　格／开 本：787mm×1092mm　1/16
　　　　　印 张：42.25　字 数：749千字

版　　次／2019 年 12 月第 1 版　2019 年 12 月第 1 次印刷

书　　号／ISBN 978 - 7 - 5201 - 5817 - 6

定　　价／158.00 元